牟宗三先生全集②

名家與荀子

牟宗三　著

《名家與荀子》全集本編校說明

顏國明

　　《名家與荀子》一書之內容包括三個部分,即〈惠施與辯者之徒之怪說〉、〈公孫龍之名理〉與〈荀學大略〉。

　　〈荀學大略〉一文最初發表於《理想歷史文化》第2期(1948年7月)。其後,牟先生將此文加上〈《荀子·正名篇》疏解〉,合爲一書,仍名爲《荀學大略》,於1953年12月由臺北中央文物供應社出版。

　　〈惠施與辯者之徒之怪說〉最初登載於香港大學《東方文化》第6卷第1/2合期(1961年5月),其後於《鵝湖月刊》第2卷第1至4期(1976年7至10月)分四期轉載。

　　〈公孫龍之名理〉包括四節,分別疏解《公孫龍子》一書〈名實論〉、〈白馬論〉、〈通變論〉、〈堅白論〉四篇之思理。此四節最初分別發表於《民主評論》第14卷第1/2/3/5期(1963年1月5日/1月20日/2月5日;其後在《鵝湖月刊》第2卷第8/10/12期及第3卷第1期(1977年2/3/4/6月)分五期轉載,其中〈通變論〉之疏解因篇幅較長,故分二期刊載。至於《公孫龍子·指物論》一篇,則因文本自身之缺脫衍誤,故牟先生於〈公孫龍之名理〉文中未加以

疏解，而於彙輯《名家與荀子》成書時，於總序中勘定文句，申明要旨。此外，牟先生早年曾撰述〈公孫龍子的知識論〉一文，其第一部分登載於《百科雜誌》第1期（1932年7月），但可能因該雜誌未繼續出刊，故此文的其餘部分始終未見。

1979年3月，牟先生將上述三篇文字輯爲一冊，題爲《名家與荀子》，由臺灣學生書局出版。出版至今，內容並未再作更動。本書之編校工作即以此爲依據，但在體例上稍作調整。〈惠施與辯者之徒之怪說〉與〈公孫龍之名理〉二篇原先皆以「第×節」標目，〈荀學大略〉則以「一」、「二」等分節，今一律以「第×節」標目。其次，目錄頁加錄各節子目，以便查考。

序

　　此書中各篇皆舊作。《荀學大略》曾于民國四十二年出版,爲一獨立的小冊。關于《公孫龍子》諸篇則曾于民國五十二年發表于《民主評論》雜誌,關于惠施者則曾于民國五十六年發表于香港大學《東方文化》。今輯于一起名曰《名家與荀子》。

　　關于《公孫龍子》,吾只疏解其〈白馬論〉、〈通變論〉、〈堅白論〉、〈名實論〉四篇,〈指物論〉則缺。此篇難得的解,未能著筆。歷來解〈指物論〉者多矣,皆以爲能得其解。實則如將作者所參加之思想抽掉,原文仍看不出確定的表意。惟陳癸淼君作的疏釋比較自然而順適。但對于該文最後兩句「且夫指固自爲非指,奚待於物而乃與爲指」之疏釋仍有剌謬。甚矣其難解也!陳君之疏釋如將此最後兩句能解得妥當,則將爲一可取之解法。陳君隨從金受申及伍非百以爲此兩句中後一句之「而乃與爲指」,「指」上脫一「非」字,當爲「而乃與爲非指」,是則固可與前句「且夫指固自爲非指」相順承。但如此,便與全篇前文之疏釋相剌謬,陳君亦知之,然其解釋卻不妥當。吾人是否可換一個想法,即並非「而乃與爲指」指上脫「非」字,而乃是「且夫指固自爲非指」句中衍「非」字。或不衍,而是「非」上更脫一「非」字。如是,則此最後兩句是進而說「且夫指固自爲非非指〔指固自爲指〕,奚待

於物而乃與為指！」此是承前文「指非非指也」句而來。如此，若再以「離也者天下，故〔固〕獨而正」之義釋之，似乎當較順適。若曰：若如此，則與前文「天下無物，誰徑謂指」句相衝突。蓋依此前文，則吾人之可說指仍有待于物也。曰：固是。但天下有物而可說指矣，及指一成，則物是物，指是指，指固可自為指，不必有待于物而乃與為指也。有待于物始可說指，但指之成為指並不有待于物也，即物並不是指本身構成之成分。此合于「離」之精神。當然不免迂曲，但並非不通。或許公孫龍心目中即在說此義。通篇皆順首句「物莫非指，而指非指〔＝而指與物非指＝而物指非指〕」之綱領，反覆申說物與指之肯定關係，（物莫非指）以及「物指」（指與物）與指之否定關係（物指非指，指與物非指）。反覆申說已，正式指出「指非非指也，指與物非指也。」繼之，再順「指與物非指」一行申說，並最後順「指非非指〔指是指〕」一行作正面申說，終歸于指與物離，各自獨成。如此，則通篇似亦可有差強人意之順適，只須知「而指非指」句中首指字，當該依據「指與物非指」而改為「物指」即可，原句脫一「物」字也。這固然亦動了一點改動的手術，但此改動是依據原有者而改動，而且亦比其他解釋所動的手術為小，故比較為可取也。動此小術後，此下皆可通，如陳君之疏釋。直至此文末段云：

> 指非非指也，指與物非指也。
> 使天下無物指，誰徑謂非指？天下無物，誰徑謂指？天下有指，無物指，誰徑謂非指？徑謂無物非指？〔案：此順「指與物非指」一行申說。〕

且夫指固自爲〔非〕非指〔固自爲指〕，奚待於物而乃與爲
指！〔案：此順「指非非指也」一行說。〕

此是說指並非不是指，或並非「指非指」，而乃是指與物合而爲
「物指」，才可說「非指」。簡單言之，此兩句是說：指是指，物
指不是指。此亦如說：馬是馬，白馬不是馬。繼之，再申說「指與
物非指」句。假使天下無「物指」（指與物合），誰能逕直說「非
指」呢？有了「物指」，我們始可說「物指非指」。即，乃正是這
物指非指，並非是「指非指」。又，假使天下無物，誰能逕直說指
呢？即，若根本無物，則意指之論謂亦無所施，而指亦不可說矣。
有了物而可說指，而有了指矣。然若無「物指」（指與物合），誰
能逕說「非指」呢？此重申前義。又誰能逕說「無物非指」（物莫
非指）呢？此進而重歸于全文之首句。

繼之，最後再順「指非非指也」一行申說。「且夫指固自爲
指，奚待於物而乃與爲指！」即，指本自爲指，不必待于物參與進
來始成爲指也。指謂述物（物莫非指），然而指之成爲指卻不必有
待于物參進來而始成爲指，即物不是指本身構成之成分。即指是
指，物是物，各自離而獨成一存有也。

如此疏釋，全篇亦甚通順。全文不過說三句：

一、物莫非指；

二、指與物（物指）非指；

三、指是指，物是物。

鄺錦倫君亦有一疏釋文刊在《幼獅月刊》第四十卷第五期。此
文甚美。他的講法大體同于陳癸淼君，而表達義理較爲嚴整。他亦

說「而指非指」句中首「指」字當該是所指之物，即當改爲「物」字。其根據是文中「非指者，天下而〔之〕物，可謂指乎？」以及「天下無指，而物不可爲指也。不可爲指者，非指也。」等句。此與陳君根據「指與物非指」，而改爲「指與物」或「物指」，大致相同。「物非指」，「指與物〔物指〕非指」，乃相隨而推進說者，故皆可也。此外，他有一個眉目很淸的分別，即他點出通篇只反覆申說兩種關係：認識論的關係與存有論的關係。此兩種關係可並存。「物莫非指」是認識論的關係；「物非指」或「指與物〔物指〕非指」是存有論的關係。推之，指是指，物是物，則當是存有論的離獨之反身關係。這個分別甚好，可把篇中的糾纏及反覆申說弄得眉目分明、鰲然可辨。但他疏釋末段「指非非指也，指與物非指也」以下，則又弄得頭緒太多而迷失，而且又把「且夫指固自爲〔非〕非指〔固自爲指〕，奚待於物而乃與爲指！」這最後兩句改成另一種語法，此則不合理。

我今順陳君之講法，對此末段提出另一講法，可使全文無頂撞處。鄺君之文，若再將此末段之文予以如此之修改，將成爲〈指物論〉疏釋中最順適之文，亦是最逼近原義之文。讀者取陳、鄺兩君之文合看，再加上吾以上所提議者，當可理解此一難解之古典矣。吾亦不須再爲之疏釋矣。

吾將名家與荀子連在一起，旨在明中國文化發展中重智之一面，並明先秦名家通過《墨辯》而至荀子，乃爲一系相承之邏輯心靈之發展，此後斷絕而無繼起之相續爲可惜。凡此，吾皆鄭重言之于正文，茲再略提于此，以期讀者之注意。

中華民國六十七年序于九龍

目　次

惠施與「辯者之徒」之怪說

第一節　惠施之名理

一、《荀子·非十二子篇》曰：

> 不法先王，不是禮義，而好治怪說，玩琦辭，甚察而不惠，
> 〔惠當爲急〕，辯而無用，多事而寡功，不可以爲治綱紀，
> 然而其持之有故，其言之成理，足以欺惑愚眾。是惠施、鄧
> 析也。

又《荀子·解蔽篇》曰：

> 惠子蔽於辭而不知實。〔……〕由辭謂之道，盡論矣。

此是荀子從儒家立場，以最早之鄧析與名家中最重要之惠施爲代
表，而概括地責斥「治怪說玩琦辭」者。若內在于名理而觀之，則
自最早之鄧析，以及後來之惠施、公孫龍，下及《墨辯》，甚至荀

子之〈正名〉，皆爲一系相承者，實皆有其價值，亦各有其面貌，
不可獨是自己之正名，而非他人之察辯也。

二、莊子與惠施爲友，故莊子之論較爲中肯。

《莊子‧徐無鬼》篇記莊子傷惠施之死曰：

> 郢人堊慢其鼻端若蠅翼，使匠石斲之，匠石運斤成風，聽而
> 斲之，盡堊而鼻不傷，郢人立不失容。宋元君聞之，召匠石
> 曰：嘗試爲寡人爲之。匠石曰：臣則嘗能斲之。雖然，臣之
> 質死久矣！自夫子之死也，吾無以爲質矣。吾無與言之矣！

惠子似較莊子爲年長。兩人甚談得來，必有相契處。惠施是莊子所
與言之「質」，惠施死，無可與言矣。

三、兩人雖有相契處，然莊子之境界與造詣自以爲高于惠施，
彼甚爲惠施惜而悲之，蓋慨嘆其不至于道也。

〈天下〉篇曰：

> 惠施多方，其書五車，其道舛駁，其言也不中。〔……〕
> 惠施以此，爲大觀於天下，而曉辯者。天下之辯者相與樂
> 之。〔……〕
> 辯者以此與惠施相應，終身無窮。桓圍公孫龍辯者之徒，飾
> 人之心，易人之意；能勝人之口，不能服人之心。辯者之囿
> 也。惠施日以其知，與人辯，特與天下之辯者爲怪。此其柢
> 也。然惠施之口談，自以爲最賢，曰：天地其壯乎！施存雄
> 而無術。〔……〕

南方有倚人焉，曰黃繚，問天地所以不墜不陷，風雨雷霆之
故。惠施不辭而應，不慮而對；徧爲萬物說，說而不休，多
而无已，猶以爲寡，益之以怪。以反人爲實，而欲以勝人爲
名，是以與眾不適也。

弱於德，強於物，其塗隩矣。由天地之道，觀惠施之能，其
猶一蚉一蝱之勞者也。其於物也何庸！

夫充一尚可曰愈，貴道幾矣。〔此句難解，亦有不同之標
點。〕惠施不能以此自寧，散於萬物而不厭，卒以善辯爲
名。惜乎惠施之才！駘蕩而不得，逐萬物而不反，是窮響以
聲，形與影競走也。悲夫！

此爲莊子對于惠施既惜且悲之總評。然兩人又有相契者，是則惠施
之名理必有不同于當時之辯者處。惠施之善辯，蓋欲以其較高之解
悟，（于此與莊子相契），克服當時流俗之辯者。然則惠施在名理
上較高之解悟爲何？

　　四、〈天下〉篇：

惠施多方，其書五車，其道舛駁，其言也不中，厤物之意
曰：

〔四·一〕至大無外，謂之大一；至小無內，謂之小一。

〔四·二〕無厚不可積也，其大千里。

〔四·三〕天與地卑，山與澤平。

〔四·四〕日方中方睨，物方生方死。

〔四·五〕大同而與小同異，此之謂小同異；萬物畢同畢

〔四‧五〕 異，此之謂大同異。

〔四‧六〕南方無窮而有窮，今日適越而昔來：連環可解
也。

〔四‧七〕我知天下之中央，燕之北越之南是也。

〔四‧八〕氾愛萬物，天地一體也。

此共八事。馮友蘭于四‧六條分爲三事，共成十事，非是。
（參看其《中國哲學史》，頁249-250）。茲將此八事疏解如下：

四‧一　至大無外，謂之大一。至小無內，謂之小一。

「大一」是「至大之整一」，「小一」是「至小之整一」。「至
大」以「無外」定，「至小」以「無內」定。此種規定是形式的規
定，或邏輯的規定。至于事實上有無合乎這種規定的至大者或至小
者，則頗難說。例如現實的宇宙可謂至大矣，但是否是這種無外之
至大，則不能定。因爲現實宇宙是事實問題，而凡屬於事實問題
者，皆訴諸經驗，而吾人之經驗如想對現實宇宙作總持的表象，以
決定其至大究是有外抑無外，乃不可能者，此即表示此乃超出吾人
之經驗以外，吾人對之不能有確定之知識者。而自理上言之，現實
宇宙其大是有外之大，是可能者；是無外之大，亦是可能者。因俱
不矛盾故。而究是有外，抑無外，則不能知。康德在《純粹理性批
判》中，即明此兩種相反之意見，俱可證明，然而卻是矛盾者。如
是矛盾，則必有一爲假。如是，彼進而明此兩種證明俱有一種幻象
在內，如實言之，乃不能證明者。此即表示吾人之理性順經驗之路
進，乃不能孤總宇宙，而表象其爲有限抑無限者。但不管現實上有

無這種無外之至大，而惠施總可給「至大」以邏輯的定義。此種定義所定者乃是「至大」之模型。此為名理之談。至于落于具體現實上，有無合乎此種模型之至大，如有之，如何而可能，則是形上學之問題。

關于「至小」亦然。幾何上之「點」似乎合乎此無內之至小。因歐氏幾何定點為「無部分無量度」。此即無內也。但歐氏幾何又說：集無窮數如此之點，可成一條有長度而無寬度之線。但既無內，如何能成有長度之線，乃不可解者。懷悌海博士（Dr. A. N. Whitehead）想用一種辦法將點規定為有量點，線面亦復如此。此即較為一律。但此種實在論之立場，視點、線、面、體俱為一種邏輯構造品，恐不合純幾何學之原義。故吾曾順來布尼茲（G. W. Leibniz）之思路，視點、線、面、體俱為一種純形式的程態概念（modal concept），俱為無量者。亦不視線為無窮數之點所構成。無內之點就是無內者，它不是一個量概念，而是一個純形式的程態概念。線面等亦復如此。吾名如此所論者為幾何學第一義，此純為理念主義之立場。而懷氏所論者，吾名之曰幾何學第二義。詳論見吾《認識心之批判》，此不能詳。而惠施以「無內」所定之至小（小一），吾人即可視為「至小」之模型，亦非有量者。因如其有量，無論如何小，亦必是有內者。是以由無內所成之定義，必迫使「至小」為一純形式之程態概念。此程態概念之「至小」，對現實之小而言，亦可是小之模型。現實上之至細至小者，皆非此模型之自身。

與惠施相契，而稍後於惠施之莊子，以及莊子系之哲人，則承此至大至小之討論，撇開名理上之形式定義，而自具體真實之境

上，即道之境界上，超越此大小（此大小是絕對的大、小，而不是相對的大、小），而至不可言說、不可思議之渾一。《莊子‧秋水》篇云：「河伯曰：然則吾大天地，而小毫末可乎？北海若曰：否！夫物、量無窮，時無止，分無常，終始無故。是故大知觀於遠近，故小而不寡，大而不多：知量無窮。證曏今故，故遙而不悶，掇而不跂：知時無止。察乎盈虛，故得而不喜，失而不憂：知分之無常也。明乎坦途，故生而不說，死而不禍：知終始之不可故也。計人之所知，不若其所不知。其生之時，不若未生之時。以其至小，求窮其至大之域，是故迷亂而不能自得也。由此觀之，又何以知毫末之足以定至細之倪？又何以知天地之足以窮至大之域？」依莊子，毫末顯不足以定「至細」，天地亦不足以定「至大」。然則人之「大天地而小毫末」，甚無謂也。彼亦不斤斤于名理上至大之模型與至小之模型之如何定。彼意在渾化此大小之別，而至無大無小之渾一，此即真實而具體之無限。在此理境中，則「小而不寡，大而不多」，此即無大無小；「遙而不悶，掇而不跂」，此即不遠不近；「得而不喜，失而不憂」，此即無得無失；「生而不說，死而不禍」，此即無生無死。若不至此真實無限之境（此「真實無限」方是真實的至大，不是形式定義所表示之至大），處於對待之中，以己有對之小智，求窮至大之域，必「迷亂而不能自得」。故以毫末為小，以天地為大，甚無謂也。蓋猶處于對待計慮之中也。故下即繼之曰：「河伯曰：世之議者，皆曰至精無形，至大不可圍，是信情乎？〔案：此即指惠施等辯者之徒而言〕。北海若曰：夫自細視大者不盡，自大視細者不明。夫精、小之微也；垺、大之殷也，故異便。此勢之有也。夫精粗者，期於有形者也；無形者，

數之所不能分也；不可圍者，數之所不能窮也。可以言論者，物之粗也；可以意致者，物之精也；言之所不能論，意之所不能察致者，不期精粗焉。」言、意以外，無精無粗，亦即無形，非數所及。此曰至小可，而至小不與大對；曰至大亦可，而至大不與小對：故無小無大也，此謂眞實之「不可圍」，即具體而眞實之無限（real infinite）。惠施無外之至大，雖亦「不可圍」，然因是形式的、名理上的，故亦是抽象的，非此無小無大之眞實無限之不可圍也。此是兩層，由惠施之名理，而進于莊子之玄理，則技也而進于道矣。名理是邏輯的，玄理是辯證的。故惠施之名理，就其所談者之思理與傾向言，（此與公孫龍不同），易消融于莊子之玄理，此兩人之所以深相契，而莊子又深惜乎惠施也。

四・二　無厚、不可積也。其大千里。

「無厚」，如照歐氏幾何言，則面即是無厚者，即只有寬度，而無深度。無厚即不可積，此即表示有厚之體，不能由無厚之面而積成。如是，此無厚而不可積之面，亦必是一純形式之程態概念。但若如此解，則「其大千里」，便不好說。其意似是：此程態概念之面雖是無厚而不可積，然若向現實上有厚之面應用，則有厚之面無論如何大，亦總可隨其伸展而用得上。現實上有厚之面是有量度的，其量度無論有限或無限，模型之面總可適用。程態概念之面，對現實有厚之面言，亦可是一種模型。惟此模型之面，始有此伸縮性，而無限量，故雖不可積，而「其大千里」也。「其大千里」不是表示「定量」之辭，（即不是說一定是千里），亦不是指示「實量」之辭，（即不是指一有千里之大之實量），而乃是虛說其無限

量也，豈止千里而已。定量實量是在有厚之面上，而此模型之面，則無定量實量，然可隨有厚之面，而同其伸展，此即其大無限量也。故無厚不可積之面，如眞維持其爲一程態概念，則其爲大，必是關涉著有厚可積之面，而隨其伸展，而爲無限量之大，不是定量實量之大。如是定量實量，則必須有厚，此則與「原是無厚」相矛盾者。

陸德明《經典釋文》引晉人司馬彪云：「物言形爲有，形之外爲無。無形與有，相爲表裡。故形物之厚，盡於無厚。無厚與有，同一體也。其有厚大者，其無厚亦大。高因廣立，有因無積，則其可積，因不可積者。苟其有積，何但千里乎！」案：此解亦頗有意義，可供參考。此解先有形無形對翻。有形爲有，形物之有；無形爲無，有外之無。此無似是虛空，空的空間（void, empty space）。故此有無對翻，不是道家所言之有無。「無形與有，相爲表裡」，「無厚與有，同一體也」，是則空的空間之長、寬、高（厚），是因有形之物之長、寬、高而成。此「成」即實量化、定量化之意，而其本身固無實量定量也。此即因形物之長、寬、高而得一限定也。故云：「其有厚大者，其無厚亦大」。（厚只是一例，長、寬皆然）。反之，有形之物之長、寬、高必因有空的空間，而始容其伸展。此所謂「高因廣立，有因無積」也。「有因無積」，言有形之物之或長、或寬、或高，皆因有虛空之空間，而始能累積成，或伸展成也。故云：「則其可積，因不可積者」。空的空間本身，則既無長，亦無寬，亦無高（厚），此即爲「不可積」。可積者皆有形物之有長、寬、高者也。苟其因不可積者而可積，則其可積之量何止千里！此解「其大千里」，似是就可積者

言，不合原意，于理亦不順。故此句當為「苟其可積，則不可積者，何但千里乎！」如此，則語意方顯而確，而與上文「其有厚者大，其無厚亦大」亦相貫通。此言可積者無論如何大，不可積之空間因總可容受之，而亦必為無限量之大。故「其大千里」，乃虛說之辭，其實「何但千里乎！」此顯指不可積者言，如此始有意義。若指可積者言，則成無意義之贅辭。

此解是由「無厚」，而顯示一虛的空間，無厚只是一端，無長、無寬俱在內。而「其大千里」之大，則必關涉有形之有厚者，而為無限量之大，則與吾解同。此解亦通。虛的空間，若予以幾何學之表象，則點、線、面、體俱為純形式之程態概念，由此作解亦可通。從虛的空間方面說，是存有地說；從幾何概念方面說，是邏輯地說。兩解相容而不相悖，而亦同一思理也。

四‧三　天與地卑，山與澤平。

天無所謂在上，地無所謂在下；山亦無所謂高，澤亦無所謂低。此主要在泯除因比較而顯之上下高低等之差別相。比較必立一標準，而標準之立是主觀的，原無定準，因比較而顯之上下高低是關係詞，原是虛概念，本非一物之屬性。如果標準不立，則比較不成，而關係亦泯。如果立一相反之標準，則一切比較皆可顛倒。順是而言，則天地山澤，本無所謂上下高低也。順約定俗成，以天為上，以地為下。若全反之，而曰地上天下，亦無不可。甚至謂天與地同其卑下，地與天同其高上，亦無不可。說「天與地卑」，不是在一標準下實然肯定之辭，而乃是一遮撥之辭，意在明天地無所謂高下也。（標準無定準，比較所顯為虛詞。）此純為名理之談。至乎莊

子,則承風接響,自修道之立場,遂視一切比較所顯之差別相,皆
為虛妄,皆足成執,故必超越而化除之,然後始可至渾一之境,此
即所謂逍遙齊物也。此則由名理而進入玄理矣。名理是形式地談、
純理地談、玄理則是主觀修證地談,具體地說。莊子雖惜乎惠施,
而不能不受其啟發。名理之辨是智者之初步開擴(開拓理境);玄
理之證,則是達者之進一步的圓融。然而程明道云:「愚者指東為
東,指西為西,隨像所見而已;智者知東不必為東,西不必為西。
惟聖人明于定分,須以東為東,以西為西。」此方是到家圓成之
言,最後一切歸于平平,此是儒者「性理」之慧。「智者知東不必
為東,西不必為西」,此智者有兩型:一是惠施,名理之談是也;
一是莊子,玄理之證是也。然而莊子只向「泯除差別顯渾一」
趣,不能成就差別相,猶未至乎「聖人明乎定分」之境也。此道家玄理
之所以終于一間未達也。

　　名理,玄理,性理,各有其理境,不可不察也。

四·四　日方中方睨,物方生方死。

此是從至變以明差別對立之不能立。由此而言,一切是在變之「成
為過程」(becoming process)中,並無「是」(to be)可言。一
切是而不是:日剛剛中,即剛剛不中;物剛剛生,即是剛剛死。依
此,時間之三世不立,生死之對立不立。此與前條已進入惠施之
「合同異」矣。《莊子·齊物論》言「彼是莫得其偶」,即明彼
此、是非之對偶性不能成立也。對偶性不能成立,則彼此、是非皆
站不住,因而可消融而為一也。故云:「彼是〔此〕莫得其偶,謂
之道樞」。言此一機竅是道之樞紐(或樞要)也。〈齊物論〉云:

「彼出於是,是亦因彼。彼是,方生之說也。雖然,方生方死,方死方生;方可方不可,方不可方可。」此「方生之說」顯然是發自惠施。而莊子即承之而爲玄理之談矣。積極之名理家,如公孫龍及《墨辯》,皆必定彼此,明是非(詳見另篇)。而莊子則承接惠施之名理而必化彼此,消是非。然則惠施與公孫龍雖同爲善辯之士、名家之中堅,然兩人之名理與思理皆有不同。公孫龍之名理是「邏輯域」,其思理是向往「存有」;而惠施之名理是傾向于「辯證域」,其思理是向往「變」,而至「合同異」之一體。故惠施之名理易消融于莊子之玄理,而公孫龍則獨闢一境,此在中國爲特殊,故其理境不易消化,因而流于枯萎也。

四‧五　大同而與小同異,此之謂小同異。萬物畢同畢異,此之謂大同異。

大同與小同之間的差別,曰小同異。小同異即相對的同、異。「萬物畢同畢異」,曰大同異。大同異即絕對的同、異。如果不只籠統地泛說,此將如何明其實義?案:小同異,切實言之,即綱目層級中之同異。例如人與人之間爲大同,人與動物之間即爲小同。人與動物之間爲大同,人與草木瓦石之間即爲小同。中國人與中國人之間爲大同,中國人與歐洲人之間爲小同。北方人之間爲大同,北方人與南方人比即爲小同。此中之「同」即相似性或同一性(similarity, sameness, or identity)。「大同」即其相似性的程度很大,小同即其相似性的程度稍差。「大同」亦可以說其相似點很多,「小同」亦可以說其相似點較少。此種「同」之大小或多少皆是比較而言,故是相對的;又是抽出某一點或若干點而言,故是抽

象的。無論大同或小同,其中皆含有一種異,即差異點、不相似性。既是比較的大同,同中自不能無異。大同是同性大或多,異性即比較地小或少。小同是同性小或少,異性即比較地大或多。無論同或異,皆是比較的,故總是在層級中。此種綱目層級中的同或異,惠施即名曰「小同異」。(就同屬一目言,相似性大。就異目而同屬一綱言,相似性小。此可層層向上,亦可層層向下。故曰綱目層級。)

萬物畢同,此是「大同異」中絕對的同;萬物畢異,此是「大同異」中絕對的異。畢異落在何處說?曰:落在個體處說。自個體而言,則個個不同。自抽象之某一面說,儘管有相同處,然孤總而論每一存在的個體自身,則個個不同。此即來布尼茲所說:「天下無兩滴水完全相同者」。此即為絕對的異。「畢異」之「畢」,是「皆」義,或「都」義,意指一切個體皆個個不同。此不是說:皆不完全相同;亦不是說:皆完全相異。乃只是說:無兩個體完全相同者;此即是說:一切個體皆總有異。「不完全相同」是對于「完全相同」的否定,此表示相同中有異性,此正好是屬于小同異。「皆完全相異」是說相異的程度已至極高度。但「畢異」不函此義,即畢異不涉及其異之程度,只要有一點異,便足以標識個體不同。故「萬物畢異」,既非「萬物不完全相同」,亦非「萬物完全相異」,乃只是「萬物個個皆不相同」,至于其不相同之異之程度,則不在此陳述內。完全相異、不完全相異、完全相同、不完全相同,皆是同異之程度問題。一涉及程度,便是小同異中之同異。但此畢異,則是大同異中之絕對的異,故只是異,而不涉及程度之比較也。

至于「萬物畢同」之畢，則須有不同之了解。畢同不是說萬物（個體）皆同也。因就個體言，明皆不同故。如于此又言同，則自相矛盾。故此「畢同」決不能落在存在的個體自身上說。乃是說：萬物皆同于一同。此並非說：皆完全相同。亦非說：皆完全無異。乃只是說：萬物皆在一絕對普遍性中而合同，此是從普遍性言，不是從個體性言。不是萬物皆同，乃是萬物皆因分得一普遍性，而成其為同，或者皆于此普遍性而得「合同」。就其因普遍性皆得「合同」言，亦不涉及同之程度，故亦可曰「絕對的同」。畢同落于普遍性上說，畢異落于個體性上說。就個體言「萬物皆異」，不函說：「皆完全相異」，亦不函說：「不完全相同」。對普遍性言，「萬物皆因一絕對普遍性而得一同義」，不函說：「萬物（就其為個體）皆同」，亦不函說：「皆完全相同」，亦不函說：「皆不完全相異」。故畢同畢異字面上句法完全相同，然其意指卻完全不同，不可不察也。

此種畢同畢異，可因綱目層級中之層層向上，而至一最高之綱，得一最高之普遍性，因而使萬物皆同于此，而成其為畢同；亦可因層層向下，而達至個體，因而說無兩物完全相同，此即所謂畢異。（畢異：無兩物完全相同。畢同：萬物皆同一于一絕對普遍性。）

以上為純名理地談。唯畢同方面尚可進而至于玄理地談。（畢異方面較簡單。）《莊子‧德充符》：「自其異者視之，肝膽楚越也。自其同者視之，萬物皆一也。」莊子總是自玄理言，亦總是自主觀修證上言，故不甚注視客觀存在方面個體之不同，亦不甚注視客觀方面絕對普遍性之同，故其所說之「異」是肝膽楚越，此種

「異」不是純理說的個個不同之異，乃是因個個不同而起執著，因而此疆彼界互相敵對，不能相忘相得，得大自在，故雖肝膽，亦若楚越。此種異，實是主觀執著之差別相。不是客觀地辨如何異、如何同。故泯差別相，不起執著，相忘相得，即是渾同之一。「自其同者視之，萬物皆一也」。此「同」好像亦不是客觀的絕對普遍性之同，即或有此意義，亦因之而轉化為渾同之同，不起差別見之同。故因此同，而至「萬物皆一」，此「一」亦不是同一于普遍性之「一」，而乃是渾一之一，玄一之一，亦即「天地與我並生，而萬物與我為一」之「一」、「惟達者知通為一」、「既已為一矣，且得有言乎！」，故此一乃不可思議、不可言說之一。此是玄理之大同異，結果是無同無異。無同無異，是謂至同，亦即玄同。此是玄理之進于名理處。惠施之談大同異，是名理地談，亦是客觀地談；而莊子則進一步，是玄理地談，亦是主觀修證地談。莊子之心靈固根本不同于惠施，但惠施之名理確可啓發莊子之玄理。名理與玄理之間有相當之距離。即就本條言，吾人尚不能完全以莊子玄理之合同異，解惠施名理之合同異也。名理之合同異，最後還是有同有異。其所合者，至多是相對的小同異。絕對的同與絕對的異，仍不能泯滅也。

〈德充符〉之言，郭象注云：

〔……〕夫因其所異而異之，則天下莫不異。而浩然大觀者，官天地，府萬物，知異之不足異，故因其所同而同之，則天下莫不皆同；又知同之不足有，故因其所無而無之，則是非美惡，莫不皆無矣。夫是我而非彼，美己而惡人，自中

知以下，至於昆蟲，莫不皆然。然此明乎我而不明乎彼者爾。若夫玄通泯合之士，因天下以明天下，天下無曰我非也，即明天下之無非；無曰彼是也，即明天下之無是。無是無非，混而爲一，故能乘變任化，迕物而不慴。

此猶符合莊子之玄理，文中「因其所異而異之」，「因其所同而同之」云云，顯然是套自〈秋水〉篇：「因其所大而大之，則萬物莫不大；因其所小而小之，則萬物莫不小。〔……〕因其所有而有之，則萬物莫不有；因其所無而無之，則萬物莫不無。〔……〕因其所然而然之，則萬物莫不然；因其所非而非之，則萬物莫不非。」然而「因其所異而異之，則天下莫不異。〔……〕因其所同而同之，則天下莫不皆同」，並不必即同于「萬物畢同畢異」。此明莊子玄理之合同異可，而不必能明惠施名理之合同異。故即以此解惠施之畢同畢異不可。

四‧六　南方無窮而有窮，今日適越而昔來：連環可解也。

案：此條歷來皆作三句獨立解，即連環可解也，亦作獨立一句解。吾看似並不如此。此條說：南方無窮而有窮，今日適越而昔來，此兩句表面上皆是自相矛盾之辭。然惠施暗示之曰：雖似矛盾，而實「連環可解也」。「連環可解」亦猶〈天下〉篇前文述莊子「其書雖瓌瑋，而連犿無傷也」，言連環宛轉而可通也，故「連環可解」是提示語，並非獨立一事。〈天下〉篇述惠施「歷物之意」，自「至大無外」起，無單辭成一事者，皆是若干句合成一小段，爲一意，此與下文「卵有毛」等不同。故此條三句當爲一起，而主要

是表面為矛盾之兩句所表之意。吾意當惠施說此兩句時，心中實有一圓圈之洞見，此即「連環可解」一提示語之所由來（詳見補注）。

「南方無窮而有窮」，此南方自不限于中國之江南，或再南至江南以南，乃是就全宇宙而言，故是無窮的。此若直線思考，則「無窮而有窮」自是矛盾。但若視宇宙為圓球，曲線思考之，則不矛盾，故曰：「連環可解也」。向南直走，隨圓形而又轉回來，故無窮而有窮，此顯然有一種圓圈之洞見，此洞見，也可以說是想像，有一最佳之例證，即今日之相對論視宇宙為「無邊而有限」（boundless but finite），從無邊界言，是無窮；從有限言，是有窮。故「無窮而有窮」，如真連環可解，非是圓形不可。

但是，「今日適越而昔來」，則並不如此顯明可解。初次驀然一見，似乎也是連環可解，再細一想，似乎又並不連環可解。因為今日開始適越，向南或北，或任何方向走，雖可隨圓形而又轉回來，好似依然故吾，眼前即是，所謂「眾裡尋他千百度，驀然回首，那人卻在燈火闌珊處。」然而時間卻正是不可逆轉的一向（irreversible），並不能隨空間之圓而顛倒時序。時間可以隨空間之圓而圓流，然過去、未來、現在，總不可逆轉。如果我們默想時空合一，想眼前適越之時與地，再隨圓形轉回來而至越處，想所至之越原有之時與地，則似乎亦可說「今日適越而昔至」，因為越原在那裡，已有其空間與時間，是以當吾至越之時，或今日適越之時，亦可說即是昔至也。但實則並不可如此說，因為我默想客觀圓形宇宙本身的時空（或越本身的時空），是一回事，而我之「自今日起開始適越」之實際行動，又是一回事：此兩者並不可混。我想

當惠施說此句時，心中似有一矇矓之直覺，認爲時間方面亦如空間方面，亦是連環可解。但實則並不如此。其所以認爲連環可解者，是因不自覺中有一種混擾之移置：移時作空，混我之實際行動之時空過程，而爲客觀存在之時空過程，即混行動爲默想。吾亦常有此錯誤之直覺，認爲此詭辭實有妙處，當惠施說此詭辭時，必甚得意，故以爲「連環可解也」。而其實是一錯覺。然而亦不可因其是錯覺，便直認其爲詭辯。亦不可因此句是錯覺，便抹殺其圓圈之洞見，而認「連環可解」一句爲獨立之一事。

歷來對于此條，因爲分成三事，故向無善解，或語句雖有意義，而不相干；或語無倫次，根本不成義理；或簡直是莫知所云，有字無義。試看以下各家之解析：

1.成玄英疏「南方無窮而有窮」云：「知四方無窮，會有物也。形不盡形，色不盡色，形與色相盡也。知不窮知，物不窮物，窮〔當爲知〕與物相盡也。只爲無厚，故不可積也。獨言南方，舉一隅，三可知也。」此即語無倫次，根本不成義理。

2.《釋文》引司馬云：「四方無窮也」。此根本未成解。引李頤云：「四方無窮，故無四方。上下皆不能處其窮，會有窮耳。」又引：「一云：知四方之無窮，是以無無窮。無窮也。〔案：此句似當爲「無無窮，有窮也」。〕形不盡形，色不盡色，形與色相盡也；知不窮知，物不窮物，知與物相盡也；獨言南方，舉一隅也。」案：此最後不知名氏之一說即成疏之所本。即李頤之說亦根本不成解。

3.馮友蘭云：「普通人所至之處有限，故以南方爲無窮。然此井蛙之見也。若從至大無外之觀點觀之，則南方之無窮實有窮

也。」（《中國哲學史》，249頁）案：此決非惠施說此句之原
義。若如馮氏所解，則惠施似單在破斥以江南之南為無窮者。一般
人亦不至如此之愚蠢，而惠施亦何至如此之無聊！

1.1成玄英疏「今日適越而昔來」云：「夫以今望昔，所以有
今；以昔望今，所以有昔。而今自非今，何能有昔？昔自非昔，豈
有今哉？既其無昔無今，故曰今日適越而昔來可也。」此雖成義
理，但不成解。亦不可到處用佛家破三時之觀念。此即根本不相
干。

2.1《釋文》解此句云：「智之適物，物之適智，形有所止，
智有所行，智有所守，形有所從，故形智往來，相為逆旅也。鑒以
鑒影，而鑒亦有影，兩鑒相鑒，則重影無窮。萬物入於一智，而智
無間；萬物入於一物，而物無朕〔朕〕。天在心中，則身在天外；
心在天內，則天在心外也。遠而思親者往也，病而思親者來也。智
在物為物，物在智為智。」此似乎有一種道理，但於解此句，完全
不相干。又引司馬云：「彼日猶此日，則見此猶見彼也。彼猶此
見，則吳與越人交相見矣。」此亦根本不相干，只是亂說一氣，不
成義理。

3.1馮友蘭解此句云：「〈秋水〉篇云：夏蟲不可以語于冰
者，篤于時也。若知『故不暫停，忽已涉新，則天地萬物無時而不
移也。』郭象注〈大宗師〉文，假定今日適越，明日到越，而所謂
明日者，忽焉又為過去矣。故曰「今日適越而昔來」也。此條屬於
詭辯。〔……〕」（《中國哲學史》，249頁）。此用「故不暫
停」，今即是昔，作解，此顯然不成其為解。此條固是詭辭
（paradox），但不即是詭辯（sophistic）。認其為詭辯者，乃因以

「時不暫停」作解，根本不相應也。

1.2成玄英疏「連環可解也」云：「夫環之相貫，貫於空處，不貫於環也。是以兩環貫空，不相涉入，各自通轉，故可解者也。」案：此將「連環」解作兩個環。「兩環貫空，不相涉入」，此自是隨便說，不成義理。

2.2《釋文》引司馬云：「夫物盡於形，形盡之外則非物也。連環所貫，貫於無環，非貫於環也。若兩環不相貫，則雖連環，故可解也。」此與成疏同，即成疏之所本。

3.2馮友蘭解云：「《莊子・齊物論》曰：『其分也，成也。其成也，毀也。』『日方中方睨，物方生方死。』連環方成方毀，現為連環，忽焉而已非連環矣。故曰：連環可解也。」（《中國哲學史》，250頁）。案：此即莫知所云，有字無義。能解則解，置之而已，焉可隨意亂扯。

綜觀以上三條九解，無一可通。視作三事，根本非是。

四・七　我知天下之中央，燕之北，越之南是也。

案：此明是圓形之宇宙，燕本在北，越本在南，若由燕向南，由越向北，則兩端相湊，即得中央，此是通常之想法。今偏不如此，不相向而湊，乃背反而馳，燕在北，即由北而北；越在南，即由南而南。若是直線則只能拉長，焉得知天下之中央！今知天下之中央，在燕之北，越之南，則其為圓形可知。此為背反而湊，非相向而湊也，此亦「連環可解也」。

四‧八　氾愛萬物，天地一體也。

惠施之思理傾向于合同異，由名理之談，開拓吾人之理境、豁達吾人之心胸，嚮往于大、同、平、圓，故主「氾愛萬物，天地一體也。」此語是其名理落于人生上之綜結。此語本身並非名理，即不在「歷物之意」中。

　　其名理既嚮往于大、同、平、圓，故〈天下〉篇云：「惠施以此，為大觀於天下，而曉辯者。」當時之辯者，見惠施如此，群起響應，有隨其思理而引申者（雖不免歧出而怪），有在對辯中而別闢思理者，此如公孫龍，因此遂有〈天下〉篇所記之怪說二十一事。

第二節　惠施與「辯者之徒」之公孫龍以及〈天下〉篇之怪說二十一事

〈天下〉篇于舉惠施「歷物之意」八事下即繼之曰：

惠施以此為大觀於天下，而曉辯者。天下之辯者相與樂之：
卵有毛。雞三足。
郢有天下。犬可以為羊。
馬有卵。丁子有尾。
火不熱。山出口。
輪不蹍地。目不見。
指不至，至不絕。龜長於蛇。

矩不方，規不可以爲圓。 鑿不圍枘。

飛鳥之景，未嘗動也。 鏃矢之疾，而有不行不止之時。

狗非犬。黃馬驪牛三。

白狗黑。孤駒未嘗有母。

一尺之捶，日取其半，萬世不竭。

辯者以此與惠施相應，終身無窮。桓團、公孫龍辯者之徒，飾人之心，易人之意，能勝人之口，不能服人之心。辯者之囿也。

據此，惠施先以「善辯」爲大觀于天下，而「桓團、公孫龍辯者之徒」復以上列二一條與「惠施相應」。此二一條，如果都視作定然的陳述，而且都有相當的表意，則是否都可視爲桓團、公孫龍之主張，亦有問題。至少〈天下〉篇的作者已不能分別清楚，都籠統地歸屬于「桓團、公孫龍辯者之徒」。桓團今已無可考。至于公孫龍，則似有一定之思理。此二一條似乎不可皆視爲屬于公孫龍之思理。

《荀子·不苟篇》云：「山淵平、天地比、齊秦襲、入乎耳，出乎口、鉤有鬚、卵有毛，是說之難持者也，而惠施、鄧析能之。」荀子所舉與〈天下〉篇所列之一部相類，而歸之于惠施與鄧析。此自與鄧析無關，實則只歸諸惠施也。荀子于〈非十二子篇〉斥惠施、鄧析爲「好治怪說，玩琦辭。」然則茲〈不苟篇〉所舉以及上列二一條皆所謂「怪說琦辭」者也。荀子歸之于惠施，而〈天下〉篇則歸之于桓團、公孫龍。〈天下〉篇說「辯者以此與惠施相應，終身無窮。」但下文復說「惠施日以其知與人辯，特與天下之

辯者為怪。」辯者與惠施相應，此相應亦可是對立之應，亦可是應和之應。然則上列二一條至少有一部分，如荀子所舉者，可歸于惠施，或至少與惠施有相當之關係。惠施據上節八事觀之，自有其思理，而公孫龍據下第四節觀之，亦自有其思理。然則上列二一條可能有一部分是屬于惠施系，一部分是屬于公孫龍系。惠施之思理，可以「合同異」名之；公孫龍之思理，可以「離堅白」名之。

《莊子·秋水》篇：

> 公孫龍問於魏牟曰：「龍少學先王之道，長而明仁義之行。合同異，離堅白。然不然，可不可。困百家之知，窮眾口之辯。吾自以為至達已。今吾聞莊子之言，汒焉異之。不知論之不及與？知之弗若與？今吾無所開吾喙。敢問其方。」公子牟隱机太息，仰天而笑曰：「〔……〕且夫知不知是非之竟；而猶欲觀於莊子之言，是猶使蚊負山，商蚷馳河也，必不勝任矣。且夫知不知論極妙之言，而自適一時之利者，是非坎井之鼃與？且彼方跐黃泉，而登大皇。無南無北，奭然四解，淪於不測；無東無西，始於玄冥，反於大通。子乃規規然，而求之以察，索之以辯，是直用管闚天，用錐指地也，不亦小乎！子往矣！且子獨不聞夫壽陵餘子之學行於邯鄲與！未得國能，又失其故行矣，直匍匐而歸耳！今子不去，將忘子之故，失子之業。」公孫龍口呿而不合，舌舉而不下，乃逸而走。

自莊子觀之，惠施且不行，何況公孫龍！蓋公孫龍之思理更遠于莊

子也。茲不論此，茲所欲注意者，即〈秋水〉篇之作者已籠統地將「合同異，離堅白」皆歸諸公孫龍，此自局外人籠統如此說，不注意其內部之分別，實則公孫龍只「離堅白」，並不「合同異」。「合同異」乃惠施之說也。

近人馮友蘭氏即依據此兩種思理，將〈天下〉篇所存之二一事，重新整理，分爲兩組：

1.卵有毛。

2.郢有天下。

3.犬可以爲羊。

4.馬有卵。

5.丁子有尾。

6.山出口。

7.龜長于蛇。

8.白狗黑。

以上八條屬于「合同異」組。

1.雞三足。

2.火不熱。

3.輪不蹍地。

4.目不見。

5.指不至，至不絕。〔一作：指不至，物不絕。〕

6.矩不方，規不可以爲圓。

7.鑿不圍枘。

8.飛鳥之景未嘗動也。

9.鏃矢之疾，而有不行不止之時。

10.一尺之捶，日取其半，萬世不竭。

11.狗非犬。

12.黃馬驪牛三。

13.孤駒未嘗有母。

以上十三條屬于「離堅白」組。（《中國哲學史》，269頁）。

　　但須知此種分法亦只似乎大體有此傾向，並不能確定其盡然，亦不能確定其必然。蓋此二一事皆是單辭孤義，並無理由。即使視為一種陳述，而且亦認為有相當之表意，然因不知其何所據而云然，則亦不能有確定之意義，因亦不能決定其必屬于何組也。關于此點，馮友蘭亦知之。彼曰：「辯者之書，除《公孫龍子》存一部分外，其餘均佚。今所知惠施及其他辯者之學說，僅《莊子‧天下》篇所舉數十事。然〈天下〉篇所舉，僅其辯論所得之斷案，至所以達此斷案之前提，則〈天下〉篇未言及之。自邏輯言，一同一之斷案，可由許多不同之前提推來。吾人若知一論辯之前提，則可推知其斷案。若僅知其斷案，則無由定其係由何前提推論而得，其可能的前提甚多故也。故嚴格言之，〈天下〉篇所舉惠施等學說數十事，對之不能作歷史的研究，蓋吾人可隨意為此等斷案，加上不同的前提而皆可通，注釋者可隨意與以解釋，不易斷定何者真合惠施等之說也。」（《中國哲學史》，239-240頁）。

　　然若吾人真能知惠施之思理是「合同異」，公孫龍之思理是「離堅白」，則對于此二一事可得一理解之線索，因而亦可增加此二一事之表意性，使之更能表意，並使其所表之意更有較確定之範圍，而不至漫蕩氾濫可完全隨意予以解析也。即如吾上節解析惠施之八事，即已含有若干標準必須遵守，有若干界線不可踰越：

1.須能相應。因原句總有相當表意，須對應原意而解析之，不能「不相干」。

2.解析語句須能表意，成義理，即成個觀念，成個說法。

3.須能就原意而完成之。

4.須明有關義理之分際，多方比論，而觀其何所是，庶免含混搖擺，似是而非。

5.可解者解，不可解者置之。不可強解，不可曲說。因原句本有根本不表意者，（惠施八事尙不見有此，下二一事中即有之），或雖有表意，而說者本人即不淸楚，或有錯覺。

試本此五條界線，將〈天下〉篇怪說二一事，順馮氏之分組一一予以考察，看究竟如何。

第三節　對于「合同異」組之考察

一、先考察馮氏之說。

馮友蘭根據惠施「合同異」之思理，對于上列「合同異」組之八事，（《荀子·不苟篇》所列之七事亦在內），作一總持之解析曰：「此皆就物之同以立論。因其所同而同之，則萬物莫不同，故此物可謂爲彼，彼物可謂爲此也。」（《中國哲學史》，270頁）。

此總解若分別應用于該八事（或《荀子·不苟篇》之七事），似乎可以成立，因而可使該類句子有一確定之意義，並可使吾人決定其屬于「合同異」組。然細察之，則又很難說，尙不可以如此籠

統。蓋惠施之合同異，若眞有其眞實而確定之意義，則必有其一定
之思理，而此思理並不能使吾人說「卵有毛」、「馬有卵」等等，
而此等等亦並不足以明合同異也。

　　如上節所解，吾人已知惠施之合同異是名理地談、客觀地談；
而莊子之合同異則是玄理地談，亦是主觀修證地談。故前者是名理
之合同異，而後者則是玄理之合同異。兩者有間，不能混同。吾人
亦不能即以「因其所同而同之，則萬物莫不同」解惠施之「萬物畢
同畢異」。蓋惠施說大同異、小同異，實含一如何同如何異之客觀
地辯論。莊子之玄理，則不注意此客觀之如何同如何異，而是提升
一層，自主觀修證上，因其同而同之，而期達到「天地與我並生，
而萬物與我爲一」之渾同或玄同之境。「因其同而同之」實是一遮
辭，即遮肝膽楚越差別見之異。故「因其異而異之」不是說的客觀
之異，而是說的主觀之執著，主觀的差別見之異。破此執著，消此
差別見，則即至渾同之一。故「因其同而同之」，亦不是說的客觀
之同，而是破差別見所顯之渾同或等同，故郭象注云：「又知同之
不足有，故因其所無而無之，則是非美惡莫不皆無矣。」（見上節
引）嚴格言之，此方是莊子所說之「同」。而此方是眞正之合同
異，即無同無異也。此是玄理之合同異，惠施之名理尙不至此。惠
施是名理地談、客觀地談：談如何異、如何同。自「天與地卑，山
與澤平」言，則消除因比較而顯之高低上下等之差別，此則易與玄
理同。自「日方中方睨，物方生方死」言，則消除時間之三世、生
死之對待，此亦易與莊子「彼是莫得其偶」之玄理同。而大同異、
小同異方面，則有間。

　　然不管是惠施之名理的合同異，抑或是莊子玄理之合同異，皆

有其一定之思理、真實之意義。而其中之語句可是「詭辭」，但不是「詭辯」。此種詭辭語句，無論是惠施的，或是莊子的，皆可以只是抒意語句，或明理語句，並非經驗的述事語句，或指物語句。從此種依一定之思理而形成之抒意或明理之語句，並不能使吾人落在經驗實物上說卵有毛、馬有卵、犬可以為羊、丁子有尾、白狗黑等語句。佛家證真，說平等性；照俗，說差別性。證真時，無任何相，一切皆空皆如。但照俗時，落于假名，仍不可說卵有毛、馬有卵、犬可以為羊……等等也。即照真俗圓時，亦只能于一一假名皆見「實相」：色即是空，空即是色，而仍不能于色說「白狗黑」也。即莊子之玄理，亦只能說「天地一指，萬物一馬」、「天地與我並生，萬物與我為一」，而不能在經驗實物上說「犬可以為羊」也。即惠施之名理亦不能如此也。故此五句，很難說其屬于合同異，亦難由之以明合同異。蓋誠所謂「琦辭怪說」也。若以此怪說而明合同異，則直攪亂而已，並非真是合同異。若以攪亂為合同異，則只是「似是而非」之瞎說，並合同異之理境之真實意義亦喪失。故吾不主張對此等語句加以合理的解析，最好仍保留其為怪說琦辭而置之。

至于「山出口」，此于合同異難索解。亦可說根本不表意。原來如何，無從得知。

「郢有天下」，若謂「一攝一切」，或任一點可為天下之中心，此亦可通。此可謂破除空間上對待之限制所顯之合同異。

「龜長於蛇」，若謂長短乃依一標準而假立，則可通，此猶莊子所謂「天下莫大於秋毫之末，而泰山為小；莫壽於殤子，而彭祖為夭。」一切大小、長短比較之差別相皆可消融而化之，此亦齊是

非合同異之玄理。但若直言「龜長於蛇」，則仍是不通之怪說。蓋吾人化比較之差別相可，而直言「某長於某」則不可。所斷言而顯示者，在差別相之消融，不在斷定「某長於某」也。吾如此疏導，旨在使人明了玄理之真實意義，以及此等語句之可解不可解，可解者可通不可通，可通者可通至何程度始可謂為屬于合同異。不可貿然視其表面之顛倒，即認為是合同異也。蓋如此，則兩敗俱傷也。一傷玄理，二傷本身也。（所謂傷其本身，即對此等語句所加之合理解析，實皆似是而非，無一可通。）

至于《荀子‧不苟篇》之七事：

「山淵平，天地比」，此與〈天下〉篇惠施八事中「天與地卑，山與澤平」同，此可通。即泯高下之差別相。

「齊秦襲」，楊注：襲，合也。即如此，亦不表合同異之玄理。

「入乎耳，出乎口」，如類「山出口」句，則根本不表意。

「鉤有須」，依俞樾：鉤即「姁」之假字，老嫗也。即如此，亦不表示合同異之玄理，與「卵有毛」等五句，同為不可解之怪說。

嫗有鬚、卵有毛、馬有卵、丁子有尾，此四句，若視為經驗命題，則因其不矛盾，亦是可能者。如是，則訴諸經驗，與合同異之玄理無關。

「犬可以為羊」，如指「名無固宜」說，則是名約問題，不是合同異之玄理問題。如犬羊之實已定，則犬自是犬，羊自是羊，「犬可以為羊」是自相矛盾者，不能由「犬可以為羊」而明「合同異」，合同異之玄理自有其分際。

「白狗黑」亦是自相矛盾者，若因白狗之目黑，便謂爲「白狗黑」，則爲名言句法之攪亂，與合同異無關。《墨辯‧小取篇》云：「之馬之目盼，則謂之馬盼；之馬之目大，而不謂之馬大。之牛之毛黃，則謂之牛黃；之牛之毛衆，而不謂之牛衆。」正所以拆穿此種怪說也。

以上因馮友蘭之總解而一一疏導之，此下再看古解。

二、司馬彪、李頤、成玄英等之疏解。

二‧一　關于「卵有毛」：

1.陸德明《經典釋文》（下簡稱《釋文》）引晉人司馬彪（下簡稱司馬）曰：「胎卵之生，必有毛羽。雞伏鵠卵，卵不爲雞，則生類於鵠也。毛氣成毛，羽氣成羽。雖胎卵未生，而毛羽之性已著矣〔……〕。」案：此言卵之潛能，即就潛有而言有矣。然胎生者有毛，卵生者有羽。此言「卵有毛」，有羽乎？有毛乎？若解作潛能，則卵實有羽之潛能，而言「有毛」者悖矣。若不論是毛或羽，皆可統名曰毛，則「卵有毛」者實只有羽毛之潛能也。若如此，則問：說此語之目的何在？是在說明「潛能與實現」一義乎？抑在本無毛而故反之以明合同異乎？若屬前者，則有意義，不得爲怪說矣，然未能必也。若屬後者，則攪亂不足以合同異。若云非攪亂也，就現實之卵言，無毛；就潛有而言，則有毛，然則直曰卵有毛亦未謂不可也。若如此，則仍是引進潛能現實之義以明之，而此並非合同異之玄理也。

2.成玄英疏云（郭象無注）：「有無二名，咸歸虛寂。俗情執

見，謂卵無毛。名謂既空，有毛可也。」案：如此破執照玄，既不合佛，亦不合道。名謂雖空，然落于假名內，仍不得謂「卵有毛」也。空者，自性空。「不有不無」之玄理非能使吾人說「卵有毛」也。如此注釋，直成大攪亂。

二·二　關于「郢有天下」：

1.《釋文》引李頤云：「九州之內於宇宙之中，未萬中之一分也。故舉天下者，以喻盡而名，大夫非大。若各指其所有，而言其未足，雖郢方千里，亦可有天下也。」案：此是破除空間比較所成之限制，此可象徵「合同異」之義。

2.成玄英疏云：「夫物之所居，皆有四方。是以燕北越南，可謂天中。故楚都於郢，地方千里，何妨即天下者耶！」案：此即任一點可爲天下之中心，任一中心可函攝一窮盡無漏之圓圈（即天下）。此窮盡無漏之圓圈之天下義，自無關于政治統治之天下義。如此，說郢有天下，亦無不可。此條大體皆從此解，無甚問題。

二·三　關于「犬可以爲羊」：

1.《釋文》引司馬云：「名以名物，而非物也。犬羊之名，非犬羊也。非羊，可以名爲羊，則犬可以名羊。〔……〕故形在於物，名在於人。」案：此即命名之無固宜，此理不怪，然因此而直陳曰：「犬可以爲羊」，則怪。亦無關于合同異。

2.成疏云：「名無得物之功，物無應名之實。名實不定，可呼犬爲羊。〔……〕故形在於物，名在於人也。」案：成疏與司馬同，而改其頭兩句。頭兩句「名無得物之功，物無應名之實」，乃

僧肇〈不真空論〉中語。以此兩語爲根據明「可呼犬爲羊」，乃爲極失理統者。故僧肇說此，乃極順適而如理，而成疏引之，則爲不倫不類者（失義）。

二·四　關于「馬有卵」：

1.《釋文》引李云：「形之所託，名之所寄，皆假耳，非真也。故犬羊無定名，胎卵無定形。故鳥可以有胎，馬可以有卵也。」案：不可因名無固宜，即謂「鳥可以有胎，馬可以有卵也」。亦不可因無定名，即謂物無定形也。佛家言假名，亦不謂「馬可以有卵」也。不可濫用「假名」義、「名無固宜」義，以文飾怪說。蓋如此，則既亂真，亦使其所文飾者無義理之真實（即不成義理）。

2.成疏云：「夫胎卵濕化，人情分別。以道觀者，未始不同。鳥卵既有毛，獸胎何妨名卵也！」案：亦不可濫用「虛妄分別」義，以明「馬可以有卵」也。以道觀者，天地一指，萬物一馬，然不因此便謂「馬有卵」也。

二·五　關于「丁子有尾」：

1.《釋文》引李云：「夫萬物無定形，形無定稱。在上爲首，在下爲尾。世、人爲右行，曲波爲尾。今丁、子二字，雖左行，曲波亦是尾也。」案：此解丁子是指字體說，故視爲二字。波，磔義，即書法所謂波磔。今亦謂之捺。如世、人二字，最後一筆向右曲斜，丁、子二字，最後一筆向左曲勾。此指最後一筆之曲屈言，故曰「曲波爲尾」。此解顯然非是。

2.成疏云：「楚人呼蝦蟆爲丁子也。夫蝦蟆無尾，天下共知。此蓋物情，非關至理。以道觀之者，無體非無。非無，尚得稱無，何妨非有可名尾也！」案：非有非無之玄理不指有尾無尾言也。亦不函無尾者可以說有尾也。此種文飾皆不成義理。

二·六　關于「山出口」：

1.《釋文》引司馬云：「形聲氣色，合而成物。律呂以聲兼形，元黃以色兼質。呼於一山，一山皆應。一山之聲入於耳，形與聲並行，是山猶有口也。」案：此解語意不通。「一山之聲入於耳，形與聲並行」，此只表示形聲不相外，（相盈），何能推至「山有口」耶？

2.成疏：「山本無名，山名出自人口。在山既爾，萬法皆然也。」案：此以「山名出自人口」解「山出口」，此與普通所意味者完全相反，此句語意究何所指乎？無能定也。

二·七　關于「龜長於蛇」：

1.《釋文》引司馬云：「蛇形雖長，而命不久。龜形雖短，而命甚長。」案：此捨形而言命；恐非原意。

2.成疏：「夫長短相形，則無長無短。謂蛇長龜短，乃是物之滯情。今欲遣此昏迷，故云龜長於蛇也。」案：此若破除長短之差別相，則猶莊子所謂「天下莫大於秋毫之末，而泰山爲小」，可通。但直陳曰：「龜長於蛇」，則仍是怪說。此句因有莊子之齊是非爲背景，故易說得通。此句若視爲經驗命題，則龜長于蛇，蛇短于龜，皆是可能的，雖不必是現實的，此則有名理之意義。「卵有

毛，馬有卵，丁子有尾，狥有須」四句亦然。但出此怪說者，其背後之義理根據究是合同異乎？抑是經驗命題之不矛盾即為可能乎？中國思理中雖無綜合命題、分析命題之說，然天下怪現象甚多，所謂無奇不有，則說「卵有毛」，亦並非邏輯上不可能者，而辯者之精察，就「無奇不有」之觀念，而說「卵有毛」，亦非決定不可者。但因惠施與莊子相契接，而傳統思想之氣氛又皆向合同異趨，故解此諸怪說之義理根據皆在合同異也。

二·八　關于「白狗黑」：

　　1.《釋文》引司馬云：「狗之目眇，謂之眇狗。狗之目大，不曰大狗。此乃一是一非。然則白狗黑目，亦可為黑狗。」案：「一是一非」例，取自《墨辯·小取篇》。既知一是一非，一可說一不可說，則白狗不因目黑即可謂為黑狗也。〈小取篇〉正以此明辭義之不可亂，而司馬竟引之推「白狗黑目，亦可為黑狗」，豈非誖乎？

　　2.成疏：「夫名謂不實，形色皆空。欲反執情，故指白為黑也。」案：不能因「執情」，即可「指白為黑」。

　　案：以上八句，吾可重新整列如下：

Ⅰ　卵有毛，馬有卵，丁子有尾，龜長于蛇：此四句為一組。

Ⅱ　犬可以為羊，白狗黑：此兩句為一組。

Ⅲ　郢有天下，山出口：此兩句為一組。

　　關于Ⅰ組，其義理根據不外(1)合同異，(2)經驗命題不矛盾即為可能。以前無向(2)想者。就「合同異」想，其所根據之觀念不外：(1)名無固宜，物無定形；(2)虛妄分別，執而無實。名無固宜不函物

無定形。前者可，後者不可。前者雖可，但不能因「名無固宜」，即可合同異。故此義是不相干者。「物無定形」，若解為某形之如此或不如此皆無必然，（無邏輯上之必然性），則即歸于「經驗命題不矛盾即為可能」一義，而此亦與合同異無關。如是，「合同異」一義之成立，必只有兩面：一是惠施名理之合同異，此是名理地說，亦是客觀地說。二是莊子玄理之合同異，此是主觀地說，亦是修證地說。成玄英自「虛妄分別，執而無實」說，是屬此主觀地說，兩者皆可以成就「合同異」之思理。然須知此種思理皆只是超越之玄意，或由破執而顯之清淨如如之心境，或由萬物為一而顯之渾同，然皆不能使吾人落于經驗對象上，隨便顛倒經驗對象之特殊內容，而亦不能由此以明合同異也。超越之玄意乃無涉于經驗對象之特殊內容者，兩者間有一距離，不能將此玄意應用經驗對象上，隨便顛倒之以為合同異也。若如此，則正是攪亂，既喪失玄理之真實義，亦使對于經驗對象之隨便顛倒之解析為不成義理，所謂兩敗俱傷也。玄意是玄意，而Ⅰ組之四句，卻正是落于經驗對象上，而隨便顛倒其特殊內容也，故所有解說皆不成義理，此真所謂戲論也。若謂此即是合同異，則並合同異之真實義亦喪失。故莊子之齊是非可以暢達無礙，惠施之名理亦可自然向玄理趨，而此四句則終不免于為怪說也。

　　Ⅱ組中「犬可以為羊」，如犬羊物類定義已成，則此句為自相矛盾。如言犬不定什麼時候在偶然世界中可以變成羊形，則此說亦是可能的，但此無與于合同異。若說名無固宜，呼犬呼羊皆無不可，則此義亦無與于合同異。而且名以定實，命名雖無固宜，但既如此命名以後，約定俗成，則于說犬時，捨名取實，而于實仍不可

以說犬爲羊。故此怪說總與合同異無關。「白狗黑」亦如此，見上解。

Ⅲ組中「山出口」一句不表意，不能瞎猜。「郢有天下」，一義，即取消政治空間之限制，任一點爲中心，皆可函攝一窮盡無漏之圓圈，此可表象空間方面之「合同異」。

綜上以觀，則似只有「郢有天下」一句容易表示合同異。其次「龜長於蛇」一句，若以莊子爲背景，（理解上），從破除長短之對待說，亦可指向合同異。除此兩句以外，其餘皆無合理而成義理之解析，故終于爲怪說也。從此亦可得一理解合同異之消息，即合同異必從破除一切對待限制所成之差別相而顯：時間、空間、大小、長短、高下，乃至是非、善惡、美醜諸價值觀念之對待，皆可成一虛妄之差別相，亦即皆可成一主觀之執著，故破除之而後渾同之一見。然須知此種種對待之差別相，皆是因比較而顯的屬于關係之虛概念（甚至同異亦是屬于關係之虛概念），故合同異只能在破除虛概念上顯，而不能在存在之經驗對象之特殊內容上，施以隨便之顛倒而顯。「郢有天下」之所以可通，正因其表示空間對待之破除也。（根據惠施「我知天下之中央，燕之北，越之南是也」一義而說。）「龜長於蛇」之所以勉強可通，正因其所說乃龜蛇間之長短關係也。其餘則即無可解矣。

揆其餘諸句之怪說，亦不必即是惠施之所執，乃因惠施「爲大觀於天下，而曉辯者，天下之辯者相與樂之」，遂于承風接響之間，有許多怪說出現，惠施有大名于天下，遂皆歸之惠施矣。所謂「惠施日以其知與人辯，特與天下之辯者爲怪」是也，實則此怪不必皆出之惠施也。而揆之惠施「歷物之意」之八事，可知惠施自有

其思理，並不怪也。

　　馮友蘭之所以列上八句爲合同異組，亦只恍惚見其似如此，即其氣氛之傾向似乎是如此。實按之，除「郢有天下」，「龜長於蛇」兩句外，其餘皆不足以明合同異也。吾以上之疏解，不在想對于此諸怪說提出新解析，乃在明以往一切合同異一路所作之解析，無一而可成義理，並進而明此諸怪說不必想予以合理之解析，留其爲怪說之姿態可矣。（若以經驗命題視之，則不矛盾即爲可能，此則不怪，此是一有名理意義之新解析，但此恐不在以往辯者之思理中。）

第四節　　對于「離堅白」組之考察

　　〈天下〉篇怪說二一事，除上節所討論之八事，似乎屬于「合同異」組外；尚有十三事，似乎也可以劃歸于「離堅白」組。「離堅白」是公孫龍之主張，大意是堅白不相盈、相外，堅與白是兩個獨立之概念，可以離而自存自有，各有其獨立之自性，此是離堅白說所透露之思理。假定以此思理爲原則，再反觀〈天下〉篇怪說二一事中所餘之十三事，吾人覺其與此思理有相類處，因此遂可以約束之于一起，而成爲一組，名曰「離堅白」組。吾人茲可考察之，看其如何。

一、關于「火不熱」：

　　1.《釋文》引司馬云：「木生於水，火生於木。木以水潤，火以木光。金寒於水，而熱於火；而寒熱相兼無窮，水火之性有盡。

謂火熱水寒是偏舉也。偏舉，則水熱火寒可也。一云：猶金木加於人，有楚痛。楚痛發於人，而金木非楚痛也。如處火之鳥，火生之蟲，則火不熱也。」案：司馬彪云：「寒熱相兼無窮」，其意是在參伍錯綜種種條件制約之下，火亦可不熱，水亦可不寒。此非「火不熱」一句直接所表之意，亦非屬于「離堅白」所函蘊之思理，故此說非是，而「一云」之說是也。

2.成疏云：「火熱水冷，起自物情。據理觀之，非冷非熱。何者？南方有食火之獸，聖人則入水不濡。以此而言，固非冷熱也。又譬杖加於體，而痛發於人，人痛，杖不痛。亦猶火加體，而熱發於人，人熱火不熱也。」案：成疏是也。「火不熱」，即表示「熱」不是火之屬性，乃是人之感覺，如冷與痛等皆然。熱既不是火之屬性，則熱與火當然離，各是一獨立之概念，獨立之「存有」。

3.近人馮友蘭曰：「此條若從形上學方面立論，則火之共相為火，熱之共相為熱，二者絕對非一。具體的火雖有熱之性質，而火非即是熱。若從知識論方面立論，則可謂火之熱，乃由于吾人之感覺。熱是主觀的，在我而不在火。」（《中國哲學史》，272頁）。案：此後一義是。前一義措辭不妥，若照「火不熱」之句意言，不惟不妥，亦可說非是。蓋「火不熱」，並不表示火之共相與熱之共相不等，所謂「絕對非一」也。此句中「不」字所含之是與不是，不是等與不等義。與「白馬非馬」中「非」字所含之是與不是，意義不同。此句中「不」字所含之「是」與「不是」，是表示「內容的論謂」（intensional predication），而「白馬非馬」中之「非」字所含之是與不是，是表示類屬關係（classmembership）：「是」表示「屬於」，「不是」表示「不屬於」，而在屬于情況下，說「白馬非馬」，此「非」字即「不等」義（當然在「不屬於」情形下，兩概念自不相等）。而「火不熱」一句，其直接所表示的是：熱不是火之屬性，故不能解為熱不等于火也。當然火既與熱離，各是一獨立之存有，則兩者自亦不相等，但此是另一義，不是「火不熱」一句之直接原意（本義）。又馮氏云：「具體的火雖有熱之性質，而火非即是熱」。此皆未能明徹，故迂曲糾結而不直截。若承認具體的火有熱之性質，此即是「火熱」矣，而「火熱」卻正是此句之所否定者。結果，馮氏之解析是承認火熱，此乃直接與原句相違者，故只好以火不等于熱（火非即是熱）解「火不熱」。結果乃成：火熱，而火不等于熱；可是原句的意思乃是：火不熱，火與熱離，故亦可說火不等于熱。

二、關于「目不見」：

1.《釋文》引司馬云：「〔……〕目不夜見，非暗。晝見，非明。有假也，所以見者明也。目不假光，而後明無以見光。〔「而後」，于句法不通〕。故目之于物，未嘗有見也。」案：此解亦是。

2.成疏云：「夫目之見物，必待于緣。緣既體空，故知目不能見之者也。」案：此依佛家義解析，大體亦通。此句之意只是：目之成見待許多條件，單一條件本身皆不能成見，目亦是條件之一，故單是目亦不能見。依佛家義乃是：目之成見待緣而成，每一緣自身皆不成見。緣會，則幻成見；緣離，則見滅。見無自性，不可理解。並非「緣體既空，故知目不能見」也。緣體雖空，而眾緣和

合，仍幻成見。惟緣離，單目不能成見也。

3.馮友蘭云：「目不見者，《公孫龍子‧堅白論》云：『白以目以火見，而火不見；則火與目不見，而神見；神不見而見離。』吾人之能有見，須有目及光及神經作用。有此三者，吾人方能有見，若只目則不能見也。」（《中國哲學史》，273頁）案：此解是，引〈堅白論〉中語作證尤明。

三、關于「矩不方，規不可以為圓」：

1.《釋文》引司馬云：「矩雖為方，而非方；規雖為圓，而非圓。譬繩為直，而非直也。」案：此解是。「矩雖為方」之「為」是「成為」或「作成」義，非「是」義。「為圓」、「為直」之「為」亦同。此言雖可由矩而作成方物，而「矩」究亦非「方」之自身也。雖可由規而畫成圓物，而「規」究亦非「圓」之自身也。猶之乎雖可由繩而把物拉直，而繩亦非「直」之自身也。在此種解析中，有三個概念出現：⑴矩、⑵由矩而成之「方者」、⑶方之自身。由矩而成之「方者」，固是具體之方物，即「矩」本身亦是具體物。惟「方」之自身方是真正的方，依柏拉圖，此即方之理或方性也。依此言之，具體物之矩自不即是方，亦自不能至于「方之理」之程度，即方不到家，而即可謂不是方。「矩不方」之「不」字含有兩義：⑴不等，⑵方不到家即可不是方，此即「不是」義，兩義皆可說。「規不可以為圓」，言畫成圓形所藉之圓規，並不可認為即是「圓」之自身。

2.成疏云：「夫規圓矩方，其來久矣。而名謂不定，方圓無實，故不可也。」案：此解不相干，只是浮辭。

四、關于「鑿不圍枘」：

1.《釋文》引司馬云：「鑿枘異質，合爲一形。枘積於鑿，則鑿枘異圍。鑿枘異圍，是不相圍也。」案：此解亦通，即各是各，兩不相涉義。

2.成疏云：「鑿者孔也。枘者內孔中之木也。然枘入鑿中，木穿空處，兩不關涉，故不能圍，此猶連環可解義也。」案：此解亦是，惟末句不相干。惠施「連環可解也」一句，並非獨立一事，解見惠施八事節（第一節）。

3.馮友蘭云：「『鑿不圍枘』者，圍枘者，事實上個體之鑿耳。至于鑿之共相，則不圍枘也。」（《中國哲學史》，274頁）案：馮氏此解太呆滯，以至于不成義理。機械地固執一共相之觀念到處死用，而不知其不成辭也。鑿不圍枘，只是兩物之各自是其所是，拆穿其虛的關係，固是「離」之思理也。此含有一種各物自存自是之體性學，或存有論的洞見，「離堅白」之說即由此洞見而成，焉可動輒以柏拉圖之原本與倣本之關係，「或共相與具體物之關係」以解之！

五、關于「指不至，至不絕」：

案：此句頗不好解，《釋文》引司馬彪之說及成疏，「指」皆作以手指物之指，是則指爲動詞，而對于「不至」、「不絕」皆講不通，其所說皆不成義理，茲略而不引。如以《公孫龍·指物論》篇爲準，則「指」似乎不是動詞，而是名詞，即意旨之指，指代表「意義」或「概念」，即有動詞意，亦是「指謂」之指，即指而謂

之，此即著重「謂」，即敘述詞之意，而敘述之詞皆是一概念，一意義。〈指物論〉全篇甚隱晦，幾乎不表意，極難索解。馮友蘭即視「指」為共相（意義、概念），〈指物論〉即論共相與具體物之關係，如此似乎開一索解之線索。今假定此說大體不誤，即以〈指物論〉之指而看此句，如是，此句究如何解析，始可通其意。此句似乎是如此：以一概念來指謂（論謂）一存在物，此概念與存在物之間，似乎總有一點距離，而不能即至于物，即不能貼體落實，而與物為冥合無間；即至于物矣，而亦不能盡。截然而止謂之「絕」。不絕者，即不能截然而止之謂。此似乎說一概念即至于物矣，亦不能盡其意，總有餘蘊不盡。如此解而信，則說此句之人，似乎對于概念與存在之間有一種分別。來布尼茲（Leibniz）說一個體物是無窮的複雜。其所以為無窮的複雜，正因其是「存在」。如抽象地單看其「本質」（essence），則不是無窮的複雜。如是，本質（概念）與存在間自有一種距離，此為西方哲學所雅言。難說「離堅白」系的辯者對于存在與概念，即無一種存有論的洞見也，而「指不至，至不絕」，亦正表示存在物與概念間之「離」也。

馮友蘭根據其對于〈指物論〉篇之理解，將此句中「至不絕」改為「物不絕」。其證據是《列子·仲尼》篇引《公孫龍》云：「有指不至，有物不絕」。如是，「指不至，至不絕」，乃成為「指不至，物不絕。」蓋：「公孫龍之徒以『指』、『物』對舉，如《公孫龍子·指物論》所說。柏拉圖謂概念可知而不可見。蓋吾人所能感覺者乃個體，至共相只能知之而不能感覺之，故曰：『指不至也』。共相雖不可感覺，而共相所『與』現于時空之物，則繼

續常有，故曰：『物不絕』。」（《中國哲學史》，273頁）。如是，「指不至」乃成為「共相不可感覺」，即吾人之感官不能感覺之。但雖不可感覺，而可知之，是仍可「至」也。焉得謂決定不可至耶！豈必限于感覺之，始可云「至」耶！故此解不可通。至于「物不絕」，則解為「共相所與現于時空之物，則繼續常有」。此真能繼續常有乎？有一具體物，必有其所以為物之理，但有此理不函必有表現此理之具體物，是則物未必不絕矣。物之絕不絕，共相不能負責任。共相亦不必參與具體物，而現于時空之內，故此解亦不可通。若如此解，則「指不至，物不絕」一句，乃全成為莫名其妙之不相干之觀念之雜湊。何以忽爾說一個「共相不可感覺」之觀念，忽爾又說一個「物繼續常有」之觀念，此乃全無思路者。（指不至，解為不可感覺，即全無思路。）是故《列子》所引不可為憑。反不如今本《莊子》所保存之「指不至，至不絕」為較有思理也。

又《世說新語·文學篇第四》云：「客問樂令〔樂廣〕『旨不至』者。樂亦不復剖析文句，直以塵尾柄确几曰：『至不？』客曰：『至。』樂因又舉塵尾曰：『若至者，那得去？』於是客乃悟服。樂辭約而旨達，皆此類。」案：此解「不至」是從運動上之至不至說，只解至不至義，「指」反成為不相干者。此雖無當于此句之本意，然于至不至，卻較順適；而應用于運動上尤見理趣。故劉孝標于《世說新語》此條下注之曰：「夫藏舟潛往，交臂恆謝。一息不留，忽焉生滅。故飛鳥之影，莫見其移；馳車之輪，曾不掩地。是以去不去矣，庸有至乎？至不至矣，庸有去乎？然則前至不異後至，至名所以生；前去不異後去，去名所以立。今天下無去

矣，而去者非假哉？既爲假矣，而至者豈實哉？」此即從至變之立場，以明來去之不可能也。來（至）去不可能，即動不可能，而來者去者亦假而無實矣。是即至動即至靜，而動相不可得也，由此，吾人可過渡到下四條之考察。

六、關于「輪不碾地」：

1.成疏云：「夫車之運動，輪轉不停。前迹已過，後塗未至。除卻前後，更無蹍時。是以輪雖運行，竟不蹍於地也。猶《肇論》云：旋風〔嵐〕偃嶽而常靜，江河競注而不流。野馬飄鼓而不動，日月歷天而不周。復何怪哉！復何怪哉！」案：成疏完全以僧肇〈物不遷論〉之義解之。上條樂廣談「不至」，劉孝標注亦是取「不遷」義以解之。「藏舟潛往」，事見《莊子‧大宗師》篇：「夫藏舟於壑，藏山於澤，謂之固矣。然而夜半有力者負之而走，昧者不知也。藏小大有宜，猶有所遯，若夫藏天下於天下，而不得所遯，是恆物之大情也。」「交臂恆謝」，言交臂失之；新陳代謝，恆不留住也。事見《莊子‧田子方》篇：「孔子語顏回曰：『吾終身與汝交一臂而失之，可不哀與！』」藏舟潛往、交臂恆謝，皆言至變，而即于至變中明無來無去、至靜不動之理，僧肇即于此言「物不遷」。物不遷之主要意思即在「不馳騁於古今」、「各性住於一世」兩語。「昔物自在昔，不從今以至昔；今物自在今，不從昔以至今。」「今而無古，以知不來；古而無今，以知不去。若古不至今，今亦不至古，事各性住於一世，有何物而可去來？」此即至變不變之大意也。此中自有一種「存有如如」之直覺（此亦是存有論之洞見）。過去、現在、未來，謂之三世。細分

之，有九世。再細分之，可有無窮世。此中即函無「世」可得，無剎那（瞬）可得。惟僧肇言不遷，並非「釋動以求靜」，乃「求靜於諸動」。「必求靜於諸動，故雖動而常靜；不釋動以求靜，故雖靜而不離動。」此雖直下如如，而實以「辯證之詭辭」以通之。自「直下如如」言，「各性住於一世」；自「不釋動以求靜」言，則雖靜不離動，此是辯證之圓慧，吾人尚不能以如此之玄義解「輪不蹍地」，成疏亦只能粗略地以「前迹已過，後塗未至，除卻前後，更無蹍時」解之，此實以「剎那至變，而並無剎那可得」解之，此即函有一無窮之分析。揆當時辯者之說「輪不蹍地」，並貫下三條而觀之，似是偏于「釋動以求靜」之方式，此中亦自含有一種直覺，但不必像僧肇那樣圓通。（僧肇雖云「各性住於一世」，藉「世」之觀念，以表示其「當體即如」之直覺，然在其「當體即如」之圓慧中，亦並無「世」可得，甚至超越一切時間之形式。）

輪之轉也，雖至動，然「一息不留，忽焉生滅」，則「瞬」（剎那）不能成立。瞬不可得，來去亦不可能。是即至動變成至靜之存有（being）。時間相之「瞬」不可得，則空間相之「點」亦不可得，是即時間空間不能有一一相應之關係。此關係建立不起，則輪固不動，而「蹍地」亦不可說矣。此是此語之較為切實可理解之解析，雖稍嫌滯笨，不如僧肇之圓融，然較合「離堅白」之思路。

2.《釋文》引司馬云：「地平輪圓，則輪之所行者跡也。」案：此不能成解。

3.馮友蘭云：「輪不輾地者，輪之所輾者，地之一小部份耳。

地之一部分非地，猶之白馬非馬。亦可謂：輾地之輪，乃具體的輪；其所輾之地，乃具體的地。至於輪之共相則不輾地；而地之共相，亦不爲輪所輾也。」（《中國哲學史》，273頁）。案：此兩說，皆不成解。空間之全體與部分，不能以「白馬非馬」比。馬與白馬有內容外延之別，而空間之全體與部份（whole and parts）無內容外延之問題。輪躐一小部分，（躐，馮書皆寫作輾），即躐一小部分之地，焉得謂爲「不躐地」！又，共相根本無所謂動，既無所謂動，自亦無所謂躐不躐，說「共相不躐地」乃無意義者。原句「輪不躐地」，必牽涉其「動」言。「動而不躐」，始成一自常識觀之爲怪之觀念，因而成一需有理由以解之之義理。若謂「輪之共相不躐」，則根本不函動，乃成廢辭耳。「具體的輪躐地」，是一事實命題，是則承認「輪躐地」，而與「輪不躐地」根本相違，而亦對于「輪不躐地」，根本未有解釋也。馮氏本無「存有論之直覺」，只知執一死觀念，作機械地、形式地死套。不成義理也。

七、關于「飛鳥之景，未嘗動也」：

　　1.成疏云：「過去已滅，未來未至。過未之外，更無飛時。唯鳥與影，嶷然不動。是知世間，即體皆寂。故〈論〉〔僧肇〈物不遷論〉〕云：『然則四象風馳，璇璣電捲，得意毫微，雖遷不轉。』〔當作「雖速而不轉」〕。所謂物不遷者也。」案：此解與上條全同，不但影不動，即鳥與影俱不動。若只說影不動，則並不怪。若飛鳥動，而飛鳥之「影」不動，亦並不怪。惟飛之鳥，連同其動影，一起不動，則始與常識相違，而被認爲怪說，實則並不怪，有其可通之理。鳥飛過去，其影亦隨之而移動過去，于此言不

動，決不單指影本身說，必連帶飛鳥說。若承認飛鳥是動，而只于影本身說不動，則實亦是可說之事實，而並不爲怪。因爲影並不是一實物，說它本身不會動，自是可以。而其動者，實不是它本身會動，只是因飛鳥之動，而有不同之影（隨時空不同而移徙）連續出現而已。動在鳥，而不在影也。若如此，則說「影不動」是一事實命題，即指陳一實然之事實，而並不算怪，此恐非此句之本意。故此否定影之動，實即否定飛鳥之動也，如此方有思理。如能明飛鳥之動而實無動可言，則其影子之移徙之動自亦無可言矣，此實類于希臘伊里亞派之芝諾（Zeno）以無窮分析明運動不可能也。故成疏俱以三時不可得明之。時間關係建立不起，則與之相應之空間關係亦建立不起。如是，焉有運動可言！凡明運動不可能者，基本關鍵即在拆除時空之架格。依中國心靈之玄思言，凡拆除時間相與空間相者，即無動靜可言，故云「當體即寂」也。言當體即寂，實含一超越心境之泯絕時空相，故惠能云：「不是風動，不是旛動，仁者心動。」心若一止，則一切皆止。超越時空相，雖動而常靜。其實亦無動亦無靜，連靜亦不可言，而只是「如如之存有」也。（依佛家言，只是如如之空。此說「如如之存有」，是邏輯地說，無任何內容之顏色，即真如、實相，亦是「存有」。）今若捨主觀修證之牽連不言，只從純理上說「不動」，則只是拆除時空之關係。

2.《釋文》引司馬云：「鳥之蔽光，猶魚之蔽水。魚動蔽水，而水不動；鳥動影生，影生光亡。亡非往，生非來。墨子曰：『影不徙也』。」案：此從一物之蔽光成影言。蔽光，光非亡也，只是隱而不顯耳，非亡，故亦無所謂往（無動意）。光既無所謂動而往，則因蔽而生之影，自亦無所謂動而來也。只從蔽言，則所牽連

之光與影，自不函有動意。但如此，則不必說「鳥動影生」，即不動，亦可蔽而成影。無論動與不動，其由蔽而牽涉到之光與影，皆不函有動意也。蓋蔽之關係為靜的關係也，但此解恐非原意，因對一本無動意者而說其不動，乃是一就實論實之事實命題，並非怪也。而原句之本意，乃實就動而言其不動耳，動亦非單就影本身說，實並鳥動而言之也。若捨鳥動不言，只就蔽而言影本身，則動者仍承認其動，而無所謂動者即言其不動，則皆為一事實之指出，根本不是一解析也。

　　3.《墨辯・經下》云：「景不徙，說在改為」。〈經說下〉云：「景，光至景亡。若在，盡古息。」司馬彪已引及此語以明飛鳥之影不動。馮友蘭駁之曰：「說者皆以為此即《莊子・天下》篇『飛鳥之影未嘗動也』之意。其實〈天下〉篇所說，乃『飛鳥之影』，此則但為影。謂飛鳥之影不動，乃與常識相違之說；謂『影不徙』，則否。譬如一日規上指午時之影，吾人皆知其為非指巳時之影。何者？生此影之針不動，故其影亦不動。指巳時之影，因光至而亡。指午時之影，乃新生之影也。指巳時之影，若在，當盡古停留，因其本為一不動之影也。若『飛鳥之影』，本為動影，故與此絕不相同。」（《中國哲學史》，340頁）。案：此分別實不成立，乃係一錯覺。若從實物之蔽言，無論光與景，皆不函有動意。實物無論動與靜，其蔽皆然。飛鳥之影亦非動影，鳥動而影根本無所謂動。若單從影本身說，皆可謂不動也。日規之指針不動，而影之不動，則非因指針不動而為不動也。影本身根本不會動，其不動與實物之動靜無關也。若謂其不動，乃因指針不動而為不動，則豈不可說因日光之動而又為動也？太陽之光有移動，指針雖不動，而

其影卻隨光之動，而有不同之位置（即移徙），此豈非亦爲動影耶？實物動，影可隨之動；實物不動，影可隨光之動而動。如是，若說動，皆爲動；若說不動，皆爲不動。如實言之，影本身皆無所謂動也，豈有動影與靜影之別乎？動影即動的實物所照之影，靜影實即不動的實物所照之影，動靜在物，而影本身皆無所謂動也。惟《墨辯·經下》說「影不徙」，單就影本身說，其不徙，誠爲不徙也，故爲事實命題。而〈天下〉篇之怪說，則實連飛鳥而言之，意在否定飛鳥之動也。故鳥動與影分說，動者承認其動，而影本身之無所謂動者承認其不動，不算是該句之解析也。若就影本身言，飛鳥之影與指針之影同也。對指針言爲不動，對日光言，豈不爲動耶？故馮氏之分別實無謂。而《墨辯·經下》能照察出：無論對指針言，或對日光言，影本身皆無所謂動，此是依分解而指陳一事實，故不違常識，常識不以爲怪；而「飛鳥之影未嘗動也」，則實不單就影本身說，乃並鳥動而言之，意在就動而明其不動，故常識始認其爲怪也。故分開言之，動者歸動，不動者歸不動，不算是該句之有意義的解析也。故成玄英之疏、劉孝標之注，皆由至變而不能建立三時，以明動不可能，乃爲一恰當相應之思路，如是方能獲得一恰當相應之解析。

八、關于「鏃矢之疾，而有不行不止之時」：

1.成疏云：「鏃，矢端也。夫機發雖速，不離三時。無異輪行，何殊鳥影。〔輪〕既不蹠不動，鏃矢豈有止有行！亦如利刀割三條絲，其中亦有過去未來現在之者也？」案：此解即明此條與上兩條意義全同。（惟疏中末句辭意不甚合，可略之。）「不行不

止」，不行即不動，不止即不靜，即表示雖如鏃矢之速疾，亦實無所謂動與不動，即根本無所謂動也。此句顯然是對速疾之動，而明其實為不動。不是明其有不動時，亦有動時也。亦不是明其就某方面言為動，就某方面言為不動也。若如此，則是兩個不同事相之指陳，亦不需要解析矣。

2.《釋文》引司馬云：「形分止，勢分行。形分明者，行遲；勢分明者，行疾。目明無形分，無所止，則其疾無間。矢疾而有間者，中有止也。質薄而可離，中有無及者也。」案：此解「目明」以下，觀念雜亂，語意不清，若無脫誤，何忽引出許多歧義而又無一清楚者耶？故「目明」以下，可略而不論。就首數語言之，則是顯然將一物分為形分與勢分。就形分言，為止；就勢分言，為動。此種由分屬以言動與不動，顯非原句之意。

3.馮友蘭曰：「謂『鏃矢之疾，而有不行不止之時』者，兼就其形分與勢分而言也。〔案：此承上司馬之說而言者〕。亦可謂動而有行有止者，事實上之個體的飛矢及飛鳥之影耳。若飛矢及飛鳥之影之共相，則不動而無行無止，與一切共相同也。〔案：此不成解〕。亦可謂：一物於一時間內在兩點謂為動。〔案：此句不通，一物不能于同一時間佔兩點〕。一物於兩時間內在一點謂為止。一物於一時間內在一點謂為不動不止。謂『飛鳥之影，未嘗動也』者，就飛鳥之影不於一時間內在兩點而言也。謂『鏃矢之疾，而有不行不止之時』者，就飛矢之於一時間內在一點而言也。〔……〕」（《中國哲學史》，274-275頁）。案：此後一說無謂煩瑣，所謂動必歷一時間過程，經一空間距離，若此時間過程能分成瞬（instant），因而能建立起一時間過程；空間距離能分成點

（point），因而能建立起一空間距離，則運動即可能。然而在分成瞬時，即函一無窮之分割，而無窮之分割實建立不起瞬，因而亦建立不起一時間歷程，空間方面亦如此，如是點與瞬俱建立不起，時間歷程（或關係）與空間距離（或關係）亦建立不起，如是則運動即不可能。故雖至動，而實一至靜之存有，所謂飛矢之疾，不行不止，實即飛矢之疾，根本無所謂動與靜也。有動與靜，動可能，靜亦可能：經歷一段時間，經過一段距離，即是有動有止，而所謂不行不止，實即根本否定動之可能也。馮解中所引末一義，只「一物於一時間內在一點謂爲不動不止」一句，爲有相應之意義，實則此語並未完成，其所函之意是如此：若連續地于一時間內在一點，則有一瞬之系列與一點之系列，如是則有動有止，動爲可能；若是瞬與點爲無窮的連續，則瞬中有瞬，點中有點，永遠分下去，即無停止，則瞬與點即建立不起，時間歷程與空間距離亦建立不起，如是則無動無止，動不可能。故動之是否可能，若不從物理的動力方面想，單從表象運動之時空條件方面想，則關鍵即在時空關係之能否建立起，而時空關係之能否建立，則單視是否是一無窮之分割，如果是，則運動不可能；如果不是，則可能。如果單從時空條件方面想，則無理由于瞬點之分割可以停止也，當時辯者于動而謂爲不動，實含有一無窮分割之思想。「一息不留，忽然生滅」云云，此說之直接意義，即是至變即可轉成不變，此雖是不動之具體的表示，似不同于無窮分割之抽象的表示，然其中實自然函有一無窮分割之抽象的表示，當時辯者之思路究傾向于那一面，現難斷定，也許兩者俱有，而易傾向于無窮之分割，觀下條可知。

九、關于「一尺之捶，日取其半，萬世不竭」：

此顯然是一無窮之分割，此當然是將一量度抽象化，而視為一數學量，但此抽象化亦同樣可應用于時間與空間。此運動不可能之問題發生于中國之辯者，亦發生于希臘之伊里亞派。此問題入近世以來，並非不可解決，此須別論，然當時之辯者能思及此，自有其思理，而公孫龍系之說此義，亦可謂于運動方面表示「離堅白」所透露之「存有」理境也。

成疏：「問曰：一尺之杖，今朝折半，逮乎後夕，五寸存焉。兩日之間，捶當窮盡。此事顯著，豈不竭之義乎？答曰：夫名以應體，體以應名。故以名求物，物不能隱也。是以執名責實，名曰尺捶。每於尺取，何有窮時？若於五寸折之，便虧名理，乃曰半尺，豈是一尺之義耶？」案：問者不知此乃是就抽象化之數學量而言，而成之答辭亦不知此義，反糾纏于名實之中，歧出而爭半尺、一尺之別，遂乃使最顯明之義理弄成不明者。

《釋文》引司馬彪云：「若其可折，則常有兩。若其不可折，其一常存。故曰萬世不竭。」此則反簡明扼要。

十、關于「狗非犬」：

馮友蘭云：「《爾雅》謂：『犬未成豪曰狗』。是狗者，小犬耳。小犬非犬，猶白馬非馬。」（《中國哲學史》，275頁）。此解是。狗非犬，言狗不等于犬耳。名各止于其實，一名立，必有其一定之定義。按定義，可個個不同者，此即每一概念各自是一存有也，然若如此，則總是相非（不等），若總是非，則不能有肯定之

命題，故言「狗非犬」，此是概念之離，因「不等」而為離；但亦可言「狗是犬」，此「是」字表示類屬關係，非內容的論謂關係，是則表示概念之合，因類屬關係而合。然「不等」之離與「類屬」之合，兩者並不相違（並不矛盾），故「狗非犬」並不妨礙「狗是犬」，亦猶「白馬非馬」並不妨礙「白馬是馬」，因兩者並非矛盾對當也。蓋「不等」之「非」字所含之是與不是，與類屬關係中所含之是與不是，意義並不相同故也，故「離堅白」系之辯者說「狗非犬」、「白馬非馬」時，並不妨礙「狗是犬」、「白馬是馬」也，蓋只洞見「各自是一存有」一義耳。然「各自是一存有」之離，並不妨礙其有某種關係之合。看概念間能建立某種關係，或不能建立某種關係，此亦是離合，此為柏拉圖所討論者（見〈辯士〉篇）。「關係」之義，先秦辯者並未注意，此影響邏輯真理之發見甚大。古解語意不清，略。

十一、關于「孤駒未嘗有母」：

《釋文》引李頤云：「駒生有母，言孤則無母。孤稱立，則母名去也。母嘗為駒之母，故孤駒未嘗有母也。」案：此解亦是。此亦自孤駒一概念之定義說，自駒之出生之來歷言，有母；自孤駒之定義言，則無母。蓋「孤」之本義即是無母也。如此，「若孤駒而有母」，則自相矛盾者，此亦明每一概念皆有其獨立之自性也。

以上兩條，亦是由離之思路，而透露一種對于「存有」之洞見也。

十二、關于「黃馬驪牛三」：

　　《釋文》引司馬云：「牛馬以二爲三：曰牛，曰馬，曰牛馬，形之三也。曰黃，曰驪，曰黃驪，色之三也。曰黃馬，曰驪牛，曰黃馬驪牛，形與色爲三也。故曰一與言爲二，二與一爲三也。」案：此由兩形兩色，分別說與合說合起來而爲三，即由分別連合之發展而成三，故引《莊子·齊物論》「一與言爲二，二與一爲三」爲喻也，實則兩者並不相同，不可混而爲一，亦不可以莊子語解此。〈齊物論〉云：「既已爲一矣，且得有言乎？既已謂之一矣，且得無言乎？一與言爲二，二與一爲三。自此以往，巧曆不能得，而況其凡乎？故自無適有，以至於三，而況自有適有乎？無適焉，因是已。」莊子意以爲一落于執著，則即可無限地葛藤下去，故最後云：「無適焉，因是已」。其目的是在保持「達者」所證至之玄冥之一，此是不可說、不可思議者。而此處則是分解的表示，以爲兩個個體，而可分解成三個概念也，此「三」不必由分別連合之發展而成。說牛與馬，是分別；說「牛馬」是拼合，而由分別、拼合以明三，不合存有獨立之思理，故「黃馬驪牛三」，很可以是兩個個體而加上黃、驪之色而爲三，但如此，亦可以說「黃馬驪牛四」，四個獨立概念也。

十三、關于「雞三足」：

　　1.成疏云：「數之所起，自虛從無。從無適有，三名斯立。是知二三，竟無實體。故雞之二足，可名爲三。雞足既然，在物可見者也。」案：此解不相干。順此解言，「雞三足」有類于「卵有

毛」、「犬可以爲羊」等，很可以例入合同異組。

2.《釋文》引司馬云：「雞兩足，所以行，而非動也。故行由足發，動由神御。今雞雖兩足，須神而行，故曰三足也。」案：此解亦不成解。若如此解，則類乎「目不見」，只明由神而行，不能明三足也，猶兩目以神見，不能謂三目也。

3.馮友蘭引《公孫龍子‧通變論》云：「謂雞足，一。數足，二。二而一，故三。謂牛羊足，一。數足，四。四而一，故五。」（《中國哲學史》，272頁）。案：〈通變論〉之言是承「羊合牛，非馬，牛合羊，非雞」而來，故承上引之文而結之曰：「牛羊足五，雞足三，故曰牛合羊，非雞。」此只言「牛合羊」所成之積類不是雞，不但不等于雞，而且根本非雞類也，亦猶「羊合牛」所成之積類非馬類也。其「非雞」之理由甚簡單，即就雞之足與「牛合羊」之足說，亦可明其不同。「謂雞足，一」，此是說「總言雞足，是一」，此只表示「足」一概念，即抽象地單言「足」也；「數雞足，二」，則是說雞足之數目二，此仍承認雞足之數爲二，不爲三也；「二而一，故三」，是承上兩步，加起來爲三，此三是虛說，只是數目意義，並無實指也，此句實乃不相干者，並非說雞足之數是三也。「牛羊」足處亦然，而且句法全同，故結語云：「牛羊足五，雞足三」，此並非說牛羊足之數五，雞足之數三，乃是說在牛羊足處，可以說到五，在雞足處可以說到三也。其所以有此差別，理由甚簡單，只因「雞」是二足，「牛羊」皆是四足而已，即因此足數之不同，即可明「牛合羊，非雞」也，不能由此文以明「雞三足」也。〈通變論〉之「牛羊足五，雞三足」，並非「雞三足」之意也。（關于〈通變論〉，詳解見另篇。）

故此條實爲誤傳，若成玄英之疏稍有意義，則此條不當屬「離堅白」組，當屬「合同異」組。即劃歸于合同異組，亦並不眞能明合同異之思理，與「卵有毛」，「犬可以爲羊」同。就合同異言，皆貌似有此傾向，而實則皆似是而非之怪說也。

總上以觀，一、二、三、四、五爲一組，六、七、八、九爲一組，十、十一、十二爲一組：此三組皆能明「離堅白」之思理，至于十三條，則爲誤傳，如依成疏解，則當劃歸于合同異組，如是合同異組當爲九條，而此九條中，除「郢有天下」、「龜長於蛇」外，餘皆不能明合同異也。由是觀之，合同異組中之怪說大體終于爲怪說，而離堅白組中之怪說則可並不爲怪也。此見合同異並非易解，其恰當而最成熟之發展，則在莊子之玄理，此則中國哲人心靈之所擅長者。至于離堅白組，則較合同異組爲可理解，此中思理爲公孫龍之所獨著，而不易消融于儒道兩家者，而其本身亦無善繼，故終于式微而不彰也。

公孫龍離堅白說以及其他諸義，詳解見另篇。

附錄：關于「連環可解」補注

1.《管子·白心篇》：

> 事有適而無適，若有適。觟解，不可解而後解。故善舉事者，國人莫知其解。

案：依郭校，當作「事有無適而有適，若觟解，不可解而後解。」

觿，《詩·衛風·芄蘭》：「童子佩觿」。《說文》段注：「觿所以解結，成人之佩也」。《內則》注云：「小觿，解小結也。觿貌如錐，以象骨爲之。」「觿解」，即以觿解結也。此則用以作喻，言若觿之解結，「不可解而後解」也。「不可解而後解」乃詭辭，喻「事有無適而有適」，「無適而有適」，道家之玄理也。

〈白心篇〉亦曰：

> 不日不月，而事以從。〔……〕去善之言，爲善之事。事成而顧，反無名。能名無名〔能名之「名」原作「者」，從何校改〕從事無事。審量出入，而觀物所載。孰能法無法乎？始無始乎？終無終乎？〔……〕故曰：功成者隳，名成者虧。故曰：孰能棄名與功，而還與眾人同？孰能棄功與名，而還反無成？無成有貴其成也。有成無貴其成也。〔依郭校改〕

又曰：

> 孰能去辯與巧，而還與眾人同道？故曰思索精者明益衰。

「無適而有適」，「不可解而後解」，即以此文爲背景而言之者也，以解結喻玄理始于此。〈白心篇〉，郭斷爲宋鈃之作。

2.《呂氏春秋·君守篇》：

> 魯鄙人遺宋元王閉，元王號令於國：「有巧者皆來解閉。」

人莫之能解。兒說之弟子請往解之，乃能解其一，不能解其
一。且曰：「非可解而我不能解也，固不可解也。」問之魯
鄙人。鄙人曰：「然，固不可解也。我爲之，而知其不可解
也。今不爲而知其不可解也，是巧於我。」故如兒說之弟子
者，以不解解之也。

　　由解結而至解閉，皆喻「不解之解」之玄理，非言實際之結或
閉爲可解或不可解也。一實際特定之結或閉皆事實上爲可解者，若
特造一閉而弄死，則雖人造，亦不可解。魯鄙人所造者即一可解，
一不可解，可解者爲活閉，不可解者爲死閉，此可解與不可解皆事
實問題，非名理問題，亦非玄理問題也。宋鈃之「不可解而後
解」，兒說弟子之「以不解解之」，皆以解結或解閉之事實喻道家
之玄理也。

　　3.《淮南子·說山訓》：

　　兒說之爲宋王解閉結也，此皆微眇可以觀論者。

　　4.〈人間訓〉則云：

　　或爭利而反強之，或聽從而反止之。何以知其然也？魯哀公
　　欲西益宅，史爭之，以爲西益宅不祥。哀公作色而怒，左右
　　數諫，不聽，乃以問其傅宰折睢曰：「吾欲西益宅，而史以
　　爲不祥，子以爲何如？」宰折睢曰：「天下有三不祥，西益
　　宅不與焉。」哀公大悅而喜。頃，復問曰：「何謂三不

祥？」對曰：「不行禮義，一不祥也；嗜欲無止，二不祥也；不聽強諫，三不祥也。」哀公默然深念，憤然自反。遂不西益宅。夫史以爭爲可以止之，而不知不爭而反取之也。智者離路而得道，愚者守道而失路。

夫兒說之巧，於閉結無不解。非能閉結而盡解之也。不解不可解也。至乎以弗解解之者，可與及言論矣。

或明禮義、推道理而不行，或解搆妄言而反當。何以明之？孔子行遊，馬失，食農夫之稼。野人怒，取馬而繫之。子貢往說之，卑辭而不能得也。孔子曰：「夫以人之所不能聽說人，譬以太牢享野獸，以九韶樂飛鳥也。予之罪也，非彼人之過也。」乃使馬圉往說之。至，見野人曰：「子耕於東海，至於西海，吾馬之失，安得不食子之苗？」野人大喜，解馬而與之。說若此其無方也，而反行。事有所至，而巧不若拙。故聖人量鑿而正枘。夫歌〈采菱〉，發〈陽阿〉，鄙人聽之，不若此〈延路〉、〈陽局〉，非歌者拙也，聽者異也。故交畫不暢，連環不解，物之不通者，聖人不爭也。

案：「智者離路而得道」，此曲線智慧也。「愚者守道而失路」，此質直死守而不能順應無方也。馬圉之「解搆妄言」（造作妄言），「如此其無方而反行」，亦是「離路而得道」也，詭譎而通之，得順應之道也。由此亦引申至以不解解之，不直攖其鋒也，故綜結曰：「故交畫不暢，連環不解，物之不通者，聖人不爭也。」「不爭」，即不質直攖鋒而強爲之也。不爭而順之，反可通也，此亦不解解之也。交畫、連環，皆副詞或狀詞。《淮南子》此處用

「連環」，不指一實事實物言，與「閉」或「結」並不同。「交畫
不暢」，即交互錯綜而不暢達者；「連環不解」，即循環糾結而不
可解者，故綜綴之以「物之不通者」，「物之不通者，聖人不爭
也」。亦如「滑稽之矅，聖人之所圖也」。

　　然而惠施則以為「南方無窮而有窮，今日適越而昔來」，此種
循環矛盾而似不通者，而又實可解也，故綜提示之曰：「連環可解
也」。此「連環」顯然非指一實事實物言，與閉、結不同，如指一
實物而云可解，則是事實問題，非名理問題。「連環不解」、「聖
人不爭」，是玄理；「南方無窮而有窮」、「連環可解」，是名
理，兩者皆非指一實事實物，如閉、結之類，乃皆是抒意語也。

公孫龍之名理

小　序

　　近來整理先秦名家，先寫〈惠施與辯者之徒之怪說〉一文，交港大《東方文化》。該文就《莊子·天下》篇所記，先講明惠施之思理，次明「辯者之徒」怪說二十一事。夫旣爲怪說，則其隱僻難解可知，又爲單辭孤義，不詳其立說之原委，若單憑臆測，無異畫鬼。近人馮友蘭以爲此怪說二十一事可以分爲兩組：一組是合同異，屬惠施之思理；一組是離堅白，屬公孫龍之思理。此大體可從，如是，增加此怪說之表意性不小。

　　人皆籠統以「合同異，離堅白」說當時之名家，實則「離堅白」乃是公孫龍之主張，而「合同異」則是惠施之傾向，此兩者各代表一種思理，而「合同異」之思理尤接近莊子之玄理。

　　惠施與莊子善，莊子受其影響不小，然兩人之心靈根本有異，就〈天下〉篇所記「惠施歷物之意」之八事觀之（歷來作十事解，非是），惠施之思理確更接近于莊子，以故馮友蘭全以莊子之言解

惠施。然雖云接近，而實有距離，即就「合同異」言，名理地談與
玄理地談根本有異，馮氏不解玄理，故其所言，難恰當也。故于明
惠施之思理時，一、處處辨明名理與玄理之不同；二、取司馬彪、
李頤、成玄英，以及近人馮友蘭之解說，一一疏評之，以明其可通
不可通之分際。

于明辯者之徒怪說二十一事時，則順「合同異，離堅白」兩原
則一一予以考察，並亦取以上四人解說而一一疏評之，看此各家解
析究可通否？其屬于「合同異」組之怪說，究能表示合同異之思理
否？其屬于「離堅白」組之怪說，究能表示離堅白之思理否？大體
屬于離白堅者較可解，而屬于合同異者則難通，于以見「合同異」
並非易事也。凡此俱見該文，茲不再詳。略予提示，以明本文之續
承。

本文〈公孫龍之名理〉，乃承該文正式疏解公孫龍之思理者，
今《公孫龍子》，只有〈跡府〉、〈白馬〉、〈指物〉、〈通
變〉、〈堅白〉、〈名實〉六篇。〈跡府〉篇記載公孫龍之故事，
餘五篇純爲名理之談，本文想于此五篇一一予以詳細疏解，關于
〈指物〉篇詳見本書序文。

第一節　引言

清《四庫全書總目提要》：

> 《公孫龍子》三卷。周公孫龍撰。案《史記》：趙有公孫
> 龍，爲堅白異同之辯。《漢書・藝文志》：龍與毛公等並游

平原君之門。亦作趙人。高誘注《呂氏春秋》，謂龍爲魏人，不知何據。《列子釋文》：龍字子秉。〔《列子釋文》爲唐當塗縣丞殷敬順作，非陸德明之《經典釋文》〕。莊子謂惠子曰：儒、墨、楊、秉四，與夫子爲五。〔案：此見《莊子・徐無鬼》篇〕。秉即龍也。據此，則龍當爲戰國時人。司馬貞《索隱》謂龍即仲尼弟子者，非也。其書，《漢志》著錄十四篇。至宋時，八篇已亡。今僅存〈跡府〉、〈白馬〉、〈指物〉、〈通變〉、〈堅白〉、〈名實〉，凡六篇。〔……〕

其書大旨，疾名器乖實，乃假指物以混是非，借白馬而齊物我，冀時君有悟，而正名實。故諸史皆列於名家。〔……〕又鄭樵《通志・略》載此書，有陳嗣古注、賈士隱注，各一卷。今俱失傳。此本之注，乃宋謝希深所撰。前有〈自序〉一篇。其注，文義淺近，殊無可取。以原本所有，姑併錄焉。

案：此《提要》有數事須略作申明或辯證：

一、《史記・仲尼弟子列傳》：公孫龍字子石，少孔子五十三歲。裴駰《史記集解》引鄭玄說，以爲楚人。而《史記・孟子荀卿列傳》則又載另一公孫龍，趙人，爲堅白異同之辯。是則有兩公孫龍，今茲名家之公孫龍，即趙人之公孫龍，字子秉，非仲尼弟子之公孫龍也。

二、《史記》言公孫龍「爲堅白異同之辯」，此是史家記載史實，就名家全部籠統言之，非必能分別名家中各人之特殊主張。就

今存《公孫龍子》中六篇而言，其中無論異同者。馮友蘭云：「戰國時論及辯者之學，皆總而言之曰：『合同異，離堅白』。或總指其學為『堅白同異之辯』。此乃籠統言之。其實辯者之中，當分二派：一派為『合同異』；一派為『離堅白』。前者以惠施為首領；後者以公孫龍為首領。」（《中國哲學史》，268頁）。案：此言是也。公孫龍書，《漢志》著錄十四篇，現只存六篇，其已佚之八篇不知內容如何，他當然亦可討論同異問題，但不必主張「合同異」。就現存之六篇觀之，其主張堅白離，乃甚確定者，如以「堅白離」之思理為準，則彼自不能再主「合同異」，故以「合同異」屬惠施，大體不誤。局外人記載或傳說，謂其「為堅白異同之辯」，乃係就當時名家所喜討論之問題，籠統言之耳。此籠統之記載亦不自《史記》始，莊子書中之傳說記載即已如此，如：

　　㈠《莊子‧秋水》篇記載公孫龍謂魏公子牟曰：「龍少學先王之道，長而明仁義之行。合同異，離堅白，然不然，可不可。困百家之知，窮眾口之辯。吾自以為至達已。」此亦是局外人籠統之記載，實則公孫龍只「離堅白」，並不「合同異」。其思想，就現存之六篇言，並無「合同異」之傾向。「合同異」是惠施之思理，而大成熟于莊子。（見上篇：〈惠施與辯者之徒之怪說〉。）

　　㈡〈德充符〉篇末記莊子與惠子辯有情無情，最後莊子曰：「道與之貌，天與之形。〔……〕不以好惡內傷其身。〔……〕今子外乎子之神，勞乎子之精，倚樹而吟，據槁梧而瞑，天選子之形，子以堅白鳴！」此亦籠統之言。「惠施日以其知與人辯」（〈天下〉篇語），自可談及堅白問題，然堅白之離不離，恐是公孫龍所發動，而公孫龍本人則主離者。承此而談之《墨辯》，則主

「堅白盈」。至于惠施對此問題之態度為何,則不得知,就〈天下〉篇所記「惠施歷物之意」觀之,惠施之思理與興趣是在另一面,而不在堅白之離不離,然而莊子于此卻以「子以堅白鳴」責之,此責自是籠統之言,並不能表示惠施對此問題究主離抑主盈也,亦不能表示堅白問題是惠施所發動也,彼只藉此責其落于口辯而不聞大道而已。

㈢〈齊物論〉篇:「昭文之鼓琴也,師曠之枝策也,惠子之據梧也:三子之知幾乎皆其盛者也,故載之末年。唯其好之也,以異於彼其好之也,欲以明之彼。非所明而明之,故以堅白之昧終。」此又以「堅白之昧」責惠施也,此亦籠統之責。

然《史記》可以籠統記載,莊子可以籠統斥責,而後人之整理古典,則不可再有籠統之妄言。近人王啓湘作《公孫龍子校詮》,世界書局收于《中國思想名著》中,彼作《公孫龍子校詮・叙》云:「《莊子・秋水》篇:公孫龍謂魏牟:龍少學先王之道,長而明仁義之行。合同異,離堅白,然不然,可不可。困百家之知,窮衆口之辯。吾自以為至達已。謹案:據《漢書・藝文志》,周秦人之以名學著者七人,今惟存鄧析、尹文、公孫龍三家,而以龍最為卓絕。其名學要指,蓋不出合同異四言之外。嘗試論之,合同異者,名學所謂歸納也。離堅白者,名學所謂演繹也。然不然,可不可者,於不然中求其然,不可中求其可也。誠能於不然中求其然,不可中求其可,斯為能立。若能於然中求其不然,可中求其不可,則為能破。演繹歸納為名學之方式,能立能破,為名學之效果。以演繹歸納之方式,求能立能破之效果,而名家之能事畢矣。初學多苦龍書之難憭。倘以余說通之,不難迎刃而解矣。」閱至此,不禁

廢書而嘆！誠所謂莫知所云，蓋猶是策論八股之惡習，摭拾一二外來新名詞以爲作文章之資料。若誠若汝說，則尙何可通哉！直是一大附會，徒增混亂。此〈叙〉作于民國三年，此可徵清末民初士人之陋，蓋全無理會古典之能力，亦根本無思理。若將此段刪去，則其〈叙〉猶雅馴。

　　彼復于書末附錄其〈公孫龍子發微〉一文，除首大段重申上〈叙〉文之意外，復繼之曰：「余又謂：不惟名家出於孔子，即堅白之論亦出於孔子。蓋孔子嘗言：不曰堅乎？磨而不磷！不曰白乎？涅而不緇！是即堅白之論所由昉也。〔……〕《世說新語・文學》篇〔……〕鍾會撰《四本論》。注引《魏志》曰：會論才性同異傳于世。四本者，言才性同，才性異，才性合，才性離也。尙書傅嘏論同，中書令李豐論異，侍郎鍾會論合，屯騎校尉王廣論離。文多不載。又《南史・顧歡傳》：會稽孔珪嘗登嶺尋歡，共談四本。歡曰：蘭石〔傅嘏字〕危而密，宣國〔李豐字〕安而疏，士季〔鍾會字〕似而非，公淵〔王廣字〕謬而是。據此，是名家異同離合之辯，魏晉六朝尙流傳弗絕也。」世間焉得有如此之頭腦！孔子之言堅白與公孫龍之堅白論有何關係？根本風馬牛不相及，焉得如此拉扯！《四本論》明是言才性之同異離合，此是《人物志》論才性以後之才性問題，與名家之論同異有何關係？又與〈堅白論〉中之離不離有何關係？惠施言大同異、小同異，是言同異關係之本身。而《四本論》是言才與性之同異，焉得見有同異字，便謂是名家異同之辯？公孫龍與《墨辯》討論堅白離盈問題，而《四本論》則是討論才與性之離合，此明是兩問題，焉得謂爲「名家之辯，魏晉六朝尙流傳弗絕」？如此拉扯，直是學問之致命傷。文人陋習不

除，無可入于學問之門，此〈發微〉之文直可刪而去之也。依附古典以行，徒增來者之混亂。吾故不惜筆墨，不憚辭費，予以指正，以爲深戒。

三、中國知識分子之失其學統，喪其思理，由來已久，不自清末民初始。《提要》云：「其書大旨，疾名器乖實，乃假指物以混是非，借白馬而齊物我。」此直閉眼瞎說，成何大旨？夫混是非，齊物我，乃莊生之玄理。《公孫龍子》中所存之六篇，曾何處有此義乎？其中〈名實論〉正是定彼此、明是非。〈指物論〉雖不甚可解，然大體是指物對舉，明指與物之關係。白馬非馬、堅白離，則明每一概念皆有其獨立之自性，各是一獨立之存有。凡此諸論所表之思理，曾有一毫混是非、齊物我之義乎？《總目提要》之說亦非由讀過此書而得者，而乃抄自舊注。〈跡府〉第一首段，舊注云：「公孫龍傷明王之不興，疾名器之乖實，乃假指物以混是非，寄白馬而齊物我，冀時君之有悟，而正名實焉。」夫混是非、齊物我，正與「正名實」相衝突，如此顯明之矛盾猶不自覺，則其爲注亦可知矣。逐句注過，而竟有如此開端之盲論，則其根本無思理、無力讀龍書，豈不甚顯？而《總目提要》竟據之以爲龍書之大旨，豈不謬哉？

嘗謂魏晉人懂玄理，南北朝隋唐吸收佛敎，懂空理，宋明儒懂性理，至乎滿清入關，學絕道喪，士習益卑，慧解全無，任何理不能懂，然猶精于小學，于校勘訓詁猶有法度。順此路者，若嚴守藩籬，考辨史跡，訓解字句，不涉義理，則亦未始無利便于讀者。而或不守分界，妄有所論，一涉義理，全成笑柄，蓋任何理不能懂者，根本不能談義理也，上文所提及之王啓湘即此類也。公孫龍之

書乃談名理者，名理之學只在先秦名家曇花一現，此後即無發展，此本非中國心靈之所長，隔斷日久，後無能解，亦其宜也。舊注標為宋謝希深撰，謝希深名絳，與歐陽修、王安石同時。王啓湘《校注·叙》斷為偽託。其言曰：「考《舊唐書·經籍志》、《新唐書·藝文志》，均載有陳嗣古、賈大隱（或作士隱，誤）注，其書久佚。陳之為人無可考。大隱，則賈公彥之子，永年人。見《新唐書》一百九十八卷，〈儒學·張士衡傳〉中。（賈公彥，則見《舊唐書》百八十九上〈儒學傳〉。）人注書體例，與今人異，其深奧難曉者，則詳為注釋；其淺近易曉者，則多不措意。必宋以後妄人，疑古注多所缺略，乃攘竊陳、賈二注，雜以己說，爰託謝希深之名以售其欺，遂成斯注。此陳、賈二注之所由亡也。」此亦只備一說，未能斷其必然。

然此舊注實多妄言盲語，亦不能總龍書之思理，惟于順通字句，亦間有當者。此種簡略晦澀無人整理之書，有此注亦不無少補。

四、原書六篇，其序為：〈跡府〉第一、〈白馬論〉第二、〈指物論〉第三、〈通變論〉第四、〈堅白論〉第五、〈名實論〉第六。〈跡府〉第一記載公孫龍之故實，此可作簡略之小傳，無關名理；其餘五篇，純為名理之談，順其思理，重整如下：

㈠名實論。

㈡白馬論。

㈢堅白論。

㈣通變論。

㈤指物論。

此五篇實有一貫之思理，見其與惠施之思理不同，茲順序詳爲疏解如下。（〈指物〉篇缺，詳見本書序文。）

第二節　〈名實論〉篇疏解

> 天地與其所產焉，物也。物以物其所物，而不過焉，實也。實以實其所實，〔而〕不曠焉，位也。〔王啓湘《校詮》（此下簡稱王校）謂：「『不曠』上當有『而』字。」茲據補。〕

案：「物以物其所物」意即：物，就其爲物而物之。「不過」即「當」義。「不過」是反面說，「當」是正面說。過則虛，當即實。「不過」即「如其爲物而物之」之引申義，此是由物以定實，「物」是客觀指目之詞，表「存在」；「實」是主觀論謂之詞，表稱謂。「物以物其所物」，亦可等于說：「物之存在之是而是其所是」，此即如其所是而是之也。

「實以實其所實」意即：實，就其爲實而實之，或：如其不過之實而實其所實。「不曠」亦「不過」義，言不失不蕩也。實恰如其實而不過便是「位」，凡實物皆有定位，虛恍游蕩者無定實，亦無定位。譬如有筆于此，就筆之存在之是言，爲物，假若因心理或生理關係，于此筆上而起種種游蕩不定之幻像以環繞之，則即爲「過」，此即不是「物以物其所物」，故剝落此環繞之幻像，筆如其爲筆，則即爲「實」。實與物最鄰近，故凡物曰實物，若分言之，則只是一虛一實，「物」是實指，「實」是虛謂，「實」並非

一指目之獨立概念也，「實」可融化于物，故有時「實」即指物言。如名實對言，則「實」即實指之物。

但是「位」則稍不同，「位」雖亦是一虛謂，但可是一獨立之概念：它或指一物所佔有之空間言，此即其位置；或指一物本身所呈現之態勢言，此即其樣相。但不管是位置或態勢，總指其形式特性言。就物言，「位置」是一空間概念，此比較抽象，而亦外在于物，故此可曰外在的形式特性；至于態勢，則比較具體，而亦附著于物，故此可曰內具的形式特性。就人言，位置是由其社會關係對比而成，此亦是其外在的形式特性；態勢則是其位置之實，及所以充實其位置（地位），而使人有如此之位置者，此可不由關係對比而顯，而是此人本身所具之屬性，故此亦可曰內具的形式特性。如君是對臣而言，由此而了解君位，則君之位置便是其外在的形式特性。但若由其某種道德知識才能所形成之總態勢言，則位便是其內具的形式特性，朝廷有朝廷之位，社會有社會之位，鄉黨有鄉黨之位；所謂朝廷以爵、社會以賢、鄉黨以齒是也。中國思想中以前提到位字，都比較具體，即就物言，亦很少單言其所佔有之空間者，此抽象之空間觀念，中國思想中並未形成，大都是連屬于其內具的形式特性，而具體地言之。人在社會上之地位，尤其如此，如《易經‧乾卦》之「六位時成」，此「位」便不單純是那抽象的空間觀念，而實在是連屬陽九發展之態勢而具體地言之。就人言，如《中庸》：「君子素其位而行，不願乎其外。素富貴，行乎富貴；素貧賤，行乎貧賤。」此中之位便都是比較具體，即各人之內在的固具情況。公孫龍此處所言之位，就一物之「實其所實」言，亦是此種具體言之之位，即連屬于其內具的形式特性，而具體地言之之位

也，故以「實其所實」而定，不以空間關係或比較關係而定，此似是偏重于「位」之「自性」，即內在于自己而顯之位，而不偏重于其「他性」，即對他之關係而顯之位。

以上是由物以定實，由實以定位。物是存在，實是稱謂，位是如其實之情況（situation）、樣相（form）、或態勢（modality），即如其實而自持其實，不過不曠，不失不廢。

> 出其所位，非位。位其所位焉，正也。以其所正，正其所不正，「疑」其所正。〔俞樾云：「疑，當讀如《詩》『靡所止疑』之疑。《毛傳》曰：疑，定也。〕
> 其正者，正其所實也。正其所實者，正其名也。

案：「出其所位」，即離其實所定之位，離其實所定之位而游蕩，則無論在任何處，居任何情況，皆非其固有之實，即非其固有之位，此即所謂「非位」，「非位」即不當其位，不當其位即不正。《易·艮卦·象》曰：「君子以思不出其位」，無論人或物皆有其定實定位，出其位，則無實，亦根本無位，故歸于其實所定之位，則有實有位，此即是「正」。「位其所位」，即處其所固有之位而不游蕩，故正，此是由位以定正，正者恰當之謂也。「以其所正，正其所不正」，即以其所以爲恰當者，糾正其所以爲不恰當者，即遮撥其游蕩，既遮撥其游，則歸于其自身所固有之位，而其自身之所以爲恰當者，亦得而定焉，此以遮撥游蕩來定其「所正」，即以排拒而限定出其自身之「正」，是以「正」之「定」是通過一種排拒（exclusion or negation）而成者，在排拒關係中，始有一種限制

（limitation）、一種決定（determination），藉此限制或決定來表示正之「定」，「定」者穩定義、貞定義、固定或凝定義。定其所正，則正成其為正，「正者正其所實也」，即以「正其所實」表示正（實正，位亦正）。名實對言，正其所實，即「正其名也」；實正則名定，名以指實，實以定名，名與實間有一一對應之關係（one-one correspondence）。

由物定實，由實定位，由位定正，此皆是由客觀面直接推演而成，由實之正而至名之正，則是主客兩面對待說。邏輯言之，物、實、位、正，皆是屬于存在一面之詞，而「名」則是符號一面之詞。

> 其名正，則唯乎其彼此焉。謂彼，而彼不唯乎彼，則彼謂不行。謂此，而「行」不唯乎此，則此謂不行。〔王校：「而下『行』字，當為『此』字之誤。」此說是。〕其以當，不當也。〔王校：「此句當作『其以不當當也』。」非。〕不當，而亂也。〔俞樾曰：「此句當作『不當而當，亂也』。」亦非。〕故彼彼當乎彼，則唯乎彼，其謂行彼。此此當乎此，則唯乎此，其謂行此。其以當而當也。以當而當，正也。

案：此正式講名實之間之關係，此關係是「指謂」關係，以名名之曰「謂」，此處公孫龍所意謂之「謂」，即普通所謂「叫做」之意。如「大而化之之謂聖」之「謂」，「天命之謂性」之「謂」等等。「以名名之曰謂」，亦可以說為「以名名之之謂謂」，此中

「之謂」之「謂」，亦可以是此處所說「謂」字之意，此是「謂」字之最一般的意義，若進一步詳細分別，則有待于「名」之分別與「實」之分別，但公孫龍並未作此工作，《墨辯》亦未有此分析，後來荀子稍有接觸，但亦不盡。

名之正不正以何而定？名本身無所謂正不正，其正不正，是以其對于實之關係而定，依公孫龍之意，「唯乎其彼此」曰正，不唯乎其彼此，則不正。「唯」者應諾也，即普通所說之「是」或「對」，「唯乎其彼此」，即「是乎其所名於彼或所名於此者」，如果名謂之以彼（謂彼），而他不應乎此「彼」，則「彼」之謂便不能施行。（「彼謂不行」，即「彼」這個名謂不行）。如果名謂之以「此」（謂此），而他不應乎此「此」，則「此」之謂便不能施行，「不行」即不當也。

以彼或此謂之而不行，便是以為當，而實不當也。（「其以當，不當也」。）不當，而謂之，便是亂也。（「不當而亂也」。）原文「其以當，不當也。不當，而亂也」，無誤，王校及俞校皆非。「其以當」是承上文「謂彼」、「謂此」而言；「不當也」，是承上文「彼謂不行」、「此謂不行」而言。謂彼謂此，即以為是當而可謂之，彼謂此謂不行，即實則並不當也，語意甚順，此語意並非「以不當為當也」，乃是「以為當而實不當也」。「不當，而亂也」，即「不當，乃亂也」，或「不當，則亂也」，此語意亦不同于「不當而當，亂也」，「不當即亂」，此是客觀地說；「以不當為當」（不當而當），此是主觀地說，公孫龍原文是前意，不是後意。

以上從反面說，即從「不唯」說「其以當，不當」，下即從正

面說「其以當而當」。如果以彼彼之（「彼彼」），而「當乎彼」，則即是應乎彼之謂（「唯乎彼」），在此情形下，彼之一謂便能行乎彼，（「其謂行彼」）。如果以此此之（「此此」），而「當乎此」，則即是應乎此之謂（「唯乎此」）。在此情形下，此之一謂便能行乎此，（「其謂行此」）。其謂行乎此或行乎彼，便是「其以當，而當」，「其以當」，承「彼彼，此此」而言，「而當」，則承「其謂行彼、行此」而言，即「其以爲當而謂之，而實當也」，實當，則正也：「以當而當，正也」；「以當不當」，亂也。

> 故彼彼止於彼，此此止於此，可。彼此而彼且此，此彼而此且彼，不可。

案：此綜結上文，故以彼彼之，而止于彼；以此此之，而止于此：可。所以「可」者，以其當也，此承上文「彼彼當乎彼，則唯乎彼，其謂行彼；此此當乎此，則唯乎此，其謂行此」而言。彼實是彼，而我以彼之一謂謂之，亦當于彼，則此名謂即恰當而不亂。「止於彼」即定于彼，定于彼，則彼謂行也，或其彼之謂即行乎彼也。「此此」句亦同此解。

若此而彼之，則彼也而實此；彼而此之，則此也而實彼：此則不可。其所以「不可」者，以其「不當而亂也」，此承上文「謂彼，而彼不唯乎彼，則彼謂不行」等而言，「彼謂不行，此謂不行」，即名實不當也，故正名實者，即正實以正名，而求名實間指謂關係之當也。

案：《墨經》亦有與此相應之討論。

〈墨經下〉：「循此，循此與彼此同，說在異。」

〈經說下〉：「彼：正名者彼此。彼此可：彼彼止於彼，此此止於此。彼此不可：彼且此也。彼此亦可：彼此止於彼此，若是而彼此也，則彼亦且此，此〔亦且彼〕也。」（依孫詒讓，當補「亦且彼」三字。）

此〈經說〉顯與公孫龍〈名實論〉相接談，但不如〈名實論〉之清楚，〈經〉文尤其隱晦不明，依〈經說〉觀之，「循此」即順此，似即「此此」之意，但「此此」與「彼此」不同，何以說「同」？籠統言之，「此此」只就一項言，「彼此」是說兩項，義亦可同。但若細察之，其中亦有分別，故曰：「說在異」。（「循此」之「循」改爲「彼」亦可，如是，經文當爲：「彼此：彼此與彼此同，說在異。」意即同是彼此，而有分別，故曰「說在異」。此「異」即〈經說〉中所解析之可與不可也，此似亦可通，但無校勘訓詁上之根據。從義理上說，依〈經說〉觀之，似不出上兩解析。）

關于〈經說〉，若完整言之，首句似當爲：「彼此：正名者彼此」，原文脫一「此」字。「正名者彼此」，顯指公孫龍之〈名實論〉言。其意是：言正名者，常就「彼此」而言，或「彼彼止於彼，此此止於此。」或「謂彼而彼不唯乎彼，則彼謂不行。謂此而此不唯乎此，則此謂不行。」或「彼此而彼且此，此彼而此且彼。」如上所解。今〈經說〉即順此而言之。有三層分別：

一、「彼彼止於彼，此此止於此。」此爲「彼此可」，此是分別地說彼或此俱有當也，故曰「彼此可」，意即：對于「彼此」，

若是如此說，則可，此〈經說〉句顯從公孫龍來。

二、「彼且此也，〔此亦且彼也〕。」（依孫詒讓，當補後一句，不補亦可。）此為「彼此不可」，言謂彼而又是此，謂此而又是彼；彼不止于彼，此不止于此，彼此無當，故「不可」。言若說「彼此」而如此，則不可。此顯然同于公孫龍所說「彼此而彼且此，此彼而此且彼，不可。」

三、若真彼此分不清，即不能彼止于彼，此止于此，而實是彼此混，則此時「彼此止於彼此」（不是彼止于彼，此止于此，而是彼此混止于彼此混），彼此混當于彼此混，則「彼亦且此，此亦且彼」便可。此層意思，公孫龍未言及。

以上三層分別言可不可，即明〈經〉文「說在異」之「異」也。

公孫龍與《墨經》俱主張定彼此、正名實，此可曰積極的名家，然莊子依玄理之立場，則不以為彼此能定、是非能正，彼用惠施「物方生方死」之「方生之說」，以明「彼此莫得其偶」，〈齊物論〉云：「物無非彼，物無非是〔此〕。自彼則不見，自知則知之。故曰：彼出於是，是亦因彼。彼是方生之說也。雖然，方生方死，方死方生。方可方不可，方不可方可。因是因非，因非因是。是以聖人不由，而照之於天，亦因是也。是亦彼也，彼亦是也。彼亦一是非，此亦一是非。果且有彼是乎哉？果且無彼是乎哉？彼是莫得其偶，謂之道樞。樞始得其環中，以應無窮。是亦一無窮，非亦一無窮也。故曰：莫若以明。」此整段意思主要是「彼是莫得其偶」一句，此顯然由《公孫龍・名實論》中之「彼此」，及《墨經》中「正名者彼此」而來，但莊子旨在明玄理、齊是非，故不順

他們之立場以辯，而是採用惠施「方生方死」之說，以混彼此與是非，其不同甚顯。孫詒讓《墨子間詁》于上引〈經說〉文之下，節引莊子此段文，而謂莊子所說「亦與此義略同」，實則根本不同，焉得謂為「略同」？是訓詁家于校勘訓詁有章法，而于義理全無章法也。

惠施、莊子、桓團、公孫龍，以及墨子集團中之辯者，其時代前後相差不遠，有名辯之興趣者，則參與問題內部相接談或相反對，至如莊子者，則是另一境界，根本無此名辯之興趣，彼只處于局外，冷眼以觀，道聽塗說而拾取辯者之口實以抒發別義（彼對于辯者內部問題根本無興趣，故亦不對之負責，故其道聽塗說，隨便取用，可無礙，否則，不可，此不可不知），如指馬、彼此，皆拾取當時辯者（公孫龍系）之口實，而別發玄義者也。

儒家孟子亦處于此時，但更不參與其中，根本不與聞問。莊子之靈魂是玄理，其根底是道家，能大暢玄理，而不能開闢名理。孟子之靈魂是性理，其根底是儒家，能大暢性理（心性、性命天道），而不能開闢名理。名家辯名實、定彼此，獨能開闢「純名理域」。雖不及孟莊之成熟，然要亦有價值，公孫龍尤其著者也，惜乎無孔、老者為之前，亦無如孟、莊者為之後，故「名理域」在中國遂枯萎而不振也。

以上就彼此，分別言可不可，以定名實間之指謂關係，此下即綜結名實關係而言之。

> 夫名，實〔之〕謂也。〔當補「之」字〕。知此之非〔此〕也，〔俞樾謂當補「此」字，是〕，知此之不在此也，

> 「明」不謂也。〔俞氏謂「明」當為「則」〕。知彼之非彼
> 也，知彼之不在彼也，則不謂也。

案：此綜言名實間之指謂關係也，如果吾人能知此不是此，或此不
在此；能知彼不是彼，或彼不在彼，則便不可以此謂之，或以彼謂
之，譬如說，假定知牛實不是牛，或牛並不在這裡（「不在此」之
「此」似乎只好作「這裡」講，與「此之非此」句中「非此」之
「此」不同），則便不能以「牛」去謂之。牛實不是牛（此之非
此），即說它是牛而它實不是牛，則「牛謂」不行。既知牛謂不行
（知「牛之非牛」），則便不可以牛謂之（「知」字重要，不可
忽）。知「牛不在此」（知此之不在此），則便無對象可指，既知
無對象可指，則亦不能以「牛」謂之，「則不謂也」意即在此情形
下，不以某某名謂之也。對應「知此之非此」言，「則不謂也」，
是「不可以此去謂之」；對應「知此之不在此」言，「則不謂
也」，是「不能以此去謂之」，「不可以此去謂」是表示有實而實
不對，實不對而謂之，是亂，不當之謂「亂」，故「不可」也。
「不能以此去謂」，是表示無實而名無所施，無所施而名之，是
空，無所有之謂「空」，既空矣，又焉能以此或彼去謂之？故「不
能」也，「不能」者，言謂之而無意義也，「知彼之非彼」方面亦
如此解。

> 至矣哉！古之明王！審其名實，慎其所謂。至矣哉！古之明
> 王！

案：此贊古之明王旣能審察其名實，又能謹愼其所謂，故能得事理之正，而天下以治，此其所以爲明王也。古之明王旣如此，而自春秋戰國以來，貴族政治漸趨崩解，周文罷弊，禮樂不興，名實多乖，名器多濫，故易引發人注意名實問題也。然直就政治而言政敎方面之名實問題，則始于孔子之正名，並發展而爲儒家之春秋敎。以政敎方面之名實乖亂爲現實之緣，引發而爲更一般化、抽象化之純名理之辯，則始于戰國時之名家，惠施、公孫龍其選也，《墨辯》繼之，而以荀子之〈正名篇〉爲殿。故公孫龍之歸贊明王，亦只明其純名理之辯之現實因緣，並明其純名理之辯亦有實用之意義而已，實則此實用之意義並不直接，只提及之以壯聲勢而已。名家之本質的意義，實在其進一步而爲純名理之談也，由現實之因緣解放，而爲一般化、抽象化之名實，純名理地談之，不爲政敎方面之名實所限，此則更顯「理智之俊逸」，公孫龍之〈名實論〉，即名家名理意義之名實之典型也。然後之論名家者，槪從孔子之正名說起，以現實因緣爲本質，而于名家內部名理之辯，則大都視爲「苛察繳繞」、「怪說琦辭」，不復知有名理之境，亦不復能欣賞其「理智之俊逸」也，是則旣失名家之所以爲名家，亦失孔子言正名之發展爲春秋敎之義也，孔子之言正名，不只被藉以徒爲名家之現實因緣，其本身即有其本質之引發，此即單言政敎方面之名實，滋長壯大，發展成熟，而爲儒家之春秋敎也。孔子固非名家，儒家亦非純名理之談者，然而其直就政治而言政敎方面之名實，特顯價值判斷之名實而爲春秋敎，則是儒家客觀精神之表現，亦即義道之客觀地建立或名理地建立，此則固有其本質之意義，亦顯儒家「道德之莊嚴」。故孔子之正名，若只牽引而爲名家之現實因緣，復以此

現實因緣爲名家之本質，則旣失名家理智之俊逸，亦失儒家春秋敎道德之莊嚴。茲判而分之，儒、名兩得，義智雙彰，而于政敎方面之名實，則只視爲名家之現實因緣，而非其本質，如是苛察繳繞之譏，怪說琦辭之責，亦可以不作矣。以下試略言儒家正名實之意義。

《論語》第十三：「子路曰：『衛君待子而爲政，子將奚先？』子曰：『必也正名乎！』子路曰：『有是哉！子之迂也！奚其正？』子曰：『野哉！由也！君子於其所不知，蓋闕如也。名不正，則言不順。言不順，則事不成。事不成，則禮樂不興。禮樂不興，則刑罰不中。刑罰不中，則民無所措手足。故君子名之必可言也，言之必可行也。君子於其言，無所苟而已矣。』」

此爲孔子言正名最完整之一段，亦正名觀念之最早者，此雖就衛國政治之特殊情形而發，然亦實反映春秋時代之普遍現象，即周文罷弊，名實乖亂。孔子言正名，主要目的是在重興禮樂，重整周文之秩序，其所意指之名實，主要是就政敎人倫說，不是純理的名實，最簡單而顯明的表示當該是：「齊景公問政於孔子。孔子對曰：君君，臣臣，父父，子子。」有君之名，即要盡君之道，君之道即君之實，父子等亦然，此名實顯然就人倫說，就衛國所言之正名，亦是此種名實，蓋衛國當時之情形亦實是君不君、臣不臣、父不父、子不子也。故云「名不正，則言不順。言不順，則事不成」等等也。就基本之人倫名實再擴大，而求一切名器之不紊、不僭、不濫，一切恰如其分，則禮樂可興矣。其言正名實之標準主要是禮，而當紊亂無禮之時，此中即有一種褒貶進退之正名實之工作，由之而表現客觀之價值判斷，以顯示一義道之樹立，此即所謂《春

秋》敎也，此是另一領域之開闢，即所謂客觀精神（義道）之開闢也，故司馬遷云：「《春秋》者，禮義之大宗也。」此中之正名實是依附于義道之建立而顯，由此特顯「道德之莊嚴」，不顯「理智之俊逸」。故此正名實非純名理的，故亦不能開闢「名理領域」也。

　　《春秋》本有一種「正言析辭」之工作，孔子就《魯史》而修《春秋》，首先是修辭潤文。《春秋公羊傳》莊公七年：「不修春秋曰：雨星不及地尺而復。君子修之曰：星霣如雨。」此「君子修之」，即孔子對于原文之修潤，不只是修辭上之修潤，且有「當名辨物」之修潤，此亦幾近于名理矣。如《公羊傳》十六年經「隕石於宋，五。是月，六鷁退飛，過宋都。」傳：「曷爲先言霣而後言石？霣石，記聞。聞其磌然〔磌音田，石落也〕，視之則石，察之則五。〔……〕曷爲先言六而後言鷁？六鷁退飛，記見也。視之則六，察之則鷁，徐而察之，則退飛。五石六鷁何以書？記異也。外異不書，此何以書？爲王者之後，記異也。」于隕石，則先隕後五；先聞其聲，視之則石，察之則五。于六鷁退飛，則先六而後鷁；先見其數，察之則鷁，再察則退飛。此亦幾近于一種名理之秩序，言之極審而愼也。「爲王者之後，記異」，則表示不只是「當名辨物」之正言析辭，且亦進而顯示「道德之莊嚴」，其餘褒貶進退、書不書，所謂春秋筆法，皆是以顯示義道爲主，其正言析辭自必甚謹，即甚有邏輯之秩序，（邏輯的，而非邏輯本身）。《穀梁傳》于此則云：「先隕而後石，何也？隕而後石也。〔……〕後數，散辭也。耳治也。〔即《公羊》之「記聞」〕〔……〕六鷁退飛過宋都，先數，聚辭也，目治也〔即《公羊》所謂「記見」〕。

子曰：石無知之物，鴟微有知之物。石無知，故日之。鴟，微有知之物，故月之。君子之於物，無所苟而已。石鴟，且猶盡其辭，而況於人乎！」經文之書法固不必盡如《公》、《穀》之所傳，然孔子作《春秋》，總不能謂其無「正言析辭」之工夫，與褒貶進退之義法也。（褒貶進退，人皆知之，至「正言析辭」之名理精神，則後之董仲舒甚能注意及之，參看《春秋繁露‧深察名號》篇。）自「當名辨物，正言斷辭」（《易傳》語）而言，則有一種「名理之秩序」；自「褒貶進退，禮也，非禮也」而言，則有一種「道德之莊嚴」。春秋以後者為主，而以前者為從，故終為儒家之春秋教，而非名家之純名理也。「君君，臣臣，父父，子子」，即春秋教之正名實；而「彼彼止於彼，此此止於此」，則是純名理之正名實，兩者間固有極顯著之差別。純名理之正名實，是就政教人倫之正名實進一步而來之解放（理智之解放），解放而為更一般化、抽象化之純名理之談，故能開闢「名理域」，而顯理智之俊逸。就儒家之春秋教言，其政教人倫之正名實，並非不足而需要解放，而乃其本身即甚足者，其本質即是義道之建立，縱使是解放，亦是義道之解放，不，乃是義道之充分發展，發展而為春秋教，而非向純名理域解放也。名理域之開闢，是純理智之解放，是智性之獨立發展，而于春秋教中，則智屬于義，攝于仁，而為仁道義道之建立，而非名理之建立。故春秋時代孔子之正名，實乃向兩路發展：一是發展而為儒家之春秋教，義道之建立；一是稍後發展而為名家之純名理，名理域之開闢。此兩者決不能混一說，不幸後之記載學術流派之史家，全不了解此中之分別，全無了解「名理域」之獨立意義之能力，遂只以籠統之「正名實」說名家，而于「名理域」之名

理，則視爲苛察繳繞而泯沒之，如是則名家之所以爲名家全不顯，而于儒家道德之莊嚴，與名家理智之俊逸，遂亦兩俱失之矣，試看以下之記載：

司馬談〈論六家要旨〉曰：「名家苛察繳繞，使人不得反其意。專決於名，而失人情，故曰使人儉而善失眞。若夫控名責實，參伍不失，此不可不察也。」「控名責實，參伍不失」，此只是正名實，儒家春秋敎亦正名實，法家綜核名實亦正名實，此豈名家之所以爲名家者哉？「苛察繳繞，使人不得反其意」云云，正是不解「名理域」之獨立意義之不相干評語，若只是「苛察繳繞」，則亦只是病而已。病不可以說家，若去其病，則所餘者只是正名實，只是正名實，又豈足以名爲名家哉！

班固《漢書·藝文志》說名家云：「名家者流，蓋出於禮官。古者名位不同，禮亦異數。孔子曰：必也正名乎？名不正，則言不順；言不順，則事不成，此其所長也。及譥者爲之，則苟鉤鈲析，亂而已。」「此其所長也」句以上，說儒家之春秋敎，則更恰當。對名家言，若只視爲現實之因緣，亦可，但現實之因緣是一事，其所開闢之獨立之本質又是一事，而班固于此獨立之本質完全不能了解，只以「苟鉤鈲析，亂而已」一語抹去之。如是，所餘者只是孔子之正名，若如班固所云，孔子是名家不亦更恰當乎？且無「譥者」之病！

《隋書·經籍志》說名家云：「名者，所以正百物、叙尊卑、列貴賤，各控名而責實，無相僭濫者也。《春秋傳》曰：古者名位不同，節文異數。孔子曰：名不正，則言不順；言不順，則事不成。《周官·宗伯》以九儀之命，正邦國之位，辨其名物之類是

也。拘者為之，則苟察繳繞，滯於析辭，而失大體。」此皆沿襲司馬談、班固之說，而稍異其辭，用之以說儒家春秋教，最為恰當，而于名家，則全不沾邊。此見史家敘學術流派，常對于學術內容全無所知，只望文生義而已。故史家之記載名家，記來記去，名家歸于消滅而不知其何所在。

此病不自漢之史家始，荀子雖能作正名，于名理域之純名理亦有貢獻，然對于其前輩所開闢之「名理域」，則完全不能賞識，〈非十二子篇〉云：「不法先王，不是禮義，而好治怪說，玩琦辭，甚察而不惠，〔王念孫云：『惠』當為『急』〕，辯而無用，多事而寡功，不可以為治綱紀，然而其持之有故，其言之成理，足以欺惑愚衆，是惠施、鄧析也。」若如荀子所言，其〈正名篇〉所言之名理亦是無用者，只春秋教即可以為治之綱紀矣，此足見荀子理趣之不廣也，是以禮義綱紀自是禮義綱紀，名理自是名理。荀子之正名，猶是名家所開闢之「名理域」中之事也，荀子既「隆禮義」，又可以言正名，然則惠施、公孫龍之名理又何礙于禮義綱紀乎？

第三節　〈白馬論〉篇疏解

公孫龍為趙平原君家之客，食客無事，以閒談為事，假若不是「飽食終日，無所用心」；亦不只是「好行小慧，言不及義」，則雖不談政治道德之「義」，亦可及于名理之義，此示于閒談中，智思清朗，而于學問亦有價值者，故前謂名家顯理智之俊逸。

公孫龍當時所談者必甚多。如〈天下〉篇所記二十一事中，其

屬離堅白組者，如：火不熱、目不見、矩不方、規不可以爲圓、鑿不圍枘、指不至、至不絕、輪不輾地、飛鳥之影未嘗動也；鏃矢之疾而有不行不止之時、一尺之棰，日取其半，萬世不竭、狗非犬、孤駒未嘗有母等，雖不必皆是公孫龍之所發，然彼亦必參與其中而有分焉；而衡之其思理，彼亦實可主張如此之怪說。至于有辯說之理由而著成文篇者，則有「白馬非馬」之辯、「羊合牛非馬」、「羊牛而牛而羊」之辯、「堅白離藏」之辯，此皆其著者也。本文先疏解〈白馬論〉，以明「白馬非馬」之意。

就「白馬非馬」言，究竟誰是首先創始者，則不易斷定，當時宋人兒說亦持「白馬非馬」之說，《韓非子・外儲說左上》云：「兒說，宋人，善辯者也，持『白馬非馬』也，服齊稷下之辯者。乘白馬而過關，則顧白馬之賦。故籍之虛辭，則能勝一國。考實按形，不能謾於一人。」韓非謂兒說持「白馬非馬」之說，並以爲無論如何辯，當其「乘白馬而過關」，則仍須繳納馬稅，是則白馬仍須照馬辦，不能巧辯其爲「非馬」而不繳稅也，故云：「籍之虛辭，則能勝一國。考實按形，不能謾於一人。」以韓非之校練，固不契辯者之虛辭。〔關于「乘白馬而過關，則顧白馬之賦」句，王先愼曰：「顧，視也。古人馬稅當別毛色，故過關視馬而賦，不能辯也。」陳奇猷謂：「顧、雇通。《後漢書・桓帝紀》注：『雇、酬也。』又：下白字當刪。『乘白馬而過關，則顧馬之賦』，謂乘白馬而過關，仍酬馬之賦，不能謂其非馬而不賦也。王說非。」（陳奇猷《韓非子集釋》，630頁）。〕

誰始創，且不問，茲所注意者，乃「白馬非馬」之意。今本《公孫龍子・跡府》篇云「龍與孔穿會趙平原君家，穿曰：『素聞

先生高誼，願爲弟子久，但不取先生以白馬爲非馬耳，請去此術，則穿請爲弟子。』龍曰：『先生之言悖！龍之所以爲名者，乃以白馬之論爾，今使龍去之，則無以敎焉。且欲師之者，以智與學不如也，今使龍去之，此先敎而後師之也，先敎而後師之者，悖！且白馬非馬，乃仲尼之所取，龍聞楚王張繁弱之弓，載忘歸之矢，以射蛟兕於雲夢之圃，而喪其弓。左右請求之。王曰：『止！楚人遺弓，楚人得之。又何求乎？』仲尼聞之曰：『楚王仁義而未遂也，亦曰人亡弓、人得之而已，何必楚？』若此，仲尼異楚人於所謂人，夫是仲尼異楚人於所謂人，而非龍異白馬於所謂馬，悖！先生修儒術，而非仲尼之所取；欲學，而使龍去所敎，則雖百龍固不能當前矣。』孔穿無以應焉。」

　　據此，則知「白馬非馬」只是白馬異于馬，「非」字乃「異」義，故此句並非「白馬是馬」之否定，只是另立一義耳。白馬與馬之間當然有一種差別，就此差別而謂其「異」，並不函對于「白馬是馬」之否定，而謂其不是馬也。楚人與人之間亦有一種差別，異楚人于人，並不函否定「楚人是人」也。然則「白馬非馬」之辯，此中眞正問題乃在「是」字與「非」字之意義，而「白馬非馬」一語之邏輯意義與價値，亦在其所顯示之「是」字、「非」字各有不同之意義，以及其所顯示之共名與別名或個體名之不同，而不在「白馬非馬」一語本身也。

　　依〈跡府〉篇所記載之故事，「白馬非馬」之意是如此，然則〈白馬論〉篇之往復辯難，是否亦顯此意，以下便是原文之疏解。

　　　　　　※　　　　　　　　　※　　　　　　　　　※

第一問答：

　　白馬非馬，可乎？
　　曰：可。

第二問答：

　　曰：何哉？
　　曰：馬者所以命形也，白者所以命色也。命色者非命形也。
　　故曰：白馬非馬。

案：以上第一問答首先肯定「白馬非馬」可，「可」，是言此句可
以成立。第二問答即明所以可之故，其故即在：「白馬」是形與色
合，而「馬」則只是「形」名，如果視「白馬」為個體名，則此差
別即是個體名與類名之不同；如果視「白馬」為別名（依荀子）或
種名（或目名），則白馬與馬之差別，即是別名與共名之差別，或
種名與類名之差別，或目名與綱名之差別，即依此差別而言「白馬
非馬」，故此「非」字顯然只明此兩名之不同，所謂異白馬于馬、
異楚人于人也。

　　關于「命色者非命形也」句，意即：命色之名非命形之名，
此即意函說：「白馬」是色名與形名合，而馬則只是形名，故白馬
異于馬，不等于馬也。譚戒甫將此句改為「命色形非命形也」，則
為多事，實可不必。（譚戒甫：《公孫龍子形名發微》，16頁）。
　　第三問答：

> 曰：有白馬，不可謂無馬也。不可謂無馬者，非馬也？有白馬爲
> 有馬，白「之」非馬，何也？

案：「之」字誤，當爲「馬」，或「之」字上脫一馬字。此顯然是
問：「白馬非馬何也？」並非問：「白之非馬何也？」白當然非
馬，故此問爲不必須。而舊注曰：「白與馬連，而白非馬，何
故？」「白與馬連」成白馬，只能因之而問「白馬非馬，何故？」
焉能因之而問「白非馬，何故？」故此舊注亦是不通之強說。

譚戒甫謂：「且白爲馬之色，無白固有馬，白之，亦猶是馬。
今白之謂爲非馬，何耶？言不可也。」（同前書，17頁）。此似是
將「白」作動詞用，「白之」即「白它」（以白白之），此亦是強
爲之解，不可從。

案：此第三問難，是從「有白馬」確定「有馬」，由「有馬」
確定「白馬是馬」，此是難者不求解公孫龍說「白馬非馬」之意，
只管說「白馬是馬」。

> 曰：求馬，黃黑馬皆可致。求白馬，黃黑馬不可致。使白馬
> 乃馬也，是所求一也。所求一者，白者不異馬也。所求不
> 異，如黃黑馬有可有不可，何也？可與不可，其相非明
> 〔矣〕。故黃黑馬一也，而可以應有馬，而不可以應有白
> 馬，是白馬之非馬審矣。

案：此第三答難進而申明「白馬非馬」之故，白馬既是色名與形名
合，馬只是形名，故求「馬」，黃黑馬皆可至；求「白馬」，黃黑

馬不可至，只有白馬可至，此明示白馬不等于馬，此「不等」即是
共名與別名之不等。公孫龍既認「非」爲「異」，復認「是」爲
「同」（等）。「使白馬乃馬也，是所求一也」，此一反駁之句，
即示以同視「是」，言假使白馬就是馬，或等同于馬，則所求而至
者何以有不同！言當該是同，即「一也」；如果所求而至者是一，
則白亦無以異于馬，此惡乎可？其實縱使白馬是馬，所求而至者亦
不必是「一」，亦可達到「求馬，黃黑馬皆可致；求白馬，黃黑馬
不可致」之結論，是則「是」字必有另一種意義。當吾人說「白馬
是馬」，不必意謂白馬等同于馬，今公孫龍未能察及此中之分別，
遂只以「等同」視「是」矣。「是」字之不同意義，詳解見後。

第四問答：

> 曰：以馬之有色爲非馬，天下非有無色之馬也，天下無馬，
> 可乎？
> 曰：馬固有色，故有白馬。使馬無色，有馬如已耳。安取白
> 馬？故白〔馬〕者非馬也。白馬者，馬與白也。馬與白馬
> 也，故曰：白馬非馬也。

案：「故白者非馬也」句，原文脫「馬」字，順文意當補。白非
馬乃無問題者，豈待因、故之辯？「白馬者，馬與白也」，即承上
「白馬者非馬也」句，而重新說明之。「馬與白馬也」句，是另
起，下接「故曰」，言依以上之說明，此乃是馬與白馬之異也，
「故曰：白馬非馬也」。

普通是「白馬者，馬與白也，馬與白馬也」連讀，語意遂不

通。俞樾謂：「此兩句中，各包一句。其曰馬與白也，則亦可曰白
與馬也。其曰馬與白馬也，則亦可曰白馬與馬也。總之離白與馬言
之也。」案：此解迂曲糾纏，只是強為之說，全不顧「白馬者」起
句之語意，亦泯滅論辯中主從本末之輕重。

譚戒甫亦是將此兩句連讀，並謂：「此馬與白馬也句，當作白
與馬也。〔……〕下文馬未與白為馬，白未與馬為白，即承此二句
申言之，可證。茲刪馬字，乙轉白字。」（譚著，17頁）並謂「故
白者非馬也」一句，「為起下之辭，當連下讀」（譚著，18頁），
如此，據其讀法與刪改，此答辭之後半段幾句當作：「故白者非馬
也；白馬者馬與白也，白與馬也；故曰：白馬非馬也」。此亦可
通。惟刪改較多。與吾之讀法，各有利弊，吾未能決定何者必為較
好，故亦介紹譚說，兩存之，以供讀者參考。

若一字不改，保存原文，而讀法則于首句採譚說，于「馬與白
馬也」句，則取吾之讀法，此亦可通，如是當為：「故白者非馬
也，白馬者，馬與白也。馬與白馬也，故曰：白馬非馬也。」如是
讀，好處在不變動原文。

又案：「有馬如已耳」，舊注曰：「如，而也」。此可從。
「有馬如已耳」，意即「只是有馬而已」。馮友蘭謂：「已似當為
己。如己即 as such 之意」。（《中國哲學史》，256頁）。此在義
理可通，而于語意，則不必如此改。「只是有馬而已」，意即函
「只是馬自己」也，此句足示公孫龍確有抽象的思考，具體的馬自
有種種具體的顏色，乃至種種其他具體的特徵，如將此種種具體特
徵盡行抽去，則只是馬而已，此「只是馬」，即是「馬自己」，即
馬之大共名，此只是一「純普遍性」之自己。即白馬不作具體的個

體看，亦視作一類名，即白馬類；或別名，則亦不是「馬」這一純普遍性之自己。「馬自己」只是一個純普遍性之「存有」，並無具體之存在、現實之存在，或時空中之存在。推之堅、軟、黃、黑、白等性之自己，亦皆是一純普遍性之存有；再推之，即使是白馬、黃馬、黑馬等，如視作類名，雖增多顏色之內容，亦仍是概念之存有。此意即函：惟有當下在時空中這個具體的特殊個體，方有現實的存在。此亦即函「存有」與「存在」之分別，此即〈堅白論〉中「離藏」一思想之所由，故「白馬非馬」之辯，實不只是兩者之不同（異）而已，且由此不同中，能進而顯露出所不同者之是什麼之分辨，並顯示公孫龍對于概念之存有，確有一種存有論的洞見。故白馬非馬之辯，其邏輯意義與價值有以下之三點：

一、顯示「是」字與「非」字各有不同的意義。

二、顯示「存在」與「存有」之區別，個體名與別名共名之區別。

三、顯示對于「概念之存有」有一種存有論的洞見（ontological insight）。

第五問答：

> 曰：馬未與白爲馬，白未與馬爲白。合馬與白，復名白馬。
> 是相與以不相與爲名，未可！故曰：白馬非馬，未可。

案：此是難者以馬與白兩獨立概念之離合爲難，意言若如汝所說，馬與白可離，各自獨立，則馬即不因與白合而爲馬，白亦不因與馬合而爲白，是即馬與白離而不相與也。既不相與，今復「合馬與

白」，而名曰「白馬」，是又「相與」也。然則是豈非「相與以不相與為名」乎！此則大不可矣，此既不可，則汝之論辯有病，故主「白馬非馬」，亦不可。意言：此既不可，則不若白與馬不離，如是，則雖「白馬」，而畢竟仍是馬也，是故汝言「白馬非馬，未可。」

此難者之辯並不成立，馬與白當作概念看，雖可各自獨立，然並不妨礙其相與而為「白馬」。難者之意似是馬與白既抽象而離矣，即永不可再合，故有「相與以不相與為名」之難，實則馬與白是就「白馬」抽離而言之，其離而為二，各自獨立，是抽象中概念之存有事，而「白馬」則是實際之事實，焉可因抽象之離，即謂其永不可再合耶！凡言抽離，皆是有所憑、有所據，並非寡頭不相干之星散概念，突如其來，因而始可發生如何能「相與」之問題，故此難實表示難者並無抽象之思考力，惟此中實含有認識論之問題與存有論之問題，此將在〈堅白論〉中討論之，現暫不涉及。

> 曰：以有白馬為有馬，謂有白馬為有黃馬，可乎？曰：未可。曰：以有馬為異有黃馬，是異黃馬於馬也。異黃馬於馬，是以黃馬為非馬。以黃馬為非馬，而以白馬為有馬，此飛者入池，而棺槨異處，此天下之悖言亂辭也！

案：此答難亦有問題，茲且不論。此整個之答辭，似與難者之意並不相對應。人固可曰：暫不作答，別起誘敵，但此逕直之一問一答之論辯，似不應完全不相涉；又察下文最後之問答，答辭亦與難意不相對應，譚戒甫以為此最後之問答並非一難一答，乃皆為論主自

己追述或引申之意，此尤離奇。茲察最後之答辭倒反與此處上列之
問難相對應，而此處之答辯倒反與下文之問難相對應，故吾以爲似
有錯簡，試移最後之答辭于此，看是否較爲通順：

> 曰：白者，不定所白，忘之而可也。白馬者，言白定所白
> 也。定所白者，非白也。馬者無去取於色，故黃黑〔馬〕皆
> 「所」以應。白馬者，有去取於色，黃黑馬皆「所以」色
> 去，故唯白馬獨可以應耳。無去者，非有去也。故曰白馬非
> 馬。

案：此方像是對此第五問難而辯，蓋此第五問難以馬與白兩獨立概
念之離合爲難，此是就論主之意姑先予而後奪之，難者之意既如
此，故此答辯即就馬與白兩獨立概念之自性，分辨白與「定所白」
而答之。「白」即白之自己，亦可曰「不定所白」之白；「定所
白」者，言白規定其「所白」之物，如馬、紙、筆之類，而其自身
即得一附著處；而爲白所定之物，亦因而得一限定而有一特殊之內
容，此若就馬而言，即所謂「白馬」是也。故「白馬」者，就馬而
言，則馬即因爲白所定，而得一限定，具一特殊內容之馬也。此時
馬即不是一純普遍性之自己，而是一有限定、有特殊內容之「白
馬」。就白而言，則白亦非「白之自己」，（即非「不定所白」之
白），而是一「定所白」而有附著處之白，故曰：「白者不定所
白，忘之而可也。〔案：此即〈堅白論〉中所謂「離藏」。〕白馬
者，言白定所白也。〔案：此就白而言，亦函就馬而言。〕定所白
者，非白也。」此幾句甚扼要，而亦甚具邏輯意義之答辯，即答難

者「白、馬兩獨立概念何以能相與而爲白馬」之難也，此答覆中之說明是一邏輯之說明，此或不甚能滿足有哲學追問之興趣與有訓練之讀者，例如尚可提出認識論之說明與存有論之說明等，然此種邏輯之說明要亦是相干之說明，而非如前列原有之答辭似全不對應也。吾將此答辭移于此，固無版本之根據，然此種少有整理之書，年代久遠，早已錯簡乃可能者，吾以義理之關聯衡之，移于此而可使問答較爲對應，並能使問答之意更爲顯明而順適，且亦不背原有之思理與意指，則移置之當無不可，亦且有助于讀者之理解。

以上基本觀念既明，則此答辭後半段諸句皆顯豁而易解，亦且直順而下，無有曲折隱晦之處，故不須作義理之詳解，惟字句中稍有待于聲明者如下：

一、「馬者，無去取於色，故黃黑〔馬〕皆『所』以應。」「黃黑」下原脫「馬」字，今據下文「黃黑馬皆所以色去」句補。此易見，解者類能知之，非自我始。又「皆所以應」中之「所」字與「可」同。譚戒甫云：「上文言『皆所以應』，下文言『獨可以應』，『所』猶『可』也。見王引之《經傳釋詞》。古人自有此互文耳。」（譚著，20頁）

二、「白馬者，有去取於色，黃黑馬皆『所以』色去。」此中「皆所以色去」，當作「皆以所色去」，言皆以所有之色不同于白馬而被排去也，或例上句「所」作「可」解亦得。

三、「無去者，非有去也」，此句指「馬自己」言，「無去」即馬自己「無去取於色」，其所以「無去取於色」，即因馬自己爲一純普遍性之自己，乃根本無所簡別于色，故亦非有所去于色或有所取于色也，此其所以「黃黑馬皆可以應」之故也。

第六問答：

> 曰：有白馬不可謂無馬者，離白之謂也。「不離」者，有白
> 馬不可謂有馬也。故所以為有馬者，獨以馬為有馬耳，非有
> 白馬為有馬。故其為有馬也，不可以謂馬馬也。

案：此段仍當是難者申辯之辭，惟其意頗隱晦，故解者惑焉，鮮有當也。其意實如此：吾之所以主有白馬為有馬者，（即「有白馬不可謂無馬」），乃是撇開白不計之謂也。（即所謂「離白之謂也」）。若計在內（不離），則自可如汝所說：「有白馬不可謂有馬」，即「白馬非馬」。故吾所以謂「有白馬為有馬者」（即「白馬是馬」），惟是以其「有馬」（是馬）而謂之耳，非以其為白馬而謂之為有馬也，即：白馬之是馬與否，不在其為白不白也。（此即「離白之謂」，此「離」是撇開不計義，非公孫龍〈堅白論〉中所說之「離」。撇開不計，即函說白不是馬之所以為馬者。）雖如此，但于白馬上，不能只說馬是馬（即「馬馬」），故須連其色而謂「白馬是馬」，即「白馬，馬也」，此有何不可乎！吾以為此難辭之意確是如此，舊注及俞樾皆彷彿得其一二：一、皆認為是賓難之辭，此不誤；二、皆能知但論馬不論白，此亦見到此要點，但因未能透徹，思理不精，故措辭不諦，轉說轉謬，或根本無義，莫知所云，茲不詳檢，讀者取而對校，歷然可知。

惟譚戒甫最為悖謬，彼不得其解，乃謂此段是「論主遠追賓語，重申本意。」故其所解，適成相反。彼云：「名家〔彼指難者及墨辯派言〕認離白，故曰有白馬不可謂無馬。形名家〔彼指公孫

龍言〕以爲不離，謂之守白，故曰白馬不可謂有馬也。此因有馬之
稱，乃以獨馬而然〔彼將「獨以馬爲有馬」句，妄改爲「以獨馬爲
有馬」〕，非以白馬而然。蓋白馬不可以謂有馬，倒裝言之，即有
馬不可以謂白馬。有馬不可以謂白馬，猶之有馬不可以謂馬馬也。
〔案：此根本不通。〕蓋白馬爲色形二指，馬馬爲形形二指，感覺
皆二，正與相垺。若獨馬者僅一形之指，爲二之一，豈能等乎？故
馬馬旣非馬，則白馬亦非馬矣。」（譚著，20頁）案：此根本不成
義理，直是胡說！

　　又案：「不離者，有白馬不可謂有馬也」，此句中之「不離」
今本作「是離」，道藏本及陳本作「不離」。蓋如對上句而言，作
「不離」，始可言「有白馬不可謂有馬」；若作「是離」，則重複
上句之意，句中「有馬」之「有」當作「無」，俞樾知「有」字
誤是也。王啓湘《公孫龍子校詮》，認爲「有馬二字不誤，俞說
非」，是其根本不懂故也。

> 曰：以有白馬爲有馬，謂有白馬爲黃馬可乎？曰：未可。
> 曰：以有馬爲異有黃馬，是異黃馬於馬也。異黃馬於馬，是
> 以黃馬爲非馬。以黃馬爲非馬，而以白馬爲有馬，此飛者入
> 池，而棺槨異處，此天下之悖言亂辭也。

案：此處之答辭，原爲「白者不定所白」一段，即全文最後之一
段，今已將此段移作前第五難之答辭，故原文之前第五難之答辭，
即移于此作最後之答辭，此蓋甚顯然也：一、直承上列難者「有白
馬不可謂無馬」云云而作答辯，故此即以「以有白馬爲有馬」云云

爲起句也。二、此答辭最後一句「此天下之悖言亂辭」是情感語，以此作最後之結束，似更合對辯行文之習慣。以此二故，故移此段于最後。

此答辭雖與前難相對應，然所謂對應亦只是籠統地對應，實則並不曾扣緊其「離白」（即撇開白不論）之論點而辯其是或非，而仍是歸于自己之主張：白馬異于馬，而辯「白馬有馬」之爲非。而此辯雖步步追問，好似理直氣壯，故最後直斥之曰「此天下之悖言亂辭」，而其實則並不能服人之心，其中必有不足處。蓋彼既認「白馬非馬」爲「白馬異于馬或不等于馬」，故反過來亦認「白馬有馬」爲「白馬同于馬或等于馬」。所以彼反問難者曰：如果以白馬爲等于馬，則試問「白馬等于黃馬」可乎？此當然不可。此既不可，則根據汝之「白馬等于馬」，吾人即可推至黃馬異于馬，何以故？試看：

一、已定：白馬等于馬。

二、又認：白馬不等于黃馬→黃馬不等于白馬。

三、是故：黃馬不等于馬。

此「黃馬不等于馬」，即「以有馬爲異有黃馬，是異黃馬于馬也。異黃馬于馬，是以黃馬爲非馬。以黃馬爲非馬，而以白馬爲有馬，此飛者入池，而棺槨異處，此天下之悖言亂辭也。」即自相矛盾。但此答辯之反詰實有不盡處，儘管依自己之規定，認「是」爲等（同），認「非」爲異（不等），而作如是之推理，然難者之說「白馬有馬」（是馬），此中之「是」字 不必是等同義，彼雖未能自覺而申明之，然汝之推理反詰，以明其爲「悖言亂辭」，則固不足以服彼之心也，此即問題之所在。

※　　　　　　　※　　　　　　　※

以上是順原文逐句疏解，今茲再作總疏解以明其意。

公孫龍依其對于共名與別名之分別，以及其使用「非」字之意義，彼自可成立「白馬非馬」一主斷，但雖可成立，卻不能由此以否定「白馬是馬」。彼若能知「白馬非馬」之所由立，並進而復能辨明「白馬是馬」之邏輯的所以然，則可無爭辯。文中之難者自是主張「白馬是馬」者，此雖是公孫龍自己之設難，然亦代表一般人之見解，惟文中之設難，只是藉以辯「白馬非馬」之成立，並未能積極地說明「白馬是馬」之邏輯的所以然，此足示當時並無人能就「白馬是馬」而詳辨其所以者，而後之人亦無繼起作此工作者。故不獨文中之設難于「白馬是馬」一主斷之意義無所開闢，即社會上亦無所開闢。最後之設難中由「離白」與「不離白」之說以明「白馬是馬」與「白馬非馬」之兩立，此稍有意義，然文中並未就此引申發展而詳辯之，社會上亦無人就此引申發展而詳辯之。公孫龍只顧成立「白馬非馬」一義，對于「白馬是馬」則無暇辨明其所以。「白馬非馬」一主斷本身並無若何邏輯之意義與價值，惟公孫龍可以藉此而抒發新義。其所藉此而抒發者，乃在由此可以使吾人知：

一、別名與共名、或個體名與類名、或個體與共相之不同；

二、「非」字之特殊意義；

三、對于「概念之存有」有一存有論的洞見。

與本篇問題本質地相干者乃在第二點。茲以此爲中心而討論之。

提出「非」字之特殊意義，吾人自然容易想到「是」字與「非」字之不同的使用與不同的意義。由此兩字各有其不同的意

義，自然亦可想到命題（句子）性質之不同。「白馬是馬」與「白馬非馬」之關鍵全在此。

「是」字有以下不同之意義：

一、「自身相函」義：如牛是牛，馬是馬：a⊃a。此亦函「等」義：a＝a，在「牛是牛」中，後一牛字並不是前一牛字之謂詞，而前一牛字亦不是後一牛字之主詞。故此命題不是主謂式，乃是關係式：自身相函的關係式。「是」字即表示這種關係式。

二、「內容的論謂」：如花是紅的、筆是白的。紅的、白的，乃是一種性質，可以論謂其所隸屬者；而其所隸屬之主體即是主詞。故此等命題是主謂式，而「是」字即表示內容的論謂。

三、主謂式句子中主賓類間的「包含關係」：在主謂式上，內容的論謂是從內容方面說，主賓類間的包含關係是從外延方面說。如「人是有死的」，若從內容方面說，此「是」字表內容的論謂：人有「有死」的特性，「有死」一特性可以論謂主詞「人」。若從外延方面說，此「是」字表主詞類包含于謂詞「有死類」中。「孔子是聖人」，從外延說，「是」字表示個體分子與類間的包含關係。「凡人有死」，此中所隱藏之「是」字表示副類與類間的包含關係。從類方面說，有層次不同，「是」字不受影響。

四、「積類」與其所包含的分子間之「函蘊關係」：如「牛馬是牛」，「牛馬是馬」。此中「是」字既不是主謂間的論謂關係，因為牛不是「牛馬」一積類（絜和詞）之屬性（謂詞），馬也不是「牛馬」一積類之屬性（謂詞）；亦不是主賓類間的包含關係，因為我們不能說「牛馬」包含在牛類裏面，也不能說「牛馬」包含在馬類裏面，但吾人在此亦用「是」字，此「是」字便只是函蘊義：

牛馬函牛，牛馬函馬：ab⊃a，ab⊃b。

「是」字既如此，則「非」字亦隨之而有不同的意義：

一、「異」義：此即公孫龍所使用者。「白馬非馬」即「白馬異于馬」，因概念之內容外延不同而異。此「非」字無所否定，因而亦不能與「白馬是白」形成矛盾。此只是另一義而已。

二、內容的論謂上之「不論謂」，有是事實的指出，如這枝花事實上的確沒有紅色，我說：「這枝花不是紅的」，這「不是」之否定只表示主詞沒有這屬性，不是對于「是」之否定。有是對于主張「是」者的否定，即：如果對這同一枝花，同時一說「它是紅的」，一說「它不是紅的」，這「不是」所表示之否定乃是對于另一主張「是」者之否定，如是這「不是」所表示之「不論謂」與「是」所表示之「論謂」便形成一矛盾。更明確地說，如果一主張「有花是紅的」，一主張「所有的花都不是紅的」，這便形成一矛盾。這是內容的論謂上之矛盾。

三、主賓類間的「排拒關係」：如「人不是有死的」，此若從外延方面說，這「不是」便表示排拒，即「不包含于」。此若對「是」（包含于）而言，亦足以形成一矛盾。

四、積類與其所包含的分子間之「不等關係」：如「牛馬非牛」，此「非」（不是）字即「不等」義。即：牛馬不等于牛，牛馬不等于馬：ab≠a，ab≠b。此若對「牛馬是牛」，「是」字是函蘊義而言，便不是一矛盾。

設根據以上「是」字與「非」字之各有四種意義，看下列諸命題：

1 牛是牛，馬是馬。

2 牛不是牛，馬不是馬。

3 白馬是白的，白馬是馬。

4 白馬不是白的，白馬不是馬。

5 牛馬是牛，牛馬是馬。

6 牛馬不是牛，牛馬不是馬。

以上六組命題，可分成三個組對。試考察如下：

1與2是相矛盾的一對，不但「牛是牛」與「牛不是牛」兩命題相矛盾，而且「牛不是牛」這一命題本身即表示一矛盾，即自身相矛盾。惟這種自相矛盾既不是內容的論謂命題之自相矛盾，亦不是主賓類含命題的自相矛盾，而是自身相函的關係式命題之自相矛盾。因為「牛是牛」之「是」字所表示的是自身相函的關係式，故「牛不是牛」即直接表示一自身相函的關係式命題之自相矛盾。「馬是馬」方面亦然。

3與4須分別論。先看「白馬是白的」與「白馬不是白的」這一對。「白馬是白的」不但是主謂式，而且是分析命題的主謂式，故若「白馬不是白的」，則不但可以與前者形成矛盾，且最顯明而且重要的，乃是它自身形成自相矛盾，此即是主謂式的分析命題之自相矛盾。可是若說「白馬不是白」，而此中之「不是」又取「異」義，則「白馬」一概念所表示的內容與外延就不同于「白」一概念所表示的內容與外延。此時「白」是白性自己，不是當作屬于「白馬」的一屬性看，故只可曰「白」，而不曰「白的」。此時「白馬不是白」即無所否定，亦不與「白馬是白的」為矛盾，而且其自身亦無所謂自相矛盾，即不是主謂式的分析命題之自相矛盾。此就是公孫龍所宣揚之義。

　　再看「白馬是馬」與「白馬不是馬」這一對。「白馬是馬」，直接最顯明的，它表示類間的包含關係，或視作個體與類的包含關係，或視作副類與類的包含關係。其中之「馬」不容易視作「白馬」的屬性，至少不能直接地說其是屬性，所以只能說「白馬是馬」，而不能說成「白馬是馬的」，因為這是不通的。若從內容的觀點看，說白馬也具有「馬性」，故也可說是屬性，這也可以，但卻總不能說「白馬是馬的」。可見馬與白不同，馬是物名，白是質名。但無論如何，「白馬是馬」與「白馬不是馬」，若看成類間的包含關係與排拒關係，則即可形成一矛盾。但若「白馬非馬」，非字作「異」或「不等」解，則它不表示類間的排拒關係，如是則「非」字即無所否定，與「白馬是馬」亦不構成矛盾，其自身亦無所謂自相矛盾。此亦即公孫龍所宣揚之義。依此，「白馬非馬」中之「非」字可有兩義：一、類間的排拒關係，二、不等義。但「白馬是馬」中之「是」字在此卻不能有兩義，它只能表示類間的包含關係，無人能于此說「等」也。故公孫龍文中最後之答難認難者所說之「白馬有馬」為「白馬等于馬」，乃顯然是無理之誤認。

　　5與6中，「牛馬是牛」與「牛馬不是牛」這一對，情形便有不同。這兩個命題既不是主謂式，也不是主賓類間的包含關係。它們與「白馬是白，白馬不是白」，「白馬是馬，白馬不是馬」，皆不同。在此後者兩對語句中，其中之「不是」，若非特別聲明是「異」的意義，如公孫龍之所使用，則說「白馬不是白」，「白馬不是馬」，那是很不通的。不但不通，而且是自相矛盾──主謂式的分析命題之自相矛盾，或可解為主謂式的分析命題之主賓類間的包含關係之自相矛盾。此所以公孫龍當時說出此語時，人皆以為怪

說也。儘管他表明那個「非」字是「異」義，但縱使如此，說此語亦無多大意義或價值，徒爲驚世駭俗而已。此足見「白馬不是白」，「白馬不是馬」，在正常的邏輯語句或邏輯秩序中是不能說的。縱使特別聲明「不是」（「非」字）只是「異」義，這兩句話本身亦無邏輯的意義，雖然可藉之以抒發新義，如前文所說之三點。

但是在「牛馬是牛」，「牛馬不是牛」，情形便不同。

一、「牛馬」與「白馬」不同。在「白馬」一概念中，白是形容詞，表示性質，這性質附著于馬，而爲馬所具有；馬是物名，即公孫龍所謂「命形」者，是形體之名，它是主，而白是從。因此，「白馬」一概念是白之性質附著于一形體而成爲一個單一的整一，這只是一個單一物，因此也只是一個單一概念，雖然表面它有白與馬兩個詞。白與馬這表面的兩個詞並不是兩個並列的獨立體並積在一起，而是主從的統一體——統一而成爲一個單一物。但是「牛馬」卻不同，它是兩個並列的獨立體並積在一起，我們不能說牛是主，馬是從，也不能說馬是主，牛是從。因爲牛與馬都是獨立的形體名，其中並無一個是性質名。因此「牛馬」這一個合詞，若用現在的邏輯詞語說，它是牛與馬並積在一起所成的「積類」（product），用符式寫出來，它當該是："a·b"或"ab"。這是一個「絜和詞」（conjunction）。

二、「牛馬」既是一絜和詞，所以當說「牛馬是牛」時，此中之「是」字既不表示「內容的論謂」，亦不表示主賓類間的「包含關係」，它根本不是一個主謂式。這與「白馬是白的」，「白馬是馬」，根本不同。我們也不能把它看成是一個全稱肯定命體

（A）的表示。例如「所有的 a 是 b」，這是 A 命體的表示。若依西方傳統邏輯的講法，在此命體中，a 周延，b 不周延，所以若從外延的觀點，把此命體解爲「a 類含在 b 類裡」，則 a 並不等于 b。在「牛馬是牛」中。牛馬自不等于牛，但我們卻不能說「牛馬」積類含在牛類裡。所以「牛馬是牛」根本不是主謂式的主賓類間的包含間係。若依邏輯代數，「所有的 a 是 b」，我們自可把它寫 "a⊂b"（a 含在 b 中，所有是 a 類的分子亦都是 b 類的分子）。但依邏輯代數：

$$\text{“}a \subset b\text{”} = \text{“}a \cdot b = a\text{”}\ \mathrm{Df}（定義）。$$

而 "a·b＝a" 亦函著 "a·b＝b"，這就表示在邏輯代數裡，a 並不必小于 b，而可等于 b，而依那定義，實際上就是等于 b。若以此模型爲準，我們自不能把「牛馬是牛」寫成 "牛馬⊂牛"（牛馬積類含在牛類中）。旣不能如此寫，自亦無那定義的情形。如果依那定義，我們把「牛馬是牛」寫成 "牛馬·牛＝牛馬"（牛馬積類與牛類積等于「牛馬」類），這好像是可以的，但這卻不能函著「牛馬·牛＝牛」。依此，「牛馬是牛」總不能是「所有的 a 是 b」這種命體式。所以「牛馬是牛」中之「是」字根本是表示另一種關係，其意似乎是函蘊，函著（implication, imply），至少用「函著」去表示它，是可通的（但不要以爲 A 命體也可用函蘊去表示，便以爲它們是相同的）。「牛馬是牛」是表示「牛馬積類裡含有一部分是牛」。就「函蘊」說，「牛馬」是旣牛且馬，所以「牛馬是牛」即表示說：「如果牛馬積類成立，則牛類亦成立」，「如

果既有牛又有馬，則亦有牛」，「如果牛眞而且馬眞，則牛眞」。
用符式寫出來乃是：

牛馬⊃牛，牛馬⊃馬；ab⊃a，ab⊃b。

此即公孫龍〈通變論〉篇所謂：「羊不二，牛不二，而羊牛二。是
而羊而牛、非馬，可也。」（詳解見下章）。

　　三、在「牛馬」一積類上，我們也可以說：「牛馬非牛」，
「牛馬非馬」。這「非」字同樣不是主謂式上的「不論謂」，亦不
是主賓類間的「排拒關係」，它只是「不等」義。其式如下：

牛馬≠牛，牛馬≠馬；ab≠a，ab≠b。

此即《墨經‧經說下》所說：「且牛不二，馬不二，而牛馬二，則
牛不非牛，馬不非馬，而牛馬非牛、非馬，無難。」（詳解見下
章）。公孫龍從正面說：羊牛是羊，羊牛是牛：「羊牛二，是而羊
而牛可也」。《墨經》從反面說：牛馬非牛，牛馬非馬：「牛馬非
牛非馬，無難」。在這裡，說牛馬非牛、牛馬非馬，有邏輯的意
義。但若說白馬非馬、白馬非白，則無邏輯的意義。若非特別聲
明，則根本不通。當然，人可以問：「牛馬非牛」即牛馬不等于
牛，則在「白馬非馬」，若聲明「非」字即「異」義，即「不等」
義，則「白馬非馬」亦即白馬不等于馬，何以在「牛馬非牛」便有
邏輯意義，在「白馬非馬」便無邏輯意義？曰：白馬非積類故，牛
馬是積類故。故「白馬非馬」這一語句本身並無邏輯的意義與價

值，因為要是「異」，天下無兩物相同也。通可以用「非」（異）字去表示，豈但白馬與馬！這在惠施說「萬物畢同畢異」之玄學名理上有意義，在邏輯上無意義。它的邏輯上之作用是在藉之可以引我們去分別概念的不同，（這種分別不只是泛說的「異」），辨明「是」字與「非」字之各有不同的意義。還有一點便是引人對于概念自性的存有，有一種存有論的洞見，這是哲學上的價值。

以上是〈白馬論〉篇之所函。它有兩方面的發展：

一、由是非兩字各具有不同的意義一點，它向〈通變論〉發展，在那裡，公孫龍討論類的別異問題，與「積類與其所包含的分子」之關係問題。在此問題上，《墨經》派也參加辯論。因為文字的簡略，更形成這問題的隱僻難解。可是如果我們記住以上的分解，把握住以上所說的綱領，則一看便知他們所討論的問題是什麼。儘管有隱僻難解處，而大綱領不會錯也。我們將在下章，合併《墨經》一起討論之。

二、由概念自性的存有，它向〈堅白論〉發展，在那裡，公孫龍接觸了認識論與存有論的問題。

前一支的發展是邏輯，後一支的發展是哲學。

第四節 〈通變論〉篇疏解

第一、上半篇原文疏解

曰：二有一乎？

曰：二無一。

案：數目「二」是由兩個單一合成，如是，亦可說「二」中包含有一。但若就「二」之自身觀之，二是二，一是一，二是個單一數，一也是個單一數，如是，亦可說二中沒有一。當公孫龍說「二無一」時，似乎是通著下文二無右亦無左。但此兩者並不完全相同。

> 曰：二有右乎？
>
> 曰：二無右。
>
> 曰：二有左乎？
>
> 曰：二無左。
>
> 曰：右可謂二乎？
>
> 曰：不可。
>
> 曰：左可謂二乎？
>
> 曰：不可。
>
> 曰：左與右可謂二乎？
>
> 曰：可。

案：單是右不可說二，單是左亦不可說二。但「左與右」合可以說二。可是左與右合所成之「二」有二義：一是由兩個東西所成的「二」本身，此即數目「二」本身；另一是由兩個東西所成的數目二本身以外的積類，而積類就包括兩物而言是物類，此義之「二」即是「兩者」之義。前者就是羅素所說的「類之類」。數是所有的類所成之類。例如「二」就是所有的偶類所成之類。通俗一點說，每兩個東西是一對，所有的兩個東西對所成之類便是數目「二」。

「二」比偶類更高一層，更抽象一點。在此情形下，不但右不可謂二，左不可謂二，即「左與右」兩者亦不可謂「二」，乃是所有的兩者所成之類方是「二」。「左與右」不過是其中一個對（一個偶類）而已。如此自可說二中亦無左亦無右。猶之說男女是一個對，但「二」中亦無男亦無女；兩支桃子是一個對，但「二」中亦無這支桃，亦無那支桃。因為「二」是所有的這些對之綜括，故更抽象，更高一層。但是右不可謂二，左不可謂二，左與右可謂二，此「二」若只是「左與右」兩者，則此「兩者」之二亦可以說既有右又有左。如是，公孫龍如果真想維持其「二無右」，「二無左」之義，則「二」必須不只是「兩者」義，而是更高一層的那個數目二本身。二中無左無右是很顯明的，但二中無一卻不這樣顯明。因為「一」與左、右不同。數目二雖不包含有左與右、男與女，但可包含有一。若一是「此一彼一」之一，則二中自不包含「此一」，亦不包含「彼一」。但是那個抽象的「一」只是一個單一，二是「一加一」，則二中包含有一。故一對于二的關係和左與右對于二的關係並不相同。一對于二的關係好像部分空間對于全體空間的關係，全體包含有部分。（如果就全體整一本身說，則全體是全體，分割了後的部分自是部分，亦可以說全體中無部分。但此義並不妨礙說有部分。）「左與右」對于二的關係好像個體對于「人」的關係，我們不能說那個抽象的「人」，包含有孔子、孟子於其中，只能說孔子、孟子等個體人，概括于「人」這概念之下（此分別康德已說到）。

公孫龍對于數目「二」之抽象性似有一種直覺，但對于「一對于二之關係」以及「左與右對于二之關係」，未能審辨，是其粗

略，吾人未可多求，予以疏導即可。

> 曰：謂變非不變，可乎？〔俞樾謂：「不」字衍。譚戒甫改
> 「非」爲「而」。皆非。〕
> 曰：可。

案：變自非不變，即自是變。若變而不變，便成矛盾，何以有此不
必問之問耶？蓋欲興起下文矛盾之問難，故此問亦甚有意義，焉可
動輒妄改！

> 曰：右有與，可謂變乎？
> 曰：可。

案：「右有與」，即與物相與而變成「右者」。

> 曰：變「隻」？〔俞樾謂：「隻」爲「奚」字之誤。此說
> 是。〕
> 曰：右。

案：「變奚」，即「奚變」，言「何所變耶」？或「變成什麼」？
答曰變成「右」，實即變成「右者」。問者以辭害意，故有下問。

> 曰：右苟變，安可謂右？苟不變，安可謂變？「曰」二苟無
> 左又無右，二者左與右，奈何？〔此三問是問者一氣問下，

　　　　中間之「曰」字當移于下作答者之「曰」。〕

　　　　〔曰：〕羊合牛非馬，牛合羊非雞。

案：此「曰」字原誤置在上問中，今移于此。以上問答中，問者連
發三問：一、「右苟變，安可謂右？」言既認可「右有與」爲變，
何以當吾問何所變時，復答曰「右」，此豈非變而未變乎！若眞是
變，又何得說「右」？此是矛盾一。二、「苟不變，安可謂變？」
假若「右有與」爲變後而仍是「右」，是即等于未變，既「不
變」，何以又承認「右有與」爲變乎！不變而謂變，豈非矛盾乎！
此是矛盾二。前問：「謂變非不變可乎」？誘答者說「可」，即伏
此矛盾之難也。（俞、譚等，未能看懂，隨意妄改。）三、「二苟
無左又無右，二者左與右，奈何？」此「奈何」之問，亦明其爲矛
盾也。既認二中既無左亦無右，何以又說「二者左與右」？豈非既
肯定有左與右，又否定有左與右乎！此是矛盾三。

　　實則此三矛盾皆似是而非，關于一、「右有與」之變，所謂變
成「右」，實即變成「右者」，右與右者不同，故不矛盾。（此
「不同」中即含有一種轉化──變。）關于二，既已變成「右
者」，並非不變，故亦無「不變而變」之矛盾。關于三，「二」若
是「左與右」兩者，則可以既有左又有右；若是數目「二」本身，
則既無左亦無右，如上所解，公孫龍所謂「二」實指「二」本身
言，難者只知「兩者」之義。

　　但是公孫龍當時並未察及「兩者」義與「二本身」義之不同，
由此不同以答之，卻轉而別舉一例以答之，即：「羊合牛非馬，牛
合羊非雞」，以「羊合牛」中無馬，因而亦非馬，來比那個抽象的

二中無左無右，此類比並非健全。羊合牛非馬，馬自亦非「羊合牛」，從馬非「羊合牛」方面說，可比二無左無右，但馬並非由「羊和牛」而成，此根本是兩個不同的並列類。但二卻由「左與右」所成，此是高低之兩層（左與右所成之二是數目二，始能反過來說二無左無右），故此類比爲不恰也（少分相似），並不眞能說明數目二對于左、右之關係，但由此例說明，乃牽連及類之別異問題，以及積類與其所包含的分子關係問題，此復引生一新的邏輯眞理也。

曰：何哉？〔此問即要求對于上所舉例之說明。〕

曰：羊與牛唯異：羊有齒，牛無齒；「而羊牛之非羊也、之非牛也」，未可。是不俱有，而或類焉。

案：孫詒讓云：「而羊牛之非羊也、之非牛也」，子彙本及錢本並作「而羊之非羊也，牛之非牛也」，與謝注似合。然以文義校之，疑當作「而牛之非羊也，羊之非牛也」。下文云：「羊有角，牛有角，牛之而羊也，羊之而牛也，未可。是俱有，而類之不同也。」文正相對。《墨子·經說下》篇云：「以牛有齒，馬有尾，說牛之非馬也，不可。是俱有，不偏有，偏無有。」墨子說牛非馬不可，猶此說牛非羊，羊非牛，不可。文異而意同，可互證也。明刻與錢校，皆非其舊。』（王啓湘：《公孫龍子校詮》引）據此，此句本有兩種不同的刊載，再加上孫之校刊，共有三種讀文：

一、「而羊之非羊也，牛之非牛也，未可。」

二、「而羊牛之非羊也、之非牛也，未可。」

三、「而牛之非羊也，羊之非牛也，未可。」

第一種讀文顯然不通。因首句開始說：「羊與牛唯異」，而此忽說：「羊之非羊也，牛之非牛也，未可」，顯然文不對題。而舊注（即謝希深注）則強為之說曰：「牛之無齒，不為不足。羊之有齒，而比於牛為有餘矣。以羊之有餘，而謂之非羊者，未可。然羊之有齒，不為有餘，則牛之無齒，而比於羊，固不足矣。以牛之不足，而謂之非牛者，亦未可也。是皆稟之天然，各足於其分而俱適矣。故牛自類牛而為牛，羊自類羊而為羊也。」此皆亂說一氣，根本不成義理，只是閉眼作文章。「是皆稟之天然，各足於其分而俱適矣」，此是郭象注《莊》之逍遙義，舊注據此以解此文，根本是風馬牛不相及。

第二與第三兩種，表面觀之，似皆可通，然實按之，孫校實有不可通處，而保存原文倒可解通。

依孫校，讀之似較順，以下文說「俱有，而類不同」，此說「不俱有而或類焉」，兩相對言，似是明羊與牛兩類間之所以同與所以異。不因「俱有」，而即謂其同；亦不因「不俱有」，而即謂其異，此似甚順，以〈墨經下〉「狂舉不可以知異，說在有不可」一經之〈經說〉作證，更顯此改有據，然細察之，則不然：

㈠「是不俱有，而或類焉」句不好講。下文「羊有角，牛有角，牛之而羊也，羊之而牛也，未可。是俱有，而類之不同也。」此甚顯明，即不因同有角，而即謂羊是牛、牛是羊；雖「俱有，而類不同也。」此明「角」不是牛之所以為牛，羊之所以為羊之獨特的特性，亦猶牛羊同吃草，而不能因此即謂牛是羊、羊是牛也。如以此為準，則「是不俱有，而或類焉」，當該是說：羊與牛雖不俱

有齒，而或可能是同，即不能因「羊有齒，牛無齒」，即謂「牛之非羊，羊之非牛」。（依孫校）牛自非羊，羊自非牛，但齒之有不有，不是其所以異之必要條件，究竟什麼是其所以異之必要條件不必說，但齒之有不有總非其所以異者。就事實上說，牛亦非完全無齒，只是無上齒而已，所以羊與牛，不能因齒之有無，而謂「牛非羊，羊非牛」。如此改過後的論辨，顯然是在明齒之有無不足以別牛羊之異，但是結語卻是「是不俱有，而或類焉」，此是向「牛羊類同」說，牛羊本異，如何能同！或是說：「而或類焉」之「類」是說牛羊有相似處，因而可劃歸于一更高之類，如獸類，不是說「牛是羊，羊是牛」。但如此解，則與上句「不因齒之有無，而即可謂牛之非羊、羊之非牛」之句意相衝突，蓋因此上句，若如孫校，明是表示：牛羊不能因齒之有無，而即可謂牛非羊、羊非牛。故結語之「或類焉」不能解爲牛羊有相似處，因雖有相似處，可劃歸于獸類，亦仍不礙其異也。即，仍不礙牛之非羊、羊之非牛。但上句何以說「牛之非羊，羊之非牛，未可」？故如孫校，此結語不好講。

　　㈡《墨經》「狂舉不可以知異」，明是言牛馬之所以別異。如舉非其要，不足以別異，即爲狂舉。如該經之〈經說〉解云：「牛與馬唯異；以牛有齒，馬有尾，說牛之非馬也，不可。是俱有，不偏有，偏無有。曰：〔牛〕之與馬不類〔「牛」字補〕；用牛有角，馬無角：是類不同也。若舉牛有角，馬無角，以是爲類之「不」同也〔「不」字衍〕，是狂舉也。猶牛有齒，馬有尾。」此〈經說〉之文，無論從「俱有」方面或「不俱有」方面，語意似皆甚順，易知其是在表示「狂舉不可以知異」，亦函「狂舉不可以知

同」，詳見下。而公孫龍此文則卻向「是不俱有，而或類焉」方面說，此似不在明羊與牛之別異，羊與牛自不同，但此似是進一步說另一層意思。依孫校，自是向別異方面說，但「而或類焉」句又不好講。我們以《墨經》作例，自是希望其向別異方面說，因為如此，可與下文相對稱，甚整齊，可使別異觀念之表示甚顯明而完整，但是公孫龍當年卻並未這樣完整，彼當時之觀念似乎多一點，而又承上文「羊合牛，非馬；牛合羊，非雞」而說，似乎並未完全集中注意于牛羊之別異問題（《墨經》是如此），故《墨經》「狂舉不可知異」一條，似乎不能作為校改此文之根據。

第二種讀文是不變動原文，此將如何順通？主要是將「羊牛之非羊也，之非牛也，未可」句中之「羊牛」視作「積類」。「是不俱有，而或類焉」之「類」，亦指牛羊並積而成一積類言，如是，此整段文意似當如此：羊與牛唯異（唯、惟、雖通用）：羊有齒，牛無齒；但若說「羊牛」積而非羊、非牛，則不可。蓋因牛與羊雖異，但亦可類而並積于一起而成一積類。羊雖不是牛，牛雖不是羊，但牛羊積而成積類（即「羊合牛」），則可以既是羊，又是牛，此是羊牛之異推進一步說，正承上文「羊合牛非馬」，先說「羊合牛」之邏輯意義，至于「非馬」一層則留在下文說。「羊合牛」即是「羊與牛」，簡單言之，即是「羊牛」，此即是「羊牛」積而成一積類：「羊與牛兩者」，「既是羊又是牛」，即依此而說：「羊牛之非羊也，之非牛也，未可」，此即等于說：「羊牛」積，不是羊不可，不是牛亦不可；而此即等于說：羊牛是羊，羊牛是牛，而此「是」字是「函著」意，其式如下：

「羊・牛」⊃羊，「羊・牛」⊃牛；a・b⊃a， a・b⊃b。

而此亦即呼應下文：「羊不二，牛不二，而羊牛二，是而羊而牛，非馬，可也。」

由牛羊之異推進一步說牛羊積類，亦並非不可，不必與下文「是俱有，而類之不同也」之別異問題完全對稱也，一說異，一推進一步說積類，亦未嘗不可，不必與《墨經》完全相似也。惟人常總以爲此是講羊牛之異，故易順此異讀下去，若忽然又推進一步說積類，則心理上覺有突兀之感，實則此感亦容易祛除，蓋何以必不可推進一步說積類耶！而何況此正承上文「羊合牛非馬」而來耶！

又如此講，尚有一點不利處，即「羊牛之非羊也，之非牛也」，此種句法不甚合乎通常之習慣，古人尤其少有此種句法，故人總覺此句不甚通順而思有所改正，實則若改作「而羊牛之非羊、非牛也，未可」，將當中之「也」字與「之」字刪去，或只去「之」字，亦甚通順，此亦即《墨經》「而牛馬非牛非馬，無難」之句法也。（句意雖不同，見下。）

如是，第二第三兩種讀文，雖似各有利弊，而兩相比較，利取其大，弊取其小，則孫氏之校改實不如不改之可通也。孫校，讀之雖較順，而不知其名理難通也，此即利小而弊大，故不取焉。彼之所以必加校改者，以彼無「積類」之邏輯知識也，但原文「二者左與右」，「羊合牛，非馬」，「羊不二，牛不二，而羊牛二」：凡此明皆是積類之觀念，人于此最簡單之觀念反不能正視，卻專向隱僻處穿鑿，故愈講愈亂也。

> 羊有角，牛有角，牛之而羊也，羊之而牛也，未可。是俱
> 有，而類之不同也。

案：前文由牛羊之異，進一步說積類，並不因其異即不可說積類
也；而此段則正說羊牛之異，不因其同有角，而即可說羊是牛、牛
是羊，此亦未嘗不相當對稱也。

> 羊牛有角，馬無角。馬有尾，羊牛無尾。故曰：羊合牛，非
> 馬也。非馬者，無馬也。無馬者，羊不二，牛不二，而羊牛
> 二；是而羊而牛，非馬，可也。若舉而以是，猶類之不同。
> 若左右，猶是舉。

案：此即正式講「牛合羊，非馬」句。前文言「羊牛之非羊，非牛
也，未可」，這是因為「羊合牛」之積類中，「既是羊又是牛」
（羊與牛兩者），故邏輯地言之，「羊合牛」不能不是羊，亦不能
不是牛，即：羊牛函著羊，羊牛函著牛。但是現在我們可以進一步
說「羊合牛」之積類一定「非馬」。（不必管所舉之別異之特徵有
當否，如有尾無尾並非顯明之差別，但總有其不同處，此即是說，
只要有一點異，即可區別「牛羊」積類與馬之不同，因而可說「羊
合牛非馬」。）所謂「非馬」者，是說「羊牛」積類中並無馬一成
分，故曰：「非馬者，無馬也」，此言「非馬」，與「白馬非馬」
根本無關。吾人固亦可說「羊合牛」異于馬、不等于馬，但主要地
卻是「羊合牛」中並無馬之成分，因而「非馬」，並不只是異或不
等也。又「白馬非馬」可以引起爭辯，若非特別聲明「非」字是

「異」義，則「白馬非馬」，不但與「白馬是馬」形成矛盾，而且其自身即自相矛盾。但「羊合牛非馬」乃無可爭辯者，「羊合牛」一積詞與「白馬」一概念亦根本不同者，故此處「羊合牛非馬」一主斷，與「白馬非馬」一主斷，乃根本是兩回事，不可拉在一起說。因為「羊牛」積類中根本無馬一成分，故曰：「無馬者，羊不二，牛不二，而羊牛二，是而羊而牛，非馬，可也」。此即表示：羊牛積類等于「而羊而牛」，等于「既是羊又是牛」，等于「羊與牛兩者」。而「羊與牛兩者」意即等于：「非羊或非牛」是不可的，其式如下：

$$「羊\cdot牛」＝非（非羊或非牛）；a\cdot b = -(-aV-b)$$

這自然無馬，亦因而「非馬」。就「羊牛」積類說，這是說積類本身之意義；而上文「羊牛之非羊也、非牛也，未可」，則是說此積類本身之義所函的兩個命題：羊牛函著羊，羊牛函著牛，故此兩段相呼應。

但「羊牛」積類之無馬、非馬，亦可進而說這是類之不同，羊與牛本亦類不同，但羊牛合而成積類，與馬亦仍是類不同。（成積類不必靠有相同之特徵，即全異亦可積，但若全同，則只是一物 "$a\cdot a = a$"，而不是兩物積："$a\cdot b$"，但是個體物無完全相同者。）故曰：「若舉而以是，猶類之不同」。但此中類之不同，與「二無左無右，二者左與右」不完全相似，若左與右所成之二是「左與右兩者」，則此「兩者」亦左亦右；若所成之二是數目二本身，則此二中無左無右，二中雖無左無右，但卻由左與右，乃至男

與女、夫與婦等所抽成，（此即「二者左與右」），但卻不能說馬由「羊與牛」所抽成。又數目二本身由左與右等所抽成，此亦可函說「左與右」不同于二，故似亦可說「左與右」非二，但此「左與右」之非二，並不同于「羊合牛」之非馬，故「二」與「左與右」之關係，不甚同于馬與「羊合牛」之關係。公孫龍云：「若左右，猶是舉」，實則不全相似也。舉例以明，少分相似亦可，但此中確有不同，「羊合牛」是兩獨立物之並積，結果只是「羊與牛兩者」，而此兩者與馬之不同類，亦是並列地相排拒之不同類，馬並非高一層；而由左與右、男與女等抽成數目二，則卻是抽象上之不相同層次，「二」確是高一層，故以馬喻二，並不完全相同也，主要是在：一是數目問題，一是物類之並積問題，此兩者須要分別處理，公孫龍雖未察及，但其辯論卻已顯示出此中之歧異。

> 牛羊有毛，雞有羽。謂雞足，一；數足，二。二而一，故三。謂牛、羊足，一；數足，四。四而一，故五。牛、羊足，五；雞，足，三。故曰：牛合羊，非雞。非有，以非雞也。

案：此是解析「牛合羊非雞」一句，此句與「羊合牛非馬」句完全相同，爲說明「二者左與右」之問題，只上句之說明即可，但古代好辯之名理家不似近人之嚴整，故隨時有精察，亦隨時有琦辭出現，「牛合羊非雞」之說明，即其例也。「牛羊」之非雞，固然由于一有毛，一有羽，但亦可以從它們之「足」不同而表示；但說到足不同，卻又不簡單地只說雞足二，牛、羊足四，而卻由其無謂之

精察，又引出一些在名理上並非無謂之新觀念，此即「謂鷄足」與「數鷄足」之別是也。「謂足」是總持地說足，「足」是一抽象之概念，即足自己，故一；「數足」是數某物之足之數目，此是「足」之落實說，散于其數上說，故有足數之不同，即由此差別，亦可表明「牛合羊，非鷄」。從鷄足起，可以說到三（如文），並非說鷄足之數是三，〈天下〉篇載有「鷄三足」一條，此是社會上之誤傳，遂成為怪說，按之此處，顯然並非說鷄足之數是三。但合併一與二為三，而說「鷄足，三」；合併一與四為五，而說「牛羊足，五」，全是無謂的「玩琦辭」，故遂有誤傳之「怪說」。從牛或羊之足說起，可以說到五（如文），並非說牛或羊之足數是五。而不管牛羊與鷄，其足數之內容如何，或毛、羽之內容如何，此目的是在說「牛合羊」之積類非鷄，不是討論它們間的內容差別如何也，即：總目的是在藉內容之異，而明「牛合羊」一積類之非鷄，此「非」是著重在積類之非，不是著重在因內容不同而分類也。說非鷄、非馬，是說「牛羊」積類與其所包含的分子以外之類相非，故前云：「非馬者，無馬也」；而此亦可曰：「非鷄者，無鷄也」。此處言「非有，以非鷄也」，意即言：「牛合羊」之所以非鷄，正因其中無有鷄而非鷄也，本即前句「非馬者，無馬也」之意。舊注猶能就此意解此句，故云：「牛羊之中無鷄，故非鷄也」，而其他解者，則離奇古怪，荒謬百出。既著重在「牛合羊」積類之非鷄，故就「牛羊」積類本身說，則亦可說：「牛不二，羊不二，而牛羊二，是而牛而羊，非鷄，可也。」

由以上之討論，總而言之，設置其非鷄、非馬一層不論，此已顯示出積類之意義，並已顯示出函有兩組引申之結論：

　　一、就「牛合羊」是「而牛而羊」言，則可函有兩命題：「牛羊是牛」、「牛羊是羊」。此「是」字是「函蘊」義，此即「羊牛之非羊也、非牛也，未可」一句之所示。如下式：

　　　　「牛‧羊」⊃牛，「牛‧羊」⊃羊；a‧b⊃a，a‧b⊃b。

　　二、「羊牛」積類既只函著牛，而不就是牛；既只函著羊，而不就是羊，故又可引申出兩個命題：「羊牛非羊」、「羊牛非牛」，此「非」字是「不等」義，如下式：

　　　　「羊‧牛」≠羊，「羊‧牛」≠牛；a‧b≠a，a‧b≠b。

　　以上是〈通變論〉之上半篇。此下開端別起，無甚邏輯意義，恐隔斷文氣，茲暫置之，且繼續討論與上有關之《墨經》。上文已常提及《墨經》。蓋《墨經》中有兩條與此相對應也，〈通變論〉通，則《墨經》中相對應之兩條亦通矣，故願附于此合併討論之。

第二、與《墨經》比觀

　　〈墨經下〉云：

　　　　狂舉不可以知異，說在有不可。

　　〈經說下〉云：

牛「狂」與馬惟異；以牛有齒、馬有尾，說牛之非馬也，不可。是俱有，不偏有，偏無有。

曰：「之」與馬不類，用牛有角，馬無角：是類不同也。若舉牛有角，馬無角，以是為類之「不」同也，是狂舉也。猶牛有齒，馬有尾。

案：此〈經說〉分兩段，首段中之「狂」字與「牛」字倒。依〈經說〉所表現之一般體例，「狂」是標牒字，即「牒經標題」之意（梁啓超首撰此句）。「狂」即「狂舉」之簡單化，如是，當為「狂〔舉〕：牛與馬惟異。〔……〕」俞樾與孫詒讓皆認「狂」為「性」字之誤，是猶未能識此體例也，近人大抵類能知之，無異議。

此首段是說：牛與馬雖異（孫詒讓謂：唯、惟、雖三字通用），但「以牛有齒，馬有尾，說牛之非馬也，不可」。何以故？因齒與尾是牛與馬所「俱有」故，不是某一有、某一無有。孫詒讓謂：「按《大戴禮記·易本命》云：戴角者無上齒，無角者膏而無前齒。蓋牛有下齒，馬有後齒也。《公孫龍子·通變論》謂牛無尾者，以其有尾而短耳，非實無尾也。」《墨經》以為齒與尾是牛馬之所俱有，惟有法不同耳，此是從肯定其為「俱有」方面，明齒尾之有法不同不足以別牛馬之異，若舉此而謂牛非馬，則是「狂舉」。公孫龍以羊與牛言，「羊與牛唯異：羊有齒，牛無齒；而羊牛之非羊、非牛也，未可。是不俱有，而或類焉。」（依前文疏解）縱使牛亦有下齒，但畢竟與羊之全有者不同，公孫龍即依此不同，而說「是不俱有」，但不能因此「不俱有」，即謂「羊牛」不

可成積類，蓋彼是推進一步而說：「是不俱有，而或類焉。」此類是積類，不是因其同為獸類，而可劃歸為獸類之類，蓋如是獸類，則不能說「羊牛之非羊、非牛也，未可」。《墨經》所說之意，與公孫龍所說者並不相同，不可混為一談。

次段，「之與馬不類」，句中「之」字當為「牛」之誤，解者皆認「之」字前脫「牛」字，當補一「牛」字。

此段有兩種講法：一、「不類」是說不屬于同一獸類；二、「不類」是說牛類與馬類不同。

依第一種講法，此第二段之意當如此：「有人曰：牛與馬不是屬于同一類的，因為牛有角，馬無角，是即表示其不是屬于同一類的（「類不同」）。如果真有人以牛有角、馬無角之故，而說牛馬不屬同一類（「以是為類之不同」），則是狂舉。其為狂舉，猶之乎上文以牛有齒、馬有尾說牛馬之異，高亨《墨經校詮》取此解。吾人當不能以「牛有角馬無角」，牛馬之異，而即謂其不屬于同一之獸類。牛馬既可以對待地為異類，又可以越過其對待而同屬于獸類，欲想證明其不屬于獸類，或任何其他更高之類，必須能證明牛與馬無任何相似處，若不能證明此點，只因牛有角、馬無角，便謂牛馬不屬于同一類，則便可說為狂舉。此解于名理可通，但把類字解為高一層之類，似與原文語意不合，原來「類不同」，明是指牛馬類不同言，不是說不屬于同一獸類。「類不同」與「不屬于同一類」，兩語意並不相同，「以是為類之不同」，亦明是指牛類與馬類不同而言，此亦不可解為「牛馬不屬于同一類」，故此解與原文使用「類」字之語意似有不合，此是此解之不妥處。

依第二種講法，此第二段之意是如此：「今謂：牛與馬不類

（即異），因『牛有角，馬無角』故，此即表示牛類與馬類不同也（「是類不同也」）。如果有人以「牛有角馬無角」而謂牛類與馬類同，則是狂舉（「以是爲類之『不』同也」，「不」字衍），其爲狂舉，猶之乎上文牛有齒、馬有尾之不足以別異。」孫詒讓取此解，但必須刪一「不」字，此與「類」之語意較合。若如此解，則原文之意是如此：牛有角，馬無角，此很顯明地足以表示牛類與馬類不同，若有人想用「牛有角馬無角」來表明牛類與馬類同，那此人定是失心瘋，其舉自然是狂舉。此函說：要想證明牛類與馬類同（同是兩類相同，不是同屬于一更高之類），必須能證明它們無一毫異處，你不能從異點來證明它們相同；從異點證明它們相同，乃是南轅而北轍，是自相矛盾的。

以上兩解各有利弊，高解的利處是不刪字，但語意不合；孫解之利處在語意較合，而須刪字。然利取大，弊取小，孫較似更合原意，蓋此兩段經說，首段似在從別異方面說狂舉，即要想別異，不能舉其同處（俱有）。次段則似從相同方面說狂舉，即要想說同，不能舉其異處，此則甚爲對稱。如是，〈經〉辭「狂舉不可以知異」，亦函說「狂舉不可以知同」，解者常以爲〈經〉辭只說「異」，故以爲〈經說〉兩段亦必須皆就「異」說，實則此亦不必。

又，首段說「異」，當然亦可進一步就其相似處說其屬于一更高類，這是另一義。但要說其異，則必須舉其異，不能舉其同處，惟首段所舉之例並不甚恰。儘管「牛有下齒，馬有後齒」；牛亦有尾，惟形短耳，然此上下之異，尾形不同，亦是牛馬之本質的差異，並不可籠統地認其爲「俱有」，便謂此不足以別牛馬之異，故

《墨經》舉此例以明「狂舉」，實不算妥。

次段說「同」，當然亦可進一步說其屬于一更高類之同，但原文似不說此義。屬于一更高類之同，當然不礙其異，但若想說兩類相同，則固不能就其異說，且必須能證明其全無異，不只說其有相同處而已也，只說其有相同處，只能明其屬于更高類，而不能謂其無異也。

※   ※   ※

〈墨經下〉云：

> 牛馬之非牛，與可之。「同」。說在兼。

〈經說下〉云：

> 〔牛馬〕：或不非牛而非牛也，則或非牛「或牛」而牛也，可。故曰：牛馬非牛也，未可；牛馬牛也，未可。則或可或不可，而曰：牛馬牛也，未可，亦不可。且牛不二，馬不二，而牛馬二，則牛不非牛，馬不非馬，而牛馬非牛非馬，無難。

案：經文中「同」字疑涉此條下經文「循此與彼此同，說在異」中之「同」而衍，可刪去。高亨《墨經校詮》解此條則以為「與可之同」疑當作「與可未可」。篆文「未」與「之」形同，遂誤為

「之」;「可」與「同」形似,遂誤爲「同」,「說中可與未可對言,即其證。」高氏此說亦通,其解「與可、未可」,意即「可與未可」兩情形,不是對于「與可」之否定,其詮此經文曰:「牛馬者兩物之兼名也。牛者一物之單名也。謂牛馬之非牛,就邏輯形式上推斷。有時而可,有時而不可。但其是與非,宜從牛爲單名,牛馬爲兼名論斷之。故曰:牛馬之非牛,與可未可,說在兼。」此解頗順適,可謂得之。即作「牛馬之非牛,與可之,說在兼」,亦甚簡單明瞭。牛馬非牛,何以可「與可之」?正因牛馬爲積類,兼有牛馬兩者,故可也。牛馬非牛,即不等于牛,當然亦可說牛馬非馬(不等于馬)。〈說〉中最後一句「牛馬非牛非馬無難」,即呼應此義。與可之,亦可不與可之,不與可之,即函說「牛馬是牛」、「牛馬是馬」,此「是」字是函蘊義,意即「函著」,故高氏校爲「與可、未可」,亦不悖「說在兼」之意也,而且亦必函此「與可、未可」之兩可。如果當時原文眞是「與可、未可」,則〈說〉中許多可與不可之說法,正是承此「與可、未可」之兩可而展開者,不可能有異解;如果當時原文不必是「與可、未可」,而只是「與可之」,則「與可、未可」之兩可,亦必爲「說在兼」所必函,只說「與可之」,亦只簡說一端而已。既爲「說在兼」所必函,則〈說〉中許多可與不可之說法,亦必相應此積類之兼而展開,不能離積類之兼而有異解,蓋此決然是積類與其所包含分子之關係問題也。

關于〈經說〉,開頭原脫「牛馬」二字,此是標題字,普通只補一「牛」字,茲爲完整,補「牛馬」二字。又第二句「則或非牛『或牛』而牛也」,孫氏《閒詁》謂:「疑當作『則或非牛而牛

也』」，此疑是。「或牛」二字衍，當刪。如是，此〈經說〉之意
當如下順通：

　　牛馬：如果一方面「牛馬不是非牛，而又實可非牛」，則另一
方面「牛馬非牛，而又實可是牛」，這也是可的。依此，故可曰：
說牛馬不是牛（不函牛），不可；說牛馬就是牛（等于牛），亦不
可。如是，則「是」與「不是」兩可能皆有「或可或不可」之兩情
形（此亦函「是」與「不是」兩俱可、兩俱不可），因而若一定說
「牛馬牛也，未可」，這亦是不可的。（此亦函說：一定說「牛馬
非牛也，未可」，這亦是不可的。）雖有如許之出入轉換，但若牛
不二，馬不二，而牛馬二，則牛不非牛，馬不非馬，而牛馬這一積
類非牛非馬，則總是可以說的（無難）。

　　在此，吾人可取〈通變論〉中所說與此〈經說〉兩相比較。

　　公孫龍說：不管羊與牛之特徵如何有異，但若羊合牛共成一積
類，則「羊牛之非羊、非牛也，未可」，即「羊牛」既可以是羊，
又可以是牛，而此「是」字是函蘊義，意即「函著」，如下式：

　　　　「羊・牛」⊃羊，「羊・牛」⊃牛；a・b⊃a，a・b⊃b。

此即必函說：「羊不二，牛不二，而羊牛二，是而羊而牛，非馬，
可也。」「非馬」一層可置不論，此段意思，簡言之，即「羊牛
二」是「而羊而牛也」。「羊牛」之積類等于「既是羊又是牛」，
等于「羊與牛兩者」，其式是：

　　　　「羊・牛」＝「而羊而牛」；a・b＝a 與 b 兩者（both a

and b）。

此是說的積類本身，故「而羊而牛」不能分開說成兩命題，而只能說成「羊與牛兩者」（「既是羊又是牛」，為一整句）。而上面「非羊非牛未可」，則須分別寫成兩函蘊式。

但《墨經》則說：「牛馬非牛非馬，無難」，此似與龍說衝突而反對龍說者，然實不相衝突，亦不能反對，蓋此處「牛馬非牛非馬」之「非」字所表示的是「不等」義，即「牛馬」不等于牛、「牛馬」不等于馬，其式如下：

「牛・馬」≠牛，「牛・馬」≠馬；a・b≠a　a・b≠b。

而公孫龍說「非羊非牛未可」，其所表示的乃是「羊牛」函著羊、「羊牛」函著牛，而「函著」即表示「不等」也，故不衝突，亦不能反對，《墨經》亦並未表示「反對」意，如解者以為反對，則是解者之不懂。

「牛馬」既不等于牛，而可函著牛；既不等于馬，而可函著馬，故《墨經》云：「牛馬：或不非牛而非牛也，則或非牛而牛也，可。」牛馬「不非牛」，即「牛馬函著牛」；牛馬「非牛」，即「牛馬不等于牛」。如是此句意即：「如果一方面『牛馬函著牛』，而又實可『牛馬不等于牛』，則另一方面『牛馬不等于牛』，而又實可『牛馬函著牛』，自是可的。」

由上可知：「牛馬不非牛，而非牛也」，即是：「牛馬牛也，未可」。「牛馬非牛，而牛也」，即是：「牛馬非牛也，未可」。

而「牛馬牛也，未可」，是說：「牛馬」積類中確又包含有一「非牛」之副類即馬，故不能即是牛；此即表示說：「牛馬不等于牛」。「牛馬非牛也未可」，是說：「牛馬」積類中確又含有牛一副類，故不能說不函著牛；此即是說「牛馬函著牛」。故此兩「未可」句即表示：

$$「牛·馬」⊃牛，「牛·馬」≠牛；a·b⊃a，a·b≠a。$$

同時成立。

由此同時成立，即可知無論牛馬牛也，或非牛也（即無論是與不是），每一面皆有「可」或「不可」兩情形，此即「或可或不可」句之所示。「牛馬牛也」是「可」，這是「牛馬函著牛」；而「不可」，則是「牛馬不等于牛」。「牛馬非牛也」是「可」，這是「牛馬不等于牛」；而「不可」，則是「牛馬函著牛」。故此每一面之「或可或不可」，根本就是「不等」與「函」之兩義，此兩義隨可與不可相出入、相轉換。如從「牛也」說起，「可」是函著；「不可」即出而向「不等」轉，轉入于「不等」。如從「非牛也」說起，「可」是「不等」，「不可」即出而向「函著」轉，轉入于「函」。此種出入轉換，實為「說在兼」（積類）所必函。當時寫此〈經說〉之人，實朦朧見到此「兼」中「函」與「不等」之兩義，而未能用專名確定地標誌出，故用了許多「可」與「不可」之字樣來回轉，遂把人轉糊塗，而陷入迷亂矣，其實甚簡易。

因為每一面皆有或可、或不可兩情形，故若一定說：「牛馬牛也未可」，這亦是不可的，而此也即函還有另一句：「牛馬非牛也

未可」，亦是不可的，故有云：「而曰：牛馬牛也未可，亦不可。〔牛馬非牛也未可，亦不可。〕」〈經說〉只說一句，是簡約之辭。「牛馬牛也」是函著，「未可」是向「不等」轉；不等（非牛）再加上一「未可」，則又向「函著」轉，這還是不等與函來回轉，「牛馬非牛也」一面同。

不管如何出入轉換，且落實回應經文，而說：「牛馬非牛非馬」，總是可以的（無難），因為函與不等同時成立，不矛盾故。

吾信以上所說是此〈經說〉之確解，完全是積類與其所包含的分子之關係問題。

《墨經》「說在兼」與〈經說〉最後一句「牛馬非牛非馬無難」是著眼于：牛馬不等于牛，牛馬不等于馬。

公孫龍則是著眼于：牛馬函著牛，牛馬函著馬。

〈經說〉全文則用許多可與不可之句，將函與不等之同時成立完全表現出，此則比〈通變論〉為完備也。

第三、略評衆解

適言「說在兼」本是積類與其所包含的分子之關係問題，此關係是函與不等，本甚簡易，但因〈經說〉中用許多可與不可來回轉，遂使人陷于迷亂。《易傳》曰：「夫乾，天下之至健也，德行恆易以知險；夫坤，天下之至順也，德行恆簡以知阻。」本甚簡易，而如用文字表之，則不免于繳繞，此亦所謂險阻也。若能易以知險，簡以知阻，則不為險阻所困而不失其簡易。若不能知本簡易，又不能知險知阻，則為險阻所困，而又喪其簡易，是即迷亂之所由也，以迷亂故，遂離奇古怪，荒謬百出，若復疏而通之，又須

費更多之筆墨，不免益增讀者之險阻，然不能自默，略述歷來講此經者之困如下。

㈠從孫詒讓說起

以上所解兩〈經〉文及兩〈經說〉文原相連屬，張惠言將後一條〈經〉文並前而爲一經，孫詒讓知其非，然于〈經說〉，則不知隨〈經〉文之分而分，蓋未能明此兩〈經說〉之意也。孫詁于後一〈經說〉「而牛馬非牛非馬無難」句下，引《公孫龍子・通變論》篇云云，而結之曰：「但兩書文義皆冗複奧衍，不可盡通耳。」是孫氏根本未能明此〈經說〉與〈通變論〉所說爲何事也，然不知不強解，猶不失爲平實。

㈡馮友蘭之含混

馮友蘭略以含混籠統之語解此〈經說〉，而結之曰：「此與公孫龍白馬非馬之說有相同處。」（《中國哲學史》，337頁）。案：此與「白馬非馬」根本不同，「白馬非馬」是名之內容與外延問題，而此〈經說〉則是積類與其所包含的分子之關係問題，何不曰與〈通變論〉所說有相同處耶！此足見根本未明，以含混遊移之辭左閃右躲，以掩飾其不諦之見。凡與「白馬非馬」混在一起而從事糾纏者，皆當如此指出。

㈢沈有鼎之錯謬

沈有鼎解此〈經說〉云：

> 「牛馬非牛」這論題引起了難者的反駁。難者說：牛馬一部分不非牛，一部分非牛，而你認爲「牛馬非牛也」這話是正確的，那末牛馬一部分不是牛，一部分是牛，你也該認爲

「牛馬牛也」這話是正確的了。〔案：此解「或不非牛而非牛也，可（一本有「可」字），則或非牛或牛，而牛也，可」，他把此句解爲難者複述論主之意。〕

所以照我看來，「牛馬非牛也」這話不正確，「牛馬牛也」這話也不正確。〔案：此解「故曰：牛馬非牛也，未可；牛馬牛也，未可」。他把此句視爲難者的主張。〕

《墨經》答難者說：「牛馬非牛也」與「牛馬牛也」是一對矛盾命題，必有一正確，一不正確。（因爲在這裡只有兩句話，所以「或可或不可」等于「一可一不可」）。你既認爲我的「牛馬非牛也」這話是不正確的，那你又認爲「牛馬牛也」這話是不正確的，顯然不行。〔案：此解「或可或不可，而曰：牛馬牛也未可，亦不可」。他把此兩句視爲《墨經》的反駁，把「而曰」之「而」解爲「你」。〕

說「牛馬非牛也」與說「牛馬非牛也，可」是完全一樣的。說「牛馬牛也，未可」與說「牛馬非牛也」也是完全一樣的。

「牛馬」兼牛與馬兩樣東西（牛馬二），而牛則不兼兩樣東西（牛不二），所以「牛馬非牛」。這裡難者把「牛馬非牛」解成「牛馬盡非牛」，而《墨經》所說「牛馬非牛」只是「牛馬非盡牛」的意思。換言之，難者把「牛馬牛也」與「牛馬非牛也」認作全稱肯定與全稱否定，因此排中律就不適用于這樣一對反對命題，而二者之間還容許一個兩不可的立場。《墨經》則把「牛馬牛也」與「牛馬非牛也」認作全稱肯定與特稱否定，因此排中律就適用這樣一對矛盾命題，

> 而二者必有一可一不可了。「牛馬」一詞項在這兩個命題中
> 也是一周一不周。（見其〈墨辯的邏輯學〉一文，載某報。）

案：此解完全不行。

　　1.讀法語氣問題：他首先設想此〈經說〉為主賓雙方之論難，因此他以一難一答的語氣讀此〈經說〉。〈經說〉是簡單地說明經辭，大抵是直陳逕說，很少（幾乎根本沒有）表現為一難一答的曲折辯說。此〈說〉從開頭起，繼之以「故曰」、「則」，以至于「而曰」，諸連結詞，亦不足以表示是一難一答之曲折辯說，若非沈氏如此添加，則很少有能讀成如此曲折的。

　　2.如此讀法的內容問題：他認為《墨經》只主張「牛馬非牛也」，而不主張「牛馬牛也」，因此，他認為這是一對矛盾命題（也正因為他把這兩命題看成是矛盾的，所以才認為《墨經》只主「牛馬非牛」），他把「則或可或不可」這個「則」字句，視為《墨經》方面的申明語，其中之「或」就是說的這一對矛盾命題間的「或」，是一個矛盾的「或」，因此必有一可一不可，「或可或不可」，就等于「一可一不可」，這兩命題不能兩俱可、兩俱不可，因此，「故曰：牛馬非牛也，未可；牛馬牛也，未可」，這兩「未可」的「故」字句便視為是難者的主張。

　　3.進一步，他復講明《墨經》何以把那一對命視為矛盾的一對，一可一不可，而難者又何必把那一對視為兩不可，不是矛盾關係。他認為《墨經》說「牛馬非牛也」，其意不是「牛馬盡非牛」，而是「牛馬非盡牛」，因此這是一個特稱否定命題（O），而「牛馬牛也」，則是全稱肯定命題（A）。（案：這種比法在命

題形式上是不倫不類的。）他認爲難者視「牛馬非牛」是「盡非牛」，是全稱否定（E），「牛馬牛也」是全稱肯定（A），因此這是A與E，是大反對的一對，可以俱假（兩不可），而不是矛盾的一對，不是一可一不可。

　　讀者顯然可以看出，這解法是錯誤的。「牛馬非牛」，「牛馬牛也」，這根本不是主謂式，亦不是主賓類間的包含關係與排拒關係，而且「牛馬非牛」，意即「牛馬不等于牛〔非盡牛〕」，這句子本身，從形式上說，不能解爲O命題：你不能說「有牛馬非牛」，只能說「牛馬中有一部分是牛，有一部分非牛，故不能盡非牛」，這如何是O命頭？你不能因「非盡牛」故，而說「牛馬非牛」是O命題；同樣，「牛馬牛也」也不是A，也不能解成A，你不能說：「所有的牛馬都是牛」。你既知「牛馬非牛」是「非盡牛」，何以硬說「牛馬牛也」就「盡是牛」？豈不可只有一部分是牛耶？「牛馬牛也」，只是「牛馬函著牛」，這也不是主謂式，也不是主賓類間的包含關係，任何人一見便知「牛馬牛也」中所隱含之「是」字是「函著」義，不是主賓類間的包含關係，故這種比法不倫不類。

　　「牛馬」既是「兼牛與馬兩樣東西〔牛馬二〕」，則「牛馬非牛」，顯然是「牛馬不等于牛」，即沈氏所說的「非盡牛」，無人能講成「盡非牛」，何以硬假想一難者，而又硬派給他視「牛馬非牛」爲「盡非牛」一罪名？〈經說〉文中能顯示此意嗎？沈氏認爲「故曰：牛馬非牛也，未可；牛馬牛也，未可。」這兩「未可」即顯示難者視「牛馬非牛」爲「盡非牛」，爲全稱否定（不通的比法）。就「牛馬」是一積類說，這兩「未可」根本與A與E無

關，且根本不能視爲 A 與 E 的表示，這是硬設想一難者，又硬派給一罪名，根本毫無根據。

「牛馬」既是一積類，則「牛馬牛也未可」，即表示「牛馬不等于牛」（「未可」是否定那「就是牛」、「等于牛」，不是說「不函著牛」）。「牛馬非牛也未可」，即表示「牛馬函著牛」。（這「未可」是否定那「不函著」，不是說「等于牛」。）「牛馬不等于牛」不是 O 命題，而「牛馬函著牛」也不是 A 命題，因而也無所謂矛盾，此即表示此兩命題同時成立。牛馬「牛也」與「非牛也」，任一面皆有可與不可兩情形，即「函」與「不等」之兩義：「牛也」是「函」，「未可」是「不等」；「非牛也」是「不等」，「未可」是「函」。故曰「或可或不可」，這「或」字不是表示此兩命題是矛盾的一對，一可一不可，乃是表示此兩命題任一命題皆有可與不可兩情形，〈經說〉中兩「未可」句亦函兩「可」，此即表示任一面（牛也與非牛也）皆有可與不可兩情形。

〈經〉與〈經說〉既俱以「牛馬」積類與其所包含的分子之關係之說明爲主旨，則〈經說〉從頭起到「而曰」句止，乃是一條鞭相承而下，即在說明此兩俱可兩俱不可之意，因任一面皆有「函」與「不等」兩義故。既是兩俱可兩俱不可，則「牛不非牛，馬不非馬，而牛馬非牛非馬無難」，自無問題。「牛馬非牛非馬無難」（此說「不等」），則亦意許「牛馬而牛而馬無難」（此說「函」），何以故？「說在兼」故。

總之，既確定這是積類與其所包含的分子之關係問題，則「函」與「不等」之兩義同時成立乃係必然者，即依此義而說「牛也」與「非牛也」兩俱可兩俱不可，因此任一面而有「或可或不

可」之兩情形。〈經說〉即順此綱領而說，雖用許多可與不可來回轉，未能確定道出其所以，然總是在此綱領下，則無可疑，依此，這決不是一難一答的兩種主張對戳；也不是「一可一不可」與「兩不可」的對辯，而《墨經》也決不是只主張「牛馬非牛」一面，因爲這與「積類」的函義相衝突，積類與其所包含的分子之「函」與「不等」的關係式，不是「凡人有死」與「凡人不死」，或「有人不死」這種命題式，也不是「白馬是馬」、「白馬不是馬」這種命題式。

　　沈氏的錯誤是在未能握住這綱領，他不知這是積類與其所包含的分子之關係問題，因此，他首先認爲《墨經》只主張「牛馬非牛」，而不主張「牛馬牛也」，他不知就積類而想，這是同時成立的，不是矛盾的一對。如果《墨經》眞如沈氏所說，則《墨經》自身不一致，不知其所說的「說在兼」是什麼意義，我們自當指出。但《墨經》並不表示此意，〈經說〉之可與不可之來回轉，亦不表示此意，我們只能說「積類」之觀念而順暢之，不能由一錯誤的想法，想一錯誤的主張，而再錯誤地曲成此錯誤的主張。沈氏設想一難者主張「兩不可」，並以 AO 與 AE 來說明他所認爲的《墨經》之「一可一不可」一主張之是，與他所設想的難者之「兩不可」一主張之非，這都是再錯誤地曲成此錯誤的主張，因而愈說愈謬，終陷于邏輯的自困而不覺。

　　依此，此〈經〉及〈經說〉實當如下順通：

　　〈經下〉：

牛馬之非牛，與可之。「同」。說在兼。〔「同」衍。或如
高亨校：「與可之同」爲「與可、未可」之誤。〕

〈經說下〉：

〔牛馬〕：或「不非牛而非牛也」，則或「非牛而牛也」
可。〔如果一方面「牛馬不非牛而亦實可非牛」，則另一方
面「牛馬不是牛而亦實可是牛」，也是可的。〕
故曰：「牛馬非牛也」未可，「牛馬牛也」未可。〔「牛馬非
牛也」未可，此是承上「牛馬不是牛而亦實可是牛」而言；
「牛馬牛也」未可，此是承上「牛馬不非牛而亦實可非牛」
而言。〕
則或可或不可，而曰：「牛馬牛也未可」亦不可。〔此是結
上兩俱可兩俱不可。〕
且牛不二，馬不二，而牛馬二，則牛不非牛，馬不非馬，而
牛馬非牛非馬」無難。〔此證成〈經〉意。〕

㈣餘不暇辨

其餘如高亨作《墨經校詮》，于此〈經文〉之校詮尙順適無
誤，而于〈經說〉則妄改首句爲「或非牛而非牛也可，或牛而牛也
可」，而其詮解則又不能相應「說在兼」而順通之，看似彷彿，略
得一二，因無邏輯知識，故雜亂乖違，轉說轉謬，不暇一一辨正。
又譚戒甫旣作《墨辯發微》，又作《公孫龍子形名發微》，可
稱專家，而于此〈經〉及〈經說〉，以及《公孫龍子・通變論》，

則根本一字不懂，莫知所云，猶不如高亨遠甚。其解〈白馬論〉雖多乖謬，尚沾邊，至解〈通變論〉及此《墨經》、〈經說〉，則連邊不沾，夫錯亦並不要緊，若能自成觀念，尚有可說，今乃無一語成倫次，豈不可嘆！

最差謬者爲汪奠基，彼作《中國邏輯思想史料分析》第一輯（先秦部），彼不分析尚好，一經分析，幾無一語中肯，摭拾浮詞，東拉西扯；誤用濫用，似是而非；錯謬乖違，不可究詰。此書惟一好處，在搜集原料完備周詳，可稱方便，餘無可取。

第五節 〈堅白論〉篇疏解

一、原文疏解

(一)認識論的論辯
第一問答：

> 堅白石三，可乎？
> 曰：不可。
> 曰：二，可乎？
> 曰：可。
> 曰：何哉？
> 曰：無堅得白，其舉也二。無白得堅，其舉也二。

案：以上爲標宗問答，綜三問答而爲一問答。堅、白、石雖有三

詞，從其表現上說，則只有二：或堅與石二，或白與石二，總要藏一個，故只可說二，不可說三，堅與白不能同時相盈，並著于石，此即所謂堅白離，以下申辨其理由。

第二問答：

> 曰：得其所白，不可謂無白。得其所堅，不可謂無堅。而之石也之於然也，非三也？
> 曰：視不得其所堅，而得其所白者，無堅也。拊不得其所白，而得其所堅者，得其堅也，無白也。

案：問中「而之石也之於然也，非三也？」意即：如上所說，此石之于如此情形，這豈非三乎？「得其所白」，自然有白，不在此說白離；「得其所堅」，自然有堅，不在此說堅離。公孫龍意是如此：視得白而不得堅，即在此視覺上堅離，並非白離；拊得堅而不得白，即在此觸覺上白離，並非堅離。因此，故曰堅白石二。

第三問答：

> 曰：天下無白，不可以視石。天下無堅，不可以「謂」石。堅白石不相外，藏三可乎？〔「謂」，失義，當為「拊」。〕
> 曰：有自藏也，非藏而藏也。

案：此漸透露出問者客觀主義之立場，白與堅都是客觀地存在于石上。「不相外」之「外」有歧義，問者之意是如此：堅白兩者相與

並存于石上，「不相外」，正面說，即下文之「相盈」，「相盈」意即「相與並著」，並無缺陷。盈，充盈也。故此「外」字既不是內容上的相排拒，如堅不是白，白不是堅；亦不是空間上的隔離異處，如堅在此一區，白在另一區。因此，「不相外」亦不是內容上的相即，如堅即白，白即堅，堅當然不是白，白亦當然不是堅，但堅白兩屬性（特徵）可以相與並著（並存）于石上。又「不相外」亦不必限于同一空間、同一區域，對應公孫龍所說之「離」或「藏」言，「不相外」只是相與並著，而偏于「並著」，「並著」言堅對白不離，白對堅亦不離。不離即不隱藏、不泯滅：白呈現，堅同時亦可呈現，不因視覺不得即不呈現；于白亦然，堅呈現，白同時亦可呈現，不因觸覺不得即不呈現。故「不相外」與空間之異處不異處無關。〈墨經上〉：「堅白不相外也」，〈經說〉云：「堅〔白〕得二：異處不相盈，相非，是相外也。」此〈經說〉之意似是如此：「異處」若白雪堅石，此堅白可謂不相盈、相非、相外。若在同一石，則必相盈、相得、相盡。（相得相盡，依〈墨經上〉及〈經說上〉之詞語說。）此似是將隱不隱之相外不相外，轉而為空間之異處不異處：異處相外，不異處不相外，此非此處問者所說「不相外」之意。若依隱不隱言，即使空間不異處，公孫龍仍可說其隱藏，即使空間異處，問者仍可說其不隱藏，故知此處問者所說之「不相外」，與空間之異處不異處無關也。

以上是問者所說「不相外」之意，既不相外，何以「藏三」？「藏三」依公孫龍意，即從表現上不可說三，只可說二；不可說三，即無三，而「三」之義泯，泯即隱離而匿藏也。今既不相外，而相與並著，則「三」何以隱泯而離藏耶？答曰：其藏是其自己自

然而如此，（意即理上本就如此），非我叫它藏，何以見得理上就是如此？以下第四問答即進而申辯之。

　　關于此「藏三」一詞，社會上不解其意，復誤傳而爲一怪說，即「臧三耳」之說，此亦猶不解〈通變論〉中「雞足，三；牛、羊足，五」之意，誤傳而爲「雞三足」也。關此，《呂氏春秋・淫辭》篇云：「孔穿、公孫龍相與論平原君所，深而辯，至於臧三耳，公孫龍言臧之三耳甚辯，孔穿不應。少選，辭而出。明日，孔穿朝，平原謂孔穿曰：昔者公孫龍之言甚辯。孔穿曰：然，幾能令臧三耳矣。雖然，難！願得有問於君：謂臧三耳，甚難，而實非也；謂臧兩耳，甚易，而實是也。不知君將從易而是者乎？將從難而非者乎？平原君不應。明日，謂公孫龍曰：公無與孔穿辯。」（《孔叢子・公孫龍》篇此下尚有：「其人理勝於辭，公辭勝於理。辭勝於理，終必受絀。」四句。）王啓湘首指出「臧」與「藏」，古通。將「藏三」與否之辯，誤傳而爲臧獲兩耳或三耳之辯。案：此說是。然其就〈堅白論〉所作之解析則全非，其言曰：

　　又《孔叢子》載龍之言，有所謂臧三耳者，疑亦不達古義者所爲。蓋《孔叢子》僞書，固不足信。而斯言，今見於《呂氏春秋・淫辭》篇。其原文當云：「謂臧兩耳，甚易，而實是也。謂臧三，甚難，而實非也。」因臧獲之臧及藏匿之藏，古均作臧。淺人不知臧爲藏匿之藏，耳爲而已之義，乃疑臧爲臧獲之臧，耳爲耳目之耳，遂於「臧三」下亦增耳字。此「臧三耳」之說所由來也。〔案：只要指出臧、藏通用，《呂氏春秋》已是誤傳之記載，即可。不必改「臧三

耳」為「藏三」。蓋衡之〈堅白論〉，公孫龍只言藏三，不言藏兩，而問者亦只反對藏三，不言藏兩也。此下王解全非。〕殊不知所謂「藏兩耳」即指堅白之辯而言。〈堅白論〉云：「堅白石三，可乎？曰：不可。曰：二可乎？曰：可。」又曰：「堅白石不相外，藏三可乎？」〔案：此是問者之難語。〕又曰：「堅白域於石，惡乎離？」〔案：此亦問者之難語。〕蓋以手拊石，知堅不知白。以目視石，見白不見堅。石則手拊之而知，目視之而見。是所藏者不過堅白而已。故僅可謂堅藏於白石之中，白藏於堅石之中，而不可謂石藏於堅白之中。此即所謂「藏兩耳」之義。（《公孫龍子校詮·叙》。）

案：此直閉眼瞎說，彼以問者之意誤作公孫龍正面之意，又誤以為龍不主藏三，主「藏兩」；而其解「藏兩」，則謂：「是所藏者，不過堅白而已。」意即「堅藏於白石之中，白藏於堅石之中，而不可謂石藏於堅白之中。」此全非原文之意。問者云：「堅白石不相外，藏三可乎？」此是對應開頭公孫龍以為「堅白石」從表現上只可說二，不可說三而問。「藏三」即無三，問者之意是堅白石三者相與並著，一起呈現，何得言「藏三」（無三，不可說三）？不藏三，非主藏兩也，焉得有所謂「藏兩」之說？問者固不主「藏兩」，即公孫龍亦非主「藏兩」者，公孫龍只主「堅白石」不可說三，只可說二。只可說二者，對觸覺之堅言，白即藏；對視覺之白言，堅即藏，結果只有堅與石二、白與石二，而無所謂「堅白石三」也，此即所謂「藏三」。公孫龍主「藏三」，焉有所謂「藏

兩」之說乎！若如王解，則是主「藏兩」，非主「藏三」，正成相
反，故知王氏根本未明公孫龍「堅白離」之意，其改《呂氏春秋》
亦妄改耳，蓋欲符合其「藏兩」非「藏三」之誤認也。是以知公孫
龍「藏三」之辯，社會上誤傳爲「臧三耳、兩耳」之辯，《呂氏春
秋》即記載此誤傳而視爲「淫辭」。「藏兩耳」乃對「藏三」之誤
傳而發者，非堅白之辯中原有「藏兩」之義也。白馬之辯、堅白之
辯、「牛合羊非鷄」中「鷄足三，牛羊足五」之辯，社會上道聽塗
說皆誤傳而失其意，故荀子視爲「琦辭怪說」，而《呂氏春秋》亦
視爲「淫辭」也。名理學未能自立，亦未能成一傳統，逐一現而即
爲誤傳所折殺，後人不復能解原意，遂就社會上之誤傳，或只視爲
怪說淫辭而忽之，或就其爲怪說淫辭而妄解，而益成其爲怪，而益
淫。實則即就今所存者而觀之，其原意又何曾怪乎？是以知社會上
嘵嘵之口之害事，而又何足爲憑乎？柏克萊主所知者爲觀念，彼
亦擬想到有吃觀念、穿觀念之難而辨解之，若社會上聞其吃觀念、
穿觀念之辨說，而即聲言曰：「柏克萊主吃觀念、穿觀念，此誠
『琦辭怪說』也！」此亦何嘗不可哉？然在西方，此卻並未成爲誤
傳，亦並未折殺柏克萊之哲學（雖解者不多），蓋因有一哲學傳統
故也，不因道聽塗說或茶餘酒後之笑料，而影響學問之獨立性也，
然而中國之名家則亦不幸甚矣！

　　第四問答：

　　　　曰：其白也，其堅也，而石必得以相「盛」盈，其自藏奈
　　　　何？〔俞樾云：「盛」，衍字也。案：此說是。〕

　　　　曰：得其白，得其堅，見與不見，離。「不見，離」，一一

不相盈，故離。離也者，藏也。〔「不見，離」三字，孫氏所據本無，刪亦可，不刪亦可，重此三字，亦並非不通也。又俞樾及譚戒甫皆讀作「不見離一，一不相盈。」非是，其所解皆迂曲妄解。〕

案：此第四問仍續前表示石之白與堅相盈並著，不但堅與白相盈並著，即石與堅白亦相盈並著，而得成一具體之石。此明是「堅白石三」，一時並現，云何「藏三」？又云何「有自藏也」？

答辭仍續前視不得堅而得白，拊不得白而得堅，以申明離藏之意。「得其白，得其堅，見與不見，離」，意即視覺得白不得堅，觸覺得堅不得白，故在任一面皆有現與不現之情形，即在此情形上，即可表示一「離藏」之意。「見與不見」之「見」，若就視覺言（舉視覺以概括觸覺），即作「見」本字講；若賅視覺與觸覺而言之，則作「現」講。若分別詳細言之，依下文，于視覺，則言見不見；于觸覺，則言知不知；總言之，則言現不現，即就此不現者（不知者，或不見者），而言離藏，離即與現者不相盈，藏即隱藏而不現。「不見，離。──不相盈，故離。」此言：即在不現上說離，此亦即表示：現者之「一」與不現者之「一」兩不相盈，依此之故，故言離。離，不只是分離開不相盈之意，而且是離而藏，而偏重于藏，故結句云：「離也者，藏也」，即以「藏」字訓「離」。（「不見離」三字，保留可，刪去亦可，原意皆能充分表現。）

〈墨經下〉云：

> 不可偏去而二，説在見與「俱」、一與二、廣與修。〔張純
> 一說：「『俱』上脫『不見』二字。」高亨謂：「俱疑當作
> 『不見』二字。」（參看高著《墨經校詮》），兩說皆通，
> 不改亦可。〕

〈經說下〉云：

> （不）見不見〔不〕離，一二不相盈，廣修、堅白。〔高亨
> 謂：「〈說〉首當有『不』字，轉寫誤脫。不，標牒字也。
> 今依例補。『相』上『不』字，當在離上，蓋轉寫誤竄
> 耳。」（同上）。案：此說是。〕

蓋《墨經》派主張堅白盈，係客觀主義，與公孫龍相反者，故云
「不可偏去而二」，以「廣與修」之相盈不離為例。《經》中「一
與二」句，普通是：一指石言，二指堅白言，不但堅白相盈，石
與堅白亦相盈，此在義理上無礙，但若對應首句「不可偏去而二」
之只就「二」而言，則「一與二」，似當解為一是堅、二是白，此
二是第二，首堅次白，綜起來是二，此「二」中不可偏去其一。若
對應公孫龍之「堅白離」言，此解較恰當。若如普通所解，則不是
「不可偏去而二」，而是「不可偏去而三」矣。若「一與二」指石
與堅白說，則此經文之恰當的意義是如此：堅白不可偏去而二，說
在見與不見俱：此如石與堅白俱，廣與修俱，此亦甚通也。

又〈經說〉中，依高亨校，當為：「見不見不離，一二相盈：
廣修、堅白。」如此校，《墨經》自身一致，若不校改，則不一

致。或以爲後期《墨辯》（指〈經下〉及〈經說下〉言），關于此問題，與前期《墨辯》（指〈經上〉及〈經說上〉言），實有不同之主張，若如此，則後期《墨辯》投降于公孫龍矣，此說非是，不可從，而且〈經下〉亦有相盈之主張，如〈經下〉另一條云：「於一，有知焉，有不知焉，說在存。」〈經說下〉云：「於石一也，堅白二也，而在石。故有知焉，有不知焉，可。」又〈經下〉另一條云：「堅白，說在因。」〈經說下〉云：「無堅得白，必相盈也。」此皆相盈之主張，焉有異說，故知上列〈經說下〉必有錯簡，以高亨校改爲是。

依是，《墨經》說「一二相盈」，又說「一與二」，此無論指石與堅白說，或即指堅白二者本身說，皆可通，而其意旨總是主相盈，與公孫龍之「不相盈」說相反。公孫龍此處說「一一不相盈」，即指堅白二者本身說，不必依《墨經》改爲「一二不相盈」。（孫詒讓主改，參看王啓湘《公孫龍子校詮》。）

以上之論辯皆從官覺之得不得言，此可曰「認識論之論辯」；此下則是「存有論之論辯」，而問者之立場如一。

㈡存有論的論辯

第五問答：

> 曰：石之白，石之堅，見與不見，二與三，若廣修而相盈也。其非舉乎？
>
> 曰：物白焉，不定其所白。物堅焉，不定其所堅。不定者兼，惡乎其石也？

案：此問者之辭與上舉《墨子・經下》「不可偏去而二」一條意同，惟該條言「一與二」，此則言「二與三」，「二」指堅白言，「三」指堅白之二與石之一合而為三，即「堅白石三」之三。此言無論「見與不見」，堅白二者總是相盈並著，而與石同時呈現，故總而為三也，此「堅白相盈，與石為三」之同時呈現，一若廣與修之相盈也。（廣修相盈例堅白相盈，正因堅白相盈，始得為三也，言不得藏三。）焉能離藏其一而云「堅、白石二」乎？「其非舉乎」？言此「堅白石三」豈非同時全舉（呈現）乎？此「舉」字是對應「藏三」之不舉（不表現）而言。譚戒甫謂：「『其非舉乎』，猶言舉之正是也。此舉字，即《墨子・上經》第三十一條『舉，擬實也』之舉。」（譚著：《公孫龍子形名發微》，33頁。）案：此解非是，此「舉」作「起」解，即「呈現」之意，亦即第一問答中「其舉也二」之舉，「其舉也二」是藏三，今不藏三，則是「其舉也三」。

　　答辯之辭不再如上作認識論之論辯，乃轉而作存有論之論辯，其意是如〈白馬論〉篇分別「白」與「定所白」而辯之。「物白焉，不定其所白。」此言物之白，如單說此白，乃是「白之自己」，白之自己即白之不定其「所白者」，堅亦如此。「不定者，兼」，言「不定所白」之白、「不定所堅」之堅，乃是可以兼白其他之白、兼堅其他之堅，是一個普遍性，即所謂「共相」，兼即「普遍者」之意，由副詞轉為名詞。「不定者兼」，則是堅、白之處于其自己，此亦是離藏意，但此離藏是存有論之離藏，即堅白自己之潛存。堅白既潛存，不附著于石而限定石，焉有所謂石（具體石）耶？此答不是對應問者之直答，似是別舉一義，以言離藏，然

對問者之意而言，不是恰當之辯。通下文，窺龍之意，似是由認識論之離藏（官覺之得不得上之離藏），滑轉而爲存有論之離藏（此兩者于義不同，不能滑轉）；復由存有論之離藏，堅白不附著于石、不限定于石，遂言「石之無有」。一切屬性皆抽離而自存，自無現實而具體之石；旣無具體之石，自亦無具體之堅白。但此種離藏並無助于「堅白石二」（堅白不相盈）之主張，此中確有甚爲複雜之問題，公孫龍未能精詳，詳解見下第二問題之總疏導，然彼確有洞見，故時有新義，至于明其分際而條貫之，則未能也。

又案：舊注注此答辭曰：「萬物通有白，是不定白於石也。〔王啓湘謂「此當作『萬物通有白堅，是不定於白也。』陳本、錢本不誤，當據改。」案：此改非是，原注不誤，惟「萬物通有白」句，于義理不通。〕夫堅白豈唯不定於石乎？亦兼不定於萬物矣。萬物且猶不能定，安能獨與石爲爾乎？」案：此注雖恍惚，大意亦得之，原文是區別「白自己」與「定所白」之白，白自己是「不定所白」之白，「不定者兼」是言白之爲共相，共相之堅或白（堅白自己）不爲石所限，亦可兼白或兼堅其他之物，不言「萬物通有白」或「通有白堅」也，故此句不妥。堅白自己旣不限定于石，當然亦不爲任何其他可能有堅白之物所限，此即堅白離藏之意；堅白旣離藏而潛存，不附著于石而限定石，此就石言，即是抽離其一切屬性；旣抽離其一切屬性，自無現實而具體之石，此是原文之原意，舊注未甚能切合也。「萬物且猶不能定」之「且」字句尤無意義，只是作文章。

第六問答：

日：循石，非彼無石，非石無所取乎白。〔堅白〕石不相離
者，固乎然，其無已。

日：於石一也，堅白二也，而在於石。故有知焉，有不知
焉，有見焉，有不見焉。故知與不知相與離，見與不見相與
藏。藏，故孰謂之不離？

案：此問辭中「循石」之循，譚戒甫曰：「當與上文『拊不得其所
白』之拊同義。古書每拊循二字連文，見《史記・晉世家》。《晏
子春秋・問下篇第四》云：『堅哉石乎落落！視之則堅，循之則
堅，內外皆堅。』循之則堅，猶云以手拊石而得堅也。」（譚著，
34頁）此說是。

又，「非彼無石」之「彼」，舊注曰：「彼，謂堅也」。「石
不相離」句，依舊注「石」上脫「堅白」二字，當據補。

答辭之辯離藏仍是認識論之論辯，此第六問答移于上作第五問
答，則與前第二、三、四問答，更為一律，而上第五問答「存有論
之論辯」移于此作第六問答，則與下第七問答亦更相承接。

第七問答：

日：目不能堅，手不能白，不可謂無堅，不可謂無白。其異
任也，其無以代也。堅白域於石，惡乎離？

日：堅未與石為堅，而物兼。未與〔物〕為堅，而堅必堅。
其不堅石，物而堅，天下未有若堅，而堅藏。〔甲〕

白固不能自白，惡能白石物乎？若白者必白，則不白物而白
焉。黃黑與之然。石其無有，惡取堅白石乎？故離也。離也

者因是。力與知〔智〕，果！不若因是。〔乙〕

且猶白以目〔見，目〕以火見，而火不見，則火與目不見而神見。神不見而見離。〔丙〕

堅以手，而手以捶。是捶與手知而不知，而神與不知。神乎！是之謂離焉。離也者，天下故獨而正。〔丁〕

案：此第七問答中之問辭，意仍與前同，言手目異任，不能因異任之得不得，即謂其所不得者為離藏；推而廣之，官覺異任，亦不能因異任之得不得，即謂其所不得者為不存在，此與前同，仍是實在論之立場，故最後云：「堅白域於石，惡乎離？」此種疑難，本極合理，而答辭則並不能就此疑難而中肯地答辯之，乃滑轉而為存有論之答辯。

答辯分四段（甲、乙、丙、丁），關于甲段，標點如正文，其意是承上第五問答中「不定者兼」之意而來，意甚顯豁，舊注得之，曰：

堅者不獨堅於石，而亦堅於萬物。故曰：「未與石為堅，而物兼」也。亦不與萬物為堅，而固當自為堅。故曰：「未與物為堅，而堅必堅」也。〔依此注，知正文「未與」下脫「物」字。〕天下未有若此獨立之堅而可見，然亦不可謂之為無堅。故曰：「而堅藏」也。

堅不只與石為堅，亦可兼與其他物為堅，抑且亦可不兼與其他物（或任何物）為堅，而只自為其堅，此即堅之自己。既不堅石，亦

不堅其他物，而只自爲堅，則「天下未有若此獨立之堅而可見」
者；旣不可見，即非具體之堅，此即堅自己之潛存也，即依此義，
說「堅藏」，此爲存有論的離藏。

俞樾未能看懂此段原文，對于注文亦未看懂，故其讀法極爲離
奇，不通之至，其解此段曰：

> 「物兼未與」當作「兼未與物」。此言堅自成其爲堅之性
> 耳。非與石爲堅也。豈獨不與石爲堅，兼亦未與物爲堅也。
> 〔此解雖不合原文句意，然于義尙可通。原文「堅未與石爲
> 堅，而物兼；未與物爲堅，而堅必堅。」此是作兩層說，有
> 兩步轉進，而俞解則只說成一層，故其讀法是如此：「堅未
> 與石爲堅，而兼未與物爲堅。」而原文之「而堅必堅」句，
> 則連下，遂成不通。〕「而堅必堅其不堅」者，如土本不
> 堅，陶焉則堅。水本不堅，冰焉則堅。如此，則其堅見矣。
> 〔案：此解極荒謬可笑。〕今以石之爲物而堅，天下未有堅
> 於此也。堅其堅者，堅轉不見，故曰「堅藏」也。〔此亦極
> 無理。〕

依此解，原文當如下斷句：

> 堅未與石爲堅，而兼未與物爲堅。而堅必堅其不堅。石物而
> 堅，天下未有若堅，而堅藏。

此讀首兩句尙可通，餘全不通。王啓湘《公孫龍子校詮》即據俞解

點句,全非。其于舊注亦全未看懂,故妄疑其有衍脫。

譚戒甫《公孫龍子形名發微》,則作如下讀:

> 堅未與石爲堅,而物兼未與爲堅。而堅必堅,其不堅石物而
> 堅,天下未有若堅,而堅藏。

此讀,首兩句據俞解,並以爲「俞說是」。繼之曰:

> 惟「物」字似可不必乙轉,以「物兼未與爲堅」及「兼未與
> 物爲兼」文義本同耳。但舊本似有兩物字,因其注中兩「故
> 曰」下皆引原文,讀作「未與石爲堅而物兼」句絕,「未與
> 物爲堅而堅必堅」句絕。今各本正文皆無第二物字,蓋無者
> 是也。

實則舊注不誤。譚于首兩句從俞解,「而堅必堅」句以下,則不從
俞讀,亦不引其說,蓋似亦見出其太不成說也,但據其所加之標點
符號,以及並無一字之解,則知其亦根本不懂也。

本極顯豁之文意,然于名理、義理,一竅不通者,則亂讀亂
解,引出無謂之煙幕,若不廓而清之,將迷誤益甚。舊注雖多無謂
之辭,然猶勝于今之校訓者遠矣。

關于乙段,舊注曰:

> 世無獨立之「兼」乎?〔王啓湘《校詮》:「兼」當爲
> 「堅」之譌。陳本錢本均作「堅」。案:自當爲「堅」。〕

亦無孤立之白矣。故曰：「白固不能自白」。既不能自白，安能自白於石與物？〔案：「自」字衍。〕故曰：「惡能『自』物乎」？〔王校：「自」當為「白」之　，疑當作「故曰：惡能白石物乎？」案：此校是。〕若使白者必能自白，則亦不待白於物而自白矣。豈「堅」白乎？〔王校：疑當作「豈唯白乎」？案：此校是。〕黃黑等色，亦皆然也。若石與物必待於色，然後可見也，色既不能自為其色，則石亦不能自顯其石矣。天下未有無色而可見之物，故曰：「石其無有」矣。石既無矣，堅白安所託哉？故曰：「惡取堅白石」？反覆相見，則堅白之與萬物，莫不皆離矣。夫離者，豈有物使之離乎？莫不因是天然而自離，故曰「因是」也。

案：此注亦大體得之。惟自「若石與物」以下，則不恰。「石其無有」，不是因「色既不能自為其色」而然，乃是承上「白者必白，則不白物而白焉」而然，「不白物而白」，即白之獨立自持其自己、白之自性。白之自性，不與石為白；堅之自性，不與石為堅。不與石為堅白，則石與堅白離，此時，不獨堅白離，即石亦離，即無具體之石，故曰「石其無有」，「無有」是無此具體而現實之石，此時即是石之自己。如是，石是石，堅是堅，白是白，三者皆自藏而離，焉有所謂「堅白石」乎？既無堅白石，則「堅白石三」，相盈並著，亦無有矣，此是存有論之離藏。原文「白固不能自白」，是退一步說之奪辭。其正意是在「若白者必白，則不白物而白焉」。其意是：若白本不能自成其為白，則焉能白石物乎？若白必自成其為白，則即不須待白于石物而為白。不但堅白如此，其

他種種屬性概念亦皆然，如此，一切屬性概念皆是自存，皆是自持
其獨立之存有，此時，自無現實而具體之石，亦無現實而具體之堅
白，故個個皆離而獨存也。公孫龍是由各概念之「自是其是」而言
離藏，即由其獨立之「是」而言離，此似乎甚自然而順適，逕直而
不費力，故曰：「離也者因是」。又繼之曰：「力與智，果！不若
因是。」舊注曰：「果，謂果決也。若，如也。夫不因天然之自
離，而欲運力與智，而離於堅白者，果決不得矣。故不如因是天然
而自離也。」「因是天然而自離」，其實際意義乃是：即就每一概
念之「自是其是」，即可逕直地、自然地推出「離藏」之結論。依
此注，「果」當屬上，即《論語》「果哉！末之難矣」之「果」。
此注亦不誤。此種對于離藏之辯論，顯然是存有論之辯論。

　　俞樾以文人之陋習，完全無名理哲理之頭腦，其解此段尤為荒
謬，俞氏曰：

　　此與上文言堅，文字不同，而意則相近。〔案：上文從堅
　　言，此段從白言。〕言使白而不能自白，安能白石之為物
　　乎？〔嚴格言之，原文「白石物」之意是「白石與物」，並
　　不是「白石之為物」，此尚不是重要者。〕若白者必能白
　　物，則就不白之物而白焉。〔案：此解「若白者必白，則不
　　白物而白焉」兩句，完全非是。〕或即黃者而與之，或即黑
　　者而與之。人必曰黃者白矣，黑者白矣。如此，則其白見
　　矣。〔案：此解「黃黑與之然」，完全瞎說，不成義理。〕
　　然石則無有，此黃黑之色，又何從而取之乎？〔案：此解
　　「石其無有，惡取堅白石乎」兩句，完全瞎說，不成義

理。〕白其白者，白轉不見，故離也。

俞氏于上段言堅者，不得其讀，以「堅必堅其不堅」爲句，遂就如此點句之意，而言堅必待不堅者而見（必堅其不堅）。石最堅，「堅其堅者，堅轉不見，故曰堅藏也。」如此解「藏」，離奇之至！全不知公孫龍言「離藏」之意。解「石物而堅，天下未有若堅」，爲「今以石之爲物而堅，天下未有堅于此也。」此亦離奇！金剛豈不更堅于石乎！石焉得爲天下之最堅者？此直不成義理！

解上段言堅者如此，解此段言白者亦比照上解而爲謬解，以爲白必「就不白之物而白」，必待白其不白者而見。解「黃黑與之然」爲「或即黃者而與之，或即黑者而與之。人必曰黃者白矣、黑者白矣。如此，則其白見矣。」夫就黃者而與之，就黑者而與之，白色焉得而見乎？此直閉眼瞎說，令人慨嘆！解「石其無有」爲「石則無此黃黑之色」，夫石豈必定爲白乎？其不通，亦猶解上段以石爲天下之最堅，以石有白色，白轉不見，依此說白離。世間焉得有如此無思理之白癡！滿清考據之流風，其癡騃有如此！眞可慨也！

關于丙段，「且猶白以目以火見，而火不見」句，孫氏曰：「《墨子‧經說下》篇云：智以目見，而目以火見，而火不見。此文亦當作：且猶白以目見，目以火見，而火不見。今本脫見、目二字，遂不可通。」案：此說是，當補「見、目」二字。

關此，舊注曰：「神，謂精神也，人謂目能見物，而目以因火見，是目不能見，由火乃得見也。然火非見白之物，則目與火俱不見矣。然則見者誰乎？精神見矣。夫精神之見物也，必因火以

『見』，乃得見矣。〔王校：陳本「以見」作「以目」。「以」猶「與」也。謂必因火與目，乃得見也。彙函本同。案：此校是。「見」為「目」字之誤。〕火目猶且不能為見，安能與神而見乎？則神亦不能見矣。推尋見者，竟不得其實，則不知見者誰也？故曰『而見離』。」

　　案：此注亦得之，惟「火目猶且不能為見，安能與神而見乎？」此句措辭不妥。原文之意是：單目、單火、單神，皆不能成見，而「見」離，見離即白離，以明堅白離也，此亦是存有論之論辯，由個個獨立拆散「見」而明離藏。單目、單火、單神，不能成見，然目以火與神見，神以目與火見，而火亦因目與神而得成其照功，是則拆開，各持其自己，皆不能見；合起來，則可成見，故「火目猶且不能為見，安能與神而見乎？」于義為不妥也。此可與佛家《中論》所說相比較：「諸法不自生，亦不自他生，不共不無因，是故知無生。」依佛家義，諸法不能自生，亦不能他生，亦不能自他共生，然亦不是無因而生，四者皆不可能，故曰「無生」。菩薩修行，要者在得「無生法忍」，前三者皆不可能，即表示「離」，亦非「無因」，則眾緣和合，生相宛然。然生之定因，則不可得。（就前三項言。）是則生不可理解，故緣起性空也，一切概念皆假名而已。若以此例公孫龍之「見離」，目不見、火不見、神不見，是「見離」也。然目以火與神見，神以與目與火見，火助神與目見，是則眾緣和合而成見也，惟公孫龍此處只就概念自存而說離，未說「和合成見」一層（並非否定此層），亦未說「見相幻現」一層（雖未說，恐亦不至此。）

　　關于丁段，「堅以手，而手以捶」，譚戒甫曰：「捶，《說

文》：以杖擊也。引申蓋亦上文拊循之義。然公孫似以手對目、捶對火言，故既曰：『手以捶』。」此說是。此段從知堅方面說，與上段義同，惟簡約其辭，轉換表示耳。堅以手知，實則單是手並不能知，手有待于拊，或假借于杖（捶）而知，而單是杖亦並不能知，是則杖與手合則知，分則不知。而公孫龍要說離，故個個自己皆不能知，故曰：「是捶與手知而不知」，單捶或手不能知，必有神明始能知。而神明自己亦不能知，故曰：「神與不知」，即言：神自己亦同樣不能知也，神又何用？故曰：「神乎！是之謂離焉。」此言：拆開，各順其自是，皆不能知；既不能知，則堅藏，此亦是存有論之論辯。堅藏、白藏，乃至其他種種屬性皆離藏而自存，焉有所謂堅白石乎？一切屬性皆離而自存，亦即皆自持其自性而自在，一切平鋪，不相凌駕，此亦離正而皆如如也，故曰：「離也者，天下故〔固〕獨而正。」故、固通用，言離則天下一切事物皆自獨立而平正也，此是由對于「概念自性之存有」之洞見，而達至平正如如之境界也。此種單握「概念自性」之抽離境界，是一種存有論之思路。若順西方哲學講，則可以走上柏拉圖之哲學以及近世胡塞爾之哲學，此非中國一般心靈之所喜，故亦不甚能契解。中國正宗之心靈是具體之心靈：講理必通著事或情，講體必通著用，講形而上必通著形而下，講天必通著人，講超感覺、超經驗，必通著感覺與經驗，不但是通著，而且總混在一起講，故是具體之心靈，並沒有表現出抽離之分解。今公孫龍因言「白馬非馬」及「堅白離」、「堅白石二」，乃不期而引出此種存有論之抽離思路，雖未能通透貫徹，然亦甚可貴矣。惜乎既不合于中國正宗之具體心靈，故講義理者不復措意及，而無義理訓練之文人及校訓家，則又

根本不能解而亂講一氣也。

關于此段，舊注亦大體得之，而有所引申以終斯篇，則又馳騁文辭，落于具體之心靈，不復真能相應公孫龍離藏之思想而作的解也，其言曰：

> 手捶與精神不得其知，則其所知者彌復不知矣。所知而不知，神其何為哉？〔案：以上籠統作解，可。〕夫神者，生生之主，而心之精爽也。然而耳目殊能，百骸異通，千變萬物，神斯主焉。而但因耳目之所能，任百骸之自通，不能使耳見而目聞，足操而手步。又於一物之上，見白不得堅，知堅不得白。而況六合之廣，萬物之多乎？〔案：以上不相干，可刪去，由「神其何為哉」直接下「故曰」句，則為注當更簡練而相應。〕故曰：神乎神乎！其無知矣！神而不知，而知離也。推此以尋天下，則何物而非離乎？故物物斯離，不相雜也。各各趨變，不相須也。〔案：此句之意固甚美，然非可用以注龍之思理。用之以注莊之獨化，則可。此所謂具體心靈也，讀者至此，當知其只為行文之儷偶。〕不相須，故不假彼以成此。不相雜，故不持此以亂彼。是以聖人即物而冥，即事而靜。即事而靜，故天下安存。即物而冥，故物皆得性。物皆得性，則彼我同親。天下安存，則名實不「存」也。〔王校：陳本作「名實不浮」。〕

案：「存」字自誤，于義當作「亂」或「悖」。此最後之注語又極類道家之境界，然在公孫龍，則必須知此是由概念存有之抽離的思

路而至者，非是老莊之具體心靈也，讀者當知有所簡別，不可混同向郭注《莊》之玄義，蓋公孫龍由各概念自存，而言「獨而正」，乃是名理之談也。

二、問題疏導

以上爲原文疏解，近時解者，荒謬離奇，不成義理者，觸目皆是，不暇一一辨正，茲進而作問題之總疏導。

〈堅白論〉通篇分兩半，前半篇第二、三、四問答，是從官覺上辯離藏，此可說是認識論之論辯，但此種由主觀感覺來論辯，光說視不得堅而得白，拊不得白而得堅，尚不能證明客觀方面堅白不相盈，即離藏。難者于後半篇第七問答中，以手目「異任」來辯，並非不合理，官覺「異任」上之離藏，只是某官覺上見不見得的問題，並不能由此證明客觀方面堅白不相盈，如果五官同時並用，則聲色香味觸同時呈現，無一離藏，焉能以「異任」上之見不見、得不得，而即謂其不見不得者爲離藏耶？

設問：目不視、手不觸時，尚有白與堅否？此問題方是于離藏否爲相干之問題，光說視得白不得堅，拊得堅不得白，對于離藏否不是相干之辯論。公孫龍要在官覺認識上辯離藏，必須進一步能證明「眼不視時即無白之存在」方可，因爲視得白、拊得堅，並不函「不視即無白，不拊即無堅」，而視得白不得堅，亦不函即無堅（堅藏），拊得堅不得白亦不函即無白（白藏），此所謂「異任」也，但公孫龍並未注意此層。

如果「不視即無白」，則「白色」一感相即無客觀之存在，全依存于視覺中，如是，當目不視時，或當目不見、火不見、神不

見，而「見離」時，則白色一感相亦必隨之而離藏，而且此離藏之意即是「無有」之意（注意，在此，離藏是「無有」意，而在後半篇轉另一立場來辯，則離藏並不即是「無有」。）

然則公孫龍全部思想中函有此義否？此則不易決定。

㈠並無明文說此義。

㈡由視得白不得堅，拊得堅不得白，亦不能證明函有此義。

㈢如果此義與後半篇另一立場，即存有論之立場之辯論，有邏輯的因依關係，則雖未明說，亦必函此義；如果無邏輯之因依關係，則亦可不函有此義。如果此兩者間無邏輯之因依關係，而此一義是一事實問題，事實如此，不說亦不行，則公孫龍亦可主此義，但此種道理，很難簡單是一事實問題，大體有賴于一種解析，即如陸克（John Locke）之初性次性說，亦是依據當時之科學或科學方面之某一義，而主次性純是主觀的，亦非單純事實問題。

惟若從官覺認識方面辯，必須主此義方能極成堅白離藏義，如是，公孫龍不能逃以下三端：

㈠或者捨棄此認識論之論辯；

㈡或者如不捨棄，則必主此義；

㈢或者停止于此不極成之論辯。

當難者根據「異任」主堅白相盈時（此亦函堅白是客觀的存在），公孫龍並不能予以恰當對應之答辯，而卻轉爲另一立場以辯之，此立場即「概念自存」義，此可說是「存有論之論辯」，此即後半篇之所說。

在第五問答中，公孫龍提出「不定其所白」之白自己、「不定其所堅」之堅自己之說。（此觀念，〈白馬論〉篇已提到。）「不

定者兼」，兼即表示堅、白自己是普遍者，亦可以說是共相，可以到處應用，即可兼與任何有堅有白之物而為堅為白，亦可以不與任何物為堅為白而抽離地只自持其自己，此即共相自存義，或一般言之，概念自存義，即每一概念皆有一獨立自存之意義，皆是一獨立之自存體，亦即所謂潛存體。此義自甚精，此中含有一種凌空地對于「存有」之洞見，此是公孫龍思理之特別處，此是一種抽象思考之心態，當人類心靈能進至此境，把握此義時，自是人類智思之解放，在一特富具體心靈之民族中，惟公孫龍特顯此異彩。

不與任何物為堅為白，而抽離地只自持其自己，此即是堅白之離藏，此離藏義是如此：

㈠其自身是「存有」，概念的「存有」；

㈡不與任何物相與，即不表現為具體的堅、具體的白，不表現為一具體如石之性質。

此為存有論的離藏，惟此種離藏並不能答覆官覺「異任相盈」之論難。

㈠此種離藏不函堅白現象純是主觀的，故不能有助于「認識論之論辯」之極成，此只能說是另一種論辯。認識論的論辯不極成，因此處所說之離藏，只是見不見、得不得的問題，並未證明堅白現象純是主觀的，而此存有論之論辯亦無助于認識論之論辯。

㈡此存有論之離藏，只能說明概念自存或共相潛存，並不能說明于具體的石上，堅白二性質不相盈（離），其所說者是一切共相皆離（潛存），並不是于具體的石上堅白二性不相盈，故此存有論之論辯，亦不能答覆主「堅白石三」（堅白相盈）者之論難，如此，此存有論之論辯，亦不能極成「堅白石二」（堅白不相盈）之

主張。

概念自存是一義，官覺異任之見不見得不得又是一義，此兩者竟不能證明「堅白石二」之主張，堅白概念之自存，與官覺異任之見不見得不得毫無關係，因為概念自存之堅白，並不是眼所能見、手所能捫；而眼之所見與手之所捫者，亦不是那概念自存之堅白，而是具體的白與堅，具體的性質或官覺現象。概念自存不函官覺現象之不相盈，而見不見、得不得亦不函官覺現象之不相盈。

然則至少必須在以下之情形下，始能證明于具體的石上堅白不相盈，即：官覺現象純是主觀的，如白依存于視、堅依存于捫，但此義，公孫龍並未觸及。

至于第七問答中，最後說到「火與目不見而神見，神不見而見離」；手與捶不知而神知，神不知而知離。此由各概念之「自是其是」，以明「見」離與「知」離（「知」是觸知之知），由見離與知離以明堅白離。見離、知離之離藏義是泯滅義，即根本沒有見、沒有觸（此不函說見與觸根本不可能），並不是見觸之自存。假定說見離即見隱，則此隱亦是泯滅義、無有義，假定在此亦可說隱顯，亦是有無之隱顯，而不是一「自存之有」之隱顯。如果見與觸根本沒有，則假定官覺現象純是主觀的，即依存于見與觸，官覺現象自亦全部不能呈現（離藏、無有），此又超過「堅白不相盈」之義，不但「不相盈」，而且根本沒有堅白，故見觸無有之義，亦非足以證明「堅白石二」之主張者。

〈堅白論〉辯來辯去，說了好多離藏之義，而竟無一能證明「堅白石二」之主張者。

「堅白石二」之義，是說于一具體之石上，堅白兩官覺現象不

能同時相盈並著，而是一現一不現。堅白離等于堅白不相盈，是以堅白離，並不是說堅白全離，而是說一離一不離，此是公孫龍所欲證成之宗義，但其辯論，如上所說，卻無一能證明此宗義，〈通〉篇所說之離藏有三義：

㈠官覺異任之見不見、得不得：此處所說之離藏是不見義、不得義，不見、不得並不函「即無有」，亦不函兩官覺現象不相盈。

㈡概念自存義：此亦不函堅白兩象不相盈，官覺現象之堅白，吾人可說是「定所白」之白、「定所堅」之堅，由此吾人可直接推證一「不定所白」之白自己、「不定所堅」之堅自己；無官覺現象之堅白，當然不能因之即說無堅白之自己。反之，有堅白之自己，不必就有官覺現象之堅白，此即是堅白自己之自存、潛存，此亦是離藏，此是存有論之離藏，但此種離藏，並無助于堅白兩官覺現象不相盈一主張。

㈢因各概念之自是其是，見離觸離：此離藏是泯滅義、無有義，見離觸離只直接函堅白不主觀地呈現于吾，並不函客觀地堅白之無有，即並不函堅白純是主觀的。如進一步肯定堅白純是主觀的，則在見離觸離之下，官覺現象全部泯滅，此超過「堅白不相盈」之義。

如是，「堅白石二」之主張，只在以下三假定之下始能成立：

㈠須假定有見有觸，即官覺之知可能。

㈡須假定官覺現象純為主觀。

㈢須假定五官覺知不能同時有。

關于第一假定，亦容易成立，因為公孫龍在辯「見離」時，只表示單目不見、單火不見、單神不見，並不表示三者和合亦不見，

此即是說，並未表示「見」根本不可能，如龍樹《中論》之所說，亦未表示「見」是不可解之幻現，公孫龍尚未進至此，當然他亦可進至此，即使進至此，亦可有見有觸，只不過是「雖不可解而見相宛然」而已。

關于第二假定，亦是可能之一說，例如陸克即說次性（聲、色、嗅、味、觸等）純是主觀的，並非客觀之實有。唯依近代心理學及實在論之主張，雖在認識上是主觀的，然仍有一客觀的根據，即仍有種種條件制約而成之客觀背景，雖依存于「見」，而仍是一客觀之事實，並非一心理之幻像，但無論如何，在認識上是主觀的，似總可說。

關于第三假定，則不易成立，依此假定，五官覺知不但異任，而且必須異時。五官異任，固有時不同時，不同時則不相盈，但亦有時同時，同時則相盈矣。但必限制于不同時，而禁止其同時，乃無理由者，故此假定實不可能，但此假定實為「堅白石二」一主張所必不可少之條件，依此，「堅白不相盈」之說，恐終是詭辯而不可執持。

如果認識論的論辯中，「堅白不相盈」之說不能成立，則存有論的論辯中，「不定者兼」之堅白自身還能說否？即概念自存義之離藏還能說否？曰：可說。只要一成概念，總可自存，惟當官覺現象純為主觀時，則此時之概念只是一邏輯的抽象之概念，而不必是存有論的實有之概念。如是很易走上概念唯名論，而不必是實有，因為當視時，白呈現而有；當不視時，白即不呈現而無，白純依于主觀之視覺，並非一客觀而獨立之實有之白，則雖就其「呈現而有」，可抽撰成一個白自身之概念，但此概念並不代表存有論之實

有，而可只是一象徵性與一般性之符號或空名，此是公孫龍之原意否？揆之第七問答中最後一句「離也者，天下故獨而正」，其存有論之離藏義似是客觀主義與實在論，但此義之離藏並無助于「堅白石二」之主張。概念自存之概念，無論是唯名的，或是實有的，似皆與「堅白不相盈」之主張無關，其存有論之離藏甚有精義，而「堅白石二」之主張則只是詭辯，墨辯派能否定其中「堅白石二」之主張，但不必能否定其存有論之離藏義。

揆公孫龍當初朦朧間實是有一種存有論之洞見，他直覺到個個概念之自存，其初所見者似乎即是此種意義之離藏，及至落于具體物上而欲作具體的說明，則將其所洞見之概念自存之離藏，滑轉而為官覺認知上見不見得不得之離藏，以為可以主張「堅白不相盈」，而不知該兩種離藏義並不相同，亦未細審「堅白不相盈」一主張如何始能極成，未知此中之複雜。〈堅白論〉篇提出並函有許多觀念，而此等觀念間之邏輯關係，歸結如何，則未能深入辨明，是以吾人必須予以疏導，以復其義理滋長之生機，未可順其混擾滑轉，而強為之說，以增其怪也。

「白馬非馬」之辯、「堅白石二」之辯，其價值不在此兩主斷本身，乃在由之可以引發出許多邏輯真理，以及認識論與存有論之問題。

荀學大略

前　序

　　荀子之學，歷來無善解，宋明儒者，因其不識性，不予尊重，故其基本靈魂遂隱伏而不彰。民國以來，講荀子者，惟對其〈正名篇〉尚感興趣，至于其學術之大略與精神之大端，則根本不能及。近人根本不喜言禮義，故亦不識其所言之「禮義之統」之意義，亦不能知其言「禮義之統」所依據之基本精神與心思之形態，故于荀子正面所說之一切，近人皆不能感興趣，而無法接得上，蓋以其無沖旨、太典實，而又分量過重也，然于其基本精神及心思形態不能識，則于其言正名亦必不能徹底了解也。荀子實具有邏輯之心靈，然彼畢竟非正面面對邏輯，而以邏輯為主題也，此乃從其正面學術拖帶而出者，故欲了解荀子邏輯之心靈，亦必須先通其學術之大體。吾今先言荀學之大略，而以〈正名篇〉之疏解附之，庶可為治荀子者提供一門徑，且欲表明荀子之思路，實與西方重智系統相接近，而非中國正宗之重仁系統也，故宋、明儒者視之為別支，而不

甚予以尊重也。然在今日而言中國文化之開展,則荀子之思路正不可不予以疏導而融攝之,此亦即疏通中西文化之命脈,而期有一大融攝中之一例也。

中華民國四十二年十月十日國慶日 牟宗三 序于台北

第一節　荀子之隆禮義而殺詩書：荀書摘要

1. 學惡乎始，惡乎終？曰：其數則始乎誦經，〔楊倞注：經謂詩書。〕終乎讀禮。其義則始乎為士，終乎為聖人。真積力久則入，學至乎沒而後止也。故學，數有終，若其義則不可須臾舍也。為之，人也；舍之，禽獸也。故《書》者，政事之紀也；《詩》者，中聲之所止也；《禮》者，法之大分，類之綱紀也，故學至乎《禮》而止矣。夫是之謂道德之極。《禮》之敬文也，《樂》之中和也，《詩》、《書》之博也，《春秋》之微也，在天地之間者畢矣。（〈勸學篇〉）

案：「《詩》、《書》之博」，故于〈非十二子篇〉非孟子云：「聞見雜博」。又云：「不知其統」。博而有統，須至乎禮。「禮者，法之大分，類之綱紀也。」《論語》亦曰：「博文約禮」。故荀子「隆禮義而殺詩書」也（此句為〈儒效篇〉文）。

2. 將原先王，本仁義，則禮正其經緯、蹊徑也。若挈裘領，詘五指而頓之，順者不可勝數也。不道禮憲，以《詩》、《書》為之，譬之猶以指測河也，以戈舂黍也，以錐餐壺也，不可以得之矣。故隆禮，雖未明，法士也；不隆禮，雖察辯，散儒也。（同上）

案:「不道禮憲,以詩書爲之」云云,即「隆禮義而殺詩書」之
義,自人生言,詩書可以興發,而不足語于堅成;自史事言,「詩
書故而不切」,(亦〈勸學篇〉文),必待乎禮之條貫以通之,故
〈勸學篇〉又云:「上不能好其人,下不能隆禮,安特將學雜志順
詩書而已耳,則末世窮年不免爲陋儒而已。」

3.倫類不通,仁義不一,不足謂善學。學也者,固學一之
也。一出焉,一入焉,涂巷之人也;其善者少,不善者
多,桀紂盜跖也。全之盡之,然後學者也。君子知夫不全
不粹之不足以爲美也,故誦數以貫之,思索以通之,爲其
人以處之。(同上)

案:誦數以貫之,全也;思索以通之,粹也;全而粹,則倫類通
,仁義一矣。

4.禮者,治辨之極也,強固之本也,威行之道也,功名之總
也。(〈議兵篇〉)

案:「治辨之極」即類同別異之極則。辨不作思辨解。

5.君子養心莫善於誠,致誠則無他事矣。唯仁之爲守,唯
義之爲行。誠心守仁則形,形則神,神則能化矣。誠心
行義則理,理則明,明則能變矣。變化代興,謂之天
德。天不言而人推高焉,地不言而人推厚焉,四時不言

而百姓期焉，夫此有常，以至其誠者也。君子至德，嘿然而喻，未施而親，不怒而威。夫此順命，以慎其獨者也。善之爲道者，不誠則不獨，不獨則不形，不形，則雖作於心，見於色，出於言，民猶若未從也，雖從必疑。天地爲大矣，不誠則不能化萬物；聖人爲知矣，不誠則不能化萬民；父子爲親矣，不誠則疏；君上爲尊矣，不誠則卑。夫誠者，君子之所守也，而政事之本也。惟所居以其類至。（〈不苟篇〉）

案：此段言誠，頗類《中庸》、《孟子》。此爲荀子書中最特別之一段。「誠心守仁則形，形則神，神則化。誠心行義則理，理則明，明則變。變化代興，謂之天德。」此與《中庸》「誠則形，形則著，著則明，明則動，動則變，變則化，唯天下至誠爲能化。」義同。「變化代興，謂之天德」，又特出，蓋荀子少言「天德」，亦從未有如此言「天德」者。〈天論篇〉言天職、天功、天情、天官、天養、天政、天君，皆自然而有，並無形上意味，或道德價值意味，故無可云善，乃純爲被治之負面，如性惡之性亦爲被治之負面，荀子言天與性俱爲被治，天生人成，即由此而立，詳解見後。而此言「天德」，則迥不侔也。「天不言而人推高焉，地不言而人推厚焉，四時不言而百姓期焉。夫此有常，以至其誠者也。」「天地爲大矣，不誠則不能化萬物。」天地以至誠而生化不息，是則生化非徒自然之變化，而實有眞實無妄者爲之本，然後始可云生化，《中庸》曰：「故至誠無息，不息則久，久則徵，徵則悠遠，悠遠則博厚，博厚則高明。博厚所以載物也，高明所以覆物也，悠久所

以成物也。博厚配地，高明配天，悠久無疆。」荀子之言，與此同也，是則天為正面的天，與「天生人成」中被治之負面的天迥乎不同（詳解見下節），荀子若由此而悟出本原，則其「禮義之統」不徒為外在，而亦有大本之安頓矣。（「禮義之統」為〈不苟篇〉文，見下第6條引。）荀子言：「君子至德，嘿然而喻，未施而親，不怒而威。夫此順命，以慎其獨者也。〔……〕不誠則不獨，不獨則不形。」此言善矣，若由此能如孟子所說：「反身而誠，樂莫大焉。」則本原之天德即呈露于本心，何至斥孟子之性善哉？至誠中見天德，即見仁見義也，「唯仁之為守，唯義之為行。」仁與義非外在者，而備吾人之守之行之也，乃真誠惻怛之至誠中即仁義之全德具焉，孟子即由此而言仁義內在，因而言性善。荀子于此不能深切把握也，故大本不立矣，大本不立，遂轉而言師法，言積習（見下12條），其所隆之禮義繫于師法，成于積習，而非性分中之所具，故性與天全成被治之形下的自然的天與性，而禮義亦成空頭的無安頓的外在物，此荀子正面之主張也。荀子只知君師能造禮義，庶人能習禮義，而不知能造能習禮義之心，即是禮義之所從出也。荀子之心思一往而不反，故其誠樸篤實之心，只表現而為理智的廣被，而于問題之重要關節處轉不過。誠樸篤實之人常用智而重理，喜秩序，愛穩定，厚重少文，剛強而義；而悱惻之感，超脫之悟，則不足，其隆禮義而殺詩書，有以也夫，而孟子正相反，孟子善詩書，詩言情，書紀事，皆具體者也。就詩書之為詩書自身言，自不如禮義之整齊而有統，崇高莊嚴而為道之極，然詩可以興，書可以鑑。止于詩書之具體而不能有所悟，則凡人也，不足以入聖學之堂奧；然志力專精，耳目爽朗之人，則正由詩書之具體者而起悱

惻之感、超脫之悟，因而直至達道之本、大化之原，孟子由四端之心，而悟良知良能，而主仁義內在，正由具體的惻隱之情，而深悟天心天理之爲宇宙人生之大本也，故孟子敦詩書而立性善，正是向深處悟，向高處提；荀子隆禮義而殺詩書，正是向廣處轉，向外面推；一在內聖，一在外王。然而荀子不解孟子，亦正其無可奈何處，以其高明不足故也。

荀子誠樸篤實之心，表現而爲明辨之理智，故重禮義，亦深識于禮義，故云：「禮者，法之大分，類之綱紀也。」法之大分言其義，類之綱紀言其統，皆言乎條理也。（陸象山云：「典憲二字甚大，唯知道者能明之，後世乃指其所撰苛法，名之曰典憲，此正所謂無忌憚。」）惟理可以統可以貫，故云：「類不悖，雖久同理。」（〈非相篇〉，見下第8條引），又云：「有法者以法行，無法者以類舉。」（〈王制篇〉，見下第12條引），每一類有其成類之理，理即成類之根據，握其理，則可以通，「法敎之所不及，聞見之所未至」（〈儒效篇〉文，見下第11條引），皆可以類通，以類通，即以同類之理通也，故總方略，齊言行，知統類，一制度，皆荀子所雅言。而「倫類不通，仁義不一，不足謂善學。」其所重視者爲禮義之統，即全盡之道，而根本處，則在其深能把握住理性主義之精髓也，此精髓即在其是邏輯的、建構的，故荀子一方重禮義之統，一方能作〈正名〉也。理智之心之基本表現即爲邏輯，此是純智的，邏輯之初步表現即在把握共理，由之以類族辨物，故荀子喜言統類也。由此基本精神轉之于歷史文化，則首重百王累積之法度，由此而言禮義之統，其斥孟子爲「略法先王而不知其統」（〈非十二子篇〉，見下第10條引）；斥俗儒爲「略法先王

而足亂世，術繆學雜，不知法後王而一制度，不知隆禮義而殺詩書。」（〈儒效篇〉，見下第11條引），皆基此精神而言也，由百王累積之法度，統而一之，連而貫之，成為禮義之統，然後方可以言治道，此其建構精神為如何？其莊嚴穩定足為外王之極致，于中國文化史上，蓋亦無與倫匹也。外王之極致，非徒不遺外而已，亦非徒兼善天下之致用、力濟蒼生而不捨而已也，蓋兼善有兼善之道，力濟有力濟之法，此道此法非只聖君賢相德慧之妙用，亦非只大聖賢惻怛之悲懷，乃必須是組織社會人群之禮義法度，此即百王累積之「禮義之統」也，荀子曰：「不道禮憲，以詩書為之，猶以指測河也。〔……〕不可以得之也。」禮憲是構造社會人群之法式，將散漫而無分義之人群穩固而貞定之，使之結成一客觀之存在，故禮憲者實是仁義之客觀化，荀子特重此構成客體之禮憲，故曰外王之極致，亦比較有客觀精神也，其重現實之組織，重禮義之統，重分重義，皆客觀精神之表現也。

客觀精神與主觀精神（亦可曰主體精神），及天地精神（即絕對精神）皆不同，客觀精神之表現，在政治之組織、國家之建立、歷史文化之肯定，客觀者，即內在之仁義（道德理性）之客觀化于歷史文化國家政治，而為集團之形成，且由此集團以實現之也，假定能知集團亦實現價值，肯定集團之存在，即為客觀精神。天地精神可謂公矣，然無涯岸，無界限，故為絕對，程明道〈定性書〉云：「天地之常，以其心普萬物而無心；聖人之常，以其情順萬物而無情。故君子之學，莫若廓然而大公，物來而順應。」此即天地精神也。孔子絕對精神與客觀精神兼備，然而絕對精神所罕言，性與天道不可得而聞，即可知矣。「子罕言利與命與仁」，利不必

言，仁只是「作」之事，雖不空說仁，而全部《論語》實即指點仁。惟其罕言命，實與「天道不可得而聞」同，不由言說，而只由默契以示，孔子最爲全德備道，「學而不厭，誨人不倦」、「發憤忘食，樂以忘憂，不知老之將至。」則是肫肫其仁也，此爲立教之絕對定盤星。肫肫其仁，精進不已，必常透露超越意識與宇宙之悲感，至此，其個人生命（即主體精神）即渾同于天，而與天接，「維天之命，於穆不已；文王之德之純，純亦不已。」孔子之肫肫其仁，亦如是也。人與天接，則人契其天，而天亦轉而大其人。（人能弘道，道亦弘人；人不弘道，道自亦不弘人。）人契其天，則人之上有天，自此而言命；天大其人，則「仰之彌高，鑽之彌堅，〔……〕雖欲從之，末由也已。」此顏回之所以贊孔子也，依此而曰聖曰大曰神，故肫肫其仁者，必淵淵其淵，浩浩其天也。性命罕言，天道不可得而聞，則亦因人上有天，而惟致其敬畏之心，肫肫其仁以默契之亦可矣，此而可以喋喋多言乎？豈不流于猜卜擬議，而以小智玩弄大道耶？玩物喪志，玩人喪德，而況玩天道乎？故罕言也，弟子亦不可得而聞也。雖不言，而終有示之知之之道；雖不可得而聞，而終有契之聞之之道，此其爲道何耶？亦惟有肫肫其仁，下學上達，純亦不已已耳，此則自知天知之惟一切實有據處，及至自知天知，則可以契矣聞矣。皆自契自聞也，故平生立教，亦不泛泛以性與天道示人，而唯以仁示人也（其實仁即是性，即是天道），仁教是定盤星。天道天命，則常由其「道之不行」之慨嘆處而透露，而其「道之不行」之道，則是歷史文化的，即「斯文在茲」之文也，孔子惟有此擔負，始能上契于天，天亦轉而大之也，而歷史文化一面，即顯示其客觀精神之堅實與豐富，「文不在

茲乎」之嘆、「知我者其天乎」之嘆、「天生德於予」之嘆、「吾已矣夫」之嘆、「道之將行也與命也」之嘆、「吾衰矣」之嘆，以及「欲居九夷」、「乘桴浮海」之無可奈何，皆是本著肫肫其仁之個人精神，以表現其擔負歷史文化之客觀精神，而透露著默契天命天道之絕對精神，此其所以為全德備道之大聖也。（釋迦、耶穌皆只表現絕對精神。）至乎孟子，特順孔子之仁教轉進悟入而發揮性善，將本原點醒而為斯道立一確定不拔之基，由「仁者人也」一路直透絕對精神，故能萬物皆備于我，上下與天地同流也。然而荀子又譏其不知統類，是即其客觀精神表現稍差也（並非無有），荀子特順孔子外王之禮憲而發展，客觀精神彰著矣，而本原又不足，本原不足，則客觀精神即提不住而無根，禮義之統不能拉進來植根于性善，則流于「義外」，而「義外」非客觀精神也。（荀子有客觀精神，而其學不足以極成之。）及其被誤引于法家，則任何精神亦不能說矣。後來理學家，大抵順顏孟之路而發展，而又與佛老之宗趣相頡頏，故益特顯其天地精神之境界，而客觀精神則總隱伏而不彰顯；客觀精神不彰顯，則仁教擴不出，而其所欣趣之天地精神，亦不過一付清涼散，故理學家大都帶山林氣也。（程、朱、陸、王自不如此，然一和尚謂明道、濂溪為儒家兩個好秀才，則和尚之贊其為高者，正吾之惜其為不足也。）所幸者彼諸大儒類皆能把握儒家之肯要處不令喪失，以與異端相對抗，其心亦苦矣。此肯要處即孔子立教之絕對定盤星，即「仁者人也」一路，彼諸大師皆知儒者之學未有離開人倫而空說道理者，然只知本體不離人倫，由人倫以指點本體，徒人倫之肯定，並不足以為客觀精神之表現，學術文化上不能發明客觀精神之肯要價值，則社會上亦不能表現客觀精神，

而吾民族亦逐趨于萎靡散漫之境地，是以中國文化在以往之表現，彰著于人心者，有絕對精神，有個人精神（主體精神），而客觀精神則較差，故荀子之學，不可不予以疏導而貫之于孔、孟。（此處就荀子所言客觀精神只是客觀精神之本身，至于如何轉至近代意義的客觀精神，則須別講。）

6.君子位尊而志恭，心小而道大。所聽視者近，而所聞見者遠，是何耶？則操術然也。故千人萬人之情，一人之情是也。天地始者，今日是也。百王之道，後王是也。君子審後王之道，而論於百王之前，若端拱而議。推禮義之統，分是非之分，總天下之要，治海內之眾，若使一人，故操彌約而事彌大。五寸之矩，盡天下之方也。故君子不下室堂，而海內之情舉積此者，則操術然也。（〈不苟篇〉）

7.人之所以為人者何以也？曰：以其有辨也。〔……〕故人之所以為人者，非特以其二足而無毛也，以其有辨也。夫禽獸有父子而無父子之親，有牝牡而無男女之別。故人道莫不有辨。辨莫大於分，分莫大於禮，禮莫大於聖王。聖王有百，吾孰法焉？故曰：文久而息，節族久而絕，守法數之有司，極禮而褫。故曰：欲觀聖王之跡，則於其粲然者矣，後王是也。（〈非相篇〉）

案：此處「以其有辨」之辨，同于前「治辨之極」之辨，皆指別異定分言，不作思辨解。

8.聖人何以不〔可〕欺？曰：聖人者，以己度者也。故以人度人，以情度情，以類度類，以說度功，以道觀盡，古今一〔度〕也。類不悖，雖久同理，故鄉乎邪曲而不迷，觀乎雜物而不惑，以此度之。（同上）

9.不知壹天下、建國家之權稱，上功用，大儉約，而優差等。曾不足以容辨異，縣君臣。然而其持之有故，其言之成理，足以欺惑愚眾，是墨翟、宋鈃也。（〈非十二子篇〉）

案：此條是藉批評墨翟、宋鈃，以顯價值層級之觀念，「上功用，大儉約」，是陷于極端實用主義，而成為反人文的；「優差等」是否定客觀的分位之等，即否定價值之層級，客觀的分位之等，其根源當在人格之價值，客觀化于組織之中即成為分位之等，此即義道也。人格價值之層級、客觀的分位之等之價值層級，是儒家基要觀念，孟、荀于此緊要處皆不放鬆，故孟子關「楊子為我，是無君也；墨子兼愛，是無父也。無父無君，是禽獸也。」即保存人文世界中之價值觀念。今荀子批評墨翟、宋鈃亦同此基本精神。

10.略法先王而不知其統，猶然而材劇志大，聞見雜博。案往舊造說，謂之五行。甚僻違而無類，幽隱而無說，閉約而無解。案飾其辭而祗敬之曰：此真先君子之言也。子思唱之，孟軻和之。世俗之溝〔猶〕瞀儒，嚾嚾然不知其所非也。遂受而傳之，以為仲尼、子游〔當為子弓〕為茲厚

〔重也〕於後世。是則子思、孟軻之罪也。若夫總方略，齊言行，壹統類，而羣天下之英傑，而告之以大古，教之以至順，奧窔之間，簟席之上，歛〔當爲歙〕然聖王之文章具焉，佛〔勃〕然平世之俗起焉。六說者不能入也，十二子者不能親也。無置錐之地，而王公不能與之爭名；在一大夫之位，則一君不能獨畜，一國不能獨容。成名況乎諸侯，莫不願以爲臣。是聖人之不得勢者也，仲尼、子弓是也。一天下，財萬物，長養人民，兼利天下，通達之屬，莫不從服。六說者立息，十二子者遷化，則聖人之得勢者，舜禹是也。今夫仁人也，將何務哉？上則法舜、禹之制，下則法仲尼、子弓之義，以務息十二子之說，如是則天下之害除，仁人之事畢，聖王之跡著矣。（同上）

案：法先王非必定非，故荀子非惠施、鄧析云：「不法先王，不是禮義，而好治怪說，玩琦辭。」云云，即以不法先王爲非也，雖以不法先王爲非，然亦不可空道上古，故〈儒效篇〉末云：「言道德之求，不二後王。道過三代謂之蕩，法二後王謂之不雅。」然則荀子法後王之義，亦可知矣。孟子略法先王而不知其統，是其非不在法先王，而在無統也，亦在其過三代而爲蕩，二後王而不雅也。（二爲動字。）統實不易，荀子特重之，〈非相篇〉云：「欲觀聖王之跡，則於其粲然者矣，後王是也。」此亦孔子「從周」之義，由此爲本，則上溯往古，下開來世，莫不同條而共貫，亦孔子損益三代百世可知之義也，而歷史發展之迹，禮憲興廢之由，俱可得其脈絡矣，故曰：「天地始者，今日是也。百王之道，後王是也。君

子審後王之道，而論於百王之前，若端拱而議。」此即〈王制篇〉
所謂「有法者以法行，無法者以類舉」之義也，所謂「知其統」
也。以「知統類」爲準，則法先王、法後王並無一定而不可移者，
荀子雖言「道過三代謂之蕩」，然亦說「上則法舜禹之制」，可見
其並無一定不可移者，亦可知其所謂先王、後王之先後時距亦不甚
遠也，要者在知統，惟知統之根據，則在粲然明備之後王，此就禮
憲發展之跡而言也。孔子稱堯舜則是理想主義者之言，所謂「立
象」也，然孔子言夏禮、殷禮，則復注意及文獻足徵不足徵，此又
切實而慎矣，荀子法後王即是此切實而慎之法。然孔子稱堯舜立象
之義，則荀子不復知矣，荀子在此一往是實在論之態度。

11.修百王之法，若辨白黑。應當時之變，若數一二。行禮要
　　節而安之，若運四枝。要時立功之巧，若詔四時。平正和
　　民之善，億萬之眾而博〔搏，搏〕若一人。如是，則可謂
　　聖人矣。（〈儒效篇〉
　　逢衣淺帶，解果其冠。略法先王而足亂世，術繆學雜，不
　　知法後王而一制度，不知隆禮義而殺詩書。其衣冠行爲已
　　同於世俗矣，然而不知惡者。其言議談說，已無以異於墨
　　子矣，然而明不能別。呼先王以欺愚者，而求衣食焉。得
　　委積足以揜其口，則揚揚如也。隨其長子，事其便辟，舉
　　〔與〕其上客，億然〔即億然，安然也〕若終身之虜，而
　　不敢有他志：是俗儒者也。法後王，一制度，隆禮義而殺
　　詩書。其言行已有大法矣，然而明不能齊法教之所不及，
　　聞見之所未至，則知不能類也。知之曰知之，不知曰不

知，內不自以誣，外不自以欺。〔自用也〕以是尊賢畏
法，而不敢怠傲：是雅儒者也。法先王〔當為後王〕，統
禮義，一制度，以淺持博，以古持今，以一持萬。茍仁義
之類也，雖在鳥獸之中，若別白黑。倚物怪變，所未嘗聞
也，所未嘗見也，卒然起一方，則舉統類而應之，無所儗
〔疑〕怎〔作〕，張法而度之，則晻然若合符節：是大儒
者也。（同上）

案：「知統類」當有兩層：一是荀子所說之「法後王，統禮義，一
制度。」此就禮憲發展之跡，本其粲然明備者以條貫之，以運用于
當時，荀子以此定雅儒、大儒與聖人。另一則是明時代精神（時風
學風）之發展，人心風尚之隆替，通古今之變，以觀人心之危。孔
子由損益三代，而至仁義之點醒，以文為己任，體天道以立人道，
則已進于此層矣。孟子則唯是居于此層而立言，故道性善，言必稱
堯、舜，闢楊、墨以承三聖，（禹治洪水，周公驅夷狄，孔子作
《春秋》。）此即通古今之變，以觀人心之危也，此則在境界上高
于前一層。前層之知統類猶是外在的，而此層則必歸于仁義之心之
點醒，通內外而一之；前層猶落在實際之禮憲而切于實，而此層則
已進于通脈絡之虛矣，故荀子所定之雅儒、大儒與聖人，實即是一
堅實之政治家，而孔孟則已進于聖賢境界矣。順荀子之知統類，以
其是外在的，故必重師法，隆積習；而孔孟垂教，則必點醒仁義之
心，道性善，以立人極矣。

12.故人無師無法而知，則必為盜；勇，則必為賊；云能，則

必為亂；察，則必為怪；辯，則必為誕。人有師有法而
知，則速通；勇，則速威；云能，則速成；察，則速盡；
辯，則速論。故有師法者，人之大寶也；無師法者，人之
大殃也。人無師法，則隆性矣。有師法，則隆積矣。而師
法者，所得乎情〔當為積〕，非所受乎性。〔性〕不足以
獨立而治。性也者，吾所不能為也，然而可化也。情〔亦
當為積〕也者，非吾所有也，然而可為也。注錯習俗，所
以化性也。並一而不二，所以成積也。習俗移志，安久移
質，並一而不二，則通於神明，參於天地矣。故積土而為
山，積水而為海。旦暮積謂之歲，至高謂之天，至下謂之
地，宇中六指謂之極涂之人百姓，積善而全盡，謂之聖
人。彼求之而後得，為之而後成，積之而後高，盡之而後
聖。故聖人也者，人之所積也。（同上）

其有法者以法行，無法者以類舉，聽之盡也。偏黨而無
經，聽之僻也。故有良法而亂者，有之矣；有君子而亂
者，自古及今，未嘗聞也。（〈王制篇〉）

以類行雜，以一行萬。始則終，終則始，若環之無端也。
舍是而天下以衰矣。天地者，生之始也；禮義者，治之始
也；君子者，禮義之始也。為之，貫之，積重之，致好之
者，君子之始也。〔王引之謂「之始」二字衍。似不
必。〕故天地生君子，君子理天地。君子者，天地之參
也，萬物之總也，民之父母也。無君子，則天地不理，禮
義無統，上無君師，下無父子，夫是之謂至亂。君臣、父
子、兄弟、夫婦，始則終，終則始，與天地同理，與萬世

同久，夫是之謂大本。（同上）

13.水火有氣而無生，草木有生而無知，禽獸有知而無義。人
有氣、有生、有知，亦且有義，故最為天下貴也。力不若
牛，走不若馬，而牛馬為用，何也？曰：人能群，彼不能
群也。人何以能群？曰：分。分何以能行？曰：義。故義
以分則和。和則一，一則多力，多力則強，強則勝物。
（同上）

案：人之所以為人，以義與分顯，「以其有辨」之辨，亦以分與義
解，辨即「治辨之極」之辨。荀子說「人」，自始即為位于「分位
等級」中之客觀存在體，亦即位于客觀理性中之存在體，從未孤離
其所牽連之群，與夫其所依以立之禮（理），而空頭自其個之為個
之自足無待處言人也，大抵只表現藝術精神或天地精神者常不識此
義。忽略「仁者人也」一路，一切精神皆無本，蓋此路為道德人
格，乃至個人人格價值之根據。忽略客觀精神，一切精神皆無光
彩，皆不能豐沛而有力；而忽略絕對精神（天地精神），則一切精
神亦不能有歸宿，是以儒道之全之盡，必為「君子之道本諸身，徵
諸庶民，質諸鬼神而無疑，建諸天地而不悖，百世俟聖人而不
惑。」（《中庸》）。亦即自「仁者人也」一路起，自歷史文化、
民族國家之客觀精神處落，而在天地精神前完成。（案：「仁者人
也」一路，此為孔、孟所彰著，荀子于此不甚能識，此其所以于本
源處差也，故成為外在的。又彼于客觀精神處甚注意，但其表現客
觀精神之禮義之統，以于本源不透，故成為外在的、平面的，此亦

不夠。而其所表說之禮義之統以成組織，又只爲自上而下之道德形式，尚未進至近代化之國家形式，此本爲中國文化在以往發展中，于此方面所表現之共同形式，不獨荀子一人爲然，此亦須予以疏導，詳論見下。至于天地精神，則因荀子本源不透，故亦不及也。）

> 14.先王之道，仁之隆也，比中而行之。曷爲中？曰：禮義是也。道者，非天之道，非地之道，人之所以道也，君子之所道也。（〈儒效篇〉）
>
> 道者何也？曰：君之所道也。君者何也？曰：能群也。能群也者何也？曰：善生養人者也，善班治人者也，善顯設人者也，善藩飾人者也。〔……〕四統者俱，而天下歸之，夫是之謂能群。（〈君道篇〉）

案：荀子之道即人之所以道、君子之所道，亦即君道，君道即能群之道，即治道，故此道即「人文化成」之「禮義之統」也。以此治人、治性、治天，而廣被人群，以成人能也，此即「天生人成」義，詳解見下節。

> 15.不聞不若聞之，聞之不若見之，見之不若知之，知之不若行之。學至於行之而止矣。行之，明也，明之，爲聖人。聖人也者，本仁義，當是非，齊言行，不失毫釐。無他道焉，已乎行之矣。（〈儒效篇〉）

案：提出篤行原則，荀子正面主張始備，篤行者是君子，君子所依
之道是禮義法度。「行之明也」一語甚精，楊倞注云：「行之，則
通明於事也。」通明于事，其誰能之？曰：君子、大儒、聖人是
也，此可通名爲能篤行之人，故篤行之人，其生命必強毅而剛健，
又能依乎禮義法度而以法行，以類舉。此篤行之大君子既爲師，又
爲法，故曰師法。荀子隆師法，人或偶以崇拜權威言之，實則彼乃
重視客觀之眞實生命者；眞實生命者，人類之精英，價值之所在，
湧發理想之源泉也，焉得不尊崇之？故荀子盛贊大儒、雅儒也。

16. 世俗之爲説者曰：湯、武不能禁令，是何也？曰：楚、越
　　不受制。是不然。湯、武者，至天下之善禁令者也。湯居
　　亳、武王居鄗，皆百里之地也，天下爲一，諸侯爲臣，通
　　達之屬，莫不振動從服，以化順之，曷爲楚、越獨不受制
　　也？彼王者之制也，視形勢而制械用。〔楊倞注：即《禮
　　記》所謂廣谷大川異制，民生其間者異俗，器械異制，衣
　　服異宜也。〕稱遠邇而等貢獻，豈必齊哉？故魯人以榶，
　　衛人用柯，齊人用一革。土地刑制不同者，械用備飾不可
　　不異也。故諸夏之國，同服同儀，蠻夷戎狄之國，同服不
　　同制。封內甸服，封外侯服，侯衛賓服，蠻夷要服，戎狄
　　荒服。甸服者祭，侯服者祀，賓服者享，要服者貢，荒服
　　者終王。〔楊倞注：終謂世終朝嗣王也。〕日祭，月
　　祀，時享，歲貢，〔終王〕。〔楊倞注：當有「終王」二
　　字，誤脫耳。〕夫是之謂視形勢而制械用，稱遠近而等貢
　　獻。是王者之至也。〔王念孫曰：至當爲制。〕彼楚、越

者，且時享歲貢終王之屬也，必齊之日祭月祀之屬，然後
曰受制耶？是規磨之說也，溝中之瘠也，則未足與及王者
之制也。（〈正論篇〉）

案：此段言湯、武乃天下之善禁令者，何謂善禁令？即大儒、聖王
之「以類行雜，以一行萬」、「有法者以法行，無法者以類舉」之
知統類、一制度者也。知統類，故其明「能齊法教之所不及，聞見
之所未至。」此亦即一制度也。湯武是大儒之得其勢者也，故曰聖
王，其善禁令而能盡制，即〈儒效篇〉所說之大儒，「聖也者盡倫
者也，王也者盡制者也」（〈解蔽篇〉），湯、武善禁令，即能盡
制之王者，能盡制之聖王、大儒，即是依禮義之統而篤行者也。吾
以此段殿于此，以爲荀子所說「知統類，一制度」之大儒作一例
解。

第二節　荀子之基本原則：天生人成

17.天行有常，不爲堯存，不爲桀亡。應之以治則吉，應之以
亂則凶。強本而節用，則天不能貧；養備而動時，則天不
能病；修道不貳，則天不能禍。故水旱不能使之飢渴，寒
暑不能使之疾，祅怪不能使之凶。本荒而用侈，則天不能
使之富；養略而動罕，則天不能使之全；倍道而妄行，則
天不能使之吉。故水旱未至而飢，寒暑未薄而疾，祅怪未
至而凶。受時與治世同，而殃禍與治世異，不可以怨天，
其道然也。故明於天人之分，則可謂至人矣。不爲而成，

不求而得，夫是之謂天職。如是者，雖深，其人不加慮
焉；雖大，不加能焉；雖精，不加察焉。夫是之謂不與天
爭職。天有其時，地有其財，人有其治，夫是之謂能參。
舍其所以參，而願其所參，則惑矣。（〈天論篇〉）

案：有天道，有人道，荀子只言人道以治天，而天卻無所謂道，即
有道，亦只自然之道也。人以禮義法度而行其治，則能參。參者治
己而遂以治天也。荀子之天非宗教的，非形而上的，亦非藝術的，
乃自然的，亦即科學中「是其所是」之天也。不加慮、不加能、不
加察之「不與天爭職」是一義，于治之之中而知之又是一義。後者
有類乎杜威義之科學，前者則去無謂之希求怨慕、驚惶恐怖。孔、
孟言與天合德，其天乃形上的天、德化的天，荀子不至此義，即無
可說與天合德。參義，則孔、孟、荀皆可言，孔、孟之天是正面
的，荀子之天是負面的，因是負面的，故在被治之列（荀子之參只
是治，此與參贊不同），亦如性之被治然，性惡之性亦是負面的。
天生人成，自天生方面言，皆是被治的，皆是負面的，此無可云善
也；自人成方面言，皆是能治的、正面的，此方可說是善，而其所
以善，則在禮義法度。自孔、孟言，禮義法度皆由天出，即皆自性
分中出，而氣質人欲非所謂天也；自荀子言，禮義法度皆由人為，
返而治諸天，氣質人欲皆天也，彼所見于天者惟是此，故禮義法度
無處安頓，只好歸之于人為，此其所以不見本源也。荀子惟是從對
治上著眼，一面剌出去為被治，一面造出來為能治，人造能治者，
正所以治被治，則能治者之功用全在相對而見，相對而見，則能治
之禮義法度亦唯是工具之價值，而無內在之價值，此則終不免於功

利之竇臼。雖其功利出之于禮義，而禮義究不可以功利論，是則終
不及孟子之照體獨立內在于性分而見之者之為高也。惟荀子誠樸篤
實人也，知統類，一制度，隆禮義而殺詩書，充實飽滿，莊嚴隆
重，盡人生宇宙，皆攝而統治于一大理性系統中，此其分量之重，
廣被之遠，非彼荀子誠樸篤實者不能言，非彼天資特高者不能行。
而若惟是從對治之功利處著眼，則落于現實，凡巧便于功利者無不
可為，不必禮義也，是刻薄者終將由荀學轉而為法家，李斯、韓非
是也，此豈荀子之所及料哉？荀子曰：「凡論者貴其有辨合、有符
驗。故坐而言之，起而可設，張而可施行。今孟子曰：『人之性
善』，無辨合符驗。坐而言之，起而不可設，張而不可施行。豈不
過甚矣哉。故性善，則去聖王，息禮義矣。性惡，則與聖王，貴禮
義矣。」（〈性惡篇〉），依荀子言之，孟子無符驗，為迂闊。殊
不知由荀子之說，專求辨合符驗，則自李斯、韓非觀之，荀子亦迂
闊無符驗也，故自對治著眼，不如自理上直揭也，荀子之廣度必轉
而繫屬于孔孟之深度，斯可矣，否則弊亦不可言。

18.列星隨旋，日月遞炤，四時代御，陰陽大化，風雨博施，
萬物各得其和以生，各得其養以成。不見其事，而見其
功，夫是之謂神。皆知其所以成，莫知其無形，夫是之謂
天功，〔功字原文脫，今據補。〕唯聖人為不求知天。天
職既立，〔天職見上段〕，天功既成，形具而神生，好惡
喜怒哀樂藏焉，夫是之謂天情。耳目鼻口形能〔王念孫
云：能讀為態〕各有接，而不相能也，夫是之謂天官。心
居中虛，以治五官，夫是之謂天君。財非其類，以養其

類，夫是之謂天養。順其類者謂之福，逆其類者謂之禍，夫是之謂天政。暗其天君，亂其天官，棄其天養，逆其天政，背其天情，以喪天功，夫是之謂大凶。聖人清其天君，正其天官，備其天養，順其天政，養其天情，以全其天功，如是，則知其所爲，知其所不爲矣；則天地官而萬物役矣。其行曲治，其養曲適，其生不傷，夫是之謂知天。（〈天論篇〉）

案：天職、天功、天情、天官、天養、天政，是天生而自然者也。自暗其天君，以至喪其天功，是毀其生者也；自清其天君，以至全其天功，是成其生者也。天君之暗不暗，乃成毀之關鍵，禮義法度皆自天君之不暗發，由天君之不暗辨，故天君之爲心，雖其本爲認識的（即智的），而有道德之函義，其所以有道德之函義，乃在天生者之不能自成，而必有待于「應當成全之」之一念。（此應當之一念，荀子捉不住。）不安于其毀滅，而必成全之，成全之道即是由「應當」之一念，而發出之一套累積而成之禮義法度，由此，禮義法度之爲道德的，乃全在其反而成全天生者而爲理想的。禮義法度之爲成全天生者之理想的，故亦因之反而規定不暗之天君之爲道德的，蓋禮義法度必由清明之心制作也（故荀子有〈解蔽篇〉）。理想的恰恰由于不安于天功之毀滅之一念而表現，不安于天功之毀滅，即不能全順天生者之氾濫而無節，不能讓其氾濫而無節，故必逆之而以道德形式（即禮義法度）節制之，節制之而後能生生，而後能成其生，生而能成其生，則人成也，是則生之保其生而不毀，必待人成，而人成即屬于理想的。「順之則生天生地，逆之則成聖

成賢」，此言荀子亦可說。荀子實應剋就吾人之不安于天功之毀滅之一念，而認取人性之善，此即孟子之思路，然而荀子不就此認取人性，而只知氣質人欲之為天生之人性，一眼覷定，只見其為被治之負面，而不知其諄諄懇懇、鍥而不舍、以道說禮義法度之誠樸篤實之心，即是萬善之原也，即是人之所以為人之肯要處也，此則不反之過也。不反而把握此點骨脈，遂將由于不安一念中之理想而發之禮義法度推置于外，而不知其照體獨立內在于性分之意義，而人性亦全成被治之負面，此其所以本源不清也。故荀子縱可斥孟子「略法先王而不知其統，繆學雜舉，不知法後王而一制度，不知隆禮義而殺詩書」，然而不可非其主性善。荀子之所重，固孟子之所略；而孟子之所立，正荀子之所不可頃刻離，否則，其禮義法度之由對治而見之功利價值，必將一轉手間即落于李斯、韓非矣。荀子特重知統類、一制度，此即孔子從周之義，典章制度，所以構造人群者，孔子之所重，正名定分，辨治群倫，亦荀子所雅言，此亦承孔子而來者，由此言之，荀子亦繼孔子之統。荀子特重義道，故剛強宏毅，莊重凝定，彼言「人何以能群？曰：分。分何以能行？曰：義。故義以分則和。」（〈王制篇〉，見上第十三條引）此即義道之客觀表現。荀子重義與分，足見其有客觀精神，此為孟子所不及，孟子主仁義內在，而向主體精神與絕對精神（天地精神）方面發展，客觀精神則不足。（此為後來理學家之通性。）而荀子于此，則特見精采，蓋客觀精神必在現實之組織一方面顯，國家其典型也，所謂公體也。荀子重群、重分、重義、隆禮義而殺詩書、知統類而一制度，皆客觀精神之顯示。以義道之分，統而一之，類而應之，則群體歙然而凝定，客觀精神即尊群體之精神，尊群體即尊

成群體之義道也。（群體之成必以義道之分爲基，分即個性之所顯也。）何以必尊此義道？由于不安于生命之毀滅也，由于不安于全順天生而類同禽獸也，故義道之落于現實組織中，即是客觀精神之根據，義道落于現實組織中，即禮義法度，故禮義法度即義道之客觀化。因義道之客觀化，而客觀精神亦隨之而油然生。然義道不能無根，禮義法度亦不能無根，惻然不安于生命之毀滅，而必欲成全之，即是人性之卓然而善處，此即是義道之根、禮義法度之根，惻然之心而仁義之理具焉，故心爲天心，而理爲天理，天心天理是達道之本，孔、孟由此著眼，而立宇宙人生之大本，此即是絕對理性。義道與禮義法度皆由絕對理性而發出，故國家亦是絕對理性之現實的客觀表現，是則客觀精神必以絕對精神爲本，而後其內在之絕對價值方不毀。若如荀子所說，則只是對治之功利價值，其所顯示之客觀精神必將因法家而毀滅，荀子立言之不能探其本，是荀子之不幸也；後來荀學之湮沒，是中華民族之不幸也，然其建構之精神，實令人起莊美之感，足以醫後來貧弱之輩，視國家政治爲俗物，視禮義法度爲糟粕，而自退于山林以鳴風雅，自謂與天地精神相往來，而不知已奄奄待斃也。

19.大天而思之，孰與物畜而制之！從天而頌之，孰與制天命而用之！望時而待之，孰與應時而使之！因物而多之，孰與騁能而化之！思物而物之，孰與理物而勿失之也！願於物之所以生，孰與有物之所以成！故錯人而思天，則失萬物之情。（〈天論篇〉）

案：天地鴻濛，自然混混之中，有人類焉，以其不暗之天君，制作
禮憲，治其身兼以治天。吾之身以此禮憲而得成，而得維持其生
生；混混天地亦以此禮憲而得理，而得明，而得成其爲天，成其爲
地。在人之制作篤行中，一切屬于天者皆理而明，是之謂參天地。
人之制作篤行，是鴻濛中之精英，將以禮憲之光而普照混沌也。人
之制作禮憲也，愈廣愈深，其光照也亦愈廣愈深，制作之愈廣愈
深，亦反示人之生命愈強愈健。君師者生命之凸出，超群而逸眾，
凸出而俯視，則被治之天即屈伏而在下，而禮憲亦隨生命之凸出而
臨于上，故能普照乎下也，臨于上而照乎下，實以人之理想價值治
其天。人之理想不容已其發，故其價值判斷亦不已其施，每一價值
判斷是一義，是一憲，義義而貫之，憲憲而連之，是謂禮義之統。
百王累積之禮憲綜而成一統，禮憲之統在篤行中而通明于事物，不
篤行則空言說，空言說，則禮之統空掛而不實，不實不足以治其
天，不足以治其天，不能平鋪之而爲被治者之理道。道，「非天
道，非地道，乃人之所以道，君子之所道」之治道，只此道爲可
貴，他道非所問，此道即禮義之統也，一切天生者皆落于此統中而
得其道，得其道即得其成全也，成全萬事之道，亦即萬事之所以爲
萬事之道；離卻此道，萬事自身無所謂道。天職、天功、天情、天
官、天君、天養、天政，皆天生之「有」也，然天生之有，雖有其
自身之特性，而不可以爲道。道者，成全此諸「有」者也，諸有落
于此道中，而成其爲諸有；不落于此道中，雖天生其有，而終歸于
無有，無有即毀滅。是以諸有自身，雖有特性，不可說道，而望
「道」言，惟是一「材質」耳。材質不能自成，待禮憲之道以成
之，故除禮憲之爲道外，無他道也。道成就一切有，成就一切有即

成全有之生生矣，故有之生生不息，亦因道之提挈而始然，是乃以人為之禮義之統而化成天，而治正天也，故曰人文化成。故全宇宙攝于人之「行為系統」中，推其極，人之道亦即天之道也（天與人俱為被治）。然而在荀子，則不可說與天地合德，與日月合明，以天地俱為被治之負面，而非正面之能治者也。

在篤行之行為系統中，每一「天有」既皆是被治正之有，故每一天有亦皆是被吾天君所照攝之有，被吾天君所照攝之有，即是可被定義之有，天職、天功、天情、天官、天君、天養、天政，皆有定義者，如〈天論篇〉之所述，又如〈正名篇〉：「生之所以然者謂之性；性〔當為生〕之和所生，精合感應，不事而自然，謂之性。性之好惡喜怒哀樂，謂之情。情然而心為之擇，謂之慮。心慮而能為之動，謂之偽〔同于為〕；慮積焉，能習焉，而後成，謂之偽。正利而為，謂之事。正義而為，謂之行。所以知之在人者，謂之智；知有所合，謂之智。所以能之在人者，謂之能；能有所合，謂之能。性傷，謂之病。節遇，謂之命。」此皆定義也，在定義中，吾對于被治之「天有」即有知矣，依此而成知識系統。然知識系統即在行為系統中而提挈以成，知之正所以備篤行之「正之」也。西人將此天君所照攝而被治之天有，剌出去而為研究之對象，研究之而有所得，名曰自然律。由自然律而窺天道，則于禮義之統之為道外，復有自然之天道也。荀子可以吸納自然律，而不可于此言天道，是以荀子只有一道，此道，推其極，必為一理想主義的道德系統也，亦即百王累積之典憲系統也，此則蓋盡一切，別無他道。荀子之吸納知識系統，有類于杜威之唯用論：在行中成知，然意指不同者，荀子以依道德系統之行，而知「天有」，兼以同時治

正「天有」也，此則終不同于杜威之以知識爲中心，而爲自然主義
也，故荀子尤較崇高而較爲古典也。凡儒者皆然，惟孔孟及理學家
皆以荀子所說之禮義之統爲本于天，而非徒由人爲也，是則荀子所
謂「人之所以道，君子之所道」之道，在孔孟，亦即天道也，故曰
天倫、天秩、天序、天心、天理，此所謂天，非荀子被治之天也，
乃能治之天也。故依孔孟及理學家，則不視性與天爲被治，而于人
中見出有被治之一面，有能治之一面；而能治之一面名曰天，被治
之一面名曰人。荀子所說之天與性，皆應爲孔、孟及理學家所說之
非天、非性，而乃人欲之私與自然現象也。而惟是禮義之心方是
天、方是性，此義之提醒，惟賴孟子，荀子不能及也；經此點醒，
荀子之「禮義之統」方有本，夫而後亦可以言與天地合德也。天與
性不爲被治，則能治之禮義之統不外在，而即爲性分之所具，此即
是天，吾人即以此天，而治荀子之所謂天，是以人即以其自己之
天，而治其自己之人也，此則統體透出之學，故又比荀子爲高也，
此所以後來理學家皆宗孔、孟，而視荀子爲別支也。

20.人之性惡，其善者偽也。〔偽同爲〕今人之性，生而有好
   利焉，順是，故爭奪生而辭讓亡焉；生而有疾惡焉，順
   是，故殘賊生而忠信亡焉；生而有耳目之欲，好聲色焉，
   順是，故淫亂生而禮義文理亡焉。然則從人之性，順人之
   情，必出於爭奪，合於犯分亂理，而歸於暴。故必將有師
   法之化、禮義之道，然後出於辭讓，合於文理，而歸於
   治。用此觀之，然則人之性惡明矣，其善者偽也。（〈性
   惡篇〉）

孟子曰：人之學者，其性善。曰：是不然。是不及知人之性，而不察乎人之性偽之分者也。凡性者，天之就也，不可學，不可事。禮義者，聖人之所生也，人之所學而能，所事而成者也。不可學、不可事，而在人者，謂之性；可學而能、可事而成，之在人者，謂之偽，是性偽之分也。（同上）

今人之性，飢而欲飽，寒而欲煖，勞而欲休，此人之情性也。今人飢，見長而不敢先食者，將有所讓也；勞而不敢求息者，將有所代也。夫子之讓乎父，弟之讓乎兄；子之代乎父，弟之代乎兄；此二行者，皆反於性而悖於情也。然而孝子之道，禮義之文理也。故順情性，則不辭讓矣。辭讓，則悖於情性矣。用此觀之，然則人之性惡明矣，其善者偽也。（同上）

問者曰：人之性惡，則禮義惡生？應之曰：凡禮義者，是生於聖人之偽，非故生於人之性也。〔……〕若夫目好色，耳好聲，口好味，心好利，骨體膚理好愉佚，是皆生於人之情性者也。感而自然，不待事而後生之者也。夫感而不能然，必且待事而後然者，謂之生於偽。是性偽之所生，其不同之徵也。故聖人化性而起偽，偽起而生禮義，禮義生而制法度。然則禮義法度者，是聖人之所生也。（同上）

案：以上四段，可以綜括荀子論性之大旨。其論人之性，完全從自然之心理現象而言，從好利、疾惡、耳目之欲方面言，則性是喜、

怒、哀、樂、愛、惡、欲之心理現象，是即人欲之私也；從飢而欲飽、寒而欲煖、勞而欲休方面言，則性是生物生理之本能；自人欲之私與生物生理之本能而言性，是即等于自人之動物性而言性，此尚非宋儒所謂「氣質之性」也。此固不事而自然，然此自然是動物性之自然，荀子所見于人之性者，一眼只看到此一層，把人只視為赤裸裸之生物生理之自然生命，此動物性之自然生命，剋就其本身之所是而言之，亦無所謂惡，直自然而已矣，惟順之而無節，則惡亂生焉，是即荀子之所謂性惡也。然荀子能否認人所固有之惻隱之心、羞惡之心、辭讓之心、是非之心乎？此亦自然而有也，惟此自然不同于動物性之自然，乃孟子所謂良知良能也。荀子「不可學不可事而在人者謂之性」之定義亦可用于此，然則荀子何不由此而指點人性乎？孟子由四端之心以見仁義禮智之性，此不可移也；由動物性之自然以言人性，則與動物無以異矣。「人之所以異于禽獸者幾希」，孟子由四端之心，以見仁義禮智之性，正是由此點出人性，以與禽獸區以別，然則性善誠不可移也。性善性惡非相對立也，吾人不自動物性以言人性也，性分三品亦膚言也，膚言雜舉，豈只三品，將無量品。吾在此，不必詳辨。

　　荀子只認識人之動物性，而于人與禽獸之區以別之真性，則不復識，此處虛脫，人性遂成漆黑一團，然荀子畢竟未順動物性，而滾下去以成虛無主義，他于「動物性之自然」一層外，又見到有高一層者在，此層即心（天君），故荀子于動物性處翻上來，而以心治性。惟其所謂心，非孟子「由心見性」之心，孟子之心乃「道德的天心」，而荀子于心，則只認識其思辨之用，故其心是「認識的心」，非道德的心也；是智的，非仁義禮智合一之心也，可總之曰

以智識心，不以仁識心也。此智心以清明的思辨認識爲主，《荀子
•解蔽篇》即在解人之蔽，以恢復其清明之智心，清明以「虛一而
靜」定，而其〈正名篇〉之所言，則在明此心之表現也（見下〈正
名篇〉疏解），此種智心最易爲人所把握、所了解，西方重智之文
化系統，其所把握之心固是此智心，即道家之道心，亦是此虛一而
靜之智心。智心有兩層：一是邏輯思辨的，一是智的直覺的；前者
爲知性層，後者爲超知性層。雖有兩層，統名爲智心，亦可統名爲
認識心。西方哲人所把握者，大體以知性層爲主；荀子雖言虛一而
靜，然亦只落于知性層；惟道家之虛一而靜之道心，則屬于超知性
層；順此而言，即佛家之般若智，亦屬于超知性層之認識心。在西
方，惟康德能善言「道德的心」；在中國，則由孟子以至宋明儒者
皆精言之，以「以仁識心」爲主流。惟「以智識心」易爲人所把
握，而「以仁識心」則不易爲人所喩解，故在西方，柏拉圖、亞里
士多德、笛卡兒、斯頻諾薩等所言之心易爲人解；而康德、黑格爾
等所言之心，則不易把握。在中國，于解悟上，人易先了解道家、
佛家，而不易眞了解儒家也。荀子只認識「智心」，而不認識「仁
心」，即足見此中消息矣，其不解孟子，反性善，亦無足怪也。以
仁識心，表現道德主體，使人成爲道德的存在；以智識心，表現思
想主體（或知性主體），使人成爲理智的存在。而中國文化中之荀
子，正是與西方文化之主流同其路向，凡只以智識心者，對于人性
俱無善解，此西方人文主義之所以不彰，故亦不能立「人極」也，
荀子亦如此。以智識心，則思想主體成立，故對于自然，亦易首先
提練而爲「是其所是」之自然，此荀子之所以視天爲「自然的天」
也；而在西方亦如此，思想主體成立，「是其所是」之自然呈露，

則邏輯、數學、科學亦易成立，此西方希臘傳統之所彰著也，而荀子亦因而能作〈正名〉也。凡順此各方面所成之路向以進，則在知識上必止于經驗主義與實在論，而一般言之，從主體方面說，是理智的理性主義；從客體方面說，是外在的或實在論的理性主義，而終不易至真正的理想主義，荀子如此，在西方順希臘傳統下來者亦如此。

　　荀子以智心之明辨（即不暗之天君）治性，實非以智心本身治性，乃通過禮義而治性也。明辨之心能明禮義、能為禮義，而禮義卻不在人性中有根，卻不在惻隱之心、羞惡之心、辭讓之心中表現，是則禮義純是外在的，而由人之「積習」以成，由人之天君（智心）以辨，由天君以辨，是外在的發明義；由積習以成，是經驗義，故荀子曰：「聖人積思慮、習偽故，以生禮義，而起法度，然則禮義法度者，是生於聖人之偽，非故生於人之性也。」（〈性惡篇〉）禮義法度是外在的，雖由人之積習而成（即偽），卻決不會由人之主觀虛構而偽，其根不在內，必在外，是則聖人之偽，必于外有根據，此根據，荀子未明言，然依此思路之所函，其根據必在事為變化之自然之理，是則「禮義之統」雖是道德的，而其外在之底子卻是自然主義的，若無此底子，聖人之偽必為憑空虛構也，荀子之禮義，轉來轉去，勢必落至此而後止，此亦即經驗論與實在論的也，此與順孔、孟傳統而言「禮儀三百，威儀三千，莫非性情中出」迥乎異矣。然禮義究竟是價值世界事，而價值之源不能不在道德的仁義之心，其成為禮文制度，固不離因事制宜，然其根源決不在外，而在內也，此則非荀子所能知矣。落于自然主義，其歸必至泯價值，而馴至亦無禮義可言矣，其一轉手而為李斯、韓非，豈

無故哉？然則性惡之說，豈可輕言乎？不可不慎也。

「聖人積思慮、習偽故，以生禮義，而起法度」，不是本「民之秉彝」，性分中之所固有，以生禮義，而起法度。聖人之性（荀子所言之性）與衆人同，故曰：「聖人之所以同於衆，其不異於衆者，性也。所以異而過衆者，偽也。」（〈性惡篇〉）是則聖人之偽禮義法度，不繫于其德性，而繫于其才能，性分中無此事，而只繫于才能，則偽禮義之聖人可遇而不可求，禮義之偽亦可遇而不可求，如是則禮義無保證，即失其必然性與普遍性。禮義雖可學，然若衆人之性分中無此事，則雖可而不必能，能不能，才也；若根本無此能，則衆人即根本無「與於禮義」之分也，此則鄙夷生民甚矣。若人人有此道德之心，此心中人人有仁義禮智之性，則隨時隨地皆可與于禮義，隨分隨能皆可表現禮義，其表現之多少、擴充之程度，固可有不同，然人人皆可多或少而與于禮義，是則皆于禮義有分也；皆于禮義有分，則禮義即爲定然之事實，而不落空，是即保其必然性與普遍性。禮義有其必然性與普遍性，而後人極立，而人道尊，人之成其爲人，是性分中之不容已，仁義之心必然而定然，則禮義法度必然而定然，是則人乃能眞實肯定其自己，而非一外在的偶然之存在也。荀子辨塗之人可以爲禹，而不必能爲禹；「雖不能爲禹，無害可以爲禹。」（〈性惡篇〉）此指「爲禹」言，不能固不害其可，可而不必眞能也，亦無礙，然就「與於禮義」言，則不可以如此辨。在禮義，則不可說：雖可學而不必能。蓋如此，則必不能人人皆于禮義有分也，然順荀子性偽之分，則必至乎此，此則爲大過。荀子于〈性惡篇〉曰：「塗之人可以爲禹則然，塗之人能爲禹，未必然也。」其辨可而未必能，即以「塗之人

也，皆有可以知仁義法正之質，皆有可以能仁義法正之具」爲辨之根據，實則此類比之根據不成立也。可以爲禹而不必能爲禹，可，亦猶人人可以爲聖人，而不必眞能爲聖人；然人人「皆有可以知仁義法正之質，皆有可以能仁義法正之具」，而不必眞能知能行仁義法正，則不可。順孔、孟傳統言，人人皆可以爲堯、舜，是就人人皆有仁義之心言，而不必眞能爲堯、舜，則才有大小，氣質有限度，是則可而不必能，是依德性與才能兩面而爲言，而亦與「人人皆於禮義有分」爲不同類，是則荀子不辨矣。而其所言之「皆有知仁義法正之質，皆有能仁義法正之具」，此中之質與具，亦不指仁義之心言，而指才能言，如是，遂有「可知、可能而不必眞能知、眞能行」之函義，此則眞爲大過矣，然則荀子隆禮義而反性善，其歸也必至不能隆也，而「天生人成」，亦無根而不可能矣。

第三節　荀子論君及其問題：道德形式與國家形式

21.世俗之爲說者曰：「堯、舜禪讓。」是不然。天子者，勢位至尊，無敵於天下，夫有誰與讓矣！道德純備，智慧甚明，南面而聽天下，生民之屬，莫不振動從服，以化順之。天下無隱士，無遺善，同焉者是也，異焉者非也。夫有惡禪天下矣？曰：「死而禪之。」是又不然。聖王在上，決德而定次，量能而授官。皆使民載其事，而各得其宜。〔……〕聖王已歿，天下無聖，則固莫足以禪天下矣。天下有聖而在後子者，則天下不離。朝不易位，國不更制，天下厭然，與鄉無以異也。以堯繼堯，夫又何變之

有矣？聖不在後子而在三公，則天下如歸，猶復而振之
矣。天下厭然，與鄉無以異也。以堯繼堯，夫又何變之有
矣？唯其徙朝改制爲難。故天子生，則天下一隆，致順而
治，論德而定次；死，則能任天下者，必有之矣。夫禮義
之分盡矣，禪讓惡用矣哉？曰：「老衰而禪。」是又不
然。血氣筋力則有衰，若夫智慮取舍則無衰。曰：「老者
不堪其勞而休也。」是又畏事者之議也。天子者，勢至重
而形至佚，心至愉而志無所詘，而形不爲勞，尊無上矣。
〔……〕居如大神，動如天帝，持老養衰，猶有善於是者
與不？〔……〕故曰：諸侯有老，天子無老。有禪國，無
禪天下，古今一也。（〈正論篇〉）

案：堯、舜不禪讓，㈠是肯定堯、舜爲聖德之天子，㈡是就天子之
所以爲天子之純理上說，非如近人及戰國法家說其不是禪讓而是篡
奪，亦非如孔、孟之稱堯、舜，是從政治理想上說其以天下爲公之
美德。孔、孟之稱美堯、舜，是立一天下爲公之政治理想，並從德
上立一爲君之標準；而荀子言堯舜不禪讓，是要就天子之所以爲天
子之本質，而立一個純理念，此皆屬于理想問題，不屬于歷史事實
問題。孔、孟方面之理想且不言，茲就荀子所言之純理念，以論中
國歷史上之政治形態問題。

依荀子意，讓與傳不同，天位可傳無可讓，無可讓者，無可讓
之理也，言不應讓，而讓非理也，並非不能讓。堯、舜縱使有聖
德，而不願爲天子，則依其自由，脫身而去，亦是可能者，依此而
言，他能讓，並無不可能者在。然爲天下之君，其身非個人自由隨

便來往之身也，是以雖能而不可，理上不應讓也；不顧此不應讓之理，而隨便去之，是謂不依君之理，此為一普遍原則，荀子默定此原則而未明言之，但由此而進一步將此原則予以說明：㈠天子無敵，無誰與讓（敵者敵體之敵）。㈡死而有傳，無所謂讓。㈢天子無老衰。蓋血氣筋力有衰，智慮取捨無衰。天子以理言，不以氣言，故無所謂老衰而禪，亦無所謂不堪其勞而休，此即示天子以理定，不以氣定也。吾人看天子，亦不看其體力之強弱，其體力之衰不衰無關也，體氣對于天子之為天子之本質不相干。依是而言，天子之本質為純理純型（pure form），為統體是道之呈現（pure actuality），而毫無隱曲者（no potentiality）。純理純型之天子，一代只有一，故無誰與讓者，此義甚精，荀子心目中之君，實只是一個道，或由此推之曰：既只是一個道，吾人即可以此道為常數，何必須一具體之人為天子？曰：此義固可說，然天子者，人群組織中之事也，既有現實之組織，必有組織中現實之個體，道不只是道，必須表現為某種形態之道；道不只是空掛之道，亦須是表現于現實中之道。既在現實組織中言道，道固不可少，而象徵此道之具體物亦不可少，此具體物一面為與道同質，一面與組織中之個個分子為同質，故可為媒介，將道普現于現實組織中。是以天子者，道之象徵也，而以其具體之身與現實相接遇，而可為群倫之所仰望也，故荀子曰：「君者善群者也。」（〈王制篇〉）又曰：「君人者所以管分之樞要也。」（〈富國篇〉）分與義即是道在群中之表現，而以君為媒介，此道始能落下來，而與現實相接頭。依此，道不可少，君亦不可少，道為永恆之常數，君為時間中之常數。即在今日，有憲法，此為永恆之常數，然必同時又有總統，此為時間中

之常數。道，在其未表現爲憲法形態，未至爲民主政治形態，則必直接以君爲媒介，在此情形下之君，其本質即爲純理純型，有傳而無讓；傳以聖爲準，聖在子傳子，聖在賢傳賢，然必一爲君，則終身而無讓，其本身即爲絕對體，故其爲定常亦有絕對之意義。道之此種形態表現，名曰直接形態；而憲法形態或民主形態，則名曰間接形態。而直接形態落下來，必爲「君主專制形態」，間接形態必爲「民主政治形態」，此差別甚重要。而由直接形態到間接形態，直是人類歷史上與思想上之大奮鬥、大進步，荀子所論者猶屬直接形態也。

就直接形態言，故荀子論君，㈠是就君之理言，不就其爲具體之人、之氣言；㈡凡爲君者，其氣必應總順理，故其一生只可以理看，不可以氣看，雖有氣，而以其氣總順理，故氣亦理矣，吾人可忽之而不問，直至其死爲止，故無讓也。㈢但可傳而無下傳之道，即未能有一下傳之法律上之軌道，而只依自然之出生與代替，此則甚壞，此爲中國學人所從未討論，而思有以解決之之問題。（孟、荀俱未就此進一步而論之，後來理學家及顧、黃、王諸大儒亦在此無辦法。）在無法律軌道以傳之之情形下，君之出現常是取決于戰爭。若君之選擇，限于子與三公之賢者之範圍，則齊頭並列，皆爲敵體，誰能爲首出庶物者，亦無妥善之辦法，而仍不免于戰爭之混亂，後來依宗法定爲傳子之制度，亦以于傳賢尙未想出確定辦法也。然傳子，而子未必聖，亦未必合于荀子天子無讓說中之君德，而荀子無讓說中，亦不函究傳子，抑傳賢，荀子單就已爲君者，而言君之純理念上之本質，以及其所應具之德，至于下一代，則委諸自然天命而不問矣，此即無辦法以爲縱的安排也。至于依宗法定爲

傳子，則對于君雖稍有縱的安排，而仍無妥善之橫的安排，此即君主專制形態也。㈣單就已為君者，而言君之純理念上之本質，以及其所應具之德，然為君者，事實上其一生不必盡能如此德。（即其取得天位，亦常不以其如君之純理本質而居天位，而常依其才能與武力，惟古人常就德而言耳。）當其理不勝氣時，則即失其德，而不足以為「管分之樞要」。（因彼究竟是一現實的人，而不是純理念。）但雖失其德，而彼自以為不失德，彼亦無可讓，如是，勢必有革命之說。此革命之說，與委諸自然天命同，同為無辦法之結果，且同為無讓說之所函，此義即在傳子下亦適用。在傳子下，革命復函有篡不篡之兩類，孔、孟以天下為公之禪讓說，在原則上，實比荀子無讓說為高，以其可以向「間接形態」轉也。然禪讓而無一法律上之客觀軌道，則間接形態究不能出，而天下為公之禪讓，亦只是一不完整之理想而已，而一落實，則仍是革命與委諸自然之天命，孟子于此亦未能進一步思之也，故中國歷史上之政治形態，實只是向荀子無讓說下之直接形態走，而後來儒者，亦只就君德而言其純理之本質矣，從未有就天下為公之禪讓說，以向間接形態想而思有以實現之也。

22.世俗之為說者曰：「桀、紂有天下，湯、武篡而奪之。」是不然。以桀、紂為常有天下之籍則然，親有天下之籍則不然。〔王先謙云：兩「天下之籍」並當作「天子之籍」。〔……〕「常有」謂世相及。「親有」身為天子也。〔……〕「則不然」當作「則然」。〕天下謂在桀、紂，則不然。〔……〕聖王之子也，有天下之後也，勢籍

之所在也，天下之宗室也。然而不材不中，內則百姓疾
之，外則諸侯叛之。近者境內不一，遠者諸侯不聽。令不
行於境內，甚者諸侯侵削之、攻伐之。若是，則雖未亡，
吾謂之無天下矣。聖王沒，有勢籍者罷，不足以縣天下，
天下無君。諸侯有能德明威積，海內之民，莫不願得以為
君師。〔……〕故桀、紂無天下，而湯、武不弒君，由此
效之也。（〈正論篇〉）

案：孟、荀俱以為「誅一夫紂矣，未聞弒君也。」是則晚周諸大儒
俱主革命說與委諸自然天命之選擇，此義一直貫穿秦漢後二千年之
歷史，而無其他善法以進之。近人謂孟子有民主思想，儒家皆主重
民、愛民，此固可有「民主的」之函義，然謂此重民、愛民之思
想，即間接形態下之民主政治思想，則不然也。在無合法之傳遞
下，民主無可言，關鍵全在時間中常數是否能合法地產生，古賢對
此問題，可謂全無辦法。自夏禹傳子家天下以後，演變至周，于一
家世襲，依宗法，有一定之制度，然此制度乃直接形態下一家世襲
之制度，一家世襲皆原則上期其世世無窮，然而，此在事實上不能
世世無窮者，及其一家之具體個體氣數已盡，則依宗法以世襲之制
度，即顯出其無效，皇位無法下傳，而革命生焉，乃委諸自然天命
之選擇，此即反顯皇位下傳並無一法律上之軌道，亦顯示間接形態
中政權由皇帝一家轉移至民，始真能解決此問題。在直接形態下，
即政權在皇帝一家之君主專制政體上，古賢一致之想法，乃是㈠視
天子為至崇高，乃至聖之事，非至聖不能居此位；㈡全注意于其聖
德，而自德以言之，自德以望之；㈢是以無客觀有效之法律以安排

之，全靠其自身之最高之道德覺悟與智慧，以自律其自己；㈣在荀子，君為「管分之樞要」（見〈富國篇〉），其本身須為大儒聖王：知統類、善禁令、總方略、齊言行、道德純備、智慧甚明、純依乎理、不勞而至「治辨之極」。而在漢後之儒者，則尚不止此，且進而以為天子上同天道，負絕對真理實現于人間之重責，故其言行德量必全同于天，敬天法天、代天畏天，其德不能法天，即失其為君之道；不能敬天畏天，彼即無可敬畏者，而無所不為，即成獨夫，此則亦以最高之道德覺悟與敬畏天命而自律，此外，並無其他有效之辦法足以控制之。荀子則無法天敬天之義，以其視天為被治者，為自然的天，而正宗儒者則于天有正面之肯定，故有法天敬天之義也；法天敬天，即有天超越于君之上，而為其限制，然君位至高，在現實組織之分位等級中，彼乃最高、最上之一級，愈在上，統馭之道即愈近于理律，而遠于法制，而彼又是政權之所在，亦實無一客觀之法律以制之，故終賴其以理自律也。然以理自律，須賴其自己之最高道德感，道德感不足，即不能自律，而又無外力以控制之，則即橫決而漫無限制，雖有天在上，超越而限制之，然彼若不覺不受，則限制之之天，雖外在而無力，故位愈高，控制之之外力愈微，一旦將此超越之者拆穿而無睹，則君即成全無限制者，禍亂即從此生，而革命、獨夫、自然天命之競爭，亦隨之必然而來矣。故古人對君除責之以自律外，蓋無他道，荀子並此超越之天之限制亦無之，故曰：「天下者，至重也，非至強莫之能任；至大也，非至辨莫之能分；至眾也，非至明莫之能和。此三者，非聖人莫之能盡，故非聖人莫之能王。聖人，備道全美者也，是縣天下之權稱也。」（〈正論篇〉）此純注意君之才能：至強、至辨、至

明、備道全美，然聖人可遇而不可求，且百年不一遇，此誠乎難乎
其為君矣，又無超越之者以限制之，則小心翼翼之敬畏亦無從說，
此蓋除備道全美之大才能，將無法而為君。是以超越之者之外力雖
微，無之終不如有之也。

在對于君無妥善之安排下，革命、獨夫、自然天命之競爭出，
而現實歷史之一治一亂之局面亦形成，孔子所湧現之華族活動所依
據之基礎形式，即文化大統者，在政治上遂只以道德敎化之方式而
表現，擔負此責任者為士大夫，吾將名之曰宰相系統，此一系統中
之士（以儒者為主），以道德敎化之精神，貫注于組織中之全體：
上自天子，下至庶人，一是皆以修身為本，故君曰聖君，相曰賢
相。有聖君賢相，則此道德敎化之精神即發揚而光大，因而政治清
明，風俗淳美，所謂太平盛世也。而道德敎化必賴人之道德感，而
道德感之發揚光大，又必賴人之天資高、才氣大，推擴得開，因而
此人之道德智慧必一齊俱茂，非只拘拘之小人儒也。仁智俱茂，即
為聖君賢相，而繫于由道德感而發之仁智之推擴，非可強而致，庶
人不為惡，未必擴得開，是以只能為被動而沐浴于君相之清風中。
而尊尊之義道，雖表現而為組織中之分位，而此分位之等級，以道
德敎化之浸潤為其背據，亦只有下被而穩定庶民之功用，而不能在
此分位之等級中，興發庶民之自覺，以抒發其客觀之精神，以盡其
義務于群體，是以雖有分位等級之組織，而終不能成為國家之形
態。庶民不能興發客觀精神，則君相之聖與賢，亦只是個人精神與
天地精神，而不能表現其在相對制約中之真正的客觀精神。在上下
無客觀精神之表現下，庶民即不能成為一公民，因而亦不是一自覺
之個體；庶民不能成為公民（政治之存在），則對于君相無積極之

核對與限制作用，而只有睡眠之馴服與造反之暴亂；而君相亦只靠其德慧之充其量，擔負無限制之重任，死而後已；一方顯其無限之擔負，一方亦即顯其愈為無限之超越體，此即吾人所謂君相擔負過重，庶民擔負過輕，甚至一無擔負之意也，縱使君相真至聖賢之境，而至于「無為而無不為」，此似至佚而並無擔負，然真至「無為而無不為」之境，即是最高之神聖之境，此即是最大之擔負。君相愈至神聖之境之擔負，人民愈是趨于隱伏而無擔負，此由聖君賢相而來之結果。復次，仁智之推擴，既非可強而致，則奸相昏君成事不足，敗事有餘，而若無法以對治之，則只有天下大亂，群雄角逐，所謂「天地閉，賢人隱」之亂世也，是以以往之歷史，在文化大統只表現為道德敎化之形式下，上不能馭君，下不能興民，而分位等級之政治形式只于宰相系統有效，而對于上之君、下之民，俱無積極之實效；而上下兩端既無辦法，則即足以衝破此分位等級之組織，而綱紀崩壞，道德敎化亦無所施，在此時，宰相系統中之士大夫不為馮道，即為漢奸；不為隱士，即為忠臣孝子，成仁取義，大聖大賢，存兩間之正氣。是以在道之表現之直接形態下之君主專制政體中，為君難，為相亦難，相夾逼于上下兩端中，直不能維持其政治上之獨立性與客觀性，因上之君、下之民俱不能客觀化故也。吾每感此而興無涯之悲痛，遂發願深思而求其故，必解消此中之暗礁，吾民族始能卓然自立，免去此歷史之悲運。

吾必須斷定：文化大統在以往只表現為道德敎化之形式，乃為不充分者，必須進一步再以國家之形式表現出，而以國家之形式表現出，則必須促成國家形式之出現，國家形式之出現，設就適所述之名詞言之，㈠必須對于君有妥善之辦法以安頓之，決不能純從道

德之立場以責望之，此關鍵即在間接形態下憲法軌道之建立。㈡必須使人民在此憲法軌道中成其為公民，使其自覺有公民之權利可享，有公民之義務當盡。㈢在憲法軌道中湧現客觀之精神，如是，國家方能真實建立，即在一制度基礎上，各個體皆通過其自覺，而重新組成一統一體，文化大統中所表現之道德理性，必在國家形式下，方能真實實現于歷史。在國家形式中，君（元首）、士（宰相系統）、民，唯是以表現客觀精神為職責，而不是空頭之個體以唯是表現主體精神與天地精神者。（聖君賢相之無限體，即是空頭之個體以表現主體精神與天地精神者，而潛隱不自覺其為一公民之人民，亦是空頭之個體而無所表現者，如其有自覺而有所表現，亦是表現主體精神與天地精神者，如人人皆可以為聖人，皆可以如其分而盡性便是。）以表現客觀精神為職責，此純是尊尊之義道，而義道必在分位等級之限制中表現；由此限制中之分與義，合而貫之，而于國家形式下，表現文化大統所示之道。在限制中各盡義道，似其表現為有限，然而透過國家之形式，則有限之客觀精神即有無限之函義，即藉有限表現無限也。無限之天地精神（即絕對精神）之強烈表示與顯著展示，乃在國家患難之時，此所謂以身殉國，即以身殉道也。在平時，各盡其責，而從事國家以及社會各方面之安定與發展，絕對精神不強烈表示，而只鼓舞踴躍，以實現國家及社會各方面之價值與理想，此則和睦融洽，經由客觀精神而以道殉身也。以上無論平時，或患難時，皆就國家形式而言之，若自教育學術文化方面言，則道德教化之形式，仍有其培養陶冶之大責，而不可頃刻離，而個人主體精神與絕對精神，仍可有其獨特之發展，此高人逸士、大聖大賢、天才詩人、虔誠宗教家、寧靜科學家，乃絕

不可須臾不予尊崇也，此等人雖不負國家政治中之實際責任，其個人主體精神與絕對精神特別顯著，然而國家形式一經出現，彼亦必不違客觀精神也，否則亦不足道矣。

在文化大統只表現爲道德形式下，是把君規定得太高，君必須是「備德全美」之至聖，他直是「絕對之道或神」之化身，依是，其本性必須是純理純型，統體透明，而無一毫之私曲，然此談何容易，數千年之歷史幾無一日而無君，而能合此標準者可謂全無，以只負政治等級中一級之責之元首，而責望之如是其高，是無異於責彼不可能實現之人，而必期其實現之。（《公羊》家及孟子皆視天子爲爵稱，即視其爲等級中之一級，而不視之爲超越之無限體，此則對于君之本質思之較近。）其中必有不恰當者在。不恰當者，即不能恰如君之分位而規定之，依此而言，吾人對于君只可責望之以尊尊之義道，過高之境界與德慧不可期之于君。君是政治中之一級，是國家形式中之存在，不可再以道德形式中之至聖期望之，前人已有「至高者不能爲君，至低者不能爲君」之言，此即暗示此中之消息矣。古賢或有必以孔子不得位爲憾，必視之爲與堯、舜、禹、湯、文、武爲同類，明亡，呂留良、曾靜，以爲必孔、孟及理學家始有資格作皇帝，此乃一時感憤之言，自孔子承擔定文統、立人極之大責，即已暗示出：負此責者不必同于政治元首之責矣。君師可以分途而不必兼于一身，而現實歷史上已實分途矣，此中國文化之所以天、地、君、親、師並建也。近人動輒以政教合一責儒家，實則合一者是自社會文化整個而言，不合一于皇帝一人也，而以爲儒家導致極權專制者謬矣。君師既分途，即不可以至聖責望爲君者，此思想上之不恰當，即阻礙國家形式之出現，吾人以爲：期

望成聖成賢，而與天地精神相往來，乃道德中所有事，可讓孔孟以及理學家擔負之，而其責任在文化，是以吾人言文化大統必就此而言也。文化大統是國家之命脈、民族之靈魂、人類價值之所在，決不可以須臾離，離則必亡，此是本原形態，國家政治是組織形態，兩者必兼備而諧于一。

　　以往所以以至聖責望為君者，是道之直接表現形態下，儒家學術只表現為道德教化之形式下，所應有而亦無可奈何之想法，是以吾人疏導以往儒家學術、中國文化，及政治形態，只說其「只表現為道德教化之形式」為不足，而須轉出國家形式，以及政治形態方面之間接表現形態以補充之，惟此步作得到，則君師殊途，以及天、地、君、親、師並建之密義，始能充分實現，而中國文化以及政治中之一切癥結與弊端，始可解消而得其生命之暢達矣，其鬱結至今，正宜得其暢達之時也。

　　23.今世俗之為說者，以桀、紂為有天下而臣湯、武，豈不過甚矣哉！譬之，是猶傴巫跛匡〔匡同尪同尫，廢疾之人〕，大〔當為而〕自以為有知也。故可以有奪人國，不可以有奪人天下。可以有竊國，不可以有竊天下也。可以奪之者，可以有國，而不可以有天下。竊可以得國，而不可以得天下，是何也？曰：國，小具也。可以小人有也，可以小道得也，可以小力持也；天下者，大具也，不可以小人有也，不可以小道得也，不可以小力持也。國者，小人可以有之，然而未必不亡也；天下者，至大也，非聖人莫之能有也。（〈正論篇〉）

案：自夏、商、周以來至春秋時代，有國與天下之別，有王與諸侯之異，荀子就此歷史事實分國與天下。國有對，天下無對，天下之大不只大而已，乃是無對之大，就此而言，則有天下之君規定爲備德全美之聖人，亦爲理之所應有。蓋有天下之君直爲神或道之化身或代表，神或道無限而徧及，其所馭者爲宇宙萬物，則神之化身之君以治天下，亦必同其無限而遍攝。依此，君之德不得不規定爲至高，而亦必與「天下」觀念爲相應，此猶如天主教之教皇然，而吾國古籍亦云「普天之下，莫非王土。」此天下與王之觀念之爲無對，乃甚顯然者。

自秦、漢一統後，廢封建爲郡縣，有對之國在中國歷史上，即不存在，而中國之爲國，一直是古代「天下」觀念之延續，而皇帝亦一直是古代「王」一觀念之延續，直至鴉片戰爭後，中國始覺其亦有對。然有對中之國家，及其所函之一套意義，中國歷史上並不具備，春秋時代有對之諸侯之爲國，亦未具備國家之所以爲國家之一套意義，是以在中國人心思中，雖自鴉片戰爭後，開始覺中國亦爲有對體，然對國家形式仍是模糊不淸者，一直綿延至今，人之心思仍爲泛社會主義之思想所主宰，此即古「天下」觀念之變形。而對國家之所以爲國家之一套意義，仍無積極而健康之認識，故在建國之苦鬥過程中，國家始終建不起，國家形式亦始終未有眞實之實現，而終爲共產極權所篡竊。對于國家形式如無眞正之認識，徒民族情感乃爲不足者，辛亥革命後，在轉變形態之建國過程中，如對于國家之所以爲國家之「義理的認識」不眞切，則徒只民族情感，乃抵不住有義理基礎、有概念思想之共產主義者。共產極權之篡竊不能久，而若對于國家之所以爲國家，仍無眞切之認識，建國之途

徑走不上，則中國仍不能有眞實之自立，而必日在顛倒疲軟中，此
則大可警醒者也。

　　以往之歷史，中國雖有政治組織，而卻從未由此湧現出國家
性，其不湧現之故，外緣固甚多，如社會或經濟，以及四夷俱在吾
之廣被下，而不足以與吾相對抗、相限制，皆可爲不湧現之外緣。
然吾人仍不能過份重視此外緣，因國家之成立，並非以經濟爲決定
因，猶太人固善于經濟者，而不足以成國家；又對抗亦非國家成立
之決定因，蓋國家並非因對抗而成立，國家亦非純是武力之別名，
寄其本質于武力，吾華族受夷狄及近代列強之患及侵入，可謂屢
矣，豈止對抗而已哉！何以終不出現國家性？由是觀之，國家之本
質必別有在，決不在此諸外緣也。

　　國家是文化上的產物，不是一自然產物，是表現道德理性的一
個客觀組織，通過道德理性之要求客觀化而成的一個文化上的存
在，不是階級統治的壓迫工具，亦不是表現武力而由武力形成者。
（這些都是附屬的偶有特徵。）國家表示一個群體之統一組織，然
此統一必須通過各個體之自覺而重新組織起，方是一眞實之統一，
若徒由打天下而來者，則不是一眞實之統一。若就今日而言近代化
的國家之成立，則所謂通過各個體之自覺而重新組織起之統一，必
須是在此自覺中作到兩步：㈠對于君須有一客觀有效之安排，使其
成爲客觀化，使其絕對性變爲相對性、無限性變爲有限性；㈡對于
民，使其在自覺中成爲一眞實之存在，使其覺得在國家政治中是一
權利義務之個體。此兩步作到，即爲道德理性之間接表現形態。故
在今日而言近代化國家之成立，國家形式之出現，與民主政治之出
現是一事，同在道德理性之間接表現形態下而出現。吾華族以往之

歷史，雖有政治之組織，而內在于此組織之等級中亦可以說義道，然貫于此組織中之精神，卻是道德教化之形式，而此形式之作用卻是個人的，同時亦是天下的。因是個人的，故散漫；散漫，故政治等級中之義道，只成形式之名位，而不能顯其眞實之作用與客觀之精神，是即義道不能貫徹表裡，而終透不出也；義道透不出，政治等級之形式，即不顯其互發互限之內拱作用，只成一散的連繫之外衣，太平盛世，各在其位上披此外衣以享受；亂時則此外衣即被搞破而漫流；勵精圖治，則聖君賢相提起最高之德慧，以恢復而穩定之，如是循環不已，直成慣例。吾人若知道：德理性之只表現爲道德教化形式之直接形態，不足以促成國家性之出現（此時只有個人主體精神與天地精神），則必須轉進一步，重新覺悟到間接形態之重要，如是方有眞正之客觀精神，而義道亦方能眞實實現，此須是思想上自覺地認識到國家之所以爲國家之一套意義于建國上之重要，于實現價值表現道德理性上之重要，于文化發展上之重要，而後可。吾人再不可紛馳歧出于個人、社會、天下、大同，諸虛浮散漫之觀念中，在此等觀念之中打旋轉，皆足以引吾人至虛無主義之陰暗路上去，軟性的或硬性的虛無主義之流毒，吾人數十年來以至今日，已身受之矣，是以吾人今日講國家性之出現，必不可與自由民主爲對立；而講自由民主之出現，亦必不可與國家爲對立。講個人，不可流于泛個人主義；講社會，不可流于泛社會主義；講天下大同，不可流于空頭之清一色的荒涼的大同，凡此皆足以導致極權而互爲因果，而其總歸皆虛無主義也。

第四節　荀子與法家：君德與君術

24.世俗之爲說者曰：「主道利周。」是不然。主者，民之唱
也；上者，下之儀也。彼將聽唱而應，視儀而動。唱默，
則民無應也；儀隱，則下無動也。不應不動，則上下無以
相有也。若是，則與無上同也，不祥莫大焉。故上者下之
本也，上宣明，則下治辨矣；上端誠，則下愿愨矣；上公
正，則下易直矣。治辨則易一，愿愨則易使，易直則易
知；易一則強，易使則功，易知則明，是治之所由生也。
上周密，則下疑玄矣；上幽險，則下漸詐矣；上偏曲，則
下比周矣。疑玄則難一，漸詐則難使，比周則難知；難一
則不強，難使則不功，難知則不明，是亂之所由作也。故
主道利明不利幽，利宣不利周。故主道明，則下安；主道
幽，則下危。故下安，則貴上；下危，則賤上。故上易
知，則下親上矣；上難知，則下畏上矣。下親上，則上
安；下畏上，則上危。故主道莫惡乎難知，莫危乎使下畏
己。《傳》曰：「惡之者眾，則危。」《書》曰：「克明
明德。」《詩》曰：「明明在下。」故先王明之，豈特玄
之耳哉？〔特猶直也。〕（〈正論篇〉）

案：此所以異于法家處，儒家重君德，法家重君術，重君術，故主
「主道利周」，周，密也、隱也、偏曲也，與宣明、端誠、公正相
反，荀子所斥之世俗之說即法家之說也。以前儒者固亦視君爲至道

之化身，以備德全美之至聖期之，其如此視之期之，端在使君神聖化，神聖化，即人也而必須具神德，是以其為神聖化，非自外部而言其威然可畏，但自內部而言其德必須如神如聖。此即前二一條案語中所言荀子視君以理定，不以氣定也。天子之本質必為純理純型，必為統體是道之呈現，而無一毫之私曲，此即言：天子只應是理而無氣。然天子亦人也，人而不能無氣，以有氣之人，而必期之以無氣之神，此則殆甚難，故自人情言之，天子必甚苦，毫無生趣者；而視彼之以神道教天子者，亦必為不近人情也。程伊川在經筵，以神道教哲宗，遂遭俗情之詆謗，朱子〈伊川先生年譜〉記云：「嘗聞上在宮中，起行漱水，必避螻蟻，因請之曰：有是乎？上曰：然，誠恐傷之耳。先生曰：願陛下推此心以及四海，則天下幸甚。一日講罷，未退，上忽起憑欄，戲折柳枝，先生進曰：方春發生，不可無故摧折。上不悅。」哲宗之所以不悅，正因其是人而不能為神也。然伊川之教法，自以往儒家言之，亦正不誤也，蓋在以往之政治形態下，儒者視君為替天行道之公物，君不能私其身，推其極，必應如此也。難固難矣，而在聖君賢相之政體下（道之直接表現形態），君若真是法天代天，則君之理必應如此，其不能如此者，必不堪為君，亦不宜為君也，或即為之，亦不合君之德也，豈可純以普通之人情衡之乎？蓋其居位，使之然也。彼能修得「廓然而大公」之體，然後能成無為而無不為之用。

然儒者之視君，雖如此其特殊，而自普通常情言之，亦若不近人情，然與法家較，則又決不似法家之陰險殘刻，純以術成之詭密不測者也。儒家之君之為神聖以德成，法家之君之為不測以術成，此實兩者之肯要區別。以術成者，君之德為詭密陰險，無仁無智，

無禮無義，只是一陰森之深潭，而無光明俊偉氣象。君之本身為一陰森之深潭，是其本身先已陷于殘刻枯燥，而自藏于黑暗之地獄，不能面對光明之真理，則自不能有光明傳達于社會，而普照于人間。然彼之深潭之權術，又不能無所藉以下達，以收統治之效，其所藉以下達者，唯是極端外在之賞罰之法，是以其所下達者，亦只是黑暗冷酷，將全人類投置于非人性之工具機械之地獄中。君之深潭與社會，乃絕然間隔不通者，其所恃以連結此間隔者，唯是法。任何國家不能無法，任何政治思想亦不能不重法，儒者亦不忽視法，惟于法家思想中，君之深潭與社會間隔不通，而唯賴法以下達，則套于此系統中之法始成為莫大之罪惡，是以法家之所以為法家，不在其用法，亦不在其信賞必罰、綜核名實（世俗徒視此為法家，甚壞事），而單在其用法之根據，在其所規定之用法之君之以術成，以及其視人為性惡，視人民為芻狗、為純然之物質原料，此法家之所以為法家處，不可不察也。此種思想用之于政治，最為摧殘生命，敗壞風俗，歷史中，假若有以此為治術者，必為民族生命之墮落，必為歷史精神文化生命之極端坎陷時期、黑暗時期，而野蠻無文化之民族，又最易接受此套陰森黑暗之思想，秦與蘇俄即此類之民族也。而自華族之發展史言之，至今日而有共黨之出現，披靡一時之人心，即吾華族之文化生命之墮落，亦即吾歷史精神之極端坎陷、極端黑暗之時期。野蠻無文化之民族，雖易接受此一套，而此一套究是黠者之奸詐所加諸生民者，決不能生根于人性，故秦不旋踵而亡，而蘇俄亦將必遭自毀之慘禍，此豈可以為常耶？依是言之，中國今日之坎陷與墮落，亦必有「剝極必復」之一日，蓋吾民族數千年之歷史，乃一高度文化貫注于其中之歷史，乃以儒家之

德化與禮樂文教為骨幹之歷史，此生根于人性深處之德化，陶冶吾民族生命如是其深，則生命深處所蘊藏之此種崇高之精神，決不能永隱而不顯，必有一日湧發而出，以其光明俊偉之熱力，沖刷此黑暗之陰霾。共黨之奸偽巧詐、陰森黑暗，乃今日之新型法家也，法家以富國強兵、稱霸天下動人主；共黨以共產、窮人翻身為號召，此表面之標榜，並無所謂，要者乃在其物化生命，不以人視人之唯物論，乃在其自身之運用與夫運用他人之一套權詐。兵不厭詐，此詐之只屬于兵者也；爭奪皇位，父子兄弟且不相保，此詐之只屬於朝政者也，故權詐而有限制或範圍，亦並不甚可懼，惟法家與共黨之權詐，自其自身言之，乃首出庶物、窮盡無漏者；自其對他而言之，則必排棄一切、否定一切者，此乃徹頭徹尾之權詐，無有足以冒之者，此則大可懼、大壞事，故上自運用者，下至被運用者，一是皆落于權詐之機器中，人類社會焉得不陷于陰森、黑暗、冷酷、物化之深潭？故法家與共黨之思想，自其本性言之，實是人類精神之大墮落。

儒家之君之為神聖以德成，即：以德之充其極，而使之成為一無限之存在，其所以必視之為德之充其極之神聖，即因其乃代天、法天者。君在現實組織之層級中乃至高無上者，在其上者只有天道，儒家視君必須為代天法天者，又因君之分位乃至高無上者，故其與天道之關係乃最直接，以其直接，而又必法天，故其德不能不充其極，而期有以類乎天、似乎道，此君之所以以理定，不以氣定之故也。（君之德之期其類乎天、似乎道，目的是在成功政治上之無為而無不為，以安天下、治天下；聖人之德之類乎天、似乎道，則在立人極、樹教化，以為人倫之至。）君之德而期其必如此，雖

與常人不同，又若不近人情者，然以其所居之分位故，不得不如此。又因其以德定，故君所代表者乃一統體是道之光明（此自就理言，不就現實上言），決非一陰森之深潭。蓋以德定，則不能不肯定仁義禮智之全德，既肯定此全德，則其生命即須繫屬于此全德之整套（與法家之君之繫屬于權術者不同）。繫屬于此全德之整套，其生命即有潤澤而不乾枯，有安頓而不墮落；潤澤之極，安頓之極，則其氣即全化而從理（儒者視此爲人人可爲）。儒家視君，無論現實上作到作不到，而在定義上則必須如此，故君所代表之核心，其自身即是潤澤而不乾枯、光明而非黑暗者。因其爲光明，自不與社會隔，因其不幽不密故也；其光明必下達、必廣被，亦猶善之必傳播、必及物。其下達之憑藉是價值觀念之層級：人格價值之層級，與客觀的分位之等之價值層級。尊德尚賢，其次才能，故荀子有俗儒、雅儒、大儒之別，而述爲學之終始，則曰「始乎爲士，終乎爲聖人。」即在分位之等之價值層級上，亦以賢德才能定高下，故「自天子以至庶人，一是皆以修身爲本。」（法家反尚賢，不承認價值之層級，乃以極端外在之法一刀削平者，故君與社會必隔。）光明而下達，亦期以德而誘發人類，光照社會，陶養人性，潤澤生命，故必愛民、化民、教之向上、孝弟力田、教之不爭不鬥、相禮相讓、親親尊尊、重節守序，無論現實上作到多少，而此一系統之本性固如此也。在現實之發展上，此一套亦並非已臻盡美盡善之境，顯然上文第三節所說之道之直接表現形態，與間接表現形態，即已示以往之發展並非充分者，然此一系統之用心決是積極而健康者，一直在護念人間而不捨，其爲一切發展之基礎形態、普遍的根底，決無可疑，是以儒家思想自是正面者、向上者，其氣象

為光明俊偉，決非陰森黑暗，反動隨時而有，而此標準始終屹然不廢，現實歷史中，此標準之實現、差失出入、稍剛稍柔，亦隨時而有，然終必以此為骨幹、為統緒，此決不能歪曲而否認之。（近人固有否認儒家為正統者，亦不認之為標準，且以為現實歷史中，儒家理想從未完全實現者，亦無有純行儒道者，此固然也，然因此便否認儒家之為正統為標準為骨幹，則大謬，亦淺夫不思之過耳。）

在法家思想中，無價值觀念，君代表陰森之深潭，以權術而自詭，其視下民為芻狗、為工具，而又相隔而不通，純任外在之法以剗平之，價值觀念，自不能容。此一思想，自李悝相魏、吳起相楚、商鞅相秦，經過申不害之言術，至韓非而大成。于現實政治上，如廢封建、置郡縣、除貴族，因而形成君主專制之大一統；自其結果而言，亦並非全無是處，自有其歷史發展上之價值。至所以有此思想，以及所以措之于當時實際政治上，亦自有其現實歷史上之原因或機緣，蓋周為封建、貴族、宗法、井田並行之制度，其久也不能無弊，至春秋戰國時，其弊已極，已至不能維持之時。儒家言親親之殺、尊尊之等，多就現實之周制而言之，人不能識其由反省轉進所成之理想的意義及永恆之價值，而但就其所附麗之腐敗之空殼以視之，故孔、孟之道終不能行，且必遭迂闊保守之譏。時勢所趨，亦無有能行之者，故必不合時宜，法家乘勢而起，並非無故，自其否定腐敗空殼而言，非無歷史之原因，亦非無一時之功績。由原始社會政治所累積之制度，本非純由理性的自覺而建立，不免拖泥帶水而演成，及其成為腐敗之空殼，時勢所趨，自應劫而生之法家觀之，非徹底否定不為功；其否定之是也，而其所根據之思想則大壞。自歷史發展觀之，此自為一大坎陷之時期，不坎陷，

不足收否定之功，而亦正因其是坎陷，故必毀滅價值，摧殘人性，此不得不謂之為精神之向下、生命之墮落也。然此種向下與墮落，實有其歷史發展上之必然性，不管法家思想之本性為如何，而自其運用所結外部之果言，亦並非無歷史上之功績，經法家與秦之結合而來之暴風雨之變動與統一，遂使國史轉入一新階段。而坎陷總是坎陷，決不能說有正面之價值，故秦不終朝而亡，亦所以備漢也，漢承之，乃從正面以前進，自此以後，以至于清，決無用法家思想以建國創制，興教化民者，然二千年之歷史，其文化大統以何形式而表現，乃吾人所注意之問題，此如上第三節所述（各期歷史時代精神之詳解，非本文所及，見吾《歷史哲學》）。

附錄 《荀子·正名篇》疏解

　　——此文根據王先謙《荀子集解》寫成，以備讀者了解荀子之精神。

　　後王之成名：刑名從商，爵名從周，文名從《禮》。散名之加於萬物者，則從諸夏之成俗，曲期遠方異俗之鄉，則因之而為通。散名之在人者：生之所以然者，謂之性；性〔當為生〕之和所生，精合感應，不事而自然，謂之性。性之好、惡、喜、怒、哀、樂，謂之情。情然，而心為之擇，謂之慮。心慮，而能為之動，謂之偽〔同為〕。慮積焉，能習

焉,而後成,謂之僞。正利而爲,謂之事。正義而爲,謂之行。所以知之在人者,謂之知;知有所合,謂之智。智〔衍字〕所以能之在人者,謂之能;能有所合,謂之能。性傷,謂之病。節遇,謂之命。〔節訓「時」或「適」〕。是散名之在人者也,是後王之成名也。

故王者之制名,名定而實辨,道行而志通,則慎率民而一焉。故析辭擅作名,以亂正名,使民疑惑,人多辨訟,則謂之大姦,其罪猶爲符節、度量之罪也。故其民莫敢託爲奇辭,以亂正名,故其民慤。慤則易使,易使則公〔當爲功〕。其民莫敢託爲奇辭以亂正名,故壹於道法,而謹於循令矣。如是,則其迹長矣。迹長功成,治之極也,是謹於守名約之功也。今聖王沒,名守慢,奇辭起,名實亂,是非之形不明,則雖守法之吏,誦數之儒,亦皆亂也。若有王者起,必將有循於舊名,有作於新名。然則所爲有名,與所緣以同異,與制名之樞要,不可不察也。

解曰:此荀子〈正名篇〉之首段,言名凡四類:一爲刑名,二爲爵名,三爲文名,四爲散名,前三類爲歷史文化的,亦屬于典章制度的。「刑名從商」,楊倞注云:「商之刑法未聞。〈康誥〉曰:殷罰有倫。是亦言殷刑之允當也。」「爵名從周,謂五等諸侯,及三百六十官也。」「文名謂節文威儀,《禮》即周之《儀禮》。」(俱楊注文)。言從商、從周、從禮者,即一切典章制度之名,足以綱維人群而爲言行之模型者,皆爲歷史文化之累積而演成,亦即皆在實踐中而成定型也。一成爲定名,即指一定實,是每一名即一

形式也，前人累積而成，後人順之而進，不可隨意妄作也，故有所「從」。蓋名之成，皆有事實以限之，亦即反而相應一事實。惟此典章制度之名，其事實為實踐的事實，在實踐中以成之，即相應一實踐的事實，亦反而為實踐的事實所限也，不能遊離漫蕩也，故有實效性，亦有時效性；實效性言其不離于實踐的事實，時效性言其可循可作，即荀子所謂「有循於舊名，有作於新名」也。荀子言名，賅典章制度之名而言之，即示其心靈之網羅萬有，綜絡百代，兼攝自然與人事，而出之以正名之態度，則在名之指謂下，一切皆為一「客體之有」（objective being），而其心靈即為一「理智的認識之心」也，故彼能盛言禮，彼謂「禮者，法之大分，類之綱紀也。」又曰：「禮者治辨之極也。」故又常言統類，言禮憲，是則每一名（可指典章制度之名言）、每一禮，皆是一典憲也。彼由此雖未走上柏拉圖之言理型，然其路數則近之矣，蓋皆重「客體之有」，而彰著「理智的認識之心」者也。

以上廣泛地言其心靈之形態。

惟屬于名學之名者，則大都不賅歷史文化所演成之典章制度之名，而惟以荀子所說之「散名」為主題，此屬于「自然之實事」也。無論「散名之加於萬物」，或「散名之在人」，皆自然之實事也，故言名理當以此為主。

散名之加于萬物者，荀子謂「從諸夏之成俗」；散名之在人者，則具備若干定義，以明名之所以成，由其定義，即明名之所以成在指示事實之理也，〈天論篇〉亦有若干定義，如：「不為而成，不求而得，夫是之謂天職。〔……〕萬物各得其和以生，各得其養以成，不見其事，而見其功，夫是之謂神。皆知其所以成，莫

知其無形，夫是之謂天功。天職既立，天功既成，形具而神生，好惡喜怒哀樂藏焉，夫是之謂天情。耳目鼻口形能，各有接而不相能也，夫是之謂天官。心居中虛，以治五官，夫是之謂天君。財非其類，以養其類，夫是之謂天養。順其類者謂之福，逆其類者謂之禍，夫是之謂天政。」

由對于每一事能下一定義之心靈，即可開出兩種義理之途徑：㈠順名之所以成即在表示實事之理，則可以言柏拉圖之理型，而建立形式體性學（formal ontology），以貞定經驗之現象。㈡順定義之成一名，而反省定義所以成之手續，則可以發見亞氏之所發現，而言五謂與十疇，此即進入名學之初階矣。然此兩途，荀子皆未作出，而其肇端則近乎此，可以順之而進乎此也。

名理之學，從其發展之迹觀之，可分兩部：㈠概念之分析及概念之形成；㈡推演系統之構造，及其充分形式化之完成。前者，所謂邏輯分析屬焉。後者，則套套邏輯系統屬焉；在邏輯分析中，亞里士多德有五謂十疇之說，萊布尼茲有普遍代數之企圖，有真實定義與名稱定義之別，並謂任何一物，若能予以詳盡之分析，皆可成為清楚而分明之觀念，皆可象之以確定之符號，而明其間之數學關係。其所謂分析，一則函吾人之智或明悟之磨練，二則函由智以燭照事物之內蘊及恆性。清楚而分明之觀念表象上帝，而與感觸性相連之觀念則表象世界，假若吾人常保持其清明之知覺（即主動心子所發之明悟與智力），且有無窮之時間，必能將一切事物盡轉為清楚而分明之觀念；然而吾人之知覺不能常清明，吾人有感觸性故，又不能有無窮之時間，因吾人乃是被造之有限心子故。誰能常清明？惟上帝能之；誰能有無窮之時間？惟上帝有之（實則上帝了解

萬物亦不需時間）。然吾人不可不努力以求之，惟經由耐心之分析，始能接近眞理而表象上帝，此爲智以明物之不可移者。降至近世，羅素順此路而《數學原理》出焉，攜其邏輯分析之術，而類族辨物，可謂深入堂奧，而幾近于來布尼茲理想之實現（指其所夢想之普遍代數言）。荀子茲篇所論，亦屬于此部者，夫析事正名，要必本于三義：㈠剋就經驗事物而爲言，經驗事物不可離也，離則必漫蕩而無足以核限之者。㈡心智必運用于經驗事物，而彰其明悟之用，若離思漫遊，則必落空而不足以正名辨實，亦且必琦辭詭辯，而足以淆亂是非。㈢必將有循于舊名，有作于新名。夫一人之經驗有限，心智有限，而吾人心智之用，又必生息于文化背景之中，無有孤離獨處而盡可以自我作古者也。正名析辭，雖屬名理，儼若與文化之累積無關，而實則天地生之，聖人成之，生死必以禮，即一日不可離乎禮，一日不能無措思言動，即一日不能無是非之形，子不見夫亂世乎？且不必衡之以道德、褒貶以操守，言僞而辯者多矣，攪亂是非者多矣，指鹿爲馬者不可勝數，奸殺淫盜而必曲辯之以理，殺父母鬥兄弟亦有一說。上無禮，下無學，悖亂不可收拾，夫而後知名理律令之不可不守也；生息言動之不可無矩矱也；歷史之成規，積如許聖哲之聰明才智，而磨練以成者，非全無理路也，非盡可擯棄也。千人之英，萬人之傑，其領導生民，以從事人文化成也，皆有現實之甘苦、生活上之鄭重，由之孕育而出者，皆必有當于實事，有契于實理。吾人處書齋之中，遊思暇想，而爲專家之業者，不覺其嚴肅，而忘之矣。夫惟有文化之擔負者，始能見出歷史累積之成規成矩之不可盡廢也，不可不循之而滋長也，不可不循之而改作也，此荀子之所以以「後王之成名」標其篇首也，此爲名

理之文化來歷及文化意義，惟荀子大賢能知之如此其切。以上三義，荀子所具，茲復有一義，荀子所缺，茲補之而為㈣曰：心智之運用，固須限于經驗，亦須遵守邏輯之法則，定名辨實，實物限之，而辨說理道，志達心通，則不能不守律則，同一律、矛盾律、排中律是也，此為西方邏輯所首供，而荀子未能及此，則中國名學中之憾事。夫名理層進，幽深奧遠，然此只示其遠于吾人之感覺，而其自身固無一而不當，徐光啓論幾何曰：「凡人學問，有解得一半者，有解得十九或十一者，獨幾何之學，通即全通，蔽即全蔽，更無高下分數可論。」又曰：「此書有四不必：不必疑、不必揣、不必試、不必改。有四不可得：欲脫之不可得、欲駁之不可得、欲減之不可得、欲前後更置之不可得。有三至三能：似至晦、實至明，故能以其明明他物之至晦；似至繁，實至簡，故能以其簡簡他物之至繁；似至難，實至易，故能以其易易他物之至難。易生於簡，簡生於明，綜其妙，在明而已。」（見《幾何原本雜議》）。善哉斯言，此義雖謂幾何，亦通名理，故治名理者，不患奧遠，而患于詭辯；有名理之思者，不患于晦繁，而患于不守律令；看之似奧遠，因其守律令，則又甚淺顯；看之似晦繁，因其守律令，則又甚明簡。故守名理律令者，決不詭辯以成姦，決不亂是非以作惡；成姦作惡者，必其大悖于名理者也，玩其琦辭，呈其詐巧，以自欺而欺人者也。戰國名家，雖非全無意義，然大體非能進于名理之實者，試與西方邏輯傳統較，即可知矣，故荀子得以發憤作〈正名〉也。以邏輯本質衡之，荀子實具邏輯之心靈，而詭辯之名家不與焉。生命陷溺于現實，墮落于感覺，粗獷淺躁，浮光掠影者，不足與語名理。今世民族生命，墮落已極，故淺躁粗獷之輩，得以攜其

浮光掠影之詐巧，玩弄唯物辯證法，成奸作惡，以惑愚衆，此亦慢
名實、亂是非、不守名理律令者也。以上所言，乃屬于第一部者，
至套套邏輯系統之一部，則尤起腳落腳，不離思想三律，推演系統
之構造及充分形式化之完成，皆賴之而至焉，徐光啓所論之幾何亦
屬于此也，故充分形式化之推演系統，皆必與數學系統爲鄰也，此
則中國之所缺，荀子亦未能企及也，治名理者不至此，不能盡名理
之大觀。邏輯分析一部，則名理之初階，亦名理之體之通于外之綜
和；名之爲初階，則自邏輯學發展之迹而言之，名之爲「名理之體
之通於外之綜和」，則自名理之運用而言之；蓋名理本義，唯在套
套邏輯系統之一部，此所謂充分形式化，而見其自相者也。見其自
相，即見其體，及其運用于經驗事物，而定名辨實、而條理萬物，
則即是「名理之體之通於外之綜和」，亦即所謂邏輯分析也，故邏
輯分析，乃名理之體用合一之學，故能見諸事業、形諸文化，而且
有關于世道之污隆、人心之正邪，此荀子之所深切著明者也。吾人
即依此義而定〈正名篇〉之函義，而亦依此義定其所屬之邏輯分析
之義，而不以邏輯學之初階視之也。

　　下文荀子論所爲有名、所緣以同異、制名之樞要三事。

　　　　　※　　　　　　　※　　　　　　　※

　　異形離心交喻，異物名實玄紐。〔此從王先謙讀，然其解未
當，今作如此解：離或如楊注解爲分離，或解爲附麗。如作
前解，則「異形離心交喻」，意即：異形分離人心而喻解錯
雜，互相出入。如作後解，則爲：異形麗于心而喻解錯雜，

互相出入。下句「玄」字，或如王念孫說，爲互字，其解
曰：「名實互紐即上文所謂名實亂也。」或如郝懿行云：
「玄即眩字，紐系也、結也。言名實眩亂連系交結而難曉
也。」楊注解玄爲深隱，紐解同郝。兩說皆通。改互字，取
其與上句交字爲對，實亦不必如此，因異形麗于心而喻解錯
雜，異物之名實玄惑連系交結而難曉，故有下文云云。〕**貴
賤不明，同異不別。如是，則志必有不喻之患，而事必有困
廢之禍。**

案：言之難曉，志之難喻，無過于今日，成規成矩，盡皆廢棄，知
性上之名理律令，與夫定常座標，皆出之以曲辯而抹殺之，故唯物
辯證法者，可以訴詆形式邏輯，以及其由之以成之思想律；概念皆
有確義，名詞所指之意義皆有定位，而今一切皆悖慢不守，故唯物
辯證法者，得視陰陽電子與數學中之正負號，亦爲辯證法中之正反
矣，亦視之爲辯證的發展矣。夫道有常有變，如邏輯數學，以及內
在道德性，皆恆常不易者也，前兩者屬于知性，所謂智用之定常座
標也；後者屬于人之行爲，所謂秉彝也、良知之天理也，而持唯物
史觀之說者，則皆不能承認之，而必謂其隨社會形態之變而俱變，
皆謂其是上層建築之意識形態也。雖舌敝唇焦，眞理彰明，而彼私
心者仍不承認，縱彼理曲辭窮，而必詭辯以自護，故明明是東，必
曰西；明明是鹿，必曰馬，夫理之明顯而必然不可移者有如此，而
陷溺其心者不敢正視之，不能坦白承認之，則其偏僻邪執之深，亦
可驚矣。汝若說國家，則否認國家；汝若說道德，則唾棄道德；汝
若說文化，則鄙視文化；汝若說父母兄弟，則並父母兄弟而殺之，

而其否認、唾棄、鄙視、殘殺，又皆有其邪僻之理論，此豈非言偽
而辯之流言、奸言而何！

故知者爲之分別，制名以指實，上以明貴賤，下以辨同異。
貴賤明，同異別，如是，則志無不喻之患，事無困廢之禍。
此所爲有名也。

然則何緣而以同異？曰緣天官。凡同類同情者，其天官之意
物也同。故比方之，疑似而通。是所以共其約名以相期也。
〔王念孫曰：約名猶言名約。上文云：是謹於守名約之功
也。〕形、體、色、理以目異；聲音清濁、調竽奇聲以耳異
〔俞樾謂調竽當爲調笑，即談笑也。王先謙謂當爲調節。〕
甘、苦、鹹、淡、辛、酸、奇味，以口異；香、臭、芬、
鬱、腥、臊、洒、酸、奇臭，以鼻異〔王念孫曰：「楊以洒
爲漏之誤是也。余謂酸乃廇字之誤。廇從酉聲，與酸字左畔
相同，又涉上文辛酸而誤也。《周官·內饔》及〈內則〉並
云：牛夜鳴則廇。先鄭司農云：廇朽木臭也。〈內則〉注
云：廇惡臭也。《春秋傳》曰：一薰一廇。鬱、腥、臊、
漏、廇，並見《周官》、《禮記》，則洒酸必漏廇之誤也，
酸亦味也，非臭也。」案：王說是。〕，疾、養、滄、熱、
滑、鈹、輕、重，以形體異〔楊注謂：「或曰滑如字，鈹當
爲鈹，傳寫誤耳，與澀同。」案：此或說是。〕；說、故、
喜、怒、哀、樂、愛、惡、欲，以心異。〔王先謙謂：「說
同悅，故者作而致其情也，與〈性惡篇〉聖人積思慮，習偽
故，以生禮義而起法度，句中之故字同。」案：此說是。〕

心有徵知。徵知，則緣耳而知聲可也，緣目而知形可也。然
而徵知必將待天官之當簿其類然後可也。〔句中天官為五官
亦可。〕五官簿之而不知〔此句中之五官作天官亦可〕，心
徵之而無說，則人莫不然謂之不知，此所緣而以同異也。

案：同異緣天官，天官各依其類而當簿之，同異見焉，當簿其類之
天官，含耳目鼻舌身之五官及心官兩類而言之，五官為外部感覺，
心官為內部感覺；外感給吾人以外部現象，內感則給以心理現象，
各有所「給予」，即荀子所謂當簿其類也。然而心官不只作當簿其
類之一官看，且作為「徵知」看，心之徵知則心之智用也，所謂知
性也，此與給予以悅、故、喜、怒、哀、樂、愛、惡、欲之心官
異，心之智用之徵知運用于天官之當簿其類之所與，而有同異，而
有類名，而類族辨物。

然後隨而命之：同則同之，異則異之；單足以喻則單，單不
足以喻則兼；單與兼無所相避則共，雖共不為害矣。〔案：
單謂單名也，如馬、白等，兼謂複名也，如黃馬、白石等，
單與兼無所相避，言無所不相容也。單兼不亂，而相容不
悖，則共亦不為害，如馬一方為單名，一方亦可為共名；白
馬雖為複名，亦可為共名。單兼皆具體的指謂名也，共則抽
象的普遍名也。〕知異實者之異名也，故使異實者莫不異名
也，不可亂也。猶使異實者莫不同名也。〔案：此句中之異
實當為同實，楊注引或說即作如此解，王念孫亦然其說。如
存異實，其解稍曲，即欲說共名也，楊注如此。〕故萬物雖

眾，有時而欲徧舉之，故謂之物。物也者，大共名也。推而共之，共則有共，至於無共然後止。〔「共則有共」之「有」讀爲「又」，從王念孫說。〕有時而欲徧舉之，〔徧當爲偏〕，故謂之鳥獸。鳥獸也者，大別名也。推而別之，別則有〔又〕別，至於無別然後止。〔案：徧舉之共名，則由單兼名而抽象之，至于普遍名也；偏舉之別名，則由共名而下散之，至于具體之單兼名也。惟此中有別，共名是類名或綱名，別名是族名或目名，單兼名則個體名也。〕名無固宜，約之以命，約定俗成謂之宜，異於約則謂之不宜。名無固實，約之以命實〔王念孫云：實字衍。〕，約定俗成，謂之實名。名有固善，徑易而不拂，謂之善名。〔案：此三層指名本身言，不指名之客觀內容言。又王念孫所謂實字衍，實則在此處亦不必視爲一定。而上句名無固宜，約之以命，亦可爲「約之以命實」也。〕物有同狀而異所者〔謂兩相同之物，而空間地位不同者〕，有異狀而同所者，〔謂同一物而變化其狀者，如一人之老幼〕，可別也。狀同而爲異所者，雖可合，謂之二實。狀變而實無別，而爲異者，謂之化；有化而無別，謂之一實。〔案：一實一對象也，異狀而同所，同所亦可解爲一個對象；同狀而異所，異所謂兩實，即兩個對象也。〕此事之所以稽實定數也。〔案：數亦爲一種類名，故注重物之同所異所、一實二實，而不注重其狀之同與異也。上言單、兼、共、別，是指性質言，今則指量言，故爲數名也，故云稽實定數。亞氏邏輯重質名，羅素《數學原理》則論數之類名，即量名，由量名而至關係名，

此為荀子所未及。有「實謂」之名，不過質、量、關係三類，握其樞要，則名理可得而言矣。〕**此制名之樞要也，後王之成名，不可不察也。**

解曰：限于經驗，運用心智，則制名之本源也；兼、單、共、別，則依抽象原則而制質名也，此制名之樞要也；稽實定數，則依一所二所之數量原則，而制量名也，此制量名之樞要也；名無固宜，名無固實，則依約定原則而命名也，此命名之樞要也；惟此是指命名取名而言，非指名之意指，及其客觀內容而言也，其意指與客觀內容，則非約定所可命也，有固宜有固實矣。由量名、關係名，而定數名，則有兩部可言：㈠數及數式自身之形成，此則依先驗主義而純邏輯地構造之也，此為論數學之自性。㈡數學自性之通于物之綜和，此則依邏輯分析而稽實定數也，定數者定「實」之數也，此為數學之應用，亦即論其他性。荀子所略及者屬于此第二部也，未能至于第一部也。關此兩者，西哲獨具匠心，康德《純理批判》、羅素《數學原理》（與懷悌海合著者），可細讀也。杜威《邏輯》（亦名《研究論》）亦可觀也（此書論名及辭或命題皆極佳，于數名亦有獨到處）。然彼等雖理論壯闊，極技巧之能事，而于理之分際亦多未能盡恰，吾《邏輯典範》頗思有以獻芻蕘之議，而將極成其一得之愚于《認識心之批判》。夫名數之學（各有兩部），乃所以窮盡知性之能，光照外物之性（即自然界）者也，磨練認識之主禮，貞定外在之自然，莫過于此者。故在知性活動，必尊名崇數，而名數者，亦所以成就知性活動也，此為積極而建構者，故科學由之而成。凡知性活動之範圍，無不由之而定、而成也，是故人心之

知性活動，亦為積極而建構者，故必尊乎名數，而又攝乎名數于其自身也，學不至乎此，不足以語于形上之充實；學不經乎此，不足以語于越乎此；舉凡形下之成就，皆賴乎此也。而或于知性活動，不限之于經驗，不遵守乎名數，宜其玩琦辭，逞怪說，而流于詭辯也。此戰國名家之所為也，所以見斥于荀子也（見下文辨三惑）。又或于知性活動，不守名數，不成科學，而將越乎知性之精神發展之辯證法則，用之于知性之範圍，套之于外物之變動，隨意指名以正反，姑妄言之以辯證，移入情感，譬況解頤，朝三暮四，顛倒惑亂，藉以欺惑愚眾，堵塞慧根，此今日持唯物辯證法論者之罪也。故正名當分兩層：㈠知性範圍內，㈡越乎知性之實踐理性（即精神發展）範圍內。荀子所作者，屬第一層也；至第二層，則所以斥唯物辯證法之妄也，此今日之事也。夫名數之學，在彼西方如是其廣大，而在中土則如是其式微，荀子者，不可謂非鳳毛麟角也，其為特出，非謂其于名數之學，有若何之成就，乃謂其心靈與路數，乃根本為名數的也，故其不觸則已，一經觸及，便中肯要，而于名數之學之文化意義，輒能卓然識其大；于其于心智運用中之成就，輒能知其當；反覆言之，而不覺其辭之複（此如其雅言統類，雅言禮義之統、分位之等，善言禮與制、法之大分、類之綱紀等，此雖不是名數本身事，然而實是名數的，實是名數心智運用之所函，運用于政治人文之所函，其正面學術大義，吾已言之于〈荀學大略〉中。）于其所形成之心智之了解與規定，輒能順其理之必然而保持其系統之一貫。（此如其以心治性，心為認識的、明辨的心，而非形上的心，由「智」識心，不由「仁」識心，故與孟子絕異；而又以生理的自然定性，故主性惡，天與性俱是不事而自然，俱是被治

者，故主天生人成。人成即以心之明辨，制體明分，藉以治性而化
成之，故主人爲；而是非善惡之標準，則在客觀之統類——禮義之
統——此大君子、雅、儒、大儒、聖王以其心之明辨之所形成者。
凡此一串推理，皆爲認識心之所必函，故其所見之心爲名數的，亦
因而即爲認識的。彼正面學術雖不在名數，然正爲名數之心之所
函，而〈正名篇〉之論及名數，實即分明點出此心之爲名數的心，
由此而滋長增上，即可開出全部名數學，而亦必攝名數學于名數
心，即知性活動也。惜荀子只于〈正名篇〉開其端，未能如亞里士
多德之造其模，而後人亦無有能順之而前進者。）此種心靈不可謂
非建構的也，而詭辯名家卻未必眞爲名數之心靈。（公孫龍子有其
價值，然不及荀子靈魂之偉大遠甚。）夫荀子不解孟子無傷也，後
人觀之，則正見其相反而相成。（宋、明儒者因種種因緣，不識荀
學之價值，因而亦不及孟、荀之綜和。）無知性活動之積極建構
性，不能語于形上的心之充實；無形上的心以爲本，則知性之成就
不能有最後之歸宿，此所謂孟、荀之相反相成之綜和也。

> 「見侮不辱」、「聖人不愛己」、「殺盜非殺人也」，此惑
> 於用名以亂名者也。驗之所以爲有名〔以字衍〕，而觀其孰
> 行，則能禁之矣。

案：荀子名此種怪說奇辭爲惑于用名以亂名，楊注云：「言此三
者，徒取其名，不究其實，是惑於用名以亂正名也。」此三句中，
唯「殺盜非殺人」一句，類乎用名以亂名。「見侮不辱」及下文
「情欲寡」，皆宋鈃之說，荀子〈正論篇〉末對此兩說皆有批評，

又〈非十二子篇〉云：「不知壹天下，建國家之權稱，上功用，大儉約，而僈差等。曾不足以容辨異，縣君臣。然而其持之有故，其言之成理，足以欺惑愚衆，是墨翟、宋鈃也。」〈天論篇〉末又云：「墨子有見於齊，無見於畸；宋子有見於少，無見於多。」又云：「有齊而無畸，則政令不施；有少而無多，則群衆不化。」是則見侮不辱、情欲寡一類，乃是「見」之問題。彼依其所見，而爲某義，而持某說，于事理有當否，能極成否，固有可得而議者，然此似非邏輯之問題，故不能以「用名以亂名」概括之也。〈非十二子篇〉，墨翟、宋鈃並稱，可見是思想問題，非名理問題也。「聖人不愛己」亦是一見，看如何解耳。凡此，自可遵守名理以辨之，然非關用名以亂名也。至「殺盜非殺人」，則類乎「用名以亂名」之詭辯，夫名者，本在期實喻志，今若如「殺盜非殺人」一句之義，則將任何命題不能說也，任何名不能用也，任何概念不能有肯定之連結也。凡事皆可散之而予以專名，若只有專名，則個個相非，任何話不能說。名不能用，實不能期，志不能喻，等于名之否定，此即所謂「用名以亂名」也，荀子所謂琦辭怪說，大抵指此類而言之，故〈非十二子篇〉云：「不法先王，不是禮義，而好治怪說，玩琦辭，甚察而不惠〔王念孫云：惠當爲急之誤〕，辯而無用，多事而寡功，不可以爲治綱紀。然而其持之有故，其言之成理，足以欺惑愚衆，是惠施、鄧析也。」此種詭辯家，或用名以亂名，或用名以亂實（見下），非可語于名理之學也。

「山淵平」、「情欲寡」、「芻豢不加甘，大鍾不加樂」，此惑於用以實以亂名者也。驗之所緣無以同異〔無字衍〕，

而觀其孰調，則能禁之矣。

案：山淵平，即《莊子‧天下》篇所記惠施「山與澤平」一句，情欲寡為宋子說，後兩句為墨子說。楊注解云：「古人以山為高，以泉為下，原其實亦無定，但在當時所命耳，後世遂從而不改。亂名之人，既以高下是古人之一言，未必物之實也，則我以山泉為平，奚為不可哉？古人言情欲多，我以為寡，芻豢甘，大鍾樂，我盡以為不然，亦可也。此惑於用實本無定，以亂古人之舊名也。」案：此解稍籠統，用實以亂名，亦可以是名理問題，亦可以是根乎玄覽而來的形而上學的見地問題；依乎後者，其根本意思是在：在現象方面，凡所用名言以及名言所指之事實，皆係相對者。從名言方面說，其相對為約定俗成；從所指之事實方面說，其相對為相依相待而然，本無絕對之是，知乎此，則根乎玄覽而泯其相對之別無不可，一切顛倒之亦無不可也，山淵平即此類也，《莊子‧齊物論》及〈秋水〉篇「以道觀之，物無貴賤」一段，皆甚宣揚此理，將吾人日常生活，或現象方面，或理解活動中，所使用以及所成者，皆予泯除，或顛倒之，此無異于破壞之，故類乎用實以亂名也。但另一方面，其所用之實，乃根乎玄覽觀點而見之實，則又與名理所控制之實，或作為知識對象之實，其意甚不同，故立于名學立場，而謂之為用實以亂名，與彼用名以亂名，及用名以亂實者，視之為同層，則嫌不類而昧乎玄理矣。芻豢不加甘，大鍾不加樂，如解為大甘不甘、大樂不樂之意，如《老》、《莊》書中所雅言者，亦係以絕對泯相對；如提倡儉德，則屬別義，如孔子所說：「禮云禮云，玉帛云乎哉？樂云樂云，鍾鼓云乎哉？」則又另一義。若在通常，

如說芻豢不甘，則非生理有病，即是不合事實；如說大鍾不樂，則非其聲刺耳，即是耳官有病，要之，皆非有關于亂名也。茲就大甘不甘、大樂不樂之意而言之，視其與「山淵平」為同類，須知凡為此義者，必須有見于「絕對」之切實義，亦必須肯定知性活動之積極性，方可言之有義蘊。從相對以見絕對，以絕對消融相對，皆非玩弄名詞之戲論，不知知性之積極性，不能知越乎知性者之充實性，而越乎知性之絕對，若不能由實踐理性而契之，由精神發展而透露之，則亦不能見其真實義與嚴肅義，故精乎此義者，在西方，唯黑氏學；在中土，唯儒家。佛家言真諦、俗諦，亦能分際不亂，而又本乎「修止觀」之實踐，故亦真實而切實，不至于流而玩也。惟老、莊則處于觀論之立場、玄覽之態度而言之，始至于流而玩，所謂玄談也。《道德經》中之老子，則較質實。其近乎權術者、世故者，則下流矣。莊子則流玩玄談意味重，而其背後之精神，則為虛無之蒼涼之感，此則由諷誦其無端崖之辭即可見者。（魏晉人同此一病態。）以其不本于仁也，不本于實踐理性、精神發展也，故只見為浮薄之理智遊戲，而不見其真實之嚴肅義。若是流于名家而以詭辯出之，則除玩琦辭、治怪說、攪亂名實外，無他意味可言也。自此而言，則是名理問題；自老莊而言，則不是名理問題也。荀子于此兩者不清，以其不能至知性活動以上也，又不能將屬于名理之詭辯者，與屬于學說者分別開，故純以亂名實而斥之，有不恰也，然其主要所斥者，固在治怪說、玩琦辭之名家也。

> 非而謁，楹有牛，馬非馬也，此惑於用名以亂實者也。驗之名約，以其所受，悖其所辭，則能禁之矣。

案：楊注云：「非而謁，楹有牛，未詳所出。」《莊子・天下》篇記惠施中亦無此兩句。馬非馬，即公孫龍子白馬非馬之說，若依個體名、目名、綱名而言之，說白馬非馬亦可，《公孫龍子・白馬論》即如此解說也，白馬為個體，馬為類名。公孫龍子固說，呼白馬，則黑馬不能應；呼馬，則白馬、黑馬皆可應，此意顯然含有個體名與類名之別，然亦顯然函有白馬、黑馬皆是馬也，區別白馬名與馬名不同可，而藉以謂白馬非馬不可也。亞里士多德善言個體綱目，不聞其有白馬非馬之怪論也。惟公孫龍子「白馬非馬」一語，亦是冤獄，蓋依其解說，此中「非」字並不是否定「白馬是馬」之否定，而此語亦不是否定「白馬是馬」之否定命題，其「非」字之意，蓋只是明兩概念之不同；若依此不同解，則不應造成「白馬非馬」一命題，尤不應由此而號于衆曰：吾可以主張白馬非馬也。若彼有此意，則不是冤獄，實應負治怪說、玩琦辭之罪；若彼無此意，只是措辭不盡或不恰，則是冤獄。而他人由其此語而單提之，視為一否定命題，亦只是誤會，縱彼此語實易至此誤會，亦仍是誤會，而可謂嫌疑犯也。今若視為一否定命題而為怪說琦辭，則即為用名以亂實，總因公孫龍非一健全之邏輯心靈，而不能成其大，若如亞里士多德之治名理，則何至有此乎？故名數之學非易事也，若無莊嚴高貴之靈魂，亦不能有所成。

凡邪說辟言之離正道而擅作者，無不類於三惑者矣。故明君知其分而不與辨也。夫民易一以道，而不可與共故，故明君臨之以勢，道之以道，申之以命，章之以論，禁之以刑，故其民之化道也如神，辨埶惡用矣哉！〔盧文弨曰：辨埶當為

辨說之訛。〕今聖王沒，天下亂，姦言起，君子無勢以臨之，無刑以禁之，故辨説也。

實不喻然後命，命不喻然後期，期不喻然後説，説不喻然後辨。故期、命、辨、説也者，用之大文也，而王業之始也。名聞而實喻，名之用也。累而成文，名之麗也。〔麗同儷，配偶也，纚纚相屬也，非華麗之麗。〕用麗俱得，謂之知名。名也者，所以期累實也。〔楊注云：或曰，累實當爲異實。〕辭也者，兼異實之名以論一意也。〔王念孫云：「論當爲諭，字之誤也。」案：辭即命題，兼異實而成一辭。〕辨説也者，不異實名，以喻動靜之道也。〔楊注云：「動靜，是非也。」案：「不異實名」，楊注解爲：「言辨説者，不唯兼異常實之名，所以喻是非之理。」其意不明。「不異實名」似當作「不二實名」解，不二即「法不二後王」之不二，言不歧離于後王也、不歧異于于後王也，此不異實名，亦即不歧離或不歧異于實名。名家之詭辯，正是歧異于實名，故流于怪説琦辭而亂名，非眞辨説也。故眞辨説，當爲不離實名，以喻是非之道。〕期命也者，辨説之用也。辨説也者，心之象道也。心也者，道之工宰也。道也者，治之經理也。心合於道，説合於心，辭合於説，正名而期，質請而喻，〔王念孫云：質，本也，請讀爲情，情，實也。言本其實而曉喻之也。〕辨異而不過，推類而不悖。聽則合文，辨則盡故，以正道而辨姦，猶引繩以持曲直。是故邪説不能亂，百家無所竄。有兼聽之明，而無奮矜之容；有兼覆之厚，而無伐德之色。説行，則天下正。説不行，則白

道而冥窮，是聖人之辨說也。〔俞樾曰：窮讀為躬。白道而冥躬者，謂明白其道而幽隱其身也。〕《詩》曰：「顒顒卬卬，如珪如璋，令聞令望。豈弟君子，四方為綱。」〔《詩‧大雅‧卷阿》之篇。〕此之謂也。

辭讓之節得矣，長少之理順矣。忌諱不稱，袄辭不出。以仁心說，以學心聽，以公心辨。〔案：此三語見出荀子靈魂之高。〕不動乎眾人之非譽，不治觀者之耳目，〔王念孫曰：治當為冶字之誤。〕不賂貴者之權勢，不利傳辟者之辭，故能處道而不貳，吐而不奪〔俞樾曰：吐當為咄，形似而誤。……咄者詘之假字。……言雖困詘而不可劫奪也〕，利而不流，貴公正而賤鄙爭，是士君子之辨說也。《詩》曰：「長夜漫兮，永思騫兮，大古之不慢兮，禮義之不愆兮，何恤人之言兮。」〔逸詩也〕此之謂也。

解曰：天下亂，姦言起，邪說僻辭，流湎無窮，或用名以亂名，或用實以亂名，或用名以亂實；名實亂，一切皆乖，三亂惑天下，故須辯說也。荀子〈非相篇〉云：「法先王，順禮義，黨學者，然而不好言，不樂言，則必非誠士也。」孟子亦曰：「予豈好辯也哉！予不得已也。」不得已者何？仁心之不容已也。非誠士，則無仁心也，故辯說根于仁，故荀子曰：「以仁心說，以學心聽，以公心辨。」說之根于仁之不容已，故能聽之以謙虛；虛者所以喻他人之志，知其是非之何所在，而期委曲以引轉之也。孔子曰：「有鄙夫問於我，空空如也。我叩其兩端而竭焉。」（〈子罕〉第九）俯就而聽之，方能同情而解之，故其于辯也，自能公而無所私。公者，

仁心、學心之所透示也，仁自能虛而公，故仁為本也。佛家說，以大悲心轉大法輪，仁心而說，悲憫之懷也。凡邪說流言，皆出于私也，辯說之不以仁，不能動其良知之覺也。仁為辯說之大本。

其次則以智，《荀子·大略篇》曰：「智者明於事，達於數。」又曰：「語曰：流丸止於甌臾，流言止於智者。此家言邪學之所以惡儒者也。是非疑，則度之以遠事，驗之以近物，參之以平心。流言止焉，惡言死焉。」截斷衆流，整齊惑亂，自悟悟他，拔邪去毒，此智光之普照也，佛家言四無礙：一曰法無礙，二曰義無礙，三曰辭無礙，四曰辯無礙，皆智之事也。陸象山曰：「凡有虛見虛說，皆來這裡使不得，所謂德行常易以知險，恆簡以知阻也。今之談禪者，雖為艱難之說，其實反可寄託其意見。吾於百衆人前，開口見膽。」（〈語錄上〉）開口見膽，故流言止焉，惡言死焉；虛見虛說，皆無所逃其形也。孟子曰：「詖辭知其所蔽，淫辭知其所陷，邪辭知其所離，遁辭知其所窮。」（〈公孫丑上〉）此皆智之事也。智之用，一在守名理，二在明層次。知何者屬于知性，何者屬于超知性；在知性範圍內，邏輯、數學其大規範也，故不得用名以亂名、用名以亂實，琦辭怪說之詭辯，可得而廓清也。超知性，則實踐理性其主也，精神發展其蘊也。知乎此，則辯證法則不得用于知性，反正不得施于經驗對象，而唯物辯證法論者之攪亂範圍、朝三暮四、敗壞名理（兼形式邏輯與辯證邏輯兩者而言）以欺惑愚衆，可得而廓清也。守名理，明層次，則理性之全部系統明白而無隱，智用之辨說可觸處而無礙，而邪惑迷亂者，亦可以在光明之下而潛消，此智之全體大用也。故智之用一為批判，一為建構；批判者，釐清範圍，摧邪顯正；建構者，彰顯統系，一體平

鋪。由批判而顯建構，即所以彰顯理性之全部系統也，故學問之事，仁且智盡之矣。《論語》：「樊遲問仁。子曰：愛人。問知，子曰：知人。樊遲未達。子曰：舉直錯諸枉，能使枉者直。樊遲退。見子夏曰：鄉也，吾見於夫子而問知。子曰：舉直錯諸枉，能使枉者直。何謂也？子夏曰：富哉言乎！舜有天下，選於眾，舉皋陶，不仁者遠矣。湯有天下，選於眾，舉伊尹，不仁者遠矣。」（〈顏淵〉第十二）孔子只說「舉直錯諸枉，能使枉者直」，便仁智雙彰，故子夏贊之曰富哉言乎。仁能生智，智能利仁；金聲而玉振，終始其條理，故能集大成也。（孟子言：「始條理者，智之事也；終條理者，聖之事也。智譬則巧也，聖譬則力也。由射於百步之外也，其至爾力也，其中非爾力也。」〈萬章下〉此聖智並言。）

仁且智，則大勇生焉，浩然之氣至焉，故殿之以勇。荀子曰：「不動乎眾人之非譽，不治觀者之耳目，不賂貴者之權勢，不利傳辟者之辭。」此即勇也。孟子曰：「我知言，我善養吾浩然之氣。」知言智也，浩然之氣大勇也，故曰：「其為氣也，至大至剛，以直養而無害，則塞於天地之間。其為氣也，配義與道，無是餒也。是集義所生者，非義襲而取之也。行有不慊於心，則餒矣。」勇有四相：㈠壁立千仞，不可搖撼。此即不動乎眾人之非譽。㈡殺身成仁，捨生取義。此即「自反而縮，雖千萬人，吾往矣。」義之所在，決不退縮。㈢不恐懼，無顧慮。此即敢為真理而說話，近人並非真無是非，只因忌諱顧慮太多，遂閉悶而不敢言，馴至委曲真理而走邪，此即為恐懼所威脅，而無宣說真理之自由也，此種不自由，最為痛苦，故免于恐懼之自由，實為人類最高之

自由。今中國人方爲蘇俄共黨所挾持，正陷于恐懼中而不能自拔，此一般人之無勇也。故大勇者，必須先自解脫于恐懼，自由自在，無怖無畏；從容而言，平心而辯。自解于恐懼，乃爲最高之德慧，耶穌曰：「不要怕，只要信。」佛家亦言十力無畏。孔子畏于匡，亦曰：「匡人其如予何。」又曰：「不怨天，不尤人，下學而上達，知我者其天乎。」是則自信自肯，一理平鋪，更無走作，故能自由自在，無怖無畏也。自己先免于恐懼，然後方能爲蒼生作主，解除一般人之恐懼。㈣遷善改過，敢于面對眞理。佛言：聞大法而無怖畏，此即勇于接受眞理也。一般人安于小成，而不思進取，無勇也。安于小成，即陷溺于小成，此亦是過；陷溺于過，故怖畏眞理。怕改過與怕眞理是一事，陷溺于邪說流言之中，而不能自拔，亦是無勇，故見眞理而多方迴避，于己之邪謬而多方曲辯，此種怯懦，名曰自甘墮落，故孔子曰：「過則毋憚改。」又稱顏子曰：「不遷怒，不貳過。」荀子亦曰：「君子之學如蛻，幡然遷之。故其行效，其立效，其坐效，其置顏色、出辭氣效。無留善，無宿問。」（〈大略篇〉）。人須自解于恐懼，亦須自解于陷溺，怕改過、怕眞理亦不自由也。

　　吾疏解〈正名篇〉如上，原文此下尙有數段，以與名理無關，故略。

牟宗三先生全集②

才性與玄理

牟宗三　著

《才性與玄理》全集本編校說明

莊耀郎

　　牟宗三先生撰寫《才性與玄理》，始於1959年他任教東海大學之時。是年起，他陸續發表了下列諸文：

〈《人物志》之系統的解析及其論人之基本原理〉，《民主評論》第10卷第15期（1959年8月5日）。

〈魏晉名理正名〉，《新亞書院學術年刊》第2期（1960年9月）。

〈魏晉名士及其玄學名理〉，《人生雜誌》第21卷第3/4期（1960年12月16日/1961年1月1日）。

〈王弼玄理之易學〉，《民主評論》第12卷第1期（1961年1月5日）。

〈王弼易學之史跡〉，《人生雜誌》第21卷第7/8合期（1961年2月16日）。

〈向、郭之注莊〉，《民主評論》第12卷第5－7期（1961年3月5日/3月20日/4月1日）。

　　這些論文於1962年4月輯印成《魏晉玄學》一書，共計六章，由東海大學出版。其中，〈王弼易學之史跡〉易名為〈王弼易學之史跡及易學三系〉，〈《人物志》之系統的解析及其論人之基本原

理〉易名為〈《人物志》之系統的解析〉，其餘各篇之篇名不變。

在發表了上述諸文之後，牟先生又陸續發表下列諸文：

〈王充之性命論〉，《人生雜誌》第21卷第10/11期（1961年4月1/16日）。

〈阮籍之風格〉，《民主評論》第13卷第14期（1962年7月20日）。

〈自然與名教：自由與道德〉，《民主評論》第13卷第16期（1962年8月20日）。

〈《才性與玄理》自序〉，《人生雜誌》第24卷第9期（1962年9月16日）。

1963年9月牟先生任教於香港大學時，將《魏晉玄學》擴充為十章，更名為《才性與玄理》，由香港人生出版社印行，1970年6月再版。第三版於1974年10月改由臺灣學生書局出版，但版面未作更動。《才性與玄理》將原先的〈王弼易學之史跡及易學三系〉一章併入〈魏晉名士及其玄學名理〉，成為該書第三章第四、五節。所增加的五章包括上列的〈王充之性命論〉與〈自然與名教：自由與道德〉二文及另外撰寫的〈王弼之老學：王弼《老子注》疏解〉與〈嵇康之名理〉。〈阮籍之風格〉一文則擴充為第八章〈阮籍之莊學與樂論〉。

1975年11月，臺灣學生書局再度重印此書。1978年10月第三度重印時，牟先生修訂了第五章〈王弼之老學〉第131至133頁及第136至137頁的一段文字（頁碼未變更）。由於這些修改牽涉到牟先生對《老子》首章的詮釋方向之轉變，特錄之於後，以供讀者參考：

王弼似見出此中之糾纏。故不直解作「無名」是天地之始，「有名」是萬物之母。而以始與母爲道之異名，皆指道而言。其意似是：道於「未形無名之時，爲萬物之始」，於「有形有名之時，則長之育之，亭之毒之，爲其母也」。故云：「言道以無形無名始成萬物。」道自是無形無名。然注中「未形無名之時」指什麼說？「及其有形有名之時」，「其」字指誰說？自不會指道說。若說道有「未形無名之時」，又有「有形有名之時」，則在義理上不可通。故此兩句似是指天地萬物說。言無形無名之道既於萬物「未形無名之時」，始萬物，又於萬物有形有名之時，終萬物。自其「終萬物」言，則謂之母。自其「首萬物」言，則謂之始。故下文注云：「在首，則謂之始。在終，則謂之母。」依此解，則經文似當爲：「無名時，道爲天地之始。有名時，道爲萬物之母。」須加「時」字，並須補一「道」字爲主詞。而無名時、有名時，則指天地萬物說。如是，不直接自「無名」成立「無」一概念，即，以「無」爲道，以爲天地之始，而「道」須外補，落在經文以外。當然亦不自「有名」形成「有」一概念，以爲萬物之母。有形有名之時即「物」也。如是，有與物爲同一，並無分別。結果，只是有（物）與外補之道（無）之兩層。而始與母亦皆指道而言也。「有」以道爲始，亦以道爲母。有而未有（即未形無名之時），則道爲其始。此亦「凡有始於無」之意也。（「有生於無」亦此意。）有而既有（即有形有名之時），則道「長之育之，亭之，毒之，爲其母也」。此即「天下萬物生於

有」一句之意。但「物生於有」，與「有生於無」兩句中之「生」字卻不相同，因此，此兩句之解法亦不一律。四十章中此兩句之注云：「天下之物，皆以有爲生。有之所始，以無爲本。將欲全有，必反於無也。」依此注，「物生於有」，並不是「出於有」，以有爲母。而是「以有爲生」，將「生」之「出自」義完全轉化而爲「物之自生」義，即在有形有名之「有」的範圍內以成其實際之生長也。此顯與下句「有生於無」之解法不同。兩句句法既同，其句意亦當一律。然因不以有爲母，遂有不同之解法，而句意亦不一律矣。故有與物分開，而以有爲母，以無爲始，亦未見得必非老子原有之意，而亦未嘗不可以義理通之也。然而王弼卻以爲此似不可解。故王弼之解法，其所以致成亦煩者，關鍵即在「有名，萬物之母」一句也。

「有名是萬物之母」，王弼似以爲不可解。故以母與始俱歸之於道，而於「無名」、「有名」俱加「時」字。然其〈老子微旨例略〉云：「夫物之所以生，功之所以成，必生乎無形，由乎無名。無形無名者，萬物之宗也。」而《老子》十四章：「能知古始，是謂道紀。」注亦云：「無形無名者，萬物之宗也。」如是，則「無名，天地之始」，意即「無名爲天地之始」。「無名」即「無形無名者」，而非「未形無名之時」也。然則「有名，萬物之母」即解爲「有名爲萬物之母」豈不一律而甚順乎？然王弼於此卻覺其很難索解。「未形無名之時」尚可通於「無形無名」之道以爲天地之始，然「有形有名之時」卻不能即說有名（或「有」）

爲萬物之母。癥結即在此。故遂於「無名」、「有名」，俱加「時」字，而始與母又俱歸之於道也。

　　王弼此解有利有弊。利在始母俱自道言，不背常情。弊在加「時」字，補「道」字，而「天下萬物生於有」之解法亦不通順。若提出另一解法，則須解答上列兩問題。此須有新義理以通之。而亦期不背老子之大義。此另一講法，俟專講老子時爲之。本文以疏解王注爲主。（以上爲原版頁131-133）

　　案：王注以「兩者」指始與母言。始與母爲道之異名。「在首，則謂之始。在終，則謂之母。」謂之始，道之妙也。謂之母，道之徼也。彼既不以有爲母，故「兩者」指始母言，不指有無言。實則經文顯指有與無而言也。故提出另一種解析，確爲必須。始與母是道關聯著萬物所顯之義用。道有兩相：一曰無，二曰有。無非頑空，故由其妙用而顯向性之有。有非定執，故向而無向，而又不失其體。自其爲無言，則謂之始。自其爲有言，則謂之母。實則有無渾圓爲一。渾圓爲一，即謂之玄。有無之異名是由渾圓之一關聯著始物終物而分化出。故曰「同出而異名」也。自其同出，則復渾圓以觀之，則即爲玄矣。故曰：「同，謂之玄」也。此解自可通。王注不解「有名萬物之母」句，故不以有無言，而以始母言，則迂曲而歧出矣。將有推向物邊，同一於萬物，遂謂道於無名時，爲天地之始，於有名時，爲萬物之母。始母同屬於道（無），故此注遂以「兩者」爲始與母也。而不知道

之終物之徼即「有」也。如知之，則有自提升於無，而與物有別，自可為其母也。如是，則「有名萬物之母」，無論「有」讀，或「有名」讀，「有之為母」義自可通。（提升於無而為無之「向性之有」，既有，則有名矣。然而「有」非具體存在之殊物也）。不必解為「有名時」、「無名時」，道為萬物之始母也。吾人由王注之道之始物之妙與終物之徼，即可開出一義理之途徑，以衝破其對於「無名天地之始，有名萬物之母」兩句之注解也。

無論「兩者」指始與母言，抑或指有與無言，而王注解「同、謂之玄」，則不誤也。此下即著實解「玄之又玄」義，由之以盛發「名號」與「稱謂」之不同。此可視為王弼玄理中之名理也。（以上為原版頁136-137）

本書之編校工作以1993年2月修訂八版（臺七刷）為依據。凡文字校訂有訛誤之處，均直接修改，不另註明。

三版自序

　　此書除疏通人性問題中「氣性」一路之原委外，以魏晉「玄理」爲主。魏晉所弘揚的玄理就是先秦道家的玄理。玄理函著玄智。玄智者道心之所發也。關於此方面，王弼之注《老》、向秀郭象之注《莊》發明獨多。此方面的問題，集中起來，主要是依「爲道日損」之路，提煉「無」底智慧。主觀的工夫上的「無」底妙用決定客觀的存有論的（形上學的）「無」之意義。就此客觀的存有論的「無」之意義而言，道家的形上學是「境界形態」的形上學，吾亦名之曰「無執的存有論」。此種玄理玄智爲道家所專注，而且以此爲勝場。實則此種工夫上的無乃是任何大敎、聖者的生命，所不可免者。依此而言，此亦可說是共法。依此，魏晉玄理玄智可爲中國吸收佛敎而先契其般若一義之橋樑，此不獨是歷史的機緣，暫作比附，而且就其爲共法而言，儘管敎義下的無與證空的般若各有其敎義下的專屬意義之不同，然而其運用表現底形態本質上是相同的。是以僧肇得用老莊詞語詮表「不眞空」與「般若無知」而亦不喪失其佛家之立場而爲「解空第一」也。直至禪宗，仍然還是「即心是佛，無心爲道」。夫「無心爲道」，就佛家言，即般若也；就道家言，即主觀工夫上的無以呈現玄智也。吾人不能說佛家的般若

智來自魏晉玄學，當然亦不能說道家的玄智是藉賴佛家的般若而顯發。這只是重主體的東方大敎、聖者的生命，所共同有的主觀工夫上的無之智慧各本其根而自發。

　　不獨就道家與佛敎言是如此，即就道家與儒家言亦是如此。儒聖亦不能違背此主觀工夫上的無之智慧，儘管他不只此，因爲他正面還講仁。然而仁之體現豈能以有心爲之乎？儘管他不欲多言，然而並非無此意。此則周海門已知之矣。是故自陸象山倡言心學起，直至王陽明之言「無善無惡心之體」，乃至王龍溪之言「四無」，皆不免接觸「無心爲道」之理境，即自主觀工夫上言無之理境。此非來自佛老，乃是自本自根之自發。此其所以爲聖者生命之所共者。若不透徹此義，必謂陸王是禪學，禪之禁忌不可解，而「無善無惡」之爭論亦永不得決，此非儒學之福也。

　　讀此書者若眞切於道家之玄理玄智，則最後必通曉其爲共法而無疑。如是，則禁忌可解，而又不失各敎之自性。若不眞切，而視爲浮智之玩弄字眼，則是自己之輕浮，必不能眞切於聖者生命之體用也。夫立言詮敎有是分解以立綱維，有是圓融以歸具體。「無」之智慧即是圓融以歸具體也。爲有聖者之生命而不圓融以歸具體者乎？分解以立綱維有異，而圓融以歸具體則無異也。此其所以爲共法。吾初寫《才性與玄理》，繼寫《心體與性體》，最後寫《佛性與般若》，經過如此長期之磨練，乃知義理之脈絡與分際自爾如此，故敢作如此之斷言，非如蟲蝕木，偶然成字也。今乘此書三版之便，略陳此義於此以利讀者。

中華民國六十三年八月 牟宗三 序於九龍

序

　　吾寫《歷史哲學》，至東漢末止。此後不再就政治說，故轉而言學術。階段有三：一曰魏晉玄學，二曰南北朝隋唐之佛教，三曰宋明儒學。此書顏曰「才性與玄理」，即寫魏晉一階段也。

　　中國晚周諸子是中國學術文化發展之原始模型，而以儒家為正宗。此後或引申或吸收，皆不能不受此原始模型之籠罩。引申者固為原始模型所規範，即吸收其他文化系統者，亦不能脫離此原始模型之籠罩，復亦不能取儒家正宗之地位而代之。

　　秦以法家之術統一六國。西漢是繼承儒家而發展之第一階段。至乎魏晉，則是道家之復興。道家玄理至此而得其充分之發揚。王弼、嵇康、向秀、郭象，其選也。適於此時而有印度佛教之傳入。道家玄理之弘揚正是契接佛教之最佳橋樑。亦因此而拉長中國文化生命歧出之時間。所謂歧出是以正宗之儒家為準。文化生命之歧出是文化生命之暫時離其自己。離其自己正所以充實其自己也。魏晉南北朝隋唐七八百年間之長期歧出，不可謂中國文化生命之容量不弘大。容量弘大，則其所弘揚所吸收者必全盡。全盡必深遠。全盡而深遠之弘揚與吸收，其在自己之文化生命中所引起之刺激與浸潤亦必深刻而洽浹。文化之發展不過是生命之清澈與理性之表現。故

在歧出中其所弘揚與吸收者皆有助於其生命之清澈與理性之表現。故此長時期之歧出，吾亦可曰生命之大開。至乎宋明，則為中國文化生命之歸其自己，而為大合。故宋明儒學是繼承儒家而發展之第二階段。至乎今日而與西方文化相接觸，則亦將復有另一大開大合之階段之來臨。此中國文化生命發展之大脈也。

雖然，文化非可以游談。必將深入其裡而一一通透之，方能於生命起作用。吾茲以近三十萬言之鉅幅詮表魏晉之玄理，其中必有美者焉。此為徹底之玄學。吾所作者，即在展現此玄學系統構成之關節，並確定其形態之何所是。試取西方哲學中諸大形上學系統，如柏拉圖、亞里士多德之系統，聖多瑪之系統，斯頻諾薩、來布尼茲之系統，康德、黑格爾之系統，以及近時布拉得賴之系統，懷特海之系統，虎塞爾、海得格之系統，而比觀之，則中國道家之玄理系統，甚至佛教之般若佛性系統，以及儒家之性理系統，其構成之進路與關節，以及其形態之何所是，皆可得而確定矣。此為生命之學問，未有如此之親切者也。

魏晉之玄理，其前一階段為才性。故此書即曰「才性與玄理」。「才性」者自然生命之事也。此一系之來源是由先秦人性論問題而開出。但不屬於正宗儒家如孟子與《中庸》之系統，而是順「生之謂性」之「氣性」一路而開出。故本書以「王充之性命論」為中心，上接告子、荀子、董仲舒，下開《人物志》之「才性」，而觀此一系之源委。此為生命學問之消極一面者。吾年內對於「生命」一領域實有一種「存在之感受」。生命雖可欣賞，亦可憂慮。若對此不能正視，則無由理解佛教之「無明」，耶教之「原罪」，乃至宋儒之「氣質之性」，而對於「理性」、「神性」、以及「佛

性」之義蘊亦不能深切著明也。文化之發展即是生命之清澈與理性之表現。然則生命學問之消極面與積極面之深入展示固是人類之大事，焉可以淺躁輕浮之心動輒視之為無謂之玄談而忽之乎？「玄」非惡詞也。深遠之謂也。生命之學問，總賴真生命與真性情以契接。無真生命與性情，不獨生命之學問無意義，即任何學問亦開發不出也。而生命之乖戾與失度，以自陷陷人於劫難者，亦唯賴生命之學問，調暢而順適之，庶可使其步入健康之坦途焉。

中華民國五十一年 牟宗三 序於九龍

目　次

第一章　王充之性命論

第一節　綜述「用氣爲性」所函之各種特徵

凡言性有兩路：一順氣而言，二逆氣而言。

順氣而言，則性爲材質之性，亦曰「氣性」（王充時有此詞），或曰「才性」，乃至「質性」。順氣而言者，爲「材質主義」（materialism）。此詞與西方哲學中「唯物論」同，但函義則異，此取 " material " 一詞之廣義與古義，即亞里士多德（Aristotle）使用此詞之義，乃與 " formal " 一詞相對而言者。與普通唯物論中所意謂之 " matter " 不同。故在此譯爲材質主義，而不譯爲唯物論。

逆氣而言，則在於「氣」之上逆顯一「理」。此理與心合一，指點一心靈世界，而以心靈之理性所代表之「眞實創造性」（real creativity）爲「性」。此性乃宋儒所說之「天地之性」，或「義理之性」，而以孔子之仁、孟子之心性、《大學》之明德、《中庸》之中與誠（「天命之謂性」之性亦在內）、程朱之理與性、象山之心、陽明之良知、蕺山之意，以實之。逆氣而言者，爲理想主義

（idealism）。此性，自其形式特性而言之，乃齊一、純一、單一之眞實創造性。「齊一」言與氣之「異質」相反。「純一」言與氣之「駁雜」相反。「單一」言與氣之「組和」、「結聚」相反。「眞實創造性」言與氣之「平擺之演化」、「被動之委順」相反。此「性」乃可以提起「氣」而轉化運導之者。

以下試本此大分野而言「氣性」所函之各種特徵。

一、順氣而言性，則上溯性之根元爲「元一之氣」，簡稱曰「元氣」，或直曰「氣」。故王充曰：「人稟元氣於天，各受壽夭之命，以立長短之形。」（《論衡・無形篇第七》）又曰：「人稟氣於天，氣成而形立。」（同上）又曰：「人之善惡，共一元氣。氣有多少，故性有賢愚。」（〈率性篇第八〉）又曰：「人生性命，當富貴者，初稟自然之氣。」（〈初稟篇第十二〉）由元一之氣迤邐下委，即成萬物之性。人之性命，亦同此論。故王充曰：「用氣爲性，性成命定。體氣與形骸相抱，生死與期節相須。」（〈無形篇第七〉）此是以氣爲一形上之概念，藉以爲氣性、才性、或質性之形上的根源。

二、順氣而言性，則性是氣之下委於個體。就人物而言，則曰「初稟」，即稟而受之以爲性。氣下委於個體而爲性，此性，若總持言之，則「性者生也」（古訓），「生之謂性」（告子），「生之所以然者謂之性」，「生之和所生，精合感應，不事而自然，謂之性」，「凡性者，天之就也，不可學，不可事」，「不可學，不可事，而在人者，謂之性」，「性者本始材樸也」（《荀子》〈正名〉、〈性惡〉等篇），「性之名非生與？如其生之自然之資謂之性，性者質也」，「質樸之謂性，性非敎化不成」（董仲舒《春秋

繁露》〈深察名號〉、〈實性〉等篇,及〈賢良對策〉),諸說皆成立。凡此諸說皆是對於初稟之氣性所作的一般陳述,或抽象的陳述。(按:《莊子‧知北遊》言:「吾身非吾有也,〔……〕是天地之委形也。生非汝有,是天地之委和也。性命非汝有,是天地之委順也。」亦通此路。同是由氣之下委以言「生之謂性」也。)在此抽象的陳述下,「氣性」有以下三義:

甲、自然義。(在實然領域內,不可學,不可事,自然而如此。)

乙、質樸義。(質樸、材樸、資樸通用。總之曰材質。)

丙、生就義。(自然生命凝結而成個體時所呈現之自然之質。)

以上那些作爲一般陳述的諸語句,雖不見於王充書中,然亦當爲其所承認而不能背。其書中不見此等語句,是其行文之偶然與適然,非必不承認此等語句所表達之思想。

三、由一般的陳述,進而至於具體的陳述,則須注意氣之異質性、駁雜性、以及組和性或結聚性。由於此等性,材樸之性始有種種徵象。

㈠由於此等性,則材樸之性(氣性)是組和之性或結聚之性。

㈡由於此等性,則結聚之性有種種差別性以及差別之等級性。此由氣之異質、駁雜、與組和中,人所稟得之多少、厚薄、或清濁而定。故

㈢結聚之性亦有定命性,即生物學之先天性,即自然之氣(自然生命)之強度的定命性。故王充云:「用氣爲性,性成命定。」

㈣結聚之性之差別中,有善惡之分、智愚之分、才不才之分、

賢不肖之分。

㈤結聚之性之差別性中，復隨其類型而有程度之別，等級之差。此即爲自然生命強度之等級性。

㈥結聚之性之差別性中，有可化者，有不可化者。善惡是可化者，故王充曰：「亦在於敎，不獨在性。」（〈率性篇〉）然則氣性善惡之差別，所謂善只是善之傾向，所謂惡只是惡之傾向。非善惡之當身，亦非定然者。

㈦不可化者是智與愚，故孔子曰：「上智與下愚不移」《中庸》雖說：「雖愚必明，雖柔必強」，然其轉化究竟有限。才與不才亦不可化，故有天才。若將愚與不才與氣性之惡混融爲一而言之，則惡性亦難化。此王充所以有上中下三等之說。（前有董仲舒亦涉此義。後有荀悅、韓愈，亦主此說。）

四、可化與不可化之差別性以及差別之等級性，順「氣性」一路走，皆是氣稟之命定。此命定可曰內在於性中「直貫之命定」，或曰「垂直線之命定」，所謂「性成命定」者是也。

以「垂直線之命定」爲骨幹，與環境相關涉，而有「水平線之命定」。王充曰：「凡人稟命有二品：一曰所當觸値之命，二曰強弱壽夭之命。」（〈氣壽篇第四〉）前者爲「水平線之命定」，後者爲「垂直線之命定」。又曰：「有死生壽夭之命，亦有貴賤貧富之命。」（〈命祿篇第三〉）前者爲垂直，後者爲水平。

〈命義篇第六〉復有正命、隨命、遭命之分。正命爲垂直，遭命爲水平。隨命則通兩型。（壽夭生死之命亦可有時是正命，有時是遭命。）「正命，謂本稟之自得吉也，性然骨善，故不假操行以求福，而吉自至，故曰正命。隨命者，戮力操行而吉福至，縱情施

欲而凶禍到，故曰隨命。遭命者，行善得惡，非所冀望，逢遭於外而得凶禍。故曰遭命。」

五、〈逢遇篇第一〉曰：「操行有常賢，仕宦無常遇。賢不賢，才也；遇不遇，時也。才高行潔，不可保以必尊貴；能薄操濁，不可保以必卑賤。」此中即含有才與命兩觀念，而才與命並不平行。遇不遇之時即表示水平之命也。

〈命祿篇第三〉曰：「是故才高行厚，未必保其必富貴；智寡德薄，未可信其必貧賤。或時才高行厚，命惡，廢而不進；智寡德薄，命善，興而超踰。故夫臨事智愚，操行清濁，性與才也；仕宦貴賤，治產貧富，命與時也。」此中即含有性、才、與命三觀念。而性、才、與命亦不平行。「臨事智愚」是才，「操行清濁」是性。前段「賢不賢，才也」，實亦是性。然則又何以說才？

「才」是能，是「會恁地去做」（朱子語）；才能是個材質的觀念（material）。它可以通於氣性之善惡，亦可以通於「靈氣」之智愚。通於氣性之善惡，而會恁地去表現氣性之善的傾向，即成為清的操行，即成為賢。故賢雖以性為根，而及其成為賢也，亦可說才。如不會恁地去表現氣性之善的傾向，而只表現惡的傾向，則成為濁的操行，即為不肖，或不賢。故不賢雖亦以性為根，而及其成為不肖也，亦可說才。說才，即說不才或無才。無才是無善才。雖無善才，卻有惡才，或壞才。故賢不賢性也，亦才也。

才通於靈氣之智愚，而會恁地去表現靈氣，即成為智。否則，即成為愚。故智愚是才，亦通於性。氣性之清者即智，氣性之濁者即愚。清濁通善惡，亦通智愚。而才則貫其中而使之具體化。具體化清濁而成為賢不賢，亦具體化清濁而成為智與愚。故才是具體化

原則（principle of concretion）。

　　總之，結聚之氣性有善惡一面，有智愚一面，有才不才一面，一是皆決之於所稟之氣之多少、厚薄、與清濁，故皆可總之曰氣性，或才性，或質性。善惡、智愚、才不才，在其中互相滲透，混融而爲一。

　　六、然則性與命有何差異？

　　子夏曰：「死生有命，富貴在天。」死生有命，是「性成命定」之命，垂直之命。「富貴在天」，言上關天星，是水平之命。王充於〈命義篇第六〉解之曰：「不曰『死生在天，富貴有命』者，何則？死生者，無象在天，以性爲主。稟得堅強之性，則氣渥厚而體堅強；堅強則壽命長；壽命長則不夭死。稟性軟弱者，氣少泊而性羸窳；羸窳則壽命短；短則早死。故言『有命』；命則性也。」案：此言命定即性定。此命定自是垂直之命。既曰「命則性也」，又曰「性成命定」，然則性與命究有異否？

　　性者，氣下委於個體，就個體之初稟，總持而言之之謂也。命者就此總持之性之「發展之度」而言之之謂也。一言之於其初，一言之於其終。性成即命定，命定即性定。然則性命者乃自然生命強度之終始之謂也。

　　壽夭之命固內決於初稟之性而爲垂直之命矣。然則「富貴在天」之命當何解耶？此固爲水平之命定。然既曰「在天」，則亦當由「初稟」而論之，不純爲後天之偶然。（王充有〈逢遇第一〉及〈幸偶第五〉兩篇。）自現實之水平言，則爲「幸偶」或「逢遇」。自超越之「在天」言，則亦決之於「初稟」。故王充解曰：「至於富貴，所稟猶性；所稟之氣，得衆星之精。衆星在天，天有

其象,得富貴象則富貴,得貧賤象則貧賤,故曰『在天』。」
(〈命義第六〉)又曰:「天有王良、造父,人亦有之。稟受其
氣,故巧於御。」(同上)「在天」實即在命。富貴貧賤,所謂
「祿命」也。然上關天星,則亦為「超越之決定」。上關天星,是
象徵的說法。亦猶「文王得赤雀,武王得白魚赤烏」之瑞也。落於
氣上言之,則王充於此因襲傳統之說而曰「稟星氣」。所謂「所稟
之氣,得眾星之精」是也。(人稟星氣之說,由來已久。自西周而
已然。《詩·小弁》:「天之生我,我辰安在?」鄭箋云:「此言
我生所值之辰安在乎?」)

　　然王充知赤雀白魚只為適遇之瑞,非關命也。若謂天以此授命
文武,則虛也。故云:「如實論之,非命也。」(〈初稟篇第十
二〉)初稟篇力駁儒者赤雀白魚為天授命之誤,而主一切祿命皆決
於初稟之自然之氣。故曰:「人生性命當富貴者,初稟自然之氣,
養育長大,富貴之命效矣。」又云:「命謂初所稟得而生也。人生
受性,則受命矣。性命俱稟,同時並得;非先稟性,後乃受命
也。」又曰:「文王在母身之中,已受命也。王者一受命,內以為
性,外以為體;體者面輔骨法,生而稟之。」(故王充又有〈骨相
篇〉。)又曰:「上天壹命,王者乃興,不復更命也。得富貴大
命,自起王矣。」又曰:「夫王者,天下之雄也;其命當王,王命
定於懷妊,猶富貴骨生,鳥雄卵成也。」

　　依此言之,富貴貧賤皆決於「氣稟」,一是皆歸於「氣」。如
是,富貴大命固與赤雀無關,亦與「星氣」無關。只是「稟氣而
生」之自然。乃決於母胎,父母施氣之時。非關天象,「得眾星之
精」也。是則王充〈命義篇〉之「星氣說」與〈初稟篇〉之「氣稟

說」有虛實之衝突。依此,「在天」之星氣說,固可進而落實為「在母胎」之氣稟說也。如此方可成其為徹底而一致之「材質主義」。星氣說為虛的象徵的超越決定,氣稟說為實的自然的超越決定。(因「氣」為一形上概念故。)

七、如是,壽夭之命固內決於初稟之性,而為垂直之命,而富貴貧賤,雖與水平有關,實亦內在於初稟之性而有垂直線以貫之。故一是皆「性成命定」、「性命俱稟,同時並得」。後來之發展與差別皆有初稟之性之總括弧以冒之。實則皆結聚之性中之差別性與等級性也。以稟氣為性,固有種種之差別與等級。因稟氣之清濁厚薄有不同也。後來劉劭作《人物志》,則總括此路而言曰:「凡有血氣者,莫不含元一以為質,稟陰陽以立性,體五行而著形。」元一即「元一之氣」,或元氣。元氣是最普遍之底子,是抽象地說。具體表示,則衍而為陰陽五行。此即清濁厚薄之說之所由來,亦即異質、駁雜、組合、結聚諸義之所以立。如是,以氣為性,有種種分化:

甲、分化而為強弱,由之以說壽夭之命。

乙、分化而為厚薄,由之以說貧富。

丙、分化而為清濁,由之以說貴賤。

丁、分化而為才不才、智與愚,此亦源於清濁。

戊、分化而為善惡,此亦與清濁厚薄有關。

即每一分化亦有等級之別。種種分化合而為一,亦有等級之別。此即所謂差別性與等級性也。

現在須進而說明者,即落於善惡問題上,究如何說善、說惡、說有善有惡、說無善無惡、說善惡混、說有上中下?以本節所言為

根據，則此諸說皆可得而解矣。諸義並立，相連而生，固皆「氣性」之所涵也。

第二節　「氣性」善惡之分解的展示：諸義並立

一、「用氣爲性」，則所謂善只是氣質之「善的傾向」，並非道德性本身（或當身）之性之定然的善。康德說：世間除善意外，無絕對的善。善意之爲絕對的善即道德性本身（morality itself）之定然的善。孟子之性善即此道德性本身之性之定然的善。而所謂氣質之「善的傾向」，則不過是在經過道德的自覺後，易於表現道德性本身之性之「定然的善」的資具而已。若不經過此道德的自覺，時時去表現此道德性本身之性之定然的善，而且時時在表現中以此定然的善去提煉它、去規定它，則此氣質之善的傾向純是偶然的、無定準的，並無必然性。此所以其爲善並非「定然的」之故。氣質之善的傾向，如王充所舉「后稷爲兒，以種樹爲戲。孔子能行，以俎豆爲弄。」此種氣質的傾向，其爲善並非「定然的」，亦非道德性之當身。

二、用氣爲性，有善的傾向，亦可有惡的傾向。若無道德性本身之性之定然的善去提煉它、規定它，則善無定準，而惡亦無可化可變之道。且善的傾向亦可隨時轉爲惡的，惡的亦可隨時轉爲善的。譬如王充〈率性第八〉所舉西門豹性急，佩韋以自緩。董安于性緩，帶弦以自促。性急不必定壞，性緩不必定好。性急不必定壞，有時亦可是好。假若佩韋以緩之，則也許正喪其好，而不得緩之益。假若急性定壞，佩韋以緩之，則扶得東來西又倒，雖轉急爲

緩，而緩不必是善。性緩之好壞，亦如是論。此正氣質之善惡傾向之所以無定準，而且隨時可互轉之故。

三、是故「用氣爲性」，說善可，說惡亦可。每一善或惡的傾向皆不能必然定住其自身。每一善的傾向，或惡的傾向，皆可轉化而爲善惡的分歧。任何壞氣質的人，不能無善的傾向。任何善氣質的人，不能無惡的傾向。在此說上中下三等，亦是概言之。並無絕對的上上或下下，亦無絕對自足的「中和之資」。絕對自足的中和之資亦要靠道德性本身之性之定然的善隨時來提煉來規定，方能貞定得住，方能漸漸擴充而圓滿其自己。是以「用氣爲性」，所謂人性有善有惡，不能就個體人分別地分類說有人的氣性是善，有人的氣性是惡，有人的氣性可善可惡。只能說：有人的氣性，善的傾向分數多；有人的氣性，善的傾向分數少。而此義進一步，落在個體人身上說，便是每一人的氣性皆有善與惡的傾向，或善惡混雜的傾向。並不是有一類人純是善的傾向，有一類人純是惡的傾向，有一類人純是可善可惡的傾向。而孟子所說之性善，亦不可拖在人氣性上，列爲上品人。蓋孟子之性善即道德性本身之性之「定然的善」，非言氣性也。而荀子所謂性惡亦不可列爲氣性尺度之下品。蓋荀子之性惡是指人之動物性一面說，而動物性非氣質之性也。（至少動物性與氣質之性間尚有一段距離。）

四、「用氣爲性」，亦可有董仲舒之說。董氏之性論，從抽象到具體，其辯論之步驟，可列於下：

㈠性之名非生與？如其生之自然之資謂之性。性者質也。

此是最抽象的說法。不出告子「生之謂性」之範圍。性者自然之質
也。此質是由氣下委於個體而結成。不問其中之差別與分化,故是
最抽象的說法。如是,此質(氣質)亦是一最普遍的底子。此即從
個體上就氣質之自然而本然者曰性。告子說性即止於此,故言「無
分於善惡」,而重要論證則是仁義外在,即此自然而本然之質中並
無仁義之道德性,故不可說善。但亦不可說惡。直是自然而本然之
質而已。故云:「性猶杞柳也,義猶桮棬也。」與桮棬相對,以杞
柳喻性,則性只是一質素之底子。如此說性,自是最抽象的說法,
故無種種差別分化之顏色。此固無孟子仁義內在之道德性,亦未進
一步就其差別分化之顏色而言其氣質之種種傾向。但董仲舒尙不止
於此。他且進一步就其差別分化而言其氣質之善惡之傾向。

> (二)栣眾惡於內,弗使得發於外者,心也。故心之爲名栣也。
> 人之受氣,苟無惡者,心何栣哉?吾以心之名得人之誠。
> 人之誠〔實也,即由氣而成之實,即性也〕,有貪有仁。
> 仁貪之氣兩在於身。身之名取諸天,天兩,有陰陽之施。
> 身亦兩,有貪仁之性。

按此,心能禁惡於內,則藏於內而可發於外之惡是來自氣性。如
是,則心善而性惡。然董子並未能就心之善而言道德性本身之性之
定然的善。但只就氣性而言性,即質素之性、氣質之性。就此而
言,類荀子。董與荀皆未能善反,就心而言性。性既就氣性說,則
此性即不能純善,因而分化而爲「仁貪之氣」,即仁貪之性。即就
仁之氣之可以爲善言,亦不能說此仁之氣性就是善,只能說可以傾

向於善。其「是善」還有待於後天之加工來完成。

> ㈢故性比於禾，善比於米。米出禾中，而禾未可全為米也；
> 善出性中，而性未可全為善也。善與米，人之所繼天而成
> 於外，非在天所為之內也。天之所為，有所至而止。止之
> 內，謂之天性。止之外，謂之人事。事在性外，而性不得
> 不成德。

據此，不但「性未可全為善」，而且即有善質，而善質亦不能即是
善。完成善質之為善，則有待於性外之人事。

　　此仁貪之氣性之為仁貪之兩行，亦只是靜態地分解言之而如
此。靜態地分解言之，仁之氣屬於陽氣，貪之氣屬於陰氣。陽氣易
傾向於善，因其比較光暢而易開發故。陰氣易傾向於惡，因其比較
陰暗而易固閉故。此亦猶印度數論派之論智性與暗性，皆是自氣之
質素而言。但此種傾向於善或傾向於惡，俱只是氣性之實然與偶
然，並無先天之定然性與理之必然性。若不依道德性當身之定然的
善來提煉與規定，則只是偶然之傾向。

　　㈣又此仁貪兩行之傾向，亦可就仁之氣性而言性，就貪之氣性
之發為情欲而言情。此即性善而情惡。而性之善亦只是氣性之善的
傾向，而貪之氣性落於具體即是情欲，故直就之而言情惡也。究其
實，皆是一氣之所結，皆是氣性也。性與情非有兩層也。是故仁貪
兩行、性情兩行、陰陽兩行、善惡兩行，皆只是靜態地分解言之而
如此。若融於具體，則仁貪之氣之為善惡不只是善惡之傾向，其為
性情不只是性善而情惡，且可「性情相與為一暝」、善惡相與為一

瞑，而性亦未見得是善也，善亦未見得立得住而與惡為對也。故董
氏云：

> 天地之所生，謂之性情，性情相與為一瞑，情亦性也。謂性
> 已善，奈其情何？故聖人莫謂性善，累其名也。身之有性情
> 也，若天之有陰陽也，言人之質而無其情，猶言天之陽而無
> 其陰也。

據此，則「性情相與為一瞑，情亦性也」，性情善惡不只是傾向，
且情滲透於性中，性亦不能獨立而絕異於情。然則即總謂之「性
惡」，亦無不可。「謂性已善，奈其情何？」此即因性情相融入而
為一瞑，故性不能即是善也。董子雖只消極地說性不是已善，並未
積極地說其是惡，根據「質樸之謂性」言，亦可只是中性，無所謂
善惡，然因情之惡融於其中，「情亦性也」，「性情相與為一
瞑」，則說「性惡」亦並無不可。至少亦不能說其為好。「故聖人
莫謂性善。」董子心中實亦是尊心而卑性。然則性善情惡，尊性而
賤情，此義亦並站不住也。性情相與為一瞑，其中固不能說無善
質，然亦不能說無惡質。無論善質或惡質，俱為一瞑而待覺。故
云：

> 性有似目。目臥，幽而瞑，待覺而後見。當其未覺，可謂有
> 見質，而不可謂見。今萬民之性，有其質，而未能覺。譬如
> 瞑者，待覺教之，然後善。當其未覺，可謂有善質，而不可
> 謂善，與目之瞑而覺，一概之比也。（上引董氏語，皆見《春

秋繁露·深察名號篇》。）

㈤以上為董仲舒由抽象而進於具體之辯論。進於具體，故察及仁貪性情之差別分化。止於抽象，則性只是普遍之質素底子。由質素之底子言，則性無分於善惡，此即告子之著眼點。而董子亦並非無此義。進於具體，則可言其善惡傾向之分化，而其實際，則性情相與為一瞑、善惡相與為一瞑。此亦即函「善惡混」之說也。在尊心而卑性之下，甚至亦函「性惡」之說也。蓋其性善情惡本不能十分站得住也。故無分於善惡之「質素說」（材樸說）、相與為一瞑之「善惡混說」、仁貪性情或善惡之「分化說」、乃至「性惡說」，皆為「用氣為性」、「生之謂性」一系之所函，而非相排斥之敵對也。蓋「用氣為性」本有此種種之差別分化也，本有此各面之函義也。此一系之所函，唯與孟子為異類。

㈥董子之進於具體，尚不只含以上之所說，且進而及於上中下之三品。惟彼不主性有三品，而是將性只限於中品，上下品則被排除於性名之外。此甚可怪。《春秋繁露·實性篇》云：

> 今按聖人之言中，本無性善名，而有善人吾不得見之矣。使萬民之性皆已能善，善人者何為不見也？觀孔子言此之意，以為善難當甚；而孟子以為萬民性皆能當之，過矣！聖人之性，不可以名性。斗筲之性，又不可以名性。名性者，中民之性。中民之性，如繭如卵。卵待覆二十日，而後能為雛；繭待繰以涫湯，而後能為絲；性待漸於教訓，而後能為善；善，教訓之所然也，非質樸之所能至也。

〈實性篇〉所說與〈深察名號篇〉大體相同。〈深察名號篇〉亦云：「名性不以上，不以下，以其中名之。」「以其中名之」即就中民之性而言性。「名性不以上」，即「聖人之性，不可以名性」。「不以下」，即「斗筲之性，不可以名性」。實則「質樸之謂性」一原則不只用於中民，上下皆可用。當言「質樸之謂性」時，實是就人類一般地言之，並不曾帶有條件只限於中民，理上亦不應當有此限制。而在此忽將聖人之性與斗筲之性排除於此原則以外，而將此原則只限於中民之性，此則非能盡名理之思也。荀子說：「聖人之所以同於衆，其不異於衆者，性也。」（〈性惡篇〉）荀子於此即較為一致。而董生於此則見拘蔽。其拘蔽即在加重聖王之教化，單以聖王負教化之責。如聖王之性亦是待教而後能為善，則教聖王者又是誰耶？且如待教，亦不得名為聖王矣。此則必落於「無窮追溯」過。故聖王之性必須已善，不須待教而後善。且聖人之性即等於聖人，皆已是全盡之善。待教而善之質樸之性義用不上。故言性不就聖人之性言。此種拘蔽，實無謂。另一拘蔽即在上智與下愚不移。故亦不就下愚（斗筲之性）言性。如是則斗筲之性，根本不可教矣。此兩種拘蔽皆應解除。「質樸之謂性」，是一普遍之原則。進於具體，察及種種差別以及差別之等級性，可言上中下三品，以及上智與下愚不移。是則三品之說是等級上的事，與「質樸之謂性」並不衝突。質樸之性並不必限於中民也。聖人之性亦是質樸之性，不過其質樸之天資高，稟氣清而厚，才質強而靈，故能自然成德而列為上上也。如不如此，則聖人之性，固不可以「質樸之謂性」論，而聖人且只是神性，且不可以人論，猶如基督教視耶穌為神之化身而非人也。董子，甚至兩漢，下及魏晉，皆

視聖人爲「天縱」，不可學而至。然此「天縱」固仍可自材資言，因而仍可通於「質樸之謂性」。不過其天資高，其性情之瞑易開，其混雜少而易沙汰，故易至純善而不見有惡跡。此亦可說是「天縱」。「天縱」不必如耶教之視耶穌爲神也。順兩漢傳統，大體視孔子爲天縱之聖，不可學而至。此亦幾乎將孔子神聖化。然中國之心靈傳統，畢竟較切實而平實。孔子雖是天縱之聖，然兩漢下及魏晉，亦大體是從天資或才資之特異方面來接近此「天縱」，而未肯直視孔子爲神，如耶教之所爲。從天資或才資來接近天縱，即是在上帝派遣或差遣外，開一切實可理解之路，此即氣性、才性、或資質之路是也。只是此路，當然尙不能盡聖人之所以爲聖人，然至少亦是了解聖人之重要的一面。兩漢人即把握此一面，而從才資言聖人。但若從此路入，便不能把「聖人之性」排除於性名之外。若排除於「性」名之外，便只有視聖人爲神而非人，而亦不可從才資說。從才資說而又排除於「性」名之外，是矛盾的。窺董生之意，似不能離開才資一路。否則，便不應將聖人之性與斗筲之性，列在上下兩極上而連言。因爲神是不能排在人的等級串內的。若視聖人爲神，排除於「性」名之外，則下端之斗筲之性，固亦是人矣，而亦排除於「性」名之外，則斗筲之性不但「根本不可敎」，且直不以人視之，其鄙夷生類亦甚矣。若從才資視聖人，則斗筲之性亦在氣性一路內，而不能排之於「性」名之外。孔子只說其「不移」，並不說其根本不可敎。亦未說其不在「性」名之內也。董仲舒對於才質之性之強度之等級性，未能通透，強將聖人之性與斗筲之性排除於性名之外，遂造成無謂之拘蔽，引出許多之矛盾。若將聖人之性與斗筲之性納於「性」名之下，而皆從氣性或材樸之資質入，而

列爲上中下之三品，則種種矛盾可得解矣。從才資固可接近天縱，而亦唯從才資，始可說三品。何故材樸之性必不用於聖人與斗筲耶？故仲舒之性論很易發展至三品說，而彼卻無端來一無謂之限制，是示其於「氣性」一路並未通透，故有此錮蔽，而未能盡思理之致也。

㈦至於聖人固有聖人之才與資，但若只從才資論聖人，則不能盡聖人之所以爲聖人。聖人總不能只限於氣性之一層。聖人總是德性人格之目。其天資無論如何高，亦無現成之聖人。其天資亦在不斷的陶鑄與完成中。此則必開超越之理性領域，而後始能盡聖人之蘊，而後始能說「人人皆可以爲聖人」，而後始眞能建立人性之尊嚴。此則必歸宗於孟子，而後人性論始能全部站得起。宋明儒即繼承此路而前進，而兩漢傳統所注意之氣性、才性，遂吸收而爲「氣質之性」矣。此是中國學術之大脈也。

㈧「用氣爲性」雖不足，要是人性論中重要之一面。兩漢儒者著眼此一面，亦並非無價值。惟董仲舒不能通透耳。在其錮蔽下，既欲排聖人之性與斗筲之性於「性」名之外，復完全不解孟子，而將善歸於聖人，藉以駁斥孟子之性善。夫孟子性善之「善」與聖人之善完全是兩回事，何可藉以相駁斥？夫言性善，豈謂人即是聖人耶？未至聖人之善，豈即是性不善與？豈可以未至聖人之善便謂性不善耶？於以其見思理之混亂。

〈深察名號篇〉曰：

> 天生民有六經，言性者不當異。然其或曰性也善，或曰性未善，則所謂善者各異意也。性有善端，動之愛父母，善於禽

獸，則謂之善，此孟子之言。循三綱五紀，通八端之理，忠
信而博愛，敦厚而好禮，乃可謂善，此聖人之善也。是故孔
子曰：「善人，吾不得而見之，得見有常者，斯可矣。」由
是觀之，聖人之所謂善，亦未易當也。非善於禽獸，則謂之
善也。使動其端，善於禽獸，則可謂之善，善奚爲弗見也？
〔「善奚爲弗見」意即「善人奚爲弗見」，略「人」字。
〈實性篇〉即有「人」字。〕夫善於禽獸之未得爲善也，猶
知〔智〕於草木，而不得名知。〔……〕善知之名，乃取之
聖。聖人之所命，天下以爲正。正朝夕者視北辰，正嫌疑者
視聖人。聖人以爲無王之世，不教之名〔「名」疑當爲
「民」〕，民莫能當善。善之難當如此，而謂萬民之性皆能
當之，過矣。

質於禽獸之性，則萬民之性善矣；質於人道之善，則民性弗
及也。萬民之性善於禽獸者，許之。聖人之所謂善者，勿
許。吾質之命性者異孟子。孟子下質於禽獸之所爲，故曰性
已善。吾上質於聖人之所善，故謂性未善。善過性，聖人過
善。〔……〕

案：此解完全非是。孟子言性善，豈是因人之氣性動其善端愛父
母，善於禽獸，而證人之性善乎？孟子就人之惻隱之心，羞惡之
心，辭讓之心，是非之心，言人確有其「良知並實現其良知之良
能」之道德的心性。即就此「道德的心性」而言人之性爲善。此道
德的心性之善即是人之「道德性當身」之定然的善。並非是「用氣
爲性」之善質，或氣性之善的傾向。其所謂「惻隱之心，仁之端

也」云云，此由道德心而見之「性之善端」，並非是氣性之善質
也。而乃是由此善端以體證人之超越而自足的普遍的道德心性之當
身。此完全在開闢一超越之德性領域，或道德心靈之領域，而駕臨
乎人之動物性以上者。此爲理性之大海，由善端而體證之，及其至
也，「神鬼神帝，生天生地」，範圍曲成，無一物之能外。故擴而
充之，足以保四海，仁不可勝用，義不可勝用。不擴而充之，不足
以事父母。然則此善端之爲關鍵，豈不重且大哉？故言人之所以異
於禽獸者幾希。此「幾希」一點，擴而充之，則「天地變化草木
蕃」。閉塞而不通，則「天地閉，賢人隱」，大地平沈。此完全從
道德心靈上講，此是氣性之善的傾向乎？若是從氣性講，則其動之
以愛父母，未必善於禽獸也。仲舒於此完全不解，而謂孟子之性善
只是「氣性之善端，動之以愛父母，善於禽獸」之性善，豈不謬
哉？若從「氣性」言性，則性情相與爲一瞑，善惡相與爲一瞑，自
不足以當善之名也。此豈孟子所言之性哉？

　　董子既不解孟子言性之層次，而單只拉於氣性一層而觀之，遂
據其「性情相與爲一瞑」之說，而謂性不能是善。性既不能當善之
名，則善當何在耶？董子將善歸於聖人。依董子，「聖人之善」與
「聖人之所謂善」，方是善之所在，亦是善之標準。「聖人之善」
是意味聖人人格所已體現之善。「聖人之所謂善」是意味聖人所說
之善：「循三綱五紀，通八端之理」（三五相加即八端）云云，即
聖人所說之善。前者從人說，後者從理說。此是分別言之。但依董
子，聖人之性與聖人之善爲同一，而「聖人之善」與「聖人之所謂
善」亦同一。此完全是已體現了的全盡之善。因賅果海，果徹因
源。因果不二，性行不二。此不是「性情相與爲一瞑」之性，亦不

是「瞑而待覺」之善。故聖人之性排除於「性」名之外，言性不能就聖人之性言。亦不能就「終瞑而不可開」之斗筲之性言。彼以聖人之性、善、以及「所謂善」為標準，以為一般人未能至此，故其性不能是善，並據此以駁孟子之性善。從氣性言性，謂性不善可也。但亦不能將聖人與斗筲排除於「性」名之外。此見前辯。就其駁孟子之性善言，則彼不知孟子不從氣性言。孟子所言之性即是道德實踐所以可能之超越根據，亦即發展人之道德人格而成聖之所以可能之超越根據。此「性」可簡稱曰「聖性」，即以「道德性」為性。猶如佛教之言「佛性」。佛性即成佛之性。一切眾生皆有佛性，但不必皆能成佛。豈可因未成佛，便謂無佛性？豈可因未至聖人之善，便據以否定性善？性善與聖人之善是兩回事。一是根據問題，一是體現問題。兩者混而一之，豈得為如理？

㈨依以上以疏解，可綜結如下：

「用氣為性」，則「質樸之謂性」，性是才資之性。聖人之性與斗筲之性皆不得排除於此性名之外。才資或才質之「氣性」不能純善，不能純惡，因本有異質之駁雜故。即其善者，亦並非定然之善。並無理性之必然。其惡者亦不是「道德性當身」之定然的善所照臨之「定然的惡」（罪惡）。因此，才質之氣性並無絕對的純善，亦無絕對的純惡。但卻可有強度之等級性。聖之才質之性是上上者，斗筲下愚之才質之性是下下者。但俱不能外於此氣性之名。

「用理為性」，則即心以見性，性是「道德性當身」之性，其善是定然的善，乃理性上之必然。此即成聖之超越的根據，故可曰「聖性」。此性是普遍的、人人俱有的。惟由此始可說：人人皆可以為聖人。無論上中下，皆不能外此名。亦不能因未能成聖，便否

定此聖性之爲定然的善。

「人人皆可以爲聖人」，但事實上究竟並未人人皆是聖人。關此，才性的地位當然很重要。依「才質之氣性」，說差別性。依「道德性當身」之理性，說普遍性。此爲宋明儒所已解決者，並非吾之新創，此固非董仲舒之境界。董子對於「氣性」未通透，對於「理性」未沾邊。此其所以有許多窒礙也。

五、「用氣爲性」，亦可有劉向（子政）之說。

劉向曰：「性生而然者也，在於身而不發；情接於物而然者也，形出於外。形外，則謂之陽；不發者，則謂之陰。」（王充《論衡・本性篇》引）此本〈樂記〉「人生而靜，天之性也；感於物而動，性之欲也」而來。劉向所謂情，即「性之欲也」。所謂「在於身而不發」，即「人生而靜，天之性也」。惟以不發之靜爲陰，形出於外爲陽，此種陰陽動靜之比，皆只是聯想，雖可而無必。

落於善惡，則劉向謂「性情相應，性不獨善，情不獨惡。」（荀悅《申鑒・雜言》下引）如此，則與董生之「性情相與爲一瞑，情亦性也。謂性已善，奈其情何？」之說同，而與揚雄之善惡混，亦無二致。

惟〈樂記〉之語，可以上下其解。下解，則是「用氣爲性」之路。上解，則可講得很高。此須有一超越分解以通其意。究其實際、窺其語意，恐以下解爲順。劉向之說，若本〈樂記〉，即是由下解而來者。故其究也，「性不獨善，情不獨惡」。蓋亦唯順氣性一路言性情，始可如此言耳。

六、告子固是就「質素之底子」以言性，然此著眼點亦可復有

進一步之引申，以完成其「無分於善惡」之說。不只向「性情相與為一瞑」、「善惡混」之說而趨也。此即「生之謂性」即「成之謂性」之由「是什麼」而言性。

　　詳察告子「生之謂性」、「性猶杞柳」之說，其最初之意固只是董仲舒所謂「如其生之自然之質謂之性」。董生此語實「生之謂性」之最恰當的解析。就此而言，性只是生而然之「自然之質」，生而然之「質素底子」。如此，則性自然為中性，無分於善惡。蓋仁義外在，不在「自然之質之性」中故也。此最抽象之「自然之質」，如再分解為生物本能、生理欲望、心理情緒，還仍是「自然之質」之種種徵象（characteristics, traits），仍是材質之無所謂善惡者。即使再進一步如董仲舒、王充所察及之種種差別分化，如智愚之分化、才不才之分化、清濁強弱厚薄之分化、乃至善惡傾向之分化，仍只是「自然之質」之氣性之種種徵象。即就善惡傾向之分化言，亦只是氣性之自然傾向，而易於表現道德性之善，或易於陷於罪惡者，而仍不是道德性當身之性之定然的善，或道德性當身之性照察下之道德上的惡。智固不必是善，愚亦不必是惡。才固不必是善，不才亦不必是惡。清濁強弱厚薄亦然。氣性之善只是好氣性，並不是道德性當身之性。氣性之惡只是壞氣性，並不是道德性當身所對照之道德上的惡。好氣性與壞氣性，其本身只是偶然之質，並無定準。皆是可以加工誘化或其自身即可互相轉化者。告子將仁義排除於「自然之質」之外，即示自然之質並無道德性當身之善。由此一辯，遂使孟子必主仁義內在，而孟子所言之性亦遂必上升而為道德性當身之性，其所言之善亦必為道德性當身之定然的善。孟子一面既上升，告子一面即相形而下落。如是，使吾人對於

人性，除從氣性一路認識外，復進而自道德性當身來認識性。如是，對於人之「所以爲人」之性，人之「成爲一極」之性，人之「眞正的成其爲人之尊嚴」之性，方有眞正之認識。而道德上之善惡觀念方有定然而必然之意義。而下落從氣性一路所言之性，則一是皆歸於自然而實然之領域，而其本身亦自無所謂善惡矣。或至少亦無道德上嚴格而眞正的善惡之意義。氣性之或好或壞，只是在道德性當身之心性之絕對的善，定然而必然的善之照察下，所有的估價，看看那種氣性易於表現道德性當身之善，那種氣性不易於表現而易於陷溺於罪惡。其易於表現道德性當身之善者爲好氣性，其不易於表現而易於陷溺者爲壞氣性。其本身固無嚴格而眞正的善惡之意義。善惡之根實在氣性以外而超乎氣性以上之「道德性當身之心性」。如是，則凡氣性以內皆自然而實然者，並無當然之意義。凡自然而實然者皆是中性的、無所謂善惡的。如是，氣性，或簡約而爲「質素底子」，或散開而爲種種徵象，一是皆是「是什麼」之領域，皆是「自然之質」，皆可概之於「生之謂性」下。雖有種種徵象，而其究也，終歸於「性情相與爲一暝」，終歸於「善惡混」，亦即「善惡相與爲一暝」。故仲舒、劉向、揚雄、王充等，凡從氣性一路言性者，皆不能逃「生之謂性」之範圍。而「生之謂性」，「如其生之自然之質謂之性」，實即「成之謂性」。成即個體形成之謂。生而然之「自然之質」即個體成其爲個體時所具有之「自然之質」。「生之謂性」即從個體成其爲個體所具有之「自然之質」以言性（human nature viewed from "to be"，"what it is"）。從個體形成言性，則性是「是什麼」之性，而非道德性當身所表現之「當然之性」。「是什麼」之性進一步即成爲知識上「定義之

性」。而「定義之性」是一知識概念，並非一價值概念。無人從「定義之性」處說善惡也。「定義之性」所表示之理爲「形成之理」（principle of formation），而非道德性當身之心性所表示之「實現之理」（principle of actualization）。（關此，吾曾詳言之於〈論無人性與人無定義〉一文，見《道德的理想主義》。）如此解析，完全合乎告子言性之理路。而孟子言性之特異處，亦因之而益顯。

　　七、「用氣爲性」，說「無分於善惡」可，說「善惡混」可，說「有善有惡」（有善惡兩傾）可，說「情不獨惡，性不獨善」、「性情〔善惡〕相與爲一瞑」亦可。在此情形下，普通所謂董仲舒（《白虎通德論》說法亦在內），尊性而賤情，實則此軒輊並無嚴格之意義。情固駁雜，性亦不純，亦未見有可尊處。尊性賤情是隨尊陽賤陰而來。陰陽如只落於氣上，尤其如只落於「自然之質」之氣性上，則陰固不佳，陽亦未見得好。尊陽賤陰只是如俗情之重男輕女之心理上的軒輊，並無理性上的根據。如說某某是陽性的人，某某是陰性的人。陰性的人之陰險佞巧，固可厭，而陽性的人之衝動莽撞，亦未見得有可尊處。尊之只是俗情之心理上的軒輊。衡之以理性上的善，皆在被治之內。陰固惡，但亦有陰柔之善。陽固較佳，但亦有陽剛之惡。故落在氣上，落在「自然之質」之氣性上，皆無可尊也。《易經》「大哉乾元，萬物資始」，「至哉坤元，萬物資生」乾元坤元兩者並建，是上提而就天地之德上說，並不是下落於氣上說。就「德」說，尊乾而法坤，尊有可尊，法有可法，皆可貴也。至於落在自然之質之「氣性」上，皆無可貴也。然則，順「用氣爲性」一路走，其可尊者，當不在性而在心。

董仲舒云：「柜衆惡於內，弗使得發於外者，心也，故心之爲名柜也。人之受氣，茍無惡者，心何柜哉？吾以心之名得人之誠。」（〈深察名號篇〉）此段文，前已引過。由此可見，「氣性」並非純淨者。氣性是沈澱在心之下而爲心所柜禁或禁制者。心顯然超越乎性而浮在性以上者。「以心之名，得人之誠」，言由心之爲柜爲禁而知其所禁者（性）之實也。然則人之性之不佳、不可貴，豈不顯然乎？而眞可貴者，實在能禁之心也。此表示董仲舒已自覺到「心」之作用與地位。惜其不能善反，切實正視心之本質，即心以言性。此吾前已言之。

荀子雖直接就人之生物本能、生理欲望、心理情緒（總之大體是人之動物性）以言性，與就氣言性者尙有間，然性總是沈澱在下者，則無疑。彼在〈性惡篇〉作具體的列舉，固是就生物本能、生理欲望、心理情緒言，然彼在〈正名篇〉總持地爲性下定義，說：「生之所以然者謂之性。生之和所生，精合感應，不事而自然，謂之性。」則已與告子「生之謂性」、董仲舒「如其生之自然之資謂之性」，無以異，亦即與「用氣爲性」無以異。不過在荀子，「氣」這個形而上的或抽象的概念尙未提煉出而已。旣如此，則荀子言性亦可劃在「用氣爲性」一路裡。而荀子不但賤性，且直謂之爲惡。然則其所尊貴者何耶？客觀地說，固是「禮義之統」，而主觀地說，則在心（天君）。荀子尤能自覺地尊心。〈解蔽篇〉之作，正爲此也。故曰：「心者，形之君也，而神明之主也，出令而無所受令。自禁也，自使也，自奪也，自取也，自行也，自止也。故口可劫而使默云，形可劫而使詘申，心不可劫而使易意。是之則受，非之則辭。」心之越乎性而主宰乎性，顯然可見。惜乎荀子亦

不能善反，就心以言性。心之地位如此其重要，其可尊貴可知。然不能就心以言性，進至孟子之境界，則心之道德意義之善性，即不能由心自身維持得住，而須靠外在之禮義以提攜，是則其可尊貴亦無其自身之超越根據。凡就氣以言性，心越乎性而浮在性上，不能就心以言性，則凡禮義之善、仁義之善，無有不是後天加工而為人為者。此「用氣為性」一路之所必至者。

告子言心，雖無充足之文獻，然由孟子論及其言不動心，以及評及其「不得於言，勿求於心，不得於心，勿求於氣」，亦可知告子亦能自覺到心之地位者。彼言「生之謂性」、「性無分於善惡」，其言性，吾人已知其屬於「用氣為性」一路者。然則性在下，心在上而有主導之作用，亦無疑。但不能就心以言性，則心之地位不穩定，其可尊貴亦無其自身之超越根據，其道德意義之善性亦不能由其自身來維持，或甚至並無道德之意義（此如道家）。其強制之「不動心」，以及其「不得於言，勿求於心」之「不可」（孟子評語），則可知其言心，關聯著性說，不歸於荀子，即歸於道家。歸於荀子，則仁義之性是後天而為人為者，而告子固以杞柳喻性，以桮棬喻仁義也。歸於道家，則人之道德性即不能言。

道家將氣性、自然之質、氣，一起融於自然生命中，而就自然生命原始之渾樸以言性，是性亦沈在下者。工夫則在心上作。心亦是越乎性而在性上者。惟對性之態度，則在養而不在治。清心靜心虛心一心以保養原始渾樸之性而不令其發散，此即所謂養生也。養生即養性。在心上用功，而在性上得收穫。心之地位亦很重要而可尊貴。（客觀平置言，則尊性而賤心。《莊子·繕性》篇言：「澆淳散樸，離道以善，險德以行，然後去性而從於心。心與心識知，

而不足以定天下，然後附之以文，益之以博，文滅質，博溺心。然後民始惑亂，無以反其性情而復其初。」故須心上作虛靜之工夫。）然不能就心以言性，則其清虛一靜之心，其自身並無超越之根據，惟靠道、無、自然，來提煉，只有後天之工夫，並無先天之工夫。然因其不談「道德性」，則問題較簡單。然亦正因其不能安放道德性，遂構成道家系統之嚴重缺陷，此其所以為異端也。

　　至於王充，雖就氣以言性，然根本未自覺到心之地位與作用。此其所以為下乘，而終於為材質主義、命定主義也。彼於〈本性篇〉雖歷舉以往言性者而皆評之，然對於晚周學脈，以及其中之重要問題，則似根本接不上。惟就氣以言性命，則較有真切感。以下試就其〈本性篇〉之評以往言性者而糾正之，並進而再就其命定主義與材質主義而闡發其義蘊。

第三節　〈本性篇〉闢謬

　　一、王充就氣以言性命，其所言之性自是「自然之質」之氣性。氣性自是有善有惡，而善惡只是自然之質之傾向。其成為善或成為惡，須待後來之「養而致」。自後來之「養而致」言，則自其原初之「自然之質」言，亦可如告子「生之謂性」、「性無分於善惡」。亦可如董仲舒所說「性情〔善惡在內〕相與為一瞑」。亦可如劉向所說「情不獨惡，性不獨善」。（性靜不發，未必即是純善。情發於外，未必即是純惡。）這些命題皆可為「用氣為性」一路之所函。王充雖能自覺到，從氣性言，當該是有善有惡，但卻不能自覺到這些說法之皆可，亦不能覺到這一串命題之相函。故對於

以往諸家之說法多不能盡其意，其批評亦多無謂之批評。而對於不屬於「用氣爲性」一路之孟子尤其不能解。

> 周人世碩以爲「人性有善有惡。舉人之善性，養而致之，則善長。惡性，養而致之，則惡長。」如此，則性各有陰陽，〔按：此句「各」字語意不明，其意似乎是「人性皆有陰陽兩面」。〕善惡在所養焉。故世子作養性書一篇。宓子賤、漆雕開、公孫尼子之徒，亦論情性，與世子相出入，皆言性有善有惡。

案：王充以世碩之說爲標準。但此諸人之說，今已不可考。其持論之原委不可得而知。王充是之，即概於「用氣爲性」一路可也。彼以此諸人爲準，以下評孟子之說云：

> 二、孟子作性善之篇，以爲「人性皆善；及其不善，物亂之也。」謂人生於天地，皆稟善性；長大與物交接者，放縱悖亂，不善日以生矣。若孟子之言，人幼小之時，無有不善也。

孟子之言性善，豈限於幼小之時耶？「及其不善，物亂之也」。人在幼小，固無所謂「物亂」。然亦不自幼小立性善也。「惻隱之心，人皆有之」云云，豈專限於幼小耶？孟子之書具在，王充未能解也。妄將孟子所言之性善，限於幼小，遂歷舉紂與羊舌食我生而即有惡之傾向之氣性以駁之。此未可謂得其實也。彼以「孟軻言人

性善者，中人以上者也」。（〈本性篇〉末段結語）不知孟子言性並不自「氣」言，故其所言之性亦非氣性。孟子自惻隱、羞惡、是非、辭讓等心以言性，此性是人所普遍具有的「道德心性」之當身。此是人之所以爲人之普遍的本質，是人之所以能爲道德的實踐以發展其道德的人格之眞幾、先天的根據。其言善即是此「道德心性當身」之善，並非氣性之傾向也。不管自「惻隱之心，人皆有之」等等之正面言，或自「無惻隱之心非人也」等等之反面言，皆表示此「道德的心性當身」是人之所以爲人之普遍的本質。豈只專限於「中人以上」耶？將人分爲上中下三等，是「自然之質之氣性」中言，並不是「道德心性」中言。而將孟子所言之「道德心性當身」之性拉於「自然之質」之氣性中以排列之，謬之甚矣。此下又評告子之說云：

三、告子與孟子同時，其論性無善惡之分，譬之湍水，決之東則東，決之西則西。夫水無分於東西，猶人無分於善惡也。〔具言之，當爲「猶人性無分於善惡也」。〕夫告子之言，謂人之性與水同也。使性若水，可以水喻性，猶金之爲金，木之爲木也。〔但是〕人善因善，惡亦因惡。初稟天然之姿，受純一之質，故生而兆見，善惡可察。無分於善惡，可推移者，謂中人也；不善不惡，須敎成者也。故孔子曰：「中人以上，可以語上也；中人以下，不可以語上也。」告子之以決水喻者，徒謂中人，不指極善極惡也。孔子曰：「性相近也，習相遠也。」夫中人之性，在所習焉；習善而爲善，習惡而爲惡也。至於極善極惡，非

復在習，故孔子曰：「惟上智與下愚不移。」性有善不
善，聖化賢教，不能復移易也。孔子道德之祖，諸子之中
最卓者也，而曰「上智下愚不移」，故知告子之言，未得
實也。

案：告子主「生之謂性」、「性猶杞柳」，其為「用氣為性」自無
疑。「性猶杞柳」與「義猶桮棬」相對而顯，則性自是無分於善惡
之中性，只是一自然之材質或質素。告子是就此最初之質素，一般
地或抽象地言之，故言「無分於善惡」。此無關於上中下。故王充
遽斷其說為「謂中人」，亦非是。然此自然之質之氣性本非一「同
質之純一」之質，如心靈或理性之為「純一」然，而乃本質上就是
一「異質之駁雜」之質。故進於具體，必有種種之差異、傾向、與
分化。就此差異、傾向、與分化言，謂有善傾惡傾可也。（善傾謂
易於表現「道德心性當身之善」之氣性傾向，惡傾謂不易于表現而
易於陷於罪惡之氣性傾向。）謂「生而兆見，善惡可察」亦可也。
然據此「兆見」之善惡傾向以否定「性猶杞柳」之「無分於善惡」
之中性說，則不可。蓋此兩者在「生之謂性」、「如其生之自然之
資謂之性」、「用氣為性」之路下，是相函、相連而生者，並非是
矛盾之衝突。不特此也。「生而兆見，善惡可察」，此兆見之善惡
究非現成之善惡，亦非實現了的善惡。（尤非道德心性當身之善與
其所對照之惡）就此而言，則「善惡混」亦可說，「性情善惡相與
為一瞑」亦可說。無善無惡、有善有惡、善惡混、善惡相與為一
瞑，四義皆相函，相連而生之相函，並非是對立衝突矛盾之四說。
不特此也。就差異、傾向、與分化言，不只有善惡之傾向，而且有

智愚之差異、才不才之差異。就此而言，孔子那些話皆有至理。因
為氣性、質性、才性，本有種種差異與差異之等級也。如此，不但
該四義相函相連，而且該四義亦與上中下三品之說相函相連。蓋異
質駁雜之氣下委於個體之自然生命而為「自然之質」之氣性，本有
其異質之強度性。有強度性，自有差異之等級。（強度的等級，非
廣度的等級。）

> 四、孫卿有〔又〕反孟子，作性惡之篇，以為「人性惡，其善
> 者偽也。」性惡者，以為人生皆得惡性也；偽者，長大之
> 後，勉使為善也。若孫卿之言，人幼小無有善也。后稷為
> 兒，以種樹為戲；孔子能行，以俎豆為弄；石生而堅，蘭
> 生而香：生稟善氣，長大就成。故種樹之戲，為唐司馬；
> 俎豆之弄，為周聖師：稟蘭石之性，故有堅香之驗。夫孫
> 卿之言，未為得實。

案：此評亦非是。荀子言性惡，豈限於幼小之時耶？荀子〈性惡
篇〉言：「今人之性，生而有好利焉，順是，故爭奪生而辭讓亡
焉；生而有疾惡焉，順是，故殘賊生而忠信亡焉；生而有耳目之
欲，有好聲色焉，順是，故淫亂生而禮義文理亡焉。然則，從人之
性，順人之情，必出於爭奪，合於犯分亂理，而歸於暴。故必將有
師法之化，禮義之道〔導〕，然後出於辭讓，合於文理，而歸於
治。用此觀之，然則人之性惡明矣，其善者偽也。」又曰：「今人
之性，飢而欲飽，寒而欲煖，勞而欲休，此人之情性也。」總此而
觀之，則荀子所謂情性，大體是就生物本能、生理慾望、心理情

緒，而具體地言之。此種種現象本身固有無所謂善惡者，亦不能說絕無善的傾向。但對辭讓、忠信、禮義、文理而言，此等自然現象究竟處於下層而須節之理之，始能合於禮義者。故云「順是」，則「爭奪生」、「殘賊生」、「淫亂生」，意言「順是」而無禮義之節，則必趨於惡。此即荀子所謂之「性惡」。荀子非必不知此中亦可有善的傾向。但即使是善的傾向，亦須禮義之整治，始可眞成為「合於文理」之善行。總之，凡屬自然者，皆須整治節理。生物本能、生理欲望、心理情緒，本幾與動物性無以異。此須整治節理甚顯。即使等而上之，進於氣質之性，亦須整治節理。即使此種種現象的分化一起捲之於「生之和所生，精合感應，不事而自然，謂之性」，此「自然之質」亦須整治節理，而非眞可說為好者。荀子客觀地欲顯禮義之作用，主觀地欲顯心君之作用，則處於下而須整治節理之自然之質之氣性，不管中有善的傾向，總不能認定其為自身站得住之善者。自「順之而無節易趨於惡」言，則謂之為惡亦無不可也。人總不能只停於此「自然之質」之一層，而總當有越乎此層以上者。道德價值之根是在「自然之質」以上之一層，而不在自然之質之本身。此義，晚周諸大家，不管如何講法，大體皆能知之。此晚周學脈之大義也。若王充者，何足以知之？荀子言性惡，目的在刺出「自然之質」一層之不足，此與幼小之時何關耶？又與「中人以下」何關耶？（王充言「孫卿言人性惡者，中人以下者也。」亦本篇末段結語。）

　　孟子即心言性，心性合一，開出人之普遍的道德心性當身之性以為人之所以為人，所以為道德的存在，所以能發展其道德人格而至於成聖成賢（人人皆可以為堯舜）之先天的超越根據。此猶佛家

之言「佛性」，一切眾生皆有佛性，一切眾生皆可成佛。佛性是成佛之超越根據。此種開闢最爲透宗立極。

告子「生之謂性」，成之謂性一路，可以開出「是什麼」之「定義之性」。

荀子言「性惡」，則指出「自然之質」一層之不足，而必有待於禮義天君（心）以臨之。

三家義理各有所當，何可拉於氣性之差異中而以上中下排列之？此王充之淺陋也。

王充此下復論及陸賈、董仲舒、劉子政（向），而語意多不明，或多無謂之評論。其論陸賈曰：

五、陸賈曰：「天地生人也，以禮義之性；人能察己所以受命，則順；順之謂道。」夫陸賈知人禮義爲性，人亦能察己所以受命。性善者，不待察而自善；性惡者，雖能察之，猶背禮畔義。義把於善，不能爲也。故貪者能言廉，亂者能言治。盜跖非人之竊也，莊蹻刺人之濫也。明能察己，口能論賢，性惡不爲，何益於善？陸賈之言，未能得實。

案：陸賈之說，恐是根據《中庸》「天命之謂性，率性之謂道」而來。此猶秉承正宗儒家性善之旨。故曰：「天地生人也，以禮義之性。」此顯指人之「道德心性當身之性」而言。此性是天所命也。亦如孟子言「我固有之也」。「人能察己所以受命，則順」，言人若能省察自己所以受命於天爲性者，則可以順此禮義之性而合於

道。故曰「順之謂道」。此顯與《中庸》「率性之謂道」意同。不能察己而識此天命之性，一味順「自然之質」之氣性走，則並無所以合道之超越標準。道德之根不能植於氣性上。陸賈此旨猶不背儒家理想主義之立場。而王充何足以知之？徒謂「雖能察之」，不必為善。夫自「道德心性當身之性」言性善者，豈謂人生而即為聖人乎？王充只知從氣言性（用氣為性），而不知從理言性也。故其言「性惡不為，何益於善」，此性只是氣性之性也。氣性有善有惡，若無超越之道德心性以臨之，則氣性惡者終於惡而已矣。有何法使之必為耶？「人能察己所以受命」，雖不必即時一一皆合於道，然亦唯賴時時察己以透露超越而普遍之道德心性，始可逐步不容已地趨於善而合於道。其中之艱苦自不必言。焉得因有「背禮畔義」，即謂「陸賈之言，未能得實」乎？夫人之明不難於知氣性，而難於知理性。氣之障與限（當然亦可有助），夫誰不知之？不然，何必念念不忘於慎獨、正心、誠意乎？王充於晚周儒家學脈，完全接不上。此可慨也。

六、其論董仲舒一段，語意不明。故略。董生之說俱見《春秋繁露》〈深察名號篇〉及〈實性篇〉。吾已詳為疏解如前。董生之說可謂涉及「氣性」在善惡方面之全部函義。但彼未能通透。王充之主人性有善有惡，則不自每一人之性中有善惡兩傾言，而是注意人類中有是善的，此為中人以上，有是惡的，此是中人以下，其餘則善惡混，可善可惡，則中人也。王充單就此層，即氣性差異之等級性，以論人性之善惡。今除孟子不論，其餘皆可概括於「用氣為性」之一路。在此路下，一串命題相連而生。「生之謂性」、「成之謂性」、「如其生之自然之資謂之性」，此是最普遍地言之。就

此而言，則性爲中性，無分善惡。此性乃「是什麼」之性，可引申而爲「定義之性」。具體地言之，則因異質之駁雜性，此「自然之質」之氣性自不能甚純，亦不會是純善，亦不會是純惡，因而必是有善惡之傾向者。自此而言，則每一人之氣性皆可有善有惡。但此善惡只是氣性之傾向，並不是現成的善惡，或實現了的決定的善惡，尤其不是道德心性當身之善與其所對照之惡，故就此而言，亦可以說「善惡混」、「性情善惡相與爲一瞑」，其後來之爲善或爲惡，皆由「養而致」、或教而成。再進一步，因異質之駁雜性而有種種之差別或差異，復因種種差異之強度性而有等級性。此等級性可混合智愚、才不才，以及善惡之傾向爲一而言之。就此而言，則人類自可大略分爲上中下之三等。而孔子「上智下愚不移」之說，亦在此成立。此皆一系相連者。王充以其所稱是之世碩與後來之韓愈，皆自此上中下三等言人性之善惡，而不知其與其餘諸義相連也。故以三品爲準而妄肆譏評其他諸說之「不實」。此其所以爲淺陋也。茲將此一系之所函，串列如下：

〔（生之謂性、成之謂性、如其生之自然之資謂之性）：中性說→性無分於善惡→「是什麼」之性→定義之性→形成之理→知識概念〕→〔（異質之駁雜性）：善惡兩傾→善惡混→性情善惡相與爲一瞑→性不獨善，情不獨惡〕→〔（差異之強度性、強度之等級性）：性分三品說→上智下愚不移〕→〔（自然之質之性、氣性或才性，無論善惡傾向、智愚、才不才，總須被整治節理）：荀子之性惡說→卑性而尊心〕

七、此下復評劉子政曰：

> 劉子政曰：「性生而然者也，在於身而不發；情接於物而然
> 者也，形出於外。形外，則謂之陽；不發者，則謂之陰。」
> 夫子政之言，謂性在身而不發；情接於物，形出於外，故謂
> 之陽；性不發，不與物接，故謂之陰。夫如子政之言，乃謂
> 情為陽，性為陰也；不據本所生起，苟以形出與不發，見定
> 陰陽也。必以形出為陽，性亦與物接，造次必於是，顛沛必
> 於是；惻隱不忍，不忍，仁之氣也；卑謙辭讓，性之發也，
> 有與接會，故惻隱卑謙，形出於外；謂性在內，不與物接
> ，恐非其實。不論性之善惡，徒議外內陰陽，理難以知。且
> 從子政之言，以性為陰，情為陽，夫人稟情，竟有善惡不
> 也？

案：劉向之說，顯本〈樂記〉「人生而靜，天之性也。感於物而
動，性之欲也。」而來。性之欲即為情，故云：「情接於物而然者
也，形出於外。」情之潛蓄不發即為性，此是天然而靜之潛存狀
態，故云：「在於身而不發。」性與情不是截然兩物；不是性為一
物，放在那裡不發不動，情又為一物，放在那裡既接且動。無有如
此死板理會者。惟是王充不解，故作死會。「情，接於物而然」，
嚴格言之，實是「性之接於物即為情」，故即就接於物而見情之
然。接於物、形出於外，而見情之然，則當其未接於物、未形於
外，而為潛存之狀態，則即為性矣。王充言「性亦與物接」是也。
但性與物接而動形於外，即情也。其動形於外也，或為喜怒哀樂，
或為卑謙惻隱，或為善情，或為惡情，皆情也。皆性之動而欲也。
故性之動形即為情，情之潛隱即為性。故劉向亦主「性情相應，性

不獨善，情不獨惡」。〈樂記〉性情動靜之說，可以向上講，亦可
以向下講。向上講，則純從「理性」（具體的，不是抽象的）言。
如是，性情動靜即通《易經》之寂感，寂然不動，感而遂通，而所
有之感皆是性體之流行，故即寂即感，即中即和，即性即情，而情
皆爲性體之流行，此即儒者寂感之密義、性情之雅教，而不可間雜
之以氣性者也。至於向下講，則純從「氣性」而言之。如是，無論
發與不發，皆不能純。依劉向「性情相應，性不獨善，情不獨惡」
觀之，則其性情動靜之說，恐是向下講，落於「氣性」上而言之。
至於陰陽之比，則不過隨動靜而聯想。此非關重要，亦無必然。而
亦皆可說也。單視以何爲準耳。

　　八、此下，王充即作綜結曰：

自孟子以下，至劉子政，鴻儒博生，聞見多矣；然而論情
性，竟無定是。唯世碩儒〔儒衍字〕、公孫尼子之徒，頗得
其正。由此言之，事易知，道難論也。酆文茂記，繁如榮
華；詼諧劇談，甘如飴蜜，未必得實。

實者，人性有善有惡，猶人才有高有下也；高不可下，下不
可高，謂性無善惡，是謂人才無高下也。稟性受命，同一實
也：命有貴賤，性有善惡；謂性無善惡，是謂人命無貴賤
也。九州田土之性，善惡不均，故有黃赤黑之別，上中下之
差；水潦不同，故有清濁之流，東西南北之趨。人稟天地之
性，懷五常之氣，或仁或義，性術乖也；動作趨翔，或重或
輕，性識詭也。〔案：「性術乖」、「性識詭」兩句，其意
不明，難作定解。〕面色或白或黑，身形或長或短，至老極

死，不可變易，天性然也。

余固以孟軻言人性善者，中人以上者也；孫卿言人性惡者，中人以下者也；揚雄言人性善惡混者，中人也。若反經合道，則可以為教；盡性之理，則未也。

案：此綜結之語，表示王充以周人世碩為準，惟從上中下三品論人之氣性。此三品之氣性是根據差異之強度性、強度之等級性而來。惟此強度之等級實不能單自善惡傾向而言，當混善惡傾向、智愚、才不才，而一之，始真能見出自然生命所呈現之差異強度之等級性。若分別言之，實不真能成此三品之等級，亦不真能至上智與下愚不移也。蓋有好氣性，不必有才智，壞氣性者不必無才智。反之亦然。才智與氣性之善惡不平行也。而王充以才有高下類比性必有善惡，實不成其為論辯之根據。以命有貴賤類比性有善惡，尤難如量。故強度之等級性實不能單自善惡傾向一面言，而應融合智愚才不才於一起而言之。「九州田土之性，善惡不均，故有黃赤黑之別，上中下之差；水潦不同，故有清濁之流，東西南北之趨。」人之氣性亦復如此。故有差異強度之等級性。而此等級性實是善惡傾向、智與愚、才與不才、強弱、清濁、厚薄之綜和表現，簡言之，即是才情氣強度之綜和表現，再簡言之，只是自然生命之強度之「發皇度」，一是皆是自然生命之注定，故曰：「用氣為性，性成命定」也。智與愚不移，才與不才不移，情無情不移，氣之強弱清濁厚薄亦不移，極善極惡之氣性亦不移，此所謂「命定」也。而其所謂「性成」實就差異強度之「等級性」、自然生命強度之「發皇度」而言之，不似告子、荀子、董子、劉向、揚雄等之專就「自然

之質」言其善惡也。故一言性，即著眼於此綜合表現而言其等級性，即以此等級性爲「性」也。故主三品說，而以世碩之有善有惡（等級中的善惡，非是每一人之性中的善惡傾）爲得其正也。而不知其與其他諸義相連而生，而不相悖也。

王充旣以自然生命強度之綜合表現之「等級性」爲性，則「用氣爲性，性成命定」復更有一嚴肅之意義，此即材質主義之命定主義是也。王充於此似有眞切之感。能注意此點而切言之，於人生哲學亦有極重要之意義。下節言之。

第四節　材質主義之命定主義

前在第一節已隨王充所言之「所當觸值之命」與「強弱壽夭之命」之二分，以及正命、隨命、遭命之三分，而綜括之爲「垂直線之定命」與「水平面之定命」。而凡命者皆決於母胎，父母施氣之時，故水平面之定命，即「所當觸值之命」，實亦可收攝於「垂直性之命定」中而有其根，不過藉遭遇而顯耳。父母施氣之時之「性成」，同時即「命定」。而至「差異強度之等級性」，則「命定」之義更顯。故「用氣爲性」，其底子是材質主義。而父母施氣，甚至整個天地施氣，皆自然而然，並非有意而然。（「天地不故生人，夫婦不故生子」，見〈物勢篇第十四〉。）故材質主義必函自然主義。而同時因「性成命定」，則亦必函命定主義。

王充對此「差異強度之等級性」以及由之而來的「命定」，似有極強烈而眞切之感受，於此眞知其有無可奈何處。吾人亦可推而言之，知其於「自然生命」之獨特性有極眞切之認識。彼能以徹底

之材質主義、自然主義、命定主義，將此自然生命之領域顯括出。王充之思想，如其於學術上有價值，其價值即在此。負面之自然生命括不出，則正面之精神生命亦不能有真切之彰顯。是以佛教必剖解阿賴耶識也。

自然生命強度之等級性，上智下愚不移，上智即是上智，下愚即是下愚。下愚之枯萎猥縮、鰥寡孤獨之顛連無告，固值仁者之悲憫，然天地之大猶有憾，則人間之缺憾，固亦聖人之無可奈何而深致其憂患之情者。天地「鼓萬物而不與聖人同憂」，然聖人則不能無憂患。此正宗儒者之所以自精神生命言性而主盡性以參贊化育，以建立其「理想主義」者。然返觀自然生命之盲目性與頑梗性，雖憂之又如何？亦終歸於「不移」也。不能不深致其慨嘆。此佛教唯識宗所以言「成佛有種性」以及所以言「闡提無性」也。亦即印度邪命外道拘舍羅所以主自然解脫，業盡而止，如「擲縷丸」，業不盡，雖精進修持亦無能為也。此皆屬於「用氣為性」下之命定主義也。

至於有才智而不偶者，有德性而不偶者，種種不齊亦皆決之於其初之氣稟。聰明才智而又能得富貴，則亦命也。「性成命定」而當有富貴，雖種種挫折，終不能掩。究其實，要亦只是自然生命之強度。其強度必有發皇，必有種種徵象與兆見。此皆所謂生命之光輝以及其飛濺之浪花也。「當漢高祖斬大蛇之時，誰使斬者？豈有天道先至而乃敢斬之哉？勇氣奮發，性自然也。」(〈初稟篇第十二〉)王充於〈吉驗篇第九〉及〈骨相篇第十一〉，對此強度之發皇與種種徵象及兆見，歷舉歷史上所記載之故事以明其為自然之命定。

〈吉驗篇〉曰：

凡人稟貴命於天，必有吉驗見於地；見於地，故有天命也。
〔案：天命實即氣命。〕驗見非一，或以人物，或以禎祥，
或以光氣。傳言：

黃帝妊二十月而生，生而神靈，弱而能言；長大率諸侯，諸
侯歸之；教熊羆戰，以伐炎帝，炎帝敗績。性與人異，故在
母之身留多十月；命當爲帝，故能教物，物爲之使。

堯體，就之如日，望之若雲。洪水滔天，蛇龍爲害，堯使禹
治水，驅蛇龍；水治東流，蛇龍潛處。有殊奇之骨，故有詭
異之驗；有神靈之命，故有驗物之效。天命當貴，故從唐侯
入嗣帝后之位。

舜未逢堯，鰥在側陋。瞽瞍與象謀欲殺之，使之完廩，火燔
其下；令之浚井，土掩其上。舜得下廩，不被火災；穿井旁
出，不觸土害。堯聞徵用，試之於職，官治職修，事無廢
亂；使入大麓之野，虎狼不搏，蝮蛇不噬；逢烈風疾雨，行
不迷惑。夫人欲殺之，不能害之；毒螫之野，禽蟲不能傷。
卒受帝命，踐天子祚。

后稷之時〔當爲母〕，履大人跡；或言衣帝嚳之服，坐息帝
嚳之處，妊身，怪而棄之隘巷，牛馬不敢踐之；置之冰上，
鳥以翼覆之，慶集其身。母知其神怪，乃收養之。長大佐
堯，位至司馬。

此下歷舉烏孫王昆莫，高麗之東明，以及伊尹、齊桓公，下屆

高祖、光武,等人之奇異徵象,以明其命貴。所謂「吉驗」也。

〈骨相篇〉云:

> 人曰命難知。命甚易知;知之何用?用之骨體。人命稟於
> 天,則有表候於體。察表候以知命,猶察斗斛以知容矣。表
> 候者,骨法之謂也。傳言:
> 黃帝龍顏,顓頊戴午,〔午當爲干,依吳承仕說,戴干當作
> 「慜干」,即「鳶肩」。〕帝嚳駢齒,堯眉八采,舜目重
> 瞳,禹耳三漏,湯臂再肘,文王四乳,武王望陽,周公背
> 僂,臯陶馬口,孔子反羽,〔牟子《理惑論》:「仲尼反
> 頨。」《廣韻》:「頨,孔子頭也。」〈講瑞篇第五十〉:
> 「孔子反宇。」《禮緯‧含文嘉》云:「孔子反宇,是謂尼
> 邱。」《史記》作「圩頂」。〕斯十二聖者,皆在帝王之
> 位,或輔主憂世。世所共聞,儒所共說,在經傳者,較著可
> 信。若夫短書俗記,竹帛胤文,〔〈書虛篇第十六〉:「桓
> 公用婦人徹胤服。」胤服即褻衣。則此胤文即猥褻之文〕。
> 非儒者所見,眾多非一。

下即言項羽、高祖、陳平、呂后,等人之異相、貴相。就高祖
一家言:

> 一室之人,皆有富貴之相矣。類同氣鈞,性體法相,固自相
> 似。異氣殊類,亦兩相遇。富貴之男,娶得富貴之妻;女亦
> 得富貴之男。夫二相不鈞而相遇,則有立死;若未相適,有

豫亡之禍也。

又曰：

> 是故知命之人，見富貴於貧賤，睹貧賤於富貴；案骨節之
> 法，察皮膚之理，以審人之性命，無不應者。

又曰：

> 故知命之工，察骨體之證，睹富貴貧賤，猶人見盤盂之器，
> 知所設用也。善器必用貴人，惡器必施賤者；尊鼎不在陪廁
> 之側，匏瓜不在堂殿之上，明矣。〔匏瓜，瓜當為瓠。匏瓠
> 皆酒器，與尊鼎對文。〕富貴之骨，不遇貧賤之苦；貧賤之
> 相，不遭富貴之樂，亦猶此也。器之盛物，有斗石之量，猶
> 人爵有高下之差也。器過其量，物溢棄遺；爵過其差，死亡
> 不存。論命者，如比之於器，以察骨體之法，則命在於身
> 形，定矣。
> 非徒富貴貧賤有骨體也，而操行清濁亦有法理：貴賤貧富，
> 命也；操行清濁，性也。非徒命有骨法，性亦有骨法。
> 〔……〕由此言之，性命繫於形體，明矣。〔……〕稟氣於
> 天，立形於地，察在地之形，以知在天之命，莫不得其實也
> 〔……〕。

非徒性、命有骨法，即才不才、智與愚亦有骨法。皆決之於氣稟之

初矣。氣之凝聚結構，呈現而為種種徵象與形態，此即所謂骨體法相也。簡稱曰「骨法」。骨體亦曰「性體」，氣性定之也。法相亦曰「法理」，理以則之也。操行清濁之性（此就善惡傾言）、富貴貧賤之命、才與不才之能、智與愚之靈，合而成為自然生命強度之等級性，而亦皆見之於形體矣。「性成命定」，不可移也。此為徹底之命定主義。此非西方唯物論之機械的命定主義，而乃材質主義下之人事的命定主義。西方唯物論唯自知識對象方面物質存在之機械的運動言，並不用於人性，亦不用於人事。故彼之唯物論大體是依據科學之物理知識或量的知識而成立。故彼可說是科學言辭下之唯物論。而王充之材質主義，則實是自然生命之強度論。並不言抽象的、量的物質存在，而卻是言自然生命之強度。科學言辭下之物質存在是捨其強度而向廣度趨。言自然生命之強度，用於人性，則為氣性、材質之性；用於人事，則為操行清濁、富貴貧賤、才不才、智與愚、壽與夭等之人事的命定。而此種不移之命定並非是科學語言的。「知命之人」之知命亦並非是科學之知，此中實有一種直覺之洞鑒。因為此乃是「生命」之事，而其所洞鑒之骨體法理，亦是生命之理，而不移之命定亦皆屬於「事理」也。故「察在地之形，以知在天之命」，此察此知極為微妙，故云「知命之工」也。察知之所以為微妙，實由於生命之理、氣性之理，之不易於量化。故後來《人物志‧九徵篇第一》開宗即云：「人物之本，出乎情性。情性之理，甚微而玄。非聖人之察，其孰能究之哉？」

但這一「自然生命」之領域，《人物志》是從品鑒的立場予以全幅展開，而觀各種人格之才性。而王充則是就其強度之等級性以論性命之不可移。兩者皆是就全幅之才性或氣性而立言。皆開不出

德性領域以運轉此自然之生命。荀子言性，雖亦屬於「用氣爲性」之一路，然必力求上拔，而不肯落於唯是氣性一層之命定主義。其〈非相篇〉曰：「相人，古之人無有也，學者不道也。古者有姑布子卿，今之世，梁有唐舉，相人之形狀顏色，而知其吉凶妖祥，世俗稱之。古之人無有也，學者不道也。故相形不如論心，論心不如擇術〔道術〕；形不勝心，心不勝術；術正而心順之，則形相雖惡而心術善，無害爲君子也。形相雖善而心術惡，無害爲小人也。君子之謂吉，小人之謂凶。故長短小大，善惡形相，非吉凶也。古之人無有也，學者不道也。」荀子是以客觀之道（禮義之統）提心，以心治性。雖於道術之主體之根不能洞識，因而不能開出眞正之德性領域，然而有客觀而外在之德性領域。故云：「形不勝心，心不勝術。」一一上提，提形從心，提心從道，而不肯泯心廢道，下委於形而自足。即董仲舒亦尊心而禁性，將性上提於外在之敎化。此亦荀子之路也。惟王充則無向上開闢之希求。根本未自覺到心之地位與作用。其〈率性篇〉雖亦言「亦在於敎，不獨在性」，然亦只是順俗浮說，未眞能正視德性領域也。蓋彼只是氣性之一層，其書中並無眞正之道德意識也，故只落於材質主義之命定主義，而不能進至道德的理想主義。彼能就全幅之氣性而立言，氣性之領域盡而德性之領域見，本可引至德性領域也。然而彼竟不能，則其對於氣性領域猶未能盡其蘊也。氣性領域之全幅意義如下：

　　一、在材質主義下，而言自然生命強度之等級性：命定主義。

　　二、在美學欣趣下，對於氣性才性或質性全幅展開而予以品鑒，此則開藝術境界與人格美之境界。

　　三、在道德宗敎意識之籠罩下，在仁心悲情之照臨下，實然之

氣性或自然生命之強度皆是定而不定者，雖定亦只是生物學的定，生物學的先天，而並無理性上的必然，亦非理性上的先天。故由此進而觀其底蘊，則復開出：

一、印度人之「業力」觀念。佛教之「業識流轉」即爲在「業力」之觀點下將此自然生命之強度予以全面的剖解。而拘舍羅之邪命外道，即深感於此業力之不易解脫，反動而流於邪，遂邪執自然解脫說，力主精進修持工夫之無益。此則在道德宗教意識之戰慄下而發出的反動的定命論。而王充則只是材質主義下的定命論，彼尚未觸及道德宗教之領域也。故亦未至拘舍羅之反動。

二、基督教之「原罪」觀念。惟彼教並未展開耳。

三、宋儒之「氣質之性」。在「天地之性」或「義理之性」之照臨下，氣性、才性、或質性收斂而爲氣質之性。宋儒之「變化氣質」，亦猶佛教之「轉識成智」也。皆有「氣性」以上之領域。

吾人必如此觀氣性才性或質性，始能盡自然生命強度之全幅意義，而見其爲不能自足者。命定只是實然的、暫時的。在品鑒下，是可欣賞的。在有「超越者」以冒之之下，則又是可憂慮而令人致慨者。此爲吾對於王充的命定主義之衡定。至於關於《人物志》之品鑒才性，則有〈人物志之系統的解析〉一文專論之。見下。

王充之材質主義亦涵自然主義。彼於〈物勢篇第十四〉及〈自然篇第五十四〉兩篇即盛論「自然」義。其基本立場不出《荀子‧天論篇》之範圍。其所言之自然，雖於某點上可接合道家，然彼究非道家所言之「自然」。彼只是材質主義之自然，而非道家從修養境界上所言之自然。故彼可言自然主義，而道家，若嚴格言之，實不可言自然主義，只可言「無爲而無不爲」之自然境界，只可言

「逍遙乘化」之自然境界，而自然境界即獨化境界也。此從「心」上言，非從「氣」上言也。王充之自然只是天地施氣之自然，此是落於「實然」上而平說，非逆提而自「道心」上說也。故與道家之玄言有間矣。此義易見，不煩多言。

　　近人智淺識短，多稱王充之自然主義，而又不知其材質主義與命定主義之義蘊。以浮薄之理智撥無儒者所言之「心性」，此庸俗者之陋也。至於左派，則拖之於馬派之唯物論下而妄施狂言，則巫魘之咒語也。何足以知中國學術之旨歸哉？

第二章 《人物志》之系統的解析

第一節 「系統的解析」之意義

魏初劉劭字孔才,著《人物志》。此書本身是一部很有系統的妙著。我這裡所謂「系統的解析」,並不是順著它的次序作其本身系統的疏解,乃是想把它的「系統論述」所依據的基本原理以及此基本原理之所函,表露出來。

中國學術大體分為三個階段:一、晚周諸子;二、魏晉南北朝,下賅隋唐;三、宋明理學。

這第二個階段,以玄學與佛學為主。玄學是順中國固有的學術傳統而發展出,佛學則是來自印度。魏晉的玄學,通常亦稱清談、名理。但是說到清談、名理,則又不單指玄學一面而言。像《人物志》那樣的著作,像竹林七賢那樣的生活情調,亦通包括在內。而若從「學」方面言,則玄學稱為玄學名理,而《人物志》則稱為才性名理。

玄學名理以王弼、何晏為首,向秀、郭象隨之。才性名理以《人物志》開端,下賅鍾會之〈四本論〉。(〈四本論〉,論才性

之同、異、離、合。傅嘏論同，李豐論異，鍾會論合，王廣論離。）《隋史‧經籍志》把《人物志》列為名家類，因此也稱為形名學。這是很奇怪的。因為它與先秦名家根本不同。關此，我將另文論之。（見下第七章。）

　　現在撇開「名家」或「形名學」這種名稱問題不談，單從內容方面，看從魏初才性名理，到正始（曹芳年號）王弼、何晏之玄學名理，盛談老莊，以及那個時代朝野士大夫之生活情調，與夫所以能與佛教水乳交融而吸收消化佛教之故，必有一個學術精神上的基本原理，或人之精神生活上某種精神原理，為其支持點。這個支持點，我們可以《人物志》作為了解的開端線索，再順後來的發展，步步彰顯之、釐定之，使其具體化，而觀其得失、限度，以及其與各方面的關係。此即本文所謂「系統的解析」。此系統的解析是看《人物志》本身系統所開出的領域之全幅意義──正面的與負面的。

第二節　《人物志》論人是品鑒的：對於才性的品鑒

　　《人物志》是關於人的才性或體別、性格或風格的論述。這種論述，雖有其一定的詞語，因而成為一系統的論述，然而卻是一種品鑒的系統，即，其論述是品鑒的。品鑒的論述，我們可以叫它是「美學的判斷」，或「欣趣判斷」。《人物志》裡面那些有系統的詞語都是屬於欣趣判斷的詞語、品鑒的詞語。

　　每一「個體的人」皆是生命的創造品、結晶品。他存在於世間裡，有其種種生動活潑的表現形態或姿態。直接就這種表現形態或姿態而品鑒其源委，這便是《人物志》的工作。這是直接就個體的生命人格，整全地、如其為人地而品鑒之。這猶之乎品鑒一個藝術品一樣。人是天地創生的一個生命結晶的藝術品。我們也需要直接地品鑒地來了解之。這種了解才是真正關於人的學問，乃是中國學術文化中所特著重的一個方向。

　　西方科學路數中那些關於人的學問，如心理學、生理學、人類學等，都不是直接就個體的生命人格、整全地、如其為人地來品鑒之。它們就人的存在，分解出某一面現象而論述其法則，然終不能還原其為一整全的人、為一整全的個體生命人格。這種科學路數中的論述不是品鑒的論述，乃是指物的論述，亦稱為科學語言的論述。

　　又，亦有從文化的創造或人的精神表現所牽連的各方面來論人的。例如卡西勒在其《論人》一書中，曾將人類主要的文化成就分為神話、宗教、語言、科學、藝術、歷史等六門。這顯然是論人的文化成就，或牽連著人而論其文化上的種種表現，而不是直接就個體的生命人格、如其為人地而品鑒之。這種論人是繞出去論之，不是就人之自己而論人。

　　又如最近張丕介先生所節譯的德人宋巴特《人學》一書，（曾分章刊於香港《人生雜誌》，近復由人生出版社印成單行冊），乃是直接就人而立言的。他是想建立一個「精神學的人類學」，就人之所以異於禽獸處乃是精神這一特點而論人。這自是《人學》中主要而恰當的論題。但這是一般地論人類之精神的特點，尚不是就個

體的生命人格品鑒其才性情性的論述。當然在〈論人之分殊〉一章
中，討論人之個性之殊異問題與人之分類問題，有好多是類乎
《人物志》之所說，互相參考印證之處甚多，由此亦可見西方人自
古以來亦並非無此方面的品鑒，而且其材料亦必不少。但大體觀
之，其論人之個性之殊異與人之分類所依據之根本原理並不透徹，
即，對於人之情性或才性之品鑒的了解並不充分。光只是金質、銀
質、鐵質之分，或膽汁、憂鬱、多血質、粘液質之分，或理智、感
覺、意志之分，或相反兩極之分，或商人、使徒、英雄之分，並不
能曲盡才性之品鑒。這關乎人學中全幅人性的了悟問題。「人學」
的學問，在西方並不佔主要的地位。只就「人學」一詞乃宋巴特所
創造的新名詞（張丕介先生譯序中語）一點，即可知之。因此，
「全幅人性」的了悟亦並非西方學問之所長。在此不須亦無暇取西
方所有者一一比而論之。在此，我只想表示《人物志》對於個體的
生命人格所作的「品鑒的論述」是很有其特殊價值的，尤其套在中
國的學術文化中而觀之，則尤足見其在中國「全幅人性」的了悟之
學問中所佔的顯著而重要的地位。

第三節　全幅人性的了悟：品鑒的與道德的

　　說到中國全幅人性的了悟之學問，我們知道它是站在主流的地
位，而且是核心的地位。這全幅人性的學問是可以分兩面進行的：
一、是先秦的人性善惡問題：從道德上善惡觀念來論人性；二、是
《人物志》所代表的「才性名理」：這是從美學的觀點來對於人之
才性或情性的種種姿態作品鑒的論述。這兩部分人性論各代表了一

個基本原理，前者是道德的，後者是美學的。前者有種種的說法，
而提煉的結果，則是以孟子的性善論，配之以《中庸》之「天命之
謂性」，以及《大學》之「明德」，與孔子之「仁」相會合，而爲
正宗之歸宿。此部人性論結穴於宋明儒者的「心性之學」，而轉爲
「義理之性」（天地之性），即，作爲我們生命中的本體的一面。
至於後者，則是對於才性或情性之品鑒。（其目的在實用：知人與
用人。）這一部分結穴於宋明儒者的心性之學，而轉爲「氣質之
性」。當然宋明儒者之開出「氣質之性」，並不自覺到是由《人物
志》而來，但我們從學術發展上，可以看出這是遙相會合的。又，
《人物志》之對於才性，在品鑒的論述下，對於生命之滲透是更有
其廣大的函蘊與深遠的強度的。但無論如何，它所品鑒的人性或情
性是才質的，故曰「才性」，即「才質之性」。雖然它的函義比宋
儒的「氣質之性」爲廣大而開展，然總是才質的。從字面上說，才
質等於氣質，而且氣字更廣泛，因爲「才」亦是屬於氣一面的。但
何以說「才性」比宋儒所說的「氣質之性」，其函義爲更廣大而開
展呢？這因爲宋儒說氣質之性乃是在道德實踐中由實現「義理之
性」而開出的。它是在義理之性的籠罩下而視爲被變化的對象。因
此，它的函義拘束而不開展，單調而不豐富。在品鑒的論述下，才
性並無一個更高的層面來冒之。它可以全幅舒展開。因此顯出它的
函義之廣大。而吾人亦可以全輻展開之，而觀其底蘊。這是「美學
性的品鑒」之解放的意義。本文是想把「才性領域」之獨立的一
套，就其大端，予以全幅的展露。

　　以上兩部人性論所合成的對於「全幅人性」之了悟，是中國學
問的主脈，由之以決定中國文化生命之獨特。當然西方關於「人」

方面的種種體悟,如文學上哲學上對於生命的體悟、宗教上對於神性與罪惡的體悟、黑格爾的哲學對於精神的體悟,都有其高卓而深切處。尤其在義理之性的領域裡,皆有可以充實而振拔吾人者。然就人而「當體了悟」,則不及中國「心性之學」之親切。中國心性之學在義理之性方面牽涉到生命、神性、罪惡、精神等,是在聖賢工夫的道德踐履中而展開,並不只是哲學的空講,亦不只是宗教的信仰與祈禱,更亦不只是文學的讚歎與詛咒。在義理之性方面如此,在品鑒才性方面,若套在全幅人性之學中,我們亦見其有特殊的意義與價值。因此,中國全幅人性之學亦總有其獨特處,值得西人之正視。因為這是中西文化相補益相消融之基點。

《人物志》之品鑒才性,當然有其歷史、學術及時代精神之發展上的背景。通常是從東漢末年,經學崩潰、政府腐爛、察舉制度,以及黨人之題拂品覈等講起。關此,本文不必再述。讀者參看拙著《歷史哲學》講東漢末年處,即可接上。

以下試就《人物志》之品鑒,將才性系統予以展開。

第四節　才性的展示:才性與普遍的道德心性

《人物志·九徵第一》:

> 蓋人物之本,出乎情性;情性之理,甚微而玄。非聖人之察,其孰能究之哉?

案：此言情性是從人之材質一面言，不從人之德性一面言。故劉昞
注云：「性質稟之自然，情變由於習染。」此處性與質連言，質即
材質之質。「性質」即稟之自然而即以自然之材質以爲性。荀子
言：「生之和所生、精合感應、不事而自然謂之性。」（〈正名
篇〉）董仲舒由陰陽之氣以言人之情、性。此皆是從材質一面言
性。但是他們都在道德的善惡觀念下言之，而不是就具體的整全人
格品鑒地言之。品鑒地言之，則性不離其具體的情態或姿態，此即
劉昞所謂「情變」。情變根於性質，而誘發於染習。在情變上始有
種種姿態或形相可供品鑒。性質不離情變，則性質是具體的性質，
亦即具體的才性。劉昞所用「性質」一詞，非吾人今日平常所說之
抽象意義之「性質」一概念也。

「情性之理，甚微而玄。」故下文云：

> 凡有血氣者，莫不含元一以爲質，稟陰陽以立性，體五行而
> 著形。苟有形質，猶可即而求之。

情性雖是具體的，多姿多采的，然諦審其理，則「甚微而玄」。其
所以甚微而玄者，蓋才性之理必通至元一、陰陽、與五行而言之。
此屬於形上學範圍。蓋自董仲舒以來，兩漢的主流思想，在此方
面，實有一「氣化的宇宙論」爲底子。元一、陰陽、五行，皆是此
「氣化的宇宙論」中的詞語。才性名理亦以此爲其形上的根據。惟
《人物志》以品鑒既成之具體才性爲主，故對此根據不加詳討。只
三語陳之，而歸結於「形質」。故云：「苟有形質，猶可即而求
之。」即就具體呈現之形質而品鑒之，即足曲盡其微玄。此爲品鑒

的現象學之曲盡。至於作抽象的形上學之追討,則是理論的形上學中所有事。

「含元一以爲質」,即以「元一」爲一「普遍的質素底子」。此「元一」非後來朱子所謂「太極」。蓋朱子言太極是理,而此「元一」則當是氣、是質。有類於《易緯·乾鑿度》所謂太初、太素者。氣化流行,宋儒通過《中庸》與《易傳》,就所以氣化流行處,於氣、質以外,復提煉出一個創造性原理,此即道或理,亦曰太極。故太極是理。而《人物志》所說之「元一」,則未經此提煉,故此「元一」是氣是質,而非是理。此是以漢儒的「氣化宇宙論」爲底子。(此氣化宇宙論到王弼出來,始扭轉而爲「無」之本體論。自此以後,中國思想即不以此漢儒的素樸的「氣化宇宙論」爲中心。)

「稟陰陽以立性」,劉昞注云:「性資於陰陽,故剛柔之意別矣。」徒只是「元一」(普遍的質素底子),尚不足以言個體之才性。故才性之立,必有資於陰陽,以見其爲剛或柔,爲文或質,爲拘或抗。此則可以言特殊之情態。

「體五行而著形」,五行是金木水火土。憑藉五行,則陰陽剛柔之情性更能彰顯而形著,而益見其爲多姿而多采,而益趨具體化。連貫質(元一)、性(陰陽)、形(五行)而一之,而人之情性乃可得而明。質、性、形,皆屬材質。故元一、陰陽、五行亦皆屬於氣或質。

孟子言性,是爲的說明德行所以可能之先天根據,故從理性(道德的心性)一面入。從材質一面入,則是就人之具體姿態而觀賞。故其對於人之理解爲品鑒。品鑒所及之才性或情性,雖多姿而

多采，一是皆是生命上之天定者。故才性有二特徵：

一、足以說明人之差別性或特殊性，此與孟子所講的「道德的心性」、宋儒所謂「義理之性」之爲同同而普遍的，相翻。此差別性包括橫說之多采與豎說之多級。

二、此差別性皆是生命上之天定者，此足以說明人格價值之不等，亦足以說明天才之實有。

故順《人物志》之品鑒才性，開出一美學境界，下轉而爲風流清談之藝術境界的生活情調，遂使魏晉人一方多有高貴的飄逸之氣，一方美學境界中的貴賤雅俗之價值觀念亦成爲評判人物之標準，而落在現實上，其門第階級觀念亦很強。此說明美學精神與藝術性的才性主體之發見，並不足以建立眞正的普遍人性之尊嚴，亦不足以解放人爲一皆有貴於己之良貴之精神上的平等存在。而孟子之道德心性則能之。故宋明儒順孟子一路講義理之性，建立人之道德主體性，遂一方足以建立眞正的普遍人性之尊嚴，一方以義理之性冒氣質之性而言變化氣質，使德性人格之向上無限發展爲可能，亦使生命上天定而不可變的才性成爲相對可變的才性。此皆是宋明儒所表現的精神上的基本原理與《人物志》系統所表現的精神上的基本原理相翻者，亦即藝術性的「才性主體」與「道德性主體」之不同。（發見普遍的人性，建立人的尊嚴，在中國是儒敎，在西方是基督敎，講法雖不同，而同能超越現實階級的限制，使人成爲精神上的平等存在。而藝術精神則不能有此成就。希臘亦是藝術精神，故柏拉圖、亞里士多德皆承認有先天的奴隸。但希臘的藝術精神爲青年的、健康的，而魏晉人的藝術精神則是中年的、病態的。此將另文發之。）

第五節　中和之質與偏雜之質：才性之種種姿態或形相——才性人格之層級

〈九徵篇〉續上云：

> 凡人之質量，中和最貴矣。中和之質，必平淡無味；故能調成五材，變化應節。是故觀人察質，必先察其平淡，而後求其聰明。

案：「人之質量，以中和為貴。」質量者即其質性之容量或涵量。人之質性之諧和渾融的表現，不偏不倚，謂之中和。此中和亦指資質而言。故中和之質亦曰中和之資。此是聖人的資質。依宋儒，亦可曰聖人的氣質。此是才性之最高者。此表示：即使是品鑒才性，亦立一最高格為標準。

> 聰明者，陰陽之精。陰陽清和，則中叡外明；聖人淳耀，能兼二美，知微知彰，自非聖人，莫能兩遂。故明白之士，達動之機，而暗於玄慮；〔案：此即富於世智巧慧之人。〕玄慮之人，識靜之原，而困於速捷。〔案：此即富於超智之宗教家、哲學家。〕猶火日外照，不能內見；金水內映，不能外光。二者之義，蓋陰陽之別也。

案：有中和之質，故有清和之明。中叡外明，則不偏於外照，亦不偏於內映。內外透明，而平當淵淳。此即聖人之明。外此，則鮮有不偏者。因偏至，而有多采多姿。若皆是聖人之資，則同同而一如，亦無趣味。下即由「體五行而著形」以言資質之層層表現而具體化，以形成各種性格。

首先由五行金木水火土之五質象徵筋、骨、血、氣、肌，再由筋、骨、血、氣、肌所表現之徵象以為五常（仁義禮智信）之表現。故曰：

> 若量其材質，稽諸五物；五物之徵，亦各著於厥體矣。其在體也：木骨、金筋、火氣、土肌、水血，五物之象也。五物之實，各有所濟。是故：骨植而柔者，謂之弘毅；弘毅也者，仁之質也。氣清而朗者，謂之文理；文理也者，禮之本也。體端而實者，謂之貞固；貞固也者，信之基也。筋勁而精者，謂之勇敢；勇敢也者，義之決也。色平而暢者，謂之通微；通微也者，智之原也。五質恆性，故謂之五常矣。

可表如下：

$$
五質
\begin{cases}
金→筋：筋勁而精→勇敢→義 \\
木→骨：骨植而柔→弘毅→仁 \\
水→血：色平而暢→通微→智 \\
火→氣：氣清而朗→文理→禮 \\
土→肌：體端而實→貞固→信
\end{cases}
五常
$$

　　由五質而象徵筋骨血氣肌,根本是生理的。但此「生理的」不是抽象地出現於「生理學」中之量的生理概念,而是具體地融於生命中之有姿態的質的生理概念。故其徵象或姿態,如筋之勁而精、骨之植而柔、色之平而暢、氣之清而朗、體之端而實,仍須要一種美感的品鑒,與智慧的體悟,而理解之。故此等詞語,皆非生理科學中的詞語,而是品鑒上的欣趣詞語。通過這些詞語,可以體悟一個完整人格的才性。因此,金木水火土固是象徵的詞語,即筋骨血氣肌諸生理詞語亦仍是象徵的詞語,由之而品鑒一個完整人格的生命姿態而識其才性。

　　　　五常之別,列爲五德。是故:溫直而擾毅,木之德也;剛塞而弘毅,金之德也;愿恭而理敬,水之德也;寬栗而柔立,土之德也;簡暢而明砭,火之德也。雖體變無窮,猶依乎五質。故其剛柔明暢,貞固之徵,著乎形容,見乎聲色,發乎情味,各如其象。

　　　　故心質亮直,其儀勁固;心質休決,其儀進猛;心質平理,其儀安閑。夫儀動成容,各有態度:直容之動,矯矯行行;休容之動,業業蹌蹌;德容之動,顒顒卬卬。〔案:以上爲儀容之表現,所謂「著於形容」者是。〕夫容之動作,發乎心氣;心氣之徵,則聲變是也。夫氣合成聲,聲應律呂:有和平之聲,有清暢之聲,有回衍之聲。夫聲暢於氣,則實存貌色:故誠仁,必有溫柔之色;誠勇,必有矜奮之色;誠智,必有明達之色。〔案:以上爲聲色之表現,所謂「見乎聲色」者是。〕

　　由五質五德之內著而形爲儀態、容止，與聲音、貌色。五質五德是內心的姿態，儀容聲色是外形的姿態。一是皆是才性之發露，品鑒之所及。故此姿態或形相即形成一人之格調，而此亦可說皆是「才性主體」之「花爛映發」。

　　假若五質五德之表現不能中和，則流於偏至。故曰：

> 夫色見於貌，所謂徵神。徵神見貌，則情發於目。故仁目之晴，愨然以端；勇膽之晴，曄然以強。然皆偏至之材，以勝體爲質者也。故勝質不精，則其事不遂。是故直而不柔則木，勁而不精則力，固而不端則愚，氣而不清則越，暢而不平則蕩。是故中庸之質，異於此類：五常既備，包以澹味；五質內充，五精外章，是以目彩五輝之光也。

案：觀眸子亦可知才性。中庸之目，彩五輝之光。其餘皆偏至之才，以勝體爲質。勝質不精，則偏中之偏。可列如下：

　　　直而不柔→木：木德之偏
　　　勁而不精→力：金德之偏
　　　固而不端→愚：土德之偏
　　　氣而不清→越：火德之偏
　　　暢而不平→蕩：水德之偏

　　由五德之中不中，進而總言九徵：

> 故曰：物生有形，形有神精。能知精神，則窮理盡性。性之所盡，九質之徵也。然則：

平陂之質在於神。〔注云：神者質之主也，故神平則質平，
神陂則質陂。〕

明暗之實在於精。〔注云：精者實之本，故精慧則實明，精
濁則實暗。〕

勇怯之勢在於筋。〔注云：筋者勢之用，故筋勁則勢勇，筋
弱則勢怯。〕

強弱之植在於骨。〔注云：骨者植之基，故骨剛則植強，骨
柔則植弱。〕

躁靜之決在於氣。〔注云：氣者決之地也，氣盛決於躁，氣
冲決於靜矣。〕

慘懌之情在於色。〔注云：色者情之候也，故色悴由情慘，
色悅由情懌。〕

衰正之形在於儀。〔注云：儀者形之表也，故儀衰由形殆，
儀正由形肅。〕

態度之動在於容。〔注云：容者動之符也，故邪動則容態，
正動則容度。〕

緩急之狀在於言。〔注云：言者心之狀也，故心恕則言緩，
心褊則言急。〕

案：以上由神、精、筋、骨、氣、色、儀、容、言，即可徵知平
陂、明暗、勇怯、強弱等之九質。故爲九質之徵。簡曰「九徵」。
此言由九方面可以徵知人之質性。當然徵不必九，質亦不必九，還
可以增加。此所品鑒之姿態，皆是藝術性的形相，美學的內容眞
理，與科學的外延眞理不同。若就品鑒之極微而玄言，則凡內容眞

理皆是帝網重重，互相出入滲透，而無窮無盡者。因此，徵亦無窮
無盡，質亦無窮無盡。此言九者，不過概略而已。此由極微而玄以
徵質盡性，此所盡之性、所窮之理，乃才質之性、才質之理。而窮
與盡乃是品鑒地窮與盡。陽明由致良知以言窮理盡性，此所窮盡的
是良知之天理之性，是吾人之道德的心性，此亦是無窮無盡者。而
其窮盡是由道德的實踐以窮盡之。此與《人物志》是不同之兩領
域。比而觀之，可盡全幅內容真理之奧祕。

九徵既明，則才性人格之層級即可得而言：

> 其為人也，質素平淡，中叡外朗，筋勁植固，聲清色懌，儀
> 正容直，則九徵皆至，則純粹之德也。九徵有違，則偏雜之
> 材也。三度不同，其德異稱：故偏至之材，以材自名；兼材
> 之人，以德為目；兼德之人，更為美號。

案：此言三度，可表如下：

　　九徵皆至：純粹之德→兼德
　　兼材之人：以德為目→兼材
　　偏至之材：以材自名→偏材

> 是故兼德而至，謂之中庸；中庸也者，聖人之目也。具體而
> 微，謂之德行；德行也者，大雅之稱也。一至，謂之偏材；
> 偏材，小雅之質也。一徵，謂之依似；依似，亂德之類也。
> 一至一違，謂之間雜；間雜，無恆之人也。無恆、依似，皆
> 風人末流；末流之質，不可勝論，是以略而不概也。

案：此言才性人格之五等，可表如下：

兼德而至：中庸→聖人

具體而微：德行→大雅

一　　至：偏材→小雅

一　　徵：依似→亂德

一至一違：間雜→無恆

第六節　體別與進德：才性系統不能建立進德之學、進德之學所以可能之超越根據

　　以上為〈九徵篇〉全文之疏解。此篇主要是由五質五德之參互錯綜，將人之才質情性全幅予以展示。才質情性是品鑒上具體地說。內心之姿態與外形之儀容聲色，種種姿態形相，俱含在內。人格上的具體的才質情性即決定人之「體性」之不同。此「體性」亦是具體地說，不是通常所說的作為「本體」的體性。故此體性實即體裁、體段、性格、格調之意，乃在明每人之「殊性」；而作為「本體」之體性，則是人之通性。體性既是明每人之殊異性，故《人物志》繼〈九徵〉而言〈體別〉。體別即每人之體性各別之意。〈體別第二〉云：

　　夫中庸之德，其質無名。故鹹而不鹼，淡而不䐑，質而不縵，文而不繢。能威能懷，能辯能訥。變化無方，以達為節。是以抗者過之，而拘者不逮。

夫拘抗違中，故善有所彰，而理有所失。是故：厲直剛毅，材在矯正，失在激訐。柔順安恕，美在寬容，失在少決。雄悍傑健，任在膽烈，失在多忌。精良畏慎，善在恭謹，失在多疑。強楷堅勁，用在楨幹，失在專固。論辯理繹，能在釋結，失在流宕。普博周給，弘在覆裕，失在溷濁。清介廉潔，節在儉固，失在拘局。休動磊落，業在攀躋，失在疏越。沈靜機密，精在玄微，失在遲緩。樸露徑盡，質在中誠，失在不微。多智韜情，權在謀略，失在依違。

案：此皆偏至之格，故拘抗違中，有得有失。若不能借鏡他人，善成其長，而去其短，則此人即只能適於此而不能適於彼。故下文即就此義，順上文所列，分別詳發之。文長不錄，讀者取而觀之，可知其情。此種才性氣質之不同，落在個人方面說，皆應有所自覺而救其短。若真能黽勉從事，便是〈體性篇〉所謂「進德」，亦曰「學」。故只在「變化氣質」上，始可言「進德之學」。但只從才性觀人，而不知進德所以可能之超越根據，則進德之學即無由立，而材性之偏亦終不可移轉。故本篇末云：

夫學所以成材也，恕所以推情也；偏材之性，不可移轉矣。雖教之以學，材成而隨之以失；雖訓之以恕，推情而各從其心。信者逆信，詐者逆詐。故學不入道，恕不周物，此偏材之益失也。

案：進德之學是宋儒所講。其所以可能之「超越根據」亦是由宋儒

而開出。故至宋儒始真能言變化氣質，始真能建立成德之學。成
德化質，並不是「教」與「訓」所能濟事。不能自覺到「學」之所
以可能之超越根據（義理之性），雖教之以學，則其「學」只是順
其偏材而滋長，此為「順取」之學。此於其氣質之偏並無補救，而
且益滋其失。故曰：「雖教之以學，材成而隨之以失。」同樣，不
能自覺到「恕」之所以可能之超越根據，（恕從仁心發，先點出仁
體，恕始可能），徒訓之以恕，則其「恕」只是順其固有之材質情
性之偏情而有順違，此為「順取」之恕。此於其氣質之偏失亦無補
救，而且益甚有偏。故曰：「雖訓之以恕，推情而各從其心。信者
逆信，詐者逆詐。」讀者試就「材成而隨之以失」、「推情而各從
其心」兩語，即可知此種學與恕只是順取之學、順取之恕。順其偏
至之材而學成，謂之「順取之學」。順其偏至之情而推情，謂之
「順取之恕」。此則只能成其偏，而不能補其偏、化其失。故成德
之學，唯在「逆覺」。逆覺者，逆其材質情性之流而覺悟到成德
化質所以可能之「超越根據」之謂。此為宋儒所開闢之領域。順
《人物志》之系統，則固不能至乎此。

　　《人物志》知道「學不入道，恕不周物，此偏材之益失」。但
它不知如何學始能算是入道之學，亦不知入道之學如何而可能。它
不知如何恕始能算是周物之恕，亦不知周物之恕如何而可能。但它
順才性系統而知「不可移轉」，亦是自身一致之觀察。故才質之性
皆是生命上之先天的、定然的。孔子言「上智下愚不移」，以及
「性相近習相遠」。宋儒皆謂此是說的氣質之性。此大體不誤。成
德化質之學有其所以可能之超越根據，而才質之性雖是生命上之先
天的、定然的，然究是生命之實然，而非理性上之必然。故一旦能

開闢出「理性之領域」，則即可化可轉，如是成德之學始可能。若開不出理性之領域，只是順才性而言，則生命上之先天的、定然的，皆實落下來而真成為定然、而不可化、不可轉。如是，成德之學即無法講。

《人物志》系統，未能於此用心，故不能開出另一「超越領域」（超越的理性之領域），而卻能從品鑒立場上開出美學領域與藝術的境界。此在全幅人性之學上亦有其積極的價值。才質之性，全幅敞開，無超越者以冒之，則從品鑒立場上說，是可欣賞的。若是有超越者以冒之，從道德宗教立場上說，則亦是可憂慮的。可欣賞與可憂慮，構成「才質之性」亦即「生命領域」之全幅意義。而魏晉之時代精神與學術精神，則取其可欣賞一面而品鑒之，此是才性之積極的意義。《人物志》即為其開端之代表。

若從道德宗教立場上說，則其可欣賞轉而為可憂慮。其可品鑒之姿態形相，銷聲匿跡，收歛而為儒者之氣質之性，消解而為佛教之業識、無明，化歸而為耶教之原罪、撒但。由此，則品鑒之才性即推進一步抽象化而為「生命之領域」。「生命」一範疇，由此成立。它有其獨立的一套，即其「獨立的機括性」。種種可悲可泣可詛可咒之表現由此發出。權力欲、情愛欲、信仰欲，由此發出；變態心理、種種情意結，由此發出；英雄天才之荒誕怪僻由此發出；不可克服之悲劇由此發出；印度邪命外道視業力如「擲縷丸」之自然解脫論（實即永不能解脫），亦由此發出。凡此種種，皆概括在「生命領域」內。才性一路，在道德宗教意識下，上提而為非理性之生命；在美學藝術之精神下，則即平靜而為可品鑒之才性。上提下平，皆可概之於「生命」下，而謂其是「生命之領域」。非理性

之生命是此領域之消極意義，才性則是此領域之積極意義。

第七節　《人物志》順才性之品鑒，對於英雄有恰當相應之理解，對於聖人無恰當相應之理解

　　《人物志》既不能開出超越領域，故亦不能建立成德之學。是即表示其道德宗教意識之薄弱，而亦照察不出生命之非理性。成德之學既開不出，則對於聖人亦不能有恰當相應之了解。《人物志》是從才性來了解聖人。其言中和、中庸，亦是材質的。此非《中庸》言中庸、中和之本義。聖人自有聖人之天資。然聖人之所以為聖，要不只是天資所能盡。聖人是德性人格之目，不是才性人格之目。他的根基是在超越的理性，不在才質或天資。故伊川云：「大賢以上，即不論才。」聖人並非無才，亦自有其天資。然法眼不在此。聖人人格完全從「超越領域」之開闢而了解。

　　宋儒相應聖人而開成德之學，故對於聖人亦能有恰當相應之了解。聖人之天資才性所呈現之姿態，在成德之學中，為其德性所化所潤，轉而為聖人之「氣象」，不復是原始之風姿或神采。故宋儒總言觀聖賢氣象，不說觀聖賢之風姿或神采。《人物志》開不出超越領域與成德之學，故順才性觀人，其極為論英雄，而不在論聖賢。順才性一路入，對於英雄為恰當相應者。蓋英雄並不立根基於超越理性，而只是立根基於其生命上之先天而定然的強烈的才質情性之充量發揮。故才性觀人，於英雄為順也。至於聖人，則不能只

此一面。除「順」以外，尚須有「逆覺」一向。故聖人一格，不能只順才性一向而列入才性人格之層級中。《人物志》對於聖人不能有積極的品鑒。故其提到中庸、中和、聖人，亦只是順才性一向，而置定一最高之標準而已。然對於英雄則以專篇論之。（〈英雄第八〉）「聰明秀出謂之英，膽力過人謂之雄。」張良是英，韓信是雄。劉邦、項羽，則既英且雄，可謂「英雄」。然項羽「英分少」，故其為英雄不及高祖。是則高祖乃典型之英雄。吾常謂中國歷史上，「英雄」一格，由劉邦開出。而「英雄」一詞亦不見於先秦典籍。東漢末開品題人物之風。許劭謂曹操「治世之能臣，亂世之奸雄」。而曹操與劉備亦煮酒論英雄。至《人物志》乃正式提出英雄而品鑒之，而著之於篇章。然並未以專章論聖人。誠以聖人固非才性一向所能盡，此當別有天地。宋儒成德之學，豈不偉哉！

《人物志》雖順才性一路論英雄，然既開不出超越領域，照察不出生命之非理性，故只見英雄之可欣賞，而不知英雄之禍害。宋儒能立成德之學，故能識英雄之病。推尊聖人，以德為本。是以漢唐英雄之主，在宋儒之照察下，亦卑不足道矣。蓋理境既寬，眼目自高也。

《人物志》既以才性看聖人，故凡聖人皆是先天的。既不可企及，亦不可學而至。先秦儒家孟、荀，皆言聖人人人可為。（荀子言此，於其學術無根。孟子言之，則有根。）至漢，以董仲舒之「氣化宇宙論」，重氣，故兩漢四百年，提到聖人，大體皆從才資觀入。（他們自知聖人是有德的）此傳統一直維持至魏晉，下屆南北朝而不變。至謝康樂，因竺道生之「孤明先發」，而提出「辨宗論」，以討論「聖人是否可學而至」之問題。此自是因佛教輸入而

激起。若從才資入,則聖或佛是不可學而至的。若能開出「超越領域」,則聖或佛是可修可學而至的。此問題在佛教亦可有圓滿之解決。自儒家而言,則必至宋儒始能徹底明白。關此,將見另書。

第八節　四理與四明:品鑒與智悟——藝術境界與智悟境界

　　以上由「體別」言及成德之學以及聖人與英雄之當分別論。茲再歸於《人物志》,別言一義,以見「才性系統」之另一涵義。

　　由「體別」進而言「流業」。《人物志》於「流業」分為十二家:清節家、法家、術家、國體、器能、臧否、伎倆、智意、文章、儒學、口辨、雄傑等。此即順其體別而言其各自特別相宜之表現。流業既順內在之體別而分,復進而再順其才質情性之能盡何種理,而即從客觀之理方面以定體性之各別與得失。此即〈材理篇〉之所論。〈材理第四〉云:

　　　　夫建事立義,莫不須理而定;及其論難,鮮能定之,夫何故哉?蓋理多品而人異也。夫理多品則難通。人材異則情詭。情詭難通,則理失而事違也。

　　　　夫理有四部,明有四家,情有九偏,流有七似,說有三失,難有六構,通有八能。

　　　　若夫天地氣化,盈虛損益,道之理也。法制正事,事之理也。禮教宜適,義之理也。人情樞機,情之理也。

四理不同，其於才也，須明而章，明待質而行；是故質與理合，合而有明，明足見理，理足成家。是故質性平淡，思心玄微，能通自然，道理之家也。質性警徹，權略機捷，能理煩速，事理之家也。質性和平，能論禮教，辨其得失，義理之家也。質性機解，推情原意，能適其變，情理之家也。

案：四部之理謂道理、事理、義理、情理。道理是屬形上學的，事理是屬於政治社會的，義理是屬於禮樂敎化的，情理是屬於人情屈伸進退之幾微的。此皆是與生活密切相連的具體的內容之理。至於純形式的名數之理以及科學的外延之理，則未能及。不管是具體的內容之理，或抽象的外延之理，（純形式的名數之理是純形式地外延的，經驗科學之外延之理是有抽象的特定內容之外延的），皆須以智照之明而彰。惟對於內容之理，則須用具體之智（具體的解悟）；對於外延之理，則須用抽象之智（抽象的解悟）。凡內容之理皆是直接由主體之精神生活而發契的，凡外延之理皆是脫離主體而純爲客觀的。人之才性不同，故其燭理之機能亦異。有的最宜契悟內容之理，有的最宜適應外延之理。即同屬內容之理，亦有適於「道理」，而不適於「事理」，或有適於「義理」，而不適於「情理」。故劉昞注云：「材既殊途，理亦異趣。故講群材，至理而定。」此即由對於客觀之理之盡不盡而定材質情性之殊異。

契悟客觀之理，須用智悟之明。就內容的四理而言，則智明爲具體的智明，由具體的智明以內容地把握之。理有四，明亦有四。但材既不同，故其表現明而把握理，常不能兼備於一身。故「明有四家」：有道理之家，有事理之家，有義理之家，有情理之家。

明出乎心智。理「須明而彰」，而明亦「待質而行」。心智之
明齊一而常在，質性之殊則曲屈而偏宕。「明待質而行」，意即明
之具體呈用不能不有待於質性之殊而表現。齊一常在而普遍的心智
因質性之殊而有具體的表現，亦因質性之殊而有特殊之限定。是即
因質性之曲而亦曲而有差別之相。差別相者，即心智之明之內容。
內容異，故明亦歧而為四。化偏去蔽，則智周四理，無往不宜。是
即在差別相中復其普遍性，而至於差別相與普遍性之具體的統一。
此須開出超越領域而至仁智合一始可能。在《人物志》之才性系
統，則無由明此。只能指出聖人能此，而不知其何以能此。

若既不能化偏去蔽，而又「以性犯明」，則即有「九偏之
情」。故云：

> 四家之明既異，而有九偏之情。以性犯明，各有得失：剛略
> 之人，不能理微，故其論大體，則弘博而高遠；歷纖理，則
> 宕往而疏越。抗厲之人，不能迴撓，論法直，則括處而公
> 正；說變通，則否戾而不入。堅勁之人，好攻其事實，指機
> 理，則穎灼而徹盡；涉大道，則徑露而單持。辯給之人，辭
> 煩而意銳，推人事，則精識而窮理；即大義，則恢愕而不
> 周。浮沈之人，不能沉思，序疏數，則豁達而傲博；立事
> 要，則熸炎而不定。淺解之人，不能深難，聽辯說，則擬鍔
> 而愉悅；審精理，則掉轉而無根。寬恕之人，不能速捷，論
> 仁義，則弘詳而長雅；趨時務，則遲緩而不及。溫柔之人，
> 力不休強，味道理，則順適而和暢；擬疑難，則濡軟而不
> 盡。好奇之人，橫逸而求異，造權譎，則倜儻而瑰壯；案清

道，則詭常而恢迂。此所謂性有九偏，各從其心之所可以爲
理。〔本篇下文即言七似、三失、六構、八能。本文不再一
一疏釋。〕

案：既不能進一層化偏去蔽，自必流於九偏之情。由四理、四明、
九偏，吾人可知《人物志》系統順才性之品鑒，既可開出人格上的
「美學原理」與「藝術境界」，復可開出「心智領域」與「智悟之
境界」。惟開不出超越的「德性領域」與「道德宗教之境界」。從
此可知《人物志》系統之限度，乃至整個魏晉時代之風氣與特徵。
其特徵即爲「藝術的」與「智悟的」。《人物志》之品鑒才性即是
美的品鑒與具體智悟之混融的表現。智悟融於美的品鑒而得其具
體，品鑒融於智悟而得其明澈。其品鑒才性之目的，固在實用，
（知人與用人），然其本身固是品鑒與智悟之結晶。它既能開出美
的境界與智的境界，而其本身復即能代表美趣與智悟之表現。因
此，故能開出「才性名理」，而爲有系統之妙著。下開王、何、
向、郭之「玄學名理」，乃是品鑒與智悟之用於「道理」者。
（「道理」集中於《老》、《莊》、《易》之三玄。）道理之冥契
固須智悟，亦必有品鑒之美趣鼓舞於其後。凡屬內容眞理俱須智悟
與品鑒。（德性之內容眞理，則復須以仁心悲心而澈之。此爲宋儒
之所講。）智悟是品鑒的智悟，品鑒是智悟的品鑒。故後有「言意
之辨」，以明名言是否能盡意。雖有歐陽建主「言盡意」，而勢必
以「言不盡意」爲旨歸。無論玄理與才性，俱非名言所能盡。此就
兩種名理言如此。至於就當時能清言玄言之名士之生活情調言，如
中朝名士、竹林名士、江左名士等，固全幅是藝術境界與智悟境界

之表現。藝術境界有兩面：一、是他們的才性生命所呈現之神釆或風姿，二、是先天後天所蓄養的趣味。試打開《晉書》諸名士傳以及《世說新語》觀之，其形容某人所用之品鑒詞語如姿容、容止、風神、風姿、神釆、器宇等，不一而足。假若其人趣味卑俗、風貌庸陋，則即不能與於名士之林。至於清言玄言，則尤須賴於智悟。聰明不及，出語鄙俚，即不足與於清言。智悟益助其風神，風神益顯其智悟。智悟不融於風神，則非具體品鑒的智悟，而乃淺薄之世智與抽象而乾枯之知解。此種人必庸俗不足觀。反之，風神不益之以智悟，則風神不成其為風神，乃沈墮為空皮囊。此種人必惡俗而不堪。是故藝術境界與智悟境界乃成為魏晉人雅俗貴賤之價值標準。

美趣與智悟足以解放人之情性，故魏晉人重自然而輕名教（禮法）。此構成自然與名教、自由與道德之矛盾。樂廣指裸裎者言，「名教中自有樂地，何必乃爾！」此並不足以消融此矛盾。王、何、向、郭雖欲融會老、莊與周、孔，然其玄學名理實並不能擔當此工作。此須到宋儒開出「超越領域」，始能澈底貫通而解消此矛盾。魏晉人在美趣與智悟上不俗，而在德性上卻是庸俗無賴的。宋儒開出「超越領域」，構成德性、美趣、智悟三者之統一。美趣與智悟只是兩度向。轉出德性，始形成三度向。

然魏晉人既能開出藝術境界與智悟境界，故一方於文學能有「純文學論」與「純美文之創造」，書畫亦成一獨立之藝術；一方又善名理、能持論，故能以老莊玄學迎接佛教，而佛教亦益滋長其玄思。從其能迎接佛教言，則魏晉人順中國固有之學術發展，而開出智悟境界，吾由此而悟出中國固有其哲學傳統。中國之道統在儒

家,科學傳統在羲、和之官,而哲學傳統則當溯源於先秦名家,甚至道家亦在內,而繼之以魏晉名理,則哲學傳統完全在此確立。此亦見下第七章。

第三章　魏晉名士及其玄學名理

第一節　「名士」一格之出現

東晉袁宏作《名士傳》,「以夏侯太初〔玄〕、何平叔〔晏〕、王輔嗣〔弼〕爲正始名士。阮嗣宗〔籍〕、嵇叔夜〔康〕、山巨源〔濤〕、向子期〔秀〕、劉伯倫〔伶〕、阮仲容〔咸〕、王濬沖〔戎〕爲竹林名士。裴叔則〔楷〕、樂彥輔〔廣〕、王夷甫〔衍〕、庾子嵩〔敳〕、王安期〔承〕、阮千里〔瞻〕、衛叔寶〔玠〕、謝幼輿〔鯤〕爲中朝名士。」(《世說新語・文學第四》袁彥伯作《名士傳》條注文)

據此,「名士」一格自魏末開始。魏初言才性名理者,如著《人物志》之劉劭,歷史上則列於名家,屬形名學,不列於名士。名士所談者以老莊玄理爲主,以因此而稱爲名士。才性名理因現實察舉上之名實問題而發,起因於實用,目的亦在實用,而其爲名理之本質卻在「品鑒」。此則上承東漢末之品題人物而來。外在地說,是實用,內在地說,是品鑒。雖開人格上之美學原理與藝術境界,(見〈人物志之系統的解析〉)而不稱爲名士。然繼承才性名

理而言才性之同異離合，所謂〈四本論〉者，如鍾會、傅嘏、李豐、王廣等，固亦在魏末，而與正始名士互相輝映、交發清光者。惟由此，才性一支乃轉而為老莊之玄學。而名士一格亦由此出現於人類之歷史。然則究何謂名士？

「諸葛亮與司馬懿治軍渭濱，剋日交戰。懿戎服蒞事。使人視亮：獨乘素輿，葛巾羽扇，指揮三軍，隨其進止。司馬歎曰：『諸葛君可謂名士矣。』」（見《世說補》）諸葛亮自非名士。然司馬懿竟以「名士」形容之。後來鄭板橋因論寫字作畫是雅事亦是俗事，而發感慨曰：「惟諸葛公是真名士。」吾人由司馬懿稱諸葛為名士，可得一線索，了解「名士」一格之特徵。司馬懿時，名士已如雨後春筍露清光於社會，故彼心中已有此觀念。「戎服蒞事」不得為名士，而諸葛亮之「獨乘素輿，葛巾羽扇」，則以特別之姿態出現於軍中，遂使司馬懿賞其清光而歎稱為名士。然則「名士」者清逸之氣也。清則不濁，逸則不俗。沉墮而局限於物質之機括，則為濁。在物質機括中而露其風神，超脫其物質機括，儼若不繫之舟，使人之目光唯為其風神所吸，而忘其在物質機括中，則為清。神陷於物質機括中為濁，神浮於物質機括之上為清。事有成規成矩為俗。俗者，風之來而凝結於事以成為慣例通套之謂。軍事有軍事之慣例，政事有政事之成規。每一事務皆有其一定之通套，有其起訖終始之系統。乃至習俗禮法亦皆日常生活上之通套。精神落於通套，順成規而處事，則為俗。精神溢出通套，使人忘其在通套中，則為逸。逸者離也。離成規通套而不為其所淹沒則逸。逸則特顯「風神」，故俊。逸則特顯「神韻」，故清。故曰清逸，亦曰俊逸。逸則不固結於成規成矩，故有風。逸則洒脫活潑，故曰流。故

總曰風流。風流者，如風之飄，如水之流，不主故常，而以自在適性爲主。故不著一字，儘得風流。是則逸者解放性情，而得自在，亦顯創造性。故逸則神露智顯。逸者之言爲淸言，其談爲淸談。逸則有智思而通玄微，故其智爲玄智，思爲玄思。成規成矩之事務系統不淸無玄，故言此不得爲淸言，思此不得爲玄思，而此處之智亦不得爲玄智，只可曰「世智」。是則淸逸、俊逸、風流、自在、淸言、淸談、玄思、玄智，皆名士一格之特徵。

諸葛公爲大政治家，自無暇爲名士。然彼自有一往之逸氣，故在日理萬機之中，儘得從容與風流。彼非事務主義之政治家，亦非英雄氣之軍事家，而乃有名士氣（即逸氣）之軍事家。（此自順司馬之嘆而如此說，如自政治家而言之，是否如此，則自難說。）後來羊祜、陸抗亦皆有逸氣之軍事家。所謂輕裘緩帶，儒雅風流是也。此是以軍事政事爲主，而具有名士氣或逸氣者。其本人非名士也。曹氏父子亦皆有名士氣或逸氣者。軍事家、政治家、學問家、乃至聖賢豪傑，均可有逸氣。此則隨格而定，而其具之之程度與方式亦至難言。有逸之而大，有逸之而小，有逸之而眞而純，有逸之而僞而雜。故格有高低，而品亦不齊。要之，逸氣隨格隨體而顯：或附麗於德而立德，或附麗於功而成功，或附麗於言而立言。立德者爲聖爲賢，爲道德宗敎家；立功者爲軍事家、政治家；立言者爲學問家、思想家。此皆可有逸氣或名士氣含於其中，而其人非即爲名士。然則魏晉間所謂名士，則非所謂某某家，而只是爲名士。專爲名士，則其人惟在顯一逸氣，而逸氣無所附麗。此即爲「名士」人格。名士氣轉而爲「名士」。名士者有名之士也。聲名洋溢，人所注目。然此所謂名士，非以立德而名，亦非以立功立言而名。其

爲名,亦非「名節」之名。然則此所謂名士,究以何而名?曰:惟在因顯一逸氣而名。逸氣雖無所附麗,而亦有表現。其表現在清言、清談。故其爲名士是因清言清談而爲名士。又,清言固有所言,清談固有所談,其所言所談爲玄理。故其爲名士亦因清言玄理而爲名士。又,逸氣之表現亦在「青白眼」,亦在任放、不守禮法。故其爲名士亦因生活曠達而爲名士。名士之名不是名節、名檢之名,亦不是名實之名。名節、名檢、名實之名,皆有所附麗而在一格局規範中顯。而名士之名,則無所附麗,亦不在格局規範中顯。是以其爲名也,亦只是其逸氣之一點聲光,全由遮顯。不以禮立,不以義方。是以其聲光之名乃爲不能納入任何矩矱之中之寡頭之名,亦即無所成無所立之名也。(但不是聖人之「無所成名」)此「唯顯一逸氣而無所成」之人格即爲名士人格。此爲名士之通性,而在魏晉時代出現於人類之歷史。此亦可謂魏晉時代所開闢之精神境界也。

此種「惟顯逸氣而無所成」之名士人格,言之極難,而令人感慨萬端。此是天地之逸氣,亦是天地之棄才。(溢出而無所附麗,謂之逸氣,即逸出之氣。無所成而無用,謂之棄才,即遺棄之才。)曹雪芹著《紅樓夢》,著意要鑄造此種人格型態。其贊賈寶玉曰:「迂拙不通庶務,冥頑怕讀文章,富貴不知樂業,貧賤難耐淒涼。」此種四不著邊,任何處掛搭不上之生命即爲典型之名士人格。曹雪芹可謂能通生命情性之玄微矣。此種人格是生命上之天定的。普通論魏晉人物,多注意其外緣,認爲時代政治環境使之不得不然。好像假定外緣不如此,他們亦可以不如此。此似可說,而亦不可說。外緣對於此種生命並無決定的作用,而只有引發的作用。

假定其生命中無此獨特之才性，任何外緣亦不能使之有如此之表現。即虛偽地表現之，亦無生命上之本質的意義，亦不能有精神境界上之創闢性。魏晉名士人格，外在地說，當然是由時代而逼出，內在地說，亦是生命之獨特。人之內在生命之獨特的機括在某一時代之特殊情境中迸發出此一特殊之姿態。故名士人格確有其生命上之本質的意義。非可盡由外緣所能解析。曹雪芹甚能意識及此種生命之本質的意義，故能於文學上開闢一獨特之境界，而成就一偉大之作品。此境界亦即為魏晉名士人格所開闢所代表。

此境界是逸氣與棄才之境界，故令人有無可奈何之感慨，有無限之淒涼。所謂感慨萬端者是也。總之，它有極可欣賞處，亦有極可詛咒處。何以故？因為此種境界是藝術的境界，亦是虛無的境界。名士人格是藝術性的，亦是虛無主義的。此是其基本情調。從其清言清談、玄思玄智方面說，是極可欣賞的。他有此清新之氣，亦有此聰明之智，此是假不來的。從其無所成，而敗壞風俗方面說，則又極可詛咒。因為他本是逸氣棄才，而無掛搭處，即有之，他亦不能接受之。此其所以為可悲。他不能己立而立人，安己以安人，因為只是逸氣之一點聲光之寡頭揮洒，四無掛搭，本是不能安住任何事的。此其所以為虛無主義。由此觀之，完全是消極的、病態的。然由其玄思玄智方面說，他亦有積極的作用，他能開出哲學境界，特定地說，他可以作為消融佛教之媒介。總之，其涵義甚複雜，未可拘於一面說。由以下之敘述，可以逐步開展之，見其多方之意義。

第二節　正始名士：玄學名理：以王、何、荀粲 爲代表：荀粲之玄遠

《世說新語・文學第四》：

> 何晏爲吏部尚書，有位望；時談客盈座，王弼未弱冠，往見
> 之。晏聞弼名，因條向者勝理語弼曰：「此理，僕以爲理
> 極，可得復難不？」弼便作難，一坐人便以爲屈。於是弼自
> 爲客主數番，皆一坐所不及。

又云：

> 何平叔注《老子》始成，詣王輔嗣；見王注精奇，乃神伏
> 曰：「若斯人，可與論天人之際矣！」因以所注，爲《道德
> 二論》。

《三國志》卷九〈諸夏侯曹傳附何晏〉云：

> 晏，何進孫也。母尹氏，爲太祖夫人。晏長於宮省，又尚公
> 主，少以才秀知名，好《老》《莊》言。作《道德論》及諸
> 文賦，著述凡數十篇。

注引《魏氏春秋》曰：

初，夏侯玄、何晏等名盛於時，司馬景王亦預焉。晏嘗曰：
「唯深也，故能通天下之志，夏侯泰初是也；唯幾也，故能
成天下之務，司馬子元是也；唯神也，不疾而速，不行而
至，吾聞其語，未見其人。」蓋欲以神況諸己也。

案：司馬景王即司馬師，子元其字也。與曹操同為權奸人物而帶有
名士氣者。以有名士氣而吸引諸名士，而其本身非名士。夏侯泰初
即夏侯玄，此為貴戚名士。有位望，有權欲，而無其才。故只以貴
戚名士而殺身。何晏字平叔，亦為貴戚名士。有位望，有權欲，而
亦無其才，故因黨曹爽而見誅。名士而參與政治，鮮有全者。何晏
以「深」說夏侯，以「幾」說司馬，而以「神」自況。此在玄
言，可謂美矣。至於彼三人者，能當之否，則不敢必。此只是名士
之以其智光虛相誇比，而己並無真者以實之。此亦足見名士之所以
為名士。

　　《三國志》卷九記夏侯玄被收，注引《世語》（郭頒西晉人，
為《晉魏世語》）曰：

　　玄至廷尉，不肯下辭。廷尉鍾毓自臨治玄。玄正色責毓曰：
　　「吾當何辭？卿為令史責人也，卿便為吾作。」毓以其名
　　士，節高不可屈，而獄當竟，夜為作辭，令與事相附，毓涕
　　以示玄。玄視，頷之而已。毓弟會，年少於玄，玄不與交。
　　是日於毓坐狎玄，玄不受。

又引孫盛《雜語》曰：

玄在囹圄，會因欲狎而友玄，玄正色曰：「鍾君何相逼如此也！」

《三國志》卷九記夏侯玄云：

玄格量弘濟，臨斬東市，顏色不變，舉動自若，時年四十六。

注引《魏略》云：

玄自從西還，不交人事，不畜華妍。

又引《魏氏春秋》曰：

初，夏侯霸將奔蜀，呼玄欲與之俱。玄曰：「吾豈苟存自客於寇虜乎？」遂還京師。太傅〔司馬懿〕薨，許允謂玄曰：「無復憂矣。」玄歎曰：「士宗！卿何不見事乎？此人猶能以通家年少遇我，子元、子上不吾容也。」玄嘗著〈樂毅〉、〈張良〉及〈本無〉、〈肉刑論〉。辭旨通遠，咸傳於世。

案：以上兩段足見夏侯玄貴戚名士之身分、處境、與風格。
　　《三國志》卷廿一〈傅嘏傳〉：

傅嘏字蘭石〔《魏志》作蘭碩〕，北地泥陽人。傅介子之後
也。〔……〕嘏弱冠知名。

注引《傅子》曰：

> 是時何晏以材辯顯於貴戚之間，邵颺好變通，合徒黨，鬻聲
> 名於閭閻。而夏侯玄以貴臣子，少有重名，爲之宗主，求交
> 於嘏，而不納也。嘏友人荀粲，有清識遠心，然猶怪之。謂
> 嘏曰：「夏侯泰初一時之傑，虛心交子，合則好成，不合則
> 怨至。二賢不睦，非國之利，此藺相如所以下廉頗也。」嘏
> 答之曰：「泰初志大其量，能合虛聲而無實才。何平叔言遠
> 而情近，好辯而無誠，所謂利口覆邦國之人也。鄧玄茂有爲
> 而無終，外要名利，內無關鑰，貴同惡異，多言而妬前；多
> 言多釁，妬前無親。以吾觀此三人者，皆敗德也。遠之猶恐
> 禍及，況昵之乎？」

案：傅嘏所評甚諦，凡貴戚貴臣而爲名士，自名士言爲下乘，自政
治言亦無術。徒以其身分地位而合虛聲，非有一股眞性情者。東漢
末之竇武亦此類也。傅嘏論才性同，亦善名理者。

《世說新語‧文學第四》云：

> 傅嘏善言虛勝，荀粲談尚玄遠；每至共語，有爭而不相喻。
> 裴冀州〔徽〕釋二家之義，通彼我之懷，常使兩情皆得，彼
> 此俱暢。

《魏志》卷十〈荀彧傳〉注引何劭爲〈荀粲傳〉曰：

粲字奉倩。〔……〕〔太尉彧少子也。〕粲諸兄並以儒術論
議，而粲獨好言道，常以爲子貢稱夫子之言性與天道，不可
得聞，然則六籍雖存，固聖人之糠粃。粲兄俣難曰：
「《易》亦云：『聖人立象以盡意，繫辭焉以盡言』，則微
言胡爲不可得而聞見哉？」粲答曰：「蓋理之微者，非物象
之所舉也。今稱立象以盡意，此非通於意外者也，繫辭焉以
盡言，此非言乎繫表者也；斯則象外之意，繫表之言，固蘊
而不出矣。」及當時能言者不能屈也。又論父彧不如從兄
攸。彧立德高整，軌儀以訓物，而攸不治外形，慎密自居而
已。粲以此言善攸，諸兄怒而不能迴也。太和初，到京邑與
傅嘏談。嘏善名理，而粲尚玄遠，宗致雖同，倉卒時或有格
而不相得意。裴徽通彼我之懷，爲二家騎驛，頃之，粲與嘏
善，夏侯玄亦親。常謂嘏、玄曰：「子等在世途間，功名必
勝我，但識劣我耳！」嘏難曰：「能盛功名者，識也。天下
孰有本不足而末有餘者耶？」粲曰：「功名者，志局之所獎
也。然則志局自一物耳，固非識之所獨濟也。我以能使子等
爲貴，然未必齊子等所爲也。」

粲常以婦人者，才智不足論，自宜以色爲主。驃騎將軍曹洪
女有美色，粲於是娉焉，容服帷帳甚麗，專房歡晏。歷年
後，婦病亡，未殯，傅嘏往喭粲；粲不哭而神傷。嘏問曰：
「婦人才色並茂爲難。子之娶也，遺才而好色。此自易遇，
今何哀之甚？」粲曰：「佳人難再得！顧逝者不能有傾國之

色，然未可謂之易遇。」痛悼不能已，歲餘亦亡，時年二十
九。粲簡貴，不能與常人交接，所交皆一時俊傑。至葬夕，
赴者裁十餘人，皆同時知名士也，哭之，感動路人。

案：由此小傳，可知如荀粲者，方是眞正典型之名士。一、以其父
荀彧之「立德高整，軌儀以訓物」，不如其從兄荀攸：「不治外
形，愼密自居」。此自是名士人格之所見。二、辨「識」與「志
局」之不同，志局爲一物，而識則超志局，不落方所。志局成功
名，識則無成無不成。此其所以爲玄遠而超凡俗也。傅嘏以爲「能
盛功名」即有識，然此非玄遠之識，而乃志局之識。是以知傅嘏雖
善名理，尙非眞正之名士。三、以六籍爲「聖人之糠粃」，「象外
之意，繫表之言，固蘊而不出。」此足見其有玄智。（此與言能盡
意否有關，詳見第七章。）其造詣不亞於王弼也。四、傅嘏「善名
理」，荀粲「尙玄遠」。此言名理與玄遠不同。名理蓋猶是《人物
志》之系統，以論才性爲主，尙有局限，而「玄遠」則直造象外繫
表之微，此可稱爲玄理。自學問言之，才性名理尙是初級的，而玄
遠之理則是高級的。（依據史志，談名理者爲名家，談玄遠者爲玄
學，不稱名理。依此，傅嘏、鍾會、李丰、王廣等，俱屬名家之名
理系統。若推廣言之，俱稱名理，則別以才性與玄學。詳見第七
章。）自人格言之，談名理者，大抵不屬名士，惟到談玄遠，始徹
底解放，始眞爲名士。此自魏初至正始一段歷史言，事實上是如
此，非謂理上必如此。即名士亦可談名理，談玄遠者，亦可談才
性。過江名士，「爲風流談論者所宗」之殷浩即一方好《老》
《易》、善玄言，一方又「才性偏精」。（見《晉書》卷七十七

〈殷浩傳〉及《世說新語·文學第四》）可見史志所稱之名家名理，亦只權言，非必局限於才性。而名士之稱亦不以所談之內容而定也。名士人格以「唯顯逸氣而無成」來規定。名士談玄遠，談玄遠者不必是名士。（如老莊談玄遠不可以名士論）。荀粲之玄遠是名士之談玄遠也。五、婦死而神傷，與王衍喪子而言「鍾情正在我輩」，同一情調。此亦是名士情調。惟王衍是官僚名士。荀粲則是一富才情之青年名士。六、其簡貴孤傲亦是有性情，亦見其有一往之逸氣。

《三國志·鍾會傳》：

> 鍾會字士季，潁川長社人，太傅繇小子也。少敏慧夙成。中護軍蔣濟著論，謂「觀其眸子，足以知人。」會年五歲，繇遣見濟，濟甚異之，曰：「非常人也。」及壯，有才數技藝，而博學精練名理，以夜續晝，由是獲聲譽。正始中，以為祕書郎。

又云：

> 會嘗論《易》無互體、才性同異。及會死後，於會家得書二十篇，名曰《道論》，而實刑名家也，其文似會。

鍾會平蜀，建大功，自是功名之士，非名士。其善名理、論才性，又著《道論》二十篇，為形名家言，此與清言玄遠之名士，自不同格。又其人心術亦不端。嵇康即因其譖而被害。故其精練名理而為

形名家，蓋已落於名法之士，或黃老形名之學。此種人自較「精練」、「校練」，而多機心。而非風流玄遠之名士。其與王弼善，蓋亦因其「論《易》無互體」也。

以上爲何晏、夏侯玄、傅嘏、荀粲、及鍾會故事，期由此而引出王弼。此皆正始間人物。王弼即在此氣氛中而出現。

第三節　王弼之高致

《三國志》無〈王弼傳〉。只於〈鍾會傳〉末提及數字曰：

> 初會弱冠，與山陽王弼並知名。弼好論儒道，辭才逸辯。注《易》及《老子》。爲尚書郎。年二十餘卒。

此下注云：

> 弼字輔嗣。何劭爲其傳曰：
>
> 弼幼而察惠，年十餘，好老氏，通辯能言。父業，爲尚書郎。時裴徽爲吏部郎，弼未弱冠，往造焉。徽一見而異之，問弼曰：「夫無者，誠萬物之所資也。然聖人莫肯致言，而老子申之無已者何？」弼曰：「聖人體無，無又不可以訓，故不說也。老子是有者也。故恆言無所不足。」尋亦爲傅嘏所知。於時，何晏爲吏部尚書，甚奇弼，嘆之曰：「仲尼稱後生可畏。若斯人者，可與言天人之際乎？」
>
> 正始中，黃門侍郎累缺。晏既用賈充、裴秀、朱整，又議用

弼。時丁謐與晏爭衡，致高邑王黎於曹爽，爽用黎。於是以弼補臺郎。初除，覲爽，請間，爽為屏左右，而弼與論道，移時，無所他及。爽以此嗤之。〔……〕

弼在臺既淺，事功亦雅非所長，益不留意焉。〔……〕弼天才卓出。當其所得，莫能奪也。性和理，樂游晏，解音律，善投壺。〔……〕頗以所長笑人，故時為士君子所疾。

弼與鍾會善。會論議，以校練為家，然每服弼之高致。

何晏以為聖人無喜怒哀樂，其論甚精，鍾會等述之。弼與不同，以為聖人茂於人者神明也，同於人者五情也，神明茂，故能體沖和以通無；五情同，故不能無哀樂以應物。然則聖人之情，應物而無累於物者也。今以其無累，便謂不復應物，失之多矣。

弼注《易》，潁川人荀融難弼〈大衍〉義。弼答其意，白書以戲之曰：「夫明足以尋極幽微，而不能去自然之性。顏子之量，孔父之所預在。然遇之不能無樂，喪之不能無哀。又常狹斯人〔指孔子〕，以為未能以情從理者也。而今乃知自然之不可革。是足下之量，雖已定乎胸懷之內，然而隔踰旬朔，何其相思之多乎？故知尼父之於顏子，可以無大過矣。」

弼注《老子》，為之指略，致有理統。注《道略論》。〔「注」字當為「著」。〕注《易》，往往有高麗言。

太原王濟好談，病《老》、《莊》。常云：「見弼《易注》，所悟者多。」〔案：「悟」當作「誤」。解證見下。〕

然弼爲人淺而不識物情。初與王黎、苟融善，黎奪其黃門郎，於是恨黎，與融亦不終。正始十年，曹爽廢，以公事免。其秋遇癘疾亡，時年二十四，無子絕嗣。弼之卒也，晉景王聞之，嗟嘆者累日。其爲高識所惜如此。

以上爲何劭所作傳。注又引孫盛評弼《易注》曰：

《易》之爲書，窮神知化，非天下之至精，其孰能與於此？世之注解，殆皆妄也。況弼以附會之辨，而欲籠統玄旨者乎？故其敍浮義，則麗辭溢目；造陰陽，則妙賾無間。至於六爻變化，群象所效，日時歲月，五氣相推，弼皆擯落，多所不關。雖有可觀者焉，恐將泥夫大道。

又引《博物記》述弼之家世曰：

初，王粲與族兄覬，俱避地荆州，劉表欲以女妻粲，而嫌其形陋而用率，以覬有風貌，乃以妻覬。覬生業，業即劉表外孫也。蔡邕有書近萬卷，末年載數車與粲，粲亡後，相國椽魏諷謀反，粲子與焉，既被誅，邕所與書悉入業。業字長緒。位至謁者僕射。子宏，字正宗。司隸校尉。宏，弼之兄也。

《魏氏春秋》曰：

　　文帝既誅粲二子，以業嗣粲。

以上爲王弼之故事。雖甚簡單，然其在學問上之觀念與造詣，大端已概括殆盡。「聖人體無，老子是有」，這是一大端。「聖人有情」，這是另一大端。這兩大端合起來，根本只是一個體用問題。王弼所了解的體是老子的「無」。他對於道家所說的無、自然，確有相應而透宗的理解。從聖人的境界上，說「聖人體無」也是可以的。他確能體悟到聖人的境界。大而化之，默而成之。從這兩句話來了解聖人的境界，說「聖人體無」當然是可以的。雖不能盡儒聖之主要而全幅的精蘊，然從境界上說「體無」亦確是聖人之所有。王弼即以其所了解之道家之無，來說聖人體無。聖人體之而不言，老子言之而不能體。他以此爲基本觀念，注《老》注《易》，並作《論語釋疑》（已佚，散見於《論語集解》皇《疏》中）。其注《老》，則相應而能盡其蘊。注《易》，則如說聖人「體無」，只能得其一相，而不能盡其全蘊與主蘊。因爲《易》言天道神化，固亦有可以「無」說之玄境也。然不能如解《老》然，只是此。故不能盡其全蘊與主蘊。然體此玄境，確須玄智。王弼確能透此宗極之無。無不遺有，有不離無。以體用言之，體不遺用，全體是用；用不離體，全用是體。聖人體無而言有，禮樂教化皆有也，亦皆體之用也。自個人生活而言，聖人「神明茂，故能體沖和以通無；五情同，故不能無哀樂以應物」。通無即體，應物即用。焉得謂聖人爲無情？無情，則其體懸空而離掛，不成其爲體矣。此種體用之圓融，王弼確有圓智以悟之。有透宗之悟，故有圓融之智。其造詣固至乎其極，而不可移也。他以透宗之觀念，與造極之境界，復活已

斷絕四五百年之儒道玄理，廓清四百年來《易》學之蕪雜，不可謂非慧劍之利鋒，般若之烈火也。觀念甚簡易，然造理卻極真實。其價值全在扭轉之功，與豁醒慧命。故注《老》雖極其相應，而其功力卻全在注《易》。雖言理以道為宗，而於人品則崇儒聖。儒道同言，而期有所會通。此亦大家之識。故《三國志・鍾會傳》末稱其「好論儒道」。非如後來之名士全倒於老莊也。何晏能注《論語》，亦見不失傳統之規範。雖以《老》為宗，單提玄境，不能盡儒家之蘊，然其所提醒之一面，固有不移之價值。故王之《易》，何之《論語》，亦代表一時代之經學，而王之《老》與向郭之《莊》，則又「後無來者」，而成為言《老》《莊》者之標準。蓋其精神能相應，而後之言《老》《莊》者，無一能相應也。

王弼之壽命只二十四。以今語言之，可謂一青年哲學家。年十餘，即好老氏。可謂有夙慧。而又如是之成熟，而成熟又如是其早。此亦不可解。若自普通言之，不必說十餘歲，即廿餘歲猶在夢昧。而王弼卻在短短生命中發出如是透宗而相應之玄智，不謂「夙慧」不可得也。夙慧早具，靈光一顯，全發無餘。說規模格局小亦可。然此種夙慧之人，即使天假以年，亦未必再有增益。只是一擊，而一擊命中。其短短一生，亦可以無憾矣。

又因壽命短，涉世淺，不識物情，其生命中無甚挫折，亦無甚反動。故以「唯顯逸氣而無所成」之名士衡之，彼似不可謂名士。說其為名士，是從「智悟」一面說。但其智悟卻是有所成。故如說其為名士，則亦是「學人名士」。他的生命全幅是清新逸氣所顯之一點智光。清新俊逸之氣從生命中浮上來，一點智光從清新俊逸之氣發出。生命中的各種波浪並未映發出來，所以他的意識亦未反照

到生命的各方面。他除玄智玄理外，並無其他。他只是一擊便中。因此他並無發展。就是聖人，也還有發展，如三十而立，四十而不惑，五十而知天命，六十而耳順，七十而從心所欲不踰距。佛也有發展，如「八相成道」是。（八相：一、從兜率天退，二、入胎，三、住胎，四、出胎，五、出家，六、成道，七、轉法輪，八、入涅槃。出家、成道兩種波折即表示生命之發展。）這都是生命中起波浪，反照乎生命，故始有發展：有悲劇意識、有道德宗教意識、有歷史文化意識。生命中映發出各種波浪，反照乎生命，有種種意識，始有發展。有發展始有大格局、大規模、大氣象。而王弼則無，一般「名士人格」皆然。他只是清新俊逸之氣，一點智光，而生命則沉墮而潛伏在那裡，只是不自覺地順生物本能滾。故何劭為傳，說其「為人淺，而不識物情。初與王黎、荀融善。黎奪其黃門郎，於是恨黎。與融亦不終。」此只是在王弼處如此表現。其他則有各種不同之表現。表現雖不同，而不自覺地順生物本能滾則一。吾前章說「魏晉人於智悟境界、藝術境界不俗，而於德性境界則甚庸俗。」即此意也。

故王弼固是夙慧，亦不可過分誇大。其所以特出者，唯有其注《老》注《易》，而有所成耳。然若衡之「名士人格」，則注書著書，皆非其本質，故亦非必要。向秀欲注《莊子》，嵇康曰：「此書詎復須注？正是妨人作樂耳。」此方是「名士人格」之正宗。故依名士人格之本質（逸氣、棄才），唯王衍、樂廣之宅心事外，與竹林七賢之任放曠達，始可謂正宗之名士。故名士只可有「清言」，而不可有「學問」。玄學亦學也。玄言玄談可，而不可有玄學。故熊先生謂「學問壞於名士，政治壞於奸雄。」正謂此也。王

弼注《老》、《易》，向、郭注《莊》，皆有學術上之價值。雖在名士氣氛下，而亦特出矣。故於王、郭則言玄學，而說其學術上之價值；於王衍、樂廣等之虛浮、竹林七賢之任放，則言清言，而觀其時代精神上之價值。

　　說到學問，無論知識的、或德性的，皆須有一股真性情：有追求真理之真誠，有企慕德性之真誠。如此，學問方大，方切。王、郭之玄學，雖於老莊之本體能極相應而盡其蘊，然只是在名士氣氛下一點智光之凝結，故不可說大說切。故只是解悟之玄，而不是人生修養上之實修實證。老子雖不能至於體無，莊子雖不免於狂言，然其成為道家要是由於對生命之反照而發出，非只是一點智光之玄解。故王、郭之玄學，是清談玄解之玄學，而彼並非道家也。此其所以不大、不切，而只為名士氣氛下之玄學也。「不大」言其不能反照生命開種種意識，「不切」言其不能會之於己而為存在的體悟。

　　玄學是名士的玄學，名士是玄學的名士，（帶點學人氣，因此而名學人名士。）這已算不易。從「玄學是名士的玄學」方面說，則雖是「名士的玄學」，而因其清光與智光，猶有解悟上的規律（理則或義法），不至妄言亂語。故屢謂其「相應」。（此「相應」，自今日觀之，煞可珍貴。）此足見名士自有真處。自此以後，不墮於文人之胡扯，即墮於詞章家之評點，或支離於訓詁家之解字。此三者每令人喪氣作嘔，不可忍受。文人之胡扯全無義法，亦無責任。故如其說「學問壞於名士」，不如說「壞於文人」，唐宋以後之文人實可惡也。義學失其傳，文人得肆其胡說。評點家尤可憎。每見評點《莊子》、評點《孟子》者，輒覺其醜鄙，自侮而

侮人。猶如聖人在前，不知恭敬企慕，明其所以，而思自憤，而唯贊嘆聖人生得好看，長得美觀。亦欲學他那樣好看，那樣美觀。此直是罵人，侮辱聖人。亦是侮己自賤；所謂東施效顰，不覺其醜也。解字之訓詁家，若直承認只是解字，則猶雅馴。而每感慨於人各一說，莫知誰是。儼若校刊訓詁方是標準，以為如此便是解《莊》，便是喻《老》。殊不知義理訓詁乃是兩層。訓詁有訓詁之義法，義理有義理之義法。訓詁只是解字，非解《莊》解《老》也。其於義理根本尚未著邊，漫然以為解字即是明理，冒然由訓詁以推定解不解。此不但己盲，亦盲古人。此是由盲抹殺學問，封閉學問。其所視為「人各一說」者，尚是開眼而面對《莊》、《老》，而自己則是永不開眼以自閉塞。義學失傳，人不知義學之義法，雖開眼而流於胡說、亂說、妄說。此唯進之以義學之義法以期勉於相應，方能糾正其胡說。非可封其眼、令其退於自閉也。自己閉而盲，對於開眼者，不加簡別，一例概之以「人各一說，莫知誰是」，自己門面撐得如此之大，儼若「定是」即在這裡，實則自己根本閉眼，尚不知何為是也。世固有不是者，然是不是之判斷，其標準在義理之義法，不在訓詁之義法。訓詁家之傲然自大，混亂層次，流於閉死學問而不自知。其罪浮於文人之胡扯，而鄙陋之過尤大於評點家之醜。三者均為真學問之敵人。由此觀之，魏晉「名士之玄學」自有真處，其「相應」彌足珍貴。蓋其解悟上之義法不亂故也。

至於從「名士是玄學的名士」方面說，名士有成，而為「學人名士」，比「無所成」之純名士亦較可貴。「唯顯逸氣而無所成」（宅心事外）之純名士，本是天地之逸氣，人間之棄才。固極荒

涼，亦極可貴。從深處言，無所成，四不著邊，無掛搭處，亦可與
最高境界有相似。聖人體無，無可無不可。孔子稱堯舜「蕩蕩乎民
無得而稱焉」。佛教從假入空，無有少法可得。契爾克伽德謂要作
一個存在的基督徒，永不能客觀化而有所成有所住。來興說：「假
定上帝右手掌握一切真理，左手握有永遠不息之追求，則吾寧取左
手而不取右手。」此皆是無所得、無所成。然聖人之無可無不可，
無得而稱焉，是「大而化之」之境界，是其不繫不著而物各付物成
就一切。佛從假入空無有少法可得，是破執著。雖宗趣唯一，無餘
涅槃，然反回來從空入假，則一切法皆是佛法。雖在佛亦還是不壞
世間而證菩提。菩薩應化眾生，應學一切法，一切法皆依方便而得
安立。（此方便安立雖亦可說成就一切，然是方便成就，此是消極
的、方便的權假成就，與儒聖之積極的、義理成就不同。此當別
論。）至於契爾克伽德與來興所說，則是重在內的永恆之追求、
極度之緊張，而不容鬆弛者，此與儒者所說健行不息相當。（雖意
味不同）。凡此無所得無所成皆自個人主觀地說，而客觀地則實成
就一切、獲得一切。此皆非名士境界之無所成，四不著邊，無掛搭
處。名士境界之無所成實只是聖賢境界之無得無成之「相似法」。
若以聖賢境界之無得無成以自文飾而傲然自大，則即流於「相似
法」而大謬誤。名士境界之無得無成只是以天地之逸氣而為人間之
棄才。乃是風流飄蕩而無著處，乃是軟性之放縱恣肆，而唯播弄其
逸氣以自娛。故名士之基本情調乃是虛無主義的。魏晉人之生命深
處不自覺地皆有一荒涼之感。由此觀之，純名士之無所成實不如玄
學名士之稍有成也。稍有成即稍有學術上之價值。即捨此不論，就
個人生命言，有此智悟而使用其智悟，即開生命發展之機也。故人

應由逸氣而進於學。

　　吾以上綜論王弼兼及名士之特徵。以下再就其注《老》《易》而分別言其觀念、造詣、與價值。

第四節　王弼《易》學之史迹

　　《老子》單純，《易經》複雜。故王弼注《老》，只憑其相應之玄悟，即可發其蘊而前後同揆。至於《易經》，其成也，則歷四聖（伏羲、文王、周公、孔子），有一大傳統爲其背景。成後，即轉入漢，復有四百年之漢《易》傳統以爲其附贅。故王弼雖是道家心靈，而費全力以治《易》，此最足見其廓淸之功與超脫之慧。其所以至此，除其本人慧劍之鋒利外，亦尙有歷史現實上之因緣。此段因緣之蛛絲馬迹，湯用彤先生在《魏晉玄學論稿》中，疏之甚詳。其意是王弼之新《易》學與荊州劉表幕下之新學風有關。茲簡述其言如下。（此書在大陸出版，讀者不易得。得見者，請閱原著。不得見者，吾茲簡述，即作介紹。）

　　漢代經學早有今文古文之爭。至漢末，則有荊州之《後定》。王弼之學，蓋與荊州有密切之關係。漢末，中原大亂，荊州獨全。劉表爲牧，人民豐樂。表原爲八顧之一。（或稱八交、八友、八俊。）好名愛士。天下俊傑，群往歸之。「開立學官，博求儒士，使綦母闓、宋衷等撰定《五經章句》，謂之《後定》」。（《魏志》卷六〈劉表傳〉注引《英雄記》）。

　　王粲即於其時在荊州。其《荊州文學記官志》（《藝文類聚》三八）謂劉表「乃命五業從事宋衷新作文學、延朋徒焉。」「五載

之間，道化大行。耆德故老綦母闓等，負書荷器、自遠而至者，三百人。」

　　《蜀志·李譔傳》：「譔父仁與同縣尹默，俱遊荆州。從司馬徽、宋衷等學。譔具傳其業，又從默講論義理。」「著古文《易》、《尚書》、《毛詩》、《三禮》、《左氏》、《太玄指歸》，皆依準賈、馬，異於鄭玄。與王氏〔肅〕殊隔，初不見其所述，而意歸多同。」言李譔意多與王肅不謀而合。其所以如此，亦有相當之連繫。《魏志》卷十三〈王肅傳〉：「肅字子雍。年十八，從宋衷讀《太玄》，而更爲之解。」然則王肅之學本有得於宋衷。與李譔爲同門，故李與王「意歸多同」也。王肅善賈、馬之學，而不好鄭玄。宋衷之道固然也。李譔王肅之學並由宋氏，故意歸多同。而其時「伊洛以東，淮漢以北，鄭氏一人而已。莫不宗焉」。宋衷之學異於鄭君。王肅之術，故訐康成。王粲亦疑難鄭之《尚書》。則荆州之士，踔跎不羈，守故之習薄，創新之意厚。劉表《後定》，抹殺舊注。宋、王之學，亦特立異。而王弼之《易》不遵前人，自係當時之風尚如此。亦可與荆州屬於同一系也。

　　荆州學風喜張異議。其學之內容若何，則似難言。然據〈劉鎮南碑〉（《全三國文》五六）稱表改定《五經章句》，「刪剗浮辭，芟除煩重。」其精神實反今文學末流之弊。又按《南齊書》所載王僧虔〈誡子書〉有曰：「論注百氏，荆州《八帙》，又〈才性四本〉，〈聲無哀樂〉，皆言家口實。」又曰：「《八帙》所載，凡有幾家？」據此，不獨可見荆州經學家數不少，卷帙頗多，而其內容亦必與玄理大有契合。故時至南齊，清談者猶視爲必讀之書。

　　荆州儒生最有影響者，當推宋衷。仲子不惟治古文《易》，且

其專長，似在《太玄》。王肅從之讀《太玄》。李譔學源宋氏，亦作《太玄旨歸》。江東虞翻讀宋氏書，乃著《明揚》、《釋宋》。（見《吳志》本傳注）而陸績〈述玄〉文中稱：荊州劉表遣梁國成奇修好江東，奇將《玄經》自隨。陸績幅寫一通，精讀之。後成奇復來，宋仲子（衷）以其《太玄解詁》付奇，寄與張昭。陸績因此得見仲子之書。可見荊州之學甚盛，而仲子爲海內所宗仰。其《太玄》學並特爲天下所重。

夫《太玄》爲《易》之輔翼。仲子之易自亦有名於世。虞翻曾見鄭玄、宋衷之易，而謂衷小差玄。在其同時，易學實極盛。馬融、鄭玄、荀爽、王肅、虞翻、姚信、董遇、李譔，均治《周易》。虞翻言：「經之大者，莫過於《易》。自漢初以來，海內英才，解之率少。至桓、靈之際，潁川荀諝〔爽〕，號爲知《易》」。（本傳注）可見漢末，孔門惟道學，爲學士所探索。因此而《周易》見重，並及《太玄》。而王弼之《易》，則繼承荊州之風，而自有樹立者也。

王弼未必曾居荊州。然其家世與荊州頗有關係。山陽劉表受學於同郡王暢。漢末王暢孫王粲與族兄王凱（一作覬）避地至荊州依劉表，表以女妻王凱。粲之二子，與宋衷均死於魏諷之難。魏文帝以粲子二人被誅，乃以凱之子王業嗣粲。而王弼者乃王業之子、宏之弟、亦即粲之孫也。（見上引何劭所作〈王弼傳〉）

王宏字正宗。張湛《列子注・序》謂正宗與弼均好文籍。《列子》有六卷，原爲王弼女婿所藏。王氏蓋自正宗（王宏），即好玄言。而其父、祖兩輩均與荊州有關係。王粲、王凱、以及粲之子與業，必均熟聞宋衷之道，以及《後定》之論。則王弼之家學，上溯

荊州，出於宋氏。夫宋氏重性與天道，輔嗣好玄理。其中演變應有相當影響也。（魏諷反，誅連甚多。劉廙弟偉亦在內。但《三國志》無〈魏諷傳〉。）

又按王肅從宋衷讀《太玄》，而更爲之解。張惠言謂王弼注《易》，祖述肅說。特去其比附爻象者。若此，則由宋衷傳王肅，而終有王弼，可謂一脈相承矣。（蒙文通先生《經學抉原》頁38）

世傳王弼用費氏易。《漢書・儒林傳》：「費直治《易》，亡章句，〔張惠言云後世所傳費氏《易注》，爲僞託，不足信。〕徒以〈彖〉、〈象〉、〈繫辭〉、〈文言〉解說上下經。」是則費氏易與古文不同，而其學本以傳解經，亦與今文家重訓詁章句者，大異其趣。王弼用費氏易，非但因其所用《易》文同於古文，而實亦因其沿襲其「以傳解經」之成規也。

漢代舊易偏於象數，率以陰陽爲家。魏晉新易，則漸趨純理，遂常以《老》、《莊》解《易》。又沿費氏以傳解經之途徑，故重義理之發揮。新舊易學，思不相參，遂常有爭論。此有三端可說：

一、管輅自以爲久精陰陽，而鄙何晏之談《易》。其言有曰：「以攻難之才，游形之表，未入於神。夫入神者，當步天元，推陰陽，極幽明，然後覽道無窮，未暇細言。若欲差次《老》、《莊》而參爻、象，愛微辯而興浮藻，可謂射侯之巧，非能破秋毫之妙也。」（《魏志》卷二十九〈管輅傳〉注引〈輅別傳〉）管輅精推陰陽，爲術數家。善《易》者不言《易》。此既與章句訓詁不同，亦與智解玄悟有異。此亦可說「經外別傳」。

二、何劭〈王弼傳〉云：「太原王濟好談，病《老》、《莊》。嘗云：『見弼《易注》，所誤者多。』」「誤」通常作

「悟」。但王應麟〈鄭氏易序〉，引陸澄與王儉書作「誤」。《南齊書》卷三十九，〈陸澄傳〉則作「悟」。但玩陸、王二書語氣，悟必爲誤之訛。王濟即王渾之次子。史載其善淸言，著有《易義》。而未聞其病《老》、《莊》。但何劭與王濟相得甚歡。（見《文選·傅咸贈何劭王濟詩序》）所言必不誤。是則王濟著易當屬舊學。嫌弼以《老》、《莊》解《易》。「背爻象而任心胸」。（管輅語）

三、何作〈王弼傳〉又云：「弼注《易》，潁川人荀融難弼〈大衍〉義。弼答其意。」按：《魏志》卷十〈荀彧傳〉注：荀彧兄荀衍，荀衍子荀紹，荀紹子荀融字伯雅。與王弼、鍾會齊名。與弼、會論《易》、《老》義，傳於世。荀融之學不知果如何。但融之叔祖荀爽有《易》注。其叔荀悅謂爽書據爻象、承應、陰陽變化之義以言《易》。而虞翻謂諝（爽亦名諝）之注有愈俗儒。淸人類言虞氏主消息，荀氏主升降，均漢易也。荀融之叔父荀覬與諸兄並崇儒術。不似弟荀粲之好道家言。（見前引何劭〈荀粲傳〉。案：荀彧有五子：荀惲字長倩，荀俁字叔倩，荀詵字曼倩，荀覬字景倩，荀粲字奉倩。）鍾會言易無互體，王弼〈略例〉亦譏互體。而荀覬嘗以難鍾會「易無互體」見稱於世。（《魏志》注引《晉陽秋》）則覬固亦與弼殊義也。荀融之從子荀崧，東晉初請置鄭易博士。（《宋書·禮志》及《晉書》卷七十五〈荀崧傳〉）則亦重舊易者。案：魏晉恆家世其學。荀氏治《易》者，如爽、覬、崧，均主舊學。然則荀融之易恐亦本之漢易，與王弼玄言不同，故加以非難也。

以上俱爲湯用彤先生所疏釋。由以見漢魏之間學風之轉變：由

質實轉至空靈。此爲一總方向，而見之於各方面。荊州劉表幕下改定《五經章句》，此爲在經學方面之新學風，而以宋衷爲領導。此在通常所不注意者。王弼與此新學風有其家世上之關聯。聲氣感應，不無影響。當時人俱向空靈清言方面開發其心靈，此爲時代精神之主流。故王弼以玄思注《易》，旣與管輅之術數不同，復與漢易傳統之象數相反。王濟、荀爽、荀顗、荀融、荀菘皆主舊學，而不以王弼爲然。管輅之術數本自不同，此本不在通常經學範圍內。故與王弼無所謂反對。然《易》之爲書，窮神知化。源於卜筮，本於爻象。其結構特別。具符號系統，非通常文字。本可自不同路數悟入。管輅精於陰陽，妙於術數，直湊造化之微，神解感應之幾。「善《易》者不論《易》」（輅答鄧颺語），而易理在其中矣。彼有術有數，有徵有驗，如此實際，自輕何晏之「浮藻」。王弼與何晏同發一根，雖撥象數而趨義理，自管輅觀之，亦難免「浮藻」之譏。故孫盛亦評王弼之《易注》曰：「《易》之爲書，窮神知化，非天下之至精，其孰能與於此？世之注解，殆皆妄也。況弼以附會之辯，而欲籠統玄旨者乎？故其叙浮義，則麗辭溢目；造陰陽，則妙賾無間。〔此所謂「造陰陽」與術數象數家之造陰陽不同。〕至於六爻變化，群象所效，日時歲月，五氣相推，弼皆擯落，多所不關。雖有可觀者焉，恐將泥夫大道。」（見上第三節引）可見論《易》者，雖可純自義理入，而陰陽象數亦非全可擯落也。單看言之者如何耳。由此，吾欲進而略言治《易》之途徑，藉以確定王弼之地位。

第五節　治易之三系：術數系、象數系、義理系：管輅之術數

由上節之疏解，吾可開易學爲三系：

一、管輅之術數系：此爲「善《易》者不論《易》」，不疏解經文，無章句。此可曰「經外別傳」。

二、漢易之象數系：此以陰陽災異爲底子，以爻象互體注經文，有章句。此亦可曰「經外別傳」而附會於經者。此系下開清之兩易家：一曰胡煦，二曰焦循。

三、「以傳解經」之義理系：此有兩系：一曰王弼之玄理，二曰宋儒之性理。

本節願略述管輅以見此系之函義。下章則述王弼之玄理。至於象數系，吾曾有專書論之。本文不便述及。宋儒之性理亦將專論，不在本書範圍內。

《三國志・魏志》二十九〈管輅傳〉注引輅弟辰所作之〈輅別傳〉曰：

> 裴冀州〔徽〕、何〔晏〕、鄧〔颺〕二尚書及鄉里劉太常〔寔〕、潁川兄弟〔謂寔弟智〕，以輅稟受天才，明陰陽之道，吉凶之情，一得其源，遂涉其流，亦不爲難，常歸服之。輅自言，與此五君共語，使人精神清發，昏不暇寐。自此以下，殆白日欲寢矣。

案：此見輅雖鄙視何、鄧，然究樂與之談。

又自言當世無所願，欲得與魯梓愼、鄭神竈、晉卜偃、宋子
韋、楚甘公、魏石申，共登靈台、披神圖、步三光、明災
異、運蓍龜、決狐疑，無所復恨也。

案：此見術數一系，戰國時已異人輩出。輅自是此系中人。（以上
兩段爲〈輅別傳〉末其弟輅辰之叙語。）〈輅別傳〉又曰：

故郡將劉邠字令元，清和有思理，好《易》而不能精。與輅
相見，意甚喜歡，自說注《易》向訖也。輅言：「今明府欲
勞不世之神，經緯大道，誠富美之秋。然輅以爲注《易》之
急，急於水火；水火之難，登時之驗，《易》之清濁，延於
萬代，不可不先定其神，而後垂明思也。自旦至今，聽採聖
論，未有《易》之一分，《易》安可注也！輅不解古之聖
人，何以處乾位於西北，坤位於東南？夫乾坤者天地之象，
然天地至大，爲神明君父，覆載萬物，生長撫育，何以安處
二位與六卦同列？〈乾〉之象象曰：『大哉乾元，萬物資
始，乃統天。』夫統者，屬也，尊莫大焉。何由有別位
也？」邠依《易·繫辭》，諸爲之理以爲注，不得其要。輅
尋聲下難，事皆窮析。曰：「夫乾坤者，《易》之祖宗，變
化之根源。今明府論清濁者有疑，疑則無神，恐非注《易》
之符也。」輅於此爲論八卦之道及爻象之精，大論開廓，衆
化相連。邠所解者，皆以爲妙，所不解者；皆以爲神。

案：此見輅亦能會通八卦爻象與「大哉乾元」之義理。然其興趣畢竟在八卦爻象之術數，由術數以「探玄虛、極幽明」，而「覽道」於「無窮」。〈輅別傳〉又記輅與魏郡太守鍾毓之談曰：

> 魏郡太守鍾毓，清逸有才，難輅《易》二十餘事。自以爲難之至精也。輅尋聲投響，言無留滯，分張爻象，義皆殊妙。毓即謝輅。輅卜知毓生日月，毓愕然曰：「聖人運神通化，連屬事物，何聰明乃爾！」輅言：「幽明同化，死生一道，悠悠太極，終而復始。文王損命，不以爲憂，仲尼曳杖，不以爲懼，緒煩著筮，宜盡其意。」毓曰：「生者好事，死者惡事，哀樂之分，吾所不能齊，且以付天，不以付君也。」

案：「幽明同化，死生一道」云云，此爲言《易》者所共契，亦爲易學所決定之中國形上心靈之獨特。無論儒、道，皆契歸不悖。惟言義理者，皆只能契悟於「運神通化」之玄理，而不能「連屬事物」以爲特殊之確知。術數家能藉著筮爻象以確知生死休咎，所謂「步三光、明災異、運著龜、決狐疑」者是也。此種步、運之術亦不在《易經》中，以此而言「經外別傳」。然由此步運之術亦能造《大易》、〈彖〉、〈象〉、〈繫傳〉之玄旨而同歸於窮神知化之大道。所謂「步天元、推陰陽、探玄虛、極幽明，然後覽道無窮」也。既能「運神通化」，又能「連屬事物」，此確是術數家特有之軌路。

又記輅與石苞之談曰：

石苞爲鄴典農，與輅相見，問曰：「聞君鄉里瞿文耀能隱形，其事可信手？」輅言：「此但陰陽蔽匿之數，苟得其數，則四岳可藏，河海可逃。況以七尺之形，游變化之內，散雲霧以幽身，布金水以滅跡，術足數成，不足爲難。」苞曰：「欲聞其妙，君且善論其數也。」輅言：「夫物不精不爲神，數不妙不爲術，故精者神之所合，妙者智之所遇，合之幾微，可以性通，難以言論。是故魯班不能說其手，離朱不能說其目。非言之難，孔子曰『書不盡言』，言之細也，『言不盡意』，意之微也。斯皆神妙之謂也。請舉其大體以驗之。夫白日登天，運景萬里，無物不照，及其入地，一炭之光，不可得見。三五盈月，清輝燭夜，可以遠望，及其在畫，明不如鏡。今逃日月者，必陰陽之數，陰陽之數，通於萬類，鳥獸猶化，況於人乎？夫得數者妙，得神者靈，非徒生者有驗，死亦有徵。是以杜伯乘火氣以流精，彭生託水變以立形。是故生者能出亦能入，死者能顯亦能幽，此物之精氣，化之游魂，人鬼相感，數使之然也。」苞曰：「目見陰陽之理，不過於君。君何以不隱？」輅曰：「夫陵虛之鳥，愛其清高，不願江、漢之魚；淵沼之魚，樂其濡淫，不易騰風之鳥：由性異而分不同也。僕自欲正身以明道，直己以親義，見數不以爲異，知術不以爲奇，夙夜研幾，孳孳溫故，而素隱行怪，未暇斯務也。」

案：此段言數是「定數」之數。一切皆陰陽之「變形」。此變形之「定然」者爲「數」。故「數」從客觀方面說，又落於「變形」上

說。通而上之，則爲神化，爲道。是數者神化之「跡」也。然能通「變形」之跡之隱顯原委而得其定然之數，則神化自在其中而朗然。能通客觀之神化與定數，則主觀之心智之靈亦神而妙矣。故曰：「得數者妙」，又曰：「數不妙不爲術」，又曰：「妙者智之所遇。」又曰：「得神者靈」，又曰：「物不精不爲神」，又曰：「精者神之所合。」然連事屬物，如何能「得數」而「通神」，以盡其心智之神妙？其關鍵在「術」。術者自主觀言之，運用之法也。所謂「步天元、推陰陽」，步與推皆術也。「步三光、運蓍龜」，步與運亦術也。由步推或運之術以得或致「變形之數」，故曰：「術足數成，不足爲難。」又曰：「苟得其數，則四岳可藏，河海可逃。」蓋隱形者是「但陰陽蔽匿」之定數，亦即陰陽變形之事也。蓋苟得陰陽變形之定數，則不但人身可隱，即「四岳可藏，河海可逃」。此從客觀方面言。由數以定術，由術以知數（或致數）。故云：「術足數成」，此是主觀地言之也。「隱形」是「致數」（數成）。「運蓍龜決狐疑」是「知數」。能有知致之術，能明陰陽之變，則知「生者能出亦能入，死者能顯亦能幽」。故「見數不以爲異，知術不以爲奇」也。知術見數以通神化之玄。知術見數是「連事屬物」以成特殊之確知，「通神化之玄」則是泛然不繫，逍遙自在，「覽道於無窮」。其立根基於術數，與談義理者不同也。談義理者，儒家立根基於性理（德性），道家立根基於玄理（有無之玄）。然皆能通神化之玄，覽道於無窮。然則所造未嘗異，從入未嘗同。「從入」之異，所關甚大。從術數入者，能有「特殊之確知」；從性理玄理入者，則有聖賢仙道之篤行。此其大較也。

又記輅與清河令徐季龍之談曰：

清河令徐季龍，字開明，有才機。與輅相見，共論：龍動則景雲起，虎嘯則谷風至，以爲火星者龍，參星者虎，火出則雲應，參出則風到，此乃陰陽之感化，非龍虎之所致也。輅言：「夫論難，當先審其本，然後求其理，理失則機謬，機謬則榮辱之主。若以參星爲虎，則谷風更爲寒霜之風，寒霜之風非東風之名。是以龍者陽精，以潛爲陰，幽靈上通，和氣感神，二物相扶，故能興雲。夫虎者陰精，而居於陽，依木長嘯，動於巽林，二氣相感，故能運風。若磁石之取鐵，不見其神，而金自來，有徵應相感也。況龍有潛飛之化，虎有文明之變，招雲召風，何足爲疑？」

季龍言：「夫龍之在淵，不過一井之底，虎之悲嘯，不過百步之中，形氣淺弱，所通者近。何能剗景雲而馳東風？」輅言：「君不見陰陽燧在掌握之中，形不出手，乃上引太陽之火，下引太陰之水，噓吸之間，煙景以集。苟精氣相感，縣象應乎二燧；苟不相感，則二女同居，志不相得。自然之道，無有遠近。」

季龍言：「世有軍事，則感雞雉先鳴，其道何由？復有他占，惟在雞雉而已？」輅言：「貴人有事，其應在天，在天，則日月星辰也。兵動民憂，其應在物，在物，則山林鳥獸也。夫雞者兌之畜，金者兵之精，雉者離之鳥，獸者武之神，故太白揚輝則雞鳴，熒惑流行則雉驚，各感數而動。又兵之神道，布在六甲，六甲推移，其占無常。是以晉樞牛

呴，果有西軍，鴻嘉石鼓，鳴則有兵，不專近在於難雉
也。」

季龍言：「魯昭公八年，有石言於晉，師曠以為作事不時，
怨讟動於民，則有非言之物而言，於理為合不？」輅言：
「晉平奢泰，崇飾宮室，斬伐林木，殘破金石，民力既盡，
怨及山澤，神痛人感，二精並作，金石同氣，則兌為口舌，
口舌之妖，動於靈石。傳曰：輕百姓，飾城郭，則金不從
革，此之謂也。」

輅占獵既驗，季龍曰：「君雖神妙，但不多藏物耳，何能皆
得之？」輅言：「吾與天地參神，蓍龜通靈，抱日月而游杳
冥，極變化而覽未然，況茲近物，能蔽聰明！」

季龍大笑：「君既不謙，又念窮在近矣。」輅言：「君尚未
識謙言，焉能論道？夫天地者，則乾坤之卦，蓍龜者，則卜
筮之數，日月者，離坎之象，變化者，陰陽之爻，杳冥者，
神化之源，未然者，則幽冥之先，此皆《周易》之紀綱，何
僕之不謙？」

案：此五段言術數之根本不過陰陽感應之變。首藉「雲從龍，風從
虎」，以言感應。次藉「兵動」以言感應。復言「非言之物而言」
以明「神痛人感」。凡此具體徵象，或常或變，要非無因而至。泛
言之，其理不過陰陽之感應，此則真實而無虛。確知之，則有待於
步運之術，「術足數成」，知來亦不妄。所謂「極變化而覽未然」
者是也。〈繫傳〉亦言「極數知來之謂占」。故末由乾坤之卦，坎
離之象，卜筮之數，陰陽之爻，神化之源，幽冥之先，以綜言《周

易》之紀綱。此即爲術數之軌路。

　　吾所以徵引〈繫傳〉而疏釋之，意在表明易學中術數一路含有一種知識之形態。此形態既不同於科學形態，亦不同於「無知而無不知」之境界形態。試言之如下：

　　一、此路中含有一種步、運之術；

　　二、陰陽變形有其必至之勢，此即爲定數。

　　合此兩點觀之，由步運之術，連屬事物，可以有某種特殊定數之預測的確知。但此種預測並非歸納的，而是直感的。是以其確知亦非一般的，而是特定的、具體的。其值亦非概然的，而是確然的。此步運之術是憑藉若干象徵性的符語，如陰陽五行，運用於卦爻、蓍龜或人之面相、氣色之上而成。此方法運用之本身有若干規律可資遵循（如五行間之相互關係），以成其爲步運或占相。透過此步運直觀陰陽感應具體之幾，而於未來有特殊之確知。如醫生品脈，脈理之說出，是憑藉象徵性的符語陰陽五行間之規律而說出。透過脈理之象徵性的表明直觀生理變化之具體之幾而斷其病徵；所以中國醫卜星相是屬於同一系統。皆屬於易學之術數系而含有一種具體的知識形態。此步運之術有二特徵：

　　一、客觀方面不是基於抽象之量概念，如物質、質量、密度、抽象之時間空間（懷悌海所謂「單純定位」）等，而是基於具體的感應之幾。依此，其具體的預測確知，在對象方面，並不是經由一「抽象的分解」而爲機械的推知。對於對象可說根本未著，絲毫未有觸及，未曾予以剖解之騷擾，而只是直觀地攝取其種種感應之徵象。故此預測的確知是象徵的直感，而不是機械的推斷。是具體的，而非抽象的。此步運之術乃憑空架起之獨立一套，與外物無

著，保持一超然而觀照之距離。

二、依此，在主觀方面，透過此步運之術而爲具體的預測，其心靈活動完全是直覺的，並不是依照邏輯數學的法則而推理。可以說「步運之術」之爲方法，其機械性甚弱，全無定準。全靠心智之明與感覺之銳。故云「妙者智之所遇」。此步運之術在此亦是憑空架起而爲獨立之一套，而與主觀心智亦保持一超然而疏朗之距離，並不窒塞呆滯吾人之心智之妙。此方法只是幾個符號，似有關，似無關，吾人只憑藉之以成「象徵性的直感」（非邏輯的推理）。此方法不是科學的，故其知亦不是科學的知。全賴人之神明。故術數家固是「知幾其神」，即中醫之高妙者亦曰神醫。非如西醫之全賴機械也。方法之疏朗而無關重要，故技也而可以進於道。故管輅自言：「與天地參神，蓍龜通靈，抱日月而游杳冥，極變化而覽未然。」此看起來，甚玄，從方法上說，甚無定準，然而能者卻「極變化而覽未然」，亦甚不可移。

科學之知是「以量控質」，其著眼點全在量上，故是抽象的、一般的、機械的、邏輯地推理的。而有限存在，無論是人是物，亦確有其量的一面，即物質墮性一面。故科學之知乃至西醫亦廣泛有效而具客觀妥實性。然此種知識爲頹墮下來而爲知識之粗的形態、量的形態。術數家之知是「以質還質」，心保其靈，物全其機，而以象徵的直感爲媒介，故能「與物宛轉」，「極變化而覽未然」。而凡有限存在，無論是人是物，雖可抽象化而轉爲量的系統，然具體的人，究竟是一全人，具體的物，究竟是一全物，而不只是那墮性的量。人如其爲人，物如其爲物，而直觀其具體的感應之幾，此爲「如實知」、「如理知」，而不是「如量知」。故術數家之知亦

可以廣泛有效而具客觀妥實性。其妥實性是落在那具體而活潑的事實上，而不是落在那抽象而機械的量上。此即爲「以質還質」，而爲知識之精的形態。此爲心靈之甦醒，亦爲事物之豁朗。以甦醒之心靈遇豁朗之事物，故無往而不具體也。然此爲高級之知，非必人人能之。

科學知識離不開抽象，憑藉抽象而追求簡單。然抽象而卻不如實。故懷悌海說，吾人反省知識，必須一方能成就抽象，一方能批判抽象。批判抽象而歸於事物之具體。事物之最具體者，彼名曰「事」。事可一而不可再，有流轉而無變化。事可攝取而不可認知。此即在攝取事上，無知識之意義。知識惟在抽象中說。彼復立一「永相」以爲知識之對象。永相可再，故可認知。懷氏之思路，能開出具體境界，但西方傳統尙無成就具體之知之術。

術數系之「具體之知」亦不同於「無知而無不知」之境界形態，境界形態實非知識形態。老子說「足不出戶，而知天下。」「其出彌遠，其知彌少。」莊子說：「庸詎知吾所謂知之非不知耶？庸詎知吾所謂不知之非知耶？」此皆說的道心「無知而無不知」之境界，即「即寂即照」之境界，而實無特殊的具體事物之知也。僧肇言「般若無知而無不知」，亦同此義。此種「無不知」只是「體物而不遺」之朗照。術數之知能知「雷」之具體起處，然若說「從起處起」，便只是一境界，而不是一特殊的知識。境界基於性理或玄理，科學之知基於抽象，具體之知基於象徵之術數。依此，知識之形態，其層級如下：

一、常識的聞見形態，此囿於耳目之官。

二、科學的抽象形態，此囿於概念。

三、術數的具體形態，此超越概念而歸於具體形變。

四、道心的境界形態，此則超越知識而爲「即寂即照」。

在此層級中，看出「術數預知」之特有地位：它可以上升而爲道心的境界形態，而廢除其知義，它也可以靜態化（量化）而下降爲科學形態，而成爲抽象之知識。從其上升言，故凡基於玄理或性理而修道篤行者，皆不以此「先知」爲可貴。而凡精此術數之知者，皆不輕有洩露，亦非其人不傳，而又必勸人修德保祿，自天祐之，吉無不利。非如此者，即爲「易之失賊」。是以此知自始即有一價值觀念。雖妙參天地，靈通蓍龜，而必引人入德。故輅之弟欲學卜及仰觀事，輅即告之曰：「卿不可教耳。夫卜非至精不能見其數，非至妙不能睹其道，《孝經》、《詩》、《論》，足爲三公，無用知之也。」（〈輅別傳〉）又勸何晏曰：「昔元、凱之弼重華，宣慈惠和，周公之翼成王，坐而待旦，故能流光六合，萬國咸寧。此乃履道之休應，非卜筮之所明也。〔……〕願君侯上追文王六爻之旨，下思尼父〈彖〉、〈象〉之義，然後三公可決，青蠅可驅也。」（《魏志·管輅傳》）此種「引歸德行」之價值觀念非科學之知所能有。故科學與德行打成兩截，互不相干，而以不相干爲乾淨。故術數之知以德行爲本，以性理玄理之學爲學，而其本身爲末，爲術。而科學之知則以邏輯數學爲本，而爲純知識也。其引歸德行，則必就「生活之全」而爲間接的。居今日而言「術數之知」，非意在與科學之知爲對立，因兩者本非同一層級。知識愈高級者，愈非人盡可學，而其距機械之用亦愈遠。非因其無機械之用，即無價值。此種術數之知，用在警告、勸誡。假若能知「幾先」而有所警惕，則可以使生命常提升而不至於陷溺墮落，亦可少

出罪惡。此即所謂「履道之休」，而可不落於自然定數之狂流中也。吾今順易學之術數系，指出有此一知識形態。此有其獨特之本性與作用，而不可化歸者。若順其量化而下降爲科學形態，則術數規路即轉而爲科學規路，術數之知亦轉而爲科學之知。此在客觀之物與主觀之心皆有一獨特之撐架與提煉。此亦有其本性與價值。基於性理與玄理而成之道學既能進退術數而爲之主，自能進退科學之知而爲之主。否則，若只一味是科學之知與機械之用，則專造原子炸彈，未必是人類之福休也。即不造原子炸彈，而人之心思只停滯於科學之知與機械之用，亦未必是人生之福休也。

　　於是，吾人進而看純義理之易學，即，王弼基於道家玄理而來之易學。

第四章　王弼玄理之易學

第一節　王弼易學之中心觀念

　　王弼祖費氏「以傳解經」之成規。此爲可取之途徑。六十四卦之卦辭、爻辭爲經。孔子之〈十翼〉爲傳。〈十翼〉者，孔穎達《周易正義》卷第一云：「〈上彖〉一，〈下彖〉二，〈上象〉三，〈下象〉四，〈上繫〉五，〈下繫〉六，〈文言〉七，〈說卦〉八，〈序卦〉九，〈雜卦〉十。」上下〈彖〉及上下〈象〉是隨經分上下而分。上下〈繫〉是將〈繫辭傳〉分爲上下。〈彖傳〉是總解一卦。〈象〉有〈大象〉、〈小象〉：〈大象〉是取象以解卦，〈小象〉是取象以解爻。〈文言〉有〈乾文言〉與〈坤文言〉，是紓解乾坤兩卦之義理。〈繫辭傳〉是總闡《周易》之「窮神知化」。〈彖〉、〈象〉、〈文言〉、〈繫辭〉是了解易義之最重要者。〈序卦〉、〈說卦〉、〈雜卦〉，則不甚重要。〈十翼〉不必是孔子所作。尤其後三者，通常皆謂其爲晚出。然前四門皆是孔門之義理。縱非孔子之親筆，其後學述之，亦可賅於孔門。故〈十翼〉之傳是儒家義理，出之於孔門，當無可疑。說孔子作，是

歸宗語。亦如佛經皆佛說也。

〈十翼〉之傳即是說明《易經》之意義。吾人欲了易義，只有通過孔門之〈十翼〉。此為解經之最原始的定本。費氏「以傳解經」，如文解義，不過是根據孔門〈十翼〉以解經文。但其如何解法，則不得知。王弼沿其成規，以傳解經，而有章句。但只注六十四卦及孔子之〈彖〉、〈象〉、〈文言〉。至〈繫辭〉、〈序卦〉、〈說卦〉、〈雜卦〉，則為韓康伯注。今言王弼易學，實連韓康伯而言之。

所謂「以傳解經」，實即通過孔門〈十翼〉之義理以了解《易經》也。是以對於《易經》了解如何，但視其對於孔門〈十翼〉之義理之了解如何而定。王、韓之易學，要在廢象數。至於義理，則未能握住孔門之管鑰，而是以道家之有無玄義而解經也。漢易重象數，不解義理。是由占卜中之爻象、互體等以解經文。此與管輅之術數，同為「經外別傳」。非以孔門〈十翼〉為了解《易經》之定本也。當然，《易》為卜筮之書。卜筮時，卦爻之變化，必有通例以為測斷之根據。測斷語句即為卦爻辭。是以據卦爻之變化，如旁通、升降、消息、爻象、互體等，以解經文，並非全無來歷。但此等通例，並未明載。故謂經外別傳。又，如果孔門義理為教，則象數家不以〈十翼〉之傳而發《易經》之義理，而以象數明經，則亦可謂「教外別傳」。王韓之《易》是以道家玄義附會孔門義理。真能握住孔門義理而盡其蘊者，必自宋儒始。（順孔門義理入，為顯教。順術數、象數入，為密教。）

王弼論易之中心觀念見之於《周易略例》。《略例》有四段最為重要：一、〈明象〉；二、〈明爻通變〉；三、〈明卦適變通

爻〉；四、〈明象〉。此四段中，又以〈明彖〉與〈明象〉為特
顯。由〈明彖〉而至一多、體用之觀念；由〈明象〉而至「立象以
盡意」、「得意而忘象」之觀念。前者為本體論，後者為方法論。
皆極見王弼之玄悟，而於當時之清言亦極有影響者。以下只就〈明
彖〉言之。至〈明象〉則見第七章。

　　〈明彖〉云：「夫彖者，何也？統論一卦之體，明其所由之主
者也。」通常解彖者斷也，判斷一卦之體性也。一卦之體性必由一
主爻而見。是由一特點而統攝眾象也。彖之本義如此，王弼之界說
亦不背此。故下文即引至一多之觀念：「夫眾不能治眾，治眾者，
至寡者也。夫動不能制動，制天下之動者，貞夫一者也。故眾之所
以得咸存者，主必致一也，動之所以得咸運者，原必无二也。物無
妄然，必由其理。統之有宗，會之有元。〔……〕故自統而尋之，
物雖眾，則知可以執一御也；由本以觀之，義雖博，則知可以一名
舉也。故處璇璣以觀大運，則天地之動，未足怪也；據會要以觀方
來，則六合輻輳，未足多也。」以「至寡」治眾，至寡即一。此一
非數目之一，乃「統之有宗，會之有元」之一也。故此一即
「本」。以貞夫一制動，則「貞夫一」即定乎一而為至靜也。一之
為本至寂至靜。靜者無分歧相，無動盪相。落於分歧動盪即多也，
非一矣。故客觀地說，一治多，靜治動。主觀地說，能至寡而相應
乎一者治多，能至靜而貞夫一者治動。客觀地說，是從理說。主觀
地說，是從體現「一」之人說。此一是本是靜，是宗是元。一能治
多，亦能成多。故曰：「眾之所以得咸存者，主必致一也」。由一
而存眾，即由一而成就多也。一能治動，亦能成動。故曰：「動之
所以得咸運者，原必无二也。」由无二之一以運諸動，即由一而成

就諸動也。由一成動成多，是即由體以成用也。用即現象，一即本體。一之為體是成用之體，非隔離之體也。用由體而成而運，則用非「妄然」之用也。故云：「物無妄然，必由其理」，其所由之理即一即體也。由一以統之運之，則紛然之動多皆得其理，而非虛妄之幻象。此體用之關係，非佛教空有之關係也。此體用之關係，儒道兩家皆然。惟一般言之，儒道雖同，而體之所以為體，則儒道不同。王弼說此一為體為本，是以道家之無、自然為背景。依道家之路數，此一之為本為體，純由遮顯，故只能從外表描述其形式特性。如無、自然、寂靜、一、本，皆形式特性也。從形式特性言之，儒、道皆同，甚且佛、耶亦同。惟從實際的內容特性言之，則體之所以為體，儒道不同。其不同之關鍵在「心性」。而王弼於此根本未入。了解形式特性易，了解內容特性難。不能進入內容特性，則不能盡儒道之精蘊與全蘊，尤其不能盡孔門義理之精蘊與全蘊。故其對於《易經》之體只能泛其言其形式特性，而於孔門〈十翼〉所表現之義理綱維不能盡其經分綸合之全蘊也。蓋儒家之體用非只泛言之體用，其體亦非只形式特性之簡單，其用亦非只動多之泛言。其體用乃是統於德性的心性與天道以言之。有一立體的內容骨幹樹於那外表的形式特性之中。故其體非只遮顯，亦由表顯。道家之體，其心性觀不能成就一立體的內容骨幹，故其體只由遮顯，而形式特性亦足以盡之，故王弼之玄悟，言《老》則相應。而以《老》之體言《易》以及孔門之〈十翼〉，則多不相應，而亦不能盡。故只能說以《老子》之玄理談《易》，不能說以孔門之天道性理談《易》也。尤以韓康伯之注〈繫辭傳〉為然。茲條舉而簡別之如下：

第二節　王弼〈乾彖〉「各正性命」解

一、〈乾彖〉曰：

> 大哉乾元，萬物資始，乃統天。雲行雨施，品物流形；大明
> 終始，六位時成，時乘六龍，以御天。乾道變化，各正性
> 命。保合太和，乃利貞。首出庶物，萬國咸寧。

王弼注曰：

> 天也者，形之名也；健也者，用形者也。夫形也者，物之累
> 也。有天之形，而能永保無虧，為物之首，統之者豈非至健
> 哉！大明乎終始之道，故六位不失其時而成。升降無常，隨
> 時而用。處則乘潛龍，出則乘飛龍，故曰「時乘六龍」也。
> 乘變化而御大器。靜專動直，不失太和，豈非正性命之情者
> 耶？

案：此注亦很美。能握住乾健之德。惟於「乾道變化，各正性命。
保合太和，乃利貞」三語，則言之不諦。凡牽涉到個體性命之處，
王、韓注皆不能切，是即喪失天道生化萬物、成就萬物之密義。孔
門義理，在〈十翼〉與《中庸》，俱就孔子之「性與天道」而發
揮。天道不能空言，不能不貫於個體之性命。性命不能無根，不能
不通於形上之天道。〈乾彖〉亦仍是就性與天道之貫通而立言。乾

元是萬物所資以爲「始」者，故以「大哉」贊之。旣是萬物之始，故即統攝萬物而爲之主。「乃統天」之「天」實即萬物之總稱。總曰天或天地，散曰萬物。故王注亦曰：「天也者，形之名也。」又曰：「形也者，物之累也。」是即以形物說天，不誤也。天旣是形物之總稱，則爲之本而統之運之者即是乾健之道，此則非可以形物視。乾健之道是形而上者，形物之天是形而下者。乾元旣統天，則天地之間，「雲行雨施，品物流形」，莫非乾元之所鼓舞，亦莫非乾元之所統運。是則乾元或乾健之道即一「創造原理」也。（有時亦以乾類比天，以坤類比地。是則即以有形之天象徵乾健之道，即以天爲創造原理。同時亦以有形之地象徵坤順之道，即以地爲凝聚原理。陰陽以氣言，天地以形言，乾坤以德言。乾之德爲健，坤之德爲順；乾健之德亦即天之德，坤順之德亦即地之德；乾健故陽，坤順故陰。無論是天地、陰陽、乾坤，總在顯創造原理與凝聚原理，而以認識乾坤爲主也，此即超乎形物而爲理。旣識其理，則天地亦形物也。）

　　下「大明終始，六位時成，時乘六龍以御天」三語，是落在〈乾卦〉六爻上說。〈乾卦〉六爻即用圖畫象徵法以象徵乾健之道之健行性與創造性。由六爻而有六位。有六位而有終始。終始之六位在時變中形成，藉以明乾健之道之創造性。故云「時乘六龍以御天」，即明乾道「隨時而用」（乘六龍＝乘六爻）以御天，御天即統天，即統馭萬物也。此一象徵語句即明下句之「乾道變化」也。

　　本來乾道只是一剛健創生之大用。其本身無所謂變化。變化只是其大用之隨時而成物。形物有變化，乾道無變化。形物之變化實即形物之生成。而其所以生所以成，實因乾道之大用而運之。運之

有生成，有變化，遂亦言「乾道變化」矣。在「乾道變化」中，「各正性命」，即落於形物之生成上而各定其性命。既言「各」，則性命是指個物之性命而言無疑。正者言個物之性命是由乾道（天道）而來也，皆是定然不可移。故《中庸》言「天命之謂性」，即與此相通也。

　　「保合太和，乃利貞」是順「各正性命」而言下來。既在「乾道變化」中而「各正性命」矣，則因乾道之貫其中而保其合而不離，通而不隔，聚而不散，復因各正性命，而皆不失其個性，是謂同中有異，異中有同，如此，即謂之「太和」。假若不能保其合，而離，而隔，而散，則個體即皆頹墮而成為死物質。如是，即不成其為個性。無個性而強合之，則是今日之集體主義也。此既非保合，亦非太和。故由各正性命必然函保合，由保合必然函太和。由保合、太和，乃見乾道之利貞。是以利貞者必扣緊「各正性命」而言也。乾之四德，元亨是乾道變化之始，利貞是乾道變化之終。也可以說，「乾道變化」是元亨，「各正性命」是利貞。乾為萬物之「始」，故曰元。此元或始是價值觀念，不是時間觀念。順時間追溯，無元無始。此惟以透顯創造性為始。眼前能透顯創造性（真實生命），眼前即有始。故始是價值觀念，代表逆反之覺悟。不是時間觀念，即不是順時變而拉長以求其始。有此善始，（故〈文言〉曰：「元者善之長」），故能亨。亨是通。此通是內通。即，內在於此元而有不滯不礙之圓幾。有圓幾之通，故能利。此利是利刃之利，代表「向性」。亨是內通，利即外通。外通而有向性，即能成萬物而各正其性命，此即所謂「貞」。至各正性命便是善終。「靡不有初，鮮克有終」。乾元之始甚為重要。有善始，始有善終。善

始以價值意義之元亨而定，善終以各正性命之利貞而定。故元亨利貞根本就是乾道變化之終始歷程。不能至各正性命，不能見利貞。此表示乾道大用，不是一虛脫流，乃是一成物之過程。其創造非是空無之妄變，乃是實德成物之流行。故「保合太和，乃利貞」，斷然是落在「各正性命」上說。此義既明，則立見王弼之注浮泛而不切矣。「乘變化而御大器，靜專動直，不失太知，豈非正性命之情者耶？」此注前三句皆是說的乾道本身，它乘變化（六爻之變）而御大器（六龍之器），它靜專而動直，它不失其太和之自性，如是，它自能正其性命之實。此言正性命，正好略去「各」字，而收歸於乾道自身之正性命。此顯然未扣緊成物之各正性命說。故浮泛不切也。王注「乃統天」則切，蓋此只是泛言體用之關係。大抵凡泛言體用處，皆極精透。一涉天道性命之貫通處，則皆浮泛而不切。是即未能盡孔門義理之精蘊與全蘊也。

　　吾以上對於〈乾彖〉之解析，並非隨意妄解，聊備一說。其規路與經脈乃必然而不可移者。大體宋儒皆能契此而不悖。雖稍有出入，而規路與經脈則皆同也。

　　例如周敦頤《通書‧誠上第一》云：「誠者，聖人之本。大哉乾元，萬物資始，誠之源也。乾道變化，各正性命，誠斯立焉。純粹至善者也。故曰：『一陰一陽之謂道。繼之者善也，成之者性也。』元亨誠之通，利貞誠之復。大哉易也，性命之源乎！」周敦頤是宋儒之開山祖。其玄思劈頭即能相應孔門之義理而盡其蘊。非如王弼之以道家爲背景也。此見學術心靈之轉向。即如此〈誠上第一〉，即能就孔子天道性命之貫通，會通《中庸》、《易傳》（〈乾彖〉與〈繫辭〉）而言之。《中庸》言「誠者天之道也」。

又云：「誠者物之終始，不誠無物。」周子開頭即以此「誠」爲乾元之實德。其言「大哉乾元，萬物資始，誠之源也。乾道變化，各正性命，誠斯立焉」。又言：「元亨誠之通，利貞誠之復。」皆符契吾解之規路與經脈。讀者細會其語脈，便知不謬，不煩再解。至於「一陰一陽之謂道」三語，詳解見下第五節。

朱子《周易本義》解〈乾彖〉，亦不悖此規路與經脈。惟解「大明終始」三語，則以聖人乘六陽以行天道釋之。此雖可，而不必。吾解直以〈乾卦〉六爻爲象徵以明乾道之健行性與創造性。此是從理說，不從人說。又彼解「太和」是「陰陽會合冲和之氣」。「保合」是就每一物之性命之正之自身說。故云：「各正者，得於有生之初。保合者，全於已生之後。」是則保合者即「歸全」之意。此解支離拘礙而不條暢。彼解「首出庶物，萬國咸寧」云：「聖人在上，高出於物，猶乾道之變化也。萬國各得其所而咸寧，猶萬物之各正性命而保合太和也。此言聖人之利貞也。」由此比言，即可知其解保合太和爲不恰矣。「各正性命」是就各物自身說。猶「萬國各得其所而咸寧」是就各國自己說。「保合太和」是就得性命之正之各物之間說，猶太和大同是就皆得其所之各國之間說。保合不必是各物自身之「歸全義」，太和不必說成陰陽會合冲和之氣。此雖細節處稍有出入，然利貞是就「各正性命」說，此一大規路大經脈，則仍同而不悖也。蓋宋儒無論如何皆能握住性命天道之貫通，非如王弼之只能就天道而泛言體用，而於性命則茫然不解也。

二、對於「保合太和乃利貞」既誤解（浮泛不切），則對於〈文言〉：「乾元者，始而亨者也；利貞者，性情也。」自亦誤

解。本說「元亨」是乾道變化之始,利貞是乾道變化之終,而終是落在各正性命上見。故此處言「利貞者,性情也」,此言「性情」即相應「各正性命」說。朱子解曰:「收斂歸藏,乃見性情之實。」此不誤也。就各正性命以見利貞,故就利貞以見性情之實,亦可以說見性命之正。而王弼注云:「不爲乾元,何能通物之始?不性其情,何能久行其正?是故始而亨者,必乾元也;利而正者,必性情也。」解性情爲「性其情」,以性爲動字,此已別扭。又引進「性主情,情從性」一義以明乾元之能「久行其正」,是則利貞者仍就乾元本身說,未落於各物之「各正性命」上說。(與前解「性命之正」就乾道本身說同。)是則利貞便成虛脫之贅義,不能由以見乾道之生成萬物與夫天道性命之貫通也。

第三節　王弼「復其見天地之心」解

　　三、〈復卦・彖〉曰:「復其見天地之心。」王注云:

> 復者,反本之謂也。天地以本爲心者也。凡動息則靜,靜非對動者也;語息則默,默非對語者也。然則天地雖大,富有萬物,雷動風行,運化萬變,寂然至無,是其本矣。故動息地中,乃天地之心見也。若其以有爲心,則異類未獲具存矣。

〈復卦〉一陽在下,象徵光明自深處透露,所謂「海底湧紅輪」者是也。故云「來復」。吾人前言乾元之爲始是價值觀念,代表「逆

反之覺悟」。由逆反之覺悟而見乾健之道之創造性。此處〈復卦〉
之「一陽來復」即表示由逆反之覺悟而見乾元之創造性。而此復卦
即名此「乾元之創造性」爲「天地之心」。心者靈覺義，而有創造
性，物物而不物於物，而有主宰性：此爲絕對之主體，而永不能被
置定而爲客體者，故須由「逆覺」以露之。「復其見天地之心」，
最能善狀此義。故王弼以「反本」解「復」，不誤也。以所反之本
爲心，亦不誤也。然其了解此本，則完全以道家之有無爲底子，而
純爲「形式的」。故要顯此本，全由動息則靜，語息則默之「寂然
至無」以顯之。故云「動息地中，乃天地之心見也。」以「動息則
靜」比之，則「動息地中」之息乃止息之息，而非生息之息。動止
於地中，乃見天地之心。動止則靜。由動而「有」，動止則「有」
泯。故動止則靜，有泯則無，故「寂然至無」以爲本也。此本即
心。此全由動靜有無之相翻以顯本。「至無」始能妙「衆有」。故
云：「若其以有爲心，則異類不獲具存矣。」至無不落於有，即無
方體。若落於有，則有限定，而不能妙衆有矣。此純爲老子《道德
經》之思路。此在顯本上，未嘗不是。然此種只是形式的了解，並
不能盡「復其見天地之心」之「內容的意義」，只能盡其「形式的
意義」。王弼於「天道性命之貫通」固不能知，於此「心性義」亦
不能知也。故只落於以單純之玄理解《易》，而不能盡孔門〈十
翼〉之義理也。

第四節　王弼之〈大衍〉義

　　四、王弼之〈大衍〉義。潁川人荀融曾難弼〈大衍〉義。〈繫

辭傳〉曰：「大衍之數五十，其用四十有九。」何以其一不用？王弼之說，韓康伯注曾引之，曰：

> 演天地之數，所賴者五十也。其用四十有九，則其一不用也。不用而用以之通，非數而數以之成。斯易之太極也。四十有九，數之極也。夫無，不可以無明，必因於有，故常於有物之極，而必明其所由之宗也。

王弼此解一洗漢《易》象數，此純以體用明。由此等處，極見其智思心靈之簡潔精妙。體虛而用實，虛以運實。體無而用有，無以生有。由有而有數，無不可以數論。其一不用者，即象徵此「寂然至無」之體也。將其「一」提出，升舉而為非數之「一」，以之而為體，即以之而為《易》之太極。故「不用而用以之通，非數而數以之成」。〈繫辭傳〉曰：「易有太極，是生兩儀。」韓注云：「夫有必始於無，故太極生兩儀也。太極者，無稱之稱，不可得而名，取其有之所極，況之太極者也。」此注完全以王弼說為根據。而又皆以老子「有生於無」為底子。由八卦而上推至四象，四象上推至兩儀，此皆為有之範圍。兩儀是有之極。至乎有之極處而再上之，則便非有非數，不可得而名。此不可得而名者，即名之曰「太極」。故太極者是「無稱之稱」，即老子所謂「不可名」之名也。四十九是數之極，故再上便非數。五十之一即非數之一而為無也，故曰：「夫無，不可以無明，必因於有。故常於有物之極，而必明其所由之宗也。」由有之極處而顯無，無即有所由之宗。此即老子所謂「天下萬物生於有，有生於無」也。

　　此「生」是邏輯的演出之義。萬物生於有，即萬物以有為其邏輯的根據（理由）。有生於無，即有以無為其邏輯的根據。有之極非是順有之串而追溯。順有之串而追溯永是限定之有，而不能有一非有之無（即無限定之無）。故有之極實由明其邏輯的理由而為異質之跳躍，故得一無稱之稱，非有之無，而為太極。是即為由有以顯無。無既顯矣，故總羣有而言之，則其根源之始即在無。順有之串而追溯必無始，是即有之「絕對始」不能為有，而必為無。故老子云：「無，名天地之始。」

　　王弼依此思路，由有之極以顯無，以解不用之一為《易》之太極，完全是體用之義理觀念，而非象數觀念。此種義理之智思與其論六爻中「初上無定位」之義完全為同一心靈。其《周易略例·辨位》云：

　　案：〈象〉無初上得位失位之文。又，〈繫辭〉但論三五、二四同功異位，亦不及初上，何乎？唯〈乾〉上九〈文言〉云：「貴而無位」；〈需〉上六云：「雖不當位」。若以上為陰位耶？則〈需〉上六不得云不當位也；若以上為陽位耶？則〈乾〉上九不得云貴而無位也。陰陽處之，皆云非位，而初亦不說當位失位也。然則，初上者是事之終始，無陰陽定位也。故〈乾〉初謂之潛，過五謂之無位。未有處其位而云潛，上有位而云無者也。歷觀眾卦，盡亦如之，初上無陰陽定位，亦以明矣。夫位者，列貴賤之地，待才用之宅也。爻者，守位分之任，應貴賤之序者也。位有尊卑，爻有陰陽。尊者，陽之所處；卑者，陰之所履也。故以尊為陽

位，卑爲陰位。去初上而論位分，則三五各在一卦之上，亦
何得不謂之陽位？二四各在一卦之下，亦何得不謂之陰位？
初上者，體之終始，事之先後也，故位無常分，事無常所，
非可以陰陽定也。尊卑有常序，終始無常主。故〈繫辭〉但
論四爻功位之通例，而不及初上之定位也。然事不可無終
始，卦不可無六爻。初上雖無陰陽本位，是終始之地也。統
而論之，爻之所處，則謂之位；卦以六爻而成，則不得不謂
之六位時成也。

案：初上爲事之終始，即事之兩極處。其初極爲由來之極，其上極
爲往至之極。極處無定位，無定名。陰之極即爲陽之生，即陽之來
極。陽之極即爲陰之生，即陰之來極。是有之邊際，而不屬於定有
之範圍。故關係地言之，無定位，而數目地言之，亦不可以數名。
無定位，爲王弼所察及。不可以數名，爲清胡煦所察及。胡煦言初
上九六二三四五八字命爻之義，甚諦。可與王氏說相通貫。又胡氏
亦由陰陽之極而言太極，亦與王弼之由有之極以顯無爲太極之義相
通。關此，本文不詳述。茲言此義，只欲顯王弼之義理心靈耳。

又〈大衍〉一章純爲一套數學。究如何解，亦不可得而明。清
焦循《易學三書》，即全以數學解此章。吾曾疏釋之於吾論《易》
一書中。（漢《易》、胡煦等均在內。此書絕版，將重寫。）王弼
只就不用之一而言體用之義理，而不過問其數學之演算。漢人從象
數以解四十九之義，其說亦多端。湯用彤先生歸納爲三類。（見
《魏晉玄學論稿》）茲引述之，以見王弼之玄思在學術心靈上之地
位。

　　一、鄭康成之五行氣並說。《周易‧鄭注》（張惠言訂本）曰：「天地之數五十有五，以五行氣通。凡五行減五，大衍又減一，故四十九有也。衍、演也。天一生水於北，地二生火於南，天三生木於東，地四生金於西，天五生土於中。陽無偶，陰無配，未得相成。地六成水於北，與天一並。天七成火於南，與地二並。地八成木於東，與天三並。天九成金於西，與地四並。地十成土於中，與天五並也。大衍之數五十有五。五行各氣並，氣並而減五，惟有五十。以五十之數不可以為七、八、九、六卜筮之占以用之，故更減其一，故四十有九也。」此根據相傳之河圖洛書，以天地生成之數，五行各氣並，而解之。此為傳統之說法。朱子亦承此說，而稍有變更。如云：「大衍之數五十，蓋以河圖中宮天五乘地十而得之。至用以筮，則又止用四十有九。蓋皆出於理勢之自然，而非人之智力所能損益也。」鄭氏直云「不可以為七八九六卜筮之占以用之」，而朱子則云「理勢之自然」。亦不如王弼之以體用玄理以解之。蓋此純為術數事，不必真有體用之義也。此說之意義是以天地生成之數之數學的演變過程象徵天地萬物之演生也。

　　二、荀爽之八卦爻數說。《周易正義》引荀爽曰：「卦各有六爻。六八四十八，加乾坤二用，凡有五十。乾初九潛龍勿用，故用四十九也。」又引姚信、董遇曰：「天地之數五十有五者，其六以象六畫之數，故減之而用四十九也。」案：此解純為臆說，不成理路。

　　三、京房、馬融之主氣不用說。《周易正義》孔《疏》引京房曰：「五十者。謂十日、十二辰、二十八宿也。凡五十。」《易‧乾鑿度》曰：「五音、六律、七變，由此作焉。故大衍之數五十，

所以成變化而行鬼神也。日十干者，音也。辰十二者，六律也。星二十八者七宿也。凡五十，所以大閡物而出之者也。」

孔《疏》又引京房曰：「其一不用者，天之生氣，將欲以虛來實，故用四十九焉」。〈乾鑿度〉鄭《注》曰：「故星經曰：天一太乙、主氣之神。」孔《疏》所引京房「生氣」當爲「主氣」。所云「天之生氣」疑本作「天一主氣」或「太乙主氣」。按鄭注謂太乙亦即北辰之神名。是則主氣亦即北辰。以北辰解不用之一，正爲馬融之說。

孔《疏》引馬融曰：「易有太極，謂北辰也。太極生兩儀，兩儀生日月，日月生四時，四時生五行，五行生十二月，十二月生二十四氣。北辰居位不動，其餘四十九轉運而用也。」

馬融解五十之數雖不同，但於解「一」仍似京房，即皆以不用之一爲北辰也。湯用彤先生謂：京房、馬融之說雖有相似，但其所據觀點則不同。京氏蓋依宇宙構成言之（謂十干、十二辰、二十八宿也），而馬融則依宇宙運轉而言（謂太極→兩儀→日月→四時→五行→十二月→二十四氣之演生歷程也）。此固可說，但馬說較優。蓋由太極演生，而即以太極爲北辰，居位不動也。然其中四時生五行，亦不可解。至京房則以十干、十二辰、二十八宿爲五十，乃實雜湊者。

由太乙北辰爲太極，則太極爲具體之物。此見漢人之質實。由北辰星之太極進而爲氣象渾淪之太極。〈乾鑿度〉曰：「孔子曰：易有太極。」鄭注云：「氣象未分之時，天地之所始也。」劉歆《鐘曆書》云：「太極元氣，函三爲一。」三者，或謂天地人（孟康），或謂太初、太始、太素（錢大昕說）。依此，則太極即太易

渾淪。太初太始太素三者渾而爲一，即爲太極元氣。但此「一」必即所謂「主氣」。即太極、太易，亦即太一、北辰、氣象未分之渾淪是。自星體言之，爲北辰。自神言之，爲太乙。自氣言之，爲太極、太易。而陰陽未分之道，亦名「太一」（《呂氏春秋・大樂篇》）。因此，《三統曆》云：「以五乘十，大衍之數也。而道據其一。其餘四十九，所當用也。」太極元氣、陰陽未分之道，爲萬物所從生。故京房曰：「天之主氣，欲以虛來實。」亦即〈乾鑿度〉所謂「有形生於無形」也。

　　由京房、馬融，到鄭玄，可知漢人解太極之線索。下至虞翻亦云：「太極者，太乙也。分爲天地，故生兩儀也。」（李鼎祚《周易集解》引）亦與京房、馬融等同。由此觀之，漢人解太極爲太一（太乙），爲北辰（北極星），居中不動。其餘四十九轉運而用。蓋實以「氣化宇宙論」爲底子，而五十之數則以具體物事取爲象徵者也。此爲京房馬融系之說法。至鄭玄則以天地生成之數與五行氣並，由數學的演算過程以象徵宇宙之演化。就〈繫辭傳・大衍〉章言之，以鄭說爲合。故後來朱子、焦循，皆順此系作解。然解太極，則京、馬、鄭、虞固皆相同也。而氣化宇宙論之思想，亦相同也。王弼之功績即在扭轉此質實之心靈而爲虛之玄思，扭轉圖畫式的氣化宇宙論而爲純玄理之形上學。此在思想上爲大進步也，而經過四百年之漢《易》傳統而躍起，則尤見殊特。故云其能復活先秦儒道兩家固有之精微義理也。

第五節　王、韓之「一陰一陽」解

五、〈繫辭傳〉：「一陰一陽之謂道。」韓注云：

> 道者何？無之稱也，無不通也，無不由也。況之曰道，寂然無體，不可爲象。必有之用極，而無之功顯，故至乎神無方而易無體，而道可見矣。故窮變以盡神，因神以明道，陰陽雖殊，無一以待之。在陰爲無陰，陰以之生；在陽爲無陽，陽以之成。故曰「一陰一陽」也。

案：此注與前條王弼解〈大衍〉「其一不用」之思路全同。此在言有無，固甚美矣。然於注解「一陰一陽之謂道」，則全錯。韓注視「一陰一陽」之一，即爲體爲無之一。故一陰一陽解爲「無陰無陽」。無陰無陽者，不是沒有陰沒有陽，乃是「陰陽雖殊，無一以待之」。「無一」不是沒有一，乃是即以無之一以待之。即以無之一以待之者，「在陰爲無陰，陰以之生」，即陰以無之一爲體，而陰之有始生也。推之，陽以無之一爲體，而陽之有始成也。此即老子「無之以爲用」之義。陰陽是有是殊，而其體則是無是一。故首云：「道者何？無之稱也，無不通也，無不由也。況之曰道。」「一陰一陽之謂道」者，即由陰陽之極而見無之一，即是道。簡言之，即於陰陽而無之，以見無方所之神，即叫做是道。此完全是老子之思路，而於解〈繫辭傳〉此語，則非是。把副詞之「一」，解爲實體性的無之一，這在語意上是非常彆扭而不通的。韓康伯於王

弼之《略例》、〈明象〉之義、有無之義，默識甚熟，故輒用此觀念以解孔門之〈易傳〉。其注〈大衍〉用王弼說，孔《疏》謂「韓氏親受業於王弼，承王弼之旨。」可見其注〈易傳〉，亦甚可代表王氏之意，而同為以老子「有無之義」為背景者。

其所以解一陰一陽為無陰無陽，形成語意上之乖謬，主要關鍵乃在其不能了解孔門天道性命相貫通之義理。一陰一陽之謂道，朱子解之甚諦。陰陽是氣，是形而下者，不是道。一陰一陽乃見道。「一陰一陽之謂道」，與「一闔一闢謂之變」，為同一語法。闔闢只是變之兩動相，而不是變本身之意義。「一闔一闢謂之變」，即由一闔一闢乃見變之意義。朱子即由此而比類「一陰一陽之謂道」。言由一陰一陽之變化過程乃見道也。可見此「一」字為副詞。陰、陽是氣，這是分解地表出成變之因素。一陰一陽則是綜和地表變之過程，由之以見道。道不是此現象的變之過程本身，乃是所以成此過程而亦帶著此過程而見者。從所以成此過程言，則道是「所以然」之理。（所以然是實現的「所以然」，不是構成的所以然）。故朱子云：「陰陽不是道，所以陰陽才是道。」「一」字即表示「所以」。故道終是道，必不能泯滅其「理」的意義。故此現象的變之過程本身並非是道。但此道雖有理之意義，卻並不是抽象地單說理之本身，而卻是帶著變化過程以顯，即動態以顯，喻如大路，人所共由。故可云「浩浩大道」，而不可云「浩浩大理」。此即道之不同於理處。抽象地、靜態地說，為理，具體地（綜和地）動態地說，為道。此即所以由「一陰一陽」以明道之意。此綜和地動態地所表示之道，即「天命流行」一語之意，亦即「維天之命，於穆不已」之意。而此後兩者尤其渾淪而具體。此義既明，則其脈

絡，頓時即通於《中庸》「天命之謂性，率性之謂道」，以及《大戴禮記》「分於道謂之命，形於一謂之性」，以及劉康公「民受天地之中以生，所謂命也」諸義。此諸語句，貫通以觀，則孔門天道性命相貫通之義，即豁然朗現而不可疑。依是，「一陰一陽之謂道」下兩語「繼之者善也，成之者性也」亦可得而解。而此兩語，韓注無解，即可見其浮泛不切矣。「繼之者善」，即繼道而行謂之善。「成之者性」，即完成而具有之於個己即謂之性。完成之於個己，即具之於個己，定之於個己。凡說性，必落在個體上說。故朱子注云：「成，言其具也。性謂物之所受。言物生則有性，而各具是道也。」即各具是道以為其性。朱子能知天道性命相貫通，故解「成之者性」即能意識到個體之具有。因唯如此，方能與「天命之謂性」、「形於一謂之性」相通。而王、韓於此，皆無所解。故只能泛言有無體用而不切也。

　　韓康伯於此「繼、成」兩語無注，而孔《疏》則連下「仁者見之謂之仁，智者見之謂之智。」兩語之注作解而補之曰：「繼之者善也者，道是生物開通，善是順理養物。故繼道之功者，唯善行也。〔案：此尚可。〕成之者性也者，若能成就此道者，是人之本性。若性仁者成就此道為仁，性智者成就此道為智也。故云：仁者見之謂之仁，智者見之謂之智。是仁之與智皆資道而得成仁智也。」案：此解非是。「成之者性」是言性由天道而來，此是第一層之意義。仁者見仁，智者見智，百姓日用而不知，是進一層說人之表現有自覺與不自覺，而自覺者亦「滯於所見」（韓注語）而有偏。故結之曰：「君子之道鮮矣」，此是第二層之意義。而孔《疏》混兩層為一而言之，誤矣。

第六節　王、韓之「體用、有無」義

六、〈繫辭傳〉：「陰陽不測之謂神。」韓注云：

> 神也者，變化之極，妙萬物而爲言，不可以形詰者也，故曰
> 「陰陽不測」。嘗試論之曰：原夫兩儀之運，萬物之動，豈
> 有使之然哉？莫不獨化於太虛，欻爾而自造矣。造之非我，
> 理自玄應，化之無主，數自冥運，故不知所以然，而況之
> 神。是以明兩儀，以太極爲始；言變化，而稱極乎神也。夫
> 唯知天之所爲者，窮理體化，坐忘遺照。至虛而善應，則以
> 道爲稱；不思而玄覽，則以神爲名。蓋資道而同乎道，由神
> 而冥於神者也。

案：此段確甚美。此謂玄理之美。《晉書》卷七十五〈韓康伯傳〉
稱伯「清和有思理」，信不誤也。大抵凡泛言體用有無之玄微，皆
能極其精透，而圓融無礙。「明兩儀，以太極爲始；言變化，而稱
極乎神」，此是稱理而談。「資道而同乎道，由神而冥於神」，此
是就「證者」之體道說。而「獨化於太虛，欻爾而自造」，則已與
向、郭之注《莊》而同歸一唱矣。此種徹底通透、圓融無礙之境
界，固是儒道同契，而亦與佛教之空慧（由涅槃般若而成）自然合
節，故能互相呼應，而開消融佛教之坦途。

七、〈繫辭傳〉：「《易》有聖人之道四焉：以言者尚其辭，
以動者尚其變，以制器者尚其象，以卜筮者尚其占。是以君子將有

為也,將有行也,問焉而以言,其受命也如嚮,無有遠近幽深,遂知來物。非天下之至精,其孰能與於此!參伍以變,錯綜其數。通其變,遂成天地之文;極其數,遂定天下之象。非天下之至變,其孰能與於此!《易》無思也,無為也,寂然不動,感而遂通天下之故。非天下之至神,其孰能與於此」!此一整段,韓康伯綜括注之曰:

> 夫非忘象者,則無以制象;非遺數者,無以極數。至精者,無籌策而不可亂;至變者,體一而無不周;至神者,寂然而無不應。斯蓋功用之母,象數所由立,故曰非至精、至變、至神,則不得與於斯也。

此注言極深研幾,窮神知化,亦至精至美。至變至精至神者,超有而通於無,資無而歸於有。通於無,故忘象而遺數;歸於有,故制象而立數。此種圓唱,千聖同證。不得以有無為言而非之。孔門義理之獨特處,在天道性命相通貫,不在言不言有無也。有無是共法,有無圓融是共證。故張橫渠謂大易言幽明,不言有無。言有無者,是老子之陋也。此則不免於滯礙,不能於此以堵截之也。大易玄旨,即以有無說之,亦無礙。此只是名辭之不同。於此堵截,反成狹陋。故王弼謂聖人體無,吾不以為非。以無言一言體,亦不以為異。蓋此只是言體之形式特性,儘可說也。《易傳》明說「神無方而易無體」,又明言「《易》无思也,无為也,寂然不動,感而遂通天下之故。」豈謂至體而可落於限定之有乎?又體用無間,有無圓融,是最高之聖證境界。孰謂「大而化之」之聖只有用而無

體乎？或只有體而無用乎？又孰謂聖心尙有意必固我之執乎？故謂之「體無」亦不謬也。唯祇言此，不能盡孔門天道性命相貫通之義理之全蘊耳。此只是言道之最普遍亦是最高的表示。此須承認，以暢圓境，再進而表其內容的意義，方見孔門義理之獨特。不能於圓境處堵截也。（其差異在心性處見，在性命天道處見。）

八、〈繫辭傳〉：「顯諸仁，藏諸用，鼓萬物而不與聖人同憂，盛德大業，至矣哉！」韓注云：

> 萬物由之以化，故曰鼓萬物也。聖人雖體道以爲用，未能至無以爲體。故順通天下，則有經營之迹也。

案：此注語意稍差。不與聖人同憂，是言天道無心而成化。然聖人則不能無憂患。故聖人體無，而又不能無哀樂以應物。王弼得之，而康伯不及也。以下就王弼聖人體無與有情而言之。至其注《易》，不再條舉。讀者明乎以上所說，其餘可自料簡也。

第七節　王弼之「聖人體無」義

九、王弼「聖人體無」義。魏晉人物雖盛談老莊，而仍推尊聖人。周彥倫（顒）曾言：「王、何舊說，皆云老不及聖。」（《弘明集》周顒〈重答張長史書〉）此蓋漢代以來，相承之定論。班固《漢書・古今人表》，將人品分爲九等，列孔子爲上上，與堯舜禹湯文武同。而老子則僅在中上。莊子更不待言。（茲檢〈人表〉無莊子，恐有脫略，或字訛。）此種傳統之定論，王、何、向、郭皆

未嘗有異。彼等皆謂老莊只能知本，知言，而實不能體而有之。東晉孫盛之子孫放字齊莊。庾亮問曰：「欲齊何莊耶？」放曰：「欲齊莊周。」亮曰：「不慕仲尼耶？」答曰：「仲尼生而知之，非希企所及。」（《晉書》卷八十二〈孫盛傳〉）此雖孺子之言，（時放年七、八歲），不足爲憑，然亦足見一般之意識，於推尊聖人，乃無異議者。希老莊而推尊聖人，則其所以推尊者即在聖人能體老莊所談之道。道一，唯視誰能體而實有之耳。從造詣境界上說，老莊皆不及聖，此亦是魏晉人一般論調。

故裴徽問弼曰：

> 夫無者，誠萬物之所資也，然聖人莫肯致言，而老子申之無已者何？弼曰：「聖人體無，無又不可以訓，故不說也。老子是有者也。故恆言其所不足。」（見前引何劭〈弼傳〉）

聖人體無而不說，老子在有而恆言。此亦「知者不言，言者不知。」，「善《易》者不論《易》」之意也。是以「聖人體無」即言聖人眞能達到「無」的境界（即作到無）。無不只是一個「智及」之空觀念，而且眞能表現之於生命中，體而實有之（此體是身體力行之體）。老子是處在「有」的境界，不能渾化掉，故不能達到「無」的境界。因不能到，故恆言其所不足。用孔子之語表示，則老子只是「智及」，而不能「仁守」。至於莊子，則更「未始藏其狂言」（郭象注《莊子》序文）。以此衡之，則孔子是聖人，老莊至多是賢人，或哲學家。孔子之「體無」，是從造詣之境界上說。依孔子之教與儒者立場說，則孔子以「仁」爲體。客觀地言

之，仁是天地萬物之本體；主觀地言之，孔子之生命全幅是仁體流行，此仁體名之曰道亦可，故曰仁道，亦是「天道」。述之以「一」亦可。「道」或「一」皆是外延的形式詞語，仁、誠、中，則皆是內容的實際詞語。此為存在上的或第一序的體（實體、道體）。至於從孔子之踐仁、體仁上說，則「肫肫其仁，淵淵其淵，浩浩其天」，已至「大而化之」之境。儒者於此名之曰「天地氣象」。此如天無言而四時行、百物生，天地無心而成化，天道「顯諸仁，藏諸用，鼓萬物而不與聖人同憂，盛德大業至矣哉！」天如此，聖人亦如此。此無言、無心（即不是有意的）而渾化之天地氣象，以道家詞語說，即謂之「無」。有此「無」境，始能繁興大用。（四時行、百物生是繁興大用，聖人創制立教亦是繁興大用。）對此繁興大用之為用言，則此「無」境即為本為體。此「無」之為體是境界上的或第二序的體。故自第二序上說孔子體無，亦未始不可。但道家之言有無，並無第一序第二序之分。兩層混而為一，即以境界上的無之為體，視作存在上的無之為體。此無即道，即一，即自然，此皆是形式詞語，即，只能說體之外延的形式特性，而不能說其內容的實際特性。以此為標準觀孔子，只從境界上知其體無，遂只以此「無」為本為體為道，以為孔子之所體即是老莊之所言。老莊知言知本，而不能體之，孔子大聖，體之而不言。而道卻只是這個道。不復知尚有存在上或第一序的體。而孔子立教與孔門義理之獨特處（即仁與天道性命）全隱而不見，忽而無知。遂只從可見之德業視孔子，而其不可見之道卻是老莊之所言，亦惟賴老莊言之而得明。假若道體在此，則孔子可見之德業只是用，只是迹。是則以孔子之「作」為用（作者之謂聖），以老莊之

言為體（述者之謂明）；以孔子之用為「迹」，以老莊之體為「所以迹」。向、郭注《莊》，即盛發此義。內聖之道在老莊，外王之業在孔子。以此會通儒道，則陽尊儒聖，而陰崇老莊。王弼此一觀念，直貫至兩晉南北朝而不變。本來，自子貢言「夫子之文章可得而聞，夫子之言性與天道不可得而聞」以後，孔門義理（第一序的道）一直隱沒不彰。王弼取道家言而填充之，至少可以豁醒聖人之境界，使人得有真切之了悟與嚮往，不至終日正牆面而立也。其功為不小，亦非只虛應故事，敷衍聖人之門面。蓋若自第二序之境界上的體而觀聖人，老莊之言亦實可用得上。如此，聖人畢竟是聖人，亦實應尊崇也。孔子稱堯「唯天為大，惟堯則之，蕩蕩乎，民無能名焉。」稱舜「無為而治者，其舜也與！」孔子亦自言「予欲無言」。王弼云：「子欲無言，蓋欲明本。舉本統末，以示物於極者也。」又云：「修本廢言，則天以行化。」（《論語集解·皇疏》九）此明示孔子不但深契堯舜之渾化與無為，且其本人以其天縱之資亦實能至乎此境界。唯漢以後儒者忙於禮樂教化，章句訓詁，而王者則忙於典章制度，經國大業，日疲命於聖人之「迹」，而不知其「所以迹」。於聖人無為渾化之境，全然不能正視其意義。遂成無源之死水，糾纏於聖人精粕之中而不知其本源。於是乎聖人死矣。王弼出而以道家言指點而豁醒之，其功豈得謂小哉？

自王弼從第二序之境界上的體無觀聖人，向、郭注《莊》繼之而不變。盛言內聖外王之合一（內聖是道家所說之本），盛言「迹」與「所以迹」，盛言無為而治，與自然而化，盛言「外天下者不離人」、「游外以弘內」、「順物而遺名迹，而名迹自立」（〈德充符注〉）、「非為仁而仁迹行，非為義而義功見」（〈駢

拇注〉〉極辯證詭辭之能事，故亦極玄理之極致。於老莊之絕聖棄
智，鄙薄仁義，毀棄禮樂，皆能知其為正言若反之遮詮，乃「寄言
以出意」。亦猶〈逍遙遊〉所謂「是其塵垢粃糠，將猶陶鑄堯舜者
也」。無論堯舜禹湯乃至文武周孔以及其德業皆是外在之糟粕，至
道之遺迹。皆可忘也。與物冥者，無所不忘。隨感而應，則痕迹自
現。忘堯舜乃能為堯舜，忘仁義乃能為仁義。亦猶韓康伯所謂「非
忘象者，無以制象，非遺數者，無以極數。」遮末以顯本，由本以
起用。本末之為一，即體用之不離。體用之不離，即儒道之大通。

　　此迹本之論，至梁阮孝緒而綜論之曰：

　　夫至道之本，貴在無為；聖人之迹，存乎拯弊。弊拯由迹，
　　迹用有乖於本，本既無為，為，非道之至。然不垂其迹，則
　　世無以平；不究其本，則道實交喪。丘、旦將存其迹，故宜
　　權晦其本；〔案：此即王弼所謂體之而不言。〕老莊但明其
　　本，亦宜深抑其迹。〔案：此即王氏所謂恆言其所不足。〕
　　迹既可抑，數子所以有餘；本方見晦，尼丘是故不足。
　　〔案：此老莊之所以絕聖棄智，非堯舜而薄湯武。〕非得一
　　之士，闕彼明智；〔此指周孔言〕，體二之徒，獨懷鑒識。
　　〔此指老莊言。〕然聖已極照，反創其迹；賢未居宗，更言
　　其本。〔案：此即聖之所以為聖，老莊之所以為老莊。未
　　居宗即言未能體無。〕良由迹須拯世，非聖不能〔作者之謂
　　聖〕；本實明理，在賢可照〔述者之謂明〕。若能體茲本
　　迹，悟彼抑揚，則孔莊之意，其過半矣。（《梁書》卷五十一
　　〈處士列傳‧阮孝緒傳〉）

案：此段話可為王、何、向、郭時代儒道觀之綜括。言之甚美。然此中有兩點須注意：

一、若只是此第二序之境界上的體用、有無，則體或無即無客觀之實體性的意義，而用或有則只是自然帶出之「糟粕」，淡然無繫，泛然從眾之「應迹」，其本身並無客觀而積極的意義，而只有主觀而消極的意義，即只是不繫不絕，因應之所顯。雖云「物無妄然，必由其理」（王弼《略例》語），「物有自然，理有至極，循而直往，則冥然自合」（郭象《莊子‧齊物論注》語），然此所謂理皆只是虛說，並非實理。即，只是根於無或自然而來之虛說之理，並非根於存在上的實體而來之實理。此即使有或用只成為主觀之應迹。其本身並無客觀而積極之價值。是以此迹本之論自然傾合於佛教，權假方便之論，而為同一系之體用。此體用觀因接上佛教而蔚成大國，其勢直貫魏晉南北朝與隋唐，而為七八百年之中心觀念。宋儒興起即在撥開此境界上的迹本或權假之體用觀，而直透孔門存在上的實體實理之體用觀。境界上有無或空假（空有）或空假中之玄理被消化於此存在上的實體實理之聖證中而予以存在上的立體直貫之骨幹。此即天道性命貫通之骨幹，亦即仁、誠、中之骨幹。由此而以經實權，體有客觀之實體性的意義，而用亦有客觀而積極的價值，因皆是實體實理之所貫，故皆有其當然而不容已，定然而不可移者在，而非只是主觀之應迹與權假之方便。此即為主客觀之統一。此為儒聖立教孔門義理之盛大莊嚴而為獨特不共者也。故切不可以王、何、向、郭之迹本之體用觀為真能會通儒道者。彼等只知聖人能體無，而不知其所以能體無者是在仁體之流行，有一立體直貫之骨幹在，非只是一境界之「無」也。若撤去此骨幹，或

忽視而不知此骨幹，則一切皆成可有可無者。雖輾轉於有無之間，而馳騁其玄談，亦適足成其為「空華外道」而已矣。

　　二、迹本之體用觀既不真能會通儒道，自亦不能解消自然與名教（自由與道德）之矛盾。夫用既只是應迹，則即可有可無，並無定然當然之實理存於其中，是即不能保住是非與善惡以及差別分殊之本質的意義。「敬以直內，義以方外」，則一切外用皆因義而成就（因義而立，因不義而廢），亦即因義而得其客觀而積極之意義。天道性命貫通之骨幹本是一道德的體性學之骨幹。此是直下以道德意識為中心，直下正視而把握之，而不能撥無或歧出而為應迹或權用者。徒言形式之有無，本不能正視道德意識而以之為骨幹，故其言無，言自然，即本無經之實體實理以實之。凡道德性之物事皆推出去而視為應迹或權用。既為應迹或權用，自無理之必然性。是則自然與名教，自由與道德，仍不能得真實之統一，其中隱伏一嚴重之矛盾而不得解消者。此為道家系統中之本質問題，亦為魏晉時代之本質問題。詳言見下第十章。

　　王弼聖人體無所函之體用論如此，則其「聖人有情」所函之體用觀亦同此論。蓋聖人有情亦只是迹本之體用論之一特殊表現耳。

第八節　王弼之「聖人有情」義

　　王弼曰：

　　　聖人茂於人者神明也，同於人者五情也，神明茂，故能體沖和以通無；五情同，故不能無哀樂以應物。然則聖人之情，

> 應物而無累於物者也。今以其無累，便謂不復應物，失之多
> 矣。

此在體用，固極圓融。然聖人之情固不只是「應物」，亦不只是因
其體無而無累。若只是應物而無累，則象憂亦憂，象喜亦喜，泛然
不繫而無累，則此種憂喜即不見眞性情，而亦無甚價值之可言。聖
人自是不陷於情，不溺於情，亦自是應物而不累於物，自能常躍起
而不滯。然他有中之骨幹以爲其本，故其喜怒皆爲中節之和。喜怒
之和即是天理之中。他全幅是仁體流行，滿腔子是惻隱之心，故不
只是五情同以應物，且是在情中表現義理之當然。惻隱、羞惡、辭
讓、是非之心皆情，而即在此情中表現仁義禮智之理。故亦不只是
體沖和而無累，且亦是本仁體而實現理。若只是應物而無累，則情
即只有權假之用，而無本質之意義。大抵儒聖立教及孔門義理必須
合存在之體用與境界之體用兩者而觀之，始能盡其蘊而得其實。境
界之體用是儒釋道之所同，存在之體用是儒聖之所獨，以存在之體
用貫境界之體用，則境界之體用亦隨之而不同，即不可以權假論，
亦不可以應迹論。

　　大抵境界的體用以「寂照」爲主，屬於認識的，爲水平線型，
無論老莊的應跡或佛教的權假，皆歸此型。存在的體用則以「實
現」爲主，屬於道德之體性學的，爲垂直線型，此是儒教之立體的
直貫，以仁體流行、乾元生化爲宗。孔門義理兼備此垂直與水平之
兩線而爲一立體之整型。吾人必須先分別了解此兩型之特義，然後
再觀儒者融合此兩型而成之整體之殊勝。如此方可解除宋明儒者之
禁忌與夫對於宋明儒者之毀謗與誤解。宋明儒者內部之一切禁忌皆

來自水平型之境界的體用。對於宋明儒者之一切毀謗與誤解亦來自此水平型之境界的體用。宋明儒者既兼備垂直與水平之兩線，故亦時有境界方面之玄談。人見其多同於佛老也，遂以為此非儒學之精純，而雜有佛老以誣聖。故在儒者內部言之，便成禁忌矣。禁忌一成，則境界方面多避而不談，若隱若顯，閃爍其辭，遂成為別扭而不暢遂之狀態。吾今解除此禁忌，儘可暢其流而遂其辭。同者本是同，而不礙其垂直線之異。然則雖玄亦何傷？人又見其多同於佛老也，遂以為陽儒陰釋，援佛入儒，其義理多來自佛教，實並無自家獨立之根基，而佛弟子則又以為偷自佛教以成門戶，孔門實並無如此之義理。此則形成大毀謗、大誤解。吾承認境界方面之玄理多因佛老之刺激而豁醒。王弼之注《易》是第一步豁醒，佛教之輸入而至禪宗，是第二步之豁醒。吾亦承認佛老在境界方面之玄理是其勝場，亦是主義。然此方面本是同者，不因其刺激而豁醒，遂即以為皆來自佛老，而非儒聖之固有。又孔門義理實以垂直線為勝場為主義，境界方面之玄理雖因佛老之刺激而豁醒，然實並不以此為主義。握此垂直線，則水平之境界方面一語亦可了，千言萬語亦無傷。而且無論如何玄談，總非應跡論，亦非權假論。此方面之所以玄，其本質之意義實只在一「辯證之詭辭」，而此為聖證過程之所共者。若以此為來自佛老，為佛老所獨有，儒者言之，即以為偷自佛老，則試問佛老之正視此辯證詭辭，其深切著明比黑格爾又如何？真能正視而深切著明之者，古往今來，無過於黑格爾。若謂黑氏亦偷自佛老，不亦妄乎？吾且謂佛老之境界方面之玄談，其中所表現之「辯證詭辭」，反將因黑氏而彰顯而嚴整。然亦不因此而即謂佛老投降於黑氏，而喪失其獨有之教義。於以知水平之境界方面

之玄理乃一切聖證之所共。不過有覺與不覺，有言與不言，有多言與少言，亦有各種之形態。爲之主者，要在乎垂直線爲如何耳。而垂直線方面之立體的直貫，則正爲宋明儒者所正視，亦孔門義理之勝場與主義。此可誣乎？謂其無自家之根基，不亦盲乎？若謂此亦來自佛，則佛亦無以異於聖。而宋明儒者亦可以不闢佛矣。

　　吾以上由王弼之《易》學而簡別孔老之同異。欲明其以道家玄理談《易》，其玄理之所以爲玄理者何在，遂不厭煩而詳予條舉。至其老學，則見之於其《老子注》以及〈老子微旨例略〉。此亦須詳有疏釋。見下文。王弼對於老子，確有其相應之心靈，故能獨發玄宗，影響來者至鉅。其注文雖不必能剋應章句，（本非剋應章句而注解），落於章句上，亦許有謬誤，然大義歸宗，則不謬也。重複即創新。默逆於心，異地皆同。

第五章　王弼之老學
——王弼《老子注》疏解——

第一節　有、無、玄，名號與稱謂

經文〈第一章〉：

> 道可道，非常道；名可名，非常名。
> 注：「可道之道，可名之名，指事造形，非其常也。故不可
> 　　道，不可名也。」

案：王注解「常」字，如字作解，意即定常、恆常之意。「非其常
也」，言非恆常不變之大道。蓋「可道之道，可名之名」，皆「指
事造形」之道與名，乃屬於「有」之範圍者。凡「事」皆有分限，
凡「形」皆有定體。而惟有分限與定體者，始可得而道，始可得而
名也。恆常不變之大道，既非指事，亦非造形，故不可道，不可名
矣。王注以「指事」與「造形」作為可道與不可道，可名與不可名
之分界，藉以分別常道與非常道，常名與非常名之不同。此只是大

體如此分別。若詳細疏解，則以下之問題俱須有確定之解答，方能徹底明瞭經文之所說：

一、何謂「可道」與「不可道」？

二、可道之「道」如何規定？不可道之「道」如何規定？

名亦如之。此若詳細分解，便超出本文之範圍。本文只順王《注》說，非積極講《道德經》本文也。

又「指事造形」一語，看似易解，細案之，則頗難說。問題只在「造」字。「指事」句易確定。事者物也。指者指陳，指示，指述。「指事」意即指陳一具體之物事，指述一特定之對象。可道之道，可名之名，皆指陳一具體之物事，指述一特定對象之道與名也。如「指事」之意如此，則「造形」句中之「造」字，想必非「造作」之造，必非今日所謂「造形藝術」之「造」，亦非「造句」之造。蓋如此解，義不可通。然則「造」者當是「造訪」之「造」。造者，訪也，詢也，問也。引申之，尋也，循也，順也。造形者即尋形、循形之謂。言可道之道，可名之名，皆指乎事，循乎形，故非恆常不變之大道。指乎事，則為事所限。循乎形，則為形所定。自非恆常不變之至道。而亦唯事與形始可以言詮，始可以名名。以言詮者，用今語言之，即可用「一定概念」去論謂之之意也。以名名者，用今語言之，即可用量名、質名、關係名等一定之名去指示之之謂也。涉事造形，而可為言詮所表現之道理，即可道之道也。涉事造形，而可以名名所成「定名」，即可名之名也。至於恆常不變之至道、大道，則無事可指，無形可造，即非涉事造形之道，故不可道也。既非涉事造形，故其為道亦不為事所限，亦不為形所定。不為事所限，則其本身無分限。不為形所定，則其本

身無定體。無分限，無定體，即其本身非一物也。非一物，故其本身亦不可說，不可名也。不可名，而又強名之曰「道」，則「道」之為名即「不可名」之名也。凡可名之名皆「定名」。不可名之名，則非定名。王弼下文分辨「名號」與「稱謂」之不同。於定名，曰名號。於非定名，則曰「稱謂」。詳解見下。

　　以上只由「指事造形」分別可道之道與不可道之道。此只是形式的區分。至若如此區分出之不可道之道，其具體而真實之意義為何，則須下文逐步釐清。

　　　　無名，天地之始。有名，萬物之母〔此順王注讀〕。
　　　　注：「凡有皆始於無，故未形無名之時，則為萬物之始。及
　　　　　　其有形有名之時，則長之、育之、亭之、毒之，為其母
　　　　　　也。言道以無形無名始成萬物，以始以成，而不知其所
　　　　　　以，玄之又玄也。」

案：此注亦甚麻煩，頗費疏解。經文似甚簡單，而注所以致成麻煩者，恐亦有故。關鍵即在「有名，萬物之母」一句。

　　「凡有皆始於無」，此是一總原則，無問題。但王注，「無名」、「有名」點句，固未嘗不可。若如此讀，則經意似是：「無名」是天地之始，「有名」是萬物之母。「無名」即無形無名，即「無」也。言以「無」為天地之始也。「有名」即有形有名，即「有」也。言以「有」為萬物之母也。「天地」是萬物之總稱，「萬物」是天地之散說。天地與萬物，其義一也。只隨文異其辭耳。如此解，則「無名」與「無」同，「有名」與「有」同。「無

名」讀與「無」讀，其義無以異。「有名」讀與「有」讀，亦然。只是「無名」讀，則下略「是」字或「爲」字。而「無」讀，則「名」屬下，作動詞。「無名」與「無」，既義同，則如此解，即在提煉「無」與「有」爲兩個獨立概念，而結果無、有、物爲三層。此衡之〈四十章〉：「天下萬物生於有，有生於無」，固亦未嘗不可也。然如此解，則有兩個問題，須疏通之：

一、無爲始，有爲母，始與母分屬兩概念。但〈五十二章〉云：「天下有始，以爲天下母。既得其母，以知其子；既知其子，復守其母，沒身不殆。」此是以始爲母，將母收于始，始母混一，而取重母義也。此與始母分屬顯相衝突。此種衝突須有說明以解消之。

二、有與物須有分別。「有」如何能爲物之母？此亦須有說明。有既爲物之母，則有與無之關係又如何？有如何能生于無而又與物不同耶？此皆須有義理以通之。

王注甚簡，然似亦就三層說。「言道以無形無名始成萬物，以始以成，而不知其所以，玄之又玄也。」此注語即有簡略。詳言之，當該是：「言道以無形無名始萬物，以有形有名成萬物，以始以成，而不知其所以，玄之又玄也。」「道以無形無名始萬物」，即「無名天地之始」，天地是萬物之總稱，故說「始萬物」亦無不可。「道以有形有名成萬物」，即「有名萬物之母」，成者終成也。此以下經文「常有欲以觀其徼」，注云：「徼，歸終也」爲據，而說「成萬物」。無形無名與有形有名俱指道說。無形無名是道之「無」性，有形有名是道之「有」性。道之「無」性爲天地之始，此是總持地由天地返其始以爲本也，即後返地以「無」爲天地

之始本也。道之「有」性爲萬物之母，此是散開關聯著萬物而以道之「有」性說萬物之母也，即向前看以有爲萬物之母也。只因向前看關聯著散說的萬物，始顯道之「有」性。以道之「無」性始萬物，以道之「有」性成萬物，「以始以成，而不知其所以，玄之又玄也。」此即依下經文「此兩者同出而異名，同謂之玄，玄之又玄，衆妙之門」而言也。

　　普通只從「無」或「自然」說道，很少注意此經文所說道之有性。說到有，則從「物」說；「有形有名」亦從「物」說，蓋何以能說道爲有形有名，因而爲有乎？如是，「有」只成一對于萬物之虛飾詞，無獨立之實義。但經文及王注確是就道說有，此有即道之「有」性也。道亦是無，亦是有，因而亦爲始，亦爲母。無與有，始與母，俱就道而言也。此是道之雙重性。就天地向後返，後返以求本，則說無說始；關聯著萬物向前看，前看以言個物之成，則說有說母。此即經下文「同出而異名」之注語「異名所施，不可同也。在首則謂之始，在終則謂之母」之意也。道本是無聲無臭，無形無狀，亦無名，然此是後返以悟體。吾人不能永停于此後返之「無」之狀態中。吾人悟如此之體有何用呢？答曰：即爲的明其生成個物（實現個物使之爲如此之存在）之用。欲顯此用，必關聯著個物（萬物）。關聯著個物以實現之而使之有存在（終成之），即顯此「無體」之用，此用即道之「有」性也，亦即經下文歸終之「徼向性」也。一有徼向性即是有，亦即其「有」性，因而亦即「有形有名」。此有形有名是因著關聯于個物，個物有形有名，因而倒映于道之用，遂于此用上亦說有形有名，亦即說「有」矣。此是道之「無」性因關聯著萬物而散開以說其徼向終成之用，因而即

成道之「有」性矣。由此「有」性，物之存在得以說明。吾人亦可說：物之存在之爲有亦即由此道之「有」性而爲有也。人們可馬上想到此道之「有」性之有好像是柏拉圖之理型之爲實有。然而不然。因爲柏拉圖是就個物靜態地後返以發見理型以爲個物之原本，故理型之爲實有是定有，其多亦是定多。然而老子卻是就道之徼向性動態地說其終成之用，即由此終成之用說其「有」性。此「有」性之有並非定有，因而其多亦非定多。此由經下文之言「玄」可知。「無」非死無，故隨時有徼；「有」非定有，故隨時歸無。有無「兩者同出而異名，同謂之玄，玄之又玄，衆妙之門」也。此若由《莊子・大宗師》篇所謂「其一也一，其不一也一，其一也與天爲徒，其不一也與人爲徒」來了解，則順適而暢通矣。「其一也與天爲徒」，則是無。「其不一也與人爲徒」，則是有。「其一也」固是一，「其不一也」亦仍是一，故雖有而非定有，雖多而非定多。

此有無渾化而爲一之「玄」性本即是道之具體性與眞實性，惟因此始能有生物之妙用（衆妙之門）。如此了解，故分解地展示之，雖有無與有、始與母之別，然而關聯著萬物而說其生物成物之妙，則以有攝無，無融于有，而只說爲「母」，亦未始不可也。故經〈五十二章〉云：「天下有始，以爲天下母。既得其母，以知其子；既知其子，復守其母，沒身不殆。」此是以有攝無，母子對言也。

以上是就道之雙重性純自理上客觀地言之。吾人如何從生活上（實踐上）具體地體悟之呢？上引《莊子・大宗師》語即是一具體的體悟。此經下文亦即是從生活上主觀地作具體的體悟也。

【編按：以上四段（自「王注甚簡……」起）在原版第131-133頁，經牟先生重新改寫，改寫前之文字見〈編校說明〉。】

　　故常無欲，以觀其妙〔此順王注讀〕。
　　注：「妙者，微之極也。萬物始於微而後成，始於無而後
　　　生。故常無欲，空虛〔其懷〕，可以觀其始物之妙。」

案：嚴靈峯先生指出《道藏》河上公等《四家集注》本，及劉惟永《道德眞經集義本》，「空虛」下並有「其懷」二字。當據補。（參看嚴著：《陶鴻慶老子王弼注勘誤補正》。以下涉及此書時，簡名曰嚴著：《陶勘補正》。）

　　王注以「常無欲」點句。〈三十四章〉：「常無欲，可名於小」。故如此點句，亦未始無據。言人當「常無欲，空虛其懷」，而後可以觀道之始物之妙。王注解「妙」爲「微之極」。「微之極」之妙亦指道而言也。「始於微而後成，始於無而後生」，爲同義之重複句。「始於微」即「始於無」，成即生。道即無，妙即「無」之「無限妙用」也。不無，不能妙。故須「常無欲」以觀之。言自己常在「無欲」之心境中，即可以通道之爲無，以及無之爲妙也。「無」非邏輯否定之無，亦非抽象之死體。故以妙狀其具體而眞實之無限之用（非「有限之定用」。有限之定用則利也）。故「無」即下文所述及之「冲虛之玄德」也。微與妙皆其屬性。成與生有時不同，有時同。若成爲「終成」，生爲「始生」，兩相對言，則不同。此處則同。決於「始」也。

常有欲，以觀其徼。

> 注：「徼，歸終也。凡有之爲利，必以無爲用；欲之所本，
> 適道而後濟。故常有欲，可以觀其終物之徼也。」

案：此言人當常有欲，以觀道之終物之義。終物之義，即「徼」義
也。前句說道之「始物」之妙，此句說道之「終物」之徼。始物之
妙，則言道爲天地之始。終物之徼，則言道爲萬物之母。此亦合下
文注「在首，則謂之始。在終，則謂之母」之義也。「凡有之爲
利，必以無爲用」，此本〈十一章〉：「有之以爲利，無之以爲
用」而稍異其辭。此言「有」之爲利（定用），必以無爲本，而後
成此「有」之定用也。「以無爲用」，言「無」有成就「有之爲
利」之妙用也。即於成此「有之爲利」而見無之爲用。用者，妙用
也。繫於無而言，非繫於有而言。繫於有而言者，利也，非用也。
吾人可規定「利」爲「有限之定用」。如車宜於陸，船宜於水。規
定「用」爲「無限之妙用」，或「神用無方」之用。是則「用」即
「妙」也。「有之以爲利」，「有之」爲動詞。「無之以爲用」，
「無之」亦動詞。即去有之，乃所以爲利也。冲虛之，（去無之）
乃所以爲用也。而王弼所謂「凡有之爲利，必以無爲用」，此中
「有」爲名詞，「之」爲虛係字。言凡有者之成爲利（定用），必
以「無」爲本，而後始能成其爲利也。無能成就「有之爲利」，即
無之妙用也。故云「以無爲用」也。

「欲之所本，適道而後濟。」言欲必本於道（適道即合道），
而後成濟其爲欲也。此亦「終成之」之意。吾人亦當「常有欲」以

觀道之「終欲而成濟之」之用。欲即「欲向」，非必劣義（此亦王
弼「聖人有情」之義。有情以應物，即有欲向，即「有」也。有情
而不累於情，即無也）。概括言之，「終欲而成濟之」，即「終物
而成濟之」。終物而成濟之，即道之「徼性」也。徼同要。徼性即
「向性」。若吾人不能常處於「有向」之心境中，亦不能見道之終
物之徼。若只是常無欲，則道之為無，即為抽象之無。抽象之無，
則無掛空而不具體。

　　然「常有欲」，實即「常有」也。「常無欲」，實即「常無」
也。（王讀雖有據，然此等處卻不必拘。）何必著於欲而言之？故
不如常無、常有，點句為愈。「常有，欲以觀其徼。」，徼性即向
性。向性即有也。妙用無方之道即在「向性之有」中終成特殊之事
物。有而不有，則不滯於有，故不失其渾圓之妙。無而不無，則不
淪於無，故不失其終物之徼。如是，則在此「向性之有」中，即可
解「有為萬物之母」之義。如是，無、有、物為三層，而由道之妙
與徼以始成萬物之義，更見確切而精密。道亦是無，亦是有，則道
之為始為母義，亦可得其確解。此則更得無而不無，有而不有，有
無渾圓之玄義。此義將於專講老子時，再詳言之。（王注非無是
處。然不能十分嚴整而挺立。於本章提出另一種解析，將見義理之
進一步。）

　　此兩者同出而異名，同、謂之玄，玄之又玄，眾妙之門。
　　注：「兩者，始與母也。同出者，同出於玄也。異名所施，
　　　　不可同也。在首，則謂之始；在終，則謂之母。玄者，
　　　　冥也，默然無有也，始、母之所出也。不可得而名，故

> 不可言：同、名曰玄。而言謂之玄者，取於不可得而
> 〔名〕，〔而〕謂之然也。謂之然，則不可以定乎一玄
> 而已。則是名則失之遠矣。故曰『玄之又玄』也。眾妙
> 皆從同而出，故曰『眾妙之門』也。」

案：此經文正式言「玄」，王注亦甚精美。只要讀其〈老子微旨例
略〉，知「名號」與「稱謂」之不同，則此注即暢通矣。人多失其
讀，故許多校補皆非是。「兩者」，王注指「始」與「母」言。故
云：「異名所施，不可同也。在首則謂之始，在終則謂之母。」
「謂之始」，道之妙也，即道之「無」性。「謂之母」，道之徼
也，即道之「有」性。故「兩者」指始與母言，亦即指無與有言，
以「無」為始，以「有」為母也。後返以求本，則以「無」為始，
此即王注所謂「在首則謂之始」。關聯著萬物向前看以明道之生成
萬物（使個體存在），則以「有」為母，此即王注所謂「在終則謂
之母」。「終」即「要終」之終，徼向個體而終成之也，即實現之
也。道有雙重性，一曰無，二曰有。無非死無，故由其妙用而顯向
性之有。有非定有，故向而無向，而復渾化于無。其向性之有只是
由「關聯著萬物而欲使之然」而凸顯也。一「關聯著萬物而欲使之
然」，即凸顯一向性之「有」相矣。由其「有」相而使個體存在，
此即所謂「有之以為利」也。「有之」即由道之向性之有而使個體
成為存在也。個體一存在，則有其定用，是即所謂「利」。故云：
「有之以為利」。而道之向性之有，就其向性而言，則因似有定向
（有向即似有定），故亦似為定有，然而向而無向（非死于向），
則即非定向，故有而非有（非死于有），則有亦非定有矣。若落于

物上言，則即成定有、定用（利）矣。道之向性之有只顯道之妙用
也。道之「無」性之妙即在成向性之有，而亦即由此向性之有以反
顯其妙用也。故「有之為利，必以無為用」。而向非定向，有非定
有，故可渾化於無也。有與無，母與始，渾圓而為一，則謂之玄。
「玄而又玄，眾妙之門」。至乎「玄」，則恢復道之具體性與真實
性而可以生萬物，為「眾妙之門」也。

　　兩者渾一即為同。「同謂之玄」，所以「謂之玄」者，依王
注，玄非定名，乃稱謂也。此下著實解「玄之又玄」義，由之以盛
發「名號」與「稱謂」之不同。此可視為王弼玄理中之名理也。

　　【編按：以上兩段（自「案：此經文正式言『玄』……」起）
在原版第136-137頁，經牟先生重新改寫，改寫前之文字見〈編校
說明〉。】

　　「玄」本不可得而名。以其為渾圓之一故也。名之則定之矣。
故凡名皆定名也。定名曰玄，則失其玄，而非玄。故不曰「同、名
曰玄」，而曰「同、謂之玄」。王弼解「謂之玄」曰：「不可得而
名，故不可言：同、名曰玄。而言謂之玄者，取於不可得而
〔名〕，〔而〕謂之然也。」（原句當補一「名」字與「而」字，
則句意足矣。原句有脫落，故不可解。）此言玄不可以定名名，而
強謂之然也。強謂之然，「則不可以定乎一玄而已」。定乎一玄，
則玄亦是定名，是即表示「名則失之遠矣」。（原句「則是名則失
之遠矣」，隨筆文，亦可通。其意即：「是則名之，則失之遠
矣。」）故曰：「玄之又玄也。」王弼於此，實甚精密。蓋意在著
實講「玄之又玄」句也。實則只要知此名乃不可名之名，則「名曰
玄」與「謂之玄」，皆無不可。然王弼於此，實有一番用心。蓋意

在講「名號」與「稱謂」之不同。注中言之甚略，人多忽之。而詳
發此義，則見之於其所著之〈老子微旨例略〉。（此文原存於《道
藏》，未署作者名。嚴靈峯先生定爲王弼作，是也。此發見，甚有
功。）

〈老子微旨例略〉云：

> 名也者，定彼者也；稱也者，從謂者也。名生乎彼，稱出乎
> 我。故涉之乎無物而不由，則稱之曰道；求之乎無妙而不
> 出，則謂之曰玄。妙出乎玄，眾由乎道。故「生之畜之」，
> 不壅不塞，通物之性，道之謂也。「生而不有，爲而不恃，
> 長而不宰」，有德而無主，玄之德也。「玄」，謂之深者
> 也。「道」，稱之大者也。名號生乎形狀，稱謂出乎涉求。
> 名號不虛生，稱謂不虛出。故名號，則大失其旨；稱謂，則
> 未盡其極。是以謂玄，則「玄之又玄」；稱道，則「域中有
> 四大」也。

案：此段文可視爲注文之理論根據。此段文字，盛辨名號與稱謂之
不同。「名生乎彼」，從客觀。「稱出乎我」，從主觀。「名號生
乎形狀」，故名號皆定名。「稱謂出乎涉求」，故稱謂皆虛意。
（「意」是言不盡意之意，稱謂皆出乎心中涉求之「虛意」也。
「涉」即「涉之乎無物而不由」之涉。「求」即「求之乎無妙而不
出」之求。）名號皆定名，故於「強謂之然」處，而定名以限之，
則必「大失其旨」。故不曰「同、名曰玄」也。然既強謂之然矣，
則稱謂亦未能「盡其極」也。故雖稱謂之曰玄，而必曰「玄之又

玄」也。故注曰：「不可以定乎一玄而已。」（「稱道，則『域中有四大』。」〈二十五章〉：「域中有四大，而王居其一焉。」注：「四大，道、天、地、王也。凡物有稱有名，則非其極也。言道，則有所由，有所由，然後謂之為道，然則是道，稱中之大也。不若無稱之大也。無稱不可得而名，曰域也。道、天、地、王，皆在無稱之內，故曰『域中有四大』也。」案：此以「無稱不可得而名」解「域」。道雖大，猶是稱中之大。故在無稱之「域」中，而曰「域中有四大」。此注無甚意思。文中引之以配「玄之又玄」而已。）

〈微旨例略〉又云：

> 夫「道」也者，取乎萬物之所由也；「玄」也者，取乎幽冥之所出也；「深」也者，取乎探賾而不可究也；「大」也者，取乎彌綸而不可極也；「遠」也者，取乎綿邈而不可及也；「微」也者，取乎幽微而不可睹也。然則「道」、「玄」、「深」、「大」、「微」、「遠」之言，各有其義，未盡其極者也。然彌綸無極，不可名細；微妙無形，不可名大。是以篇云：「字之曰道」、「謂之曰玄」，而不名也。然則言之者，失其常；名之者，離其真；為之者，敗其性；執之者，失其原矣。是以聖人不以言為主，則不違其常；不以名為常，則不離其真；不以為為事，則不敗其性；不以執為制，則不失其原矣。然則，《老子》之文，欲辯而詰者，則失其旨也；欲名而責者，則違其義也。

此段亦辨稱謂與名號之不同。道、玄、深、大、微、遠，皆稱謂之詞也。非定名也。雖「各有其義，未盡其極」，故可撥而去之，而歸於玄冥。以名責者，「則違其義」、「離其真矣」。與上段合觀，則注文之意無不朗然，而亦甚精密也。

　　《老子》第一章為全經之總綱，故第一章注亦函攝餘注一切玄義。以下逐步引發之。

第二節　道之主宰性、常存性、先在性

　　經文〈第四章〉：

　　　道冲而用之，或不盈，淵兮似萬物之宗。挫其銳，解其紛，和其光，同其塵。湛兮似或存，吾不知誰之子，象帝之先。
　　　注：「冲而用之，用乃不能窮。滿以造實，實來則溢。故冲而用之，又復不盈，其為無窮亦已極矣。形雖大，不能累其體；事雖殷，不能充其量。萬物舍此而求主，主其安在乎？不亦淵兮似萬物之宗乎？」
　　　「銳挫而無損，紛解而不勞，和光而不汙其體，同塵而不渝其真，不亦湛兮似或存乎？」
　　　「地守其形，德不能過其載；天慊其象，德不能過其覆。天地莫能及之，不亦似帝之先乎？帝，天帝也。」

案：以上三段注文，一、言道為萬物之宗主；二、言道永存而不可變；三、言道在一切形物之先。一是道之主宰性，二是道之常存

性，三是道之先在性。

　　道以何方式而爲萬物之宗主？道非實物，以冲虛爲性。其爲萬物之宗主，非以「實物」之方式而爲宗主，亦非以「有意主之」之方式而爲宗主，乃即以「冲虛無物，不主之主」之方式，而爲萬物之宗主。冲虛者，無適無莫，無爲無造，自然之妙用也。虛妙於一切形物之先，而不自知其爲主也。此即爲「不主之主」。故〈老子微旨例略〉云：「夫物之所以生，功之所以成，必生乎無形，由乎無名。無形無名者，萬物之宗也」其注〈第十章〉「生而不有，爲而不恃，長而不宰，是謂玄德。」云：「不塞其源，則物自生，何功之有？不禁其性，則物自濟，何爲之恃？物自長足，不吾宰成。有德無主，非玄而何？凡言玄德，皆有德而不知其主，出乎幽冥。」有「不塞其源，不禁其性，不吾宰成。」之冲虛玄德，則物自然而生，自然而濟，自然而長足。此即冲虛玄德之妙用也。而即以此德爲萬物之宗主，則即「不主之主」也。窺王注意，「有德無主，非玄而何」，此「無主」是指此德之無主言。無主，言此德無使之如此者，即不知其所以然而然也。無主使之然，不知其所以然而然，故其爲德即「玄德」。「凡言玄德，皆有德而不知其主，出乎幽冥」，此重解「有德無主」之意也。此「有德而不知其主」之玄德，其主物而爲物之宗，亦是「不主之主」也。「有德無主」是解「玄」字義。此注眉目不甚顯，須如此分疏始明。實則經文甚顯豁，可如此解：「生而不有」，即是無心之生。無心之生，則暢其源，物自生，都任置之，非吾所得而有也。「爲而不恃」，即是無爲之爲。無爲之爲，則「虛而不屈，動而愈出」，功自成濟，非吾所得而恃也。（前句言「不有」，此句言「不恃」。「不有」是不

佔有。「不恃」是「不恃功」。王注混不分明。）「長而不宰」即
是不主之主。不主之主，則雖首出庶物，而無宰治之施。生、為、
長，皆指道言。即於道之「生而不有，為而不恃，長而不宰。」見
其冲虛妙有之玄德。如此，已甚圓足，不煩辭費。而王注則歧出不
切，隱曲不明。而籠統大意，似亦得之。

　　又，此冲虛玄德之為萬物之宗主，亦非客觀地置定一存有型之
實體名曰冲虛玄德，以為宗主。若如此解，則又實物化而為不虛不
玄矣。是又名以定之者矣。此冲虛玄德之為宗主實非「存有型」，
而乃「境界型」者。蓋必本於主觀修證（致虛守靜之修證），所證
之冲虛之境界，即由此冲虛境界，而起冲虛之觀照。此為主觀修證
所證之冲虛之無外之客觀地或絕對地廣被。此冲虛玄德之「內容的
意義」完全由主觀修證而證實。非是客觀地對於一實體之理論的觀
想。故其無外之客觀的廣被，絕對的廣被，乃即以此所親切證實之
冲虛而虛靈一切，明通一切，即如此說為萬物之宗主。此為境界形
態之宗主，境界形態之體，非存有形態之宗主，存有形態之體也。
以自己主體之虛明而虛明一切。一虛明，一切虛明。而主體虛明之
圓證中，實亦無主亦無客，而為一玄冥之絕對。然卻必以主體親證
為主座而至朗然玄冥之絕對。故「冲虛之無」之在親證上為體，亦
即在萬物上為宗也。我窒塞，則一切皆窒塞，而「生而不有」之玄
德之為宗主亦泯滅而不見矣。故其為體為宗，非由客觀地對於宇宙
施一分解而置定者也。「物之所以生，功之所以成，必生乎無形，
由乎無名。無形無名者，萬物之宗也。」此由親證之冲虛而明通一
切，（「不塞其源，不禁其性。」），所引生之客觀形式之陳述
也。實非客觀地真有一由分解而成之無形無名之實體以客觀地存有

地爲萬物之宗也。實只是由「一虛明，一切虛明」而如此觀照者。
故〈老子微旨例略〉云：「故象而形者，非大象也；音而聲者，非
大音也。然則四象不形〔「則」當爲「而」〕，則大象無以暢；五
音不聲，則大音無以至。四象形，而物無所主焉，則大象暢矣；五
音聲，而心無所適焉，則大音至矣。」大象雖無形，而必由有形之
象以暢之。有形之象，物也。於物而不塞其源，不禁其性，則冲虛
顯矣。不塞其源，不禁其性，即無定主以主之。定主以主之，則物
而物矣。物而物，則不通矣。無定主以窒塞之，則冲虛之妙通矣。
冲虛之妙通，則開源暢流，生而不有，而生生者無限量矣。此即爲
「四象形，而物無所主焉，則大象暢矣」。大象暢，即冲虛之玄德
通也。「五音聲，而心無所適焉，則大音至矣」亦同此解。大音雖
希聲，而必由有聲之音以至之。五音聲，而心無所專主（適），則
虛明通矣。虛明通，即希聲之大音也。希聲之大音，無形之大象，
即冲虛玄德，不主之大主也。故其爲萬物之宗，即由此「無所
主」，「無所適」之虛靈明通而立也。

　　道之常存性與先在性亦如此解。其永存而不可變者，即無所存
之存也。有所存，則存而不存矣。抑亦非「存有形態」之存也，而
乃朗然玄冥之絕對之「境界形態」之存也。似存而非存，似非存而
實存，超乎存與不存之存也。不以挫銳而損，不以解紛而勞，不以
和光而汙其體，不以同塵而渝其眞。此即冲虛玄德之永存也。其先
在性亦是境界形態也。大象暢，大音至，生生無限量，聲聲不相
礙，則即冲虛玄德之在一切形物之先矣。此非「存有形態」之先在
也。此非邏輯原則之先在，亦非範疇之先在，亦非存有形態的形上
實體之先在，而乃開源暢流，冲虛玄德之明通一切，故爲一切形物

之本，而其本身非任一形物也。此即在一切形物之先矣。「無爲而無不爲」，無爲先於無不爲。「地守其形，德不能過其載。天慊〔足也〕其象，德不能過其覆」，天地亦有限定之形物也。於形物而無所主，無所適，則冲虛朗現，而天地自成其覆載之功。此亦即冲虛玄德之先於天地也。此境界形態之先在性乃消化一切存有形態之先在性，只是一片冲虛無迹之妙用。此固是形上之實體，然是境界形態之形上的實體。此固是形上的先在，然是境界形態之形上的先在。此是中國重主體之形上心靈之最殊特處也。

　　以上爲三段注文之疏解。此注文之前，復有一段，似與此章之經注皆不相關。嚴靈峰先生謂當是〈二十五章〉「道法自然」句下之注文，錯簡於此。此說是。當移置。俟疏該注時，再合併解之。（參看嚴著《陶鴻慶老子王弼注勘誤補正》。此下如有涉及，簡稱《陶勘補正》。）

第三節　道之自然義

　　經文〈第五章〉：

　　天地不仁，以萬物爲芻狗。

　　注：「天地任自然，無爲無造，萬物自相治理，故不仁也。仁者必造立施化，有恩有爲。造立施化，則物失其眞。有恩有爲，則物不具存。物不具存，則不足以備載矣。地不爲獸生芻，而獸食芻；〔天〕不爲人生狗，而人食狗。無爲於萬物，而萬物各適其所用，則莫不贍矣。若

慧由己樹，未足任也。」

案：此言道之自然義，亦可謂由「自然」規定道。「天地任自然，無爲無造」，即「天地無心而成化」之意，亦即前文「不塞其源，則物自生」、「四象形，而物無所主焉，則大象暢矣；五音聲，而心無所適焉，則大音至矣」諸句之意。是以此「自然」亦是冲虛境界所透顯之「自然」，非吾人今日所謂之自然世界或自然主義所說之「自然」也。「自然世界」之自然乃指客觀實物自身之存在言，而境界上之自然則是指一種冲虛之意境，乃是浮在實物之上而不著於物者。故「天地任自然」是依冲虛而觀所顯之境界上之自然。又，自然世界中之自然物，一是皆他然者，即是相依相待而有條件者，依條件而存在。依此而言，正皆非「自然」，而實是「他然」。而境界上之自然既不著於物而指物，則自亦無物上之他然，而卻眞正是自然。正是遮撥一切意計造作而顯之「洒脫自在」之自然，此即是冲虛而無所適、無所主之朗然自在。如果存在上一切皆他然之自然爲指物者，爲第一序者，則境界上之自然即爲非指物者，乃第二序上之「非存在的」自然。存在的，有時間性與空間性。非存在的，則無時間性，亦無空間性，故只是一冲虛之意也。吾人說天地有此意，乃是「依冲虛之止」而觀者，非是指物而言者。是以「天地任自然」是抒意語句，非指事語句。此「意」是遮撥一切造作恩爲而顯者，遮撥一切主、適、莫、宰、足以窒塞其源者，而顯者。故「天地不仁」之「不」不是「莫」，即不是與「適」對立之另一邊。特顯仁親，有偏愛，是一邊，否定仁親而特不仁，亦是一邊。故此「不仁」非殘忍之意也。凡邊見對立，皆是

有主有適，皆足成窒塞。故「天地不仁」是超過仁與不仁之對待而顯一絕對之冲虛。非是與肯定命題相對之否定命題，而是超過肯定否定之兩行而顯一絕對之「一」。故此語句，嚴格言之，不是一命題。即，不可作命題觀。而乃是超越命題而顯示絕對之一之顯示語句，而且由遮以顯之語句，雙遮二邊而無所主無所適之遮顯語句。故王注云：「天地任自然，無爲無造，萬物自相治理，故不仁也」，言不特顯仁親，開其「自相治理」之源也。自相治理亦函自相消長。開其源而不窒塞之，即浮現一冲虛之德於其上，此即「天地任自然」之自然。下繼之云：「仁者，必造立施化，有恩有爲。造立施化，則物失其眞。有恩有爲，則物不具存。物不具存，則不足以備載矣。」「造立施化」，即是有所主、有所適，而違禁萬物之性矣。違禁其性，即是「物失其眞」也。「有恩有爲」，有恩即是有偏愛；有爲，即函有不爲。有愛有不愛，有爲有不爲，則自不能具存。不能具存，自不能備載。備者呼應「具」而言也。有主有適，不具不備，即非「天地任自然」之冲虛玄德。亦失天地之所以爲天地者。故下復云：「地不爲獸生芻，而獸食芻；〔天〕不爲人生狗，而人食狗。無爲於萬物，而萬物各適其所用，則莫不瞻也。若慧由己樹，〔慧：同惠，作惠解〕，未足任也。」「惠由己樹」，即是有恩爲於萬物。有恩爲於萬物，則厚於此而薄於彼，未必能瞻足也。此可作爲自由主義之一極深之「超越理由」。

　　天地之間，其猶橐籥乎？虛而不屈，動而愈出。
　　注：「橐，排橐也。籥，樂籥也。橐籥之中空洞，無情無
　　　　爲，故虛而不得窮屈，動而不可竭盡也。天地之中，蕩

然任自然，故不可得而窮，猶如橐籥也」。

案：上言「天地任自然」，表示「萬物自相治理」，「萬物各適其所用」。此言「天地之中，蕩然任自然」，則表示「虛而不屈，動而愈出」，亦即「不塞其源，則物自生」，生而無窮盡也。「自然」義，同於上。

多言數窮，不如守中。

注：「愈為之，則愈失之矣。物樹其惡，〔惡當為「惠」〕，事錯〔同措〕其言，不濟不言不理，必窮之數也。橐籥而守數〔數字衍〕中，則無窮盡。棄己任物，則莫不理。若橐籥有意於為聲也，則不足以供吹者之求也。」

案：此注中「不濟、不言、不理」一句，頗費解。必有錯亂脫落。但亦很難有恰當之校正。嚴著《陶勘補正》，無論陶說或嚴說，皆未允當。陶鴻慶以為「不濟」上奪「不慧」二字（慧：同惠）。如是，原句當為「不慧不濟，不言不理」。但如此，下句「必窮之數也」之「必」字即不通，當改為「不」字。嚴說即改為「不」字，但上句又不從陶說。以為「不濟不言」中之「不言」當作「其言」。此根據日人宇佐美惠及東條弘之說而改。又以為「不理」當作「不違其理」。如是原句當作「不濟其言，不違其理，不窮之數也」。此校尤不見佳。如改「必」為「不」，則陶說語意較順。然亦有病。蓋此兩句承上兩句「物樹其惠，事錯其言」而來。而「物

樹其惠，事錯其言」兩句語意並未完足，即並非整句，而下忽又轉而自正面言「不慧不濟，不言不理，不窮之數也」，則語意不順。依「物樹其惠，事措其言」語意未完言，則必以「必窮之數也」作結。是則「必」字並不誤，不可改爲「不」。此數句是解析「多言數窮」，故當以「必窮之數」作結。下文始正言「守中不窮」。如以「必窮之數也」句作準，則「不濟不言不理」必有錯亂脫落，未可隨意改。在未有允當之校正前，此句存而不論，或逕略之，直接下「必窮之數也」，語意思理反更順適。如是，此注當爲：

「愈爲之，則愈失之矣。〔此先作一般說。〕物樹其惠，事措其言，必窮之數也。〔此著實解「多言數窮」句。〕橐籥而守中，〔守中即守虛〕，則無窮盡。棄己任物，則莫不理。若橐籥有意於爲聲也，則不足以供吹者之求也。」

【編按：牟先生後來曾表示：此處當從陶鴻慶之說，不必改字，但未及於再版時改正。】

經文〈第六章〉：

> 谷神不死，是謂元牝。元牝之門，是謂天地根。緜緜若存，用之不勤。

注：「谷神，谷中央無谷也。〔依《經典釋文》，末一「谷」字爲「者」字。〕無形無影，無逆無違，處卑不動，守靜不衰，谷以之成，而不見其形，此至物也。」〔案：此上解「谷神不死」句。「谷以之成」，谷字並不誤。言谷以「谷神」而成其爲谷也。「谷神」是由谷之「中央無」處而說，藉以象徵道也。末句「此至物

也」之「物」字亦無誤。言谷神是至極之物也。〕

「處卑而不可得名，故謂天地之根。緜緜若存，用之不勤。」〔案：此注文有錯亂。依陶鴻慶說，首句當爲「處卑守靜，不可得而名」。此校是。又以爲「天地之根。緜緜若存，用之不勤」，三句爲複衍之文。「故謂」下當爲「玄牝」。如是，則此注當爲：「處卑守靜，不可得而名。故謂玄牝。」此解「是謂玄牝」句。〕

「門，元牝之所由也。本其所由，與極同體，故謂之『天地之根』也。」〔案：此解「元牝之門，是謂天地根」句。元牝之門與極同體，故可藉以象徵「天地之根」也。何以「與極同體」？以其「處卑守靜，不可得而名」也。〕

「欲言存耶？則不見其形；欲言亡耶？萬物以之生。故『緜緜若存』也。無物不成，用而不勞也。故曰用而不勤也。」〔案：此解「緜緜若存，用之不勤」句。〕

案：此章注文，呼應第四章「湛兮似或存」句之注。皆言道之永存性也。「用而不勤」則言「自然」也。

第四節　綜括前義

經文〈第廿五章〉：

有物混成，先天地生。

注：「混然不可得而知，而萬物由之以成，故曰『混成』也。不知其誰之子，故先天地生。」

案：經文「混成」以及「先天地生」之「生」字，皆意指道本身而言。這道之爲物混然而成，不可分示，不可辨知。混然而成即混然而自在也。「生」亦「在」義。「先天地生」即「先乎天地而存在」也。而王注於「混然」屬之於道，而「成」字則屬之於物，云「萬物由之成，故曰『混成』。」此解非是。

此兩句只是言道之「先在性」，故王注以〈第四章〉「吾不知誰之子，象帝之先」解此「先天地生」也。

寂兮寥兮，獨立不改。

注：「寂寥，無形體也。無物之匹，故曰『獨立』也。返化終始，不失其常，故曰『不改』也。」

案：此言道之獨立性。以寂寥狀其四無傍依而獨立自在也。獨立性即「自在性」。與化推移，成始成終，未有能「汙其體」而「渝其眞」。故云：「返化終始，不失其常」也。「返」字頗不易解。其意似是既能順之，亦能返之，即「不逐四時凋」也。句意太簡混。

周行而不殆，可以爲天下母。

注：「周行無所不至，而免殆。能生全大形也，故可以爲天下母也。」

案：陶勘以爲「而免殆」當作「而不危殆」。其根據是《永樂大典》本，「免」正作「危」，而奪「不」字。如此，則作「而不危殆」，固輕順通。

　　此言道之「遍在性」。由「周行而不殆」以言其無所不在也。亦即以周流言遍在。實則道亦無所謂「行」，亦無所謂「流」。只是遍與萬物而生全之。物有流有行，道無流無行也。遍與萬物而生全之，即遍與萬物而爲其體也。爲其體，爲其本，即爲其母也。但此道之遍在而爲體爲母，亦不是「存有形態」之爲體爲母，只是境界形態冲虛之所照。「不塞其源，不禁其性」，暢開萬物「自生，自治，自理，自相贍足」之門，即如此而爲體爲母也。此遍在之體是「虛」義，非「實」義。儻若有客觀實體之姿態（有客觀性，實體性之姿態），實則只是一姿態，故非「存有形態」也。

　　吾不知其名。
　　注：「名以定形。混成無形，不可得而定。故曰：『不知其名』也」。

案：此言「混成無形」顯指道本身言，故知首句注爲隨意不審之語也。

　　字之曰道。
　　注：「夫名以定形，字以稱可。言道，取於無物而不由也。是混成之中，可言之稱最大也。」

案：「不知其名」，「名以定形」故也。「字之曰道」，「字以稱可」故也。是則「字以稱可」，亦猶首章注中辨「名號」與「稱謂」之別也。「名號生乎形狀，稱謂出乎涉求」（〈微旨例略〉語），「字以稱可」，亦「稱謂出乎涉求」之意也。此稱謂之道是「可言之稱最大者也」。

　　強爲之名曰大。
　　注：「吾所以字之曰道者，取其可言之稱最大也。責其字定之所由，則繫於大。大有繫，則必有分。有分，則失其極矣，故曰：『強爲之名曰大。』」

案：字之曰道者，以此乃可言之稱最大者。故繫於大而稱其爲道也。「字定」改爲「字稱」，則較順適。但是因「繫於大」而稱道，此「大」亦非對待之詞。若不知其爲無對，而執著於「大」，則「大」亦有繫矣。「有繫，則必有分」，此「分」讀去聲。乃本分之分，分位之分。有分即有所專當也。如大當大，小當小，則大即分位有對之「大」也。若如此，則「大」名「失其極矣」。言失其以「大」稱「道」之意也。故此「大」決不可有繫。故名之曰大，亦強爲之名也。「大」非「生乎形狀」之定名也。亦「稱謂」之類耳。道、玄、深、大、微、遠，皆稱謂之言也。雖「各有其義，未盡其極者也」（〈微旨例略〉語）。故言玄，則「玄之又玄」也。言道，則「字之曰道」也。言大，則「強爲之名曰大」也。言大，不與小對。「微妙無形，不可名大」；言小，不與大對。「彌綸無極，不可名細」（皆〈微旨例略〉語，見前引）。推

之，言深，不與淺對；言遠，不與近對。故下面經文云：「大曰逝，逝曰遠，遠曰反」也。而〈三十四章〉：「常無欲，可名於小」注云：「萬物皆由道而生，既生，而不知其所由。故天下常無欲之時，萬物各得其所，若道無施於物，故名於小矣。」此言名「小」之由。然經文又云：「萬物歸焉而不爲主，可名爲大。」注云：「萬物皆歸之以生，而力使不知其所由。此不爲小，故復可名於大矣。」此言「大」之由。大也，小也，微也，遠也，玄也，深也，皆「未盡其極者也」。故此等稱謂之詞，皆非定名，而乃暗示之詞，不可執著以有繫。故皆可遮撥之，以會通道之極旨也，此亦王弼「得意忘象」之意也。稱謂之而復遮撥之，即由辨證詭辭以通其極也。

> 大曰逝。
> 注：「逝，行也。不守一大體而已，周行無所不至，故曰『逝』也。」

案：此藉「逝」字以軟化「大」字之固執。此大非定量之大，故以逝而軟圓之。以逝而軟圓之，則大而非大，而爲逝矣。

> 逝曰遠，遠曰反。
> 注：「遠，極也。周行無所不窮極，不偏於一逝，故曰『遠』也。不隨於所適，其體獨立，故曰『反』也。」

案：前句以「逝」軟圓大。此復以「遠」周圓逝。周圓逝者，不使
逝成爲一單線之逝也。故云：「周行無所不窮極，不偏於一逝，故
曰『遠』也。」此即明：此逝乃周圓之逝，非單線一向之逝也。此
即逝而非逝，而爲遠矣。又，周行無窮極，非一往不反也。周行之
遠，儼若散逝。實則並非馳騖逐轉，隨遠而適也。而仍是不汙不
渝，不殆不改，並不喪其純一獨立之體也。此即遠而反矣。即以反
泯其遠相，遠而不遠，而名曰反也。故云：「不隨於所適，其體獨
立，故曰『反』也。」再推之，若執於反，則亦非是。反而不反，
即無反相。無反相，則反而復遠矣。其極也，亦遠亦反，無遠無
反，而唯是一沖虛之玄德。大而不大，逝而不逝，亦大亦逝，非大
非逝。亦唯是一沖虛之玄德。以逝救大，以遠救逝，以反救遠。遞
相救即遞相遮，不滯不執，而求通以盡其極也。此言大、言逝、言
遠、言反之意也。亦皆「稱謂」之詞也。

　　以上言道之先在性，獨立性，遍在性，以及名號與稱謂之不
同。即稱謂亦未能盡其極，故必遞相救遞相遮，經由辨證之詭辭以
求盡其極。此皆呼應〈首章〉注文之意也。茲再引〈微旨例略〉中
一段以明「至道之不可名，即可稱之，稱亦不能盡。」之意：

　　　夫奔電之疾，猶不足以一時周，御風之行，猶不足以一息
　　期。善速在不疾，善至在不行。〔〈繫辭傳〉云：「唯神
　　也，不疾而速，不行而至。」〕故可道之盛，未足以官天
　　地；有形之極，未足以府萬物。是故歎之者，不能盡乎斯
　　美；詠之者，不能暢乎斯弘。名之不能當，稱之不能既。
　　〔此指不可道者言。〕名必有所分，稱必有所由。有分，則

有不兼，有由，則有不盡；不兼，則大殊其眞，不盡，則不可以名，此可演而明也。

「名之不能當」，因「名必有所分」也。分是「分位」之分，即專當意。「名號生乎形狀」，惟形狀始可名。道無形狀，故「名不能當」也，以本無所當也。雖可稱之，然「稱必有所由」，因「稱謂出乎涉求」故也。旣涉求而有所由，則稱謂亦不能盡也。故云「稱之不能旣」（旣，盡也），又云：「有由，則有不盡。」有所不盡，即稱之不能盡其極也。旣不能盡其極，則其不可以名也必矣。故云「不盡，則不可以名，此可演而明也。」此段文再與前疏解〈首章〉注文中所引之兩段文合觀之，則〈微旨例略〉與注文實兩相呼應，同一思理也。

人法地，地法天，天法道，道法自然。

注：「法，謂法則也。人不違地，乃得全安，法地也。地不違天，乃得全載，法天也。天不違道，乃得全覆，法道也。道不違自然，乃得其性。〔案：法自然者，即道以自然爲性，非道以上，復有一層曰自然也。故云：「道不違自然，乃得其性」。〕法自然者，在方而法方，在圓而法圓，於自然無所違也。自然者，無稱之言，窮極之辭也。」〔案：「無稱之言」，即連「稱謂」之詞亦無者，而況名乎？故曰「窮極之辭」也。〕「夫執一家之量者，不能全家；執一國之量者，不能成國；窮力舉重，不能爲用。故人雖知萬物治也，治而不以二儀之

道，則不能瞻也。地雖形魄，不法於天，則不能全其寧；天雖精象，不法於道，則不能保其精。〔精當爲「清」。〕〔此上原錯置於第四章注文。今從嚴靈峰先生說，移置於此。〕

「用智不及無知，而形魄不及精象，精象不及無形，有儀不及無儀，故轉相法也。道順自然，天故資焉。天法於道，地故則焉。地法於天，人故象焉。」〔案：此下復有「所以爲主，其一者主也」兩句。義不相屬。當屬上經文「而王居其一焉」之注文：「處人主之大也」句下。此亦從嚴說。〕

案：此解「道法自然」，言道之「自然」義也。「道法自然」，以自然爲性，然道並不是一實有其物之獨立概念，即並不是一「存有形態」之實物而以自然爲其屬性。道是一沖虛之玄德，一虛無明通之妙用。吾人須通過沖虛妙用之觀念了解之，不可以存有形態之「實物」（entity）觀念了解之。此吾人所首先應注意之大界限。其次，若移向客觀方面而說道爲萬物之宗主，萬物由之以生以成，其爲宗主，其爲由之以生以成之本，亦須通過沖虛之心境而觀照其爲如此者。以沖虛之止起觀，「不塞其源，不禁其性」而暢通萬物自生、自長、自相治理之源，此即其爲主爲本之意。故亦不是存有形態之實物而爲主爲本者。道不是一獨立之實物，而是一沖虛之玄德，故其本身實只是一大自然、大自在。然猶懼人將此自然，自在，單提而孤懸之也，故言其「法自然」，以自然爲性，即就於萬物之不執而顯示之。故云：「法自然者，在方而法方，在圓而法

圓，於自然無所違也。」「在方而法方」者，即，在方即如其為方
而任之。亦即於物而無所主焉。如此，則沖虛之德顯矣。此即「自
然」也。此即自然，則即「於自然無所違也」。不是著於「方之為
物」之自然，乃是「在方而無所主，如其為方而任之」之自然，此
是浮上來之自然。若用專門術語言之，則是超越之自然。不是著於
物之自然，不是經驗意義之自然。要遮撥此「著」，故第一步敎人
先作「截斷衆流」之超拔，即：方不是方，圓不是圓，山不是山，
水不是水。然遮撥後所顯之沖虛，又恐人起執而孤懸也，故第二步
仍須回來，作平平觀：方仍是方，圓仍是圓，山仍是山，水仍是
水。此山仍是山，水仍是水，是表示一種圓通無礙，沖虛無執之無
外之心境，亦即沖虛之玄德。此即是道，此即是自然。亦即「在方
而法方」之意也。道尙是一稱謂，尙有所由（「道也者，取乎萬物
之所由也。」）。故道尙是虛說。至乎「道不違自然，乃得其
性」，直認取道以自然為性，而達乎「自然」，則方是拆穿一切稱
謂虛說，而歸於實，乃落於平平。故云「自然者，無稱之言，窮極
之辭也」，至乎此，方是無稱可稱，拆穿一切稱，盡乎其極，而消
融一切謂。「稱謂出乎涉求」。至乎此，消化一切涉求，故「自
然」一詞，乃直如如之描述詞語也。故是「窮極之辭，無稱之言」
也。此王弼注《老》最精之語也。

　　此章注文可為以上諸章注文之綜括。以上諸章注文之大義，要
在一、辨明「名號」與「稱謂」之不同。二、說明道之宗主性，永
存性，及先在性。三、說明道之「自然」義，而歸極於「窮極之
辭，無稱之言」之「自然」。此以上諸文，可謂為對於道之「本體
論的體悟」。此下再就道之為母，而言道之「生成」義。此為對於

道之「宇宙論的體悟」。

第五節 道之生成性或實現性：道爲「實現原理」之意義

經文〈第五十一章〉：

> 道生之，德畜之，物形之，勢成之。
>
> 注：「物生而後畜，畜而後形，形而後成。何由而生？道也。何得而畜？德也。何由而形？物也。何使而成？勢也。唯因也，故能無物而不形；唯勢也，故能無物而不成。凡物之所以生，功之所以成，皆有所由。有所由焉，則莫不由乎道也。故推而極之，亦至道也。隨其所因，故各有稱焉。」

案：此經文四語，皆可視爲「宇宙論之辭語」。最重要者，在「道生之」一語。王注云：「何由而生？道也。」萬事萬物皆由道而生。此「生」字是何意義？此是值得考慮者。「生」字之意義，如能確定，則「道生，德畜」之爲宇宙論的辭語是何形態之宇宙論的辭語亦可得而確定矣。「道生德畜」是超越意義的生、畜，是繫屬於道與德而言者。「物形勢成」是內在意義的形成，是繫屬於物與勢而言者。問題是在「道生德畜」一面，而不在「物形勢成」一面。

故道生之，德畜之：長之、育之、亭之、毒之、養之、覆之。

注：「謂成其實，各得其庇蔭，不傷其體矣。」

案：「謂成其實」句有脫落。孫人和指出《初學記》九，引王注云：「亭謂品其形，毒謂成其質。」《文選·辯命論注》引同。（孫說，見嚴著《陶勘補正》引）是則王注當為：「亭謂品其形，毒謂成其質。各得其庇蔭，不傷其體也。」今脫落，只剩「謂成其實」四字，而「質」字又誤為「實」字也。此注是解亭、毒、養、覆之意。長育、亭毒、養覆，亦是內在意義者，皆圍於物形之內而言者。道生德畜是超越於物形而言者，故其生畜是超越意義之生畜。故經云：「是以萬物莫不尊道而貴德。道之尊，德之貴，夫莫之命而常自然。」此亦道、德提出來說。

生而不有，為而不恃，長而不宰，是謂玄德。

注：「有德而不知其主也，出乎幽冥，是以謂之玄德也。」

案：此四句經文與〈第十章〉同。此處之注，只注「玄德」，注語亦與〈第十章〉該句注語同。而第十章四句皆詳注。見前引（解〈第四章〉注主宰義）。此四句言玄德，即就「道生德畜」、「道尊德貴」、「莫之命而常自然」而言也。

經文〈第三十四章〉：

大道氾兮，其可左右。

> 注：「言道氾濫，無所不適，可左右上下，周旋而用，則無
> 所不至也。」

案：此亦言道之普遍性。

> 萬物恃之而生，而不辭，功成不名有，衣養萬物而不爲主。

案：此經文無注。「萬物恃之而生」，反過來亦可說「道生之」。
「功成不名有」，即「爲而不恃」義。「衣養萬物而不爲主」，即
「長而不宰」義。其主宰義是「不主之主」。然則「道生之」，以
及「恃之而生」，此中「生」字是何意義？
　　經文〈第三十九章〉：

> 昔之得一者。
> 注：「昔，始也。一，數之始而物之極也。各是一物之生，
> 所以爲主也。〔案：此句語意不明。「各」字有問
> 題。〕物皆各得此一以成，既成，而舍〔一〕以居成。
> 〔案：《道藏集注》本有「一」字，當據補。〕居成，
> 則失其母，故皆裂、發、歇、竭、滅、蹶也。」

案：此以「一」代表道。物皆各得此一以成，即下經文「天得一以
清，地得一以寧」等。天得一以成其爲清，地得一以成其爲寧。
「既成」後，若舍一以居於成，則即「失其母」，而裂、發、歇、
竭、滅、蹶也。一即母也。失其母即失其本。萬事萬物皆由「一」

以成。「一」成之，而居於成，則即與一脫節，如魚脫水，必至枯死也。

　　天得一以清，地得一以寧，神得一以靈，谷得一以盈，萬物
　　得一以生，侯王得一以爲天下貞。其致之。
　　注：「各以其一，致此清、寧、靈、盈、生、貞。」
　　天無以清，將恐裂。
　　注：「用一以致清耳。非用清以清也。守一，則清不失；用
　　清，則恐裂也。故爲功之母，不可舍也。是以皆無用其功，
　　恐喪其本也。」

案：「用一以致清」，即「天得一以成其爲清」。是清之成也，由
於一。故致清，必越乎清而由本以致之。若囿於清而用清，則清不
可得。清是功，一是「爲功之母」。「無用其功」，即無用清以致
清也。下「地無以寧，將恐發。神無以靈，將恐歇。」等句，皆同
此解。故王氏不再注。〈老子微旨例略〉云：「凡物之所以存，乃
反其形；功之所以尅，乃反其名。夫存者，不以存爲存，以其不忘
亡也；安者不以安爲安，以其不忘危也。故保其存者亡，不忘亡者
存；安其位者危，不忘危者安。善力舉秋毫，善聽聞雷霆，此道之
與形反也。安者實安，而曰非安之所安；存者實存，而曰非存之所
存；侯王實尊，而曰非尊之所爲；天地實大，而曰非大之所能；聖
功實存，而曰絕聖之所立；仁德實著，而曰棄仁之所存。故使見形
而不及道者，莫不惑其言焉。」案：此段文即與此章注文相呼應。
「反其形」、「反其名」，即「用一以致清，非用清以清也」。

清、寧、靈、生、盈、貞等如此，安、存、尊、大、聖功、仁德亦如此。此中有一絕大之智慧。而常為守形居成者所不能及。〈微旨例略〉最後一段云：「故古人有嘆曰：甚矣！何物之難悟也！既知不聖為不聖，未知聖之不聖也；既知不仁為不仁，未知仁之為不仁也。故絕聖而後聖功全，棄仁而後仁德厚。夫惡強，非欲不強也，為強，則失強也；絕仁，非欲不仁也，為仁，則偽成也。有其治，而乃亂。保其安，而乃危。後其身，而身先，身先，非先身之所能也；外其身，而身存，身存，非存身之所為也。功不可取，美不可用。故必取其為功之母而已矣。篇云：『既知其子』，而必『復守其母』。尋斯理也，何往而不暢哉！」此文與上段文意義相同。亦與此處之注為同一思理也。「取其為功之母」即不囿於功而思功也，亦不居於成而思成也。囿於功，則無功。居於成，則無成。「聖之為不聖」，亦囿於聖而求聖，聖終不可得也。「仁之為不仁」，亦如此。「絕聖而後聖功全」，即「用一以致聖，非用聖以致聖」也。「棄仁而後仁德厚」，即「用一以致仁，非用仁以致仁」也。「先身」則不能「身先」，「存身」則不能「身存」。「後其身而身先，外其身而身存。」此亦「反其形」、「反其名」之謂也。反者，反而至乎一，而與其形其名相反也。一即沖虛之德也。不管所欲有者為何，要必沖虛之一以致之。此種「正言若反」之智慧，曲線型之詭辭，下文再稍論其義。吾茲所注意者，單在此「用一以致清」之「致」字，「各得此一以成」之「成」字，「道生之」之「生」字，究如何而規定。此皆宇宙論之詞語，皆表示道之生成性、實現性。即由此等詞語，吾人很易視道為一「實現原理」也。「實現原理」是宇宙論之原理。此實現原理是何形態之實

現原理耶？

> 故貴以賤爲本，高以下爲基。是以侯王自謂孤寡不穀。此非
> 以賤爲本耶？非乎？故致數輿無輿。〔「輿」字當爲
> 「譽」。〕不欲琭琭如玉，珞珞如石。

> 注：「清不能爲清，盈不能爲盈，皆有其母，以存其形。故
> 　　清不足貴，盈不足多，貴在其母，而母無貴形。貴乃以
> 　　賤爲本，高乃以下爲基。故致數輿，乃無輿也。〔此
> 　　「輿」字亦當爲「譽」。〕玉石琭琭、珞珞，體盡於
> 　　形，故不欲也。」

案：此注，意同上。「體盡於形」句甚美。琭琭珞珞，一切精采皆
盡於形。此亦「舍一以居成」之意也。故沖虛以泯之，處於玄德之
一，而不欲此琭琭與珞珞也。

　　以上五十一、三十四、三十九三章，皆有一種宇宙論的辭語，
表示道之生成性、實現性，即表示道爲一「實現原理」。此種意
思，無論經文或注語，皆隨時表現。〈首章〉：「無名，天地之
始。有名，萬物之母。」注云：「凡有皆始於無，故未形無名之
時，則爲萬物之始。及其有形有名之時，則長之、育之、亭之、毒
之、爲其母也。言道以無形無名始成萬物。」「始成萬物」，即生
成萬物。道之創始性，即函道之生成性。「凡有皆始於無」，即凡
有皆由無開出。無、始之，即無、生之。長育亭毒屬於「物形勢
成」之範圍。雖在有形有名，然所以能長之育之亭之毒之，而爲其
母者，亦必由於「道生德畜」之玄德而始然。〈四十章〉經文云：
「天下萬物生於有，有生於無。」注云：「天下之物，皆以有爲

生。有之所始,以無為本。將欲全有,必反於無也。」「皆以有為生」,即物形勢成,長育亭毒也。是在有形有名範圍內而完成其實際之生也。此為內在意義之「生」。而「內在意義」之實際之生皆必由沖虛之德而開出。此即「有之所始,以無為本」也,即「有生於無」也。此為「超越意義」之生,即無形無名,道生德畜之生也。亦即「玄德」之生。玄德之生是「生而不有,為而不恃,長而不宰」,亦即「無生之生」也(猶如無主之主,無為之為)。但「有」卻必恃此無生之生而開出。

〈三十七章〉:「道常無為〔注:「順自然也。」〕,而無不為。〔注:「萬物無不由為以治以成之也。」〕。侯王若能守之,萬物將自化。化而欲作,吾將鎮之以無名之樸。〔注云:「化而欲作,作欲成也。吾將鎮之無名之樸,不為主也。」〕。無名之樸,夫亦將無欲。〔注:「無欲競也。」〕。不欲,以靜,天下將自定。」無論從宇宙萬物方面說,或從人事方面說,道之「實現性」皆同。但吾人可以「道常無為而無不為」一語為代表,以明道之為「實現原理」為何形態。無為開無不為,無不為以無為為本(超越根據)。道之作用即如此。王弼亦即自此而言「道者,取乎萬物之所由也」。侯王若能守此「道」,萬物將自化。「將自化」者,即「無不為」也。「不欲,以靜,天下將自定」。「將自定」者,亦「無不為」之意也。將自定自化,推之,亦可言將自生自成。是則定也、化也、生也、成也,皆落於萬事萬物之自身說。然則非道生之、化之、定之、成之也;將自定自化,將自生自成,即拉開「道生之」之強度性。道只是一沖虛之德,沖虛無為,不塞其源,則物即自定自化矣。此自定自化之無不為由乎道而來,由乎道而然,則

反過來，即是「道生之」矣。此種「道生之」之陳述，完全是消極
的表示。故〈第十章〉：「生之」。注云：「不塞其源也」。「畜
之」。注云：「不禁其性也」。此「生之」即「道生之」。「畜
之」即「德畜之」。而王弼注以「不塞其源」解「道生」，以「不
禁其性」解「德畜」，即是消極的表示也。而於「生而不有，爲而
不恃，長而不宰，是謂玄德。」則注云：「不塞其源，則物自生，
何功之有？不禁其性，則物自濟，何爲之恃？物自長足，不吾宰
成，有德無主，非玄而何？」此亦表示沖虛玄德，不塞不禁，則物
自生、自濟、自長足。此亦是「道生」之消極表示。「道生之」
者，只是開其源、暢其流，讓物自生也。此是消極意義的生，故亦
曰「無生之生」也。然則道之生萬物，旣非柏拉圖之「造物主」之
製造，亦非耶敎之上帝之創造，且亦非儒家仁體之生化。總之，它
不是一能生能造之實體。它只是不塞不禁，暢開萬物「自生自濟」
之源之沖虛玄德。而沖虛玄德只是一種境界。故道之實現性只是境
界形態之實現性，其爲實現原理亦只是境界形態之實現原理。非實
有形態之實體之爲「實現原理」也。故表示「道生之」的那些宇宙
論的語句，實非積極的宇宙論之語句，而乃是消極的，只表示一種
靜觀之貌似的宇宙論語句。此種宇宙論之語句，吾名之曰「不著之
宇宙論」。「不著」者，不是客觀地施以積極之分解與構造之謂
也。而道之爲體爲本，亦不是施以分解而客觀地肯定之存有形態之
實體也。故其生成萬物，亦不是能生能成之實體之生成也。故生
者、成者、化者，皆歸於物之自生自成、自定自化，要者在暢其源
也。此種「不著之宇宙論」，亦可曰「觀照之宇宙論」。然則，物
無體乎？曰：無客觀的存有形態之體，而卻有主觀的境界形態之

體。沖虛玄德即體也。若因自生自成、自定自化，著於物而遮撥一切超越者，而成為唯物論或自然主義，則悖矣。

老子之道，本是由遮而顯，故況之曰「無」。他首先見到人間之大弊在有為，在造作，在干涉，在騷擾，在亂出主意，在亂動手腳，故有適、有莫，有主、有宰，故虛妄盤結，觸途成滯。其弊總在「有為」、「有執」也。故〈二十九章〉：「為者敗之，執者失之。」注云：「萬物以自然為性，故可因而不可為也，可通而不可執也。物有常性，而造為之，故必敗也。物有往來，而執之，故必失矣。」而〈六十四章〉則云：「為者敗之，執者失之。是以聖人無為，故無敗；無執，故無失。」是故遮者即遮此為與執也。「無」先作動詞看，則無者即無此為與執也。無為無執，無適無莫，無主無宰，則暢通矣（暢通即萬物自定自化，自生自成）。由此諸動詞之無所顯之沖虛玄德之境即曰道，曰自然，而亦可即以名詞之「無」稱之。依道家，此沖虛玄德之「無」，不能再自正面表示之以是什麼，即不能再實之以某物。如實之以上帝，或實之以仁，皆非老子之所欲也。他以為道只由遮所顯之「無」來了解即已足。外此再不能有所說，亦不必有所說。說之，即是有為有造。惟此沖虛之無始是絕對超然之本體，而且是徹底的境界形態之本體。故彼視聖、智、仁、義等，皆是有邊事。與天之清、地之寧、神之靈、谷之盈、萬物之生等同，同為既成之功，而非「為功之母」也。而「為功之母」則無也。故老子之「絕聖棄智，絕仁棄義」實非否定聖智仁義，而乃藉「守母以存子」之方式，「反其形」以存之也。王弼深知此義。前文引〈微旨例略〉：「凡物之所以存，乃反其形；功之所以剋，乃反其名」一段，以及「既知不聖為不聖，

未知聖之不聖也；既知不仁爲不仁，未知仁之爲不仁也」一段，皆表示「守母以存子」之義。（〈三十八章〉「上德不德，是以有德」全文，王弼有一甚長之注文，亦盛發此義。見後附錄。）「守母存子」之方式，即「正言若反」之方式，亦即「辯證詭辭」之方式。惟藉此詭辭之方式以保存聖智仁義，是一種作用之保存，並非自實體上肯定之。而聖智仁義亦只是功，而不是功之母。儒者並不認爲如此即滿足。如孔子之仁，並不只是「功」，而亦是實體。仁之在經驗中曲曲折折之表現是功，但其不安，不忍，悱惻之感之心是體。踐仁之最高境界是聖。踐仁以至聖，固亦可無適無莫，無爲無執，無意必固我，此亦是沖虛之德。老子所說之無、一、自然、玄、遠、深、微諸形式特性，固亦皆可有之，然皆成爲仁體之屬性，或踐仁至聖之境界之屬性。固不只是沖虛之無爲本，而是以仁體爲本也。此是自實體上肯定仁智，固不只是作用之保存也。此是儒道之本質的差異。老子只是作用之保存，故多詭辭以通無，而即視無以爲體。此即玄理玄智也。此是道家之勝場，而由此接佛敎之般若，乃益見恢廓而壯大。王弼之注《老》，向、郭之注《莊》，固皆能盛發「詭辭通無」之玄理。而此後佛敎方面之談般若者，固亦無不受其影響也。

附錄

經文〈三十八章〉：

上德不德，是以有德；下德不失德，是以無德。

上德無爲而無以爲，下德爲之而有以爲。

上仁爲之而無以爲，上義爲之而有以爲。

上禮爲之而莫之應，則攘臂而扔之。

故失道而後德，失德而後仁，失仁而後義，失義而後禮。

夫禮者，忠信之薄而亂之首。前識者，道之華而愚之始。是
以大丈夫處其厚，不居其薄；處其實，不居其華。故去彼取
此。

注：「德者，得也。常得而無喪，利而無害，故以德爲名
　　焉。何以得德？由乎道也。何以盡德？以無爲用。以無爲
　　用，則莫不載也。故『物』無焉，〔「物」字衍〕，則無
　　物不經；有焉，則不足以「免」其生。〔「免」字於義不
　　通。當爲「延」或「久」。〕是以天地雖廣，以無爲心；
　　聖王雖大，以虛爲主。故曰：以復而視，則天地之心見；
　　至日而思之，則先王之『至』睹也。〔「至」當爲
　　「志」。〕故滅其私而無其身，則四海莫不瞻，遠近莫不
　　至；殊其己而有其心，則一體不能自全，肌骨不能相容。
　　是以上德之人，唯道是用，不德其德，無執無『用』，
　　〔「用」字當爲「爲」。〈六十四章〉：「爲者敗之，執
　　者失之。是以聖人無爲，故無敗；無執，故無失。」無爲
　　無執，經文連用。〕故能有德而無不爲。不求而得，不爲
　　而成，故雖有德而無德名也。

　　下德求而得之，爲而成之，則立善以治物，故德名有焉。
　　求而得之，必有失焉；爲而成之，必有敗焉。善名生，則
　　有不善應焉。故下德爲之而有以爲也。

無以為者，無所偏為也。凡不能無為而為之者，皆下德
也。仁義禮節是也。將明德之上下，輒舉下德以對上德，
至於無以為。極下德之量，上仁是也。足及於無以為、而
猶為之焉。為之而無以為，故有為為之，患矣。本在無
為，母在無名。棄本捨母，而適其子，功雖大焉，必有不
濟；名雖美焉，偽亦必生。不能不為而成，不興而治，則
乃為之。故有宏普博施仁愛之者。而愛之無所偏私，故上
仁為之而無以為也。

愛不能兼，則有抑抗正直而義理之者。忿枉祐直，助彼攻
此，物事而有以心為矣。故上義為之而有以為也。

直不能篤，則有游飾修文禮敬之者。尚好修敬，校責往
來，則不對之間，忿怒生焉。故上禮為之，而莫之應，則
攘臂而扔之。

夫大之極也，其唯道乎！自此已往，豈足尊哉！故雖盛業
大富，而有萬物，猶各得其德。雖貴以無為用，不能
『捨』無以為體也。〔「捨」當為「居」。〕不能『捨』
無以為體，〔「捨」亦當為「居」〕，則失其為大矣，所
謂失道而後德也。

以無為用，德其母，故能己不勞焉，而物無不理。下此已
往，則失用之母。不能無為，而貴博施；不能博施，而貴
正直；不能正直，而貴飾敬。所謂失德而後仁，失仁而後
義，失義而後禮也。

夫禮『也』所始，〔「也」當為「之」〕，首於忠信不
篤，通簡不『陽』，〔「陽」當為「暢」。〕責備於表，

機微爭制。夫仁義發於內，爲之猶僞，況務外飾，而可久乎！故夫禮者，忠信之薄，而亂之首也。

前識者，前人而識也，即下德之倫也。竭其聰明以爲前識，役其智力以營庶事。雖德〔同得〕其情，姦巧彌密；雖豐其譽，愈喪篤實。勞而事昏，務而治薉。雖竭聖智，而民愈害。舍己任物，則無爲而泰。守夫素樸，則不順典制。聽彼所獲，棄此所守，『識』道之華而愚之首。〔「識」字於義不順，當爲「誠」。〕

故苟得其爲功之母，則萬物作焉而不辭也，萬事存焉而不勞也。用不以形，御不以名，故『名』仁義可顯禮敬可彰也。〔「名」字涉上而衍。〕

夫載之以大道，鎮之以無名，則物無所尚，志無所營。各任其貞〔眞〕，事用其誠。則仁德厚焉，行義〔誼〕正焉，禮敬清焉。棄其所載，舍其所生，用其成形，役其聰明。仁則『誠』焉，〔「誠」字誤，當爲「薄」〕，義其競焉，禮其爭焉。

故仁德之厚，非用仁之所能也；行義〔誼〕之正，非用義之所成也；禮敬之清，非用禮之所濟也。載之以道，統之以母，故顯之而無所尚，彰之而無所競。用夫無名，故名以篤焉；用夫無形，故形以成焉。守母以存其子，崇本以舉其末，則形名俱有而邪不生，大美配天，而華不作。故母不可『遠』，〔「遠」當爲「違」〕，本不可失。仁義，母之所生，非可以爲母。形器，匠之所成，非可以爲匠也。捨其母而用其子，棄本而適其末，名則有所分，

形則有所止。雖極其大，必有不周；雖盛其美，必有患
憂。功在爲之，豈足處也？」

第六章　向、郭之注《莊》

第一節　注《莊》之故事

《晉書》卷四十九〈向秀傳〉：

向秀字子期，河內，懷人也。清悟有遠識，少為山濤所知，雅好老莊之學。莊周著內外數十篇，歷世方士，雖有觀者，莫適論其旨統也，秀乃為之隱解，發明奇趣，振起玄風，讀之者超然心悟，莫不自足一時也。惠帝之世，郭象又述而廣之，儒墨之迹見鄙，道家之言遂盛焉。

始秀欲注，嵇康曰：「此書詎復須注？正是妨人作樂耳！」及成，示康曰：「殊復勝不？」又與康論養生，辭難往復，蓋欲發康高致也。

康善鍛，秀為之佐，相對欣然，旁若無人。又共呂安灌園於山陽。

康既被誅，秀應本郡計，入洛。文帝〔司馬昭〕問曰：「聞有箕山之志，何以在此？」秀曰：「以為巢、許狷介之士，

未達堯心，豈足多慕？」帝甚悅。

秀乃自此役，作〈思舊賦〉云：余與嵇康、呂安居止接近，其人並有不羈之才。嵇意遠而疏，呂心曠而放，其後並以事見法。嵇博綜技藝，於絲竹特妙，臨當就命，顧視日影，索琴而彈之。逝將西邁，經其舊廬。於時，日薄虞泉，寒冰淒然。鄰人有吹笛者，發聲寥亮。追想曩昔遊宴之好，感音而嘆。故作賦曰：

將命適於遠京兮，遂旋返以北徂。濟黃河以汎舟兮，經山陽之舊居。瞻曠野之蕭條兮，息余駕乎城隅。踐二子之遺迹兮，歷窮巷之空廬。歎黍離之愍周兮，悲麥秀於殷墟。追昔以懷今兮，心徘徊以躊躇。棟宇在而弗毀兮，形神逝其焉如？昔李斯之受罪兮，歎黃犬而長吟。悼嵇生之永辭兮，顧日影而彈琴。託運遇於領會兮，寄餘命於寸陰。聽鳴笛之慷慨兮，妙聲絕而復尋。佇駕言其將邁兮，故援翰以寫心。

案：此小傳，述向秀之注《莊》，以及其與嵇康之相往還。《莊》書歷來「莫適論其旨統」。是則莊子之玄理，湮沒無聞已久。演至魏晉之際，獨向秀能「發明奇趣，振起玄風」，一如王弼之注《易》、《老》。然向注為郭象所竊據。故至今只有郭象注，而無向秀注。實則「其義一也」，只是向注。《晉書》卷五十〈郭象傳〉云：

郭象字子玄，少有才理，好《老》、《莊》，能清言。太尉王衍每云：「聽象語，如懸河瀉水，注而不竭。」州郡辟

召,不就。常閒居以文論自娛。後辟司徒掾,稍至黃門侍
郎。東海王越引爲太傅主簿,甚見親委,遂任職當權,秉灼
內外,由是素論去之。永嘉末,病卒。著碑論十二篇。

先是,注《莊子》者,數十家,莫能究其旨統。向秀於舊注
外,而爲解義,妙演奇致,大暢玄風,惟〈秋水〉、〈至
樂〉二篇未竟,而秀卒。秀子幼,其義零落,然頗有別本遷
流。象爲人行薄,以秀義不傳於世,遂竊以爲己注,乃自注
〈秋水〉、〈至樂〉二篇,又易〈馬蹄〉一篇,其餘眾篇,
或點定文句而已。其後秀義別本出,故今有向、郭二
《莊》,其義一也。

案:《世說新語・文學第四》已有此文。《晉書》所記,蓋全採
《世說》。據是,則郭注即向注也。《四庫全書總目》卷一百四十
六〈子部道家類〉,於郭竊向注事,復有考訂云:

> 錢曾《讀書敏求記》獨謂世代邈遠,傳聞異辭。《晉書》云
> 云,恐未必信。案向秀之注,陳振孫稱宋代已不傳。但時見
> 陸氏《釋文》。今以《釋文》所載校之,如〈逍遙遊〉:
> 「有蓬之心」句,《釋文》郭、向並引,絕不相同。〈胠
> 篋〉篇:「聖人不死,大盜不止」句,《釋文》引向注二十
> 八字。「又爲之斗斛以量之」句,《釋文》引向注十六字。
> 郭本皆無。然其餘皆互相出入。又,張湛《列子注》中,凡
> 文與莊子相同者,亦兼引向、郭二注。所載〈達生〉篇「痀
> 僂丈人承蜩」一條,向注與郭一字不異。〈應帝王〉篇〈神

巫季咸〉一章，「皆棄而走」句，向、郭相同。「列子見之
而心醉」句，向注曰：「迷惑其道也」。「而又奚卵焉」
句，向注六十二字，郭注皆無之。「故使人得而相汝」句，
郭注多七字。「示之以地文」句，向注：「塊然如土也」，
郭注無之。「是殆見吾杜德機」句，「鄉吾示之以天壤」
句，「名實不入」句，向、郭並同。「是殆見吾善者機也」
句，向注多九字。「子之先生，坐不齋」句，向注二十二
字，郭注無之。「鄉吾示之以太冲莫勝」句，郭改其末句。
「淵有九名，此處三焉」句，郭增其首十六字，尾五十一
字。「鄉吾示之以未始出吾宗」句，「故逃也」句，「食豨
如食人」句，向、郭並同。「於事無與親」以下，則並大同
小異。是所謂竊據向書，點定文句者，殆非無證。〔……〕
錢曾乃曲為之解，何哉？

案：向注已佚。若郭竊向注，據為己有，則今之郭象注，其大義固
只是向秀之思想。故《晉書》云：「向、郭二《莊》，其義一
也。」故今言郭象注《莊》，連屬向秀而言之，不沒其源也。

《世說新語·文學第四》向秀注莊條下，注引〈秀別傳〉曰：

秀與嵇康、呂安為友，趣舍不同。嵇康傲世不羈，安放逸邁
俗，而秀雅好讀書；二子頗以此嗤之。後秀將注《莊子》，
先以告康、安。康、安咸曰：「書詎復須注？〔案：「書」
上似略「此」字〕徒棄人作樂事耳。〔案：「棄」《晉書》
為「妨」〕及成，以示二子，康曰：「爾故復勝不？」〔此

為秀問語，「康」當屬下〕安乃驚曰：「莊周不死矣！」後
注《周易》，大義可觀；而與漢世諸儒，互有彼此，未若隱
莊之絕倫也。

注又引〈秀本傳〉曰：

或言：秀遊託數賢，蕭屑卒歲，都無注述。唯好《莊子》，
聊應崔譔所注，以備遺忘云。

注又引〈竹林七賢論〉云：

秀為此義，讀之者，無不超然若已出塵埃而窺絕冥，始了視
聽之表。有神德玄哲，能遺天下，外萬物。雖復使動競之
人，顧觀所徇，皆恨然自有振拔之情矣。

由此觀之，向秀確有玄解。且較沉潛內斂，不似阮籍、嵇康等之傲
放奇瓌。〈別傳〉謂其「雅好讀書」，而康、安「以此嗤之」。此
亦足見其於《莊子》沉潛往復，故能總持大義，獨得玄珠。即如
〈秀本傳〉中或者所言，亦見其並非無所用心者。蓋狂放固本於性
情，而隱解莊書，則尤非具玄智、精玄解者不能。非只狂放所能盡
也。《莊》書以「謬悠之說，荒唐之言，無端崖之辭。」暗示其
意，烘託其理。恣縱芒忽，不可方物。彼誠「充實不可以已，上與
造物者遊，而下與外生死無終始者為友。其於本也，宏大而辟，深
閎而肆，其於宗也，可謂調適而上遂矣。」（《莊子·天下》篇

語）故能於道術成大家，非只一時之狂情。於人生之宗向，夢覺之
關鍵，皆有切至而究極之理存焉。雖未至乎中正，要爲玄理之大
宗。然若透過其恣縱芒忽之辭，撥開其「摶扶搖而上」之姿，直握
其所烘托暗示之玄理，而以義理之文表而出之，則非有玄解者不
能。粗率任性之狂情無當也。文辭之士無足言也。《晉書》稱其
「清悟有遠識」，不誤也。「遠」者「玄遠」之遠，乃玄解上之遠
識，非世務之遠識也。又稱其「發明奇趣，振起玄風」，亦不誤
也。蓋老莊之學，主觀言之，爲玄智之學，客觀言之，爲玄理之
學。亦猶佛家之有「般若」。道家之玄智玄理，至《莊子》而全部
朗現。所謂「宏大而辟，深閎而肆」、「調適而上遂」者是也。
《老子》之玄智玄理，有王弼發之，《莊子》之玄智玄理，有向、
郭發之。然則《莊子》玄智玄理是何形態，向、郭又如何發之，而
能「振起玄風」，不可不察也。

第二節　老莊之同異

　　《老子》與《莊子》，在義理骨幹上，是屬於同一系統。此是
客觀地言之。若主觀地言之，則有不同之風貌。此不同可由以下三
端而論：
　　一、義理繫屬於人而言之，則兩者之風格有異：老子比較沉潛
而堅實（more potential and more substantial），莊子則比較顯豁
而透脫（more actual）。沉潛，則多隱而不發，故顯深遠。堅實，
則體立而用藏，故顯綱維。顯豁，則全部朗現，無淺無深，無隱無
顯，而淺深隱顯融而爲一：淺即是深，顯即是隱。透脫，則全體透

明，無體無用，無綱無維，而體用綱維化而爲一：全體在用，用即是體，全用在體，體即是用。故「其書雖瓌瑋，而連犿無傷也。其辭雖參差，而諔詭可觀。」參差瓌瑋，即透脫也。連犿諔詭，即左右逢源也。此即所謂全體透明。彼於〈天下〉篇以「博大眞人」稱老子，而自居爲「不離於宗」之「天人」。眞人即沉潛而堅實。天人則顯豁而透脫。彼謂「不離於宗，謂之天人。不離於精，謂之神人、不離於眞，謂之至人。」老子之爲「博大眞人」實即「不離於精」之神人，「不離於眞」之至人。精、眞，皆內斂地言之之辭。《道德經》云：「道之爲物，惟恍惟惚。惚兮恍兮，其中有象。恍兮惚兮，其中有物。窈兮冥兮，其中有精。其精甚眞，其中有信。」其中有象、有物、有精、有信，以「其中」言之，即示內斂之意。故精、眞、信，皆內斂之詞，亦即皆道之內容表示，不失其強度與深度者也。故「不離於精」之神人，「不離於眞」之至人，乃至統稱之曰「眞人」，皆是內斂而沉潛堅實之風格也。至若「不離於宗」之「天人」，則並此「內斂」之相亦打散。「萬法歸一」，謂之內斂。「一歸何處」？則示「一」必打散，「一」相亦泯。一相泯，而後「眞一」見。「眞一」者，即《莊子·大宗師》篇所謂「其好之也一，其弗好之也一。其一也一，其不一也一」之「一」。「眞一」見，則無內無外，無人無我，純然是「天」。故精、眞是內斂地言之，則「宗」即是外散地言之。故「不離於宗」之「天人」即是外散而顯豁透脫之風格。亦無內，亦無外。內即是外，外即是內。內外之相泯，則精眞之相亦泯。而全體是用，用即是體矣。全用是體，體即是用矣。此之謂「天人」。莊子於〈天下〉篇自述曰：「芴漠無形，變化無常，死與生與？天地並與？神

明往與？芒乎何之？忽乎何適？萬物畢羅，莫足以歸。古之道術有在於是者，莊周聞其風而悅之。以謬悠之說，荒唐之言，無端崖之辭，時恣縱而不儻，不以觭見之也。以天下為沉濁，不可與莊語，以巵言為曼衍，以重言為真，以寓言為廣。獨與天地精神往來，而不敖倪於萬物，不譴是非，以與世俗處。其書雖瓌瑋，而連犿無傷也。其辭雖參差，而諔詭可觀。彼其充實，不可以已。上與造物者遊，而下與外生死無終始者為友。其於本也，宏大而辟，深閎而肆。其於宗也，可謂調適而上遂矣。雖然，其應於化，而解於物也，其理不竭，其來不蛻，芒乎昧乎，未之盡者。」此整段所述，即全部朗現之「天人」境界。亦猶《華嚴經》之毘盧遮那佛法身境界也。凡達此境界，即可曰圓教境界。故「華嚴宗」名此境界為圓教一乘法，亦曰「出出世一乘法」。唯是就毘盧遮那佛法身而說，故亦曰「稱法本教」，非「逐機末教」也。逐機末教是隨機方便說，稱法本教是如理究竟說。如理究竟說，故全部朗現，通體透明也。莊子「不離於宗」之天人境界亦是圓教境界。「其於本也，宏大而辟，深閎而肆。」辟至何竟？肆至何竟？無有竟也。即以「上與造物者遊，而下與外生死無終始者為友」為竟。「其於宗也，可謂調適而上遂矣。」上遂何竟？無有竟也。即以「獨與天地精神往來，而不敖倪於萬物，以與世俗處」為竟。「獨與天地精神往來」是出世，「而不敖倪於萬物，以與世俗處」，是「出出世」。首段以極端飄忽，不可方物之天外飛來之筆，憑空說起，以述其所嚮往之道術。「芴漠無形，變化無常。」郭象注云：「隨物也。」成玄英疏云：「妙本無形，故寂漠也；迹隨物化，故無常也。」「死與生與？天地並與？神明往與？」郭象注云：「任化也。」成玄英疏

云：「以死生爲晝夜，故將二儀並也；隨造化而轉變，故共神明往矣。」「死與生與？」實即亦無生亦無死也。「天地並與？」即「天地與我並生，萬物與我爲一」也。「神明往與？」即「獨與天地精神往來」也。〈天下〉篇開首云：「神何由降？明何由出？」神無由降，無所不在。明無由出，朗然遍照。無降無不降，無出無不出。通體透明即通體是神明也。非是一己孤離之神明，乃是「與天地精神往來」之神明。「芒乎何之？忽乎何適？」亦同此解。「芒乎何之？」無所之也。「忽乎何適？」無所適也。「周行而不殆」即是「獨立而不改」。（《道德經》語）故郭象注此兩問曰：「無意趣也。」成玄英疏云：「委自然而變化，隨芒忽而遨遊，既無情於去取，亦任命而之適。」無意無趣，淵渟自在。故總結曰：「萬物畢羅，莫足以歸。」既「畢羅」矣，而又「莫足以歸」。此詭詞也。羅於何處？無處可羅也。無羅無不羅，洒然各歸於其自己而已。故郭象注云：「故都任置。」而成玄英疏云：「包羅庶物，囊括宇內，未嘗離道，何處歸根？」此實極豁朗而透脫之極致。禪家一切詭辭亦不出乎此矣。此即謂玄智玄理之徹底透出，而爲「圓而無圓」之圓敎也。

　　二、表達之方法有異：老子採取分解的講法，莊子採取描述的講法。

　　分解地講之，則系統整然，綱舉目張。種種義理，種種概念，皆連貫而生，各有分際。故吾曾就全經，分三大端明之。一、對於道之本體論的體悟。二、對於道之宇宙論的體悟。三、對於道之修養工夫上的體悟。在此三綱領下，種種概念相連而生。如可道、不可道，可名、不可名。無、有、玄。有爲、無爲。用（妙用）與利

（定用）。妙與徼。反、弱、與自然。道之生一、二、三。道生、
德畜，道尊、德貴。「無」之為始，「有」之為母。「無之以為
用，有之以為利」。虛與靜，損與益，為道與為學。「其出彌遠，
其知彌少」。「不出戶，知天下」。慈、簡、儉，抱一與抱樸。無
為而無不為，無知而無不知。知的問題，心的問題，性的問題，俱
已透出。而「曲則全，枉則直」之「詭辭為用」亦彰顯無遺。有與
無是客觀之玄理，「詭辭為用」是主觀之玄智。故王弼作〈老子微
旨例略〉，反覆申明，不過兩義。其言曰：「老子之書，其幾乎可
一言而蔽之。噫！崇本息末而已。」本即無，末即有。去偽存樸。
此一義也。又曰：「故古人有歎曰：甚矣！何物之難悟也！既知不
聖為不聖，未知聖之不聖也；既知不仁為不仁，未知仁之為不仁
也。故絕聖而後聖功全，棄仁而後仁德厚。」此詭辭為用也。此又
一義也。本無為體，詭辭為用。體用兩義，無不賅盡。而老子以分
解之法示之，以經體之文出之，故綱舉目張，義理整然。而道家之
所以為道家，亦於焉確立。

　　至於莊子，則隨詭辭為用，化體用而為一。其詭辭為用，亦非
平說，而乃表現。表現者，則所謂描述的講法也。彼將《老子》由
分解的講法所展現者，一起消融於描述的講法中，而芒忽恣縱以烘
託之，此所謂表現也。芒忽恣縱以烘託之，即消融於「詭辭為用」
中以顯示之。

　　此所謂描述的講法，非通常義。除對遮「分解的講法」外，以
以下三層義理明之。首先，「以卮言為曼衍，以重言為真，以寓言
為廣。」此中之卮言、重言、寓言，即是描述的講法。並無形式的
邏輯關係，亦無概念的辨解理路。卮言曼衍，隨機而轉。重言尊

老，並無我見。寓言寄意，推陳出新。隨時起，隨時止。「道惡乎
往而不存，言惡乎存而不可。」（〈齊物論〉）聲入心通，無不圓
足。故「謬悠之說，荒唐之言，無端崖之辭」，正是巵言、重言、
寓言之意也。其次，在此漫畫式的描述講法中，正藏有「詭辭爲
用」之玄智。此謂「無理路之理路」，亦曰「從混沌中見秩序」。
全部《莊子》是一大混沌，亦是一大玄智，亦整個是一大詭辭。老
子之所分解地展示者，全消融於此大詭辭之玄智中，而成爲全體透
明之圓教。最後，此大詭辭之玄智，如再概念化之，嚴整地說出，
便是一種「辯證的融化」（dialectical reconciliation）。「恢詭譎
怪，道通爲一」。無成無毀，無有無無。「俄而有無矣，而未知有
無之果孰有孰無也」（〈齊物論〉）此之謂辯證的融化。老子是概
念的分解，莊子是辯證的融化。而「辯證的融化」卻是藏在謬悠、
荒唐、無端崖之芒忽恣縱之描寫中。平常之描寫，大體是平面的平
鋪直述，而此芒忽恣縱之描寫卻是有一種立體的詭辭玄智藏於其
中。此可曰「辯證的描述」。凡描述俱是具體的叙事，而此則雖是
具體的，卻無事可叙，只是藉事以寄意。此辯證的融化，經過立體
的詭辭玄智而至乎「無適焉，因是已」之「道通爲一」，則亦當體
具足，一切放平。但此具足放平卻不是事的平鋪，亦不是分解概念
的平擺，而卻是自然、自在、洒然自足之玄智境界。一自然，一切
自然。一自足，一切自足。故如如平鋪，而無之無適也。而向、郭
注《莊》，即能握住此義而盛發之。

　　三、義理之形態（不是內容）有異：《老子》之道有客觀性、
實體性、及實現性，至少亦有此姿態。而《莊子》則對此三性一起
消化而泯之，純成爲主觀之境界。故《老子》之道爲「實有形

態」，或至少具備「實有形態」之姿態，而《莊子》則純爲「境界形態」。

同是玄理玄智，同屬於一義理系統，然因表達方法之異，逐有此義理形態之不同。老子之無與有，本亦是從人生方面講進去。無爲、有爲，無爲而無不爲，本都是從生活上體驗出之眞理，由對於「巧僞」之否定而顯示出者。「巧僞」即不自然。「巧僞」之否定即自然。自然即無爲。「無爲而無不爲」，則「無不爲」有「無爲」爲其超越之根據。以「無爲」爲其超越之根據，則「無不爲」雖亦落於經驗界，而卻是圓應無方，無意必固我之自然因應，而亦一起具有超越之意義。是以其初也，無爲而無不爲，而無爲與無不爲並非兩截，故終也，「無爲」非死體，故無爲即是無不爲。「無不爲」非妄執，故無不爲即是無爲。無爲是體，無不爲是用，而體用固是一也。全用是體，則「無不爲」非意之也。全體是用，則「無爲」非虛掛也。俱是至眞至實，而無一毫虛妄幻結者。無爲、有爲，一般化而爲有與無，便成爲一對形而上學的概念。如是，無與有便向宇宙論方面伸展，而成爲道體上之概念，而不只是生活修養上之有爲無爲。「無名天地之始，有名萬物之母」，不論是「無」，還是「無名」，是「有」，還是「有名」，總是無與有之對翻。而「無」總是天地之始，「有」總是萬物之母。「始」者本也。「無」是天地萬物之本。如是，「無」是客觀之實體，而不只是生活修養上之境界。依此，「無」有客觀性與實體性。再加上「天下萬物生於有，有生於無」、「道生之，德畜之」、「大道氾兮，其可左右，萬物恃之以生而不辭」、「自古及今，其名不去，以閱衆甫。吾何以知衆甫之然哉？以此！」以及「天得一以清，地

得一以寧」等等。便可知，道亦有「實現性」，即道是「實現原
理」。實現原理者即道生之或成之使其爲如此而不如彼者。「吾何
以知衆甫之然哉？以此！」正示此意。「天得一以淸，地得一以
寧」亦然。一者本也、無也。天得一、成其爲天之淸，地得一、成
其爲地之寧。故「一」即實現其爲如此者。此即示道顯然有一「實
現性」。客觀性、實體性是本體論的。實現性是宇宙論的。如是，
《道德經》之形上系統，因有此三性故，似可爲一積極而建構之形
上學，即經由分解而成之積極而建構之形上學。但此積極形上學似
乎並保不住，似乎只是一姿態。客觀性、實體性、實現性，似乎亦
只是一姿態。似乎皆可化掉者。而莊子正是向化掉此姿態而前進，
將「實有形態」之形上學轉化而爲「境界形態」之形上學。

　　莊子以其芒忽恣縱之辯證的描述、辯證的融化，將老子之分解
的系統化而爲一大詭辭，將其道之客觀性、實體性，從天地萬物之
背後翻上來浮在境界上而化除，從客觀面收進來統攝於主觀境界上
而化除，依是，道、無、一、自然，俱從客觀方面天地萬物之背後
翻上來收進來而自主觀境界上講。逍遙乘化，自由自在，即是道、
即是無、即是自然、即是一。以自足無待爲逍遙，化有待爲無待，
破「他然」爲自然，此即是道之境界、無之境界、一之境界。「自
然」是繫屬於主觀之境界，不是落在客觀之事物上。若是落在客觀
之事物（對象）上，正好皆是有待之他然，而無一是自然。故莊子
之「自然」（老子亦在內），是境界，非今之所謂自然或自然主義
也。今之自然界內之物事或自然主義所說者，皆是他然者，無一是
自然。老莊之自然皆眞是「自己而然」者。故以「圓滿具足」定
之。此是聖人、至人之境界。「俄而有無矣，而未知有無之果孰有

孰無也。今我則已有謂矣，而未知吾所謂之其果有謂乎？其果無謂乎？天下莫大於秋毫之末，而太山為小；莫壽於殤子，而彭祖為夭。天地與我並生，而萬物與我為一。」（〈齊物論〉）此是道之境界，無之境界，一之境界，亦即自然之境界。而即由此境界上說道、說無、說一、說自然。「吾有待而然者耶？吾所待又有待而然者耶？吾蛇蜕蜩翼耶？惡識所以然，惡識所以不然。」此一芒忽搖曳之筆，正顯示一渾化之境，而即由此顯無待，顯圓滿具足。此即是道、無、一、自然也。豈是客觀方面有一物事擺在那裡曰道、曰無、曰一、曰自然乎？如是，經由分解而成之貌似積極而建構之形上學純化而為境界形態之形上學，而道之客觀性、實體性、實現性，亦純化除而不見矣。本來《道德經》之實有形態，本只是一姿態。此姿態，是由「無為而無不為」之普遍化（擴大應用）而成者。根據此原則以觀天地萬物，則萬有之本以生萬有者，不能再是一限定之有，而必須是「無」。無者，非「限定之有」之謂也。此只是一消極表示，所謂遮詮。故「無」之為本為體，一方面固只是生活上「無為」之擴大，一方亦只是遮詮，而只為形式之陳述。本未就客觀的宇宙施一積極的分解而發現一正面之「實有」以為本體者。故《道德經》之積極而建構之實有形態之形上學只是一貌似之姿態，並非真正之分解，即並未「著」也，故亦非真正積極而建構之形上學。既非經由真正之分解而著得上，故道之客觀性、實體性、實現性，亦易於拉下而化除。凡經由積極之分解而著者，為積極而建構之實有形態之形上學。凡不著者，即非積極之分解，故亦非積極而建構之實有形態之形上學。故《道德經》之形上學，究其實，亦只是境界形態之形上學。不過根據「無為而無不為」以觀天

地萬物，拉開以尋其本，遂顯有「實有形態」之貌似。此種「拉開
以尋其本」，而顯道有客觀性等，即吾所謂「動觀則有」也。（見
下章〈魏晉名理正名〉）而莊子則翻上來、收進來，從主觀境界上
成一大詭辭以顯「當體之具足」，則即消掉此客觀性、實體性、實
現性，而爲「靜觀則無」也。然此兩者，並不衝突。而莊子則爲根
據老子而進一步矣。所謂消融老子分解講法之所展示而成一大詭辭
者是也（成一辯證之融化）。此種進一步之境界即爲向、郭注
《莊》所闡發。《晉書》所謂「發明奇趣，振起玄風」者，並不誤
也。

第三節　向、郭之「逍遙」義

劉義慶《世說新語·文學篇》云：

> 《莊子·逍遙》篇，舊是難處，諸名賢所可鑽味，而不能拔
> 理於郭、向之外。支道林在白馬寺中，將馮太常共語，因及
> 〈逍遙〉。支卓然標新理於二家之表，立異議於眾賢之外，
> 皆是諸名賢尋味之所不得。後遂用支理。

劉孝標於此條下注云：

> 向子期、郭子玄逍遙義曰：「夫大鵬之上九萬，尺鷃之起榆
> 枋，小大雖差，各任其性；苟當其分，逍遙一也。然物之芸
> 芸，同資有待，得其所待，然後逍遙耳。唯聖人與物冥而循

大變，爲能無待而常通；豈獨自通而已？又從有待者，不失其所待；不失，則同於大通矣。」

支氏〈逍遙論〉曰：「夫逍遙者，明至人之心也。莊生建言大道，而寄指鵬鷃。鵬以營生之路曠，故失適於體外；鷃以在近而笑遠，有矜伐於心內。至人乘天正而高興，遊無窮於放浪；物物而不物於物，則遙然不我得。玄感不爲，不疾而速，則逍然靡不適，此所以爲逍遙也。若夫有欲，當其所足；足於所足，快然有似天眞，猶饑者一飽，渴者一盈，豈忘烝嘗於糗糧，絕觴爵於醪醴哉？苟非至足，豈所以逍遙乎？」

此向、郭之注所未盡。

案：此爲《世說新語》注所記向、郭之逍遙義與支遁之逍遙義。兩家實相差不遠，而向、郭義則曲折稍多。向、郭義分三層說：

一、「大鵬之上九萬，尺鷃之起楡枋，小大雖差，各任其性，苟當其分，逍遙一也。」案：此數語先從理上作一般的陳述。郭注〈逍遙遊〉篇，題注云：「夫小大雖殊，而放於自得之場，則物任其性，事稱其能，各當其分，逍遙一也，豈容勝負於其間哉！」此爲向、郭之原義，比《世說新語》劉注所記，較爲圓足。然其大義固是相同。大鵬與尺鷃有小大之差。小大之差是由對待關係比較而成。落於對待方式下觀萬物，則一切皆在一比較串中。此爲比較串中大小之依待。長短、夭壽、高下串中之依待亦然。此爲量的形式關係中之依待。在量的形式關係中之依待所籠罩之「現實存在」又皆有其實際條件之依待。此爲質的實際關係中之依待。在此兩種依

待方式下觀萬物，則無一是無待而自足者。亦即無一能逍遙而自在。大鵬之上九萬，固是有待，即列子「御風而行，泠然善也。」亦還是有待。此蓋爲實際存在所必有之限制。依《莊子》，逍遙必須是在超越或破除此兩種依待之限制中顯。此爲逍遙之「形式的定義」。郭注所謂「放於自得之場，〔……〕各當其分，逍遙一也」，此中所謂「自得」，所謂「當分」，亦是超越或破除此兩種依待之限制中的話。故亦是逍遙之形式的定義。此爲先從理上作一般的陳述。吾人必須先記住此種分際。然吾人如何能超越或破除此限制網？以下即作分別說。

　　二、「物之芸芸，同資有待，得其所待，然後逍遙耳。」此實不可說逍遙。亦猶支遁所謂「猶飢者一飽，渴者一盈，豈忘丞嘗於糧糧，絕觴爵於醪醴哉？」、「惟聖人與物冥而循大變，爲能無待而常通」，此即明標「惟聖人」始能超越或破除此限制網，而至眞正之逍遙。然則眞正之逍遙決不是限制網中現實存在上的事，而是修養境界上的事。此屬於精神生活之領域，不屬於現實物質生活之領域。此爲逍遙之眞實定義，能體現形式定義之逍遙而具體化之者。此聖人修養境界上之眞實逍遙，即支遁所明標之「逍遙者，明至人之心也」（道家作「致虛極、守靜篤」的工夫，自然是「心」上的事）。然人能自覺地作虛一而靜之工夫，以至聖人或至人之境界，而大鵬尺鷃，乃至草木瓦石，則不能作此修養之工夫。故「放於自得之場，逍遙一也」。此一普遍陳述，若就萬物言，則實是一觀照之境界。即以至人之心爲根據而來之觀照，程明道所謂「萬物靜觀皆自得」者是也。並非萬物眞能客觀地至乎此「眞實之逍遙」。就萬物自身言，此是一藝術境界，並非一修養境界。凡藝術

境界皆繫屬於主體之觀照。隨主體之超昇而超昇，隨主體之逍遙而逍遙。所謂「一逍遙一切逍遙」，並不能脫離此「主體中心」也。六祖惠能說：「不是風動，不是旛動。仁者心動。」心動，則風旛皆動，一切皆落於實際條件之依待中。心不動，則一切皆超越此依待之限制，而當體即如：風亦不動，旛亦不動，更無所謂風因旛而動，或旛因風而動。當下即超越因果之依待。此亦是「一止一切止」也。惟六祖說此義，是以佛家敎義爲基點，如緣起、性空、無明等。而向、郭注《莊》，則意在越此限制網而回歸於各物之自己（物各付物），以明「苟當其分，逍遙一也」。道家對於萬物並無無明、業識、緣起、性空一套破滅的分解工作。故能直就至人之心越此依待而顯各物圓滿自足之逍遙，此所以道家能直接開藝術境界，而佛家則只是寂滅之超渡意識也。雖有此不同，而「心止即一切皆止」之「主體中心」方式，固相同也。

　　三、向、郭復進而立一義云：「豈獨自通而已？又從有待者，不失其所待；不失，則同於大通矣。」此言聖人（或至人）無爲而治之功化。「聖人與物冥而循大變」。「絕聖而後聖功全，棄仁而後仁德厚。」（王弼〈老子微旨例略〉語）不以仁義名利好尙牽拽天下，則物物含生抱樸，各適其性，皆即所謂「從有待者，不失其所待」。此「不失其所待」之功化，亦含有觀照之藝術境界在內。旣不類儒家「致中和，天地位焉，萬物育焉」之積極意義之功化，尤不是「牽動其欲望而滿足之」之「不失其所待」。儒家積極意義之功化，是德化之治。牽動其欲望而再滿足之，此實成爲無窮之追逐，而永不能滿足者。旣不能滿足，則即永不能至「不失其所待」之境。而道家之功化則爲道化之治。道化之治重視消極意義之「去

礙」。無己、無功、無名。「我無爲而民自治」、「生而不有，爲而不恃，長而不宰。」、「不尙賢，使民不爭。不貴難得之貨，使民不爲盜。不見可欲，使民心不亂。是以聖人之治也，虛其心，實其腹，弱其志，強其骨。常使民無知無欲。使夫知者不敢爲。爲無爲，則無不治矣。」此即消極主義之去礙。上下都渾然相忘。「人相忘於道術，魚相忘於江湖。」如是，則含生抱樸，各適其性，而天機自張。此即爲「從有待者，不失其所待」也。在去礙之下，渾忘一切大小、長短、是非、善惡、美醜之對待，而皆各回歸其自己。性分具足，不相凌駕。各是一絕對之獨體。如是，「則雖大鵬無以自貴於小鳥，小鳥無羨於天池，而榮願有餘矣。故小大雖殊，逍遙一也。」（郭象〈逍遙遊注〉語）芸芸眾生，雖不能自覺地作工夫，然以至人之去礙，而使之各適其性，天機自張，則亦即「使不失其所待」，而同登逍遙之域矣。此即所謂「不失，則同於大通矣」。「同於大通」者，無論聖人之無待與芸芸者之有待，皆渾化於道術之中也。此即謂聖人之功化。功化與觀照一也。在「去礙」之下，功化即是觀照，觀照即是功化。觀照開藝術境界，功化顯渾化之道術。在去礙之下，一切浮動皆止息矣。浮動息，則依待之限制網裂矣。此即《莊子‧天下》篇所謂「備天地之美，稱神明之容」也。

以上三層，一是從理上一般說，二是分別說，三是融化說。支遁義只是分別說，實未眞能「標新理於二家之表」也。且未能至向、郭義之圓滿。然亦並不誤。

《莊子‧逍遙遊》篇：「若夫乘天地之正，而御六氣之辯〔變〕，以遊無窮者，彼且惡乎待哉！」此點逍遙之正義。郭象於

此注曰：

> 天地者，萬物之總名也。天地以萬物爲體，而萬物必以自然
> 爲正，自然者，不爲而自然者也。故大鵬之能高，斥鷃之能
> 下，椿木之能長，朝菌之能短，凡此皆自然之所能，非爲之
> 所能也。不爲而自能，所以爲正也。
> 故乘天地之正者，即是順萬物之性也；御六氣之辯者，即是
> 遊變化之途也；如斯以往，則何往而有窮哉！所遇斯乘，又
> 將惡乎待哉！此乃至德之人，玄同彼我者之逍遙也。
> 苟有待焉，則雖列子之輕妙，猶不能以無風而行，故必得其
> 所待，然後逍遙耳，而況大鵬乎？
> 夫唯與物冥而循大變者，能爲無待而常通。豈自通而已哉！
> 又順有待者，使不失其所待，所待不失，則同於大通矣。
> 故有待無待，吾所不能齊也；至於各安其性，天機自張，受
> 而不知，則吾所不能殊也。夫無待猶不足以殊有待，況有待
> 者之巨細乎？

《世說新語》所記，即此注文之簡化。此注文略分五段。首段言
「自然」。主要觀念即在「天地以萬物爲體，而萬物必以自然爲
正」兩語。「天地」是萬物之總說，萬物是天地之散說（分說）。
「天地以萬物爲體」，「體」者內容也。除萬物外，別無所謂天
地。此體非經由分解而立之本體之「體」。萬物之體即自然，即以
自然爲性。此體亦非經由分解而立之本體之體。「萬物以自然爲
正」者，即以自然爲性也。故郭注第二段云：「乘天地之正者，即

是順萬物之性也」、「自然者，不為而自然者也。故大鵬之能高，斥鷃之能下，椿木之能長，朝菌之能短，凡此皆自然之所能，非為之所能也」，即非有使之能如此也。「不為而自能」，自然而如此，郭象於此而有「理有至分，物有定極」之說。「夫質小者，所資不待大，則質大者，所用不得小矣。故理有至分，物有定極，各足稱事，其濟一也。若乃失乎忘生之主，而營生於至當之外，事不任力，動不稱情，則雖垂天之翼，不能無窮，決起之飛，不能無困矣。」（〈逍遙遊〉：「且夫水之積也不厚，則其負大舟也無力」一段注文。）有「至分」、「定極」之自然，故有「小大雖殊，逍遙一也」之說。各歸其至分，各任其定極，則性足分當，一切皆齊，而「自然」之義亦顯矣。「自然」之義顯，而境界形態之道、無、一、與自然，亦浮現，而不得不繫屬於主體中心而言之矣。郭注甚能把握此義，而《莊子》亦實未就客觀宇宙，施以積極之分解，而建立一「實有」式之本體也。此即吾前文所謂之「不著」。因為「不著」，故郭象得以言「天地以萬物為體，而萬物必以自然為正」，有此直截了當之「當體觀」也。如此，則分解方式下，萬物背後之道與體，無與一，自不得不浮上來而繫屬於主體矣。

　　二段即自主體以言逍遙，即「至德之人，玄同彼我者之逍遙也」、「乘天地之正，即是順萬物之性。」無依無待。（王弼注「道法自然」云：「在方而法方，在圓而法圓，於自然無所違也。」亦是「順萬物之性」，而無依無待也。）「御六氣之辯，即是遊變化之途」無執無著。

　　三、四兩段同前解。

　　五段是綜結。分別說，則有待無待不能齊也。然通過至人之逍

遙，使有待者不失其所待，而同登逍遙之域，皆渾化於道術之中，則至人之無待亦無殊於芸芸者之有待。此為一整個渾化之大無待。在此「大無待」中，「無待猶不足以殊有待，況有待者之巨細乎？」此亦可說整個是一「詭辭為用」之一大詭辭所成之大無待。

〈逍遙遊〉：「小知不及大知，小年不及大年。」注云：

> 物各有性，性各有極，皆如年、知，豈跂尚之所及哉！自此以下，至於列子，歷舉年知之大小，各信其一方，未有足以相傾者也。然後統以無待之人，遺彼忘我，冥此羣異，異方同得，而我無功名。是故統小大者，無小無大者也；苟有乎大小，則雖大鵬之與斥鷃，宰官之與御風，同為物累耳。齊死生者，無死無生者也；苟有乎死生，則雖大椿之與蟪蛄，彭祖之與朝菌，均於短折耳。故遊於無小無大者，無窮者也；冥乎不死不生者，無極者也。若夫逍遙而繫於有方，則雖放之使遊，而有所窮矣，未能無待也。

案：此注甚美。以前所言，皆攝於此。此即一大詭辭所成之大無待。

第四節　向、郭之「迹冥」論

逍遙只是「玄同彼我，與物冥而循大變」。自然、無為，皆非隔絕人世，獨立於高山之頂。「無為而無不為」總是道家之普遍原則。「無為」是本、是冥。「無不為」是末、是迹。本末、冥迹，

並非截然之兩途。截然兩途，是抽象之分解。經由抽象之分解，顯無以為體，顯有以為用。無是本，有是迹。故迹冥亦曰迹本。亦曰「迹」與「所以迹」。是則兩者本是具體地圓融於一起。若停滯於抽象上，則無是頑空之死體，有是俗情之巧偽。無不成無，有非是有，則「無為而化」亦不能說矣。「無為」自然函著化迹，化迹由於無為。若停滯於無為，則不能成化。若停滯於化迹，則皆為「物累」。化而無累，迹而無迹，則固是「玄同彼我，與物冥而循大變」者之妙用也。不獨道家本義如此，即一切聖人皆是如此。故荀粲說「六籍雖存，固聖人之糠粃」。而王弼亦曰：「聖人體無，無又不可以訓，故不說也」。此理，聖人不說（作者之謂聖），而老莊說之（述者之謂明）。說之以抉其迹而發其本，而終歸於迹本之圓融。故常藉堯舜仲尼以明迹之所以迹。渾忘一切，洒脫自在。透宗立極，而堯舜自在。是誠「其塵垢粃糠，將猶陶鑄堯舜」者也。表面雖似掊擊乎堯舜，而實則椎拍輐斷，抉其迹以明其冥也。莊生「未始藏其狂言」，而亦唯聖人始能接受其狂言。是故言之者無傷，而受之者莞爾。狂言與聖人相與為一冥，則迹即冥，冥即迹，而迹冥圓矣。非真推尊許由，而薄堯舜也。故郭注云：「夫莊子推平於天下，故每寄言以出意，乃毀仲尼、賤老聃，上掊擊乎三皇，下痛病其一身也。」（〈山木〉篇：「栗林虞人，以吾為戮，吾所以不庭〔逞〕也」注文）向、郭以「寄言出意」以明莊生之狂言，而顯迹本之圓融，可謂得之矣。

　　〈逍遙遊〉：「堯讓天下於許由」至「許由曰∴子治天下，天下既已治矣。」郭注曰：

夫能令天下治，不治天下者也。故堯以不治治之，非治之而治者也。今許由方明既治，則無所代之。而治實由堯，故有子治之言，宜忘言以尋其所況。而或者遂云：治之而治者，堯也；不治而堯得以治者，許由也。斯失之遠矣。夫治之由乎不治，爲之出乎無爲也，取於堯而足。豈借之許由哉！若謂拱默乎山林之中，而後得稱無爲者，此莊老之談所以見棄於當塗，當塗者自必於有爲之域，而不反者，斯之由也。

而成玄英疏云：

言堯治天下，久以昇平，四海八荒，盡皆清謐，何勞讓我，過爲辭費？然觀莊文，則貶堯而推許，尋郭注，乃劣許而優堯者，何耶？欲明放勳大聖，仲武大賢，賢聖二途，相去遠矣。故堯負扆汾陽，而喪天下，許由不夷其俗，而獨立高山，圓照偏溺，斷可知矣。是以莊子援禪讓之迹，故有爝火之談；郭生察無待之心，更致不治之說。可謂探微索隱，了文合義。宜尋其旨況，無所稍嫌也。

郭注謂：「治之由乎不治，爲之出乎無爲，取於堯而足。」成疏謂：「堯負扆汾陽，而喪天下，許由不夷其俗，而獨立高山，圓照偏溺，斷可知矣。」是則假許由以明本，藉放勳以明圓。堯無心於天下，故隨時而可忘。許由亢然自足，故不越俎而代庖。故曰：
　　「子治天下，天下既已治也。而我猶代子！吾將爲名乎？名者實之賓也。吾將爲賓乎？」郭注云：

夫自任者對物，而順物者與物無對，故堯無對於天下，而許
由與稷契爲匹矣。何以言其然耶？夫與物冥者，故群物之所
不能離也。是以無心玄應，唯感之從，汎乎若不繫之舟，東
西之非已也，故無行而不與百姓共者，亦無往而不爲天下之
君矣。以此爲君，若天之自高，實君之德也。若獨兀然立乎
高山之頂，非夫人有情於自守，守一家之偏尚，何得專此！
此故俗中之一物，而爲堯之外臣耳。若以外臣，代乎內主，
斯有爲君之名，而無任君之實也。

此即示許由有對，而堯無對。獨立高山，雖顯無以爲本，而不能
渾化，則滯無而成有。堯雖治天下，而「以不治治之」，則無心而
成化，「窅然喪其天下」，則有無兩得，玄同而化，而亦不知其孰
有孰無也。此即成《疏》所謂之「圓照」，許由未能至乎此也。故
藉堯以明之。

「庖人雖不治庖，尸祝不越樽俎而代之矣。」郭注云：

庖人尸祝，各安其所司；鳥獸萬物，各足於所受；帝堯許
由，各靜其所遇；此乃天下之至實也。各得其實，又何所爲
乎哉？自得而已矣。故堯許之行雖異，其於逍遙一也。

此下復藉肩吾與連叔之問答，以明「圓照」。

「藐姑射之山，有神人居焉，肌膚若冰雪，綽約若處子。」郭
注云：

此皆寄言耳。夫神人，即今所謂聖人也。夫聖人雖在廟堂之
上，然其心無異於山林之中，世豈識之哉！徒見其戴黃屋，
佩玉璽，便謂足以纓紱其心矣；見其歷山川，同民事，便謂
足以憔悴其神矣；豈知至至者之不虧哉？〔陸德明《釋文》
云：「至至者」本亦作「至足者」。〕今言王德之人，
〔《釋文》云：「王德」本亦作「至德」。案：作「至德」
是。〕而寄之此山，將明世所無由識，故乃託之於絕垠之
外，而推之於視聽之表耳。〔……〕

案：此即假託神人以明「聖人之體無」。聖人不只是「迹」，亦有
其「所以迹」。「雖在廟堂，無異山林」；雖在山林，不泯廟堂。
迹不離冥，冥不失迹。此其所以爲「圓照」。然世人徒蔽於其迹，
而不能透其所以迹，故推開聖人之圓照，而假託之於世外之神人。
所謂「託之於絕垠之外，而推之於視聽之表」也。

「不食五穀，吸風飲露。」郭注云：

俱食五穀，而獨爲神人，明神人者，非五穀所爲，而特稟自
然之妙氣。

「〔……〕吾以是狂而不信也。」郭注云：

夫體神居靈，而窮理極妙者，雖靜默閒堂之裡，而玄同四海
之表，故乘兩儀而御六氣，同人群而驅萬物。苟無物而不
順，則浮雲斯乘矣；無形而不載，則飛龍斯御矣。遺身而自

得，雖淡然而不待，坐忘行忘，忘而爲之，故行若曳枯木，
止若聚死灰，是以云其神凝也。其神凝，則不凝者自得矣。
世皆齊其所見而斷之，豈嘗信此哉！

案：莊子本是寄言出意。若其「荒唐之言，無端崖之辭」，不止於
其荒唐，「藐姑射之山」不止於爲神話，則向、郭之注爲不虛矣。
　　「之人也，之德也，將旁礴萬物以爲一。世蘄乎亂，孰弊弊焉
以天下爲事！」郭注云：

　　夫聖人之心，極兩儀之至會，窮萬物之妙數。故能體化合
　　變，無往不可，旁礴萬物，無物不然。世以亂故求我，我無
　　心也。〔案：「世蘄乎亂」亦可意謂「世自祈乎治」。亂訓
　　治。〕我苟無心，亦何爲不應世哉！然則體玄而極妙者，其
　　所以會通萬物之性，而陶鑄天下之化，以成堯舜之名者，常
　　以不爲爲之耳。孰弊弊焉勞神苦思，以事爲事，然後能乎！

案：「常以不爲爲之」，故能迹本圓。欲了道家之玄理，須順詭辭
之路進；故以詭辭爲用，一切沾滯皆化矣。「弊弊焉以天下爲
事」，則膠著於一邊，而以意必爲之，此莊子所謂「勞神明爲一，
而不知其同也，謂之朝三。」（〈齊物論〉）向、郭此注，可謂極
玄談之能事。後來佛教方面，談般若者，亦不能離此型範。故其辭
語，多相類似。自迹上言之，可謂取之於老莊，及魏晉之玄學家，
然自理境言之，則凡至乎無執之圓教者，皆必以「詭辭爲用」也。
　　「〔……〕是其塵垢粃糠，將猶陶鑄堯舜者也。孰肯以物爲

事？」郭注云：

> 堯舜者，世事之名耳；爲名者，非名也。故夫堯舜者，豈直
> 堯舜而已哉？必有神人之實焉。今所稱堯舜者，徒名其塵垢
> 粃糠耳。

案：此明點迹之所以迹。「和光同塵」迹也。「體玄極妙」神也。
唯聖人能之一。
　　「宋人資章甫」至「窅然喪其天下焉」。郭注云：

> 夫堯之無用天下爲，亦猶越人之無所用章甫耳。然遺天下
> 者，固天下之所宗。天下雖宗堯，而堯未嘗有天下也。故窅
> 然喪之，而嘗遊心於絕冥之境，雖寄坐萬物之上，而未始不
> 逍遙也。四子者，蓋寄言以明堯之不一於堯耳。夫堯實冥
> 矣，其迹則堯也。自迹觀冥，內外異域，未足怪也。世徒見
> 堯之爲堯，豈識其冥哉！故將求四子於海外，而據堯於所
> 見，因謂與物同波者，失其所以逍遙也。然未知至遠之迹，
> 順者更近；而至高之所，會者反下也。若乃厲然以獨高爲
> 至，而不夷乎俗累，斯山谷之士，非無待者也，奚足以語至
> 極，而遊無窮哉！

案：此總解迹冥圓融。許由，藐姑射之山，以及此處之「往見四
子」，皆是寄言以顯「本」。而此本正是堯之「實」，迹之所以
迹。然人著於迹，而不知其冥，故「託於絕垠之外，而推之於視聽

之表」以明之。然託「絕垠之外，視聽之表」以明之，正是抽象地明之。亦即道體之抽象觀。撥開具體之迹而單觀此玄冥（無）之體，即謂「抽象觀」。此抽象觀，唯顯一「純粹普遍性」，即冥體之自己。但此「冥體之自己」並不能空掛。空掛即爲死體。滯於冥，則冥即非冥而轉爲迹。是則冥亦迹。故冥之體必須轉於具體而不離迹，即冥體之無必會有。冥即在會中見。會而無執即爲冥，冥而照俗即爲迹。冥則成其無累之會，故體化合變，而遊無窮。迹則實其冥體之無，故冥非絕會，即在域中。遊無窮，則會而冥矣。會而冥，雖迹而無迹。即在域中，則冥而會矣。冥而會，雖冥而不冥。冥而不冥，則全冥在迹，而不淪於無。迹而無迹，則全迹在冥，而不淪於有。即迹即冥，非迹非冥，斯乃玄智之圓唱，聖心之極致。而非「獨高爲至」者之有對也。故「至遠之迹，順者更近；而至高之所，會者反下也」。「順者更近」，則冥體即在堯心。「會者反下」，則玄極不在域外。離迹言冥，是「出世」也。離冥言迹，是入世也。冥在迹中，迹在冥中，是「世出世」也。「世出世」者，即世即出世，即出世即世，亦非世非出世也。 是謂雙遣二邊不離之圓極中道也。此唯寄堯以明之。故儒聖之贊堯曰：「唯天爲大，唯堯則之。蕩蕩乎！民無能名焉。」此即其渾化之境，而不可以名言表之也。是故「夫堯實冥矣，其迹則堯也。自迹觀冥，內外異域。」又曰：「堯舜者，世事之名耳；爲名者，非名也。」自名觀非名，亦內外異域也。是以分解言之，可列爲三觀：

　　一、觀冥，此是抽象地單顯冥體之自己。此爲內域。（無）

　　二、觀迹，此是抽象地單視具體之散殊。此爲外域。（有）

　　三、觀迹冥圓，此爲具體之中道：冥體之普遍是具體之普遍，

迹用之散殊是普遍之散殊。普遍之散殊，是全冥在迹，迹不徒迹，有冥體以融之。具體之普遍，是全迹在冥，冥不徒冥，有迹用以實之。（玄）

後來天臺智者大師，根據佛敎之三智三眼，開爲一心三觀，亦不能外此模型。

一、「從假入空，空慧相應，即能破見思惑，成一切智，智能得體，得眞體也」，此爲「慧眼」。是則「從假入空」，成「一切智」，成「慧眼」，即是抽象地單顯空如眞體之自己。單觀此，爲慧眼。總持地破假入空，即名「一切智」。此「一切智」是總持地說，故亦是抽象地說。

二、「從空入假，分別藥病，種種法門，即破無知，成道種智，智能得體，得俗體也」，此爲「法眼」。是則「從空入假」，成「道種智」，得「法眼」，即是抽象地單落於散殊之迹用上，單觀此，爲「法眼」。分別地知一切法門，即名「道種智」。此「道種智」是分別說，因而亦可說是具體地說。但與空慧隔絕，故亦成抽象的具體。抽象的具體，實只是「經驗的具體」也。

三、「雙遮二邊，爲入中方便，能破無明，成一切種智。智能得體，得中道體也」，此爲「佛眼」。是則「雙遮二邊」，成「一切種智」，得「佛眼」，即是具體之中道。此則不抽象地觀空，融空於假，融普遍於特殊，則空爲具體之空。不抽象地觀假，融假入空，融特殊於普遍，則假爲空化之假。空化之假，假非經驗的具體，乃「超越的具體」。既分別又總持，既總持又分別。其分別是總持的分別（智慧的，非經驗的）。其總持是分別的總持（直覺的，非概念的）。故爲「一切智」與「道種智」之融化，而爲「一

切種智」也。此為具體之普遍智，普遍之具體智。如此觀，則為「佛眼」。佛眼佛智即聖心也。

曰：「佛眼〔……〕達粗細色空，如二乘所見，名慧眼。達假名不謬，如菩薩所見，名法眼。於諸法中，皆見實相，名佛眼。」又曰：「佛智照空，如二乘所見，名一切智。佛智照假，如菩薩所見，名道種智。佛智照空假中，皆見實相，名一切種智。」（以上所引，皆見智者大師：《摩訶止觀》）簡列如下：

一、從假入空→一切智→慧眼：二乘；抽象的普遍。（空）

二、從空入假→道種智→法眼：菩薩；抽象的特殊。（假）

三、雙遮二邊→一切種智→佛眼：佛；具體的普遍與普遍的具體。（中）

此為由智心，以詭辭為用，所必至之模型。在道家，即為玄智之模型，在佛教，即為般若之模型。在道家，莊子發之，所謂一大詭辭，一大無待，而向、郭探微索隱，則發為迹冥圓融之論。千哲同契，非謂誰取自誰也。若必謂佛家所獨有，莊子、向、郭，何能至此，則偏執之謬也。實則，若自中國之佛教言之，其發此「詭辭為用」之般若模型，反在老、莊、向、郭之後也。而老、莊、向、郭早已具備此玄智之模型矣。夫以「詭辭為用」所達之圓境，乃各聖心之共法也。圓教不惟自「詭辭為用」顯，且可自「體性之綱維」顯。此在佛教，則從「佛性」一系入。在儒家，則從「心即理」入。而道家，則演至莊子之純境界形態，即全由「詭辭為用」顯。故老莊者，實「詭辭為用」之大宗也。人徒知魏晉玄學為吸收佛教之橋樑，而不知其互相契接者為何事。吾今答曰，即以「詭辭為用」契接其般若一系也。然佛教畢竟尚有其不同於道家者，則除

般若一系外，復有「涅槃佛性」一系也。此則不可不知也。

第五節　向、郭之「天籟」義

　　「天籟」義即「自然」義。明一切自生、自在、自己如此，並無「生之」者，並無「使之如此」者。然此並非唯物論，亦非順科學而來之自然主義。是以仍須先知此「自然」是一境界，由渾化一切依待對待而至者。此自然方是眞正之自然，自己如此。絕對無待、圓滿具足、獨立而自化、逍遙而自在，是自然義。當體自足、如是如是，是自然義。唯物論中之物，自然主義中之自然，以及「自然界」中之自然現象，實皆是「他然」者。此其一。皆著於對象而爲言，心思轉於對象上而客觀地肯定之，墮於「對象之平鋪」而注意其機械運動與因果鍊子。此其二。於對象施以積極的經驗分解。此其三。雖皆在「他然」之鍊索中，而卻不承認有第一因，故無超越的分解。此其四。而道家之自然，尤其莊子所表現者，向、郭所把握者，雖亦不經由超越的分解而客觀地肯定一第一因，然卻是從主體上提昇上來，而自渾化一切依待對待之鍊索而言「自然」。故此自然是一虛靈之境界。從主體說，是「與物冥而循大變」。自冥，一切冥。故從客觀方面說，是一觀照之境界，根本不著於對象上，亦不落於對象上施以積極之分解，故個個圓滿具足，獨體而化。此即爲絕對無待，亦即所謂自生、自在、自然。把超越分解所建立之絕對，翻上來繫屬於主體而爲渾化境界之絕對。故此境界絕對之自然即是逍遙，亦通「齊物」。齊物者即是平齊是非、善惡、美醜，以及一切依待、對待，而至之一切平平。一切平平，

即是個個具足，無虧無欠，無剩無餘。故逍遙齊物，其旨一也。向、郭在〈齊物論注〉中所發之「天籟義」，實即〈逍遙遊注〉中之義也。

　　然向、郭注〈逍遙遊〉，大體皆恰當無誤，而注〈齊物論〉，則只能把握大旨，於原文各段之義理，則多不能相應，亦不能隨其發展恰當地予以解析。此其故即在：〈逍遙遊〉比較具體，藉具體故事以烘託，如大鵬、斥鷃、宋榮子、列子、許由、藐姑射之山，直至篇尾，俱是具體的烘託，故一旦知其「寄言出意」，以無待為準，即可通篇暢通，恰當相應。而〈齊物論〉雖亦芒忽恣縱，「猶河漢而無極」，而義理豐富，不似〈逍遙遊〉之單純，各段俱有其本身之義理，亦有其理論之發展，此為《莊子》書中最豐富、最具理論性之一篇，此非向、郭之學力所能及。而自「南郭子綦隱几而坐，仰天而噓」起，直至天籟止，從天外飛來，清機徐引。自「大知閑閑，小知閒閒」起，直至「其我獨芒，而人亦有不芒者乎？」止，則低回慨嘆，對於現實人生最具「存在之悲感」。亦猶〈天下〉篇首段，對於「古人之大體」、「道術將為天下裂」之慨嘆，亦具存在之悲感。此種悲感意識亦向、郭之所缺。全篇空靈透脫，無一敗筆。誠是「死與生與？天地並與？神明往與？芒乎何之？忽乎何適？萬物畢羅，莫足以歸。」此種神來之興，飄忽之筆，誠是「其理不竭，其來不蛻，芒乎昧乎，未之盡者」，亦非向、郭所能至。因此，向、郭之注〈齊物〉便不能如注〈逍遙遊〉之相應，而顯萎縮。不能隨其「宏大而辟，深閎而肆」、「調適而上遂」。而只能就其通於〈逍遙遊〉者而握其大旨。故不見〈齊物論〉之豐富，而只仍如〈逍遙遊〉之單純。此其所以只能為名士之玄理，而

不能至老莊之大家。向、郭之限度在此。可由此識其不足，而不可
妄肆譏議也。至於「行薄」，則凡名士，在德性方面，大體俱庸
俗。取其智悟足耳。關於《莊子‧齊物論》原文，須別講。向、郭
不能盡也。此處所述，單就向、郭所把握者而言。

〈齊物論〉：「夫吹萬不同，而使其自己也。」郭注云：

> 此天籟也。夫天籟者，豈復別有一物哉？即眾竅比竹之屬，
> 接乎有生之類，會而共成一天耳。無既無矣，則不能生有；
> 有之未生，又不能爲生。然則生生者誰哉？塊然而自生耳。
> 自生耳，非我生也。我既不能生物，物亦不能生我，則我自
> 然矣。自己而然，則謂之天然。天然耳，非爲也。故以天言
> 之，所以明其自然也，豈蒼蒼之謂哉！而或者謂天籟役物使
> 從己也。夫天且不能自有，況能有物哉？故天者，萬物之總
> 名也，莫適爲天，誰主役物乎？故物各自生，而無所出焉。
> 此天道也。

成玄英疏云：

> 夫天者，萬物之總名，自然之別稱，豈蒼蒼之謂哉！故夫天
> 籟者，豈別有一物耶？即比竹眾竅，接乎有生之類是爾。尋
> 夫生生者誰乎？蓋無物也。故外不待乎物，內不資乎我，塊
> 然而生，獨化者也。是以郭注云：自己而然，則謂之天然。
> 故以天然言之者，所以明其自然也。而言吹萬不同。且風唯
> 一體，竅則萬殊。雖復大小不同，而各稱所受，咸率自知，

豈賴他哉！此天籟也。故知春生夏長，目視耳聽，近取諸
身，遠託諸物，皆不知其所以，悉莫辨其所然。使其自己，
當分各足，率性而動，不由心智，所謂亭之毒之，此天籟之
大意者也。

「咸其自取，怒者其誰耶？」郭注：

物皆自得之耳，誰主怒之使然哉？此重明天籟也。

成疏云：

自取，由自得也。言風竅不同，形聲乃異，至於各自取足，
未始不齊，而怒動為聲，誰使之然也？欲明群生亂紛，萬象
參差，分內自取，未嘗不足，或飛或走，誰使其然？故知鼓
之怒之，莫知其宰。此則重明天籟之義者也。

案：此兩注兩疏皆不出〈逍遙遊注〉中之旨。謂「天籟」即自然，
並非「別有一物」曰天籟，此亦不誤。蓋「人籟比竹是已，地籟眾
竅是已」，皆有物可指，而當子游問及天籟，則子綦卻並無可指以
示之，只說：「夫吹萬不同，而使其自己也，咸其自取，怒者其誰
耶？」此只以疑問語句暗示之。此即示：天籟並非一物，只是一
「意義」，一「境界」。此意義、此境界，即就「吹萬不同」之自
己、自取而暗示之，故即「自然」也。「自己而然，謂之天然」。
背後並無一怒（努）發之者使之如此。「而使其自己也」之「自

己」亦作「自已」。兩解皆通,於大旨不生影響。此句本不十分條
暢圓足。如無進一步校刊訓詁上之新發見,則連貫下兩句而觀之,
其意義亦顯豁可見。如作「自己」解,意即「吹萬不同,而使其成
為自己如此如此者,皆自取如此如此也。並無一努發之者使之如此
也」。如作「自已」解,則較複雜,「自已」即「自止」。已,止
也。意即「吹萬不同,而使其自息者,皆自取也。意即或起或止,
皆其自取,並無一怒發之者使之起或止」。此解稍差,不如前解直
接而順。故作「自己」為是。郭注成疏俱作自己解。(後解亦通,
亦儘有其長處。)無論「自己」或「自已」,貫而通之,皆示「自
然」義。天籟即就此「自然」而說,故是一「意義」,一「境
界」,而郭注亦說:「即眾竅比竹之屬,接乎有生之類,會而共成
一天耳。」「會而共成一天」,即個個圓滿具足,自己而然。天融
解於萬物之自然,而並非獨立之一物。故〈逍遙遊注〉云:「天地
者,萬物之總名也。」而此注亦云:「天者,萬物之總名也。」天
或天地被拆掉,即就萬物之自然而言天,此即天籟耳。下即申明此
天籟之自然直接所函之意義,即自生、自在,而化除因果方式下之
他生、他在、與他然。吾人必須先知此自生、自在,乃是繫於主體
之境界,即「自己無待,一切無待,自己平齊,一切平齊」之境
界。不可落於因果方式下,追求自生自在究如何而可能。即不可當
作一客觀問題而辯論之。如當作一客觀問題而辯論之,則即歧出,
立見自生自在之有問題,而亦遠離郭注自「無待」而言之「個個具
足」之境界。

　　然郭注云:「無既無矣,則不能生有;有之未生,又不能為
生。」此兩句實表現為一辯論之方式,故亦易引人當作一客觀問題

而辯論之。茲暫歧出，落於第二義，當作一客觀問題而辯論之，看有若何之歸結出現。

　　一、首先此足使吾人落於因果方式下，即使吾人意識膠著於生與被生之因果問題上。如此，則直接見出「無既無矣，不能生有」與《老子》「天下萬物生於有，有生於無」，「無名天地之始，有名萬物之母」之「無生有」，或「由無出有」之觀念相衝突。而《老子》根據「無為而無不為」，亦實可言「無生有」，「有自無出」。蓋無非死體，非頑空，乃一無限之妙用，其生有乃必然者。而郭注「無既無矣，則不能生有」，此即將無視作一單純之無，抽象而空名之無。此則未免於著。然窺其意似不如此之衝突。分解言之，即可說「無生有」。自主體之渾化境界言，則即無所謂「無生有」。故吾以「動觀則有，靜觀則無」解之。（有者有此「無生有」之義，無者無此義也。）而郭注之言「無既無矣，則不能生有」，是在「靜觀則無」之方式下說之。其初意只是將分解方式下置於萬物背後之「無」，翻上來，而自主體之渾化境界上以言之，故只剩一自足無待義。自足無待即自生、自在之自然也。此主體境界之自然即是「無」之境界，「一」之境界，「獨化」之境界，亦即是「與物冥而循大變」、「玄同彼我」之境界。故此自然、無、一，並非是靜態之死寂，乃是「與物冥而循大變」，皆當體如是如是之順應而化。即靜即動，即獨即化，即寂即照，即冥即會，故循變即恆常，遷流即無待。即無即有，非無非有之渾一境界也。並非單滯一邊，只將分解之無翻上來而已也。實將《老子》所分解以示之諸義，一起由芒忽恣縱之「詭辭為用」而渾圓之耳。渾圓之以顯自生自在之獨化，故排除「無生有」之因果方式也。而「無既無

矣，則不能生有」，實只為顯此義之一「滯辭」耳。而若作客觀問題以辨之，則滯中之滯也。是以當通其初義而活之。

　　二、若膠著於生與被生之因果問題上，則亦可有龍樹《中論》之「總無生」義、「生不可解」義。《中論》云：「諸法不自生，亦不自他生，不共不無因，是故總無生。」凡說「生」不外四可能：一、自生。二、他生。三、「自他共」生。四、無因生。但這四可能無一而可能。既是一物，何能自生？如是通常皆說他生。但他自他，我自我，他如何能生我？既不自生，亦不他生，自他合起來當然還是不能生。然則無因而生乎？世間寧有無因而生者？（郭象之自生、自在、自然，不是屬於此「無因而生」一可能。）既非無因而生，自當歸於有因。然有因生，又不外上三可能，而上三可能，又無一而可能。是故總無生。此言「總無生」，是示「生」一概念不可理解。佛家言「緣起」，不是吾人通常所想的積極意義，即，其本身不表示一個理性的因果性概念，因而亦不表示一物藉之可以理解者。緣生正表示「一物之生」之不可理解，然卻因眾緣和合，而宛然呈現。目的在說如幻如化，當體即空。故緣起即性空也。說有，不可解。說無，宛然現。以緣起明之，正示其無有自性也。所以如此，正因其根是「無明」。緣起之根是無明，即表示並無一積極的理性根據。既無積極的理性根據，則緣起自身自非一理性概念。（此只就《中論》說是如此。如依講如來藏緣起者，如《起信論》，則較複雜。一心開為二門，生滅依無明，亦憑依不生滅之真心。是則生滅緣起亦有正面之根據。但此正面之根據卻與通常想者不同，並不能使緣起成為一理性之概念。）故生總不可理解，總無生也（即性空宛現）。但此並非老、莊義；自亦非向、郭

之注《莊》意。故「無既無矣，則不能生有；有之未生，又不能為生」，並不可落於《中論》之「無生」義以解之。佛教有一套分解工作，老、莊與向、郭之注《莊》，對於萬物並無一套分解工作也。

　　三、若依休謨之狹隘的經驗主義之立場，生與被生之因果性亦可被破除。此自非郭注意。

　　四、若依理性主義之立場，由經驗上之因果關係而至充足理由，由充足理由而至第一因，則自可予因果性概念以超越之根據。此是經由一超越分解而至者。但《老》、《莊》與向、郭之注，皆無此超越之分解。（《老子》之言「無生有」，亦並非此種積極的超越分解，見上第二節。）故郭注之意亦非透過此超越分解之否定而言自然、自生、與自在。但若經由一超越分解而建立因果性，再自主體上之玄同彼我而渾化之，平靜之，則自生自在之境界仍可說。故無論有無此種超越之分解，對於郭注之意皆不生影響。但《中論》之分解（緣起觀之分解），與休謨之分解，卻與郭注之意不相融。

　　經由以上四義之考慮，郭注之意乃純經由「詭辭為用」而至之境界，不可歧出，落於第二義上，當作一客觀問題而辨之，明矣。故「無既無矣，則不能生有」云云，實只是顯境界義之自生自在之「滯辭」。吾人須活觀以通其意。若順其滯而滯之，須經過以上種種之考慮，而透出，而重反其初意。如此方不失郭注之玄理。

　　〈齊物論〉：「天下莫大於秋毫之末，而太山為小；莫壽於殤子，而彭祖為夭。天地與我並生，而萬物與我為一。」郭注云：

夫以形相對，則太山大於秋毫也。若各據其性分，物冥其
極，則形大未爲有餘，形小不爲不足。足於其性，則秋毫不
獨小其小，而太山不獨大其大矣。若以性足爲大，則天下之
足未有過於秋毫也；其性足者爲大，則雖太山亦可稱小矣。
故曰：天下莫大於秋毫之末，而太山爲小。太山爲小，則天
下無大矣；秋毫爲大，則天下無小也。無小無大，無壽無
夭，是以蟪蛄不羨大椿，而欣然自得；斥鷃不貴天池，而榮
願以足。苟足於天然，而安其性命，故雖天地未足爲壽，而
與我並生；萬物未足爲異，而與我同得。則天地之生又何不
並，萬物之得又何不一哉！

案：此不出「玄同彼我，與物冥而循大變」之旨。

「長梧子曰：是黃帝之所聽熒也，而丘也何足以知之！且女亦
大早計，見卵而求時夜，見彈而求鴞炙！」郭注：

夫物有自然，理有至極。循而直往，則冥然自合，非所言
也。故言之者孟浪，而聞之者聽熒。雖復黃帝，猶不能使萬
物無懷，而聽熒至竟。故聖人付當於塵垢之外，而玄合乎視
聽之表，照之以天，而不逆計，放之自爾，而不推明也。今
瞿鵲子方聞孟浪之言，而便以爲妙道之行，斯亦無異見卵而
責司晨之功，見彈而求鴞炙之實也。夫不能安時處順，而探
變求化，當生而慮死，執是以辯非，皆逆計之徒也。

案：成玄英疏「聽熒」句云：「聽熒，疑惑不明之貌也。夫至道深

玄，非名言而可究。雖復三皇五帝，乃是聖人，而詮辯至理，不盡其妙，聽熒至竟，疑惑不明。我是何人，猶能曉了！」據此，成玄英根據陸德明《釋文》，以丘為長梧子之自稱。實則不然，愈樾已明其非。此丘即孔子也。前文「聞諸夫子」，夫子亦指孔子言。故俞樾曰：「瞿鵲子必七十子之後人，所稱聞之夫子，謂聞之孔子也。」聞諸孔子云云。孔子以此義「為孟浪之言，而我以為妙道之行。吾子以為奚若？」故有長梧子之此答。曰：「是黃帝之所聽熒也」，意即「此黃帝之所疑惑不明者，汝與丘又何足以知之？」汝師孔子「以為孟浪之言」固非，即汝「以為妙道之行」亦非。其非即在逆計而空想耳。何曾真知？真知者不言，言之者皆妄耳。故郭注云：「循而直往，則冥然而合，非所言也。」又云：「故聖人付當於塵垢之外，而玄合乎視聽之表，照之以天，而不逆計，放之自爾，而不推明也。」此皆極當。惟中間「言之者孟浪，聞之者聽熒」諸句，則不貼切，意亦不顯明。

「眾人役役，聖人愚芚，參萬歲而一成純。」郭注：

> 純者，不雜者也。夫舉萬歲而參其變，而眾人謂之雜矣，故役役然勞形怵心，而去彼就此。唯大聖無執，故芚然直往，而與變化為一。一變化而常遊於獨者也。故雖參糅億載，千殊萬異，道行之而成，則古今一成也；物謂之而然，則萬物一然也。無物不然，無時不成，斯可謂純也。

案：此注亦佳。玄旨皆同。

「罔兩問景曰」至「惡識所以然，惡識所以不然。」郭注：

世或謂罔兩待景，景待形，形待造物者。請問：夫造物者，有耶無耶？無也，則胡能造物哉？有也，則不足以物眾形。故明眾形之自物，而後始可與言造物耳。是以涉有物之域，雖復罔兩，未有不獨化於玄冥者也。故造物者無主，而物各自造，物各自造，而無所待焉，此天地之正也。故彼我相因，形景俱生，雖復玄合，而非待也。明斯理也，將使萬物，各反所宗於體中，而不待乎外，外無所謝，而內無所矜。是以誘然皆生，而不知所以生；同焉皆得，而不知所以得也。今罔兩之因景，猶云俱生，而非待也，則萬物雖聚而共成乎天，而皆歷然莫不獨見矣。故罔兩非景之所制，而景非形之使，形非無之所化也。則化與不化，然與不然，從人之與由己，莫不自爾，吾安識其所以哉！故任而不助，則本末內外，暢然俱得，泯然無迹。若乃責此近因，而忘其自爾，宗物於外，喪主於內，而愛尚生矣。雖欲推而齊之，然其所尚已存乎胸中，何夷之得有哉？

案：此注可謂為逍遙義與天籟義之綜括。渾化有待無待而至絕對之無待，此之謂自爾、獨化。罔兩責景「無特操」。景曰：「吾有待而然者耶？吾所待，又有待而然者耶？吾待蛇蚹蜩翼耶？〔「待」字衍〕。惡識所以然，惡識所以不然！」此搖曳之筆即將有待無待之別，知與不知之辨，一切渾化而至一絕對之無待。故郭注以自爾、獨化明之，信不誤也。在依待方式下，景待形，形待造物，此超越之造物主之所以立也。若拆穿此依待之方式，則個個自爾，相忘而獨化，此即為天籟。「故明眾形之自物，而後始可與言造物

耳」，此即將超越之造物翻上來而消掉矣。消掉者，消融於玄冥之
中，而即就自爾獨化以言造物也。故云「造物者無主，而物各自
造。」此無主、自造、自爾、獨化之境，即主體境界形態下之道、
無、自然、與一也。（〈寓言〉篇：「予，蜩甲也，蛇蛻也，似之
而非也。」可證此處「吾待蛇蚹蜩翼耶」句中之「待」字衍。）

　　不獨有待無待如此渾化，即有無之分解對待，亦如此渾化。
〈齊物論〉曰：「有始也者，有未始有始也者，有未始有夫未始有
始也者。有有也者，有無也者，有未始有無也者，有未始有夫未始
有無也者。俄而有、無矣，而未知有、無之果孰有孰無也。今我則
已有謂矣，而未知吾所謂之其果有謂乎？」有始、無始，有有、有
無，俱是分解的追溯。雖溯而至於其極，究是辨解之執。《莊子》
不取此路，故收於主體上而一起渾化之。「俄而有、無矣，而未知
有、無之果孰有孰無也。」即將辨解追溯中之有無之滯，（抽象的
有無），渾化之而至一具體之無。此無是超然之玄冥之無，無相亦
無。有謂無謂，亦復如是。故云：「无謂有謂，有謂无謂，而遊乎
塵垢之外」，是即越乎有謂无謂而至絕對無言之玄冥。玄冥即遊
也。故郭注云：「與物冥而循大變」，遊亦即獨化也，故皆獨化於
玄冥之中。

　　〈庚桑楚〉篇：「有乎生，有乎死，有乎出，有乎入。入出而
無見其形，是謂天門。天門者，無有也。萬物出乎無有。有不能以
有為有，必出乎無有。而無有一無有，聖人藏乎是。古之人，其知
有所至矣。惡乎至？有以為未始有物者，至矣，盡矣，弗可以加
矣。其次以為有物矣，將以生為喪也，以死為反也，是以分已。其
次曰：始无有，既而有生，生俄而死；以无有為首，以生為體，以

死爲尻；孰知有無死生之一守者，吾與之爲友。」此與〈齊物論〉「俄而有、無矣，而未知有、無之果孰有孰無也」同。「而無有一無有，聖人藏乎是。」尤具玄義。吾舉此以明莊生之玄旨，並明郭注之不謬也。

第六節　向、郭之「養生」義

〈養生主〉篇：「吾生也有涯，而知也無涯。」郭注：

> 夫舉重攜輕，而神氣自若，此力之所限也。而尚名好勝者，雖復絕膂，猶未足以慊其願，此知之無涯也。故知之爲名，生於失當，而滅於冥極。冥極者，任其至分，而無毫銖之加。是故雖負萬鈞，苟當其所能，則忽然不知重之在身；雖應萬機，泯然不覺事之在己。此養生之主也。

「以有涯隨無涯，殆已。」郭注：

> 以有限之性，尋無極之知，安得而不困哉？

「已而爲知者，殆而已矣。」郭注：

> 已困於知，而不知止，又爲知以救之，斯養而傷之者，眞大殆也。

「爲善無近名，爲惡無近刑。」郭注：

> 忘善惡而居中，任萬物之自爲，悶然與至當爲一，故刑名遠
> 己，而全理在身也。

「緣督以爲經」郭注：「順中以爲常也」。人身督脈曰中脈，
故以中訓督。

「可以保身，可以全生，可以養親，可以盡年。」郭注：

> 苟得中而冥度，則事事無不可也。夫養生非求過分，蓋全理
> 盡年而已矣。

案：莊子言養生，即從生有涯，知無涯說起。「知」是用來作此問
題的一個一般關節，它有代表性與概括性，不只限於知之本身，而
知之本身亦當然是一重要關節。從其爲一般關節言，知是表示離其
自在具足之性分而陷於無限的追逐中。故郭注云：「知之爲名，生
於失當，而滅於冥極」。失當，則離其自性，此所以有知之名。是
「知之爲名」即代表一離其自性之無限追逐。凡陷於無限追逐而牽
引支離其性者，皆可爲知所概括。聲、色、名、利、仁、義、聖、
智，皆可牽引成一無限之追逐，而學與知本身當然亦是其中之一
項。此可總之曰生命之紛馳，意念之造作，意見之繳繞，與知識之
葛藤。此皆所謂離其自性之失當，亦即皆傷生害性者也。故養生之
主，亦即在「心」上作致虛守靜之工夫，而將此一切無限追逐消化
滅除，而重歸於其自己之具足，此即所謂「滅於冥極」也。冥極

者，滅除一切追逐依待而玄冥於其性分之極也。此即通於逍遙、齊物、自爾、獨化之境矣。若用於「有涯之生」，則性分之極即是「所稟之分各有極也」（郭注語）。冥於此極，即是不「歧出而失當」。故冥極即表示一虛靜渾化之工夫。所稟之分，雖各有極（有涯），而通過此「冥極」之工夫，則具足無待，自爾獨化，雖有涯而無涯矣（此「無涯」非「知無涯」之「無涯」）。亦即雖有涯而取得一「永恆而無限」之意義，「絕對而無待」之意義。故能「天地與我並生，而萬物與我為一」，即玄冥即逍遙，即逍遙即獨化。此即謂「全生」。故郭注云：「夫養生非求過分，蓋全理盡年而已矣」，「全理盡年」非是直接落於「有涯之生」上，展轉於糗糧膠醴之中以全之盡之。如此，則正是順世外道之自然主義。此固非老莊之旨，亦非向、郭之意也。蓋其「全理盡年」，正是由冥極而滅失當，消除其無限之追逐，而回歸於自在具足之境，此是由極深之虛靜工夫而至者。若不通過此虛靜冥極之工夫，而直接陷落於「有涯之生」上，內在於「有涯之生」之種種固有傾向而言之，則正是不能自在具足者，因而必是落於依待追逐中，而正不能全理盡年也。焉得有所謂「自爾獨化」之境乎？故「生於失當，滅於冥極」，其義深矣。非如庸俗之安分守己，吃點喝點，以適口腹之欲者之當分也。若如此解，則焉得有所謂玄理玄智者乎？

養生既在滅「無限追逐」之失當，則其在「心」上有一極深之虛靜工夫、甚顯。此工夫正代表一逆提逆覺之精神生活，此即所謂「逆之則成仙成道」也（用於儒家，則為「逆之則成聖成賢」。用於佛教，則亦須逆之以成佛。皆然）道家，工夫自心上作，而在性上得收穫。無論是「不離於宗」之天人，或不離於精，不離於真之

至人、神人，皆是從心上作致虛守靜之工夫。故《老子》云：「絕聖棄智、絕仁棄義、絕學無憂」。蓋正因此聖智、仁義、學與知，皆可牽引人而至無限之追逐；從此作虛靜渾化之玄冥工夫，始至天人、至人、神人之境，而養生之義亦攝於其中矣。此爲道家養生之本義。至於落在自然生命上，通過修煉之工夫，而至長生、成仙，則是順道家而來之「道教」，已落於第二義。當然此第二義亦必通於第一義。然原始道家卻並不自此第二義上著眼。嵇康之〈養生論〉卻正是自此第二義上著眼。而向、郭之注《莊》，卻是自第一義上著眼。

嵇康〈養生論〉云：

> 世或有謂神仙可以學得，不死可以力致者。或云：上壽百二十，古今所同。過此以往，莫非妖妄者。此皆兩失其情。請試粗論之。
>
> 夫神仙雖不目見，然記籍所載，前史所傳，較而論之，其有必矣。似特受異氣，稟之自然。非積學所能致也。至於導養得理，以盡性命，上獲千餘歲，下可數百年，可有之耳。而世皆不精，故莫能得之。

案：此開宗明義，首明神仙實有，惟「似特受異氣，非積學所能致」。此遮「神仙可學得，不死可力致」之說。神仙雖不可學得，並非修養即無效。亦猶聖人雖不必人人能至，不必道德實踐全無謂。故云：「至於導養得理，以盡性命，上獲千餘歲，下可數百年，可有之耳。」此即謂導養延年是可能者。此遮「上壽百二十，

古今所同。過此以往，莫非妖妄」之說。遮彼兩極端，基此中道以論養生。下即言服藥有效，以及人之無恆、縱情，遂至無成。此乃導養不得理，非服藥養生延年不可能也。

最後結之曰：

> 善養生者，則不然矣。清虛靜泰，少私寡欲。知名位之傷德，故忽而不營，非欲而強禁也。識厚味之害性，故棄而弗顧，非貪而後抑也。外物以累心不存，神氣以醇白獨著。曠然無憂患，寂然無思慮。又守之以一，養之以和。和理日濟，同乎大順。然後蒸以靈芝，潤以醴泉，晞以朝陽，綏以五絃。無爲自得，體妙心玄。忘歡而後樂足，遺生而後身存。若此以往，恕〔當爲庶〕可與羨門比壽，王喬爭年。何爲其無有哉？〔案：此文見《文選》及《藝文類聚》七十五，《全三國文》卷四十八〕

此最後之結語，即表示雖從第二義入手，而通於第一義。「清虛靜泰，少私寡欲」，即第一義也。此蓋爲養生之必要條件。然後再進至第二義之充足條件，始可得延年益壽。此論並無不是。稍識道家義者，亦必不至有異辭。何可難之有？然嵇康有此〈養生論〉，而向秀卻正好又有〈難嵇叔夜養生論〉。（嚴輯《全晉文》，卷七十二）辭意鄙俗，全非道家之立場，尤不類注《莊》之思想。此甚可怪。其辭有曰：

> 若夫節哀樂、和喜怒、適飲食、調寒暑，亦古人之所修也。

至於絕五穀、去滋味、窒情欲、抑富貴，則未之敢許也。何以言之？

夫人受形於造化，與萬物並存，有生之最靈者也。異於草木，〔……〕殊於鳥獸。〔……〕有動以接物，有智以自輔。〔……〕若閉而默之，則與無智同。何貴於有智哉？有生則有情，稱情則自然。若絕而外之，則與無生同。何貴乎有生哉？〔案：此全非道家義，亦非注《莊》義。〕且夫嗜欲，好榮惡辱，好逸惡勞，皆生於自然。〔案：此全非注《莊》之「自然」。〕夫天地之大德曰生，聖人之大寶曰位。崇高莫大於富貴。然富貴、天地之情也。〔……〕此先王所重，關之自然。不得相外。〔……〕或睹富貴之過，因懼而背之，是猶見食之有噎，因終身不飡耳。〔案：此全非注《莊》之義理。〕〔……〕夫人含五行而生，口思五味，目思五色，感而思室，饑而求食，自然之理也。但當節之以禮耳。今五色雖陳，目不敢視，五味雖存，口不得嘗，以言爭而獲勝則可，焉有勻藥爲荼蓼，西施爲嫫母，忽而不欲哉？〔案：此純俗情，與道家義及其注《莊》毫無關係。〕苟心識可欲而不得從，性氣困於防閑，情志鬱而不通，而言養之以和，未之聞也。〔案：此若非白癡語，即裝癡語。若眞稍識老莊，焉得謂「未之聞也」。〕〔……〕若性命以巧拙爲長短，則聖人窮理盡性，宜享遐期。而堯舜禹湯文武周孔，上獲百年，下者七十，豈復疏於導養耶？顧天命有限，非物所加耳。且生之爲樂，以恩愛相接。天理人倫，燕婉娛心，榮華悅志。服饗滋味，以宣五情。納御聲色，以達性

氣。此天理之自然，人之所宜，三王所不易也。今若舍聖軌
而恃區種，離親棄懽，約己苦心，欲積塵露以望山海，恐此
功在身後，實不可冀也。從令勤求，少有所獲，則顧影尸
居，與木石爲鄰，所謂不病而自炙，無憂而自默，無喪而疏
食，無罪而自幽，追虛徼幸，功不答勞。以此養生，未聞其
宜。故相如曰：必若長生而不死，雖濟萬世，猶不足以喜。
言背情失性，而不本天理也。長生猶且無懽，況以短生守之
耶？

案：此種順世外道，反動放縱之論，焉得謂爲稍有學養者？如果今
之郭注眞是竊自向秀，則不得以此定向秀。此文必有委曲。此非
吾所能考。如果以此文定向秀，則向秀決不能有如郭注之注
《莊》，或非注《莊》時之向秀。若以齊一論之，則只有兩可能：
或者未注《莊》，或者未作此文。但人之思想有發展，人之表示意
見亦常有特殊之機緣與心理。如是亦可有第三可能，即：向秀既可
注《莊》，亦可作此文。即此中含有思想發展中成熟不成熟之問
題。亦含有在特殊之機緣與心理下而作之之問題。《晉書》卷四十
九〈向秀傳〉：「又與康論養生，辭難往復，蓋欲發康高致也。」
此「發康高致」四字甚有意思。此或是故作俗論以發康之高致。總
之，若眞是「向、郭二《莊》，其義一也」，則當以注《莊》爲
主，決不可以此文定向秀。此吾所可斷言者。而或者以其莊注牽合
此文之思想，則吾未見其當。

　　茲再歸於郭注「知之爲名，生於失當，滅於冥極」之義而言
之。

〈人間世〉篇云：「且若亦知夫德之所蕩，而知之所爲出乎哉？德蕩乎名，知出乎爭。名也者，相札〔軋〕也；知也者，爭之器也。二者凶器，非所以盡行也。」可見名與知非善事。故郭象於此注云：「夫名知者，世之所用也。而名起則相軋，知用則爭興。故遺名知，而後行可盡也。」「遺名知」，即是滅名知於冥極。知生於失當，名亦生於失當。皆歧出也。歧出而相札以名，則反而蕩其德。歧出而相爭以知，則反而傷其生。故必「遺名知」而化之於玄冥之境，而後德可保，而生可全。故最後孔子告顏回以「心齋」，「一宅而寓於不得已，則幾矣」。繼言：「絕迹易，無行地難」、「聞以有翼飛者矣，未聞以無翼飛者也；聞以有知知者矣，未聞以無知知者也」。此即提出不飛之飛，無知之知。有知之知皆歧出之失當，皆在無限追逐中表現：順官覺經驗而牽引，順概念思辨而馳騖，在主客對待之關係中而撐架。「滅於冥極」者，即以玄冥而滅此牽引，滅此馳騖，滅此對待關係之撐架，而歸於「無知之知」。「無知之知」即「無知而無不知」。根本是一個止，而即止即照。止是無知，照是無不知。故接上「無知知」而言：「瞻彼闋者，虛室生白，吉祥止止。夫且不止，是之謂坐馳。夫徇耳目內通，而外於心知，鬼神將來舍，而況人乎！是萬物之化也，禹舜之所紐也，伏戲几蘧之所行終，而況散焉者乎！」

郭象於此注曰：

夫使耳目閉而自然得者，心知之用外矣。故將任性直通，無往不冥，尚無幽昧之責，而況人間之累乎？」〔此注「耳目內通」等四句。〕

又曰：

> 言物無貴賤，未有不由心知耳目以自通者也。故世之所謂知
> 者，豈欲知而知哉？所謂見者，豈爲見而見哉？若夫知見可
> 以欲而爲得者，則欲賢可以得賢，爲聖可以得聖乎？固不可
> 矣。而世不知知之自知，因欲爲知以知之；不見見之自見，
> 因欲爲見以見之；不知生之自生，又將爲生以生之。故見目
> 而求離朱之明，見耳而責師曠之聰，故心神奔馳於內，耳目
> 竭喪於外，處身不適，而與物不冥矣。不冥矣，而能合乎人
> 間之變，應乎世世之節者，未之有也。

案：此注在「況散焉者」下，實非注該四句，乃總括上來一大段而
綜注其大意，而歸於「無知之知」。「未有不由心知耳目以自
通」，卻非順心知耳目追逐以自通，而乃「滅於冥極」以內通。
「徇耳目內通，而外於心知」，即停止意必固我之造作（此皆造作
之心知之用），而使耳目不順刺激以外用。耳目之內通，即是郭注
所謂耳目之「自見」。「自見」者，非「爲見以見之」。「爲見以
見之」，即是有心知之造作。有心知之造作，則耳目即不能內通，
而「竭喪於外」矣。但是心知亦有其自然之明。順其「自然之明」
而冥之，則心知之知即是「自知」。「自知」者，非「爲知以知
之」。爲知以知之，即是以心知之造作而使之知。「使之知」，則
心知之明亦不能內通而自知，而落於追逐之外知，此所謂「心神奔
馳於內」也。推而廣之，則生亦是「自生」。「自生」者，非「爲
生以生之」。爲生以生之，則亦是心知之造作，而一切皆不自然

矣。故知、自知，見、自見，生、自生，即是一切皆內通而不殉於外也。此之謂「吉祥止止」，亦即冥極也。冥極，則「知、自知」即是無知而無不知，「見、自見」即是無見而無不見，「生、自生」即是無生而無不生。無知之知，無「知相」也。無見之見，無「見相」也。無生之生，無「生相」也。何謂知相？主客對待關係之撐架，即「知相」也。何謂「見相」？有見與被見，即「見相」也。何謂「生相」？有生與被生，即「生相」也。無此諸相，則一切「自爾」。見目不求離朱之明，則目之明「無成與虧」，而目明圓矣。見耳不求師曠之聰，則耳之聰「無成與虧」，而耳聰圓矣。見心不求聖智之明，則心之明「無成與虧」，而心明圓矣。故〈齊物論〉云：「有成與虧，故昭氏之鼓琴也；無成與虧，故昭氏之不鼓琴也。」此之謂玄冥。故郭注之自見，自知，自生，實是一大詭辭所至之「至止」，無悖於莊生之玄旨也。

〈人間世〉：「福輕乎羽，莫之知載。」郭注：

> 足能行而放之，手能執而任之；聽耳之所聞，視目之所見；知止其所不知，能止其所不能；用其自用，為其自為：恣其性內，而無纖介於分外，此無為之至易也。無為而性命不全者，未之有也；性命全而非福者，理未聞也。故夫福者，即向之所謂全耳，非假物也。豈有寄鴻毛之重哉！率性而動，動不過分，天下之至易者也；舉其自舉，載其自載，天下之至輕者也。然知以無涯傷性，心以欲惡蕩真，故乃釋此無為之至易，而行彼有為之至難，棄夫自舉之至輕，而取夫載彼之至重，此世之常患也。

案：此注亦甚美，綜括養生全性之大意。此純從第一義上言，有一毫類乎〈難養生論〉者乎？放之，任之，即是任足之「行其自行」，任手之「執其自執」。「聽耳之所聞」即是任耳之「聽其自聽」。「視目之所見」即是任目之「視其自視」。「知止其所不知」即是任知之「知其自知」。「能止其所不能」即是任能之「能其自能」。推之，「用其自用，為其自為」，皆然。此即上文之自知、自見、自生，一切皆「自爾」。亦即此注所謂「恣其性內，而無纖介於分外，此無為之至易也」，「至易」亦猶《易經》之言「簡易」，皆非直接反應之平擺，不可掉之以輕心。皆是經過一對於追逐之否定，所謂「滅於冥極」，而顯出者。無有一毫心知之造作，牽引歧出而假於物。一歧出而假於物，則所假者雖至輕如羽毛，亦至重而至難。此非養生全性之至福也。故至福無假，即是至易至輕。此非比較中者。故「至易」無易相，「至輕」無輕相，而唯是一「全」。「行其自行」，則行全，「視其自視」，則視全。「行全」無行相，「視全」無視相。此即謂「以無翼飛」，「以無知知」。《易》所謂「不疾而速，不行而全」也。一念歧出，則「禍重乎地」。所謂「知以無涯傷性，心以欲惡蕩真」也。此皆落於假物之追逐中，「弱喪而不知歸者也」，「溺之所為之，不可使復之也」（皆〈齊物論〉語）。故「釋此無為之至易，而行彼有為之至難，棄夫自舉之至輕，而取夫載彼之至重，此世之常患也。」亦即「人之生也，固若是其芒乎？」（〈齊物論〉）滅芒歸全，即是「率性而動」。此「率性」是道家義，非儒家義。讀者知之。

〈大宗師〉：「知天之所為，知人之所為者，至矣。知天之所為者，天而生也。」郭注：

天者，自然之謂也。夫爲爲者不能爲，而爲自爲耳；爲知者不能知，而知自知耳。自知耳，不知也，不知也，則知出於不知矣；自爲耳，不爲也，不爲也，則爲出於不爲矣。爲出於不爲，故以不爲爲主；知出於不知，故以不知爲宗。是故眞人遺知而知，不爲而爲，自然而生，坐忘而得。故知稱絕，而爲名去也。

案：此注與前〈人間世〉兩段注意全同。「爲爲」、「爲知」，即前所謂「欲知而知」，「爲見而見」。意即以心知之造作，有意去知之，有意去見之。此即歧出而落於追逐。故有意爲之，「不能爲」。滅此「有意爲」之歧出，而歸於「冥極」，則「爲，自爲耳」。此即前注「用其自用，爲其自爲」、「舉其自舉，載其自載」之意也。「自知耳」亦同。「爲其自爲」，即是「不爲爲之」。故「不爲也，則爲出於不爲矣」。「知其自知」亦同。「不爲爲之」，無「爲」相。「不知知之」，無「知」相。無「爲」相，則「爲名去」，無「知」相，則「知稱絕」。此解「知天之所爲者，天而生也。」

〈大宗師〉：「知人之所爲者，以其知之所知，以養其知之所不知。終其天年，而不中道夭者，是知之盛也。」郭注云：

人之生也，形雖七尺，而五常必具，故雖區區之身，乃舉天地以奉之。故天地萬物，凡所有者，不可一日而相無也。一物不具，則生者無由得生；一理不至，則天年無緣得終。然身之所有者，知或不知也；理之所存者，爲或不爲也。故知

之所知者寡，而身之所有者眾；爲之所爲者少，而理之所存
者博。在上者莫能器之而求其備焉。人之所知不必同，而所
爲不敢異，異則僞成矣，僞成而眞不喪者，未之有也。或好
知而不倦，以困其百體，所好不過一枝，而舉根俱弊。斯以
其所知而害所不知也。若夫知之盛也，知人之所爲者有分，
故任而不強也。知人之所知者有極，故用而不蕩也。故所知
不以無涯自困，則一體之中，知與不知闇相與會，而俱全
矣。斯以其所知養所不知者也。

案：「知天之所爲者，天而生也」。「知人之所爲者」，則知「生
有涯，知無涯，以有涯隨無涯殆已。」故泯無涯之追求，而歸於
「知之自知」，則歧出之疲命自困可以止矣。人之所知所爲，本屬
有限。知其有限而不強不蕩，即不牽引歧出而落於無涯之追逐。不
落於無涯之追逐，而歸於「知其自知，爲其自爲」，則雖與有涯之
生同其有涯，卻亦同歸於玄冥之「自爾」，而無不知、無不爲。如
是，則自知無知相，自爲無爲相，而知與爲俱全矣。知爲俱全，則
雖有限，而取得無限之意義。而吾有涯之生亦可得養而全矣。全則
亦無限也。此之謂「眞人」（〈大宗師〉篇之眞人）。亦即所謂
「以其知之所知，以養其知之所不知」也。而郭注亦云：「所知不
以無涯自困，則一體之中，知與不知闇相與會，而俱全矣。」此言
可謂至恰而美矣，無餘蘊矣。以所知養所不知，即以有限之知滲透
於「所不知」，而知與不知一矣。反之，所不知亦反而養所知，而
全部「所不知」滲透於知之所知，而不知與知亦一矣。此之謂「闇
相與會，而俱全也」。而吾人之常患，則總想以心知之造作，抽離

其心知,「欲知而知之,為見而見之」,期欲以無涯之追逐,窮盡一切「所不知」。殊不知愈追愈遠,「所不知」永不能盡。此之謂「心神奔馳於內,耳目竭喪於外」也。而此注亦云:「所好不過一枝,而舉根俱弊」也。吾曾總謂之為「生命之離其自己」。一切追逐之學問皆是「生命之離其自己」,此《老子》所謂「為學日益」也。而「生命之在其自己」,則歸於自爾獨化,《老子》所謂「為道日損」也。「損之又損,以至於無為」,則「一體之中,知與不知闇相與會」矣。

以上分別言「知天之所為,知人之所為」。能如此知,固已至矣。然而莊子飄忽之筆,固不止此。故下文又泯此知而渾化之,無一相可著也。故云:「雖然,有患。〔注:雖知盛,未若遺知任天之無患也。〕夫知有所待而後當,〔注:夫知者未能無可無不可,故必有待也。若乃任天而生者,則遇物而當也。〕其所待者,特未定也。庸詎知吾所謂天之非人乎?所謂人之非天乎?」天待人而顯,人待天而見。即知天之所為,知人之所為,亦「有所待而後當」。「其所待者,特未定也」。焉知天之非人乎?人之非天乎?天人相與為一冥,天即人,人即天也。天即人,天而非天也。人即天,人而非人也。「知稱絕,為名去」,則人而天也。天者自然之謂也,則天而人矣。此之謂「闇相與會,而俱全也」。

〈大宗師〉:「子桑戶、孟子反、子琴張三人相與友,曰:『孰能相與於無相與,相為於無相為?』」注云:

　夫體天地,冥變化者,雖手足異任,五藏殊官,未嘗相與,而百節同和,斯相與於無相與也;未嘗相為,而表裡俱濟,

> 斯相爲於無相爲也。若乃役其心志，以卹手足，運其股肱，
> 以營五藏，則相營愈篤，而外內愈困矣。故以天下爲一體
> 者，無愛爲於其間也。

此即「魚相忘於江湖，人相忘於道術」。相忘即是「相與於無相與，相爲於無相爲。」此爲橫的「闇相與會」。而「知與不知闇相與會」，則爲縱的也。成玄英疏該注云：「〔……〕知之所知者，謂目知於色，即以色爲所知也。知之所不知者，謂目能知色，不能知聲，即以聲爲所不知也。」此疏知與不知，非。又云：「既而目爲手足而視，腳爲耳鼻而行，雖復無心相爲，而濟彼之功成矣。」此疏「知與不知，闇相與會」，亦非。審之可知。談「養生義」止於此。

第七節　向、郭之「天刑」義

〈德充符〉：「魯有兀者叔山无趾，踵見仲尼。仲尼曰：『子不謹，前既犯患若是矣。雖今來，何及矣！』無趾曰：『吾唯不知務，而輕用吾身，吾是以亡足。今吾來也，猶有尊足者存，吾是以務全之也。夫天無不覆，地無不載，吾以夫子爲天地，安知夫子之猶若是也？』孔子曰：『丘則陋矣。夫子胡不入乎？請講以所聞。』無趾出。孔子曰：『弟子勉之！夫無趾，兀者也，猶務學，以復補前行之惡，而況全德之人乎！』無趾語老聃曰：『孔丘之於至人，其未耶？彼何賓賓以學子爲？〔賓賓猶頻頻。〕彼且蘄以諔詭幻怪之名聞！不知至人之以是爲己桎梏耶？』」郭注云：

夫無心者，人學亦學。然古之學者爲己，今之學者爲人，其
弊也，遂至乎爲人之所爲矣。夫師人以自得者，率其常然者
也；舍己劾人，而逐物於外者，求乎非常之名者也。夫非常
之名，乃常之所生。故學者，非爲幻怪也，幻怪之生，必由
於學；禮者非爲華藻也，而華藻之興，必由於禮。斯必然之
理，至人之所無奈何。故以爲己之桎梏也。

「老聃曰：『胡不直使彼以死生爲一條，以可不可爲一貫者，
解其桎梏，其可乎？』」注云：

欲以直理冥之，冀其無跡。

「無趾曰：『天刑之，安可解！』」注云：

今仲尼非不冥也。顧自然之理，行則影從，言則響隨。夫順
物，則名跡斯立，而順物者非爲名也。非爲名，則至矣，而
終不免乎名，則孰能解之哉？故名者影響也，影響者，形聲
之桎梏也。明斯理也，則名跡可遺；名跡可遺，則尚彼可
絕；尚彼可絕，則性命可全矣。

案：此兩注甚精。〈德充符〉者，「德充於內，應物於外。外內玄
合，信若符命。」（郭注語）
　　「德充於內」之德，可直就道家之「德」言。「孔德之容，唯

道是從」，德是道之內容的表示，道是德之外延的表示。能將道體
而有之，即謂之德。體道而為德，即所謂「德充於內」也。德充於
內，如真是具體之德，具體之充，則必「應物於外」。不「應物於
外」者，則德是抽象之德，充亦是抽象之充。抽象之德，是隔離
地單言「德之自己」，單顯德之「在其自身」。抽象之充，是只抽
象地言此德為吾人之體，此亦只是充之在其自身。充之在其自身實
不是具體之充。非具體之充，故亦非真能「德充於內」也。真能
「德充於內」者，則德為具體之德，而充始真為具體之充也。具體
之德，則德必起用。具體之充，則充必應物。充必應物，則「名跡
斯立」。德必起用，則德不虛懸。然則起用應物者，是具體之德，
具體之充，所必然不可免，而亦理上必應如此者。自「德充於內」
言，則謂之「冥」。自「應物於外」言，則謂之「迹」。情尚於冥
者，則以迹為己之桎梏。故必絕迹而孤冥。然絕迹而孤冥，則非其
至者也。既非大成渾化之境，而冥亦非真冥也。非真冥者，孤懸之
冥也，猶執著於冥也。此猶佛教小乘之怖畏生死而欣趣涅槃也。然
欣趣涅槃，即非真涅槃。唯佛始真涅槃。而佛之涅槃即不涅槃。佛
之涅槃與不涅槃，皆是方便，而其本身即無所謂涅槃不涅槃也。此
之謂渾化之大冥。大冥者，冥即迹，迹即冥，迹冥如一也。迹冥如
一，則迹之桎梏不可免。桎梏不可免，則謂之天刑。「不可解」之
謂天刑。知「天刑」，則情尚於冥者，即消化此冥，而亦不以桎梏
為桎梏也。安焉受之而已矣。此孔子所以自稱為「天之戮民也」。
（〈大宗師〉）佛教菩薩「留惑潤生」亦復如是。同體大悲，不捨
眾生，則惑即不惑也。涅槃即不涅槃也。天刑安可解哉？郭注即以
此境說聖人。《莊子》假託兀者與老聃之問答，寄此境於仲尼。表

面觀之，爲貶視，而實則天地氣象之孔子實眞能持載一切也。孔子自居爲「戮民」，以一身受天刑，持載天下之桎梏而應物，豈眞無本而徒逐物者乎？若眞以莊生之言爲譏貶孔子者，則誠愚陋之心也哉！夫莊生能言天刑、戮民，則其狂言誠非情尙於冥之邊見小成也。彼於〈人間世〉，假託顏回與孔子以明至理，其崇敬孔子可知。〈德充符〉，假託兀者與老聃之問答，以烘托「惟聖人爲能受狂言」。復於〈大宗師〉，假託子貢與孔子之問答，以明孔子爲「天之戮民」。則其心境之通透與蒼涼居可知矣。其視孔子爲「大智若愚」、「大方無隅」，亦居可知矣。亦猶〈逍遙遊〉言「堯讓天下於許由」，非眞崇尙許由者也。凡此寄言出意之祕密藏，竟爲向、郭所掘發，則所謂「發明奇趣，振起玄風」者，誠有以夫。故王弼曰：「聖人體無者」，而郭象此注即曰：「今仲尼非不冥也。」前注〈逍遙遊〉亦云：「夫堯實冥矣，其迹則堯也。」此皆明以大成圓教寄之於堯與孔子。然則孔子稱堯舜，與儒門稱孔子，固有其正面之稱道，而莊生之稱道則出之以「正言若反」也。而其所以「正言若反」者，則因其智甚通透，而又不能直承仁體以言應物也（又不能如佛教之言大悲以潤生）。此其所以有桎梏、天刑、戮民等詭辭所示之蒼涼悲感之境也。（蒼涼悲感是智者型之無可奈何。通透圓境矣，卻是消極意義之通透。而居宗體極者之承悲心仁體以言圓，則卻是積極的。故《莊子》書中有天刑、戮民等字樣，而儒門中無此字樣也。佛門中亦無此字樣也。此哲人型之老莊之所以異於聖人型之釋迦與孔子也。）

〈大宗師〉：「莫然有間，而子桑戶死，未葬。孔子聞之，使子貢往侍事焉。或編曲，或鼓琴，相和而歌。曰：『嗟來桑戶乎！

嗟來桑戶乎！而已反其眞，而我猶爲人猗！』」郭注：

> 人哭亦哭，俗内之跡也。齊生死，忘哀樂，臨尸能歌，方外
> 之至也。

「子貢趨而進曰：『敢問臨尸而歌，禮乎？』二人相視而笑，曰：『是惡知禮意！』」郭注：

> 夫知禮意者，必遊外以經内，守母以存子，稱情而直往也。
> 若乃矜乎名聲，牽乎形制，則孝不任誠，慈不任實，父子兄
> 弟，懷情相欺，豈禮之大意哉！

「子貢反，以告孔子，曰：『彼何人者耶？修行無有，而外其形骸，臨尸而歌，顏色不變，無以命之。彼何人者耶？』孔子曰：『彼，遊方之外者也；而丘，遊方之内者也。』」郭注：

> 夫理有至極，外内相冥，未有極遊外之致，而不冥於内者
> 也；未有能冥於内，而不遊於外者也。故聖人常遊外以宏
> 内，無心以順有，故雖終日揮形，而神氣無變，俯仰萬機，
> 而淡然自若。夫見形而不及神者，天下之常累也。是故睹其
> 與群物並行，則莫能謂之遺物而離人矣；睹其體化而應務，
> 則莫能之坐忘而自得矣。豈直謂聖人不然哉？乃必謂至理之
> 無此！是故莊子將明流統之所宗，以釋天下之可悟，若直就
> 稱仲尼之如此，或者將據所見以排之，故超聖人之内迹，而

寄方外於數子。宜忘其所寄，以尋述作之大意。則夫遊外宏
內之道，坦然自明。而莊子之書，故是涉俗蓋世之談矣。

「外內不相反，而丘使汝往弔之，丘則陋矣。彼方且與造物者
爲人，〔人，相人偶之人，偶也，友也〕，而遊乎天地之一氣。彼
以生爲附贅縣疣，以死爲決疣潰癰，夫若然者，又惡知死生先後之
所在！假於異物，託於同體；忘其肝膽，遺其耳目；反覆終始，不
知端倪；芒然彷徨乎塵垢之外，逍遙乎無爲之業。彼又惡能憒憒
然，爲世俗之禮，以觀衆人之耳目哉？』子貢曰：『然則夫子何方
之依？』孔子曰：『丘，天之戮民也。』」郭注：

> 以方內爲桎梏，明所貴在方外也。夫遊外者依內，離人者合
> 俗，故有天下者，無以天下爲也。是以遺物而後能入群，坐
> 忘而後能應務，愈遺之，愈得之。苟居斯極，則雖欲釋之，
> 而理固自來，斯乃天人之所不赦者也。

案：莊子假孔子之言以明「方外」之旨，並述孔子自稱爲「天之戮
民」，爲「遊方之內者」。則孔子之內外通透，而無沾滯，甚明。
「外內不相及，而丘使汝往弔之，丘則陋矣」。坦然自稱爲陋，則
「唯聖人爲能受狂言」，亦甚明。能自認陋，則即不陋。能自認爲
「遊方之內」，則即能體無而通於方之外。然則在孔子，外內豈眞
不相及哉？故郭注云：「仲尼非不冥也。」又云：「未有極遊外之
致，而不冥於內者也；未有能冥於內，而不遊於外者也。故聖人常
遊外以宏內，無心以順有。」冥者玄合也。外內相與爲一冥，豈有

限隔哉？限隔者，皆偏執之情也。此眞爲對立而不相及矣。然則對立而以爲不相及者，在許由，在方外之數子（子桑戶、孟子反、子琴張等），而不在堯與孔子也。莊子假許由與方外之數子以顯本，而本之無固已體之於堯與孔子，故即假託堯與孔子以明大成之圓境。此義也，爲向、郭所掘發而盛闡之。故「理有至極，外內相冥」。外內固不應限隔，而停於偏執之階段。外內相冥，即迹冥如一。此至極之理所必應如此，固不在孔子不孔子也。至極之理，即大成圓敎也。

外內相冥，則「遊外以宏內，無心以順有」。「終日言而未嘗言」、「以無心意而現行」、「不動等覺而建立諸法」。（僧肇〈般若無知論〉所引佛經語）終日言未嘗言，則無迹也。《老子》云：「善行無轍迹」、「遊外以宏內」，不無也。「無心以順有」，不有也。不有不無，則雖迹而無迹，雖冥而不冥。此至人之至極也。然「絕迹易，無行地難。」（〈人間世〉孔子語）順有宏內，則不能「無行地」。無迹，言其無執之心境。而「行則影從，言則響隨」，則又不能無「名迹」。內觀無迹，外觀有迹。「故學者，非爲幻怪也，幻怪之生必由於學；禮者非爲華藻也，而華藻之興必由於禮。」此至人之所無可奈何，乃必然有之桎梏。此孔子之所以自居爲「天之戮民」，而兀者叔山無趾之所以謂爲「天刑」也。「遺物而後能入群，坐忘而後能應務，愈遺之，愈得之。苟居斯極，則雖欲釋之，而理固自來，斯乃天人之所不赦者也。」故曰天刑，又曰天之戮民。實則不是「遺物而後能入羣」，當推進一步說，眞正而具體之遺物必入羣，眞正而具體之坐忘必應物。必入羣，必應務，是眞「雖欲釋之，而理固自來」，斯眞乃天人之所不

赦者也。儒者謂爲承體起用、開物成務，乃充實飽滿之教，而莊生則謂爲「天刑」。是則一切聖人皆是「天之戮民」，皆直接承當此天刑而不捨者也。此亦即大乘佛教所以必發展至「如來藏緣起」之密義也。

（案：大乘空宗，惟是一般地言緣起性空，以般若照空爲主。唯識宗則將一切法統攝於業識之流，而言賴耶緣起。此爲經驗之識心。轉識成智，則證圓成實之眞如。《大乘起信論》以及《楞伽》、《勝鬘》等經，則言如來藏自性清淨心。此於經驗識心外，點出超越之眞心。如來者，如是體，來是用。如來者乘如而來，自亦可乘如而去。來去自如，謂之如來。自如而言，謂之體、謂之冥、謂之自性清淨，不生不滅。自來而言，則謂之用、謂之迹、謂之過恆沙不思議佛法功德。此即迹冥如一，體無而必起用。有空如來藏，有不空如來藏。離無明妄染，謂之空如來藏。具無量不思議佛法功德，謂之不空如來藏。如來眞心，因無明風動而有妄染生滅，妄染生滅亦憑依如來藏而起。此所謂「如來藏緣起」也。亦《起信論》所言一心開二門也。即生滅與不生滅之二門。《勝鬘夫人經》謂「有二法難可了知：謂自性清淨心難可了知。彼心爲煩惱所染，亦難可了知。」此中確極深微嚴肅，須能明徹。如來眞心「若離若脫若異一切煩惱藏」，則名「空如來藏」。空如來藏呈現即具「過於恆沙不脫不異不思議佛法」，則謂「不空如來藏」。自此「不空如來藏」言，亦得曰「如來藏緣起」。惟此緣起是無漏功德，乃眞體現眞心後所自生之不思議佛法功德。非妄染緣起也。然既曰緣起，既曰不思議佛法功德，則即不能無生滅之迹。蓋此皆屬於用，屬於事也。而乘如而來，則生滅即不生滅，用即體，事即理，皆有永恆

之意義。此即謂有聲有色之牟尼大法身：色心不二，智如不二，非灰身滅智之小乘涅槃也。一切生滅法統依於如來眞心，則一旦翻上來，則一切法皆佛法。此亦大成圓敎之境也。然旣有聲色，機感衆生，非爲幻怪，而幻怪必由乎此，非爲華藻，而華藻必由乎此。彼無量不思議佛法功德實亦即「行則影從，言則響隨」。自莊生觀之，皆天刑之桎梏也。「有一衆生不成佛，我誓不成佛」，則佛之成佛必以無量衆生爲內容。全佛是衆生，全體衆生入於佛。此亦可說「心佛與衆生，無二亦無別」。如此，則佛亦必然是「天之戮民」也，與孔子無以異。豈有高蹈空掛之佛哉？）

第八節　向、郭之「四門示相」義

〈應帝王〉：「鄭有神巫曰季咸，知人之死生存亡，禍福壽夭，期以歲月旬日，若神。鄭人見之，皆棄而走。列子見之而心醉。歸，以告壺子，曰：『始吾以夫子之道爲至矣，則又有至焉者矣。』壺子曰：『吾與汝旣其文，未旣其實，而固得道與？衆雌而無雄，而又奚卵焉！而以道與世亢，必信，夫故使人得而相汝。嘗試與來，以予示之。』明日，列子與之見壺子。出而謂列子曰：『嘻！子之先生死矣！弗活矣！不以旬數矣！吾見怪焉！見濕灰焉！』列子入，泣涕沾襟，以告壺子。壺子曰：『鄉吾示之以地文，萌乎不震不正。』」〔俞樾曰：「《列子·黃帝篇》作『罪乎不諴不止』，當從之。『罪』讀爲『崒』。《說文·山部》作崒，云『山貌』，是也。『諴』即『震』之異文。『不諴不止』者，不動不止也。故以『崒乎』形容之。言與山同也。今『罪』誤作

『萌』，『止』誤作『正』，失其義矣。據《釋文》，則崔本作
『不諓不止』，與《列子》同，可據以訂正」。〕郭注：

> 萌然不動，亦不自正，〔案：此兩句，當據俞說訂正。〕與
> 枯木同其不華，濕灰均於寂魄，此乃至人無感之時也。夫至
> 人，其動也天，其靜也地，其行也水流，其止也淵默。淵默
> 之與水流，天行之與地止，其於不爲而自爾，一也。今季咸
> 見其尸居而坐忘，即謂之將死；覩其神動而天隨，因謂之有
> 生。誠應不以心，而理自玄符，與變化升降，而以世爲量，
> 然後足爲物主，而順時無極，故非相者所測耳。此〈應帝
> 王〉之大意也。

成疏：

> 文，象也。震，動也。地以無心而寧靜，故以不動爲地文
> 也。萌然寂泊，曾不震動，無心自正，文類傾頹，此是大聖
> 無感之時，小巫謂之弗活也。而壺丘示見，義有四重：第一
> 示，妙本虛凝，寂而不動；第二示，垂迹應感，動而不寂；
> 第三，本迹相即，動寂一時；第四，本迹兩忘，動寂雙遣。
> 此則第一，妙本虛凝，寂而不動也。

「是殆見吾杜德機也。」郭注：

> 德機不發曰杜。

成疏：

> 杜，塞也。機，動也。至德之機，開而不發，示其凝淡，便
> 爲濕灰。

案：以上《莊子》謂爲「杜德機」。郭注謂爲「至人無感之時」。
成玄英則以佛家四門列之，謂爲「第一，妙本虛凝，寂而不動。」
「『嘗又與來』。明日，又與之見壺子。出而謂列子曰：『幸
矣！子之先生遇我也！有瘳矣！全然有生矣！吾見其杜權矣。』
〔郭注：「權，機也。今乃自覺昨日之所見，見其杜權，故謂之將
死也。」。〕列子入，以告壺子。壺子曰：『鄉吾示之以天壤。
〔注：「天壤之中，覆載之功見矣。比之地文，不猶卯乎？此應感
之容也。」〕名實不入，而機發於踵。是殆見吾善者機也。』」
〔陶光注《列子》，以爲「善者機」當爲「善道機」。「者」乃
「道」之誤。〕郭注：

> 機發而善於彼，彼乃見之。

成疏：

> 示其善機，應此兩儀。季咸見此形容，所以謂之爲善。全然
> 有生，則是見善之謂也。

成疏「全然有生矣」句云：

此即第二，垂迹應感，動而不寂，示以應容，神氣微動，既
殊槁木，全似生平。而濫以聖功，用爲己力，謬言遇我，幸
矣有瘳也。

案：以上《莊子》謂爲「善道機」。郭注謂爲「應感之容」。成疏
則謂「第二，垂迹應感，動而不寂。」

「『嘗又與來』。明日，又與之見壺子。出而謂列子曰：『子
之先生不齊。吾無得而相焉！試齊，且復相之。』」

成疏：

此是第三示，本迹相即，動寂一時。夫至人德滿智圓，虛心
凝照。本迹無別，動靜不殊。其道深玄，豈小巫能測耶？

「列子入，以告壺子。壺子曰：『吾鄉示之以太冲莫勝。〔郭
注：「居太冲之極，浩然泊心，而玄同萬方，故勝負莫得措其間
也。」。〕是殆見吾衡氣機也』。」郭注：

無往不平，混然一之。以管窺天者，莫見其涯。故似不齊。

成疏：

衡，平也。即迹即本，無優無劣，神氣平等，以此應機。小
巫近見，不能遠測，心中迷亂，所以請齊耳。

案：以上《莊子》謂爲「衡氣機」。郭注謂爲「無往不平，混然一之」。而成疏則謂爲「第三，本迹相即，動寂一時。」

「『嘗又與來』。明日，又與之見壺子。立未定，自失而走。」

成疏：

> 季咸前後，虞度來相，未呈玄遠，猶有近見。今者第四，其道極深，本迹兩忘，動寂雙遣。聖心行虛，非凡所測。遂使立未安定，奔逸而走也。

「壺子曰：『追之！』列子追之，不及。反，以報壺子曰：『已滅矣，已失矣，吾弗及已！』壺子曰：『鄉吾示之以未始出吾宗。〔郭注：「雖變化無常，而常深根冥極也」。〕吾與之虛而委蛇，不知其誰何，因以爲弟靡，因以爲波流，故逃也。』」（《釋文》：「波流，崔本作波隨。」王念孫云：「作波隨者，是也」。隨，古音徒禾反。波隨疊韵。與靡〔摩〕、何、蛇爲韵。）郭注：

> 變化頹靡，世事波流〔流亦當爲隨〕，無往而不因也。夫至人一耳。然應世變而時動，故相者無所措其目，自失而走。此明應帝王者無方也。

案：以上《莊子》謂爲「未始出吾宗」。以「虛而委蛇，不知其誰何。因以爲弟靡，因以爲波隨」明之。此誠「芴漠無形，變化無常。死與生與？天地並與？神明往與？芒乎何之？忽乎何適？萬物

畢羅，莫足以歸。」故季咸「無所措其目，自失而走。」此純爲「不離於宗」之天人渾化境界，動寂之相俱泯也。故成疏謂爲「第四，本迹兩忘，動寂雙遣」也。

總結，壺子以四門示相：

一、示之以地文：杜德機：妙本虛凝，寂而不動。無門。

二、示之以天壤：善道機：垂迹應感，動而不寂。有門。

三、示之以太冲莫勝：衡氣機：本迹相即，動寂一時。亦有亦無門。

四、示之以未始出吾宗：波隨機：本迹兩忘，動寂雙遣。非有非無門。

四門訣固出於佛教。成玄英處於佛教鼎盛之後，故隨手拈來，左右逢源。向、郭之時，猶未能意識及此也。然而其意俱備，而《莊子》本以四義示相。理之所在，固應如此。非比附也。四門亦可縮爲三觀（見前第四節），玄理自爾，亦非比附也。

圓教可自兩方面說：一、自玄智之詭辭爲用說，不滯一邊，動寂雙遣，自爾渾化，一時頓圓。二、自超越心體含攝一切說，一毀一切毀，一成一切成，無餘無欠，一時頓圓。前者老莊玄智，本自具有。在佛敎，則爲般若破執，冥照實相。玄智，般若智，固相類也。在儒家，則不自智入，而自仁體之感通神化說，故無許多詭辭，而亦平實如如也。後者，在道家，超越心體似不顯。道家不經由超越分解以立此體。惟是自虛靜工夫上，損之又損，以至無爲。無爲而無不爲，則進而自詭辭爲用以玄同彼我。「上與造物者遊，下與外生死無終始者爲友。」（〈天下〉）以至「天地與我並生，萬物與我爲一。」（〈齊物論〉）「既已爲一矣，且得有言乎？」

進而一相亦無。無餘無欠，而至圓頓之教。此亦是超越之心境，而唯是自境界言，並不立一實體性之超越心體。在佛教，則立一超越之心體，此即如來藏自性清淨心，乃至涅槃佛性，統攝一切法，天臺宗所謂一念三千、一心具十法界、一淨一切淨、一切法俱是佛法、唯是一乘、無二無三。華嚴宗所謂「稱法本教，非是逐機末教」。此與般若冥智，一體一用，冥合為一。禪宗所謂「即心是佛」，是如是體，「無心為道」，是智是用。智如不二，色心不二。無心外之法，無心外之理（空理、如理）。心佛眾生，無二無別。此天臺、華嚴所說之圓頓之教也。在儒家，則亦有超越之心體、仁體。心即理，心外無理。「萬物皆備於我矣。反身而誠，樂莫大焉」。乾坤知能，即是人之良知良能。「寂然不動，感而遂通」，無內無外，唯是一寂感之體。「仁者渾然與物同體」，無餘無欠。「萬物森然於方寸之中，滿心而發，充塞宇宙，無非斯理」。心性天道，無二無別。此儒者之大成圓頓之教也。

在佛家，超越心體與般若智冥合為一，在儒家，超越心體亦與仁之感通實踐冥合為一。故「肫肫其仁，淵淵其淵，浩浩其天」。盡心即知性，知性即知天。「自誠明，謂之性」，即本體便是工夫。「自明誠，謂之教」，即工夫便是本體。如此，似與道家不立超越心體，無大差異；立與不立，似亦無甚關係。然而不然。立一超越之心體，始真可言圓頓之教，為圓頓之教立一客觀而嚴整之可能性，立一超越而形式之可能性。至於具體而真實之可能性，主觀之可能性，則視乎根器，故理上人人皆可成聖，人人皆可成佛，一乘究竟，並非三乘究竟。根器利者，立地成佛。根器鈍者，「雖愚必明，雖柔必強」。及其成功一也。「其次致曲，曲能有誠。誠則

形，形則著。著則明，明則動。動則變，變則化。唯天下之至誠爲
能化。」亦與「唯天下之至誠爲能盡性，以至參天地贊化育」同其
功化（當然上智下愚不移，亦無可奈何。但理想不斷，並非宿
命）。但不立超越心體者，則圓頓唯是自詭辭爲用之境界說，便無
客觀而嚴整之標準，圓頓便不免於虛晃，而亦易流於枯萎。詭辭爲
用之境界之圓頓，雖可到處應用，然無超越而客觀之根據以提挈
之，則便無客觀之充實飽滿性。此只有主觀性原則，而無客觀性原
則，故易流於虛晃與偏枯也。超越實體是客觀性原則，仁之感通實
踐是主觀性原則（般若智亦是主觀性原則）。主客觀性統一，方是
眞實之圓頓。此天臺宗之所以列大乘空宗爲通敎，華嚴宗之所以列
之爲大乘始敎也。亦道家之所以敎味不重，剛拔不足之故也。於天
刑、戮民之詞，亦可以見矣。此固甚美，究非至極。

第七章　魏晉名理正名

第一節　魏初名理之緣起

　　吾旣將劉劭《人物志》予以系統的解析，又將王、韓、向、郭之玄學予以條舉簡別。茲再進而論此兩系之「正名」問題。

　　《人物志》之內容是品鑒才性，開出人格上之美學原理與藝術境界。其目的固在實用，即在知人用人。然就其內容而觀之，似與先秦名家之形名學完全無關。然《隋史・經籍志》則將其列入〈子部・名家〉。此甚可怪。疑之於心，久不能決。遂發生魏晉思想之正名問題。本文想予以徹底之疏通。略有以下之問題須待解決：

　　一、先秦名家究如何規定？其談形名、名實之形名學究如何規定？

　　二、《人物志》列入名家，其理由何在？有無本質之意義？

　　三、魏初順《人物志》下來而談才性者名曰談「名理」。此爲「名理」一詞之初現。因此普通將魏晉思想分爲兩派：一爲名理派，一爲玄論派。復有分爲三派：一爲名理，二爲玄論，三爲曠達。茲捨曠達（竹林七賢）不論，名理玄論之分，有無嚴格之意

義？「名理」一詞是否能嚴格地單屬於談才性者？玄論派之所談是否亦得稱名理？

四、如果統得稱名理，則此廣義之名理，其意義究如何規定？與先秦之形名、名實究如何區別？本文環繞以上之四問題而措思，並欲對於魏晉之思想形態或心靈形態之函義，予以充分展露。

《隋史·經籍志》卷三十四〈子部·名家類〉列有以下四種：

一、《鄧析子》一卷。（析，鄭大夫。）

二、《尹文子》二卷。（尹文，周之處士，遊齊稷下。）

三、《士操》一卷。（魏文帝撰）

四、《人物志》三卷。（劉劭撰）

在魏文帝（曹丕）撰《士操》項下，並注明梁有：

一、《刑聲論》一卷，亡。（撰者不明）

在劉劭撰《人物志》三卷項下，並注明梁有：

二、《士緯新書》十卷，姚信撰。又

三、《姚氏新書》二卷。與《士緯》相似。（當亦姚信撰）

四、《九州人士論》一卷。（魏司空盧毓譔）

五、《通古人論》一卷。亡。（撰者不明）

以上共九種，二十二卷。與《廣弘明集》所載梁阮孝緒《七錄》名家類著錄者相合。在修《隋史》時，所言梁有某某者，並皆亡失。是則劉劭《人物志》之入名家，至少在梁代即然。

姚信乃吳選部尚書。而《士緯》現存佚文，如論及人性、物性，稱有清高之士、平議之士，品評孟子、延陵、楊雄、馬援、陳仲舉（蕃）、李元禮（膺）、孔文舉（融），則固品題人物之作。《意林》引有一條曰：「孔文舉金性太多，木性不足。背陰向陽，

雄倬孤立。」（見湯用彤先生《魏晉玄學論稿》）

　　至於盧毓，則《魏志》二十二〈盧毓傳〉：「毓於人及選舉，先舉性行，而後言才。黃門李豐嘗以問毓，毓曰：『才所以爲善也，故大才成大善，小才成小善。今稱之有才而不能爲善，是才不中器也。』豐等服其言。」是則盧毓亦注意人之才性。其作《九州人士論》，蓋亦廣論天下之人物者。

　　至《通古人論》，觀其書名，可知亦爲論人者。曹丕《士操》，則當是討論士之情操或操行以見人品者。由其〈典論論文〉觀之，曹丕固亦有鑒識之慧。惟《形聲論》（刑形通用）一卷，其內容不明，不便意測。惟既列入名家，當非小學中之形聲問題。

　　由此觀之，以上除先秦古籍二種外，其餘魏初七種，大抵與《人物志》爲同類，皆是品評人物者。而自梁代起，即皆列入名家，而爲「形名學」。然與先秦名家之函義迥然不相屬。惟於先秦，列鄧析子、尹文子，而無惠施、公孫龍。先秦名家自爲一形態。魏初名家則專品評人物，自屬另一形態。此類書籍，自屬子部。若以《漢書・藝文志》之分類爲標準，試想當該列入何家？司馬談論六家要旨，班固〈藝文志〉於六家之外，再列縱橫家、雜家、農家，以及小說家，共爲十流。後四家固無論矣。即以六家而言，其內容主旨固無品評人物者。然則魏初之品評人物、論才性，乃是新題目、新內容，有非先秦六家所能賅括者。然修史著錄者，無處置列，亦只好列入名家。是則其被列入名家，並無若何之理由。只是史家爲先秦諸子已有之分類所局限而硬列入者。縱有理由，亦是歷史的因緣，並無本質的理由。

　　所謂歷史的因緣，即漢魏間人皆注意察舉上之名實問題是已。

名不副實，影響政治及社會風氣甚大。後漢末有晉文經、黃子艾
（允）等人者，恃其才智，炫耀上京。聲價已定，徵辟不就。士大
夫坐門問疾，猶不得見。隨其臧否，以爲予奪。後因符融、李膺之
非議，而名漸衰，慚嘆以逃。（事見《後漢書》列傳第五十八〈郭
太、符融傳〉）故葛洪《抱朴子‧名實篇》云：「漢末之世，靈、
獻之時，品藻乖濫，英逸窮滯，饕餮得志。名不準實，賈不本物。
以其通者爲賢，塞者爲愚。」〈審舉篇〉亦言及此。

　　漢末政論家首推崔寔、仲長統。崔寔綜核名實，號稱法家。其
〈正論〉亦稱：「賢佞難別，是非倒置。」並謂世人徒以一面之
交，定臧否之決。仲長統作〈樂志論〉。立身行己，服膺老莊。然
猶言曰：「天下之士，有三可賤。慕名而不知實，一可賤。」王符
《潛夫論》主張考績，謂爲太平之基。〈考績篇〉有云：「有號者
必稱於典，名理者必效於實。則官無廢職，位無非人。」徐幹《中
論‧考僞篇》曰：「名者所以名實也。實立而名從之。非名立而實
從之也。故長形立而名之曰長。短形立而名之曰短。非長短之名先
立，而長短之形從之也。仲尼之所貴者，名實之名也。貴名乃所以
貴實也。」劉廙《政論‧正名篇》曰：「名不正，則其事錯矣。」
又曰：「王者必正名以督其實。」又曰：「行不美，則名不得稱。
稱必實其所以然，效其所以成。故實無不稱於名，名無不當於
實。」是則漢魏間人物，無論史志列入法家或儒家，論及政治，皆
重名實問題。

　　現行之《尹文子》，人或以爲非先秦舊籍，或即漢末名實問題
流行時所僞託。其中所論與漢魏間之政論大體相合。據其所論，以
循名責實爲骨幹。如云：「名以檢形，形以定名。名以定事，事以

檢名。察其所以然，則形名之與事物，無所隱其理矣。」

　　然重名實不必是名家。儒、法皆重名實。此蓋是政治上之通義（即個人立身處世亦應名實相副）。形名與名實義同。皆談名實，視其基本立場之不同，而或為儒家，或為法家，或為道家，或為名家。儒家孔子即重正名，荀子亦作〈正名〉。法家綜核名實，以定賞罰。道家亦可談及形名，故有「黃老形名」之連稱。此皆從政治實用上著眼。惟談形名、名實，而得稱為名家者，其談法稍不同。蓋能內在於形名、名實之本身而為純理論之談論，有純名理之興趣者曰名家。故或流於詭辯，或流於苛察繳繞。此雖是病象，然亦足見其純理論之興趣。漢魏間之政論，重名實，亦只是政治上之實用。於名實形名本身滋生不出道理，故並非名家，其談形名亦並非「形名學」，只重視名實問題而已。而荀子之作〈正名〉，方可算得形名學。先秦名家所談亦可曰形名學。

　　惟中國古代言學，皆有世道人心之大帽子。如晉魯勝注《墨辯》叙曰：「名者所以別同異、明是非。道義之門，政化之準繩也。」又曰：「取辯於一物，而原極天下之汙隆，名之至也。」此皆是實用上之大帽子。真正足以成名家而為形名學者，則在其所綜述之先秦名家所涉之問題：「名必有形，察形莫如別色，故有堅白之辨；名必有分明，分明莫如有無，故有無序之辨。是有不是，可有不可，是名兩可。同而有異，異而有同，是之謂辨同異。至同無不同，至異無不異，是謂辨同辨異。同異生是非，是非生吉凶。」此所述之問題方是名家或形名學中之問題。末語「是非生吉凶」，與開首之大帽子同。皆不相干者。

　　《隋志》所列魏初名家，皆為品鑒人物之作。即以《人物志》

爲代表，固非政論家之重視名實一語，彼能滋生出一套理論。然此理論卻非先秦名家所談之問題，故亦不得名爲形名學。其理論系統乃是品鑒才性之系統。如稱之爲名理，亦是「才性名理」。而此「名理」之意並非形名、名實本身之理，亦非今日所謂「邏輯」之意。乃即一般所謂「理論」或「義理」之意。故此名理與先秦名家絕無關係。

魏初品鑒人物之名理固有其現實之因緣，即一方因漢魏間政論家之重名實，一方亦因魏帝（曹氏父子）之好法術，而注重典制與刑律。此皆爲政治上之實用者。政治上之實用與品鑒常是平行而起。如在東漢末年，因察舉而重名實，故有對於人物之題拂品覈。此即所謂品鑒。品鑒有兩指向：一是實用之指向，一是內在於人格之本身而爲純美之欣賞。前者爲外在之利用，後者爲內在之興趣。如「郭林宗至汝南，造袁奉高，車不停軌，鸞不輟軛；詣黃叔度，乃彌日信宿。人問其故。林宗曰：『叔度汪汪，如萬頃之陂；澄之不清，擾之不濁，其器深廣，難測量也。』」（《世說新語·德行第一》）此種品鑒即純爲內在之興趣。蓋於人格美之欣賞上而爲最高，最有風致者，不必能滿足實用上之需要。而政治上能名實相符者，也許爲品鑒上之最俗者。劉劭之月旦評必漸向內在之興趣而趨。政論家之重名實，以及在位之政治家之綜核名實，其衡量人物皆非內在興趣之品鑒。此兩者決不可混。魏初之品鑒人物，即由現實之因緣而轉爲內在興趣之品鑒。當面品鑒，即爲人格之欣賞。演爲理論，即爲才性名理。如王衍、樂廣等即皆有欣賞人格之審美的智慧。故史傳大皆稱其美風神、善談論，而不稱其善名理。彼等之風神秀徹，既被欣賞，又欣賞人。如被看殺之衛玠，「初欲渡江，

形神慘悴。語左右云：『見此茫茫，不覺百端交集；苟未免有情，復誰能遣此？』」（《世說新語‧言語第二》）此寥寥數語，可謂美矣。袁彥伯所謂中朝名士，大抵皆此類。此若以政治實用衡之，可說皆不中用者，亦可說皆不符實者。即盧毓所說「才不中器也」。實則非「才不中器」，乃實根本非器。亦非名不符實，乃實為無用之實。此等人只是逸氣棄才之名士，而毫無實用者。其「實」乃名士之實，故即得名士之名。滿朝文武皆此等人當國居位，國事焉得不敗？故政論家之重名實，與內在興趣之品鑒，乃絕然兩事。此所以由品鑒人物之才性名理，乃自然演變而為魏晉之清談名士，而並未獲得吏治人才之故。

魏初談才性名理者，大抵皆較實際，不似後來之虛浮。如劉劭在建安中曾為計吏。至魏明帝時，亦曾作《新律》十八篇，及〈律略論〉。又作《都官考課七十二條》，並作〈說略〉一篇。此皆屬於典制刑律者。《三國志‧魏志》評之為「該覽學籍，文質周洽」，洵非虛語。

《三國志‧魏志》卷二十一〈傅嘏傳〉：「嘏常論才性同異，鍾會集而論之。」注引《傅子》曰：「嘏既達治好正，而有清理識要，好論才性，原本精微，鮮能及之。司隸校尉鍾會年甚少，嘏以明智交會。」傅嘏在魏黃初（文帝年號）中為侍中尚書。司空陳群辟為掾。而陳群在魏初制九品官人之法。（九品官人，中正品狀。品美其性，狀顯其才。）

作《九州人士論》之盧毓亦於此時在選舉上論才性。見前引。

《三國志‧魏志》卷二十八〈鍾會傳〉：「鍾會字士季，潁川長社人，太傅繇小子也。少敏慧夙成。中護軍蔣濟著論謂『觀其眸

子，足以知人。』會年五歲，繇遣見濟，濟甚異之，曰：『非常人也。』及壯，有才數技藝，而博學精練名理。」又曰：「會嘗論易無互體、才性同異。及會死後，於會家得書二十篇，名曰《道論》，而實形名家也，其文似會。」（《隋史·經籍志》道家類列有鍾會注《老子道德經》二卷。於〈經部·易類〉，列有鍾會撰《周易盡神論》一卷。並注明梁代著錄尙有其《周易無互體論》三卷。是則鍾會不但論才性，且注《老》、論《易》。梁代時尙存其《周易無互體論》。作隋史時，其注《老子道德經》二卷與《周易盡神論》一卷尙存。）

《世說新語·文學第四》：「鍾會撰〈四本論〉始畢，甚欲使嵇公一見，置懷中；既定，畏其難，懷不敢出，於戶外遙擲，便面急走。」注云：「《魏志》曰：會論才性同異傳於世。四本者：言才性同、才性異、才性合、才性離也。尙書傅嘏論同，中書令李豐論異，侍郎鍾會論合，屯騎校尉王廣論離。文多不載。」

以上，劉劭、傅嘏、盧毓、李豐、鍾會、王廣，茲捨其個人之事業人品不論，就其論才性言，為同一系。可名曰「才性名理系」。鍾會稍晚，已接上王弼，俱在少年知名於世。鍾會注《老》、論《易》，可謂由「才性名理」至「玄學名理」之轉關人物。魏初以才性問題為主，不見有談《老》、《易》之玄學者。其人亦不名曰名士。但《人物志》既列入名家，故談才性者，史傳皆直接名之曰談名理。又其人皆比較實際，談名理者又皆較為精練或校練。而談玄學者，則比較「玄遠」而有「高致」。故傅嘏與荀粲對言，則曰：「嘏善名理，而粲尙玄遠。」（見前第三章第二節所引）鍾會與王弼對言，則曰：「會論議，以校練為家，然每服弼之

高致。」（見前第三章第三節所引）是則鍾會雖注《老》論《易》，必無王弼之玄遠高致。故鍾會仍以列入才性名理系為宜。

第二節　「名理」一詞是否單可用於才性？

然則「名理」一詞是否單可用於才性？是否亦可用於玄學？吾已使用「玄學名理」一詞矣，此使用為合法否？

從魏初（漢魏之際）到鍾會這一段歷史，自以才性為主，而史傳亦多稱其人為「善名理」。自正始名士出，轉向《老》、《易》，如王弼、何晏、荀粲等，史傳即以玄遠高致稱之，而不見有名理字樣。下屆竹林名士（魏晉之際）與元康名士（亦稱中朝名士，元康為惠帝年號，但查《晉書》元康為永平，不知何故），則又從《老》、《易》轉向《莊子》，《莊》學最盛。史傳亦多以「玄言」、「清言」、「玄理」稱之，很少見有「名理」字樣。以此觀之，「名理」似單屬於魏初談才性者。史既多以形名家目之，而名理亦專屬焉。至乎正始、竹林、元康，則以《老》、《易》、《莊》之玄理為主，稱以玄言、清言、玄理，而不稱曰名理，似「名理」不可用於此。如是，名理與玄論之分，似有嚴格之意義，而真可以之分派者。然細思而詳檢之，彼等所談之內容自有不同，（如才性與玄理），然「名理」一詞似無如此嚴格之限制。試看以下諸條：

一、《世說新語·言語第二》：

諸名士共至洛水戲，還，樂令〔廣〕問王夷甫曰：「今日戲

樂乎？」王曰：「裴僕射善談名理，混混有雅致；〔注引
《冀州記》曰：顧弘濟有淸識，稽古，善言名理。履行高
整。〕張茂先〔華〕論《史》・《漢》，靡靡可聽；我與王
安豐〔戎〕說延陵、子房，亦超超玄著。」

案：此言裴頠善「名理」。但裴頠著〈崇有論〉，旣反老莊之虛
無，亦不見其論才性。然彼亦有思理而能持論。《世說》或以此而
稱其爲善名理乎？是則「名理」一詞旣不單屬於談才性者，亦不專
屬於形名家。

二、《世說新語・文學第四》：

裴散騎〔裴遐〕娶太尉〔王衍〕女，婚後三日，諸婿大會，
當世名士，王、裴子弟皆悉集。郭子玄〔象〕在坐，挑與裴
談。子玄才甚豐瞻，始數交，未快。郭陳張甚盛。裴徐理前
語，理致甚微，四坐咨嗟稱快。〔注引鄧粲《晉紀》曰：
「遐以辯論爲業，善叙名理。辭氣淸暢，泠然若琴。聞其言
者，知與不知，無不嘆服。」〕

案：此言裴遐善名理。但不知其所談者爲何事。恐亦未必屬才性
也。

三、又：

衛玠始度江，見王大將軍，〔注引〈敦別傳〉曰：「敦字處
仲，琅邪臨沂人。少有名理。」〕因夜坐；大將軍命謝幼輿

〔鯤〕。玠見謝，甚悅之，都不復顧王，遂達旦微言。王永
夕不得豫。玠體素羸，恆爲母所禁；爾夕忽極，於此病篤，
遂不起。〔注引〈玠別傳〉曰：「玠少有名理，善《易》、
《老》」。〕

案：此言王敦與衞玠俱善名理。但此兩人皆非談才性者。於玠，明
言其善《易》、《老》。《晉書》本傳即稱其「好言玄理」。可見
玄理、名理，亦可互用。

　　四、又謝車騎條，注引〈玄別傳〉曰：

　　玄能清言，善名理。

案：此言謝玄善「名理」，亦與「清言」連言。但並不說其談才性
（當然他亦可談才性。談才性不必是形名家）。謝安、謝玄叔侄俱
有經國才略，而亦俱好清言玄談。《晉書》卷七十九〈謝安傳〉：
「嘗與王羲之登冶城，悠然遐想，有高世之志。羲之謂曰：『夏禹
勤王，手足胼胝；文王旰食，日不暇給。今四郊多壘，宜思自效，
而虛談廢務，浮文妨要，恐非當今所宜。』安曰：『秦任商鞅，二
世而亡，豈清言致患耶？』可見謝安自非綜核名實之法家，爲清言
玄談而辯護。則謝玄之名理亦是清言玄論之名理耳。

　　五、又：

　　支道林初從東出，住東安寺中。王長史宿構精理，並撰其才
　　藻，往與支語。不大當對；王敍致作數百語，自謂是名理奇

藻。支徐徐謂曰：「身與君別多年，君義言，了不長進。」
王大慚而退。

案：王長史旣構精理與支道林（遁）談，其所謂「名理」自是玄理
無疑。而支謂其「義言」了不長進，則義言與名理互用，即義理之
言。屬玄理之義言也。

　　六、又〈殷仲軍讀小品〉條，注引高逸《沙門傳》曰：

　　殷浩能言名理。

案：《晉書》卷七十七〈殷浩傳〉，則謂其善玄言，好《老》、
《易》。爲風流談論者所宗。而《世說新語‧文學第四》則又謂其
「思慮通長，然於才性偏精，忽言及〈四本〉，便若湯池鐵城，無
可攻之勢。」是則殷浩之玄言、名理，乃《老》、《易》、才性俱
在內。過江以後，名士惟殷浩擅長才性。才性亦爲清談之題目。而
殷浩不必爲形名家，名理亦不必專限於才性。《老》、《易》玄理
亦可曰名理。亦可皆曰「義言」。

　　七、又：

　　羊孚第〔羊輔〕娶王永言女。及王家見壻，孚送弟俱往；時
　　永言父東陽尚在，〔王訥之字永言。其父臨之，東陽太
　　守。〕殷仲堪是東陽女壻，亦在坐。孚雅善理義。乃與仲堪
　　道〈齊物〉。

案：羊孚與殷仲堪談〈齊物〉，可見其「善理義」，亦是玄理之理義。義言、名理、理義，皆可互用，成爲當時清談之通稱，不拘其所談者爲《老》、《易》，或才性，或《莊子》。

八、又：

殷仲堪云：「三日不讀《道德經》，便覺舌本間強。」〔注引〈晉安帝紀〉曰：「仲堪有思理，能清言。」〕

案：此又用「思理」字樣。亦未嘗不可說有名理，能義言。亦可稱其善理義，能清言。

九、又：

阮宣子有令聞，太尉王夷甫見而問曰：「老莊與聖教同異？」對曰：「將無同。」太尉善其言，辟之爲掾。世謂「三語掾」。衛玠嘲之曰：「一言可辟，何假於三？」宣子曰：「苟是天下人望，亦可無言而辟，復何假一？」遂相與爲友。〔注引《名士傳》曰：「阮修字宣子，陳留尉氏人。好《老》、《易》，能言理。」〕〔「將無同」之問答，《晉書》則記爲阮瞻，非阮修。又是王戎問，非王衍問。〕

案：此言阮修能言理，亦即玄理也。此又單用一「理」字。當然亦可稱其能言理義，能善名理，能義言等。

十、《晉書》卷七十五〈范汪傳〉：

> 范汪字玄平。〔……〕博學多通，善談名理。

案：范汪之子即范寧，注《穀梁傳》。著論反浮虛，申王何之罪，深於桀紂。其父子皆儒家思想。然亦稱其善談名理。

十一、《晉書》卷七十五〈劉惔傳〉：

> 劉惔字眞長。〔……〕惔少清遠，有標奇。〔……〕及惔年德轉升，論者遂比之荀粲。〔……〕以惔雅善言理，簡文帝初作相，與王濛並爲談客，俱蒙上賓禮。

案：劉眞長「善言理」，當亦是玄理。此亦單用一「理」字。是則理、思理、理義、名理、義言，俱可通用。

由以上十一條觀之，「名理」一詞乃概括之通稱，而才性與玄理則是指謂之殊目。魏初一段談才性者名爲談名理，只是該一段歷史只有才性，尙無玄論。及至《老》、《莊》、《易》之玄論出，直接指謂名之，曰玄遠、玄言、玄理、玄論。反省地以通稱概括之，亦得曰名理、思理、理義、義言。是則名理一詞乃提升而爲通稱。其粘付於才性乃是事實之偶然，並非本質之必然。此義決定，則「玄學名理」自爲合法之詞語。是則無論才性或玄論，俱可名爲名理。如是，吾作結論如下：

一、才性名理與先秦名家所談之形名、名實，絕不相同。不得列入名家，亦不得稱爲形名學。史志列之入名家，只是歷史現實之因緣，並無本質之理由。

二、名理一詞爲概括之通稱，才性與玄論則爲指謂之殊目。普

通名理玄論之分只是就殊目而言，「名理」一詞並非專屬於普通所稱之名理派。

如此待決之問題乃是：

一、先秦名家究如何規定？

二、魏晉名理究如何規定？

在答此兩問題以前，須先一言「言意之辨」。

第三節 「言意之辨」之緣起

魏初才性名理之非先秦名家所談之形名、名實問題，現在有一直接而顯明的特徵足以區別開，此即在形名或名實上，名與實要相對應。「名以檢形，形以定名」。此在原則上，是肯定名言是能指實而且盡實的。但在才性名理，則既是品鑒人品、才性，則在原則上，名與實即不能一一相對應，此即函說：名言不是指謂的名言，而是品鑒的名言，欣趣的名言，而「實」亦不是外在的形物，一定的對象，而是生命之姿態。如是此種品鑒名言即無一定之形物為其對應之實。雖足以指點而透露出生命姿態之內容，然此內容是永不能為那名言所盡的。如此，由品鑒才性，必然有「言不盡意」之觀念之出現。此為「言意之辨」興起之直接的理由。此理由不是歷史的，而是本質的或問題的。本來「書不盡言，言不盡意」是最古的話（《易繫》孔子語）。亦是中國歷史上直至今日，為一般生活上最普遍流行的觀念，甚至為全人類所最易感觸到的觀念。然在魏晉時代，則特別正視此觀念，而且當作一個問題來辯論。這就不只是普通生活上的感觸，而是因著他們所談論的內容而興起，這就與

「真理領域」之不同有了關聯，因此「言意之辨」亦成了把握真理之方法論上的問題。故須吾人仔細予以疏通，看看：一、能盡意的名言是何名言？二、盡意的名言所指的意是何種意？三、不能盡意的名言是何名言？四、不能盡意的名言所指的意是何種意？

言能不能盡意既是本質地由品鑒才性而起，而隨後來玄言、清言之發展，復亦為當時人所普遍地意識到。故此問題不但與才性名理有本質的關係，且亦與玄學名理有本質的關聯。茲略徵引此方面之文獻如下。

葛洪《抱朴子·清鑒篇》曰：「區別臧否，瞻形得神，存乎其人，不可力為。自非明並日月、聽聞無音者，願加清澄，以漸進用。不可頓任，輕假利器。」此言識人之難。「存乎其人，不可力為。」即示品鑒才性，可以意會，不可言宣。此即函「言不盡意」。

而晉歐陽建字堅石，則作〈言盡意論〉（《藝文類聚》卷十九）。茲引其全文於下：

> 有雷同君子問於違眾先生曰：「世之論者，以為言不盡意，由來尚矣。至乎通才達識，咸以為然。若夫蔣公〔濟〕之論眸子，鍾〔會〕、傅〔嘏〕之言才性，莫不引此為談證。而先生以為不然，何哉？」先生曰：「夫天不言而四時行焉，聖人不言而鑒識形焉。形不待名，而方圓已著；色不俟稱，而黑白以彰。然則名之於物，無施者也。言之於理，無為者也。而古今務於正名，聖賢不能去言，其故何也？誠以理得於心，非言不暢；物定於彼，非名不辨。言不暢意，則無以

相接；名不辨物，則鑒識不顯。鑒識顯而名品殊，言稱接而情志暢。原其所以，本其所由，非物有自然之名，理有必定之稱也。欲辨其實，則殊其名；欲宣其志，則立其稱。名逐物而遷，言因理而變。此猶聲發響應，形存影附，不得相與為二。苟其不二，則無不盡。吾故以為盡矣。」

歐陽建亦知「言不盡意，由來尚矣」，蓋自古而已然。〈繫辭傳〉孔子明言「書不盡言，言不盡意」，孟子亦言「不以辭害意」。老子《道德經》首章即言「道可道，非常道，名可名，非常名。」《莊子‧秋水》篇：「夫精粗者，期於有形者也；無形者，數之所不能分也；〔至精無形〕不可圍者，數之所不能窮也。〔至大不可圍〕可以言論者，物之粗也；可以意致者，物之精也；言之所不能論，意之所不能察致者，不期精粗焉。」莊子此言，尤見層次。最後是「超言意」，而比「言不盡意」又進一步。孔、孟、老、莊之言如此。故云「由來尚矣」。此是述古。至於蔣濟論眸子，鍾、傅言才性，「莫不引此為談證」。則是述今。今人亦皆以為「言不盡意」也。而歐陽建則獨違眾而以為不然。其主「言盡意」之說，頗費分疏。彼大體是客觀主義者。「形不待名，而方圓已著；色不俟稱，而黑白已彰。」名言之於客觀之物、客觀之理，並無多大作用。故曰：「名之於物，無施者也。言之於理，無為者也。」此首段之意，表示客觀之物與理，存在於彼，吾人之言不言，對之並無影響。說它，是如此，不說它，亦是如此。猶之乎「天不言，而四時行，聖人不言，而鑒識形。」此只表示其客觀主義之立場，並非表示「言不盡意」之義。下段即言：名言對於存在雖無影響，然自

人間而言，則「理得於心，非言不暢；物定於彼，非名不辨。」名言仍不可廢。名言有暢志辨物之作用。名言既能暢吾人之志意，又能辨物之名品，則「名逐物而遷，言因理而變」，名言與物理「不得相與為二」。此即回應其客觀主義，而表示名言與物理有期會對應之關係。既有期會對應之關係，則名自能盡物，言自能盡理。此是此短文之脈絡。彼自有其立場，故亦言之成理，持之有故。然此中確有待分解者，尚不可如此一概而論。名言有各種之名言，客觀之物與理亦有不同之層次。言能不能盡意，須待對名、言與物、理，加以簡別後而決定。暫提醒於此，詳解見下。要之歐陽之說，自為一重要之主張。雖與當時談名理者不合，然亦可由之而使人認識某一真理之領域（雖其本人並不自覺）。故王導過江，止標三理，而〈言盡意論〉居其一焉。

當時除歐陽建外，大體皆順「言不盡意」一線措思。首先即有一極端聰明之人物為荀彧之少子荀粲。《魏志》卷十〈荀彧傳〉注引何劭〈荀粲傳〉云：「粲諸兄並以儒術論議，而粲獨好言道，常以為子貢稱夫子之言性與天道不可得聞，然則六籍雖存，固聖人之糠粃。粲兄俱難曰：『《易》亦云：「聖人立象以盡意，繫辭焉以盡言」，則微言胡為不可得而聞見哉』粲答曰：『蓋理之微者，非物象之所舉也。今稱立象以盡意，此非通於意外者也，繫辭焉以盡言，此非言乎繫表者也；斯則象外之意，繫表之言，固蘊而不出矣。』」此段前講王弼玄學時，已引過。茲再引於此，以明言意之問題。荀粲與上引《莊子・秋水》篇之言相同，蓋均造乎言意之表，直向「超言意」境而趨。「立象以盡意」，此是象所盡之意。有象所盡者，即有其所不盡者。象所不能盡者，即「象外之意」。

繫辭以盡言，此是辭所盡之言。固亦有無窮之言而未盡矣。此即
「繫表之言」。所以有「繫表之言」即因有「象外之意」故也。有
象外之意，象有限度。有繫表之言，辭有限度。總之是言象並不能
盡意也。自其盡者而言之，爲「言意境」；自其所不盡者而言之，
則爲「超言意境」。此則「盡而不盡」，與歐陽建之盡論不同也。
盡論中之「盡」、「名言」、與「意」，三者，俱與「盡而不盡」
中之「盡」、「名言」、與「意」三者不同。雖盡而不盡，而荀粲
是向「象外之意」趨。而同時又有王弼「立象以盡意，得意而忘
象」之說。然則王弼之說與荀粲之意爲不同之二說乎？抑即一說之
所函乎？以吾觀之，即「盡而不盡」一說之所函，非有不同之二說
也。

　　王弼《周易略例·明象》曰：

　　　夫象者，出意者也。言者，明象者也。盡意莫若象，盡象莫
　　若言。言生於象，故可尋言以觀象；象生於意，故可尋象以
　　觀意。意以象盡，象以言著。故言者所以明象，得象而忘
　　言；象者所以存意，得意而忘象。猶蹄者所以在兔，得兔而
　　忘蹄；筌者所以在魚，得魚而忘筌也。然則，言者，象之蹄
　　也；象者，意之筌也。是故，存言者，非得象者也；存象
　　者，非得意者也。象生於意而存象焉，則所存者，乃非其象
　　也；言生於象而存言焉，則所存者，乃非其言也。然則，忘
　　象者，乃得意者也；忘言者，乃得象者也。得意在忘象，得
　　象在忘言。故立象以盡意，而象可忘也；重畫以盡情，而畫
　　可忘也。是故觸類可爲其象，合義可爲其徵。義苟在健，何

> 必馬乎？類苟在順，何必牛乎？爻苟合順，何必坤乃爲牛？
> 義苟應健，何必乾乃爲馬？而或者定馬於乾，案文責卦，有
> 馬無乾，則僞說滋漫，難可紀矣。互體不足，遂及卦變；變
> 又不足，推致五行。一失其原，巧愈彌甚。縱復或值，而義
> 無所取。蓋存象忘意之由也。忘象以求其意，義斯見矣。

此段文字是魏晉時代最重要的文獻。有綜括代表性之作用。彼雖對
漢人之「存象忘意」，「有馬無乾」而發，然亦在原則上判明名言
與意理之關係。就《易經》言，象與辭是構成《易經》之重要成
分，自有其作用。然《易經》之象，客觀地說，明是卦爻之圖象，
主觀地說，（如〈大象〉〈小象〉之象），明是取象，象徵之意。
而卦爻之圖象亦是象徵事變之幾。取象則是象徵心中所得之意。每
一意是一普遍之理。「立象以盡意」，即立象以明幾與理。此則象
自有其啓發與指點之作用，此即所謂「盡」。辭是說明象者，亦自
有其啓發與指點之作用，即助象以指點幾與理。此即「繫辭焉以盡
言」。是則言與象皆有啓發與指點之作用。目的在幾與理，而言與
象皆工具。故有筌蹄之喻。此爲言象之工具論。言象既爲工具，自
可得意而忘象，得象而忘言。焉可定馬於乾，執馬而忘乾？馬是象
徵之例，乾是義，是普遍之理。幾不可爲象所定，理亦不可爲象所
限。王弼只說到言象能盡意，然而是工具，故可忘。表面上似不函
「言不盡意」與「象外之意」。然則王弼之說同於歐陽建乎？曰：
是不然。吾謂王弼說與荀粲說同屬「盡而不盡」之一說，非有不同
之二說。然則表面之不函，其實必函也。故與荀粲爲一致，而與歐
陽建爲對立。其故何在？曰：其關鍵單在看其所盡之幾與理是何種

眞理而定。

第四節　名言能盡意與不能盡意之辨之義理的疏解

　　魏晉言意之辨，雖直接緣起於品鑒，而「言不盡意」之觀念實早見於《周易・繫辭傳》。〈繫辭傳〉曰：「子曰：『書不盡言，言不盡意。』然則聖人之意，其不可見乎？子曰：『聖人立象以盡意，設卦以盡情僞，繫辭焉以盡其言，變而通之以盡利，鼓之舞之以盡神。』」此連用五「盡」字，此所言之「盡」是何意義？其所盡者又是何意義？

　　晚周儒經好言盡，而道家《老子》只言「可道」與「不可道」，《莊子》只言「言之所不能論，意之所不能察致。」（見前節引）並不從正面言盡。然而儒家經典則好從正面言盡。上引〈繫辭傳〉外，《孟子》言盡心知性知天，又言能不能盡其才。《荀子》言：聖人盡倫，王者盡制。《中庸》言：盡己性，盡人性，盡物性，以至參天地贊化育。《周易・說卦傳》亦言「窮理盡性以至於命」。此中所言之盡，有是解悟的盡，有是踐履的盡。〈繫辭傳〉所言，是解悟的盡，《孟》、《荀》、《中庸》、〈說卦〉所言，是踐履的盡。有時即在踐履中有解悟。如盡心是踐履，知性知天是解悟。有時即在解悟中有踐履，如窮理是解悟，盡性至命是踐履。又窮理亦可是踐履的窮，不必定屬解悟也。總之，此中所言之盡，大體是解悟與踐履交融而進者。解悟是在踐履中解悟，踐履是

在解悟中踐履。如〈繫辭傳〉所言，字面上純屬解悟者，然無聖人之踐履，亦不能有此窮神知化之解悟。如《中庸》所言，字面上純屬踐履者，然無盡心知性之解悟，亦不能有此盡性贊化育之踐履。故解悟的盡即是踐履的盡，而踐履的盡亦即是解悟的盡。此即是儒家所說的盡，而在此盡中所盡的意即儒家性命天道之「意」也。（盡是充分至極之意。就踐履言，盡是充分的實現。就解悟言，盡是充分的表現。）

《荀子・勸學篇》：「倫類不通，仁義不一，不足謂善學。學也者，固學一之也。〔……〕全之盡之，然後學者也。君子知夫不全不粹之不足以爲美也，故誦數以貫之，思索以通之，爲其人以處之。」「天見其明，地見其光〔廣〕，君子貴其全也。」「學惡乎始？惡乎終？曰：其數，則始乎誦經，終乎讀禮；其義，則始乎爲士，終乎爲聖人。真積力久則入，學至乎沒而後止也。故學，數有終，若其義，則不可須臾舍也。」荀子這幾段話，總之是說「全盡」二字。當然亦是解悟的盡。善學的最高標準是「倫類通」，「仁義一」，此即爲全盡，此爲「廣度的全盡」。「數之始乎誦經，終乎讀禮」，此終始是有盡，此爲「列舉的全盡」。義之「始乎爲士，終乎爲聖人」，此終始是無盡，故曰：「學至乎沒而後止」。蓋聖人之內容無窮無盡，無有止境也。此爲「強度或深度的全盡」。「列舉的全盡」，是「數有終」。「強度的全盡」是無盡，故既曰：「至乎沒而後止」，又曰：「不可須臾舍」。「廣度的全盡」，廣度地言之，似是能全能盡，深度地言之，則實是不能全不能盡的，亦即是無窮無盡也。故只有「列舉的全盡」可盡，至若「廣度的全盡」與「強度的全盡」，則全是無盡。「廣度的全

盡」是外延地言聖人，「強度的全盡」是內容地言聖人，聖人之內容總是不能盡的。

倫類通、仁義一，自其所一所通而已表現可見者言，皆是聖人之符徵（徵象），所謂「迹」也。此即「夫子之文章可得而聞也」。然總有冒乎所一所通以外者。蓋此「通」與「一」即表示一「無限」，並非列舉所可盡。可列舉而盡者，不得謂之通，亦不得謂之一。孔子言「一以貫之」，此一貫即表示一無限。荀子言倫類通，其意是「有法者以法行，無法者以類舉」。「有法者以法行」是有定而可以列舉盡的，「無法者以類舉」，則是「神而明之，存乎其人」，是無定而不可以列舉的。此即所謂「通」。通賴智慧。智慧之用是無限定的。無智慧，則不能於無法處，類舉而通之。能通能一之神明與所通所一之無限，俱非可得而表現。此即夫子之言性與天道不可得而聞也。所通所一之義理（無限）與能通能一之神明（智慧），皆非表現可見者之所能盡，亦即非名言之所能盡其蘊也。名言與表現可見之「文與迹」相應，而能所兩方之所不能盡者，則非名言所能相應也。聖盡倫，王盡制，亦然。自所已盡之倫與制表現而可見者言，則與名言相應，自所未盡之無窮盡與能盡之神明言，則非名言所能相應。盡心盡性亦復如此。推之，盡才盡情盡氣亦然。蓋才、情、氣之通於生命，亦無窮無盡也。心性之為德，其內容尤其無窮無盡也。所謂不可思議也。神會和尚言：「世間不思議事，為布衣登九五〔盡才、盡情、盡氣〕；出世間不思議事，為立地成佛〔盡心、盡性〕。」

至〈繫辭傳〉所謂「立象以盡意，設卦以盡情偽，繫辭焉以盡言，變通以盡利，鼓舞以盡神」，則是自窮神知化之解悟以言盡。

「是故，夫象，聖人有以見天下之賾，而擬諸其形容，象其物宜，是故謂之象。」「立象以盡意」，即此「象其物宜」之象也。《易》之卦爻皆象也。象者，以此卦爻圖畫之象，符徵神明之容、萬物之宜也。將以「備天地之美，稱神明之容」也。故曰：「擬諸其形容，象其物宜」，象其物宜，即象其物情，所謂「設卦〔即立象〕以盡情偽」也。繫之以辭以盡聖人所欲言，此言即解象之言也。變通以盡利，利是「元亨利貞」之利，非利用、利益之利。變通是盡利之兩個關節。變通固盡利，而亦有不盡之利矣。變通是關節，即是可說者，而不盡之利則是不可說者。可說者名言相應，不可說者非名言相應。鼓舞以盡神，鼓舞是可說之關節，而神用無方，則是不可說者。朱子言：「變通、鼓舞，以事而言。」以事而言，即從客觀之事方面言。而言解象，象盡意，言象則是自主觀之措施言。無論主觀措施所呈現之名言與符號，或客觀之事之表而可見之關節，皆是名言相應，可得而見聞者，即皆是形而下者。而其所盡之意、利、以及情偽與神，則皆是形而上者，不可得而見聞者，亦即非名言相應也。以此，雖由象、卦、辭、變通、鼓舞，以各盡其所當盡，而儘有不能盡者存乎其所盡之外矣。此即雖盡而不盡。雖盡而不盡，故總曰：「言不盡意」也。然則其盡也，非一一恰當相應之盡，非指實（指物）之盡，非名實相應之盡，非可道之盡，乃不可道之盡。不可道之盡，乃啓發暗示之盡，指點之盡也。凡啓發暗示之盡，指點之盡，皆有餘而不盡。以有餘而不盡，故盡之者皆筌蹄也，皆可忘也。忘之而不為其所限，則不盡之意顯矣。不忘而滯於象言，則不盡之意隱而泯矣。此即王弼「得意忘象，得象忘言」之說之所由立。而與「言不盡意」為一脈之相衍，非二說

也。與荀粲之「象外之意，繫表之言」，亦一脈之相衍，非二說也。是以〈繫辭傳〉雖云：「極天下之賾者存乎卦」，而儘有非卦所盡能盡之「賾」矣。卦象之盡，暗示指點之謂也。是以終歸於「神而明之，存乎其人；默而成之，不言而信，存乎德行」。而終歸於「無言」也。此即至乎「超言意」之境矣。是以：

　　一、歐陽建之主「言盡意」，其「盡」如眞是「盡而無不盡」，則其所盡之意必是形而下之意。「名逐物而遷，言因理而變」，名與物、言與理，不得相與爲二，則其物與理亦皆形而下者。「苟其不二，則無不盡」，則「盡」亦是「名實相應」之盡，指實之盡；而能盡之之名言亦是於客觀界有恰當相應之名言。總之，名言、盡、以及所盡之意、理或物、理，皆屬於「可道世界」也。亦即屬於「外延眞理」也。凡「外延眞理」皆爲名言所可盡。而名言亦是外延之名言。盡者恰當相應之謂，指實而有效。故「理得於心，非言不暢；物定於彼，非名不辨」，此兩聯皆須分別論。言之暢，有相應指實之言，有暗示指點之言。隨之，其得於心之理，亦有不同者在。如果「物定於彼」之物是限定之物，如方圓黑白等，則辨之之「名」即恰當相應，辨之而可盡之名。如非限定之物，而是心、性、神、化之類，則辨之之名即不能恰當有效，雖辨之而不盡。因此，名即非指實之名，而是指點之名。同時，「理得於心，非言不暢」，如此得於心之理是限定之物之「物理」，則暢之之言即相應指實之言，而無不盡。然如果是玄理，則暢之之言即非指實之言，而是「指點」之言，此則雖盡而不盡。當然，「物定於彼」之物，此在一般看之，自容易意指是方圓黑白一類之限定之物，不容易想到非限定之物。但「理得於心」之理卻很易想到玄

理，而不必爲物理所限。是以無論是物或理，原則上皆應有一分別。如果「理得於心」之理只限於限定之物而爲物理，則歐陽建之「言無不盡」自然成立而無可疑。但如果不加分別，而一概主之以「言無不盡」，則爲非是。是以吾人疏導歐陽建之說，必然引至外延眞理與內容眞理之分別論。如眞「言無不盡」，則當限於「外延眞理」，而不能擴至於「內容眞理」。既限於外延眞理，則「名言」與「盡」之意義俱亦隨之而不同：名言是指實名言，或外延名言，而盡亦是名實相應之盡。外延眞理，指實名言，名實相應之盡，此三者，皆屬可道世界，或現象世界。而主「言不盡意」者，則意指超現象界或「不可道界」。此則不可泯也。歐陽建不加分別，而即反之以「言盡意」，此則未免於輕率。然其所說，要非全無理。故加疏導如上。

二、王弼之「立象以盡意，得意而忘象」即函「盡而不盡」，亦函荀粲之「象外之意，繫表之言之蘊而不出」。此皆屬於「言不盡意」系。此則「盡」爲啓發暗示之盡，非名實相應之盡；而其所盡者皆內容眞理；其能盡之之名言亦內容名言，或曰啓發名言。於啓發而有得之後，固皆可忘，然非無用。非謂「言不盡意」，言即無用也。名實相應之言，雖能盡其所指之實或理，如方當方，圓當圓，上當上，下當下；而且方所當者只是方，圓所當者只是圓，上下亦然。然方圓上下之名言亦只是指實之符號，並無本質之意義。是則仍是工具筌蹄也。既仍是工具筌蹄，便於指實而得實之後，即可忘。其不可忘者，文化上之傳達作用耳。惟指實語言之爲工具與啓發語言之爲工具，其意不同。其爲可忘與啓發語言之爲可忘，意亦不同。前者之爲工具，是一一對應的，後者之爲工具，非是一一

對應的，甚至並無一定之對象可應。因此，前者之可忘，乃在呈現客觀之定實，而後者之可忘，乃在祛執以達圓，遮形以通微，撥封域畛界以會通而爲一。故可由形名而至超形名。而指實語言之可忘並不能開闢一超形名之領域，反而只是呈現形名之領域。故欲極成「言不盡意」，非先辨明內容眞理與啓發語言不可。而王弼之忘言忘象，其所忘者非一一對應之指實語言，乃啓發指點之象徵語言也。其所盡者亦非外延眞理，而乃內容眞理也。即超形名之道、無、至寂至靜之一，以及神、化、自然、無爲、無爲而無不爲也。

第五節　中國先秦名家之形名、名實與魏晉之名理究有本質之意義否？

　　名言、盡不盡、內容眞理、外延眞理之義既明，則中國先秦形名學以及魏晉名理，即可得而言。即：中國先秦之形名與魏晉名理究有本質之意義否？

　　先秦名家講形名、名實，而並無「名理」一詞。魏初品鑒人物，論才性，而史志亦列之於名家。當世亦稱之爲「名理」。此爲「名理」一詞之初出現。既列之於名家，由形名、名實、而進曰名理，亦爲最易聯想之詞語。後世據此爲分類，遂列魏初談才性者爲名理派，而王、何、向、郭之玄學以及諸名士之淸言，則劃爲玄論派，或更注意及生活之情調，而復區劃出曠達派，如竹林名士等。如此劃分，儼若只談才性者屬名理，而玄學與淸言不得屬名理。但吾於上一、二兩節已指出：

　　一、魏初之品鑒人物、論才性，其被列入名家，只有歷史之因緣，並無本質之理由。

　　二、劃魏初談才性者爲名理派，玄學、清言爲玄論派，儼若不得屬名理，此種劃分亦只是歷史之劃分，並無本質之意義。

　　三、依歷史之發展，就其所談之內容之不同，而姑如此分，固無不可。然吾已就魏晉時期，對於「名理」一詞之使用，廣泛指出，見其並不必專屬於魏初談才性者。玄理、清言，亦得曰「名理」。此爲「名理」一詞之廣泛應用。如此，吾人遂得說：無論才性或玄理，俱可總之曰「魏晉名理」。但此名理與先秦名家之形名、名實，迥不同。

　　依此，吾人可說：

　　一、先秦名家之形名、名實，除其政治禮法上之作用外，有其本質之意義。其意義相當於今日之邏輯與知識論。此有本質意義之名家之形名學可規定爲：「積極地論名之本身以及名與其所指之實之關係」。此即中國名家原初之意義，亦即典型之意義。

　　二、魏晉名理亦有本質之意義，其意義相當於今日之哲學。其中談玄理者爲形上學（以《老》、《莊》爲底子），談才性者，爲「品鑒之人學」。

　　如果依照魏晉人使用「名理」一詞之意義，則名理、理義、思理、義言，甚至只簡單曰理，此皆可通用。如此，則名理一詞，更可提升，而爲廣泛的使用。因之，先秦形名、名實，與魏晉名理吾人俱可賅之以名理。此即爲「廣義之名理」。此廣義之名理相當於通稱之哲學，即廣義之哲學。此爲中國傳統中所使用之「名理」。此廣義之名理，其本質意義可規定如下，即：「名理者，環繞名之

本身、名所牽涉,以及名與其所牽涉者之關係而論其意義之謂。」即:關於名之本身,名之所涉(限定之實與超限定之實),以及名與其所名者之關係之理也。如此界定,則名理即是廣義之哲學。邏輯、知識論、形上學、人學,俱含在內。此與科學不同,亦與道德宗教不同。其基本精神爲反省的、批判的,爲第二序之學,而非第一序之學。

如依照西方傳統使用「名理」一詞之意義,則「名理」意指爲邏輯。如此,先秦名家之形名學較近之。如只以此爲名理,則爲狹義之名理。單說先秦名家,亦爲狹義之名理。連屬魏晉一起說,則爲廣義之名理。前者依西方傳統說,後者依中國傳統說。

先秦名家講形名、名實。其現實之緣起爲孔子之正名,以及法家之「循名責實」、「綜核名實」、「名以定形,形以檢名」。此是緣於政治禮法而起的名實觀念。自漢後,凡述名家,俱從此現實的緣起說。故班固《漢書·藝文志》說名家云:「名家者流,蓋出於禮官。古者名位不同,禮亦異數。孔子曰:『必也正名乎!名不正則言不順,言不順則事不成。』此其所長也。及譣者爲之,則苟鉤鈲析亂而已。」司馬談〈論六家要旨〉則曰:「名家苛察繳繞,使人不得反其意,專決於名,而失人情。故曰『使人儉而善失眞』。若夫控名責實,參伍不失,此不可不察也。」《隋書·經籍志》說名家,亦沿此矩矱,而稍異其辭曰:「名者,所以正百物、叙尊卑、列貴賤,各控名而責實,無相僭濫者也。《春秋傳》曰:『古者名位不同,節文異數。』孔子曰:『名不正則言不順,言不順則事不成。』《周官》宗伯『以九儀之命,正邦國之位,辨其名物之類』,是也。拘者爲之,則苛察繳繞,滯於析辭,而失大

體。」此皆從現實緣起以及於政治禮法之作用上論謂名家之得失。

　　然在先秦，自《墨辯》以後，直到荀子之〈正名〉，此名實之觀念，則更爲一般化、抽象化，校練而成爲邏輯知識論上之名實。超脫政治禮法上之拘繫，而無特屬之限制。即：抽去其所附麗，而爲一般意義之名實。故更爲一般化、抽象化。然其名實之意義，則固屬同一層次也。此一般化、抽象化之名實，甚有價值。史家所謂譏者拘者爲之云云，實指此一面而言。彼等只注意其政治禮法上之作用，而不知此一面之在名家之本質的意義，而只以苛察繳繞視之。

　　唐君毅先生曰：

　　　　人之以名表實而成知識，原與人類文化俱始。但人之反省到
　　　　知識之完成，乃係於以名表實，及其中之問題，則是人類思
　　　　想之一轉進。故《墨辯》之論「知、名實合爲」，謂知名而
　　　　能取實，乃謂之知，及其他一切對知識名言的討論，與公孫
　　　　龍之辨名實，亦確是在先秦儒墨諸家所喜言的人生之禮樂刑
　　　　政等問題以外，另開出一思想學問之路。這問題之答案，不
　　　　是要指導人如何行爲，亦不是重在人說些甚麼有價值、有實
　　　　用意義的話，而是要人去反省其說的話，與實際世界之
　　　　「實」，有甚麼關係。對於一實，甚麼名能用，甚麼名不能
　　　　用；對一名，它能指甚麼實，不能指甚麼實，由此而能辨各
　　　　名間之函義之分際，而知我們所用名之正誤。由用名之正
　　　　誤，而能定我們之是否有眞觀念眞知識。這些問題，全是由
　　　　人之思想，回頭反省他自己所說之話，與其所指者之關係而

生。同時，亦可説是由人之思想，思想其自己之思想、觀
念、知識、與所指者之關係而生。這在邏輯層次上，是比一
般之思想言説，只直接向外思想甚麼東西、甚麼行為之道
者，乃更高一層的思想。〔案：此更高一層，是反省的、批
判的第二序意義之更高一層，而非第一序上之更高一層。〕
而由此思想本身所再建立之理論言説，是高一層次的理論言
説。這是對我們之言説之為如何一回事的言説。由此而説出
的道理，是關於「我們之如何説道理」的道理，而為另一種
理。〔案：此即「狹義的名理」之理。〕我們對先秦由《墨
辯》至荀子之一切關於名實問題之討論的文字，皆當作如是
觀。而此亦可説即魏晉以下名理之論的一淵源所自。（〈論
中國哲學思想中理之六義〉一文。《新亞學報》第一卷第一期。）

案：此魏晉以下名理之論淵源所自之「名實之論」，即狹義之名
理。乃中國名家形名學之原初意義，亦即典型意義也。唐先生撥開
其現實緣起，而直握其本質之意義，而言之如上。至若魏晉名理，
則本與此狹義名理不同。而乃屬於玄學與品鑒之人學者。名之曰名
理，是魏晉人使用「名理」一詞之意義。此乃廣義之名理。此已不
為名實所囿，超出其外而別闢領域矣。即依魏晉人而言之，其所關
者，乃玄學與品鑒才性也。若於品鑒才性，只沿先秦名家之名實傳
統，而只由其現實緣起之「緣」之有名實意義，遂謂之為名家，或
名理，則此名家或名理便無本質之意義，而只有歷史之意義。若將
其自名實觀念下提出，而賅之於魏晉人所使用之「名理」一詞下，
則其為「名理」（不為名家之名實），便有本質之意義，其本質不

以「反省名實之關係」定，而以哲學定。若再將此種意義之名理擴大，將先秦名家之名實論，在名稱上亦提升而貶之於其下，統曰名理，則此名理亦有本質之意義。此即相當於今日通稱之哲學，亦即廣義名理之充其極。而先秦名家之名實即為其下之一目。若依西方傳統中邏輯一詞之意義而謂之為名理，則此名理即為邏輯意義之名理，而中國傳統中之名理則曰哲學意義之名理。哲學意義之名理，可以將先秦名家之名實與魏晉名理統攝於一起。以後起之「名理」一名統攝早期之名實，而統曰名理，則此名理有本質之意義。以早期之名實統攝後起之才性而謂之為名家，則此名家即只有歷史之意義，而無本質之意義。邏輯意義之名理只限於先秦名家之名實，而無所提升，亦無所統攝，故與魏晉所關之領域，即玄學與才性之領域，亦即哲學名理之領域，為並列之對立。

唐先生復繼上而言曰：

> 但從先秦之談名實，至魏晉之談名理，卻又是中國思想史之一大轉進。魏晉之談名理，實際上是由漢末品評人物之風下來，亦與漢魏政治思想上綜核名實之形名之論相關。

案：此即所謂「現實緣起之緣之有名實意義」，而其本身固非談「名實」也。其主題內容已轉矣。亦可謂有特殊之主題與內容，而非即以「名實」為主題與內容。此有特殊之主題與內容之學，貶之於「廣義名理」之下，即相當於通稱之哲學，而哲學固可有各方面之內容為其討論與反省之主題也。惟魏晉之玄學名理與才性名理乃屬於內容真理，而非關於外延真理者。而先秦之名實論，若恰當落

實言之，則當屬於外延眞理，而非關於內容眞理者。屬外延眞理者，言可盡意。屬內容眞理者，言不盡意。故能重見《周易》、《老》、《莊》之玄理而有言意之辨也。

是故在中國，除儒、釋、道三敎以及墨、法、陰陽外，求其與西方哲學相當者，惟在先秦名家與魏晉名理一支耳。其表現之方式，亦可以系統出之，如荀子之〈正名〉，劉劭之《人物志》；亦可藉注疏以見之，如王弼之注《老》、《易》，向、郭之注《莊子》，復可以雋語妙意之清言以自見，如中朝名士、竹林名士等之談言微中。不管方式如何，而其內容則可說是哲學者。宋明儒之心性之學，則仍可說是屬於儒敎者。其中雖可說有是「哲學的」，如佛敎中亦有是「哲學的」，然有宗有敎，有理論有修持（工夫），則仍是屬敎而不屬哲學。故顧亭林所謂「古之清談談老莊，今之清談談孔孟」，雖是憤慨而並非無故，然兩者之談究有不同也。談老莊者，可只是名理，而談孔孟者，卻必有歸宗。此將於下文詳辨之。

第六節　中國先秦名家之名實與魏晉名理之進一步的提煉與規定

一、先秦名家所講之形名、名實，吾人雖說其是知識論與邏輯上之問題，然實則究與西方哲學中之邏輯與知識論有間。縱謂其是邏輯與知識上之名理，亦是原始的初步的邏輯與知識論。蓋其原意，在政治禮法之實用上，只是「名實相符」、「循名責實」、

「名以檢形,形以定名」之意義;在一般化、抽象化、而泛言名實
以說「知」上,亦只是《墨辯》「知、名實合為」一語之所示,
「沿名取實,實以定名」之意義。只注意此「名實之關係」,便是
中國學術傳統中所謂之名家。至於在政治禮法上,如何能充其實以
稱其名,又所充之實為何,則是各方內容問題。如德、才、能、及
守法盡分、無過、無不及等,便是儒、道、法等家所講之內容之學
問,而非名家之所以為名家者。當然,只是「循名責實」、「綜核
名實」之一語,亦儘有其獨立自足之意義。如其在概念上有獨立自
足之意義,便可以此成家,而由之以定其為家之本質意義。在一般
化、抽象化、而泛言名實以說「知」上,亦只停於「知、名實合
為」之一語。至於名所指之「實」之積極地討究,如對於質、量、
關係等之一定的對象,與超此三方面之絕對的對象(超越對象)之
討究,則非其所能及。又,對於名本身之積極地討究,如名之形
成,名之分類,名與名間之關係,名間之關係所遵守之律則,亦非
其所能及。最後,「名實合為」之「知」之積極地討究,如對於知
之活動之形態,及知所及之限度與範圍,知之有效與無效,以及能
知之心之探討,亦非其所能及。當然,「名實合為」以成知,(此
仍是「循名責實」一語之變形),此一語亦儘有其獨立自足之意
義。如其在概念上有獨立自足之意義,便可以之定名家之所以為名
家。

故以上兩方面所表現之「循名責實」一語之獨立自足的簡單意
義,便是中國名家之原初的意義,典型的意義。故在政治禮法方
面,那樣就是名家,而不列入法家、道家、或儒家。而在泛言名實
以說「知」上,亦那樣就是名家,而說其是邏輯與知識論,亦只是

原始的初步的邏輯與知識論。當然，此原始的初步的邏輯與知識論，在那「名實合爲」一語之獨立自足的意義上，亦可有獨立自足的意義。此就是典型意義的中國名家所牽連至之邏輯與知識論。故據史乘所載，典籍所見，凡中國名家言，只是環繞那簡單一語而輾轉重複。說簡單，亦簡單，思想理論總展不開。說鄭重嚴肅，亦甚鄭重嚴肅，此其所以能成家也。其所以有鄭重嚴肅之意者，蓋只在「循名責實」一語之獨立自足的意義，以及此有獨立自足意義之一語之兩頭通：既通於知，亦通於政治禮法。光只是政治禮法，不是中國之名家，光只是知，亦不是中國之名家。必須兩頭通，而以政治禮法方面之名實爲籠罩之氣氛，以知識方面之名實爲經綸於其中之「泛智之照察」。從政治禮法方面之名實說，有鄭重嚴肅之意義；從知方面之名實說，亦有俊逸之意義。

但，雖說那簡單一語有獨立自足之意義，亦因此而成家，然概念引生概念，乃爲不能必然劃止者。每一概念皆可有獨立自足之意義。然其牽涉內容而爲問題之引生，乃爲原則上不能停止者。是以中國名家，在過去亦常不止於典型意義之名家之當身，而亦常黃老形名連稱，此即由名實對應而牽連至超名超形。亦道法形名連稱，此即不但通道，亦通法。通法是「內在地」通，通道是「超越地」通。而在邏輯與知識方面，雖引生者少，而荀子亦稍有引生焉。如其〈正名篇〉言「所爲有名，所緣以同異，與制名之樞要」，即對於名本身之形成有其積極的思量。然則通邏輯、知識論，亦爲其所必函。惟在以前，此方面之牽連顯萎縮；而由「名實合爲」之知通超名超象之知，所謂「言意之辨」，則有充分之發展，此亦由通道而來者。通邏輯與知識論爲內在地通，通玄學爲超越地通。是以名

家，若不限於狹義之名理，隨其牽連而推擴至「廣義之名理」，則通法、通道、通邏輯與知識論，以及通玄學，乃爲其充類至盡之牽連。此即相當於西方哲學之全部：通法是政治哲學，通道亦通三教，是道德宗教之哲學。會而通之，錯綜其變，則人生哲學、藝術哲學、歷史哲學，亦皆賅而存焉。至於邏輯與知識論，則固可順其本性而內在地引生出。（中國文化生命於名家所應有之內在地通一面皆未能積極正視，而於超越地通一面，則充分發展。此猶《莊子》大談超知，而對於知本身未能正視。因而凡屬科學、民主層，皆未能正視。）至於通玄學，則尤是哲學之當行。茲就中國固有之超越地通一面（通道而至玄學），進而確定魏晉名理所談之特殊內容之特殊意義，以言其與西方傳統玄學之不同。

二、魏晉名理，雖若蜻蜓點水，頭緒繁多，觸處機來，時有明悟，然大要言之，不過兩類：一爲才性，一爲玄學。才性名理是中國所獨有。與先秦人性論爲並行之兩支，構成中國全幅人性之學問。一爲道德的，一爲品鑒的。前者以《孟》學系統爲主，後者以《人物志》爲代表。詳論已見論《人物志》章。至若「玄學」名理，則由通道而引生。清言所及，大要不出此兩範圍。其「言意之辨」中，言所不盡之「意」，亦大體可說屬品鑒與玄學。由此觀之，依前所說凡名言所不能盡者爲「內容眞理」，則魏晉才性名理與玄學名理所論者，即此內容眞理也。然則此種內容眞理，名言所不能盡之「意」，究有若何之特殊意義？即：究竟是何形態之內容眞理？內容眞理形態多端，魏晉名理所表現者是何形態？吾前言中國名家傳統，廣義名理，可相當於今日通稱之哲學。（在中國，哲學傳統由名家起，科學傳統由羲和之官起，道統則由儒家立。）假

定魏晉名理所及之內容真理，其特殊之形態得而確定，則中國由名家傳統所開出之魏晉名理之玄理哲學，其在以往所表現之形態、模型（不是形式方面，而是內容方面），亦可得而確定矣。此將與其第一序之道統相應，廣言之，與儒釋道三教相應。而與西方哲學所表現之形態、模型（亦自內容方面說，不自形式方面說）不同。西方哲學之形態或模型亦與其道統（宗教）相應，復與其科學傳統相應。大體言之，中國名家傳統所開之玄理哲學，其形態是「境界形態」；而西方哲學，其形態是「實有形態」。一是主觀的神會、妙用，重主觀性；一是客觀的義理、實有，重客觀性。一是圓而神，一是方以智。一是清通簡要，虛明朗照，一是架構組織，骨格挺立。一是圓應無方，而歸於一體如如，洒然無所得。一是系統整然、辨解精練，顯露原則原理之「實有」。一是不著，一是著。一是混圓如如地對於客觀真實無分解撐架的肯定，一是分解撐架地對於客觀真實有肯定。

在中國玄理哲學之「境界形態」下，一切名言所不能盡之意與理（名與理相對，言與意相對），吾皆統之於「內容真理」下，而謂其是「主觀性之花爛映發」。即，其所不盡之意理乃屬內容真理，而此種內容真理皆是關於「主觀性本身」與「主觀性之映發」所作成之「內容的體會」。此義，於儒釋道三教所證成之最高理境以及順《人物志》才性一路而來之識鑒與品評，皆可適用。順《人物志》才性一路而來之識鑒與品評（此亦綜曰「內容的體會」），其主觀性是才，即所謂「才性主體」。環繞此「才性主體」而有之才情、才氣、氣質、資質、性情、神韻、容止、風姿、骨格、器宇等，皆是此「才性主體」之主觀性之花爛映發，而關於這一切

「花爛映發」之內容的體會皆是美的欣趣判斷，故其為內容真理皆是屬於美學，而表現人格上之美的原理或藝術境界者。順儒釋道三教所證成之最高理境而言，其主觀性是心性，道德的與超道德的，即所謂「心性主體」是。環繞此「心性主體」而有之道心、天心、菩提心、自然、無為、虛、空、寂、照、一、天、化、神、幾、應等，皆是此「心性主體」之主觀性之花爛映發，而關於這一切「花爛映發」之內容的體會皆是形而上的玄思，故其為內容真理皆屬於形而上，道德的或超道德的，一是皆表現道德宗教上之真理。這些真理皆由聖人、至人、真人、神人、天人，以及菩薩、佛所親證、體現，或達至之境界。一切皆從人證聖證之「主觀性」上說，不自存有之「客觀性」上說。自「我」這裡發，不自「它」那裡發。

自「我」這裡發，發而亦可涵蓋乾坤，賅宇宙萬物而言體、言用、言無言有、言神化、言一多、言寂感，儼若亦可成一本體論。然此本體論實只是聖證之主觀性所達至之境界之客觀姿態，而不真是分解撐架地在客觀真實方面真有如此之「實有」，真作如此之「實有」之肯定。故不是積極的本體論，即不是分解的、架構的本體論，總之，不是「實有形態」之本體論，而是「境界形態」之本體論；此只是消極的，亦曰主觀的本體論。

魏晉名理的玄理哲學即以此聖證為規範，而發其玄談與清言，且真能契此規範而不走失，發揮至通徹盡致者。故一洗漢儒之質實，而歸於虛靈，扭轉其客觀的「氣化實有之宇宙論」而為主觀的境界虛靈之本體論。彼等雖偏於虛、無、自然而言之，然此一義亦為儒聖所體現，而確為儒釋道三教聖證之所共許者。吾確信，凡屬形上學最後皆當總歸於道德宗教之形上學，即植根於道德宗教而安

住道德宗教之形上學。而道德宗教之形上學最後必歸於主觀性之花爛映發，而爲境界形態。故不但漢儒之「氣化實有之宇宙論」須提升或扭轉，而予以消化之，即西方傳統中「實有形態」之本體論或形上學，亦須提升或扭轉而予以消化之。提升是從氣化或萬有層提至最高之道德宗教之「理」一層。扭轉是從客觀之實有，氣的或理的，轉至主觀之虛靈。消化是統客觀性於主觀性而至眞實的主客觀之統一。經過提升、扭轉與消化，中國之玄理哲學亦可因而得其進一步之充實。然而千聖同證之「境界形態」下之主客觀之統一，恐是不移之內容眞理也。

第七節　順唐君毅先生之辨進一解

唐君毅先生盛辨魏晉名理所談之理與先秦名實論中所言之實之不同。魏晉名理所言之理是不直接屬於外在實物的「意之所及」之理，先秦名實所言之「實」恆是屬於外在實物之「物理」。吾今皆以外延眞理與內容眞理以別之，而內容眞理又皆統之於聖證之「主觀性之花爛映發」。依此，「意之所及」之理不是空頭的紛然雜出之「意之所及」，而是統之於「主觀性之花爛映發」，以見魏晉清言固有義範，而非泛然漫談也。以下引唐先生之文以示之。

> 先秦思想之論名實，其所謂實，恆是指客觀之外物，或物之形色。此形色是直接屬於物之理。然「意之所及」之理，儘有不直接屬於外物者。故由論名實至論言意、論名理，便是思想上一大轉進。

我們說言意、名理之問題，是較名實之問題更進一步者，關鍵全在意所及之理，可有不及於實物者。先秦之《墨辯》及名家之討論堅白之盈離，白馬之是否馬，牛馬是否非牛非馬，有厚無厚，南方有窮無窮，鏃矢是行是止之問題，抽象誠然是抽象，但皆大體不出關於物之時間、空間、形色、數量、運動的問題。物之佔時空，有形色、數量、運動，皆可說是直接屬於物之實理。則論我們之名與他們之關係，又只是一名實問題。但以意所及之理，則可是不屬於客觀外物之理。

1. 譬如王導過江所標之三理，除歐陽建之〈言盡意論〉以外，其另二者，是嵇康之〈聲無哀樂論〉與〈養生論〉。無論說聲有哀樂與無哀樂，都是一判斷，亦都表一意，表一理。聲乃耳之所聞，在外，哀樂乃我之所感，在內。說聲無哀樂，或聲有哀樂，皆只表此在內在外二者之關係。因而此理便不能只在外。此理不能屬於在外之聲。此與形色數量等尚可說屬在外之實物者，全然不同。屬於在外之實物者，可以手指，而此則不可手指，而只可意會。不只是「聲無哀樂」之一理只可意會，即「聲有哀樂」之一理，說哀樂在聲，亦要待於意會。因縱然聲上原有哀樂，我不動哀樂之情，哀樂之意，仍不得說聲有哀樂也。又如〈養生論〉中說：「忘歡而後樂足，遺生而後身存。」此亦只是一可意會之生活上的道理，而非客觀的外物之理。對於只可意會之理而以言表之，是遠比對於可指的外在實物之形色等理以名表之，更為人類之更高一步的思想與言

說。

案：嵇康〈聲無哀樂論〉意在表示和聲純美之客觀性，將哀樂剝下來歸之於主觀之情。聲音「以單複、高埤、善惡爲體」，實即以「和」爲本質。無所謂哀樂也。故云「和聲無象」，又云：「託大同於聲音，歸衆變於人情。」嵇康此義，在美學上爲客觀主義，其境界甚高。然無論如何，欣賞和聲之純美亦是一種欣趣判斷。故「聲無哀樂」亦是一種屬於美學的內容眞理。此雖與才性及玄學不同，似並非主觀性之花爛映發，然欣賞和聲純美要與審美主體有關。人之心境空寂無物，無任何指向與歧出，然後始能與此純美之和聲相遇。主客觀方面皆脫落一切實際內容，不但和聲無象，即心境亦無象，然後大同之和聲始見。此純爲「形式美」之如如地欣趣。此是就聲樂而言。若進一步而至無聲之樂，所謂「大樂與天地同和」，則便是聖證境界之和。自脫落一切實際內容而言，此和聲純美之欣賞，可說是純形式的或純抽象的。然聲之和，色之美，亦常不能單抽象地看其形式，必有色澤於其中。和聲是具體的和聲，美色是具體的美色。並不單是其裡面之形式。就此而言，亦可說「和聲有象」。有時吾人心境純在平淡之中，並無哀樂之情主於其中，然對於客觀之聲音亦有哀音之感。推之有昂揚之音，沈鬱之音，憂戚之音，愉悅之音，肅殺之音，歡暢之音，靡靡之音，朗朗之音，舒展和平之音，乖戾殺伐之音，此皆屬於音之色澤，並非吾心中之喜怒哀樂之情。由和聲爲緣，引起吾人之情感是一事，而和聲本身之色澤又是一事。吾有哀戚之心，覺一切皆哀。此種由情而賦予之哀可以剝落而歸之於人情。然和聲本身之色澤則不易脫落而

亦歸之於人情。說聲有哀樂，若自所引起之主觀有主之情言，則非是。若自和聲本身之色澤言，則似亦可說。「託大同於和聲」，和聲是聲樂的一個普遍的底子，而其種種色澤情調，則不可脫落。「歸眾變於人情」，以聲樂為緣所引起之中心有主之喜怒哀樂，此「眾變」可歸之於人情，而和聲本身所自具之色澤情調之眾變，則不可歸之於人情。此而脫落，則只有齊同之一冥，而無聲樂可言矣。現在，說聲無哀樂，固是形式的欣趣判斷，說「聲有哀樂」亦是實際的具體的欣趣判斷。兩者固皆屬於美學的內容真理。（嵇康原作，主客對辨，客方主有哀樂，其設辨之理由全自所引起之中心有主之情識言，故嵇康可剝落之也。此為不盡者。詳見下第九章。）雖與才性及玄理不同，不能盡謂其是主觀性之花爛映發，然要與審美主體有關也。凡內容真理皆不能脫離主體之感受而呈現。

　　至於「忘歡而後樂足，遺生而後身存」，則是本《老子》「後其身而身先，外其身而身存」而來，此顯然是「無為而無不為」玄理之所攝。故是聖證境界形態中之內容真理，而亦是聖證之「主觀性之花爛映發」也。種種玄理由此引生。華嚴《十玄門》蓋亦此聖證境界形態中內容真理之充分映發也。又無一而可相礙者。

　　2.關於魏晉之談名理，是較先秦名墨諸家之論名實為進一步
　　　之思想發展，尚可由魏晉人所談之形而上之問題與王弼之
　　　論《易》之言，以證之。王弼之論《易》，其大旨在由漢
　　　人象數之學進一步。漢人象數之學之大毛病，在太質實。
　　　乾必為馬，坤必為牛，某一卦、某一爻，必指一特定事物
　　　之象。是為太質實。漢人之陰陽五行之論，原是一種從事

物之變化歷程去看物理之論。〔……〕在漢人之論
《易》，恆是要把《易》之一切卦爻之配合變化，通通視
作一具體的物理現象之構造的圖畫。於是，卦氣、爻辰、
納甲、納音之說，皆相沿而生。由此而某一卦、某一爻，
亦必指一特定事物之象。《易經》中之名言皆成直接指實
者。此與先秦之名家言雖不同，然其重直接觀名之指實，
則並無不同。而王弼論《易》，則正是要去此漢人之太質
實之病，而求進一步。而其所以能進一步者，正在其於名
言與所指之實物間，指出一個意來，亦同時指出一個不屬
於特定之物的理來。王弼《周易略例》說：「爻苟合順，
何必坤乃爲牛？義苟應健，何必乾乃爲馬？」坤直接表順
而不表牛。乾直接表健而不表馬。馬牛是象，而健順是
意。則乾坤之名與實物之關係鬆開，而只與意理連接。
〔……〕故忘象而後能得意。牛馬之名，只及牛馬之象，
此是名象關係，亦即名實關係。而健順之言，則能表我們
牛馬之象中所意會之理，則此便是言意關係，名理關係。

案：此乾坤健順之德，正亦是德性生活之所印證，亦即「德性主
體」之所映發與實物無關之內容眞理也。擴而大之，眩宇宙萬物而
爲言，則乾元坤元之爲創造原理與凝聚原理，正亦是儒家聖證之境
界形態下虛靈的、主觀的宇宙論與本體論通而爲一的形上學。因儒
家聖證自正面立言，以「仁」爲體，故雖是虛靈的、主觀的，而在
客觀方面，亦即肯定仁爲實體，此即具備一「客觀性」，「即活動
即存有（實有）」之客觀性。但此客觀性即此主觀的正面聖證所顯

露之仁體之涵蓋性。故「客觀性之實有」即此「主觀性實有」（亦即活動即存有）之超越表象，而眞至一主客觀性之統一。此義，於釋道兩家，因其聖證自反面立言，故不具備。然賅括言之，則固同是境界形態下之內容眞理也。

3. 王弼之玄學，除見於其論《易》外，亦見於其論《老子》，今倂引其《老子注》及《周易略例》之數語，以證上之所說。老子「道法自然」，注：「道不違自然，乃得其性。自然者，在方而法方，在圓而法圓，於自然無所違也。自然者，無稱之言，窮極之辭。」「天地不仁」，注：「天地任自然，無為無造。萬物自相治理，故不仁也。」「道生一」，注：「萬物萬形，其歸一也。何由致一？由於無也。」此中所謂道，所謂自然，所謂一，所謂無，都是許多名言。這許多名言，皆能表意表理。但是這些名言，都不是表某一特定的實物之名，亦不表特定的實物之理，亦不必是表一客觀存在的外在實體。其所謂自然，實迥別於今之西方科學哲學中所謂自然。說「自然者，在方而法方，在圓而法圓」，即自然只是任方者之自方，圓者之自圓，任萬物之自相治理，而自是其所是，自然其所然。故曰：「自然者，無稱之言，窮極之辭。」〔……〕自然之名如是，道、一、與無之名，亦復如是。（邢昺《論語正義疏》引王弼釋「志於道」曰：「道者無之稱也。寂然無體，不可以為象。是道不可體，故但志慕之而已。」謂道只可志

慕而非體，即道只爲意中之理之謂也。）

案：道法自然，即道以自然爲本性。故注曰：「道不違自然，乃得
其性。」是則自然即道之別名。但亦不是於天地萬物之外，別有一
物曰「自然」。故注曰：「自然者，在方而法方，在圓而法圓，於
自然無所違也。」直就天地萬物平視一切而任之，此即爲自然、爲
道。此顯是聖證祛執之化境。而非別有一物或「客觀實有」曰道、
曰自然。唐先生亦謂其「不必是表一客觀存在的外在實體」，即
已顯示此義。據此祛執之化境以觀萬物，則萬物個個圓滿自足，自
由自在，自然其然，自是其是。向、郭注《莊》，特顯此義。

　　但老子亦有「天下萬物生於有，有生於無」、「無名天地之
始，有名萬物之母」等義。此則道、無，亦顯有一客觀實體之意
義。此將如何解？依吾觀之，道、無之此種客觀實體之意義，亦實
只反面的主觀聖證之化境之客觀姿態，而非眞有一「客觀之實有」
而可名之曰道或無者。即，道、無之此種客觀姿態實依主觀聖證上
「無爲而無不爲」而成立，即依「無爲而無不爲」而有客觀實體之
意義。在主觀聖證上，「無不爲」以「無爲」爲體。「無不爲」爲
有，「無爲」爲無。是則「有」之繁多以「無」之渾一爲體。此爲
「體」之無，在主觀聖證上是至眞至實的：「眞」是親證親見，而
「無」亦實可爲體，並非虛擬，亦非假託，故曰「實」。若不是達
到至虛至寂、渾圓而一之「無」，何能圓應無方，而繁興無限量之
大用乎？此是聖證上之「存在的眞實」，而不可以絲毫置疑者。此
義既實，則據此以觀天地萬物之爲無限量的「有」，亦必以至虛至
寂渾圓而一之「無」以爲其體。故曰：「天地之間，其猶橐籥乎？

虛而不屈，動而愈出。」若非至虛至寂渾圓而一，何能不屈？若非
虛而不屈，何能動而愈出？是則「無」之「客觀實體」意義（在宇
宙論上）實類比主觀聖證上「無爲而無不爲」而得其眞實之意義。
即，此客觀姿態亦依主觀聖證而得印證。然主觀聖證上之「無」是
一種虛寂渾化之心境，是一種虛靈之妙用，而非是一「物」。故
道、無不是通過「物事」之觀念去了解，而是通過「妙用」之觀念
去了解。其客觀姿態之客觀實體意義亦當如此觀。故曰：「常無，
欲以觀其妙，常有，欲以觀其徼。」又曰：「無之以爲用，有之以
爲利。」是則其客觀實體之意義實是主觀聖證化境妙用之超越表
現，亦即所映發之客觀姿態，並非在客觀存在方面，分解撑架地肯
定一客觀實有曰道曰無也。

　　此客觀姿態可有可無。然皆無礙。捲之則無，放之則有。動觀
則有，靜觀則無。向、郭注《莊》，平視萬物，個個圓滿自足，自
然其然，自化其化，無有生之者，無有然之者。此即「靜觀則無」
也。然無論動觀之有，或靜觀之無，要皆「主觀性之花爛映發」，
聖證所至之「內容眞理」也。在動觀之有上，既不可執「無」爲一
物，在靜觀之無上，復不可下委於平視之萬物而直認此物自身即爲
道爲自然。此不過捲之於主觀化境之觀照：平視一切，任之而圓滿
自足。此是一種境界，一種意義。此仍是提起來，虛靈起來，無執
無着而至之境界意義。此即是「自然」。此是境界之「自然」，境
界之「獨化」，此即是道與無也（灑脫地說，鬆散地說。）不是實
物之自然，實物之遷化也。（若落於實物上，則一切實物正好不是
「自然」。而皆是「他然」。在因果鍊索中之「他然」正是科學所
謂「自然界」，而亦正是莊生所慨嘆之「人生若是其茫」也。）若

忘提起來，而下委於實物，滿眼是有，以此爲自然自在，藉以表示並非於「有」外而有「無」爲其體，且認爲向、郭注《莊》是崇有論（湯用彤先生《魏晉玄學論稿》如此說），則其沈墮不反，謬以千里矣。

4.向秀、郭象注《莊子》，言自然、自爾，言獨化，都是魏晉玄言中之最重要者。今再引郭象一段注《莊子》之言，再來說明何以此類名言概念思想，皆重在言我們之意中之理，而非重在論客觀之物自身所以存在之物理。《莊子・齊物論注》：「夫天籟者，豈別有一物哉？即衆竅比竹之屬，接乎有生之類，會而共成一天耳。無既無矣，則不能生有；有之未生，又不能爲生。然則生生者，誰哉？塊然而自生耳。自生耳，非我生也。我既不能生物，物亦不能生我，則我自然矣。自己而然，則謂之天然。天然耳，非爲也。故以天言之，所以明其自然也，豈蒼蒼之謂哉！而或者謂天籟役物使從己也。夫天且不能自有，況能有物哉？故天者，萬物之總名也，莫適爲天，誰主役物乎？故物各自生，而無所出焉。此天道也。」郭象這一類的話，當然亦講了許多道理。但是這許多道理，明不是論特殊具體之物所以成之物理，而其否認有主宰萬物使物生的「天」之存在，謂天只爲萬物之總名，即明見他不要追求萬物共同的客觀原因，或萬物之所以存在之理。然則他這一類話，講的是甚麼道理？這正只是我們用名言去指客觀存在的萬物時，我們的意中之理。

案：郭象此注之意正是上項所說道或無之客觀姿態、「靜觀則無」之義也。人籟是比竹，地籟是眾竅，而天籟則並無所指，亦並無斯物。天籟表示一個意義，一個境界。而此意義，此境界，直就「眾竅怒號」之自然而無使之然以顯示。故曰：「天籟者，豈別有一物哉？」吾以虛靈渾化之心平視萬物，不經由因果對待之方式觀萬物，而經由體性學之方式觀萬物，萬物各歸其自己而個個圓滿自足。此不是在因果對待中之「現象的萬物」，而是根據道心以觀之「道體上的萬物」，「自性具足」之萬物。要者在撥開他生、使生、因果、依待，而寂照其自身。因此，顯出其「自性具足」。故一切皆非他生、被生，亦無使之生，而皆是「自生」。自生即「自己而然，謂之天然」。此「自生」一義，顯是由「自性具足」而來。否則，自現象以觀，顯是互依互待，他生、被生，亦有使之生：皆是他然（依他而然），並非自然。而郭象注《莊》（《莊子》本身亦在內），顯不欲自現象拉長，以言他生、使生（此是「動觀則有」一路，《老子》具備。見上項），而是本道心以寂照，「當下即是」之一路，所謂「靜觀則無」也。此是《莊子》之進於《老子》者，而郭注能冥契此義而不失。然與「動觀則有」一路相融而不相礙。非可據此以斥彼。郭象能冥契「當下即是」，而似不能圓解「有生於無」之一義。其言「無既無矣，則不能生有」，此語顯然說得太死殺，而不知據「無為而無不為」之義以會通「無之生有」也。此即落於邊見，而非圓唱。（郭注「無既無，不能生有。有之未生，又不能為生」。此有類於龍樹《中論》之破「生」。此雖可用，然不免於詭辯。不若直就寂照以言其「獨化」。而郭象之底子亦實即此道心之寂照。顯於文字，則有此辯證

之象。又，就「動觀則有」一路，自現象拉長以言最後之生因，若是分解撐架地辨解以出之，則即有康德所批判之背反。若如《老子》類比「無爲而無不爲」以言「有生於無」，則無之爲因即是「境界形態」下之姿態，而此與「靜觀則無」即相融而不相礙者。）

　　郭注言自生、自然，是道心觀照之境界，故此內容眞理亦是主觀聖證之花爛映發。其注逍遙無待，亦與其注天籟略同。茲錄之以助讀者之理解。注曰：「天地者，萬物之總名也。天地以萬物爲體，而萬物必以自然爲正，自然者，不爲而自然者也。故大鵬之能高，斥鷃之能下，椿木之能長，朝菌之能短，凡此皆自然之所能，非爲之所能也。不爲而自能，所以爲正也。故乘天地之正者，即是順萬物之性也；御六氣之辯者，即是遊變化之塗也；如斯以往，則何往而有窮哉！所遇斯乘，又將惡乎待哉！此乃至德之人，玄同彼我者之逍遙也。苟有待焉，則雖列子之輕妙，猶不能以無風而行，故必得其所待，然後逍遙耳，而況大鵬乎？夫唯與物冥而循大變者，爲能無待而常通。豈自通而已哉？又順有待者，使不失其所待，所待不失，則同於大通矣。故有待無待，吾所不能齊也；至於各安其性，天機自張，受而不知，則吾所不能殊也。夫無待猶不足以殊有待，況有待者之巨細乎！」此末後一義甚精。不但自通，且亦通他。「順有待者使不失所待」，則有待者亦自性具足，而各歸於無待。「稱體而足，不知所以然也」（亦〈逍遙游注〉語）此則「玄同彼我」，無待與有待亦無殊。此爲絕對之無待，至極之逍遙。〈逍遙〉、〈齊物〉之旨，郭象可謂得之矣。老子尙有客觀之姿態，而莊子則唯是言聖證之境界。

第八節　境界形態下主客觀性統一問題

魏晉名理，順道家言「無」而來之玄論，就「無」之為本體說，雖說動以觀之，「無」有客觀實體之意義，主觀聖證之「無」有客觀之姿態，而為天地萬物之始；然因其自反面立言，自否定之路以顯「無」，又因德性之心性不立，不能解消自由與道德之矛盾，則即不能真建立道或無之客觀實體之意義，亦即不能真至主客觀性之統一、而不免於偏枯。故至《莊子》與後來之向、郭，則即消化此客觀姿態，而純歸於「境界形態」。雖云動觀、靜觀，兩不相礙，然畢竟「無」之客觀實體意義是虛說，故不能真建立道之客觀性，亦不能真至主客觀性之統一。

至於佛教，則尤純自菩提、般若以言聖證，證如不證悲，故尤純屬境界形態，而根本不肯定「實體」之觀念，故自不涉及其客觀性。

惟儒家聖證自正面立根，自德性之路入。體天立極，繁興大用，故既有主觀性，亦有客觀性。且真能至主客觀性之統一。蓋仁是客觀之實體，遍人遍萬物而為實體，而亦即由聖證而見而立。而渾化、無為、寂照、寂感、圓、一、虛、空、覺、健，這一切皆自主觀聖證之境界言，皆為聖人所體證；而又一是皆樹之以仁體而實之，故一是又皆為仁體之屬性。此其所以為大成圓教也。王弼、向、郭雖崇儒聖，而其玄義實據道家。故只能了解儒聖亦「體無」，而不能透澈其性命天道相貫之全體大用也。聖人「體冲和以通無」，此言確不虛。而王弼之智亦確能見到，故能如實說出。孰

謂聖心尙有縛執哉？不但體冲和以通無，而且通體達用，體無而不遺有，至寂而不失照，至靜至一而圓應無方。故不但神明茂，而且五情同。應物而不累於物，終日應未嘗應也。此種圓融之境，聖人確能體之，而卻不欲多言。他只「肫肫其仁，淵淵其淵，浩浩其天」以示之。所謂「默而成之，不言而信，存乎德行」也。故曰：「聖人體無，無又不可以訓，故不說也。」而老、莊盛言之。至乎魏晉玄理，以老莊爲矩矱，而又盛發之。適同時佛敎亦在滋長中，順魏晉南北朝之玄談淸言，而亦有其至鳩摩羅什來華爲止之初期發展。在此兩流順應發展中，一呼一應，推波逐瀾，於空、有，有、無，寂、照，動、靜等聖證之圓境，尤其闡發無餘蘊。此即所謂「境界形態」而至乎其極也。境界形態之義蘊，確爲佛道兩家所喜闡發而盛言之。其功不可沒。惟儒家不只是主觀聖證之境界，且能將其所證現之仁體通出去而建立道之客觀實體性。故《中庸》云：「君子之道：本諸身，徵諸庶民，考諸三王而不謬，建諸天地而不悖，質諸鬼神而無疑，百世以俟聖人而不惑。」此即主客觀性統一之規模。由之亦足以辨三敎之同異。

　　順儒家性命天道之敎義固能開出主客觀性之統一，此爲魏晉玄學名理所未能知者。蓋其所能及的只是外部地、籠統地知聖人亦體無，而聖人敎義之內在的精蘊與核心的立體骨幹，則非彼所能知。聖人固已至化境，然支持此化境之立體骨幹，則非釋老所能至。是以若只浮面地自此化境而言，則與佛老無以異。即以道家言說之，亦無不可。此即王弼、向、郭之以道體儒用，融合孔老者。然若內在地深入此化境之所以然的立體骨幹以觀，則知聖人固有獨立自足的體用。固不能直以渾化之「無」爲體也。聖人無適無莫，無意、

必、固、我，無可無不可，氣象同天地，何嘗有一毫之沾滯，此即
王弼所謂「聖人體無」。然實則此只是聖人之化境與氣象，而不可
即以此爲體。而自儒者言之，聖人之體固在「仁」也。老莊徒自此
化境之化掉一切「有」之定向所顯之「無」而盛言之，並即以所顯
之「無」爲體，此是倒果爲因，將「果境」視作一現成的先在原
理，置之以爲本，遂只成爲有無對揚，而不知聖人之無之所以然。
只成爲智解之路數，而於德性之心性，則不復能直下正視而肯定
之。因此，心性分爲二層：性者生也，沈而在下，心者靈也，虛一
而靜，浮而在上，而無德性之內容。即此虛一光板之心相應其所置
之無，因而有無對揚，寂照對顯，說有說無，說一說多，說體說
用，說寂說照，種種玄解，展轉無盡，而只是忘掉「於穆不已」之
仁體。固不知聖人之大德敦化本由仁體而來也。將此仁體抽掉，而
只在外面空說有無、體用、不即不離，此只是形式之陳述（前第四
章論王弼時所謂水平線型），固可用於一切聖境也。此其所以只有
主觀境界，而無客觀實體，只能盡境界形態，而不能至主客觀性之
統一也。深入儒聖教義之內在精蘊而握住其仁體者，唯宋明儒者能
之。此是開客觀性關鍵之所在。故至宋明儒者，即不以此水平面上
之玄境爲主，問題重心已轉至性命天道相貫通之立體骨幹矣。此爲
思想發展上一大轉進。

　　魏晉玄學名理已能隨老莊教義而盡境界形態之極致。若在今
日，則順名家傳統所開出之中國哲學，復當通過宋儒所闡揚之儒家
立體骨幹，進而正視西方之「實有形態」，而予以提升、扭轉、與
消化，以達主客觀性之眞實統一，並藉以充實此「統一模型」之內
容。此則今日之事也。此爲中國名家傳統所開之哲學之開擴。此當

須有兩步驟以完成之：

　　一、消化「實有形態」之宗教與上帝：耶教「證所不證能，泯能而歸所」，一往為「實有形態」，脫離「境界形態」而孤懸。只有祈禱與信仰，而無主觀之聖證。此則幽明之路隔，人天之道違。故必須予以消融而真實化其「實有形態」之客觀性。

　　二、提升、扭轉、並消化希臘哲學傳統之「實有形態」之體性學與宇宙論；此則第一步須先打通柏拉圖系與康德系之睽違，而以康德之「主體哲學」統攝柏拉圖系之「實有哲學」，此即謂扭轉。次則將此統一再提升而消化於性命天道相貫通之立體骨幹中。此即吾《認識心之批判》所作者。

　　西方文化精神一往重「客觀性」。科學注重形而下的外在客觀性，無論矣，即其哲學宗教亦皆重客觀性而為實有形態。此重客觀性之精神，其成就已為世人所周知，吾人固不容忽視之。其中雖有許多隔離睽違處，因而衝突與虛幻亦所不能免，然而客觀性之真實性固不容抹殺也。問題只在如何消化之而融於中國之主觀性之境界形態中，以達主客觀性之統一。此而打通，即中西文化之大通。關此，茲不詳論。

　　吾茲須進而一論者，為玄學名理與儒釋道三教之不同，甚至與一切教之不同。此不同乃哲學名理與教下名理之不同，亦含有哲學與聖證之不同。此不同，順魏晉玄學名理與佛教言，唐君毅先生辨之以「言意境」與「超言意境」。茲引其言如下以明之。

第九節　「言意境」與「超言意境」：哲學名理與教下名理之不同，以及其與聖證之不同

如要以一語表示玄學家與佛學家之不同，則玄學家之言名理不離「意言境」，而佛家則最重離「意言境」。玄學家最重思議，佛家則要達於超思議與不可思議。思是心行，議是言語。超思議是《大乘起信論》所謂「離言說相，離心緣相。」，是後來禪宗常說的「言語道斷，心行路絕。」如依法相宗說，則魏晉玄學家之一切談說，只是其名言種子之現行，而佛家則正要將我們之名言種子轉依於實際。如依空宗說，則魏晉玄學家言正皆是戲論，而佛家則善滅諸戲論。戲論滅已，則可更無所說。

〔……〕人意中所及之理，可超於現實的具體特殊的物之外之上。此便是魏晉玄學家精神之所注。由此，使玄學家一方有遺棄實際事物之傾向，一方更有一超曠的胸襟。玄學家當時所談的天地萬物之有無同異之理，〔……〕尤可使人更有一超曠的胸襟。此理由在：這些名言與其所表之理，都是最富於普遍性，而可涵蓋已成的、現實的、以至未來之天地萬物的。〔……〕當我們知此理時，即使我們之心，若超臨於天地萬物之上，而達一廓然虛曠之境，亦非難事。由此而說出種種超妙之理論，亦非難事。但是我們復須知，此一切理論與由此理論所達之超臨虛曠的心境，只是隨我們之意而起。此所起之意與意所及之理，都

是只能提起，而不能眞正放下而落到實際的直接經驗的世
界的。如放下而落實，即將發見其自身之虛幻。而南北朝
以後之佛學理論，正是最能顯出此諸理論放下落實時之虛
幻，而能空此諸理論之理論。此「空理」之理論之出現，
正是表示中國思想史之進一步的發展，必須超越玄學之理
論，而展示出一種新理之世界。

案：此可視爲思想理境之進一步，亦可視爲哲學與聖證之不同，以
及玄學名理與佛敎之敎下名理內容之不同。本文是從此兩不同說，
不從「理境之進一步」上說。從聖證方面說，聖人體之、懷之，亦
可當下空此諸理論，而盡消融於實際：或「默而成之，不言而信，
存乎德行」，或渾化之而一切皆實。《莊子・齊物論》云：「聖人
懷之，衆人辯之，以相示也。」魏晉玄學名理只是辯以相示，並未
達到「聖人懷人」之聖證的境地。此是名理與聖證之不同。

　　「言意境」與「超言意境」，魏晉玄學名理（亦即哲學）俱可
「辯以示之」。由「言不盡意」，而至「得象而忘言，得意而忘
象」，以及「象外之意，繫表之言」，層層前進，即可示出頓時默
然，而歸於「超言意境」之理。以言盡象，象非最後者。以象盡
意，雖盡而不盡。此不盡之「意」不可死看。死看，非最後者；活
看，是最後者。活看，則意即是聖證境界中的一切內容眞理。依
此，即體之、懷之、存之、不言而信之超言意境亦即是所不盡之
意。不可將意只拘定爲「意念層」而視之爲散亂之有也。無、自
然、諸名言所示之境界亦即意也。是以從解悟之知上說，魏晉玄學
亦未必不能知此「超言意境」。言無、言一、言獨化，正示無言之

境。而所以言之者，正是「辯之以相示也」。他們所言之有無、一多、同異等理，是自境界形態下而視之爲體用關係上的「內容眞理」。分解地言之，無、一與同是體，有、多與異是用。關係地言之，則體用相即相離，不即不離，故亦可以相融而至圓成。與希臘哲學之自「實有形態」下視之爲實有之概念或範疇者不同。亦與龍樹《中論》所破之生滅、常斷、一異、來去等對待法不同。當然，此名言、意識中之體用上的有無、同異、一多之凸出，亦可以忘掉而至渾化之境。此即所謂「聖人體無」也。此時亦無所謂體，亦無所謂用，亦無「無」，亦無「有」，亦無「多」，亦無「一」，而只是一「不言而信」之渾化。玄學名理卻正要把此渾化「辯而示之」。故正可以辯示出「超言意境」之理。

超言意境可隨三教之內容不同而有不同之表示。在佛，則由「緣起性空，互相破滅」顯；在道，則由「自然、無爲」顯；在儒，則由「不言而信，存乎德行」顯。此種不同所顯之「超言意境」（空理）之不同相，乃是「教」之不同。而教亦是「名言境」也。在教之層次上，以俱屬名言境或言意境，可與玄學名理同層次。其不同或以爲其進於玄學名理者，乃是教之內容不同，或是名言或言意之知之路數不同，而非境界之不同。總之，是哲學名理與教下名理之不同。教下名理乃有定向之名理。定向即宗也。宗定在證如證空，則其教之名理即環繞證如證空而施設。宗定在自然無爲，則其教之名理即環繞自然無爲而施設。宗定在盡性知天，則其教之名言即環繞盡性知天而施設。故佛教之經論，乃佛教宗之名理，其名理皆當守其宗而不悖。道之經論，儒之經論，亦復如是。然玄學名理（哲學）則可超越此教之定向，而涉及一切教與非教之

名理而辯示之。魏晉玄學名理以道家爲矩矱，乃一時之因緣，非玄學名理之本質必限於此。（當然，道家之義亦確有恰當於玄學處。）依此言之，玄學名理乃更超越而普遍。但須知超越而普遍，是名理之超越而普遍，非聖證之超越而普遍。名理之超越而普遍是辯以示之。聖證之超越而普遍是體之、懷之、存之、不言而信。依此言之，聖證之超言意境是行、是實，而名理之超言意境是辯、是知、是虛。故聖證進於名理，而高於名理也。依此，吾人可自原則上區別開哲學名理與敎下名理之不同，以及名理之超言意境與聖證之超言意境之不同：

一、敎下名理乃依宗起敎，有定向者。而哲學之玄學名理則可不爲定向所囿。依此，其內容的層次同，敎下名理，在境界上，並不高於哲學之玄學名理。而於外延的層次上，則哲學之玄學名理比敎下名理爲超越而普遍。（依此，宋明儒學是敎下名理，與玄學名理本質上有別。）

二、名理之超言意境是辯以示之，而可不必眞能作到，其本質亦不函作到或不作到。此是哲學之本質。而敎下名理則必函作到，或至少亦函作到與作不到之問題。此是道德宗敎之本質。因此而有聖證之超言意境。聖證之超言意境是體之、懷之，因此它必高於名理之超言意境。即，道德宗敎高於哲學。

魏晉玄學家之情調，名家傳統所開者，亦實只是哲學家之情調，而非宗敎家之情調。宋明儒則是宗敎家之情調。此不可不知。當然哲學家亦可進而歸於宗敎家。

依以上兩層區別，乃引生一甚深之問題，即：哲學名理之「辯示」，在境界上，固低於聖證之體之懷之，然聖證之體道（廣義

的）而至於無言，或「終日言而未嘗言」，必在「一定形態」下體道，（此即其宗與教），而至於無言，或終日言而未嘗言。此亦即「道之化身」義。道成肉身，藉肉身以表現，通過一偉大生命而表現，同時即為肉身、生命所限定，此即成一定之形態。儘管孔子體無，釋迦體無，甚至耶穌體無，同至無相之境，然其所示之「無相」後面有一「定形」為其相。此即孟子所謂「聖人之於天道也，命也，有性焉，君子不謂命也」。「命也」是說受一定形態之限制。「有性焉，君子不謂命也」，則有甚深之智慧。此智慧是表示：不管命限如何，只是盡性以從理，全幅生命潤在性理之中而無一毫之夾雜，此即聖人之無限，聖人之所以為聖人。《莊子》亦說：「道惡乎隱而有真偽？言惡乎隱而有是非？道惡乎往而不存，言惡乎存而不可。道隱於小成，言隱於榮華。」此亦甚深智慧之言。道不能不通過聖證來表現。但通過一定形態之聖證而表現之，同時即限定之，此是一內在之矛盾，而須永遠破除者。若不知此矛盾，而停於限定上以排他，則即「隱於小成」，因而有真偽之爭也。能永盡性而破除此限定，或知限定終不可免而不固執以排他，則即是大成。聖證無諍。相視而笑，或喟然而嘆。默逆於心，懷之而已。

然每一聖證，雖可相視而笑，或喟然而嘆，以相喻解，然而內在於各聖證之本身說，皆是一絕對之圓滿，而聖人皆是無對者，永遠自我作主者。即使聖人忘我，無人相，無我相，然亦永遠是渾一無對，法體自爾，而此即是超然之大主。因此，跳出其渾一，而看看別人，落於對待參顧中，將其超然之大主，拆開而為平面之對待，乃永非聖人渾化之心境。聖人氣象同天地。天地無對，決不會

有一個跳出天地而外於天地之天地。聖人固講忠恕絜矩之道，此有類乎拆開而爲平面之對待，然此平面之對待，在聖證上說，實是以立體之渾一爲其主。亦猶之乎耶穌之饒恕惡人乃以無對之愛爲其主。在聖人，平面與立體永遠兼備。平面是和光同塵，與人爲徒，立體是上達天德，涵蓋乾坤。固不可從平面看聖人之忠恕也。因此，聖人之渾一無對乃永遠拆不開者。是以《莊子‧大宗師》有云：「其好之也一，其弗好之也一。其一也一，其不一也一。其一與天爲徒，其不一與人爲徒。天與人不相勝也，是之謂眞人。」他總是一穿不破之一。因此，要想叫他離開此一而看彼一，乃不可能者。此一彼一即不通。因一無彼此。一是無對渾圓之一。聖人只有一個頭。他皆肯定，是肯定其一個頭之下者。此其故即在：他一方是道，一方又是「一定形態」下之道。「一定形態」依兩義而規定：一、他有一具體之生命，二、因具體之生命而從某一面見道或從某一角度表現道。此兩義即形成一限定，因而成一定之形態。釋迦佛以無常、苦、空而表現道，耶穌以上十字架方式而表達道。即儒聖立教最爲中正無偏，然因彼有一具體之生命，總不能即是「道之自己」。此即是聖人之悲劇。亦即孟子所謂「命也」，亦聖人之無可奈何者。故羅近溪云：眞正仲尼，臨終不免嘆一口氣。即依此義，說聖人之悲劇。

因此，能不落在一定形態下，而單從名理以辯之哲學家，則可拆穿聖人之渾一，而一一予以辯示，而暢通其理理無礙，事事無礙，事理無礙之途徑。哲學以名理爲準。名理凌空，不爲生命所限。聖證以生命爲資，不能不爲其所限。無生命之聖證，則道不實。無名理之凌空，則道不開。哲學辯而開之，顯無幽不獨之朗

照。聖證渾而一之，示一體平鋪之實理。然哲學家智及不能仁守，此是哲學家之悲劇。聖證仁守而封之，此是聖人之悲劇。兩者永遠在開闔相成中，而各有其獨立之本質，藉以觀人之所以為人，精神之所以為精神。再益之以藝術、天才、生命、英雄之境界，則人類精神之最高峰盡矣。此黑格爾所以視宗教、藝術、哲學，皆為絕對精神也。

　　魏晉玄學名理，雖以道家為矩矱，然其本質實為哲學名理，而非教下名理。即老莊本身，雖在以前名為儒釋道三教，然實則道家之教的意味並不甚強。其故即由於彼等非聖人。故其本質實只是哲學家；其所言所談，雖為知言知本，然只是哲學名理，而非聖證。魏晉人雖高崇老莊，而在人品上仍推尊儒聖。即聖證與名理之別也。王弼已言「聖人體無，無又不可以訓，故不說也。老子是有者也，故恆言其所不足。」雖在老子猶未與於聖證之林，而況莊子？故郭象〈莊子序〉曰：

> 夫莊子者，可謂知本矣，故未始藏其狂言，言雖無會，而獨應者也。夫應而非會，則雖當無用；言非物事，則雖高不行；與夫寂然不動，不得已而後起者，固有間矣，斯可謂知「無心」者也。夫心無為，則隨感而應，應隨其時，言唯謹爾。故與化為體，流萬代而冥物，豈曾設對獨遘，而游談乎方外哉！此其所以不經，而為百家之冠也。然莊生雖未體之，言則至矣。

此即只許其知言、知本，而不許其能至聖證之境也。聖人立教，哲

人明理。在明理上，可不爲任何現實之迹所限。故堯舜算得甚麼？孔子算得甚麼？即自己之一身又算得甚麼？故〈山木〉篇末述莊子「守形而忘身，觀於濁水而迷於清淵。〔……〕遊於雕陵而忘吾身，異鵲感吾顙，遊於栗林而忘眞。」以至於見戮而「三月不庭」（逞、快也）。注云：「夫莊子推平於天下，故每寄言以出意，乃毀仲尼，賤老聃，上掊擊乎三皇，下痛病其一身也。」其毀、賤、掊擊，乃至痛病其一身，皆示其不爲現實之迹所限，而明聖人之道也。故曰「寄言以出意」。此自是哲學家之風格。吾謂中國哲學傳統由先秦名家開，此是直接從狹言之。若再進一步想，從寬言之，則實當說從道家名家開。魏晉名理繼此而發展，則哲學傳統遂完全確立。故道統在儒家，科學傳統在羲、和之官，而哲學傳統則在道家與名家。科學傳統式微而不彰，道統由宋明儒而彰著，哲學傳統則因魏晉名理而推進。此皆有永恆之價值，而將永遠不斷者。

　　又老莊言心性，雖未依照儒聖性命天道之敎義而立言，然就造詣之最高處之體用、有無、一多之形式關係之闡明言，則亦能盡聖證境界之極致（王、韓、向、郭亦如此）。此雖爲最普遍之形式陳述（所謂泛言體用），然即此「形式陳述」乃爲一切聖證所不能逃者。故道家以及魏晉玄學，不涉及任何敎之內容，而直就「道之爲道」之本身說，此普遍之形式陳述即已得哲學之本質。當然不必停於此，亦可隨時擴張曲盡其「辯示」之理境。如此，哲學傳統可有其發展。以哲學而活轉道家，則可不必如宋明儒之視之爲異端。道家可自處於哲學，而以哲學凌空其自己，並活轉其自己，不必自定爲「敎」，則即不與敎爲對立，而將有其無限之哲學生命焉。此爲吾言「魏晉名理正名」所引至之結論。世之達者，必有契焉。

第八章　阮籍之莊學與樂論

第一節　阮籍之風格

阮籍、嵇康，乃竹林名士之傑出者。竹林名士之特點，世稱之為任放或曠達。然阮籍有奇特之性情，而嵇康「善談理」。（《晉書‧嵇康傳》語）餘者皆無足取焉。茲先論阮籍，後論嵇康。

《晉書》卷四十九〈阮籍傳〉云：

> 阮籍字嗣宗，陳留尉氏人也。父瑀，魏丞相掾，知名於世。籍容貌瓌傑，志氣宏放，傲然獨得，任性不羈，而喜怒不形於色。或閉户視書，累月不出；或登臨山水，經日忘歸。博覽羣籍，尤好《莊》《老》。嗜酒、能嘯、善彈琴。當其得意，忽忘形骸。時人多謂之癡。〔……〕
> 籍本有濟世志，屬魏晉之際，天下多故，名士少有全者，籍由是不與世事，遂酣飲為常。文帝初欲為武帝求婚於籍，籍醉六十日，不得言而止。鍾會數以時事問之，欲因其可否而致之罪，皆以酣醉獲免。

及文帝輔政，籍嘗從容言於帝曰：「籍平生曾游東平，樂其
風土。」帝大悅，即拜東平相。籍乘驢到郡，壞府舍屏障，
使內外相望，法令清簡，旬日而還。帝引為大將軍從事中
郎。

有司言：有子殺母者，籍曰：「嘻！殺父乃可，至殺母
乎！」坐者怪其失言。帝曰：「殺父，天下之極惡，而以為
可乎？」籍曰：「禽獸知母不知父，殺父，禽獸之類也。殺
母，禽獸之不若。」眾乃悅服。

籍聞步兵廚營人善釀，有貯酒三百斛，乃求為步兵校尉。遺
落世事，雖去佐職，恆游府內，朝宴必與焉。會帝讓九錫，
公卿將勸進，使籍為其辭。籍沈醉忘作。臨詣，府使取之，
見籍方據案醉眠，使者以告。籍便書案，使寫之，無所改
竄。辭甚清壯，為時所重。

籍雖不拘禮教，然發言玄遠，口不臧否人物。

性至孝，母終，正與人圍棋，對者求止，籍留與決賭。既而
飲酒二斗，舉聲一號，吐血數升。及將葬，食一蒸肫，飲二
斗酒，然後臨訣，直言窮矣，舉聲一號，因又吐血數升。毀
瘠骨立，殆致滅性。

裴楷往弔之，籍散髮箕踞，醉而直視，楷弔唁畢，便去。或
問楷：「凡弔者，主哭，客乃為禮。籍既不哭，君何為
哭？」楷曰：「阮籍既方外之士，故不崇禮典。我俗中之
士，故以軌儀自居。」時人歎為兩得。

籍又能為青白眼，見禮俗之士，以白眼對之。及嵇喜來弔，
籍作白眼，喜不懌而退。喜弟康聞之，乃齎酒挾琴造焉，籍

大悅，乃見青眼。由是禮法之士疾之若讎，而帝每保護之。籍嫂嘗歸寧，籍相見與別。或譏之。籍曰：「禮豈爲我設耶？」

鄰家少婦，有美色，當壚沽酒。籍嘗詣飲，醉，便臥其側。籍既不自嫌，其夫察之，亦不疑也。

兵家女有才色，未嫁而死。籍不識其父兄，徑往哭之，盡哀而還。其外坦蕩而內淳至，皆此類也。

時率意獨駕，不由徑路。車跡所窮，輒慟哭而反。嘗登廣武，觀楚漢戰處，歎曰：「時無英雄，使豎子成名！」〔……〕

嘗於蘇門山，遇孫登，與商略終古，及栖神道氣之術，登皆不應，籍因長嘯而退。至半嶺，聞有聲若鸞鳳之音，響乎巖谷，乃登之嘯也。遂歸著〈大人先生傳〉。〔……〕

子渾，字長成，有父風。少慕通達，不飾小節。籍謂曰：「仲容已預吾此流，汝不得復爾。」

案：此小傳，可知阮籍之風格，有以下三點：

一、有奇特之性情。

二、與禮法有嚴重之衝突。

三、能嘯、善彈琴，希慕原始之諧和。

關於「奇特之性情」，此實浪漫文人之性格。此中固有性情之真處，然亦有許多夾雜。或因激憤而然，或因矯違而然，或因生物本能而然。如既厭司馬昭（文帝），而又虛與委蛇，此即趨利避害之生物本能。所謂「喜怒不形於色」，「口不臧否人物」，即此方

面之保護色也。即此而言，則固非單純文學家之性格，亦有其動心忍性處（非孟子所說之「動心忍性」），非一往是性情之真也。母死吐血，固是真性情，然「與人圍棋」，必「留與決賭」，則亦是矯違。此處，圍棋之事並無足以使其必壓抑母終之痛者，何強忍為？或因好勝之心過強，遂抵住其痛母之心乎？抑或故示無動於衷乎？性情之際，主觀心理之事，極曲折微細，固難一律。生命之不經，亦非可以常情論。然在此，若一有心理之曲折，便非性情之真，亦非性情之純。任何俗情，任何膠著，皆必為母終之痛所衝破，此方是至孝之性，方是性情之真純。阮籍此等處，只可說是生命之奇特，不可說是性情之真純。至居母喪，裴楷往弔，則「散髮箕踞，醉而直視」。嵇喜來弔，則「作白眼」。嵇康「齎酒挾琴」來，則「見青眼」。此皆因激憤而故作怪態。夫一般社交，厭其虛偽無實，故示怪態，猶可說也。居母喪而作怪態，則主客皆成虛偽。父母之喪，昊天罔極。此處最易見真純與平實。此時只有一哀戚之痛，任何奇特與怪妄皆容不上。奇特與怪妄皆不直，皆是罔，皆違離真性情。哀戚之痛可以使矯揉造作之心與虛亢矜持之氣消化於無形，心亦平、氣亦和。惟是一肅穆之哀情。客人之弔亦投入此哀情而不容其不真。主人之哭亦自然而不容已。此一剎間，不是禮俗問題。何來激憤？何容作怪？此時最易見人間之溫暖，與人情之親切。此豈純是應酬之禮節耶？所謂禮者非天降、非地出、皆本乎人情，亦於此表現得最清楚耳。以前中國農村社會裡過新年全是一片喜慶嘉祥之氣。年前之打架仇恨，一至元旦，一聲「賀新年」，皆歸消釋。此是喜慶之情促使人心平氣和。於此亦最易見人間之溫暖與人情之親切。平時之激憤、虛亢、一切驕矜不實之氣，皆頓時

消融而歸於平平。於此最易見天地人之本體，亦於此最易見天地人之所以立。故拜年不是禮，乃是喜慶嘉祥之氣之洋溢。居喪之哀，客人之弔，亦不是禮，乃是一片哀情之蕭穆。此兩種情，最易拆穿一切虛妄。阮籍居母喪，出怪態，得毋以其平素激憤習氣機括已成，陷溺於其所為而不可使復，雖在母喪之哀戚，亦不能暢通其性情之真耶？然母總是母，其吐血數升，不可謂不真。然此真是落於第二義，藉激憤禮俗之反動以表現。而一有反動即有偽，故此真是在激偽中抖發以出，故落於第二義。只此一點渣滓，遂使主客皆偽：主有激情之偽，遂使弔客之舉動皆偽。裴楷、嵇喜應酬之偽也。嵇康齎酒挾琴，則怪態之偽也。以偽生偽，以怪引怪，遂顯一切禮俗亦偽。殊不知禮俗並不偽，或無所謂偽不偽，偽只在自己之激憤。而在父母之喪中是容不下絲毫激憤的。一片哀戚之蕭穆融化人間一切奇曲之不平。此之謂性情之真純。是者非者，美者醜者，善者惡者，凡有來弔，皆所以助我之悲，慰我之哀，而其情亦無不真者也。吾焉得以虛妄分別之激心黑白弔者之善意乎？吾無憤激之心，則禮俗不凸出於念中成一孤懸之概念，則禮俗亦真。焉得橫亙於胸中而嫉之，藉以偽己而偽人耶？夫自東漢末年，徐穉以「雞酒薄祭，不告姓名」，哭黃瓊，「置生芻一束於廬前而去」，弔郭太，名士之藉矜亢以顯虛妄之真，其由來久矣。殊不知其皆偽也。本屬性情之事，而卻轉移之藉以顯世俗之惡濁，成一客觀禮俗問題之激盪，社會人品分野之鬥爭。主觀性情之事，轉化而為客觀之憤世嫉俗，則一切皆偽，遂使風俗益壞，而人心益發不可收拾。降至魏晉之際，此情尤顯，阮籍其代表者也。至於後來所謂八伯、八達，則直怪不成怪，奇不成奇，直是放縱恣肆胡鬧之妖孽耳。

（《晉書》卷四十九〈羊曼傳〉：「時州里稱陳留、阮放爲宏伯，高平、郗鑒爲方伯，泰山、胡母輔之爲達伯，濟陰、卞壺爲裁伯，陳留、蔡謨爲朗伯，阮孚爲誕伯，高平、劉綏爲委伯，而曼爲伯。凡八人，號兗州八伯。」又同卷〈光逸傳〉記胡母輔之、謝鯤、阮放、畢卓、羊曼、桓彝、阮孚與光逸，爲八達。）

關於「與禮法有嚴重之衝突」一點，阮籍曰：「禮豈爲我設耶？」以其激憤之性格，居母喪，尚不能平其情，何況與嫂作別乎？（嫂歸寧，籍相見與別。人或譏之。不知其如何別法。何以「與別」即違禮？蓋其舉動必有與當時之禮俗不合處。遂引起世人之譏議。）沽酒少婦，以及兵家女等事，此皆表示阮籍爲一浪漫文人之性格，所謂酒色之徒是。《晉書》對此稱其「外坦蕩而內淳至」，實則只是浪漫文人之性格。雖不至有猥褻不潔處，然酒色之情不可掩也。「坦蕩」只是不避世俗之嫌疑，「淳至」只是浪漫文人之淳至。此中固有生命之眞摯處，吾人不能一概以風化律之。酒色之情不必盡壞。此足以表露「生命」一領域之眞摯與獨特。如生命如其爲生命，獨立自足而觀之，則生命有其獨立之眞處，亦有其獨立之美善處。此大都爲浪漫文人所表現之領域，即「生命」之領域。如「兵家女有才色，未嫁而死」，此亦天地靈秀之氣之一瞬即逝者。此一靈秀之少女，生於兵家，其處境已堪憐惜。而又「未嫁而死」，則其命運亦可哀矣。此中誠有一種清潔高貴無可奈何之悲情，常爲詩人文人之慧眼所獨識，亦常只爲詩人文人之生命所表現。此詩文之所以獨立，詩人文人之所以自成一格之故。阮籍「逕往哭之，盡哀而還」，此亦以其有獨特之生命與靈慧，故能默契此天地靈秀之氣之少女之在蒼茫中之命運。此中有一種生命之賞識，

亦有一種天地之憾之哀情。此是無可奈何者。其哭之盡哀，正是此賞識與哀情之恰當的表現。塵土中儘有悲劇式的優美靈魂，亦儘有悲劇式的良善靈魂。天地故鍾靈秀於此，此非天地之憾而何？在此種賞識與哀情之中，生命之凸出自非粗枝大葉之禮俗所能約束。禮法在此用不上，亦是實情。此是生命之領域。聖人設教，爲防一般庸眾之氾濫。縱欲敗度者不得借口。天下不皆有奇特之生命者。依此，生命固可欣賞，禮法亦有眞實。一個健康之文化，不摧殘生命，亦不橫決禮法。吾於此處，不貶視阮籍；但於其居母喪而現激憤之怪，則亦不予以稱許。蓋喪母之痛與哭少女之哀，本是兩種情也。在前者，禮與情是內在的融一：情之所在即禮之所在。在後者，則可不是內在之融一：情之所在亦可不是禮之所在。然而阮籍究不是一個大生命，只是一浪漫文人之生命，故不能兩情俱得也。

　　以浪漫文人之生命爲底子，則一切禮法皆非爲我而設。在此，一個「非人文」的生命與禮法有永恆之衝突。所謂永恆的衝突，是說依其奇特之生命，本質上即是與禮法相衝突，乃永不得和諧者。在此，生命是一獨立自足之領域，它不能接受任何其他方面之折衝。依此，它必衝決一切藩籬，一直向上衝，直向原始之洪荒與蒼茫之宇宙而奔赴。這是一個無掛搭之生命，只想掛搭於原始之洪荒與蒼茫之宇宙。不但俗世之一切禮法不能掛搭，即任何「敎」之系統與「學」之系統亦不能掛搭。此即所謂四不著邊。依此，不但與禮法有永恆之衝突，而且與一切禮法敎法爲普遍之衝突。此即所謂「逸氣」，所謂「天地之棄才」。亦即魏晉時名士文人之獨特風格。他只想衝向那原始之洪荒與蒼茫之宇宙。但蒼茫之宇宙與原始之洪荒是不能掛搭的。此是悲劇生命之無掛搭的掛搭。阮籍即在此

生命情調下作〈達莊論〉及〈大人先生傳〉。顯然，此純以文人生命為底子所衝向之原始洪荒與蒼茫宇宙並不真能達莊生「天地與我並生，萬物與我為一」之境界。其表面有相似之契接，然而似之而非也。因為老莊之「道」顯然並不是文人生命所衝向之洪荒。無論如何，它總是由「心」上作「虛一而靜」之工夫所達至之「玄冥」、「獨化」之境界，「無為而無不為」之境界。老莊之系統，其始固是對外在之周文（包括後來之仁義聖智禮法等，即如其為外在而觀之），而來之反動，由此而見出與人文禮法有暫時之衝突。所謂「暫時」，是說想超過它，而期依「詭辭為用」之方式，由「無心」之渾化，而作用地以自然而至之。依此而言，這不是文人生命所表現之永恆而普遍之衝突。老莊之系統，固只能見外在形式之為桎梏，固不能自內在主體建立道德性，此其所以異於儒家處。因其不能自內在主體積極地建立內在道德性，故亦不能積極地肯定人文禮法之真實。雖不能積極地肯定之，但亦並不是積極地橫決之。其所衝破者是外在之虛文而足以使吾人疲命以殉而不能「自適其性」者。假若無心於文，而有自然之文，則亦無須衝破矣。窺道家之意，實是想將仁義禮文乃至聖智推進一步，提升一步，而至「至仁、至義、至聖、至智」之境界，而期依詭辭為用之方式，由「無心為道」以實現之。此是作用地保存之，而不是儒家本體地肯定之。故道家多詭辭。如「大道不稱，大辯不言，大仁不仁，大廉不嗛，大勇不忮。」（《莊子‧齊物論》）《老子》中詭辭尤多。如「大成若缺，其用不弊；大盈若沖，其用不窮。大直若屈，大巧若拙，大辯若訥。」「信言不美，美言不信；善者不辯，辯者不善；知者不博，博者不知。」通過此種詭辭之曲線而達到「至」或

「大」之境界。故道曰大道，而大道必不稱。辯曰大辯，而大辯必不辯。仁曰大仁，而大仁必不仁。直曰大直，而大直必若屈。巧曰大巧，而大巧必若拙。廉曰大廉，而大廉必不嗛。而其總原則為「正言若反」，其例則為「外其身而身存，後其身而身先」。王弼解之曰：

> 凡物之所以存，乃反其形；功之所以剋，乃反其名。夫存者，不以存為存，以其不忘亡也；安者不以安為安，以其不忘危也。故保其存者亡，不忘亡者存；安其位者危，不忘危者安。善力舉秋毫，善聽聞雷霆，此道之與形反也。安者實安，而曰非安之所安；存者實存，而曰非存之所存；侯王實尊，而曰非尊之所為；天地實大，而曰非大之所能；聖功實存，而曰絕聖之所立；仁德實著，而曰棄仁之所存。故使見形而不及道者，莫不忿其言焉。

又曰：

> 故古人有歎曰：甚矣！何物之難悟也！既知不聖為不聖，未知聖之不聖也；既知不仁為不仁，未知仁之為不仁也。故絕聖而後聖功全，棄仁而後仁德厚。夫惡強，非欲不強也，為強，則失強也；絕仁，非欲不仁也，為仁，則偽成也。有其治，而乃亂，保其安，而乃危。後其身而身先，身先，非先身之所能也；外其身而身存，身存，非存身之所為也。功不可取，美不可用。故必取其為功之母而已矣。篇云：「既知

其子」，而必「復守其母」。尋斯理也，何往而不暢哉！
（〈老子微旨例略〉）

王弼此解，諦當不誤。吾以爲可得道家之微旨。吾名此爲曲線之智
慧，亦即所謂玄智玄理也。道家大抵不是先分解地從本上以建立禮
法，而只是從「無心爲道」上作用地自然以存之。體無以通有，守
母而存子。對禮法言，旣不是積極地肯定之，亦不是積極地否決
之。而只是體無通有，和光同塵，而不覺其有礙，故能至仁義禮法
聖智之眞也。此顯然不是文人生命處所表現之永恆而普遍之衝突。
王弼注《老》，向、郭注《莊》，皆能握此樞機而深切著明之，此
則眞可以語於喩老達莊矣。而阮籍之文人生命之冲向洪荒，則不能
至此。阮籍只是表現「生命」之領域，而不能表現玄理與玄智。故
東晉後，佛家之談般若者，莫不沿襲王弼、向、郭之玄言，而於
阮籍則無所取也。嵇康雖推崇阮籍，而不契其飲酒（見〈與山巨源
絕交書〉）。蓋嵇康雖亦「非湯武而薄周孔」，然卻「學養生之
術，方外榮華，去滋味，遊心於寂寞，以無爲爲貴。」（亦見〈絕
交書〉）其生命尚有掛搭處也。不似阮籍之純爲文人之生命，而一
無掛搭也，彼之達莊，似只藉莊生表面之辭語以文飾其文人生命之
狂放耳。文人生命固有其奇特生命之眞處，然若絕無折衝以凝歛
之，則其生命之眞與酒色之縱欲亦無分明之界線。非可隨意藉口老
莊之敎也。天臺宗智者大師云：「阮籍逸才，蓬頭散帶。後公卿
子孫皆效之。奴狗相辱者，方達自然。撙節競持者，呼爲田舍。是
爲司馬氏滅相。宇文邕毀廢，亦由元嵩魔業。此乃佛法滅之妖
怪，亦是時代妖怪。何關『隨自意』意？」〔《摩訶止觀》：第一

章大意，第二節修大行，第四目非行非坐三昧（隨自意三昧）中語。〕如智者所言，則阮籍之文人生命固與其「隨自意」三昧無關，亦與老莊之「自然」無關也。下第二節附錄〈達莊論〉，以見此處所論之不虛。

關於「能嘯、善彈琴、希慕原始之諧和」一點，則吾人以爲凡文人生命一方冲向原始之蒼茫，一方亦常能通過音樂而希慕原始之諧和。任何禮法、教法，皆不能安定其生命，而原始之蒼茫亦不能爲其掛搭處，則只有藉音樂以通向原始之諧和，以爲其暫時棲息之所。阮籍善彈琴，嵇康亦善彈琴。兩人皆有欣賞音樂之能力。然對於音樂之理解與對於音樂之境界，則兩人有不同。阮籍「能嘯」，此是一種寂寞寥廓之聲音。吐向寥廓之宇宙以舒暢胸中鬱悶之氣。「嘗於蘇門山，遇孫登，與商略終古及棲神導氣之術，登皆不應，籍因長嘯而退。至半嶺，聞有聲若鸞鳳之音，響乎巖谷，乃登之嘯也。遂歸，著〈大人先生傳〉。」觀此，可以知其〈樂論〉之境界矣。孫登不與之「商略終古及棲神導氣之術」，蓋彼已知阮籍之生命不適宜於論此（嵇康適宜論此）。孫登既不應，籍即長嘯而退。而登復以嘯聲而應之。兩人於巖谷之中，以嘯聲相唱和，則聲音與天地通和矣。兩人直接以聲音照面，即直接以生命照面，誰復願拘拘於學究之事哉？吾人由此可以了解阮籍〈樂論〉之境界。

阮籍論樂，重元氣也。嵇康論樂，主純美也。重元氣，故上提於太和，而崇雅樂。崇雅樂之大通，賤風俗之邪曲。邪曲，則奇音怪聲紛然雜陳。縱耳目之觀，崇曲房之嬿。循至以悲爲樂，以哀爲樂，則乃末世之病態，非易簡質靜之雅樂也。故云：「達道之化，可與審樂。好音之聲，不足與論律。」是則以樂上推於道體，而即

以樂之和為「天地之體，萬物之性」。是即希慕原始之諧和也。其論樂之極，則為「去風俗之偏習，歸聖王之大化」。「定萬物之情，一天下之意」。（以上引語皆〈樂論〉中語）此阮籍論樂之大旨也。

而主純美者，則「託大同於聲音，歸衆變於人情」，「和聲無象，哀心有主」。和聲「以單複、高埤、善惡為體」，「聲音之體，盡於舒疾。情之應聲，亦止於躁靜」，「五味萬殊，而大同於美；曲變雖衆，亦大同於和」，「聲音以平和為體，而感物無常；心志以所俟為主，應感而發。然則聲之與心，殊途異軌，不相經緯。焉得染太和於歡戚，綴虛名於哀樂哉？」此嵇康之純美論也。嵇康有〈聲無哀樂論〉，純以和聲論樂，和聲本身無哀樂之情。而其所謂和聲即聲樂本身之「和」也。聲樂本身之和「以單複、高埤、善惡為體」。非天地之和也。阮籍之論猶是〈樂記〉「大樂與天地同和」之意。而嵇康則是內在於聲樂本身而主客觀之純美論。

阮氏之論為形上學的，嵇康之論為純藝術的。阮籍浩瀚元氣，嵇康精美恬淡。阮籍能嘯，而在蘇門山與孫登相應和。此長嘯於山谷，暢通其生命，而聲音與天地通和也。故其論樂之和為天地之和。嵇康彈琴養生，而在華陽亭有異客傳廣陵散。此則「夜分」、「靜談音律，辭致清辯」，而寄其高致於和聲之當身也。故其論樂之和乃即樂體當身之和也。

阮以氣勝，嵇以理勝。雖同歸老莊，而音制有異。氣勝，則以文人生命冲向原始之蒼茫，而只契接莊生之膚廓。寥闊洪荒，而不及其玄微。理勝，則持論多方，曲盡其致，故傳稱其「善談理」也。阮為文人之老莊，嵇則稍偏於哲人之老莊。然皆不及向、郭之

「發明奇趣、振起玄風」也。

　　吾茲論阮籍之音樂境界，故兼及嵇康，略作比論。後文附錄阮籍之〈樂論〉以及下章嵇康之〈聲無哀樂論〉，可證此處所言之非虛。

第二節　〈達莊論〉與〈大人先生傳〉：對於禮法之反抗

阮籍：〈達莊論〉　錄自《全三國文》卷四十五·嚴可均校輯。

　　伊單閼之辰，執徐之歲，萬物權輿之時，季秋遙夜之月，先生徘徊朝翔，迎風而遊。往遵乎赤水之上，來登乎隱坌之丘。臨乎曲轅之道，顧乎泱漭之州。恍然而止，忽然而休，不識曩之所以行，今之所以留；悵然而無樂，愀然而歸白素焉。平晝閒居，隱几而彈琴。

案：此先烘託一清曠蒼茫之氣氛，悄然而獨立，惟與琴聲為伍。此純隔乎人世，而俯視塵寰者也。

　　於是縉紳好事之徒，相與聞之，共議撰辭合句，啟所常疑。乃闚鑑整飾，嚼齒先引，推年躡踵，相隨俱進。奕奕然步，瞵瞵然視。投蹈階，〔原校云：「投」下脫「跡」字〕趨而

翔至。差肩而坐，恭袖而檢，猶豫相林，莫肯先占。有一人，是其中雄桀也，乃怒目擊勢而大言曰：「吾生乎唐虞之後，長乎文武之裔，遊乎成康之隆，盛乎今者之世，誦乎六經之教，習乎吾儒之迹，被沙衣，冠飛翮，垂曲裾，揚雙鶲，有日矣；而未聞乎至道之要，有以異之於斯乎？且大人稱之，細人承之；願聞至教，以發其疑。」

案：此言縉紳先生之醜態。

先生曰：「何哉？子之所疑者！」客曰：「天道貴生，地道貴貞，聖人修之，以建其名。吉凶有分，是非有經，務利高勢，惡死重生，故天下安而大功成也。今莊周乃齊禍福，而一死生，以天地爲一物，以萬類爲一指，無乃徼惑以失眞，而自以爲誠者也？」

於是先生乃撫琴容與，慨然而歎，俛而微笑，仰而流眄；噓嚖精神，言其所見曰：

「昔人有欲觀於閬　之上者，資端冕，服驊騮，至乎崑崙之下，沒而不反。端冕者，常服之飾；驊騮者，凡乘之耳。〔「耳」字待校。疑當爲「騎」。〕非所以矯騰增城之上，遊玄圃之中也。〔「遊」字上似脫一「遨」字。〕且燭龍之光，不照一堂之上；鐄山之口，不談曲室之內。今吾將墮崔巍之高，杜衍謾之流，言子之所由，幾其窬而獲及乎！

天地生於自然，萬物生於天地。自然者無外，故天地名焉；天地者有內，故萬物生焉。當其無外，誰謂異乎？當其有

內，誰謂殊乎？地流其燥，天抗其濕。月東出，日西入，隨以相從，解而後合，升謂之陽，降謂之陰。在地謂之理，在天謂之文。蒸謂之雨，散謂之風；炎謂之火，凝謂之冰；形謂之石，象謂之星；朔謂之朝，晦謂之冥；通謂之川，回謂之淵；平謂之土，積謂之山。男女同位，山澤通氣，雷風不相射，水火不相薄。天地合其德，日月順其光。自然一體，則萬物經其常，入謂之幽，出謂之章，一氣盛衰，變化而不傷。是以重陰雷電，非異出也；天地日月，非殊物也。故曰：自其異者視之，則肝膽楚越也；自其同者視之，則萬物一體也。

案：此談粗疏而不成熟。又自一氣之化言萬物一體，亦非莊生言「一」之意。不及王弼、向、郭遠甚。

人生天地之中，體自然之形。身者，陰陽之精氣也；性者，五行之正性也；情者，遊魂之變欲也；神者，天地之所以馭者也。以生言之，則物無不壽；推之以死，則物無不夭。自小視之，則萬物莫不小；由大觀之，則萬物莫不大。殤子爲壽，彭祖爲夭；秋毫爲大，泰山爲小。故以死生爲一貫，是非爲一條也。別而言之，則鬚眉異名；合而説之，則體之一毛也。

案：此亦掇拾陳言，而爲浮談。並不明其所以。文人談理，皆此類也。

彼六經之言，分處之教也；莊周之云，致意之辯也。大而臨
之，則至極無外；小而理之，則物有其制。夫守什五之數，
審左右之名，一曲之說也；循自然，住天地者，寥廓之談
也。〔原校云：「住」，一作「性」。案：似當作「位」。
作「性」，尤不通。〕凡耳目之官，名分之施處，〔案：此
兩句，一本寫作「凡耳目之名，分之施處」。尤不通順。〕
官不易司，舉奉其身，非以絕手足，裂肢體也。然後世之好
異者，不顧其本，各言我而已矣，何待於彼？殘生害性，還
爲仇敵。斷割肢體，不以爲痛。目視色，而不顧耳之所聞；
耳所聽，而不待心之所思；心奔欲，而不適性之所安。故疾
疢萌，則生意盡，禍亂作，則萬物殘矣。

案：阮籍此處以「分處之教」與「致意之辯」判分儒道，亦猶荀粲
言六經爲聖人之糠粃，王弼言聖人體無，老子是有，以及後來向、
郭根據莊子之迹與所以迹，而盛發迹本之論。然此數子爲此說，皆
意在會通孔老，而阮籍則無此意。又此段「官不易司，舉奉其身」
以下語意亦不類道家言。此只是一體相關意，儒者亦雅言此意，非
迹本之意也。

夫至人者，恬於生而靜於死。生恬，則情不惑，死靜，則神
不離，故能與陰陽化而不易，從天地變而不移。生究其壽，
死循其宜。心氣平治，不消不虧。是以廣成子處崆峒之山，
以入無窮之門；軒轅登崑崙之阜，而遺玄珠之根。此則潛身
者，易以爲活，而離本者，難與永存也。

馮夷不遇海若，則不以己爲小；雲將不失於其鴻濛，則無以
知其少。由斯言之，自是者不章，自建者不立。守其有者，
有據；持其無者，無執。月弦則滿，日朝則襲，咸池不留陽
谷之上，而懸車之後將入也。故求得者喪，爭明者失，無欲
者自足，空虛者受實。夫山靜而谷深者，自然之道也；得之
道而正者，君子之實也。

案：此段「守其有者，有據；持其無者，無執」兩句尙好。

是以作智造巧者，害於物；明是考非者，危其身。修飾以顯
潔者，惑於生；畏死而崇生者，失其貞。故自然之理不得
作，天地不泰，而日月爭隨；朝夕失期，而晝夜無分。競逐
趨利，舛倚橫馳，父子不合，君臣乖離。故復言以求信者，
梁下之誠也；克己以爲人者，郭外之仁也；竊其雉經者，
〔原校云：此句誤。案：申生雉經，見《國語‧晉語》。言
自縊而死。「竊其」二字不明。〕亡家之子也；刳腹割肌
者，亂國之臣也；曜菁華，被沆瀣者，昏世之士也；履霜
露，蒙塵埃者，貪冒之民也；潔己以尤世，修身以明洿者，
誹謗之屬也；繁稱是非，背質追文者，迷罔之倫也；「誠」
非媚悅，〔原校云：「誠」一作「成」〕以容求孚，故被珠
玉以赴水火者，桀紂之終也；含菽采薇，交餓而死，顏夷之
窮也。是以「名」之塗開，〔「名」上當脫一字或下奪
「利」字〕則忠信之誠薄；是非之辭著，則醇厚之情爍也。
故至道之極，混一不分。同爲一體，得失無聞。伏羲氏結

繩，神農教耕，逆之者死，順之者生。又安知貪洿之為罰，而貞白之為名乎！使至德之要，無外而已。大均淳固，不貳其紀，清靜寂寞，空豁以俟。善惡莫之分，是非無所爭，故萬物反其所而得其情也。

儒墨之後，堅白並起，吉凶連物，得失在心，結徒聚黨，辯說相侵。昔大齊之雄，三晉之士，嘗相與瞑目張膽，分別此矣。咸以為百年之生難致，而日月之蹉無常。皆盛僕馬，修衣裳，美珠玉，飾帷牆，出媚君上，入欺父兄。矯厲才智，競逐縱橫。家以慧子殘，國以才臣亡，故不終其天年，而大自割繫「其」於世俗也。〔「其」字有誤，或此整句有脫誤。待校。〕

是以山中之木，本大而莫傷。「復」萬數竅相和，忽焉自己。〔原校云：「「復」一作「吹」。」〕夫雁之不存，無其質「而濁其文」；〔此句當作「無其質也」。「而濁其文」四字涉下文而衍。〕「死生無變」，而龜之見寶，知吉凶也。〔「死生無變」四字涉下文而衍。〕故至人清其質而濁其文，死生無變，而未始「有云」。〔「有云」二字不辭。〕夫別言者，壞道之談也；折辯者，毀德之端也；「氣分」者，一身之疾也；〔「氣分」亦不辭。〕二心者，萬物之患也。故夫裝束馮軾者，行以離支；慮在成敗者，坐而求敵。踰阻攻險者，趙氏之人也；舉山填海者，燕楚之人也。莊周見其若此，故述道德之妙，敘無為之本，寓言以廣之，假物之延之，聊以娛無為之心，而逍遙於一世；豈將以希咸陽之門，而與稷下爭辯也哉？

夫善接人者，導焉而已，無所逆之。故公孟季子衣繡而見，墨子弗攻；中山子牟心在魏闕，而詹子不距。因其所以來，用其所以至，循而泰之，使自居之，發而開之，使自舒之。且莊周之書，何足道哉？猶未聞夫太始之論，玄古之微言乎！直能不害於物，而形以生；物無所毀，而神以清。形神在我，而道德成；忠信不離，而上下平。茲容今談而同古，齊說而意殊。是心能守其本，而口發不相須也。

於是二三子者，風搖波蕩，相視晌眳。亂次而退，躘跰失迹。隨而望之耳。〔此句語意不完整，有脫誤。〕後頗亦以是知其無實喪氣，而慚愧於衰僻也。

案：以上爲〈達莊論〉全文，都無精意。談理粗疏，措辭亦不精練。又因輾轉相鈔，文字多脫誤。即句意似可通者，亦多不整之文。茲錄之，未能全校，以待勤學者之稽考。此下所錄，皆此意也。

阮籍：〈大人先生傳〉　錄自《全三國文》卷四十六。嚴可均校輯。

大人先生，蓋老人也。不知姓字。陳天地之始，言神農黃帝之事，昭然也。莫知其生年之數。嘗居蘇門之山，故世咸謂之「閒」。〔有脫誤。〕養性延壽，與自然齊光。其視堯舜之所事，若手中耳。以萬里爲一步，以千歲爲一朝，行不赴而居不處，求乎大道而無所寓。先生以應變順和，天地爲家，運去勢隤，魁然獨存，自以爲「能足」與造化推移，〔案：若能字斷句，則於古人語法不順。若作一句觀，則

「能足」不辭，必多一字。〕故默探道德，不與世同之。自好者非之，無識者怪之，不知其變化神微也；而先生不以世之非怪而易其務也。

案：希慕玄古，魁然獨存。

先生以爲中區之在天下，曾不若蠅蚊之著帷，故終不以爲事，而極意乎異方奇域，遊覽觀樂，非世所見，徘徊無所終極。遺其書於蘇門之山而去。天下莫知其所如往也。

或遺大人先生書曰：「天下之貴，莫貴於君子：服有常色，貌有常則，言有常度，行有常式：立則磬折，拱若抱鼓。動靜有節，趨步商羽，進退周旋，咸有規矩。心若懷冰，戰戰慄慄，束身修行，日慎一日，擇地而行，唯恐遺失。誦周孔之遺訓，歎唐虞之道德，唯法是修，唯禮是克。手執珪璧，足履繩墨。行欲爲目前檢，言欲爲無窮則；少稱鄉里，長聞邦國，上欲圖三公，下不失九州牧。故挾金玉，垂文組，享尊位，取芧土，揚聲名於後世，齊功德於往古；奉事君王，牧養百姓，退營私家，育長妻子。卜吉宅，慮乃億祉，遠禍近福，永堅固已。此誠士君子之高致，古今不易之美行也。今先生乃被髮而居巨海之中，與若君子者遠，吾恐世之歎先生而非之也。行爲世所笑，身無由自達，則可謂恥辱矣。身處困苦之地，而行爲世俗之所笑，吾爲先生不取也。」

案：大人先生與域中之君子適成對反。阮籍視君子之度皆是虛僞浮

文。而大人先生則是「生命」之解放。君子表面之浮文，固拘拘庸俗而可厭，然其後面之支持點則爲道德意識。而阮籍所塑造之大人先生則只是生命之冲向原始之混沌。故與禮法敎法爲永恆而普遍之衝突。

> 於是大人先生乃「逌」然而嘆，〔「逌」，古「由」字，與「攸」同。〕假雲霓而應之曰：「若之云，尚何通哉！夫大人者，乃與造物同體，天地並生，逍遙浮世，與道俱成。變化散聚，不常其形。天地制域於内，而浮明開達於外。天地之永固，非世俗之所及也。吾將爲汝言之。
>
> 往者，天嘗在下，地嘗在上，反覆顚倒，未之安固，焉得不失度式而常之？天因地動，山陷川起，雲散震壞，六合失理，汝又焉得擇地而行，趨步商羽？往者群氣爭存，萬物死慮，支體不從，身爲泥土，根拔枝殊，咸失其所，汝又焉得束身修行，磬折抱鼓？李牧功而身死，伯宗忠而世絕，〔伯宗，晉大夫。事見《左傳》成公十五年。〕進求利以喪身，營爵賞而家滅，汝又焉得挾金玉萬億，祇奉君上，而全妻子乎？

案：向最初一步用心，勿爲區中之委蛇。

> 且汝獨不見夫虱〔蝨〕之處於褌〔褌〕中乎？逃乎深縫，匿乎壞絮，自以爲吉宅也。行不敢離縫際，動不敢出褌襠，自以爲得繩墨也。飢則齧人，自以爲無窮食也。然炎丘火流，

焦邑滅都，群虱死於褌中，而不能出。汝君子之處區之內，
亦何異夫虱之處褌中乎？悲夫！而乃自以爲遠禍近福，堅無
窮也？亦觀夫陽烏遊於塵外，而鷦鷯戲於蓬芰。小大固不相
及，汝又何以爲若君子聞於余乎？

案：君子是第二義以下者，猶虱之處褌襠。

且近者夏喪於周，周播之劉。耿薄爲墟，豐鎬成丘。至人來
一顧，而世代相酬。厥居未定，他人「也」有。〔原校云：
「也」，一作「已」。〕汝之茅土，將誰與久？是以主人不
處而居，不修而治，日月爲正，陰陽爲期。豈希情乎世，繫
累於一時？來東雲，駕西風，與陰守雌，據陽爲雄，志得欲
從，物莫之窮，又何不能自達，而畏夫世笑哉！

案：世事無常，何從固守？不繫累於世情，將順陰陽而爲雌雄。

昔者天地開闢，萬物並生；大者恬其性，細者靜其形；陰藏
其氣，陽發其精；害無所避，利無所爭；放之不失，收之不
盈。亡不爲夭，存不爲壽；福無所得，禍無所咎；各從其
命，以度相守。明者不以智勝，闇者不以愚敗；弱者不以迫
畏，強者不以力盡。蓋無君而庶物定，無臣而萬事理，保身
修性，不違其紀；惟茲若然，故能長久。今汝造音以亂聲，
作色以詭形；外易其貌，內隱其情，懷欲以求多，詐僞以要
名；君立而虐興，臣設而賊生，坐制體法，束縛下民，欺愚

誑拙，藏智自神。強者「睽眠」而凌暴，弱者憔悴而事人。
〔「睽眠」二字不辭。「眠」字恐有誤。〕假廉而成貪，內
險而外仁。罪至不悔過，幸遇則自矜。馳此以奏除，故循滯
而不振。

案：此段甚佳。將君子之禮法世界一腳踢翻。「無君而庶物定，無
臣而萬事理」。「君立而虐興，臣設而賊生，坐制禮法，束縛下
民」。此若落在政治上，便是虛無黨，無政府主義。阮籍之發此
言，自非積極之政治思想，而乃只是以文人生命衝破一切教法與禮
法，而嚮往原始之混沌，在此與道家思想相契接。但即在道家，道
家之所以為道家，無論老或莊，亦不是立根基於文人生命之衝向。
老莊固亦時有嚮往混沌，企慕玄古之意。但彼等之說此，只是一象
徵之寓言，藉以表示道、無、自然與渾化之境。與言嬰兒、無名
樸，一概之比也。而其教之為教，則必通無以達有，守母以存子；
而此又必落在個人修養上，自心性之實以言之，由此展開其玄智與
玄理，此其所以為家而成教也。並非只是文人生命之衝向，亦非只
依此衝向，而客觀地以言混沌與玄古也。（此亦自非社會學之思
想，亦非積極之政治思想。）故阮籍之衝向，如欲契接道家，則不
能只停於此文人生命之衝向。文人生命常只是不安與挑破。其所衝
向之混沌與原始之蒼茫並不能安其生命也。故此種衝向常只是四無
掛搭之虛無主義（落於政治上，即是虛無黨）。而道家則必予人以
安定與寧靜。其所衝向之境，如「大者恬其性，細者靜其形」云
云，如欲真實現之，則必須由「純然之衝破」轉向於自心上作工夫
之凝成，由此凝成上言道、無、一、玄、自然、與渾化，方真是老

莊之教也。此步轉折是重要之關鍵。王弼、向、郭皆能握此樞機，故是學人之言。而阮籍則只是文人生命之挑破也。

> 夫無貴，則賤者不怨；無富，則貧者不爭，各足於身而無所求也。恩澤無所歸，則死敗無所仇；奇聲不作，則耳不易聽；淫色不顯，則目不改視。耳目不相易改，則無以亂其神矣。此先世之所至止也。
> 今汝尊賢以相高，競能以相尚，爭勢以相君，寵貴以相加，驅天下以趣之，此所以上下相殘也。竭天地萬物之至，以奉聲色無窮之欲，此非所以養百姓也。於是懼民之知其然，故重賞以喜之，嚴刑以威之；財匱而賞不供，刑盡而罰不行，乃始有亡國戮君，潰散之禍。此非汝君子之為乎？汝君子之禮法，誠天下殘賊亂危死亡之術耳。而乃目以為美行不易之道，不亦過乎？

案：君子之禮法皆「殘賊亂危死亡之術」。域中之政治皆「奉聲色無窮之欲」。政不合道，治不依德，亂之端，死之源也。阮籍之言此，固非積極之政治思想。然落於政治上，則必反極權、反奴役、反殘暴、除殘賊。為啟開之社會，而非封閉之社會。決不會「竭天地萬物之至」以奉一人之欲。必將政府之權力減小至極低度。道家無為而治，固「藏天下於天下」（《莊子》語），而非「藏天下於篋笥」（黃梨洲語），尤非如今日之倒掛天下於馬列主義也。法家利用道家以窒息生民，是法家之過，非道家之本義。

今吾乃飄颻於天地之外，與造化爲友。朝飡湯谷，夕飲西海，將變化遷易，與道周始，此之於萬物，豈不厚哉？故不通於自然者，不足以言道；闇於昭昭者，不足與達明。子之謂也。

先生既申若言，天下之喜奇者異之，忼愒者高之。其不知其體，不見其情，猜「耳」其道，〔「耳」字不明，待校〕虛僞之名，莫識其眞，弗達其情。雖異而高之，與嚻之非怪者蔑如也。至人者，不知乃貴，不見乃神，神貴之道存乎内，而萬物運於外矣；故天下終而不知其用也，迶〔由〕乎有宗。〔此句語意不明。〕

扶搖之野，有隱士焉。見之而喜，自以爲均志同行也。曰：「善哉！吾得之見而舒憤也！上古質樸淳厚之道已廢，而末枝遺華並興。豺虎貪虐，羣物無辜，以害爲利，殞性〔生〕亡軀，吾不忍見也，故去而處茲。人不可與爲儔，不若與木石爲鄰。安期逃乎蓬山，角李潛乎丹水，鮑焦立以枯槁，萊維去而迶死：亦由茲夫！吾將抗志顯高，遂終於斯，禽生而歎死，埋形而遺骨，不復反余之生乎！夫志均者相求，好合者齊與。夫子同之！」

於是先生乃舒虹霓以蕃塵，傾雪蓋以蔽明，倚瑤廂而徘徊，總衆巒而安行。顧而謂之曰：

「太初眞人，惟天之根。專氣一志，萬物以存。退不見後，進不覩先，發西北而造制，啓東南以爲門，微道而以德久娛樂，〔此句有誤，待校〕跨天地而處尊。夫然成吾體也，〔此句語意不完足。〕是以不避物而處，所覩則寧；不以物

為累，所迫〔由〕則成。彷徉足以舒其意，浮騰足以逞其情。故至人無宅，天地為客；至人無主，天地為所；至人無事，天地為故。無是非之別，無善惡之異，故天下被其澤而萬物所以熾也。若夫惡彼而好我，自是而非人，忿激以爭求，貴志而賤身，伊禽生而歡死，尚何顯而獲榮？悲夫！子之用心也！薄安利以忘〔亡〕生，要求名以喪體！誠與彼其無詭，何枯槁而迫死？子之所好，何足言哉？吾將去子矣！」

案：此段甚佳。隱士以為與大人先生志同道合，而大人先生弗之許也。蓋隱士尚有好惡之情，彼我之別，殉孤高之名以喪體亡生，非能渾忘一切，而玄同彼我者也。此非太初真人之大道也。阮籍此意，亦猶向、郭注〈逍遙遊〉，斥許由為「兀然立乎高山之頂」，「守一家之偏尚」，「此故俗中之一物，而為堯之外臣耳」，非能「無心玄應，唯感之從」也。是故阮籍之生命必由衝向而凝成於此，方真能契接乎道家。向、郭繼之而起，「發明奇趣，振起玄風」，即由文人生命轉向學人生命也。若論瓌傑宏放，向、郭自不及阮籍，而阮籍之逸才亦終必向向、郭之智思而趨也。大抵阮籍、嵇康開其端，而向、郭澄其流，《莊》學遂歸於精純焉。

　　錄〈大人先生傳〉止於此。下文多賦體之鋪陳，文人之情重。無甚理趣，故略。深望好學之士，能取全文而校注之。

第三節　形而上的天地之和之〈樂論〉

阮籍〈樂論〉　錄自《全三國文》卷四十六。嚴可均校輯。

> 劉子問曰：「孔子云：『安上治民，莫善於禮；移風易俗，莫善於樂。』夫禮者，男女之所以別，父子之所以成，君臣之所以立，百姓之所以平也。爲政之具，靡先於此。故安上治民，莫善於禮也。夫金石絲竹鐘鼓管絃之音，干戚羽旄進退俯仰之容，有之何益於政？無之，『政』何損於化？〔「政」字衍。〕而曰移風易俗，莫善於樂乎？」
>
> 阮先生曰：「善哉！子之問也！昔者孔子著其都乎？且未舉其略也。今將爲子論其凡，而子自備詳焉。
>
> 夫樂者，天地之體，萬物之性也。合其體，得其性，則和；離其體，失其性，則乖。昔者聖人之作樂也，將以順天地之性，體萬物之生也。故定天地八方之音，以迎陰陽八風之聲。均黃鐘中和之律，開群生萬物之情氣。故律呂協則陰陽和，音聲適而萬物類，男女不易其所，君臣不犯其位，四海同其觀，九州一其節。奏之圜丘而天神下降，奏之方岳而地祇上應。天地合其德，則萬物合其生，刑賞不用，而民自安矣。」

案：大樂與天地同和，大禮與天地同序。宇宙之體是樂與和。氣機宣揚，而性命自正。故阮籍以樂爲「天地之體，萬物之性」也。阮籍論樂之「和」直下指向天地之和而言之。此即爲企慕原始之諧

和。故其論樂爲形上學的，而非純美的也。然論樂，即不能不論禮。其以前以文人浪漫之生命衝破一切教法禮法者，將在「音樂生命」中而重新肯定之。然則禮法固非可純以虛僞浮文視之也。

> 乾坤易簡，故雅樂不煩；道德平淡，故無聲無味。不煩，則陰陽自通；無味，則百物自樂，日遷善成化而不自知。風俗移易，而同於是樂，此自然之道，樂之所始也。

案：由天地之和而直以「雅樂不煩」爲宗。「雅樂」所以別風俗之「曲樂」也。

> 其後聖人不作，道德荒壞，政法不立，智慧擾物，化廢欲行，各有風俗。故造始之教謂之風，習而行之謂之俗。楚越之風好勇，故其俗輕死；鄭衛之風好淫，故其俗輕蕩。輕死，故有蹈火赴水之歌；輕蕩，故有桑間濮上之曲。各歌其所好，各詠其所爲，歌之者流涕，聞之者歎息，背而去之，無不慷慨。懷永日之娛，抱長夜之歎，相聚而合之，群而習之，靡靡無已。棄父子之親，弛君臣之制，遺室家之禮，廢耕農之業，忘終身之樂，崇淫縱之俗。故江淮之南，其民好殘；漳汝之間，其民好奔。吳有雙劍之節，趙有扶琴之客。氣發於中，聲入於耳，手足飛揚，不覺其駭。好勇則犯上，淫放則棄親。犯上則君臣逆，棄親則父子乖。乖逆交爭，則患生禍起。禍起而意愈異，患生而慮不同。故八方殊風，九州異俗，乖離分背，莫能相通，音異氣別，曲節不齊。

案：地方性之音樂，謂之風俗之樂。風俗之樂，謂之曲樂。曲樂
者，一曲之樂也。曲樂隨順民風民習而益縱肆之，不能上提，使之
得性情之正。故曲樂即邪曲之樂，使人「乖離分背，莫能相通」。
雅樂者，超越於邪曲之上而純淨人之靈魂者也。樂以潔靜、和樂、
簡易、平淡爲主，不在搖蕩人之心意而刺激縱肆之也。雅樂由聖人
制，曲樂隨風俗流。阮籍重雅樂，而賤邪曲，則其生命將在音樂中
得其平正。

> 故聖人立調適之音，建平和之聲，制便事之節，定順從之
> 容。使天下之爲樂者，莫不儀焉。自上以下，降殺有等，至
> 於庶人，咸皆聞之。歌謠者，詠先王之德；頻仰者，習先王
> 之容；器具者，象先王之式；度數者，應先王之制。入於
> 心，淪於氣，心氣和洽，則風俗齊一。聖人之爲進退頻仰之
> 容也，將以屈形體，服心意，便所修，安所事也。歌詠詩
> 曲，將以宣平和，著不逮也。鐘鼓所以節耳，羽旄所以制
> 目。聽之者不傾，視之者不衰。耳目不傾不衰，則風俗移
> 易，故移風易俗，莫善於樂也。

案：聖人作樂，承體而來，非因俗而起。故能化異爲同，而清靜人
之心志也。

> 故八音有本體，五聲有自然。其同物者，以大小相君。有自
> 然，故不可亂；大小相君，故可得而平也。若夫空桑之琴，
> 雲和之瑟，孤竹之管，泗濱之磬，其物皆調和淳均者，聲相

宜也，故必有常處；以大小相君，應黃鍾之氣，故必有常
數。有常處，故其器貴重；有常數，故其制不妄。貴重，故
可得以事神；不妄，故可得以化人。其物係天地之象，故不
可妄造；其凡似遠物之音，〔此句不明〕故不可妄易。雅頌
有分，故人神不雜；節會有數，故曲折不亂；周旋有度，故
頫仰不惑；歌詠有主，故言語不悖。導之以善，綏之以和，
守之以衷，持之以久。散其群，比其文，扶其天，助其壽。
使去風俗之偏習，歸聖王之大化。先王之爲樂也，將以定萬
物之情，一天下之意也。故使其聲平，其容和。下不思上之
聲，君不欲臣之色，上下不爭而忠義成。

案：「去風俗之偏習，歸聖王之大化」。「定萬物之情，一天下之
意。」此樂之上遂而非下比也。上遂則和而同，下比則縱而異。

夫正樂者，所以屏淫聲也；故樂廢，則淫聲作。漢哀帝不好
音，罷省樂府，而不知制正禮。樂法不修，淫聲遂起。張
放、淳于長，驕縱過度；丙疆、景武，富溢於世。罷樂之
後，下移踰肆。身不是好，而淫亂愈甚者，禮不設也。
刑教一體，禮樂外內也。刑弛，則教不獨行；禮廢，則樂無
所立。尊卑有分，上下有等，謂之禮；人安其生，情意無
哀，謂之樂。車服旌旗，宮室飲食，禮之具也；鐘磬鞞鼓，
琴瑟歌舞，樂之器也。禮踰其制，則尊卑乖；樂失其序，則
親疏亂。禮定其象，樂平其心；禮治其外，樂化其內。禮樂
正而天下平。

案：「刑教一體，禮樂外內。」然則君子之禮法亦不可廢也。禮亦
並非不爲我而設也。其〈大人先生傳〉中之衝決禮法，至此而又全
肯定之矣。阮籍之〈樂論〉，心平氣和之作也。其生活中之怪態與
〈大人先生傳〉之作，則文人生命之激憤也。而其底子中實有一禮
樂之生命。彼之所爲，亦不自認其必爲是也。戒其子阮渾曰：「仲
容〔其侄〕已預吾此流，汝不得復爾。」居母喪，則怪，對其子，
則平實。豈孝父母不如慈子女之切耶？戒其子之平實，是作〈樂
論〉之生命也。居母喪之怪態，是作〈大人先生傳〉之生命也。本
心終有一露，阮籍終非虛無黨。

> 昔衛人求繁纓曲縣，而孔子嘆息，蓋惜禮壞而樂崩也。夫鍾
> 者，聲之主也；縣者，鍾之制也。鍾失其制，則聲失其主；
> 主制無常，則怪聲並出。盛衰之代相及，古今之變若一，故
> 聖教廢毀，則聰慧之人，並造奇音。
>
> 景王喜大鍾之律，平公好師延之曲。公卿大夫，拊手嗟嘆，
> 庶人群生，踴躍思聞。正樂遂廢，鄭聲大興。雅頌之詩不
> 講，而妖淫之曲是尋。延年造傾城之歌，而孝武思嬺嫚之
> 色；雍門作松柏之音，愍王念未寒之服。故狢靡哀思之音
> 發，愁怨偷薄之辭興。則「人後有」縱欲奢侈之意，「人後
> 有」內顧自奉之心。〔「人後有」有誤，待校。〕是以君子
> 惡大淩之歌，憎北里之舞也。
>
> 昔先王制樂，非以縱耳目之觀，崇曲房之嬿也。必通天地之
> 氣，靜萬物之神也；固上下之位，定性命之眞也。故清廟之
> 歌，詠成功之績；賓饗之詩，稱禮讓之則。百姓化其善，異

俗服其德。此淫聲之所以薄,正樂之所以貴也。然禮與變俱,樂與時化。故五帝不同制,三王各異造,非其相反,應時變也。夫百姓安服淫亂之聲,殘壞先王之正,故後王必更作樂,各宣其功德於天下,通其變,使民不倦。然但改其名目,變造歌詠,至於樂聲,平和自若;故黃帝詠雲門之神,少昊歌鳳鳥之迹,咸池六英之名既變,而黃鍾之宮不改易。故達道之化者,可與審樂;好音之聲者,不足與論律也。

案:「達道之化者,可與審樂;好音之聲者,不足與論律。」此其意境甚高。可謂純為古典主義者。可見阮籍背後實有一高貴之靈魂。此下即引述古典傳統之樂教,以明正樂之體在和。

舜命夔與龍典樂,教冑子以中和之德也:「詩言志,歌詠言,聲依詠,律和聲。八音克諧,無相奪倫,神人以和。」又曰:「予欲聞六律、五聲、八音在治忽,以出納五言。汝聽。」夫煩手淫聲,汨湮心耳,乃忘平和,君子弗聽。言正樂通平易簡,心澄氣清,以聞音律,出納五言也。夔曰:「戞擊鳴球,搏拊琴瑟以詠,祖考來格;虞賓在位,群后德讓,下管鼗鼓,合止柷敔,笙鏞以間,鳥獸蹌蹌;簫韶九成,鳳凰來儀。」夔曰:「於!予擊石拊石,百獸率舞。」言天下治平,萬物得所,音聲不譁,漠然未兆,故眾官皆和也。故孔子在齊聞韶,三月不知肉味。言至樂使人無欲,心平氣定,不以肉為滋味也。以此觀之,知聖人之樂,和而已矣。自西陵青陽之樂,皆取之竹。聽鳳凰之鳴,尊長風之

象，采大林之□。〔缺字。〕當時之所不見，百姓之所希
聞。故天下懷其德，而化其神也。

夫雅樂，周通則萬物和，質靜則聽不淫，易簡則節制「令」
神，〔「令」，原校云：一作「全」。案：似當作
「合」。〕靜重則服人心：〔案：此四句，文不整齊，「質
靜」與「靜重」亦重複。必有脫誤。〕此先王造樂之意也。
自後衰末之為樂也，其物不真，其器不固，其制不信，取於
近物，同於人間，〔案：「人間」，在此亦不辭。〕各求其
好，恣意所存。閭里之聲競高，永巷之音爭先。童兒相聚，
以詠富貴；芻牧負戴，以歌賤貧。君臣之職未廢，而一人懷
萬心也。

當夏后之末，「興」女萬人，〔「興」，原校云：一作
「興」。〕衣以文繡，食以糧肉，端噪晨歌，聞之者憂戚，
天下苦其殃，百姓傷其毒。殷之季君，亦奏斯樂，酒池肉
林，夜以繼日；然咨嗟之音未絕，而敵國已收其琴瑟矣。滿
堂而飲酒，樂奏而流涕，此非皆有憂者也，則此樂非樂也。
當王居臣之時，奏新樂於廟中，聞之者皆為之悲咽。桓帝聞
楚琴，悽愴傷心，依阼而悲，慷慨長息曰：「善哉乎！為琴
若此，一而已足矣。」順帝上恭陵，過樊衢，聞鳥鳴而悲，
泣下橫流，曰：「善哉鳥鳴！」使左右吟之，曰：「使絲聲
若是，豈不樂哉！」夫是謂以悲為樂者，也。誠以悲為樂，
則天下何樂之有？天下無樂，而有陰陽調和，災害不生，亦
已難矣。

樂者，使人精神平和，衰氣不入，天地交泰，遠物來集，故

謂之樂也。今則流涕感動，噓唏傷氣，寒暑不適，庶物不
遂，雖出絲竹，宜謂之哀。奈何俛仰嘆息，以此爲樂乎！
　昔季流子向風而鼓琴，聽之者泣下沾襟。弟子曰：「善哉鼓
琴！亦已妙矣！」季流子曰：「樂謂之善，哀謂之傷；吾爲
哀傷，非爲善樂也。」以此言之，絲竹不必爲樂，歌詠不必
爲善也；故墨子之非樂也。悲夫！以哀爲樂者！胡亥躭哀不
變，故願爲黔首；李斯隨哀不返，故思逐狡兔。嗚呼！君子
可不鑒之哉！

案：以上四段，言衰世之樂。衰末之世，雅樂不修，淫聲競起。此
已使樂流入淫縱之曲樂。抑尤甚者，則「以悲爲樂」。此固象徵世
代衰降，亦變態心理之反映也。故阮籍力斥其非，以爲非樂之善。
夫樂者樂也。而其爲樂之限制，則以使人恬適平靜，生舒坦諧和之
感爲主。若持純藝術之觀點，則凡感人最深者皆樂也。即悲咽流
涕，亦樂之至也。故桓帝聞琴傷心，而贊之曰「善哉！」順帝聞
「鳥鳴而悲」，則曰「善哉鳥鳴！」此其中亦必有美者焉，故內心
亦深覺「以此爲樂」也。然此既非音樂之正，亦非快樂之正。不正
則不善。故阮籍之論樂，以雅樂爲主也。雅樂必不以哀爲樂。即持
純美之觀點，則以「和聲」本身爲美，而「和聲無象」，並無喜怒
哀樂之情。是則善聽音樂者，當以內心不起絲毫波浪，而與客觀之
純和聲冥契無間，爲欣趣之極致。此亦當爲音樂之最高境界。此即
嵇康〈聲無哀樂論〉之思路也。阮籍所論者以雅樂爲主，故其觀點
爲形上學的，爲古典主義。其論樂之和，爲天地之和，爲平和人心
之和，而非和聲本身之和。樂以和爲主，不以哀爲主，故「樂謂之

善，哀謂之傷」。哀傷之樂非善樂也。此阮籍論樂之大端也。故吾謂阮籍於其浪漫文人之生命外，復有一古典之禮樂生命也。而嵇康之論樂，則以「和聲」本身之美不美爲主，故其觀點爲純藝術的，爲純美主義，且爲客觀之純美主義，有類乎柏拉圖之重「形式之美」。此亦爲高貴之審美靈魂。詳論見下章。

第九章　嵇康之名理

第一節　嵇康之風格

《晉書》卷四十九〈嵇康傳〉：

> 康早孤，有奇才，遠邁不羣。身長七尺八寸。美詞氣，有風儀。而土木形骸，不自藻飾，人以爲龍章鳳姿，天質自然。恬靜寡欲，含垢匿瑕，寬簡有大量。學不師受，博覽無不該通，長好《老》《莊》。與魏宗室婚，拜中散大夫。
> 常修養生服食之事。彈琴、詠詩，自足於懷。
> 以爲神仙稟之自然，非積學所得。至於導養得理，則安期、彭祖之倫可及。乃著〈養生論〉。〔……〕
> 蓋其胸懷所寄，以高契難期，每思郢質。所與神交者，惟陳留阮籍、河内山濤。豫其流者，河内向秀、沛國劉伶、籍兄子咸、瑯琊王戎，遂爲竹林之遊，世所謂「竹林七賢」也。〔……〕

性絕巧，而好鍛。宅中有一柳樹，甚茂，乃激水圜之，每夏月，居其下以鍛。

東平呂安，服康高致，每一相思，輒千里命駕，康友而善之。後安爲兄所枉訴，以事繫獄，詞相證引，遂復收康。康性愼言行，一旦縲紲，乃作幽憤詩。〔……〕

初，康居貧，嘗與向秀共鍛於大樹之下，以自贍給。

潁川鍾會，貴公子也，精練有才辯，故往造焉。康不爲之禮，而鍛不輟。良久，會去，康謂曰：「何所聞而來？何所見而去？」會曰：「聞所聞而來，見所見而去。」會以此憾之。及是，言於文帝曰：「嵇康，臥龍也，不可起。公無憂天下，顧以康爲慮耳。」〔……〕帝既昵聽信會，遂並害之。

康將刑東市，太學生三千人，請以爲師，弗許。康顧視日影，索琴彈之，曰：「昔袁孝尼嘗從吾學廣陵散，吾每靳固之，廣陵散於今絕矣！」時年四十。海內之士，莫不痛之。帝尋悟而恨焉。

初，康嘗遊乎洛西，暮宿華陽亭，引琴而彈。夜分，忽有客詣之，稱是古人，與康共談音律，辭致清辯。因索琴彈之，而爲廣陵散，聲調絕倫，遂以授康，仍誓不傳人，亦不言其姓字。

康善談理，又能屬文，其高情遠趣，率然玄遠。撰上古以來高士，爲之傳贊，欲友其人於千載也。又作〈太師箴〉，亦足以明帝王之道焉。復作〈聲無哀樂論〉，甚有條理。

案：以上為嵇康之小傳。〈阮籍傳〉中有云：「魏晉之際，天下多故，名士少有全者。」此所謂「多故」，關鍵是在曹爽與司馬氏之鬪爭。曹爽失敗，何晏、夏侯玄等俱被殺。康之被害，是曹爽失敗後之餘波。以其生活之閒居、頹廢、韜光自處，本可無事。然終不免者，固由於鍾會之譖，〈與山巨源絕交書〉亦是遭忌之重大表露，而主要是在其婚於魏之宗室，對於曹魏不能無情，而對於司馬氏則不能敷衍。阮籍能敷衍。「阮嗣宗口不論人過，吾每師之，而未能及。至性過人，與物無傷，唯飲酒過差耳，至為禮法之士所繩，疾之如讎，幸賴大將軍保持之耳。」（〈絕交書〉）若只是狂放，不守禮法，並非緊要。要者在不能反對司馬氏。司馬昭所以保持之，正因阮籍無顯明之政治反動耳。嵇康在此，恐有不同。竹林名士大抵並無嚴整之政治意識與政治立場，即並非一政治集團。其狂放、好老莊，亦並非因反司馬氏而然。曹氏之篡漢，司馬氏之將篡魏，政治上固不厭人意，而老莊學之盛行，亦是當時之風氣。當時名士亦並無真正而嚴肅之政治理想，只是隨現實推移，單看個人之遭遇耳。故外表雖俱為竹林之遊，而內心之現實意向則各有不同。讀《老》、《莊》並不能決定各人之出處進退。讀《老》、《莊》是哲學靈魂，並非宗教靈魂。既不能決定其必為隱居，尤不能決定其政治立場。山濤既投於司馬氏，而又欲薦康以自代，可見平素並無嚴格之政治立場，而對於嵇康亦不相知也。嵇康亦非政治家。惟其個人關係較他人更不易敷衍司馬氏耳。

〈與山巨源絕交書〉云：「足下傍通，多可而少怪。吾直性狹中，多所不堪，偶與足下相知耳。」此可見兩人性情根本有異。又云：

少加孤露，母兄見驕，不涉經學。性復疏嬾，筋駑肉緩。頭面常一月十五日不洗。不大悶癢，不能沐也。每常小便，而忍不起，令胞中略轉，乃起耳。又縱逸來久，情意傲散，簡與禮相背，嬾與慢相成。而為儕類見寬，不攻其過。又讀《莊》、《老》，重增其放，故使榮進之心日頹，任實之情轉篤。

又云：

吾不如嗣宗之賢，而有慢弛之闕。又不識人情，闇於機宜，無萬石之慎，而有好盡之累。久與事接，疵釁日興。雖欲無患，其可得乎？又人倫有禮，朝廷有法；自惟至熟，有必不堪者七，甚不可者二。臥喜晚起，而當關呼之不置；一不堪也。抱琴行吟，弋釣草野，而吏卒守之，不得妄動；二不堪也。危坐一時，痺不得搖，性復多蝨，把搔無已。而當裹以章服，揖拜上官；三不堪也。素不便書，又不喜作書；而人間多事，堆案盈机。不相酬答，則犯教傷義；欲自勉強，則不能久；四不堪也。不喜弔喪，而人道以此為重。已為未見，恕者所怨，至欲見中傷者。雖瞿然自責，然性不可化。欲降心順俗，則詭故不情，亦終不能獲無咎無譽；如此，五不堪也。不喜俗人，而當與之共事。或賓客盈座，鳴聲聒耳，囂塵臭處，千變百伎，在人目前；六不堪也。心不耐煩，而官事鞅掌。機務纏其心，世故繁其慮；七不堪也。又每非湯武而薄周孔；在人間不止此事，會顯世教所不容；此

甚不可一也。剛腸疾惡，輕肆直言，遇事便發；此甚不可二
也。以促中小心之性，統此九患，不有外難，當有內病。寧
可久處人間耶？又聞道士遺言，餌朮黃精，令人久壽。意甚
信之。游山澤，觀魚鳥，心甚樂之。一行作吏，此事便廢。
安能舍其所樂，而從其所懼哉？

案：此種頹廢懶散之生活，自不宜作官應世。然如此，卻可以於不
關現實政治問題，自由思想。《晉書》本傳稱其「學不師受」，自
又謂「不涉經學」。彼能自解於政治與經學之束縛，而依據
《莊》、《老》以談理。彼此多得於《老子》，而首先寄託其生命
於養生。故云：「吾頃學養生之術，方外榮華，去滋味，游心於寂
寞，以無為為貴。」（〈絕交書〉）於此，彼似與阮籍之浪漫文人
生命不同。阮籍有一浪漫之文人生命，復有一古典之禮樂生命。而
嵇康則是一道家養生之生命，（不縱情於酒色），復有一純音樂之
生命。阮籍比較顯情，而嵇康則比較顯智。故一屬文人型，一屬哲
人型。因較顯智，故能多方持論，往復思辯。故本傳稱其「善談
理」也。其談理之文，今所存者如下：

一、〈養生論〉
二、〈答向子期難養生論〉
三、〈釋私論〉
四、〈明膽論〉
五、〈難自然好學論〉
六、〈聲無哀樂論〉

除此六文外，《全三國文》卷五十，復有嵇康：〈難張遼叔宅

無吉凶攝生論〉一文，案此標題有問題。魯迅輯校明吳寬叢書堂鈔本《嵇康集》中關此有以下四文：

　　一、〈阮德如宅無吉凶攝生論〉

　　二、〈難宅無吉凶攝生論〉

　　三、〈阮德如釋難宅無吉凶攝生論〉

　　四、〈答釋難宅無吉凶攝生論〉

　　此往復論難，一方主宅無吉凶，要在攝生。一方主宅有吉凶。主有吉凶者是一般流行之見。主無吉凶者，明標爲阮德如。然則此文究誰作乎？難者又是誰乎？主無吉凶而重攝生，當是嵇康之思想。但爲何不明標嵇康作，而標爲阮德如乎？查集中嵇康有五言詩一首與阮德如，阮復答以二首。嵇詩云：

　　　　含哀還舊廬，感切傷心肝。良時遘吾子，談慰臭如蘭。

　　　　疇昔恨不早，既面侔舊歡。不悟卒永離，念隔悵增嘆。

　　　　事故無不有，別易良會難。郢人忽以逝，匠石寢不言。

　　　　〔中略。〕

　　　　君其愛德素，行路慎風寒。自力致所懷，臨文情辛酸。

阮答詩二首，其一云：

　　　　旦發溫泉廬，夕宿宣陽城。顧盼懷惆悵，言思我友生。

　　　　會遇一何幸，及子遘歡情。交際雖未久，思我愛發誠。

　　　　〔一作「恩愛發中誠」。〕〔中略。〕

　　　　與子猶蘭石，堅芳互相成。庶幾弘古道，伐檀俟河清。

不謂中離別，飄飄然遠征。臨輿執手訣，良誨一何精。

其二云：〔……〕

雙美不易居，嘉會故難常。爰自憩斯土，與子遘蘭芳。
常願永遊集，拊翼同迴翔。不悟卒永離，一別爲異鄉。
〔……〕

可見兩人相契之深，情好之篤。（張燮本作阮侃答。德如即侃之字。阮共之少子。見《世說新語・賢媛第十九》。）宅無吉凶之論難，當是阮德如與他人往復之文。阮意即嵇意。非然者，抑或嵇康假託阮德如乎？此無從考。

　　據魯迅意，《嵇康集》以明吳寬叢書堂鈔本爲最佳。彼自京師圖書館中假出手鈔，與各本比較，加以輯校。現已就其手鈔，影印公世。此蓋爲《嵇康集》之最完善者。此下錄嵇康談理之文，即以魯迅所鈔之本爲據，簡名曰「魯鈔本」。

第二節　嵇康之〈養生論〉

　　嵇康深信道家養生之術，並深信服食白朮黃精足以延年久壽。並信神仙實有，但不以爲「神仙可以學得，不死可以力致」。神仙「似特受異氣，稟之自然。非積學所能致也。」其〈養生論〉即在辨明以上二義。當時向秀作〈難養生論〉以難之。其持論之立場全是世間之俗情。但據其注《莊》中之「養生」義，似不當有此俗情

之難。人或據其〈難養生論〉，而謂其注《莊》並無價值。關此，吾曾於第六章〈向、郭之注莊〉第六節〈向、郭之養生義〉中稍有辯白。以爲〈難養生論〉當是注《莊》前之思想，或是故爲如此以「發康之高致」。（《晉書・向秀傳》語）今觀嵇康〈答難養生論〉，其中有許多理境，甚至語法，與《莊子注》極相似。此顯爲向秀受其影響，而言之更精練。《晉書・向秀傳》所謂「與康論養生，辭難往復，蓋欲發康高致」之語，信不誤也。向秀與康相處甚密。〈嵇康傳〉云：「初，康居貧，嘗與向秀共鍛於大樹之下，以自贍給。」〈向秀傳〉亦記云：「康善鍛，秀爲之佐，相對欣然，傍若無人。」據此，則向秀必在嵇康處同住相當時期。朝夕相聚，必有啓發。〈難養生論〉之作決不能晚於注《莊》。以此，在未得康之啓發前，不脫俗情。既得啓發，超然玄解。固不可據〈難養生論〉以貶其《莊子注》也。〈向秀傳〉記秀注《莊》之事云：「始秀欲注。嵇康曰：『此書詎復須注？正是妨人作樂耳！』及成，示康曰：『殊復勝不？』」康無有答辭。但《世說新語・文學篇第四》向秀注《莊》條下，注引〈秀別傳〉曰：「後秀將注《莊子》，先以告康、安〔呂安〕。康、安咸曰：『書詎復須注？徒棄人作樂事耳！』及成，以示二子，康曰：『爾故復勝不？』〔此句乃秀之問語。「康」字衍，當屬下句。〕安乃驚曰：『莊周不死矣！』〔「安」上奪「康」字。〕」是則康、安有答辭，且甚驚訝，贊之曰：「莊周不死」。據此，則吾人至少可知在嵇康未被害前，向秀《莊注》之思想即已成熟，且知其必在〈難養生論〉之後也。

嵇康：〈養生論〉

　　世或有謂神仙可以學得，不死可以力致者。或云：上壽百二
　　十，古今所同；過此以往，莫非妖妄者。此爲兩失其情。請
　　試粗論之。
　　夫神仙雖不目見，然記籍所載，前史所傳，較而論之，其有
　　必矣。似特受異氣，稟之自然。非積學所能致也。至於導養
　　得理，以盡性命，上獲千餘歲，下可數百年，可有之耳。而
　　世皆不精，故莫能得之。何以言之？

案：此乃〈養生論〉之大旨。一、導養可以延年。二、神仙不可力
致。關於第二點，嵇康亦有定命論之思想。先秦孟、荀俱謂人人皆
可以爲堯舜（聖人）。此爲理想主義之精神。兩漢以來，大抵從才
資觀聖人，以爲聖人是天縱，不可學而至。此思想直貫至魏晉南北
朝，至竺道生始成一正式被討論之問題。蓋聖人如此，仙佛亦如此
也。嵇康謂神仙「似特受異氣，稟之自然。非積學所能致」。此亦
是從先天之氣稟說，即從才資說。從此方面說，神仙是先天的。
在印度，唯識宗一系之思想，亦主成佛有種性之說。如是成佛與否
亦是先定的。但若成佛爲先定（有種性），則佛教教人唯在成佛，
是即斷絕人之成佛之希望。竺道生根據《大涅槃經》宣稱一切衆生
皆有佛性，皆可成佛，是即重開理想主義之精神。不特此也，且進
而論及如何成佛之方法，是即「頓悟」義。成佛非有階級，非漸進
積學所能至。自此以後，成佛問題即算已經解決。但唯識宗種性之

說亦不可全廢，故玄奘系之唯識宗即有理佛性與事佛性之分。從理佛性方面說，是理想主義。從事佛性方面說，是命定主義。種性之說，是一限制原理。後來宋明儒講義理之性與氣質之性，亦是如此。義理之性說明人人皆可成聖，是理想主義。氣質之性，說明人之限制，而知成聖之難。在道家成仙方面，亦當如此。惟道家在此方面不甚自覺。老莊思想中無此問題。至嵇康出，說神仙「似特受異氣，稟之自然。非積學所能致」，此則已開出成仙之「限制原則」。惟理想主義所示之「可能性原則」，則在道家，終未開出，嵇康亦未能思及。蓋道家原本即無如儒家性善之說（性善之性即是成聖之性，故類比佛教，亦可曰聖性），亦無如佛家佛性之說。此道家之吃虧處。嵇康說神仙「非積學所能致」，其說此語只向「特受異氣」趣，從限制原則方面明其先天性，並未進一步說明如何能成仙，如竺道生之主頓悟義。「稟之自然」並非即不須修養工夫。頓悟亦工夫之所至也（至少亦是工夫之語）。無論成仙成佛或成聖，皆是逆覺上事，非是自然生命之事。神仙雖非積學所能至，但依嵇康，積學亦並不因此即全無意義。積學導養雖不必能至神仙，但至少可以延年久壽。依此，嵇康知道成仙之限制原則，亦知道積學導養之功效。此嵇康思理之所至也。

> 夫服藥求汗，或有弗獲；而愧情一集，渙然流離。終朝未餐，則囂然思食；而曾子銜哀，七日不飢。夜分而坐，則低迷思寢；內懷殷憂，則達旦不瞑。勁刷理鬢，醇醴發顏，僅乃得之；壯士之怒，赫然殊觀，植髮衝冠。由此言之，精神之於形骸，猶國之有君也。神躁於中，而形喪於外；猶君昏

於上，國亂於下也。

夫爲稼於湯之世，偏有一溉之功者，雖終歸於焦爛，必一溉者後枯；然則一溉之益，固不可誣也。而世常謂一怒不足以侵性，一哀不足以傷身，輕而肆之，是猶不識一溉之益，而望嘉穀於旱苗者也。是以君子知形恃神以立，神須形以存。悟生理之易失，知一過之害生。故修性以保神，安心以全身。愛憎不棲於情，憂喜不留於意。泊然無感，而體氣和平。又呼吸吐納，服食養身；使形神相親，表裡俱濟也。

夫田種者，一畝十「斛」，謂之良田。此天下之通稱也。〔魯校云：「斛」當作「斗」。因舊書斗爲卧，傳寫而誤。〕不知區種，可百餘斛。〔案：此亦當作斗。〕田種一也，至於樹養不同，則功收相縣。謂商無十倍之價，農無百斛〔斗〕之望，此守常而不變者也。

且豆令人重，榆令人瞑，合歡蠲忿，萱草忘憂。愚智所共知也。薰辛害目，豚魚不養，常世所識也。虱處頭而黑，麝食柏而香，頸處險而癭，齒居晉而黃。推此而言，凡所食之氣，蒸性染身，莫不相應。豈惟蒸之使重，而無使輕；害之使闇，而無使明；薰之使黃，而無使堅；芬之使香，而無使延哉？

故《神農》曰：「上藥養命，中藥養性」者，誠知性命之理，因輔養以通也。而世人不察，惟五穀是「見」，〔《太平御覽》引，「見」作「嗜」〕聲色是耽；目惑玄黃，耳務淫哇。滋味煎其府藏，醴醪鬻其腸胃，香芳腐其骨髓。喜怒悖其正氣，思慮銷其精神，哀樂殃其平粹。夫以蕞爾之軀，

攻之者非一途；易竭之身，而外內受敵。身非木石，其能久乎？

其自用甚者，飲食不節，以生百病。好色不倦，以致乏絕。風寒所災，百毒所傷。中道夭於眾難，世皆知笑悼，謂之不善持生也。至於措身失理，亡之於微，積微成損，積損成衰，從衰得白，從白得老，從老得終，悶若無端。中智以下，謂之自然。縱少覺悟，咸嘆恨於所遇之初，而不知慎眾險於未兆。是「由」桓侯抱將死之疾，〔「由」當爲「猶」〕而怒扁鵲之先見；以覺痛之日，爲受病之始也。害成於微，而救之於著，故有無功之治。馳騁常人之域，故有「一切」之壽。仰觀俯察，莫不「皆然」。以「多」自證，以「同」自慰，謂天地之理，盡此而已矣。〔案：「一切」謂齊同。「多」呼應「皆然」。「同」呼應「一切」。〕

縱聞養生之事，則斷以所見，謂之不然。其次狐疑雖少，庶幾莫知所由。其次自力服藥，半年一年，勞而未驗；志以厭衰，中路復廢。或益之以畎澮，而泄之以尾閭，欲坐望顯報者。或抑情忍欲，割棄榮願，而嗜好常在耳目之前，所希在數十年之後。又恐兩失，內懷猶豫，心戰於內，物誘於外，交賒相傾，如此復敗者。

夫至物微妙，可以理知，難以目識。譬猶豫章，生七年，然後可覺耳。今以躁競之心，涉希靜之塗，意速而事遲，望近而應遠，故莫能相終。夫悠悠者，既以未效不求，而求者以不專喪業，偏恃者以不兼無功，追術者以小道自溺；凡若此類，故欲之者，萬無一能成也。

善養生者，則不然矣。清虛靜泰，少私寡欲。知名位之傷
德，故忽而不營；非欲而強禁也。識厚味之害性，故棄而弗
顧。非貪而後抑也。外物以累心不存，神氣以醇白獨著。曠
然無憂患，寂然無思慮。又守之以一，養之以和。和理日
濟，同乎大順。然後蒸以靈芝，潤以醴泉，晞以朝陽，綏以
五弦。無為自得，體妙心玄。忘歡而後樂足，遺生而後身
存。若此以往，庶可與羨門比壽，王喬爭年。何為其無有
哉？

案：此最後一段，甚佳。養生雖是生理之事，而亦必在心上作工
夫。「清虛靜泰，少私寡欲」，即心「虛一而靜」也。「無為自
得，體妙心玄。忘歡而後樂足，遺生而後身存」。此即由「清虛靜
泰」而來之玄理妙境也。一方在心上作工夫，一方在生理上作導
養，不惟可以延年久壽，即真人、至人、神人、天人，亦不外乎此
也。嵇康此文，說理皆極精當切實，亦為「養生」之所必函。向秀
之難，蓋純自俗情而言也。

向秀：〈難養生論〉

若夫節哀樂，和喜怒，適飲食，調寒暑，亦古人之所修也。
至於絕五穀，去滋味，窒情欲，抑富貴，則未之敢許也。何
以言之？
夫人受形於造化，與萬物並存，有生之最靈者也。異於草
木，不能避風雨、辭斧斤；殊於鳥獸，不能遠網羅，而逃寒

暑。〔魯校：各本「草木」下重「草木」二字，「鳥獸」下
重「鳥獸」二字。〕有動以接物，有智以自輔，此有心之
益，有智之功也。若閉而默之，則與無智同。何貴於有智
哉？有生則有情，稱情而自然「得」。〔魯校：各本無
「得」字。〕若絕而外之，則與無生同。何貴於有生哉？

案：此提出「心智」與「生情」以作難。看如何安排或消化此自然
本有之心智與生情，始能進於道家養生之境？嵇康答難文，即就此
點盛為辯白，而現行郭象《莊子注》即順康意而發揮。然則向秀之
難，真可謂「蓋欲發康高致」矣。見下。

且夫嗜欲：好榮惡辱，好逸惡勞，皆生於自然。夫天地之大
德曰生，聖人之大寶曰位，崇高莫大於富貴。然富貴，天地
之情也。貴則人順己，行義於下；〔魯校：各本「己」下有
「以」字。〕富則所欲得，以財聚人。〔魯校：各本「以」
字下有「有」字。〕此皆先王所重，「開」之自然，〔魯
校：「開」各本作「關」。宗案：作「關」是。〕不得相外
也。又曰：富與貴，是人之所欲也。但當求之以道，不苟非
義。〔魯校：「不苟非」三字，各本奪。〕在上以不驕無
思，持滿以損欲不溢，〔魯校：「欲」各本作「儉」。〕若
此，何為其傷德耶？或睹富貴之過，因懼而背之，是猶見食
之有噎，因終身不飧耳。
神農唱粒食之始，后稷纂播「殖」之業。〔魯校：殖，各本
作「植」。〕鳥獸以之飛走，生民以之視息，周孔以之窮

神，顏冉以之樹德。賢聖珍其業，歷百代而不廢。今一旦云：五穀非養命之宜，〔魯校：命，各本作「生」。〕肴醴非便性之物。則「亦有和羹，黃耇無疆，爲此春酒，以介眉壽」，皆虛言也。博碩肥腯，上帝是饗。黍稷惟馨，實降神祇。神祇且猶重之，而況於人乎？肴糧入體，不踰旬而充。此自然之符，宜生之驗也。

夫人含五行而生。口思五味，目思五色，感而思室，飢而求食，自然之理也。但當節之以禮耳。「令」五色雖陳，目不敢視；〔魯校：令，各本作「今」。〕五味雖存，口不得嘗；以言爭而「獲勝」，則可。〔案：「獲勝」恐有誤，連下文，似當爲「弗獲」。〕焉有勺藥爲荼蓼，西施爲嫫母，忽而不欲哉？苟心識可欲，而不得從，性氣困於防閑，情志鬱而不通，而言養之以和，未之聞也。

又云：「導養得理，以盡性命，上獲千餘歲，下可數百年。」未盡善也。若信可然，當有得者。此人何在？目之未見。此殆景響之論，何言而不得？〔魯校：各本「得」下有「可」字。〕縱時有耆壽、耆老，此自特受「一」氣，猶木之有松柏，非導養之所致。〔案：「一」字不通，似當爲「異」。〕若性命以巧拙爲長短，則聖人窮理盡性，宜享遐期；而堯舜禹湯文武周孔，上獲百年，下者七十，豈復疏於導養耶？顧天命有限，非物所加耳。

且生之爲樂，以恩愛相接。天理人倫，燕婉娛心，榮華悅志。服饗滋味，以宣五情。納御聲色，以達性氣。此天理自然，人之所宜，三王所不易也。今舍聖軌，而恃區種，離親

棄歡，約己苦心。欲積塵露，以望山海，恐此功在身後，實不可冀也。縱令勤求，少有所獲，則顧景尸居，與木石為鄰，所謂不病而自炙，無憂而自默，無喪而蔬食，無罪而自幽。追虛徼幸，功不答勞。「於以」養生，未聞其宜。〔魯校：「於以」，各本作「以此」。〕故相如曰：必若長生而不死，雖濟萬世，猶不足以喜。言背情失性，而不本天理也。長生且猶無歡，況以短生守之耶？若有顯驗，且更論之。

案：向秀此論，純是世間俗情之言。然康之答難，幾每句予以開導辯白。辭不憚煩，思理綿密。自今日觀之，本有許多不必置答者，而亦一一辯示。此可謂以思辨為樂者，甚可貴也。蓋此為致生哲學之道也。文長，擇其要者錄於下。

嵇康：〈答難養生論〉

答曰：所以貴智而尚動者，以其能益生而厚身也。然欲動則悔吝生，知行則前識立；前識立，則心開而物遂，〔魯校：心，各本作「志」。〕悔吝生，即患積而身危。二者不藏之於內，而接於外，祇足以災身，非所以厚生也。

夫嗜欲雖出於人，而非道之正。猶木之有「蝎」，雖木之所生，而非木之所宜也。〔魯校：程本蝎作「蚩」。下「蝎盛」句同。〕故蝎盛則木朽，欲勝則身枯。然則欲與生不並「久」，〔魯校：久，各本作「立」。〕「一云：木與蝎不並生」。〔魯校：此句原是正文，今定為注。各本無。〕名

與身不俱存，略可知矣。而世未之悟，以順欲為得生，雖有厚生之情，〔魯校：厚，各本譌「後」〕而不識生生之理。故動之死地也。是以古之人知酒色為甘鴆，棄之如遺；識名位為香餌，逝而不顧。使動足資生，不濫於物。知正其身，不營於外。〔案：知同智。〕背其所凶，守其所吉。〔魯校：各本作「背其所害，向其所利」。〕此所以用智遂生，「養一示蓋」之道也。〔魯校：「養一示蓋」疑當作「養一不盡」。各本無此四字。舊校亦刪。〕故智之所美，美其益生而不羨。生之為貴，貴其樂和而不交。豈可疾智靜而輕身，勤欲×而賤生哉？〔魯校：「靜」字各本奪。舊校亦刪。又×，各本字奪。案：當是「動」字。原鈔為舊校所滅，不可辨。〕

案：以上辯智用與欲動，要者在使兩者「藏於內」，不「接於外」。如是，則「動足資生，不濫於物。智正其身，不營於外」。

且聖人寶位，以富貴為崇高者，蓋謂人君貴為天子，富有天下也。〔魯校：「天下也」三字，各本作「四海」。〕「富」不可無主而存，〔魯校：富，各本作「民」。〕主不能無「遵」而立。〔魯校：遵，各本作「尊」。宗案：似當作「道」。〕故為天下而尊君位，不為一人而重富貴也。又曰：富與貴是人之所欲者，蓋為季世惡貧賤，而好富貴也。未能外榮華而安貧賤，且抑使由其道。猶不爭不可令，故許其心競；中庸不可得，故與其狂狷。〔魯校：各本「令」下

有「其力爭」三字。舊校亦加。案：「不爭不可令」與下「中庸不可得」為對文。無者是也。〕此俗之談耳。不言至人當貪富貴也。

至人不得已而臨天下，〔魯校：至，各本作「聖」。〕以萬物為心，在宥羣生，由身以道，與天下同於自得。穆然以無事為業，坦爾以天下為公。雖居君位，饗萬國，恬若素士接賓客也。雖建龍旂，服華袞，忽若布衣在身也。〔魯校：各本「衣」下有「之」字，「也」字無。〕故君臣相忘於上，蒸民家足於下。豈勸百姓之尊己，割天下以自私，以富貴為崇高，心欲之而不已哉？

案：此段與向郭注〈逍遙遊〉「藐姑射之山」云：「夫聖人雖在廟堂之上，然其心無異於山林之中」意同。

且子文三顯，色不加悅；柳惠三黜，容不加戚。何者？令君之尊，不若德義之貴；三黜之賤，不傷沖粹之美。二人嘗得富貴於其身，「中」不以人爵嬰心也。〔魯校：中，各本作「終」。〕故視榮辱如一。由此言之，豈云欲富貴之情哉？請問錦衣繡裳，不陳於闇室，何必顧眾而動，以毀譽為歡戚也？夫然，則欲之患其得，得之懼其失，苟患失之，無所不至矣。在上何得不驕？持滿何得不溢？求之何得不苟？得之何得不失耶？

且君子出其言善，則千里之外應之，豈「患」於多「犯」，欲以貴得哉？〔魯校：患，各本作「在」。犯，各本無。〕

奉法循理，不絓世網，以無罪自尊，以不任爲逸。〔魯校：
任，各本作「仕」。〕遊心乎道義，偃息乎卑室。恬愉無
遌，而神氣條達。豈須榮華，然後乃貴哉？耕而爲食，蠶而
爲衣，衣食周身，則餘天下之財。猶渴者飲河，快然以足，
不羨洪流。豈待積斂，然後乃富哉？君子之用心若此，蓋將
以名位爲贅瘤，資財爲塵垢也。安用富貴乎？

案：郭象注《莊子・逍遙遊》「蜩與學鳩笑之曰」一段云：「苟足
於其性，則大鵬無以自貴於小鳥，小鳥無羨於天池，而榮願有餘
矣。」此與此段所謂「渴者飲河，快然以足，不羨洪流」，語意相
同，而義理之精練且尤過之。此顯然由康之「高致」而開出也。

故世之難得者，非財也，非榮也，患意之不足耳。意足者，
雖耦耕甽畝，被褐啜菽，莫不自得。〔魯校：莫，各本
「豈」。〕不足者，雖養以天下，委以萬物，猶未愜。然則
足者不須外，不足者無外之不須也。無不須，故無往而不
乏。無所須，故無適而不足。不以榮華肆志，不以隱約趨
俗。混乎與萬物並行，不可寵辱，此眞有富貴也。故遺貴欲
貴者，賤及之。故「忘」富欲富者，貧得之。〔案：「忘」
當爲「亡」。〕理之然也。今居榮華而憂，雖與榮華偕老，
亦所以終身長愁耳。故老子曰：樂莫大於無憂，富莫大於知
足。此之謂也。

案：此與向、郭逍遙義全同。嵇康言「意足」，向、郭則言「性

足」。其義一也。康云:「不足者,雖養以天下,委以萬物,猶未愜。然則足者不須外,不足者無外之不須也。無不須,故無往而不乏。無所須,故無適而不足。」此皆極美之文,極妙之理。眞可謂「高致」矣。而〈逍遙遊〉「小知不及大知,小年不及大年」,郭注云:「是故統小大者,無小無大者也;苟有乎大小,則雖大鵬之與斥鷃,宰官之與御風,同爲物累耳。齊死生者,無死無生者也;苟有乎死生,則雖大椿之與蟪蛄,彭祖之與朝菌,均於短折耳。」此豈非順康意推進一步而更見精練乎?假若郭注眞是竊自向秀,則此注意有一毫與〈難養生論〉相似乎?

> 難曰:「感而思室,飢而求食,自然之理也。」誠哉是言!今不使不室不食,但欲令室食得理耳。夫不慮而欲,性之動也;識而後感,智之用也。性動者,遇物而當,足則無餘。智用者,從感而求,倦而不已。故世之所患,禍之所由,常在於智用,不在於性動。今使瞽者遇室,則西施與嫫母同情。聵者忘味,則糟糠與精粹等甘。豈識賢愚好醜,以愛憎亂心哉?

案:此與郭注「夫名智者,世之所用也。而名起則相札,智用則爭興。」意同。(〈人間世〉注)康云:「世之所患,禍之所由,常在於智用,不在於性動。」此意極深刻。可謂精矣。

> 君子識智以無恆傷生,欲以逐物害性。故智用則收之以恬,欲動則糾之以和。使智止於恬,性足於和。然後神以默醇,

體以和成，去累除害，與彼更生。所謂不見可欲，使心不亂
者也。

案：此與郭注「知之爲名，生於失當，而滅於冥極」，語意全同。
（〈養生主〉「生有涯」注）前文，嵇康言智「藏於內」，「智正
其身，不營於外」，而此處則言「智止於恬」，「智用，則收之以
恬」，皆郭注「滅於冥極」之意也。向、郭之注顯由康意而來，亦
不背於老莊之原意也。

〔……〕

難曰：「聖人窮理盡性，宜享遐期，而堯孔上獲百年，下者
七十，豈復疏於導養乎？」案論堯孔，雖稟命有限，故導養
以盡其壽。此則窮理之致，不「爲」不養生得百年也。
〔案：爲，當爲「謂」。〕且仲尼窮理盡性，以至七十，田
父以六弊害愚，有百二十者。若以仲尼之至妙，資田父之至
拙，則千歲之論，奚所怪哉？

案：聖人窮理盡性，是道德的，非養生的。堯孔並未致力於「養
生」。若眞作道家養生工夫，堯可不止百年，孔亦可不只七十。

且凡聖人，有損己爲世，表行顯功，使天下慕之，三徙成
都者。或菲飲勤躬，經營四方，心勞形困，趣步失節。或奇
謀潛遘，〔魯校：遘，當作「構」。各本譌「稱」〕爰及干
戈，威武殺伐，功利爭奪。或修行以明汙，〔魯校：行，各

本作「身」〕顯智以驚愚，藉名高於一世，取準的於天下；又勤誨善誘，聚徒三千，口倦談議，身疲磬折，形若救孺子，視若營四海，神馳於利害之端，心騖於榮辱之塗，俛仰之間，已再撫宇宙之外者。若比之於內視反聽，愛氣嗇精，明白四達，而無執無為，遺世坐忘，以實性全真，吾所不能同也。

案：各種聖人，固極可佩。然「比之於內視反聽」云云，「吾所不能同也」。此等句法，皆魏晉至美之文。向、郭注《莊》，沿用此種句法，屢見而不一見。如：「故有待無待，吾所不能齊也；至於各安其性，天機自張，受而不知，則吾所不能殊也。」（〈逍遙遊〉「彼且惡乎待哉」注）又如：「故止若立枯木，動若運槁枝，坐若死灰，行若遊塵。動止之容，吾所不能一也；其於無心而自得，吾所不能二也。」（〈齊物論〉「心固可使如死灰乎」注）又如：「故儒墨之辨，吾所不能同也；至於各冥其分，吾所不能異也。」（〈齊物論〉「彼是方生之說也」注）吾讀《莊注》至此等語句，輒感極大之快適。初不知其源於嵇康也。然則康之高致，其所影響於向秀者深矣。

〔……〕

難曰：「神農唱粒食之始，鳥獸以之飛走，生民以之視息。」今不言五穀，非神農所唱也。既言上藥，又唱五穀者，以上藥希寡，艱而難致。五穀易植，農而可久。所以濟百姓而繼天，故並而存之。〔魯校：「天、故」二字，各本

作「夭闕也」。〕唯賢者志其大，不肖者志其小耳。此同出一人。至當歸止痛，用之不已；枲耗墾辟，從之不輟；何至養命，蔑而不議？此殆翫所先習，怪於未知。且平原，則有棗栗之屬，池沼則有菱芡之類。雖非上藥，猶於黍稷之篤恭也。〔魯校：各本「猶」下空一格。〕豈云視息之具，唯立五穀哉？

案：郭《注》云：「俱食五穀，而獨為神人，明神人者非五穀所為，而特稟自然之妙氣。」（〈逍遙遊〉「不食五穀，吸風飲露」注）此則向秀早已放棄〈難養生論〉中無謂之俗論矣。若非故發康之高致，何得出此童騃之論？

〔………〕
養生有五難：名利不滅，此一難也。喜怒不除，此二難也。聲色不去，此三難也。滋味不絕，此四難也。神虛精散，此五難也。〔魯校：「神虛精散」，各本作「神慮轉發」。舊校同。尤袤本《文選注》引作「神慮消散」。唐本《文選注》及《御覽》七百二十引，皆與原鈔合。尤本《文選》及各本蓋並誤。〕
五者必存，雖心希「難老」，口誦至言，咀嚼英華，呼吸太陽，不能不迴其操，不夭其年也。〔案：「難老」不辭，待校。〕五者無於胸中，則信順日濟，玄德日全，不祈喜而有福，〔魯校：「有」，《御覽》作「自」〕不求壽而自延。此養生大理之都所也。〔魯校：「都所」，各本作「所

效」。舊校同。《御覽》作「所歸」，又無「之」字。〕
然或有行瑜曾閔，服膺仁義，動由中和，無甚大之累，便謂
仁理已畢，以此自臧，而不盪喜怒，平神氣，而欲卻老延年
「哉」，未之聞也。〔魯校：「哉」，各本作「者」。宗
案：作「者」是。〕或抗志希古，不榮名位，因自高於馳
騖。或運智御世，不嬰禍故，以此「言」貴。〔魯校：
「言」，各本作「自」。〕此於用身，甫與鄉黨「不」齒
「者」同耳。〔魯校：「不」，黃、汪、張溥本字闕。程本
作「同」。張燮本作「鯢」。「者」，各本作「耆年」。〕
以言存生，蓋闕如也。或棄世不群，志氣和粹。不絕穀茹
芝，無益於短期矣。或瓊糇既儲，六氣並御，而「不」能含
光內觀，凝神復樸，棲心於玄冥之崖，含氣於莫大之溟者，
則有「生」可「郤」可「存」可延也。〔魯校：原鈔「而」
下有「不」字。各本無。舊校亦刪。案：「不」或非衍。則
其下當有奪文。「生」，各本作「老」。「郤」，各本作
「卻」。「存」，各本作「年」。宗案：「而」下原鈔有
「不」字是。依此上諸句之語脈，「而」字皆表示轉進一層
說。意即雖如何如何，「而不」能如何如何，則還是不行。
故此「而」下必有「不」字。「則」字句並非「與」義，乃
是「奪」義。即「有生可沓，可存可延」，並非勝義。「忘
歡而後樂足，遺生而後身存」。最高境界固在玄冥而忘也。
若「有生可沓」，心猶未冥也。故「瓊糇既儲，六氣並
御」，且又必須能進而至於「含光內觀，凝神復樸，棲心於
玄冥之崖，含氣於莫大之溟」之境始可。否則猶未至養生之

極也。「郊」當爲懟，同咎。〕

凡此數者，合而爲用，不可相無。猶輮軸輪轄，不可一乏於
輿也。然人「若」偏見，各備所患。〔魯校：「若」，張爕
本作「皆」。〕單豹以營內「忘外」。〔魯校：「忘外」各
本作「致斃」。〕張毅以趣外失中。齊以誠濟西取敗，秦以
備戎狄自窮。此皆不兼之禍也。積善履信，世屢聞之；愼言
語，節飲食，學者識之。過此以往，莫之或知。請以先覺，
語將來之覺者。

案：〈答難〉至此止。全篇嚴整周洽，無餘蘊矣。經向秀之難，而
盛發之。比原論更進一步也。其持論甚質實，而玄義亦眇其中。向
秀承其「高致」，發爲《莊子注》，益精練而肆。《晉書·秀傳》
所謂「發明奇趣，振起玄風」，信不誤也。然讀此〈答難〉，則知
其淵源固有自矣。王弼、嵇康、向秀、郭象，固是玄理之大宗，而
阮籍不與焉。其他更不足論。

第三節：嵇康之〈釋私論〉

夫稱君子者：心無措乎是非，而行不違乎道者也。何以言
之？

夫氣靜神虛者，心不存乎矜尚；體亮心達者，情不繫於所
欲。矜尚不存乎心，故能越名教而任自然；情不繫於所欲，
故能審貴賤而通物情。物情順通，故大道無違；越名任心，
故是非無措也。是故言君子，則以無措爲主，以通物爲美。

言小人，則以匿情爲非，以違道爲闕。何者？匿情矜吝，小人之至惡；虛心無措，君子之篤行也。是以大道言，「及吾無身，吾有何患。」「無以」生爲貴者，是賢於貴「者」也。〔魯校：「者」，各本　「生」。舊校亦改。又「無以」當作「以無」。宗案：「無以生爲貴」，即「養生論」所謂「忘觀而後樂足，遺生而後身存」之意。歡、樂互代字，生、身互代字。「無以生爲貴」即「遺生」也。「賢於貴者」，即能遺生者賢於不能遺生者。不能遺生，則是「有措」也。〕由斯而言，夫至人之用心，固不存於有措矣。

案：嵇康以道家思想辨公私，並予「君子」以新定義。此所謂「君子」即「至人」也。此純從內心之「無措」論。「無措」即「無所措意」，普通所謂「無心」也。「有措」則有心。即王陽明所謂「動於意」也。「有善有惡意之動」。「動於意」，則善惡皆壞。壞在有「矜尚」，有隱曲也。有隱曲，即有所匿。有所匿，即是「私」，於人則爲小人。故坦蕩而「無措」，則爲公，於人爲君子。是故工夫之大者，惟在能忘。忘則無事矣。忘者，渾化也。「氣靜神虛」，「體亮心達」，「越名教而任自然」等等，皆所謂渾化也。

是故伊尹不惜賢於殷湯，故世濟而名顯。周旦不顧嫌而隱行，故假攝而化隆。夷吾不匿善於齊桓，故國霸而主尊。其用心，豈爲身而繫乎私哉？故管子曰：君子行其道，忘其爲身。斯言是矣。

君子之行賢也，不察於有「慶」而後行也。〔魯校：
「慶」，各本作「度」。《晉書》同。後諸「慶」字放此。
宗案：作「度」，於義爲長。〕任心無「窮」，〔魯校：
「任」，各本「仁」。「窮」，各本作「邪」。《晉書》
同。宗案：作「邪」是。「任心」即「越名任心」之「任
心」。「任心」者，心任自然，坦蕩而無私曲也。故「任心
無邪」，意甚順通。〕不「識」於善於後正也。〔魯校：
「識」，各本作「議」。《晉書》同。宗案：作「議」
是。〕顯情無措，不論於是而後爲也。是故傲然忘賢，而賢
與慶〔度〕會；忽然任心，而心與善遇；儻然無措，而事與
是俱也。

故論公私者，雖云志道存善，心無凶邪，無所懷而不匿者，
不可謂無私。〔案：嚴輯《全三國文》，「雖云」下有「一
作，終於事與是俱而已」十字。不可通。魯校云：此十字當
是注文，在前「而事與是俱也」句下。錯簡於「雖云」下，
遂不可通。此說是。〕雖欲之伐善，情之違道，無所抱而不
顯者，不可謂不公。今執必公之理，以繩不公之情，使夫雖
「性」善者，不離於有私。〔魯校：「性」，各本作
「爲」。宗案：作「爲」是。〕雖欲之伐善，不陷於不公，
重其名而貴其心，則是非之情，不得不顯矣。是非必顯，有
善者，無匿情之不是。有非者，不加不公之大非。無不是，
則善莫不得。無大非，則莫過其非，乃所以救其非也。非徒
盡善，亦所以屬不善也。夫善以盡善，非以救非，而況乎以
是非之至者？

案：此段首重匿不匿。匿即有私，雖善而亦非。不匿即公，雖非而可「無大非」。故平面觀之，公私、是非、善惡，並不平行。如何能使此三者平行而爲一？依嵇康以道家思想言之，惟在「無措之渾化」。故前段云：「傲然忘賢，而賢與度會。忽然任心，而心與善遇。儻然無措，而事與是俱。」是則惟以「無心之用」決定公私、是非、善惡也。六祖慧能云：「若欲求佛，即心是佛。若欲會道，無心爲道。」此「無心爲道」即「無心之用」也。自佛家言之，即「般若之用」，蕩然無執之空慧也。自道家言之，則所謂玄智也。皆「無心之用」也。自此方面言，道家與佛之「般若」面全同。惟佛家尚有「涅槃佛性」一面。「即心是佛」即順「佛性之體」而來。「般若之用」與「佛性之體」，雖可一而不二，但亦是二而不一。道家無類此「佛性之體」一面。問題是在：單只是「無心之用」是否即能決定公私、是非、與善惡？依儒家言之，不能。「無心爲道」是「心之玄用」一面。關聯於公私、是非、善惡而言之，依儒家，「心之理體」一面不能不講也。但此一面，亦爲道家之所無。故於決定公私是非善惡爲不足也。依道家，只「心之玄用」一面，即可保存而且決定道德上的眞理。此之謂作用地保存與決定。但依儒家，心之玄用只是實現原理，即，在主觀體現上能使道德眞理實現得更純淨。但這並不能客觀地決定道德眞理之理上的必「是」或「存在」。依此，「心之理體」一面必須講。「心之理體」一面是道德眞理之存在原則，即「客觀性原則」，「心之玄用」一面是道德眞理之體現原則，即主觀性原則。道家無客觀性原則，而只是一主觀性原則。即只是作用地保存與決定。「絕聖而後聖功全，棄仁而後仁德厚」（王弼語）；只是一詭辭之用。而卻沒

有客觀地建立起什麼是仁、什麼是聖，亦沒有客觀地建立起仁之理上的必然與聖之理上的必然。王弼如此，嵇康亦如此。推而上之，老莊原本即如此也。

故善之與不善，物之至者也。若處二物之間，所往者必以公成而私敗。同用一器，而有成有敗。夫公私者，成敗之途，而吉凶之門也。

故物至而不移者寡，不至而在用者眾。若質乎中人之體，〔魯校：「體」，各本作「性」。〕運乎在用之質，而栖心古烈，擬足公途。「值」心而言，則言無不是；〔案：「值」，當作「直」。〕觸情而行，則事無不吉。於是乎「同」之所措者，乃非所措也。〔魯校：「同」，疑當作「情」。〕「欲」之所私者，乃非所私也。〔魯校：「欲」，各本誤「俗」。宗案：情之所措，欲之所私，辭不通順。魯迅以「欲」為準，故疑「同」當為「情」。「欲」，各本作「俗」，非必誤。若以「俗」為準，則「同」似當作「世」。「世之所措者，乃非所措也。俗之所私者，乃非所私也」。此則較順。惟「非所措」、「非所私」，思理與措辭似均不允當。〕言不計乎得失而遇善，行不準乎是非而遇吉。〔案：「不準乎是非」即「不措乎是非」之意。「準」字用得不恰。〕豈公成私敗之數乎？〔案：「豈」，當作「其」。此不是否定疑問句，乃是肯定疑問句。〕夫如是也，又何措之有哉？

故里凫顯盜，晉文愷悌。勃鞮號罪，忠立身存；繆賢吐釁，

言納名稱；漸離告誠，一堂流涕。然斯數子，皆以投命之禍，臨不測之機。表露心識，猶以安全。況乎君子無彼人之罪，而有其善乎？

措善之情，亦甚其所病也。唯病病，是以不病；病而能療，亦賢於病矣。

案：以上力言匿情掩飾之非，力言顯情坦蕩之是。

然事亦有似非而非非，類是而非是者，不可不察也。故變通之機，或有矜以至讓，貪以致廉，愚以成智，忍以濟仁。然矜吝之時，不可謂無廉；猜忍之形，不可謂無仁。此似非而非非者也。或讒言似信，不可謂有誠；激盜似忠，不可謂無私。此類是而非是也。故乃論其用心，定其所趣。執其辭以準其理，察其情以尋其變。肆乎所始，名其所終。〔案：肆、名二字皆極彆扭。〕則夫行私之情，不得因乎「非」而容其非；〔案：此句當作「不得因乎似是而容其非」。〕淑亮之心，不得蹈乎似「是」而負其是。〔案：此句當作「不得蹈乎似非而負其是」。〕故實是以暫非而後顯，實非以暫是而後明。公私交顯，則行私者無所冀，而淑亮者無所負矣。行私者無所冀，則思改其非；立公者無所忌，則行之無疑。此大治之道也。

故主妾覆醴，以罪受戮；王陵庭爭，而陳平順旨。於是觀之，非似非「非」者乎？〔魯校：「非」下當更有一「非」字。宗案：此句當為「非似非而非非者乎」？當補「而非」

二字。〕明君子之篤行，顯公私之所在，闔堂盈階，莫不寓
目而曰善人也。然背顏退譏，〔魯校：各本無「譏」字。〕
議而「舍」私者，〔魯校：「舍」，各本作「含」。宗案：
作「含」是。〕不「復」耳。〔魯校：各本「復」下有
「同」字。宗案：「復」下當有脫落，但不必是「同」
字。〕

抱「至」而匿情不改「也」者，〔魯校：「至」，程本作
「怨」，張溥本作「隱」。他本俱空闕。又「也」字，各本
字無。宗案：「至」，當爲「私」。無「也」字，是。〕
「誠」神以喪於所「感」，〔魯校：「誠」，原作「議」。
據各本及舊校改。又「感」，各本作「惑」。宗案：作
「惑」是。〕而體以溺於常名，心「已」制於所憎，〔魯
校：「已」，各本作「以」。宗案：已、以古通用。〕而
「情有所繫」。〔魯校：此句，各本皆作「情有繫於所
欲」。舊校從之。宗案：可從。〕「容管顯繢」。〔魯校：
四字當誤。各本俱無。舊校亦刪。〕咸自以爲有是，而莫賢
乎己。未有攻肌之慘，〔魯校：「攻肌」，各本作「功
期」。宗案：各本非。〕駭心之禍，遂莫能收情以自反，棄
名以任實。乃心有是焉，匿之以私；志有善焉，措之爲惡。
不措所措，而措所不措。不求所以不措之理，而求所以爲措
之道。故明「爲」措，而闇於「措」。〔魯校：「明」，各
本作「時」。宗案：「爲」，當作「於」。或「爲」上補
「於」字亦可。又「闇於措」句，「措」上脫「不」字。句
當爲「而闇於不措」。〕是以不措爲拙，以致措爲工。惟懼

隱之不微，惟患匿之不密。故有矜忓之容，以觀常人；〔宗
案：觀，示也。〕矯飾之言，以要俗譽。謂永年良規，莫盛
於茲；終日馳思，莫闚其外。故能成其私之體，而喪其自然
之質也。於是隱匿之情，必存乎心；偏怠之機，必形乎事。
若是，則是非之議既明，賞罰之實又篤。不知冒陰之可以無
景，而患景之不匿；不知無措之可以無患，而恨措之不
「以」。〔魯校：「以」，《類聚》作「巧」。張燮本同。
宗案：作「巧」是。〕豈不哀哉？

是以申侯苟順，取棄楚恭。〔魯校：「恭」，各本
「泰」。〕宰嚭耽私，卒享其禍。由是言之，未有抱隱顧
私，而身立清世；匿非藏情，而信著明「名」者也。〔魯
校：「名」，張燮本作「君」。宗案：作「君」是。〕

是以君子既有其質，又睹其「鑒」。〔宗案：「鑒」當作
「變」。前文言：「察其情以尋其變。」故此當為：「既有
其質，又睹其變」。〕貴夫亮達，布而存之。惡夫矜吝，棄
而遠之。所措一非，而內愧乎神；賤隱一闕，而外慚其形。
言無苟諱，而行無苟隱。不以愛之而苟善，不以惡之而苟
非。心無所矜，而情無所繫。體清神正，而是非允當。忠感
「明」天子，〔魯校：「明」即「於」字之譌衍。〕而信篤
乎萬民。寄胸懷於八荒，垂坦蕩以永日。斯非賢人君子，高
行之美異者手？

或問曰：第五倫有私乎哉？曰：昔吾兄子有疾，吾一夕十往
省，而反必寐。自吾子有疾，終朝不往視，而通夜不得眠。
若是，可謂私乎非私也？答曰：是非也。〔魯校：「非」，

程本作「公」。誤。〕非私也。

夫私以不言為名,公以盡言為稱。善以無矜為體,〔魯校:
「矜」,各本作「名」。〕非以有措為負。今第五倫顯情,
是「非」無私也。〔魯校:「非」字當衍。〕矜往不眠,是
有非也。無私而有非者,「無措」之志也。〔宗案:第五倫
「矜往不眠」,正是有措,故雖無私而有非。彼不可說「無
措」。故「無措」上當脫一「非」字。〕

夫言無措者,不齊於必盡也。〔言無措不等於必盡言。無措
不以盡言而定。即盡言而無隱,亦仍可是有措。第五倫是
也。〕言多吝者,不具於不言而已。〔言多吝不以不言而
定。即全言之,亦可仍有多吝之心。有吝即有措。〕故多吝
有非,無措有是。然無措之所以有是,以志無所尚,心無所
欲,達乎大道之情,動以自然,則無道以至非也。

抱一而無措,則無私無非。兼有二義,乃為絕美耳。若非而
能言者,是賢於不言之私「非無情」,以非之大者也。
〔案:「非無情」三字有脫誤。此全句似當為:「若非而能
言者,是賢於不言之私。私非無情,乃非之大者也。」「非
而能言」,則有措而無私。「私非無情」,則既有措而又不
言,既私且非,故為「非之大者」。私是指「不言」說,非
是指「有措」說。「無情」者,無實也。或曰不改亦可。原
句當如此讀:若非而能言者,是賢於不言之「私非無情」,
以非之大者也。但古人似無此種語法。故仍當以補一「私」
字為順。〕

今第五倫有非而能顯,不可謂不公也。所顯是非,不可謂

「有措」也。〔案:「有措」上脫「非」字。〕有非而「謂」私,不可謂不惑公私之理也。〔案:首「謂」字誤。當為「無」。嚴輯作「無」。此或魯鈔筆誤,非必原鈔之誤。〕

案:全文止於此。〈釋私論〉乃嵇康文中之最有哲學意味者。理趣既精,辨解亦微。而原文多錯亂,幾不可讀。故根據魯迅校輯,全錄之,再予詳校。此等文字歷來無人整理。魯校亦只能比較各本文字之同異。而觀念不通處之錯亂,未能校正也。各本展轉相鈔,只作普通文章看。至於義理,蓋全不解也。於以知校正思想文字,非單純文字學之事也。

第四節　嵇康之〈聲無哀樂論〉:純美的和聲當身之樂論

　　吾於上章論阮籍之〈樂論〉為形而上的天地之和之樂論,兼及嵇康之〈聲無哀樂論〉為純美的和聲當身之樂論。嵇康信服食導養之術。善養生者,一要「清虛靜泰,少私寡欲」。二要絕穀茹芝,服尤黃精。三要「晞以朝陽,綏以五弦」。在「清虛靜泰」之心境下,業海不波,心寂情泯,其欣賞音樂,亦易於傾向和聲當身之純美也。又嵇康嘗暮宿華陽亭,夜分與異人「共談音律,辭致清辯」,此種氣氛亦易使其注意和聲之當身也。聲無哀樂者,「心之與聲,明為二物」、「殊塗異軌,不相經緯」、「和聲無象,而哀

心有主」。是以「託大同於聲音,歸衆變於人情」。聲音「以單複、高埤、善惡爲體,而人情以躁靜專散爲應」、「聲音自當以善惡爲主,則無關於哀樂。哀樂自當以情感而發,則無係於聲音。」「焉得染太和於歡戚,綴虛名於哀樂哉?」此皆文中精美之句,故綴之以見持論之大旨。

此文甚長,首段標宗綜述,此後開爲七難七答。一主有哀樂,一主無哀樂。主有哀樂者,一般之常情。主無哀樂者,嵇康之獨唱。此亦中國音樂思想中之特出者也。往復論辨,思想因之而精。間有瑣碎,未能切當。然哲學心靈,不可掩也。吾故謂中國哲學傳統開自道家與名家。而魏晉繼之,姿態尤顯。王弼、嵇康、向秀、郭象,皆極高之哲學心靈也。嵇康被害,司馬昭之罪大矣。

文長,不能全錄。擇其要者,錄之於下。

聲無哀樂論

有秦客問於東野主人曰:「聞之前論曰:治世之音安以樂,亡國之音哀以思。夫治亂在政,而音聲應之。故哀思之情,表於金石,安樂之象,形於管絃也。又仲尼聞韶,識虞舜之德;季札聽絃,知衆國之風。斯已然之事,先賢所不疑也。今子獨以爲聲無哀樂,其理何居?若有嘉訊,請聞其説。」主人應之曰:「斯義久滯,莫肯拯救。故令歷世,濫於名實。今蒙啓導,將言其一隅焉。

夫天地合德,萬物資生。〔魯校:「資」,各本謁「貴」。〕寒暑代往,五行以成。章爲五色,發爲五音。音聲之作,其猶臭味在於天地之間。其善與不善,雖遭濁亂,其體自

　　若，而無變也。豈以愛憎易操，哀樂改度哉？

案：聲音在於天地之間，有其自體。其體即下文所謂「和」也，故曰「和聲」。「和」以韵律之度定，此即聲音之體性也。此首標客觀主義。

　　　及宮商集比，〔魯校：比，各本譌「化」〕聲音克諧。此人
　　　心至願，情欲之所鍾。古人知情不可恣，欲不可極，故因其
　　　所用，每爲之節。使哀不至傷，樂不至淫。「因事與名，物
　　　有其號。哭謂之哀，歌謂之樂」。〔魯校：各本以上十六字
　　　奪。舊校亦刪。〕斯其大較也。然樂云樂云，鐘鼓云乎哉？
　　　哀云哀云，哭泣云乎哉？因茲而言，玉帛非禮敬之實，歌
　　　「舞」非「悲哀」之主也。〔魯校：「舞」，當作「哭」。
　　　「悲哀」，當作「哀樂」。〕何以明之？
　　　夫殊方異俗，歌哭不同。使錯而用之，或聞哭而歡，或聽歌
　　　而戚。然其哀樂之情均也。今用均同之情，而發萬殊之聲，
　　　斯非音聲之無常哉？〔無常言變化多端。此指歌哭而言。歌
　　　哭方面之聲參錯無常，而哀樂之情則齊一均同。〕然聲音和
　　　比，感人之最深者也。勞者歌其事，樂者舞其功。夫内有悲
　　　痛之心，則激切哀言。言比成詩，聲比成音。雜而詠之，聚
　　　而聽之。心動於和聲，情感於苦言。嗟歎未絕，而泣涕流漣
　　　矣。
　　　夫哀心藏於内，遇和聲而後發。和聲無象，而哀心有主。夫
　　　以有主之哀心，因乎無象之和聲。〔　〕而後發。〔魯校：

「而後發」三字，各本無。舊校亦刪。案：「而」上當奪一
字。刪之甚非。宗案：當奪一「感」字。句爲「感而後
發」。〕其所覺悟，惟哀而已。豈復知吹萬不同，而使其自
己哉？

案：此上思理，曲折隱晦，不甚顯豁。一、首言「玉帛非禮敬之
實，歌哭非哀樂之主」。禮敬，哀樂，是內心之眞情。玉帛，歌
哭，是外表之浮事。此兩者間可有一距離，不必能相應也。二、次
言歌哭旣是外表之浮事，則變化多端，以此言聲音無常。「均同之
情，發萬殊之聲」，是則情自情，聲自聲，聲脫穎而出，有其自體
矣。三、聲音之「和」者爲樂，亦「感人之最深者也」。然和聲本
身，則無所謂哀樂。哀樂乃屬於情者也。其主在心。故云：「和聲
無象，而哀心有主」。哀心因感和聲而發，非和聲本身有所謂哀樂
也。和聲客觀自存，「吹萬不同，而使其自己」（〈齊物論〉
語），即其自身惟以「韵律之和」爲體性也。

風俗之流，遂成其政。是故國史明政教之得失，審國風之盛
衰。吟詠情性，以諷其上。故曰：亡國之音哀以思也。夫喜
怒哀樂，愛憎慚懼，凡此八者，生民所以接物傳情，區別有
屬，而不可溢者也。〔「區別有屬」，即所傳之情區別而各
有所屬。〕夫味以甘苦爲稱。今以甲賢而心愛，以乙愚而情
憎，則愛憎宜屬我，而賢愚宜屬彼也。可以我愛，而謂之愛
人，我憎則謂之憎人，所喜則謂之喜味，所怒則謂之怒味
哉？

由此言之，則外內殊用，彼我異名。聲音自當以善惡爲主，則無關於哀樂。哀樂自當以情感而後發，則無係於聲音。名實俱去，則盡然可見矣。〔聲音無哀樂之實，自無哀樂之名。此之謂「名實俱去」。於和聲上去哀樂之名與實，則聲音唯以「和」爲體，此即後文所謂「託大同於和聲」。「大同」即此處所謂「盡然」也。〈齊物論〉云：「萬物盡然，而以是相蘊。」此蓋此處用「盡然」二字之所由來。〕

案：此段言「聲音自當以善惡爲主」，此言善惡以和不和定。

且季子在魯，採詩觀禮，以別風雅。豈徒任聲以決臧否哉？又仲尼聞韶，歎其一致，是以咨嗟，何必因聲以知虞舜之德，然後歎美耶？今粗明其一端，亦可思過半矣。

案：以上綜述大義，以立宗旨。此下秦客發爲七難，主人七答，展轉滋生，不外「和聲無象」之一語。而難者亦總在明聲音有情之義也。

秦客難曰：「八方異俗，歌哭萬殊，然其哀樂之情，不得不見也。夫心動於中，而聲出於心。雖託之於他音，寄之於餘聲，善聽察者，要自覺之，不使得過也。昔伯牙理琴，而鍾子知其所『至』；〔魯校：「至」，各本作「志」。宗案：作「志」是。〕隸人擊磬，而子產識其心哀；魯人晨哭，而顏淵審其生離。夫數子者，豈復假智於常音，借驗於曲度

哉？

心感者則形為之動，情悲者則聲為之哀。此自然相應，不可
得逃。唯神明者，能精之耳。夫能者不以聲眾為難。不能
者，不以聲寡為易。今不可以未遇善聽，而謂之聲無可察之
理，見方俗之多變，而謂聲音無哀樂也。

又云：「『賢不宜言愛，愚不宜言憎』。然則有賢然後愛
生，有愚然後憎成。但不當『其共』名耳。〔魯校：「其
共」，各本二字倒。宗案：倒是。〕哀樂之作，亦有由而
然。此為聲使我哀，音使我樂也。苟哀樂由聲，更為有實。
何得名實俱去耶？」

又云：「『季札採詩觀禮，以別風雅；仲尼歎韶音之一致，
是以咨嗟。』是何言與？且師襄奏操，而仲尼覩文王之容；
師涓進曲，而子野識亡國之音。寧復講詩而後下言，習禮然
後立評哉？斯皆神妙獨見，不待留聞積日，而已綜其吉凶
矣。是以前史以為美談。今子以區區之近知，齊所見而為
限；無乃誣前賢之識微，負夫子之妙察耶？」

案：此第一難也。重新申言哀樂有情。此觀念亦頗不易駁倒。聲音
固是以「和」為體，哀樂固是主於心，因感而發。然問題是在：聲
音是否只是「和」之一通性？是否尚有具體而各別之色澤？聲音本
身固無所謂哀樂之情，然豈因此即無具體之色澤？此則不易撥無
者。和之通性即在具體色澤中表現，具體色澤亦總附離於具體之聲
而與和之通性為一。如高亢、低沈、急疾、舒緩、繁雜、簡單、和
平、激越等，皆具體色澤也。此亦可謂和聲之內容。猶同是人也，

而有賢有愚。賢愚亦人之內容也。因賢而生愛，愛之情固不可移於賢。因愚而生憎，憎之情固不可移於愚。然賢愚之內容與愛憎之發，兩者間固有相當之關係。如聲音有具體之色澤，則所謂哀樂因感和聲而發，哀樂之情與和聲之色澤間亦必有相當之關係。如只是「和」之通性，則此關係可建立不起。但若必具色澤，則此關係不易抹殺。然則經由和聲之色澤而感哀樂，或經由和聲之色澤而徵知某種事物，亦非可輕易否定者。如只是和聲，而無具體之色澤，則可無哀無樂，亦可全無徵知。或善聽音樂者，只注意其和聲之美，而不管其具體之色澤，則亦可既不感哀，亦不感樂，除和聲當身外，亦可全無所感知。但聲音必有具體之色澤，聽者亦可不只單定於和聲之抽象之美，且亦可和聲與色澤融一而得一具體整全之美。如是則因某色澤而感哀，因某色澤色感樂。（此中儘可有變化），因某色澤而感知某事，似乃必然可能者。傳統之觀點即依此而說聲音有情矣。嵇康不分聲音之通性與殊性，故其論辨常多糾纏不清，亦不恰當。此足見論辨亦非易事。讀者如能順之而加以清理，一一訂正而辨白之，則亦誘發思理之最佳訓練也。答此一難略。此下二難二答亦略。

> 秦客難曰：「雖眾喻有隱，足招攻難。然其大理，當有所就。若葛盧聞牛鳴，知其三子為犧；師曠吹律，知南風不競，楚師必敗；羊舌母聽聞兒啼，而審其喪家。凡此數事，皆效於上世，是以咸見錄載。推此而言，則盛衰吉凶，莫不存乎聲音矣。今若復謂之誣罔，則前言往記，皆為棄物，無用之也。以言通論，未之或安。若能明斯所以，顯其所由，

『設』二論俱濟，願重聞之。」〔「設」，使也。〕

案：此三難也。再舉事例以明之。主人一一辨白。然多不允當。從
略。茲錄此三答綜結語如下。

> 主人答曰：「〔逐句答辨略。〕夫聲之於音，猶形之於心
> 也。有形同而情乖，貌殊而心均者；何以明之？聖人齊心等
> 德，而形狀不同也。苟心同而形異，則何言乎觀形而知心
> 哉？且口之激氣爲聲，何異於籟籥納氣而鳴耶？啼聲之善
> 惡，不由兒口吉凶，猶琴瑟之清濁，不在操者之工拙也。心
> 能辨理善談，而不能令『內』篇調利，〔魯校：「內」，張
> 燮本作「籟」。宗案：作「籟」是。〕猶瞽者能善其曲度，
> 而不能令器必清和也。器不假妙瞽而長，篇不因慧心而調。
> 然則心之與聲，明爲二物。二物之誠然，則求情者不留觀於
> 形貌，揆心者不借聽於聲音也。察者欲因聲以知心，不亦外
> 乎？今晉母未得之於老成，而專信昨日之聲，以證今日之
> 啼，豈不誤中於前世好奇者從而稱之哉？」

案：嵇康似只嚴分心聲爲二，各有自性。然不能即據此以否定「因
聲以知心」。此答辨中諸「猶」字所成之類推皆不妥當。此等辨論
只能表示各是各，而不能達成某一分際中之特殊論點。此在讀者能
疏導之。

> 秦客難曰：「吾聞敗者，不羞走，所以全也。今吾心未厭，

而言『於』難。〔魯校:「於」,各本字無。〕復更從其餘。

今平和之人,聽箏笛批把,則形躁而志越。聞琴瑟之音,則聽靜而心閑。同一器之中,曲用每殊,則情隨之變。奏秦聲,則嘆羨而慷慨;理齊楚,則情一而思專;肆姣弄,則歡放而欲愜。心為聲變,若是其眾。苟躁靜由聲,則何為限其哀樂?而但云:至和之聲無所不感;託大同於聲音,歸眾變於人情,得無知彼不明此哉?」

案:此四難也。難中所說,即吾所謂聲音中之色澤也。

主人答曰:「難云:『琵琶箏笛,令人躁越』。又云:『曲用每殊,而情隨之變。』此誠所以使人常感也。琵琶箏笛,間促而聲高,變眾而節數。以高聲御數節,故使形躁而志越。猶鈴鐸警耳,而鐘鼓駭心。故聞鼓鼙之音,則思將帥之臣;蓋以聲音有大小,故動人有猛靜也。琴瑟之體,間遼而音埤,變希而聲清。以埤音御希變,不虛心靜聽,則不盡清和之極。是以聽靜而心閑也。」

案:「間促而聲高,變眾而節數」,「間遼而音埤,變希而聲清」,皆聲音之特殊色澤也。和聲是其通性。此種特殊色澤既能決定躁靜,則另種特殊色澤便能引發哀樂。躁靜由聲,哀樂亦可由聲。無理由以限之也。

「夫曲『度』不同，亦猶殊器之音耳。〔魯校：「度」，黃
本作「用」。〕齊楚之曲多重，故情一，變妙，故思專。姣
弄之音，挹眾聲之美，會五音之和。其體瞻而用博，故心侈
於眾理。五音會，故歡放而欲愜。」

案：「多重、變妙」，亦聲音之特殊色澤也。此既使人「情一、思
專」，則「挹眾聲之美，會五音之和」者，使人「歡放而欲愜」，
此豈非樂之由聲乎？樂既可由聲，則亦無理由限制悲哀也。

「然皆以單複、高埤、善惡爲體，而人情以躁靜，『專散爲
應。譬猶遊觀於都肆，則目濫而情放；留察於曲度，則思
靜』而容端。〔魯校：各本奪以上括弧內二十五字。〕此爲
聲音之體盡於舒疾；情之應聲，亦止於躁靜耳。」

案：「聲音之體盡於舒疾」，此「舒疾」爲強度字，內可含有許多
其他之色澤，不只是抽象之廣度字，舒只是舒，疾只是疾也。單
複、高埤，亦復如是。「情之應聲止於躁靜」，此躁靜亦是強度
字，不能截斷其他之反應也。既言「止於躁靜」，又言「人情以躁
靜專散爲應」，加上「專散」，則內容尤豐富矣。故無論從「聲音
之體」方面或從「情之應聲」方面，皆不能因「盡於舒疾」，「止
於躁靜」，而限制哀樂之由聲也。

「夫曲用每殊，而情之處變，猶滋味異美，而口輒識之也。
五味萬殊，而大同於美；曲變雖眾，亦大同於和。美有甘，

> 和有樂。然隨曲之情，盡於和域。應美之口，絕於甘境。安
> 得哀樂於其間哉？」

案：前言「聲音之體盡於舒疾」，或「以單複高埤爲體」，而此又
言「盡於和域」。「盡於和域」是表示聲音之體只是一「和」，此
是聲音之通性（普遍性），而舒疾單複高埤則表示許多色澤，此是
聲音之殊性。兩者不能混同滑轉。「隨曲之情」既有「躁靜專散」
之不同，則即不能「盡於和域」，亦不能因「盡於和域」而割截其
躁靜專散甚至哀樂之反應。如盡於和域只是盡於一通性之和，自無
哀樂可言。但如此，豈只哀樂，即躁靜專散亦不可言矣。既認有舒
疾單複高埤之性，不能抹殺其躁靜專散之應，則亦無理由抹去哀樂
之應也。

> 「然人情不自同，各師所解，則發其所懷。若言平和哀樂正
> 等，則無所先發，故終得躁靜。若有所發，則是有主於內，
> 不爲平和也。以此言之，躁靜者，聲之功也；哀樂者，情之
> 主也。不可見聲有躁靜之應，因謂哀樂皆由聲音也。」

案：若平和哀樂正等，其感聲也，亦不能「終能躁靜」。從聲音之
體方面說，如只是一和之通性，則既不感哀，亦不感樂，躁靜亦不
感也。如尚有色澤之殊性，則既可感躁靜，亦可感哀樂。哀樂是
情，躁靜亦是情。依嵇康意，「哀樂，情之主也」，似乎是心中本
有哀情，或本有樂情（此即所謂有主於內），惟因感和聲而發耳。
並非無主於中，只因感和聲之特殊色澤而引起哀或樂也。故云聲音

只能引起躁靜，不能引起哀樂。但此並不然。當吾人心境平靜，既無哀事主於中，亦無樂事主於中，而因和聲之特殊色澤又確能引起吾人之哀意與樂情。「肆姣弄，則歡放而欲惬」，此豈非因聲而樂乎？哀樂之奏，確有哀音。不惟當事人聞之而悲哭，即旁觀者亦無不悽然而吞聲。此豈非因聲而哀乎？當事人有哀情主於中，旁觀者並無哀情主於中也。當然聞聲而哀，與實際生活中因傷心之事而哀，自有不同。故阮籍〈樂論〉中提到有「以哀為樂」者。此即樂聲之特殊色澤所引起之哀也。並非有傷心事主於中但因和聲而發也。如承認聲音有特殊色澤，不只是一和之通性，則確有因聲而哀者。（天地間確有哀音。即就中國戲劇論，崑曲無哀音，皮黃戲亦無哀音。而秦腔則有哀音。）故「亡國之音哀以思」，並非全無根據。如因特殊色澤而可引起躁靜，即無理由否定因特殊色澤而引起哀樂。故嵇康之分別躁靜與哀樂，謂「躁靜聲之功，哀樂情之主」，哀樂與聲音全無關，乃非堅強之論。至少其論辨多不堅強。

> 「且聲音雖有猛靜，各有一和。和之所感，莫不自發。〔言莫不有主於中而自內發，並非真與聲音有關。只是因和聲而發耳。〕何以明之？夫會賓盈堂，酒酣奏琴，或忻然而歡，或慘爾而泣。非進哀於彼，導樂於此也。其音無變於昔，而歡戚並用，斯非吹萬不同耶？夫唯無主於喜怒，亦應無主於哀樂，故歡戚俱見。若資『不』固之音，〔魯校：「不」各本作「偏」。〕含一致之聲，〔案：此兩句語意不明〕其所發明，各當其分，則焉能兼御群理，總發眾情耶？」

案：有主於中者固可因聲而發，但此並不能否定無主於中者亦可因特殊色澤而起哀或樂也。故不能因「歡戚俱見」，而即否定特殊色澤之足以引起哀樂之情。

「由是言之：聲音以平和為體，而感物無常；心志以所俟為主，應感而發。然則聲之與心，殊塗異軌，不相經緯。焉得染太和於歡戚，綴虛名於哀樂哉？」

案：此為第四答之結語。嵇康所見，自有精釆處。和聲當身之純美觀乃其特色也。「託大同於和聲，歸衆變於人情。」使和聲當身從主觀人情禮樂敎化之糾纏中得解放，此種「客觀主義之純美論」亦為極有意義者。惜乎其辨論多不堅強。其詞語亦多不一律。即如「聲音以平和為體」一語，即有問題。「平和」與「和聲」之「和」不同。彼既言「和聲無象」，此和聲之「和」是諧和之和。平和或和平則是諧和中之一殊義。（即一特殊色澤）。諧和之和是在具體色澤中表現。和聲本身自無所謂喜怒哀樂，但可有特殊之色澤。無歡戚之相，而可有色澤之相。如只是一和，則自無任何象。但彼又說「以單複高埤為體」，又說「聲音之體盡於舒疾」，是則其和不只是一抽象之通性之和，而且有殊性於其中之和。舒疾單複高埤即特殊色澤也。如是平和一色澤，則只使人安靜，不激動人之情感，自無所謂哀樂。如只是通性之和，則亦不激動人之情感，自亦不能由之起哀樂。但有特殊之色澤，即可引起特殊之反應。是即不能說無哀樂之應也。聲音以「平和」為體，聲音以「和」為體，聲音以「舒疾單複高埤」為體，此三語各有其義，並不一律。而嵇

康則隨時滑轉，故其論辨多不如理，而亦終不能愜難者之心也。此文自是自設難答。既自設難答，而不能肯切逕直，可見其思理並未臻至周匝圓熟。此文之論點，似是涉及存有、體性、關係、普遍性、特殊性、具體、抽象等所成之思想格局。吾人於此可見凡牽涉到此一格局之問題或論辨，中國之學人似大抵皆不行。此一套是「存有形態」或「客觀性形態」之格局，乃西方學術之所長。中國傳統思想中並無此格局。嵇康論聲樂，以其哲學之心靈，突接觸到此格局，自不能精透。後來范縝所掀起之「神滅論」一問題之爭論，亦是此一格局中之問題，尤其主神不滅者是如此，而當時之辨論亦多不行。吾人於此可知此兩問題在中國思想史中是最為特出者。然皆無人繼之發展，甚可惜也。此文後面尚有五、六、七難及答，多糾纏無謂。故不錄。全文最精采者，即此四難四答也。故止於此。又，嵇康尚有〈明膽論〉一文，此言有智明者不必有勇膽，有勇膽者不必有智明。此是屬於才性問題。此文甚短，立義亦簡單。嵇康未能順才性名理而多有用心。此亦可惜。又有〈難自然好學論〉一文。此與阮籍〈大人先生傳〉反君子禮法同。以為人並非生而自然即好六經仁義禮律之學，只是為名利打算，「計而後習」、「困而後學」。此種議論，其背景只是「非湯武而薄周孔」，要求從世俗傳統之桎梏中得解放。此若自哲學心靈言之，本無不可。然解放哲學心靈後，進一步作一問題討論之，即亦當一如哲學心靈之無礙而討論之。如是，從某一義說，人固不必自然即好六經仁義之學，但亦不必自然即好道家之學。如依孟子「理義之悅我心，猶芻豢之悅我口」說，則亦謂人自然即好仁義之學。如依人總有向上之精神生活之要求以超拔其形軀之生命說，則亦可說人對

於任何學或教皆有自然之好。嵇康未能就此敞開論之，則其哲學心靈似尚未能充分也。此兩文陳義皆簡單，故不再疏解。讀者可自披閱。

第十章 自然與名教：自由與道德

第一節　浮文妨要與崇尚自然：自由與道德之衝突

　　王弼、嵇康、向秀、郭象之玄理，雖于道家思想有貢獻，于學術亦非無價值，然「儒墨之迹見鄙，道家之言遂盛」（《晉書》卷四十九〈向秀傳〉語），其影響於生活與一般時代之風氣，亦不能無嚴重之流弊。此有二端可說：一、士大夫之「祖尚浮虛」（王衍語）、「浮文妨要」（王右軍語）。此即入西晉後之官僚名士，袁彥伯〈名士傳〉中所謂「中朝名士」也。二、一般知識分子之生活放蕩，不遵禮法。此由竹林名士而來，入西晉後，有所謂八伯八達也。此雖分作兩面說，然基本精神乃是自然與名教之衝突，以今語言之，即自由與道德之衝突。

　　傅玄曰：「近者魏武好法術，而天下貴刑名；魏文慕通達，而天下賤守節。其後綱維不攝，而虛無放誕之論盈于朝野。」（《晉書》卷四十七〈傅玄傳〉）

　　干寶論晉曰：

加以朝寡純德之人，鄉乏不二之老。風俗淫僻，恥尚失所。學者以老莊爲宗，而黜《六經》；談者以虛蕩爲辨，而賤名檢；行身者以放濁爲通，而狹節信；進仕者以苟得爲貴，而鄙居正；當官者以望空爲高，而笑勤恪。是以劉頌屢言治道，傅咸每糾邪正，皆謂之俗吏；其倚仗虛曠，依阿無心者，皆名重海內。若夫文王日昃不暇食，仲山甫夙夜匪懈者，蓋共嗤黜，以爲灰塵矣。由是毀譽亂於善惡之實，情慝奔於貨欲之塗。選者爲人擇官，官者爲身擇利，而執鈞當軸之士，身兼官以十數。大極其尊，小錄其要，而世族貴戚之子弟，陵邁超越，不拘資次。悠悠風塵，皆奔競之士。列官千百，無讓賢之舉。子眞著《崇讓》而莫之省，子雅制九班而不得用。其婦女莊櫛織紝，皆取成於婢僕，未嘗知女工絲枲之業，中饋酒食之事也。先時而婚，任情而動，故皆不恥淫佚之過，不拘妒忌之惡，父兄不之罪也，天下莫知非也。又況責之聞四教於古，修貞順於今，以輔佐君子者哉！禮法刑政，於此大壞。如水斯積而決其堤防，如火斯畜而離其薪燎也。國之將亡，本必先顚，其此之謂乎！故觀阮籍之行，而覺禮教崩弛之所由也。察庾純、賈充之爭，而見師尹之多僻；考平吳之功，而知將帥之不讓；思郭欽之謀，而悟戎狄之有釁；覽傅玄、劉毅之言，而得百官之邪；核傅咸之奏、〈錢神〉之論，而覩寵賂之彰。民風國勢如此，雖以中庸之主治之，辛有必見之於祭祀，季札必得之於聲樂，范燮必爲之請死，賈誼必爲之痛哭，又況我惠帝以放蕩之德臨之哉！」（《晉書》卷五引）

干寶之論，痛切之至。從時代精神方面說，從東漢末年起，發展至魏晉，中國固有之思想中，輪轉至老莊玄言之盛行，蓋有歷史之必然。然從政敎方面說，無論如何，總非健康之現象。一注意到政敎，立見《老》、《莊》學之不足。其總癥結是在道家思想中「內在道德性」之不立。先秦道家，其立言之初機，外在地關聯的說，本是對沒落之周文之虛僞而發。仁義禮法即如其爲外在而外在地視之，而自然、天眞則必由對於此外在之桎梏之直接否定而顯。此爲自然天眞之建立之破裂形態或激憤形態。即此自然天眞之破裂形態，遂構成道家思想與仁義禮法之本質的衝突，因而亦是永恆的衝突。此外在地關聯的說的原始初機固不能盡道家思想之全部。由此外在地關聯的說的原始初機進一步復有一內在地自生命自身說的原始初機，此即是對於一切人爲造作，如生命之紛馳、意念之造作、觀念之系統等之害事之眞切感受。再進一步，如何消化此人爲造作而達至自由、自在、自我解脫之自然無爲之境界，方是道家眞用心之所在，因而亦即在此使道家思想成爲定型，成爲人之精神生活途徑方面之定型。而即在此使道家思想成爲定型處遂使道家思想永不能接觸人之內在道德性，成爲對此領域之永久封閉。王弼之聖人體無論，以及向、郭之迹冥論，並不眞能會通自然與名敎之衝突。其以「詭辭爲用」之方式作用地保持仁聖亦並不眞能安立仁義道德以及一切政敎禮法。而且此種「作用地保持」亦只有作道家修養工夫達至聖人至人之境地方能有此無礙之境界。此純屬於有主觀修養之聖人個人的事，並無客觀普遍之意義。當然此種作用，若用之於客觀政治方面，亦有極佳之意義。但此種作用，在客觀政治方面，卻只能用之於帝王個人，故曰君人南面之術。並不是處理各部門實際

事務的官吏，以及社會上經營實際生活的各行業，皆可以如此。當
然不能每個人皆作皇帝，亦並非抹殺每人作道家修養工夫之權利。
到你真能作皇帝之時，便可用此術。但作皇帝有命。自己作此工夫
嚮往至人真人，是孟子所謂求之在我，人人可作。但若作此工夫，
便不可作官。若自信雖作官亦可無礙於修行，則轉過來至少亦不可
荒廢於公務。宰相、皇帝可以不親吏事，官吏不能不親吏事。身處
政府公務之位，而又宅心虛無，不親所司，則老莊與政事兩俱受
害。此為《老》、《莊》學之氾濫，非其本性。依是，道家自處之
道有三方向：

一、如西方之哲學然，作純哲學談。哲學本是清談。蘇格拉底
是徹底的哲學家，故他一生亦是徹底的清談。能徹底清談而作道家
型的哲學家，此於思想學術亦有價值。但作官從政不要清談。哲學
家當然亦可從政。但若從政，則最好清談歸清談，作事歸作事，不
要妨礙公務。

二、向帝王個人用，無為而治。此則可以減殺其權力之濫用以
及其對於社會之騷擾。但今日已無皇帝。道家此方面之思想已為民
主政治之理想所代替。民主政治即是道家政治思想之客觀形態。以
前向帝王身上用，是其主觀形態。但無論主觀形態或客觀形態，俱
是道家思想之附帶，不是其當身之本質。但即此附帶，亦有其對此
附帶思想之本質的態度，此即無為而治，藏天下於天下，決不封閉
社會，故必反極權。

三、道家當身之本質，乃是服食養生，轉為道教。徹底消化一
切人為造作而達至自由、自在、自我解脫之至人真人之境。王弼、
向、郭是哲學家型之道家，而嵇康則兼向養生之路走。阮籍則是文

人式之道家。

以上三路是道家退處於其自己而保持其自己之道路。此三路對於政教皆是採取消極不著之態度。故雖無內在道德性之建立，不能積極安立仁義禮法，乃至全部人文世界，但亦不覺其有礙。惟如此，始能達王弼、向、郭等所說之迹冥圓之境界。而迹冥論亦只能是此分際上之理論。不能認爲是自然與名教、自由與道德之眞正的統一論。但因其守此分際而不覺有礙，則道家思想在人類文化上亦有其價值，故亦不必反對。此是消極的疏解。但若氾濫而不守分際，成爲時代之風氣，則立見自然與名教有嚴重之衝突。此是一客觀之問題。如何能解消此衝突使時代引歸於健康之坦途，則是積極之疏解。在此積極的疏解上，使吾人於精神生活能開闢一新領域，而達到一更廣大更豐富之精神生活之途徑。干寶之論即顯示此一問題，但當時人無法解答。裴頠作「崇有論」想解答此問題。但實則根本不行。以下便是「崇有論」之疏解。

第二節　裴頠之〈崇有論〉

夫總混群本，宗極之道也。〔言總混萬物而探其本，是建宗立極之道。〕方以族異，庶類之品也。〔〈繫辭傳〉云：「方以類聚，物以群分。」前句言「總」，總以立本。此句言「分」，分以明物。明物者，明各類之實際存在也。〕形象著分，有生之體也。〔〈繫辭傳〉云：「在天成象，在地成形。」有生之物戴天履地以爲其體也。此「體」是憑藉義。非形上本體之體。〕化感錯綜，理迹之原也。〔各類自

身之生化以及互相間之感應，參伍錯綜自有其脈絡與條理，亦即所謂「軌迹」。故化感錯綜便是「理迹」之原。此「理」是現象的實然，不是形上的「所以然」，故曰「理迹」。言條理即軌迹也。〕夫品而爲族，則所稟者偏。偏無自足，故憑乎外資。是以生而可尋，所謂理也。〔物之生而可尋其滋生長養之道，即所謂「理」。〕理之所體，所謂有也。〔理既是化感錯綜所呈現之「理迹」，故必有所附麗或憑藉。其所憑藉即各類有生之物之「存有」也。「有」即「存有」義。此即所謂「本」也。理迹之所憑藉以爲體者也。故有生之物只能以「有」爲體，不能以「無」爲體。根本無所謂「無」也。「有」既是剋就各類有生之物之「存在」而言，故以此有爲「體」，此體亦是現象意義的體，而非超越意義的體。尤非精神生活上價值意義之體。故在此，裴頠決非理想主義，而是實在論者。〕有之所須，所謂資也。〔每一類存有既「偏無自足」，故必有待於外。其須待於外而滋生長養其自身者，即所謂「資」也。〕資有攸合，所謂宜也。〔既有所資賴，即有合有不合。合者爲「宜」，不合者爲不宜。〕擇乎厥宜，所謂情也。識智既授，雖出處異業，默語殊塗，所以寶生存宜，其情一也。〔既自然稟有覺識心智，故自能有所選擇以「寶生存宜」。此是物之情也。物之情即物之實，亦即物之性。凡物以維持其生存並改進其生存爲性。此性無超越意義，亦無道德價值上的意義。故不用「性」字，而用一較鬆泛之「情」字。此「情」亦非情感之情。〕

案：以上爲〈崇有論〉之基本觀念。故逐句疏解，確定其意。此實在論立場之「有」顯不足以對治老莊之無。

> 衆理並而無害，故貴賤形焉。失得由乎所接，故吉凶兆焉。是以賢人君子，知欲不可絕，而交物有會。觀乎往復，稽中定務。惟夫用天之道，分地之利，躬其力任，勞而後饗。居以仁順，守以恭儉，率以忠信，行以敬讓，志無盈求，事無過用，乃可濟乎！故大建厥極，綏理群生，訓物垂範，於是乎在。斯則聖人爲政之由也。

案：以上言政治只在順物情而調節導率之。既不可泯而忽之，亦不可縱而肆之。

> 若乃淫抗陵肆，則危害萌矣。故欲衍則速患，情佚則怨博，擅恣則興攻，專利則延寇，可謂以厚生而失生者也。
> 悠悠之徒，駭乎若茲之釁，而尋艱爭所緣。察夫偏質有弊，而覩簡損之善，遂闡貴無之議，而建賤有之論。賤有則必外形，外形則必遺制，遺制則必忽防，忽防則必忘禮。禮制弗存，則無以爲政矣。

案：道家「賤有」，其所賤之「有」不是有生之物之存在之有，而乃是巧僞造作之人爲之有。去此人爲之有，而令萬物含生抱樸，自適其性，正所以尊生。其外形、遺制、忽防、忘禮，亦是自巧僞造作之「人爲之有」上而外之、遺之、忽之、忘之，並不是自「存在

之有」上而外之遺之忽之忘之也。其所貴之「無」，正是無此巧僞
造作之人爲之有而顯之「無」也。依道家，嚴格言之，彼似不是客
觀地否定此形、制、防、禮，乃至仁義聖智以及一切禮法之「存
在」，其所否決者乃是「殉」。有形，而惟修飾其形，是謂「殉
形」。因此有放浪形骸，或「土木形骸」之超曠。有制而惟「文制
是從」，是謂「殉制」。有仁義，而惟奔命於仁義，是謂殉仁義。
有聖智，而惟企慕欣羨於聖智，是謂殉聖智。只要一徇於外，則一
切皆壞。故殉名與殉利，其爲殉一也。其爲「適人之適，而不自適
其適」（《莊子·駢拇》語），亦一也。其所否決者只是此殉。進
一步，「絕聖而後聖功全，棄仁而後仁德厚」，字面上是棄絕「聖
智」，而其實是棄絕「殉聖智」，故不殉而忘之，則反能「聖功
全」、「仁德厚」。此即吾所謂「作用地保持」也。由此觀之，道
家所注意者，是殉不殉的問題，而不是仁義禮制本身之客觀的存在
問題。客觀地討論仁義禮制本身之「是」甚麼，存在或不存在，應
當有或不應當有，道家無此興趣，亦根本無此問題，或根本未注意
此問題。此即道家對於存在問題：生命之存在，人文世界之存在，
甚至宇宙萬物之存在，取不著之態度，即對於「存在」並無一分解
之工作，經驗的或超越的。而只是凌虛以去人爲；對於存在，則是
「萬物盡然，而以是相蘊」（〈齊物論〉語）。因爲對於存在不
著，故道家本質上函有一種藝術境界。中國之藝術文學之精神大半
開自道家，正以此故。

　　衆之從上，猶水之居器也。故兆庶之情，信於所習；習則心
　　服其業，業服則謂之理然。是以君人必愼所教，班其政刑一

切之務，分宅百姓，各授四職，能令稟命之者，不肅而安，
忽然忘異，莫有遷志。況於據在三之尊，懷所隆之情，敦以
為訓者哉！〔「在三」，下卿之位。見《左傳》成公三年。
此言「在三」泛指公卿而言。〕斯乃昏明所階，不可不審。
夫盈欲可損，而未可絕有也，過用可節，而未可謂無貴也。
蓋有講言之具者，深列有形之故，盛稱空無之美。形器之故
有徵，空無之義難檢，辯巧之文可悅，似象之言足惑。眾聽
眩焉，溺其成說。雖頗有異此心者，辭不獲濟，屈於所狎。
因謂虛無之理，誠不可蓋。唱而有和，多往弗反，遂薄綜世
之務，賤功烈之用，高浮游之業，埤經實之賢。心情所殉，
篤夫名利。於是文者衍其辭，訥者讚其旨，染其眾也。
是以立言藉其虛無，謂之玄妙；處官不親所司，謂之雅遠；
奉身散其廉操，謂之曠達。故砥礪之風，彌以陵遲。放者因
斯，或悖吉凶之禮，而忽容止之表，瀆棄長幼之序，混漫貴
賤之級。其甚者，至於裸裎，言笑忘宜，以不惜為弘，士行
又虧矣。

案：以上兩段所言與干寶所論無以異。此即時代風氣形成自然與名
教之衝突。此是一種氾濫浪漫之精神，藉直接衝破禮法以顯其率真
與美趣。此大抵是浪漫文人之生命。此為矯激之率真與病態之美
趣，乃原始諧和破裂後，破裂中之率真與美趣也。

老子既著五千之文，表摭穢雜之弊，甄舉靜一之義，有以令
人釋然自夷，合於《易》之〈損〉、〈謙〉、〈艮〉、

〈節〉之旨。而靜一,守本無,虛無之謂也。〔「靜一」即清靜純一。「守本無」,本無蓋當時之新名詞。佛教方面即以此詞譯佛教之「空」。故有道安之本無宗。〕〈損〉、〈艮〉之屬,蓋君子之一道,非《易》之所以爲體,守本無也。觀《老子》之書,雖博有所經,而云「有生於無」,以虛爲主。偏立一家之辭,豈有以而然哉!

人之既生,以保生爲全,全之所階,以順感爲務。若味近以虧業,則沈溺之釁興;懷末以忘本,則天理之眞「減」。〔「減」,似當爲「滅」。〕故動之所交,存亡之會也。

夫「有非有,於無非無,於無非無,於有非有」。〔此四句語意不明。恐有錯亂。此自非雙遮之玄言。〕是以申縱播之累,〔此言申明「放縱播動」之患累〕而著貴無之文。將以絕所非之盈謬,存大善之中節,收流遁於既過,反澄正於胸懷。宜其以無爲辭,而旨在全有,〔案:此語是。〕故其辭曰:「以爲文不足」若斯,則是所寄之塗,一方之言也。若謂至理,信以無爲宗,則偏而害當矣。

案:道家誠是以「無」爲宗,王弼所謂「崇本息末」者是也。惟其「無」不是空無之死無。乃以超越之無全宇內之有者。

先賢達識,以非所滯,「示」之深論。〔「示」字誤,當爲「末」。此言先賢達識,以道家言尚不見有所滯礙,故未深論。蓋西漢崇黃老,未見有弊也。惟士風藉以表現氾濫浪漫之精神,則立見其弊。此非道家之本質。〕惟班固著難,未

足折其情。孫卿、楊雄，大體抑之，猶偏有所許。而虛無之
言，日益廣衍，眾家扇起，各列其說。上及造化，下被萬
事，莫不貴無。所存僉同，情以眾固。乃號凡有之理，皆義
之埤者，薄而鄙焉。辯論人倫及經明之業，遂易門肆。顧用
矍然，申其所懷，而攻者盈集，或以為一時口言。有客幸
過，咸見命著文，摛列虛無不允之徵。若未能每事釋正，則
無家之義，弗可奪也。顧退而思之，雖君子宅情，無求於
顯。及其立言，在乎達旨而已。然去聖人久遠，異同紛糾，
苟少有仿佛，可以崇濟先典，扶明大業，有益於時，則惟患
言之不能，焉得靜默，及未舉一隅，略示所存而已哉！

案：以上言著論之由。《世說新語‧文學篇第四》云：「裴成公作
〈崇有論〉，時人攻難之，莫能折；唯王夷甫來，如小屈。時人即
以王理難裴，理還復申。」注云：「《晉諸公贊》曰：自魏太常夏
侯玄，步兵校尉阮籍等，皆著《道德論》。於時侍中樂廣、吏部郎
劉漢，亦體道而言約。尚書令王夷甫講理而才虛，散騎常侍戴奧以
學道為業，後進庾敳之徒，皆希慕簡曠。顧疾世俗尚虛無之理，故
著〈崇有〉二論以折之。才博喻廣，學者不能究。後樂廣與顧清閒
欲說理，而顧辭喻豐博，廣自以體虛無，笑而不復言。」《晉書》
卷三十五〈裴秀傳〉附〈顧傳〉亦云：「顧深患時俗放蕩，不尊儒
術。何晏、阮籍，素有高名於世，口談浮虛，不遵禮法，尸祿耽
寵，仕不事事；至王衍之徒，聲譽太盛，位高勢重，不以物務自
嬰。遂相放效，風教陵遲。乃著〈崇有〉之論以釋其蔽。」當時朝
野風氣已成，皆依託老莊以為氾濫浪漫之行。彼等固「依阿無

心」，顧亦非眞能解道家者，蓋其義理之層次不相及故也。不能及而越之，則不足以疏其蔽而折其情。徒欲以物類存在之有而抵堵道家之無，是乃根本不相應者。

> 夫至無者，無以能生。故始生者，自生也。自生而必體有，則有遺而生虧矣。生以有爲己分，則虛無是有之所謂遺者也。

案：「至無者，無以能生。故始生者，自生也」。此兩語，表面觀之，與郭象注〈齊物論〉之天籟云：「無旣無矣，則不能生有；有之未生，又不能爲生。然則生生者誰哉？塊然而自生耳」語意全同。然實會之，雙方語句之思想背景完全不同。向、郭之說此語是想將《老子》之道之客觀性、實體性、實現性之姿態全化而爲境界形態之一片虛靈，而即在此境界形態之一片虛靈上說道，說無，說自然，說一。依此，仍然有一超越虛靈之境涵蓋於「存在」之上而爲其本，此爲主觀形態或境界形態之本，故吾前文案語言道家對於存在問題乃不著者，而是「萬物盡然，而以是相蘊」之態度。自此而言，則謂「塊然自生」亦無不可。而於〈王弼之老學〉章，第五節言道爲「實現原理」之意義，亦必仔細確定「道生德畜」等宇宙論之語句究爲何義。其究也，亦只是不生之生，不主之主，「不塞其源，則物自生；不禁其性，則物自濟」。結果仍是「開源暢流，讓物自生」之境界形態。並不是客觀地有一實體性之無眞能著迹地生萬有也。吾疏解向、郭之注《莊》，王弼之注《老》，見其確能握住道家此種極微妙之隱義。然而裴頠說此語句，則並無超越虛靈

之境之涵蓋。故其語句與向、郭之語句決不可同論。彼只是客觀之
實在論之態度，直接從物類之存在說有，而即以此有窮盡一切，有
而外即是無，而此無只是一不存在之死無，有類於西方哲學中所謂
「非有」（non-being）者。此種無自不能生。即以否定此種無之
能生，而直落於物類之存在上言有生之物之自生。郭象於超越虛靈
之境之涵蓋下說「塊然自生」，是有一「自生、自在，圓滿具足」
之玄義在內，而裴頠之「自生」則卻是「偏無自足」者。一無待，
而一卻正是有待。「有」既是就物類之存在言，而又窮盡一切，則
物之自生者「自必體有」。而「虛無」則是「有之所謂遺者也」。
「有遺而生虧」，則「遺」者即物之由存在而歸於不存在。此即所
謂「無」也。故裴頠之「無」只是一個邏輯概念之「非有」。此決
非道家所言之無也。兩不相應，則無由對治。然彼雖不能觸及道家
立言之旨趣，而其〈崇有〉之理路確可開一接觸存在問題而重「客
觀性」之哲學。此在思想上亦甚有價值。嵇康之〈聲無哀樂論〉，
裴頠之〈崇有論〉，以及後來之神滅否之爭論，其中皆函有一「客
觀性」領域之開闢。惜乎中國思想未能就此滋長而光大，而為重主
觀性，以主觀性為首出之儒釋道所湮沒。

> 故養既化之有，非無用之所能全也；理既有之眾，非無為之
> 所能循也。心非事也，而制事必由於心，然不可以制事以非
> 事，謂心為無也。匠非器也，而制器必須於匠，然不可以制
> 器以非器，謂匠非有也。

案：此等語句皆極精練。然老子卻說：「無之以為用，有之以為

利」。裴頠對於道家「無用」、「無為」，以及下文所提之「靜拱」、「無知」，皆不能解。故彼所理解之「無」只是「非有」也。

> 是以欲收重泉之鱗，非偃息之所能獲也；隕高墉之禽，非靜拱之所能捷也；審投弦餌之用，非無知之所能覽也。由此而觀，濟有者皆有也，虛無奚益於已有之羣生哉！

案：「濟有皆有」，此為「有」之一層論。而道家卻必「無之以為用，有之以為利」。有一超越虛靈之無以為有之本。此深進一層之智慧，非裴頠所能及。全文止於此。錄自《晉書》卷三十五〈裴秀傳〉附〈頠傳〉。

第三節　藉黑格爾之言進一解

〈崇有論〉以物類之存在為「有」，而以「有」之不在之「非有」為「無」，此種客觀之實有論與道家所言之有無完全不相干。道家不自存在上之有之否定而顯無，而是自巧偽造作之「人為之有」之否定而顯「無」。此完全是主觀修養上之學問，是精神生活上達至自由、自在、自我解脫之自然之境之學問。裴頠將此種學問上之有、無、玄，轉移至由客觀存在上而言有無，故全成為不對題者。以不對題，故亦不能解答由《老》、《莊》學之氾濫而來之「自然與名教」之衝突一問題。此問題之解答仍須從精神生活之發展上由老莊之教推進一步而為之。吾前已言之，此問題之癥結，在

「內在道德性」一眞實主體之不立。茲順此義，藉黑格爾之論希臘以明之。

黑格爾論希臘說：

> 希臘世界可以與青年期相比，因爲在此，我們見有個體性形成其自己。這是人類歷史中，第二個主要原則。道德性，如在亞洲一樣，也是一原則；但是如此，它是印於個體上的道德性，結果它是指示個體的自由意志。依是，這裡是道德與主觀意志之統一，或者說是美的自由之王國，因爲理典是與一造形體統一於一起它。〔理典〕尚沒有被抽象地來觀之，但只是直接地與具體眞實物結縛於一起，就好像在一美的藝術作品中一樣，感覺成分印在精神的成分上，並且成爲精神成分之表現。結果，這王國是眞正的諧和；是最嫵媚的世界，但卻也是最容易凋謝或很快就過去的花朵；它是自然地不反省地服從那變易者——尚不是眞正的道德性。個體〔國民〕底個人意志不反省地適應那爲正義與法律所規定的行爲與習慣。因此，個體是不自覺地統一於理典——社會公益。在東方被分成兩極者，〔即「實體自身」以及被吞沒於其中的「個體性」這兩極〕，在這裡卻相遇。但是這兩個不同的原則在此只是直接地統一於一起，因而結果含有高度的矛盾。因爲這種美的道德性尚沒有通過主觀自由底奮鬥，尚沒有在其重生中；它尚沒有純淨化到自由主體性之標準，須知這自由主體性是眞正的道德性之本質。（《歷史哲學》英譯本頁106）

案：黑氏此言甚精透。其論希臘爲文化發展之青年期。其所以決定其爲青年期者，是藉兩原則之表現程度或形態而決定。兩原則，一是個體性原則，一是道德性原則。黑氏此段話是偏就道德性而言。個體性原則自亦有表現。依黑氏，人類歷史，轉到希臘始見有個體性。在東方世界，是未見有個體性原則的。「個體性」是被吞沒於「大實體」或「實體自身」中。各個體（人民）是未有個性之自覺的。關此，吾曾詳論之於吾之《歷史哲學》中。但在希臘，則發見了個體性。希臘人愛好自由，崇尙理性。從愛好自由方面說，說他們表現了「個體性」是可以的。但這個體性之表現，在希臘，尙未至成熟的階段。此可由其表現道德性之形態而決定。吾人亦可由希臘人之崇尙理性而說其道德性。愛好自由，盡量表現個性，但並不違背禮法。此即足見其表現了道德性。但這道德性之表現是何形態？依黑氏，「個體〔國民〕底個人意志不反省地適應那爲正義與法律所規定的行爲與習慣。因此，個體是不自覺地統一於理典——社會公益」。這幾句話很顯豁，這是黑氏此段話之中心。吾人可由此中心而展開。

個人底自由意志自然地、不反省地、亦即不自覺地服從法律、所表現之道德性，尙不是眞正的道德性，不是作爲精神主體的內在道體性。因而其表現道德性之自由意志亦不是眞正站得住的自由意志，未經提煉的自由意志。主觀的自由意志直接地不反省地服從法律，這法律顯然純是外在的。個體底主觀意志直接服從之，這也表示主觀意志與法律之統一，此爲統一之直接形態或原始形態。通過主觀的自由意志，表現了個體性，但其能服從法律，亦表現了人之道德性。故亦可說這裡亦是「道德與主觀意志之統一」。這統一亦

是直接的、原始的。凡法律與正義所規定的都表示一種公共性的、社會性的東西，因此亦可說「社會公益」。因此，社會公益，法律與正義，都表示有一理典（理型）在背後，或亦可說即表示一「理典」。因此，這統一亦可說是「主觀意志與理典之統一」。「個體是不自覺地統一於理典──社會公益」。個體直接地與理典統一於一起，固可說這統一是直接形態、原始形態。但反過來，「理典」，在希臘，也是「直接地與具體真實物結縛於一起，就好像在一美的藝術作品中一樣，感覺成分印在精神的成分上，並且成為精神成分之表現」。這是說，理典直接與現實結縛於一起，與一造形體統一於一起。這自然有感覺成分在內。「具體真實物」是感覺的，（在現實範圍內），「造形體」亦是感覺的。但「理典」卻代表精神。精神即在感覺成分中表現。好像藝術品一樣，徒有理典（形式）不是藝術，徒有感覺材料亦不是藝術。藝術是兩者之統一。理典之在希臘亦復如此，它是直接地與造形體統一於一起，而由主觀意志之自然地、不反省地服從法律來表現。黑氏如此說，意在表示，在自然的、不反省的服從或統一於法律（或道德）中，一方面，法律或道德中的理典是原始的具體化，直接與感覺混融在一起，尚沒有被撐起來，單默想其自己，使其自己成為自立、自在、自見的境地，即理典不是如其為理典自身而觀之，不是「在其自己」而觀之，即黑氏所說「尚沒有被抽象地來觀之」。用中國古語言之，尚沒有通過「截斷眾流」而離一下。而另一方面，主觀地說的「道德性」亦不是真正的道德性，而是與感覺界混融在一起的原始道德性，尚沒有達到精神主體性之境。而服從法律表現道德性之主觀自由意志亦是直接的原始形態，尚沒有達到提煉其自己成為真

正站得住的主觀自由意志，即中國語所謂「壁立千仞」之意志。但這主觀意志之自然地表現道德，與法律、理典之不自覺地統一於一起，亦是有一種諧和的精神，一如詩人之寫詩，藝術家之創造藝術，皆並不是自覺的，皆是自然生命洋溢之自然的創造。故黑氏稱這種自由意志之表現道德，其自由是「美的自由」，其道德性是「美的道德性」。希臘文化亦實可說是一種藝術精神，「美的自由之王國」，「這王國是真正的諧和，是最嫵媚的世界」。這就是所謂青年期的精神。

但是好景不常，青年期的自然生命之洋溢與創造亦不是真正可恃的，並不真能立得住。所以黑氏說這是「最容易凋謝或很快就過去的花朵」。精神還須經過提煉，才真能站得住。道德性要成為真正的道德性，意志要成為真能站得住的意志。但這點在希臘並未表現出來。黑格爾說這是「美的自由之王國」，我們也可用契爾克伽德的話說，這是人生途程中「美感的階段」，尚未進到宗教 A（道德）的階段。

但這不反省地自然地表現道德服從法律，個體性直接地與理典統一於一起，是經不起挫折的。一旦到自覺反省的階段，立見這外在的法律與正義「所規定的行為與習慣」，乃至外在的法律與正義本身，是有問題的。它有道理否？它真值得吾人服從否？一經疑問，這自然的、直接的、原始的統一立見破裂，其統一是很虛浮的。故黑氏說這其中「含有高度的矛盾」。吾人尚須克服此矛盾，向「真實的統一」前進。其所以含有矛盾，是「因為這種美的道德性尚沒有通過主觀自由底奮鬥，尚沒有在其重生中。它尚沒有純淨化到自由主體性之標準」。依是，在重生中建立起來的，通過主觀

自由底奮鬥建立起來的，眞正的道德性，不是美的道德性，吾人可名之曰「道德的道德性」。此是道德性之純淨化，「純淨化到自由主體性之標準」、「這自由主體性是眞正的道德性之本質」。吾人亦可說這內在的道德性即是吾人之「眞正的主體性」、「自由的主體性」。惟有在主觀自由底奮鬥中，在重生中，達到這種道德性，始可言自由意志與法律之眞實的統一。此爲間接的、再度的統一，亦即所謂再度的諧和。此使吾人自美感階段超拔而進至道德的階段。

在主觀自由底奮鬥反省中，理典被撐起來，抽離出來，如其爲理典自身而觀之，「在其自己」而觀之，最後這理典勢必向裡收，即內在化於吾人之內在道德性中而有其根，而法律、正義，表示社會公益者，實只是內在道德性之客觀化。此時自由與法律即不見有衝突，而達到個體性與普遍性之眞實的統一。此是黑氏言精神發展之思路。關此，詳解見《道德的理想主義》中論〈自由與理想〉一章。

以上依黑氏所言之經脈，若用於中國，則本章之問題，自然與名教，自由與道德之衝突之問題，立獲解答之途徑。吾人當然不能說西周貴族政治下之禮樂文化完全類乎希臘之精神，但其中亦確有一種高貴的美的靈魂，而國民（所謂君子）之服膺禮法，表現道德，亦確有一種諧和。但個人自由意志之服從禮文是自然地不反省地服從，亦確是事實。因此，這道德性亦不是眞正的道德性，尚沒有通過主觀自由底奮鬥而重生地建立起的道德性。這其中自含有一種矛盾。這矛盾，到春秋戰國時期，立爲道家所表現。周文立見爲外在的空殼，所謂虛文，而同時復成爲自由、自在、自適其性的要

求者之障礙，所謂桎梏。道家表現了這矛盾，但它沒有正視這矛盾如何克服。它沒有依黑格爾的理路向「內在道德性」之建立一路走。因此它亦不能有真正「自由的主體性」。結果，它依「無為、無執」的路數，向「虛一而靜」、毫無理性內容的「光板之心之主體」走，而成為道家之形態。這形態，吾說這是「單表現矛盾而不克服矛盾」的形態。因此，這系統能使這矛盾成為永恆的矛盾，雖然它可以修養到作用地保存仁義禮法而不覺其有礙之境。這由不自覺地服從禮文之主觀意志，經過反省後，超拔出來，而至之「虛一而靜」之自由、自在、自我解脫之心境，即「光板之心之主體」，究竟是一種甚麼主體，這是頗難為名的。但至少可以說它是永遠停在「主觀之用」，而永不能實體地建立其自己，挺立其自己，客觀化其自己之境，因而亦永遠是偏面的主觀狀態之主體，雖然在「詭辭為用」之玄智上，它可以至「玄同彼我」之境。這主體或可名之曰「非道德而超道德的自然無為之主體」。

原始道家所表現的矛盾，到魏晉時，又在時代風氣上重新客觀地表現出來，成為嚴重的時代病。這矛盾，因為不能克服，亦永不向克服之路走，所以在此矛盾中所表現的自由、自在，主觀性，或個體性，（在以前所謂率真適性），亦只有向兩方向申展：或是作道家工夫，向「非道德而超道德的自然無為之主體」走，或是只成為浪漫氾濫的文人生命之「感性的主體」。這後者的率真適性之自由結果是放縱恣肆而成為情欲之奴隸，而轉為不自由。前者的率真適性之自由不是感性的，而是精神的，但卻是偏面的，月亮之光之陰涼闇淡的精神，這是「非道德而超道德的自由」，這是太陰教的自由，不是太陽教的自由。佛老俱是太陰教的自由。這究竟是否算

是「真正的自由主體性」是很難說的。若依個體性原則與道德性原則必須統一來說，這自不能算是真正的自由主體性。但天地之明不能只有太陽而無月亮，所以太陰教之自由亦有其輔助消導沖淡之作用。它可以將太陽教之自由中所產生出的界限、分際、剛烈、爭執，予以清涼沖淡之消化，而使之更能順適與調暢。這是太陰教中之消極的自由之極大的作用。

　　儒家在發見那矛盾後，正是向克服此矛盾之路走，正是要通過主觀自由之奮鬥，在重生中，建立真正的自由主體性，而獲得那真正的道德性，以重新達到自由意志與禮法之統一。孔子講仁，就是要指點一個真實的道德生命。至孟子講性善，這內在道德性，真正的自由主體性，完全在主觀自由底奮鬥中挺立起。此就是道德性之重生。在此，外在的禮法不只是無根的外在，而是內在化於吾人之「自由的主體性」中而有其根，而成為內在道德性之客觀化。如是，吾人服從客觀化之禮法不只是外在地習慣地服從，而是自由主體性呈現後之內在地必然地（理性地）服從。此即孟子所謂「理義之悅我心猶芻豢之悅我口」。「所欲有甚於生，所惡有甚於死」，也是這「自由主體性」之所決定。自由在道德禮法中表現（這卻不是說肯定不合理的禮法，也不是強迫服從禮法而成為自由之取消），而道德禮法正是自由主體性之所自由地決定，亦是其所自由地要求者。此之謂自由與道德之再統一。這只是從根源處說。各層面的問題以及世俗誤會之解除，在此不能詳述。請參看《道德的理想主義》中〈自由與理想〉一章，以及《政道與治道》一書。

　　儒家是太陽教的自由，道家是太陰教的自由。這是中國文化生命中所固有的兩輪。太陽教的自由解決自由與矛盾的衝突，有一超

越的分解，它能使「自由主體性」實體地挺立其自己，客觀化其自己。而太陰教的自由則既不想克服此矛盾，亦無超越的分解，自亦不能使其「非道德而超道德的自然無爲之主體」實體地挺立其自己，客觀化其自己，而是永遠停在偏面的主觀之用中。它只能凝斂退處而起清涼沖淡之作用。如果它如其自性而凝斂退處，不氾濫而爲文人生命之感性主體，它亦可不覺與任何存在有矛盾，道德禮法自然亦可無礙。它只如其自性而起清涼沖淡之作用，如是它亦可以輔助消導太陽教之自由系統而順適調暢之。它的無爲無執澈底散開之相忘的虛靈精神（此即所謂沖淡自在），亦正可以說是太陽教之自由系統之保護神（說保母更恰）。太陰不只是清涼，亦是母道。道家以及後來之佛教，在中國歷史中，說毛病流弊，儘可說出很多，但如其自性，亦儘有許多好處。它們皆曾盡了其好處的作用。其好處之本質的了解當依此處所說者去進行。

　　魏晉時代既憑依道家表現了自然與名教之衝突，但同時亦表現了太陰教之自由系統之奧義。從時代精神之發展上說，這正是清涼沖淡趣味之開端，它還要繼續進行，所以接著即是吸收佛教。時代精神尚未至向克服那矛盾之方向走，而且距那方向甚遠。這清涼沖淡之趣味還要逐步深刻化，必至將屬於太陰敎之自由系統之全幅義蘊全部展現而後止。

　　所謂深刻化是如此：道家原是對於任何存在取「不著」之態度，所以它無任何分解。但是佛教一方對於「生命」有一「經驗之分解」（取廣義），此即是「無明」之系統，一方對於陰教之「自由主體」（此亦可說是「非道德而超道德之主體」），復有一「超越之分解」，此即是佛性之系統，或如來藏自性清淨心之系統。有

此兩步分解，遂得使清涼沖淡之趣味更形深刻化，將使屬於太陰敎之自由系統之全幅義蘊全部表露而無遺。但是道家仍可如其自性而自足。它旣與太陽敎之自由系統爲日月之兩輪而無礙，它當更可與更深刻化之太陰敎之自由系統相契接而無礙。因爲佛敎更深刻化之結果，即，有「分解之著」之結果，亦不過仍歸於無爲無執而已。因其自由主體仍是偏面的主觀之用，亦永不能實體地挺立其自己，客觀化其自己，而至「自由與道德」之再統一之境。詳解將見另書《佛性與般若》。而吾此書亦當至此而止。

後跋

　　東漢末黨錮之禍後，士人政治理想徹底失敗。善類摧殘殆盡。建安以後，曹操當權。東漢末所遺留下之知識分子依附曹操而興者一為陳太邱系，二為荀淑系。此皆世家門第，守儒素者。陳寔有子二：陳紀（元方）與陳諶（季方）。陳紀子為陳群，陳群子為陳泰。此皆漢臣，而終移就曹魏。

　　《世說新語·方正第五》：「魏文帝受禪，陳群有戚容。帝問曰：『朕應天受命，卿何以不樂？』群曰：『臣與華歆服膺先朝；今雖欣聖化，猶義形於色。』」雖附曹而必宗漢。亦尚有良心者。守儒素之小智識分子亦只能保持一點忠心。不能有挺拔超脫之政治意識也。

　　又：「高貴鄉公薨，內外諠譁。司馬文王問侍中陳泰曰：『何以靜之？』泰云：『唯殺賈充以謝天下。』文王曰：『可復下此不？』對曰：『但見其上，未見其下！』」及曹移漢祚，復順而宗魏，而不契司馬氏之弒君。殊不知司馬氏之於曹魏，亦猶曹魏之於漢耳。此不旋踵間之事也。

　　荀氏系亦復如此。荀彧雖附曹而宗漢，亦不甚贊同曹操之行事。然及移漢祚，其子弟亦只能順之而混耳。此皆較正派之人物。

　　至於建安七子，則是新興之文人。

　　操時外戰居多。居中原、占天時，亦多延攬人才。中原之士，大多歸之，而心中仍以漢爲宗也。其殺戮知識分子尚不甚多。惟魏諷反，當有相當之牽連。但《三國志》無諷傳。史事多埋沒。今所知者，宋衷及王粲之二子皆被牽連在內。此與荊州劉表有關。當時劉表團聚一部知識分子，而大都是反曹者。《魏志》卷二十一〈劉廙傳〉：「魏諷反，廙弟偉爲諷所引，當相坐誅。太祖令曰：『叔向不坐弟虎，古之制也。』特原不問。」注引〈廙別傳〉曰：「初，廙弟偉與諷善。廙戒之曰：『夫交友之美，在於得賢。不可不詳。而世之交者，不審擇人，務合黨衆。違先聖人交友之義，此非厚己輔仁之謂也。吾觀魏諷，不修德行，而專以鳩合爲務，華而不實，此直攪世沽名者也。卿其愼之，勿復與通。』偉不從，故及於難。」《三國志·鍾會傳附何劭王弼傳》，注引《博物記》曰：「相國掾魏諷謀反，粲子與焉。」又引《魏氏春秋》曰：「文帝既誅粲二子，以業嗣粲。」王業者粲兄覬之子也。乃劉表之外孫。王弼即王業之子。故王弼即王粲之孫也（繼孫）。

　　曹氏父子所團聚之知識分子大體如此，持續至正始而止。曹爽敗後，中心乃轉移於司馬氏，而知識分子復又依附司馬氏而興，則所謂八裴八王者是也。

　　《世說新語·品藻第九》：「正始中，人士比論，以五荀方五陳：荀淑方陳實，荀靖方陳諶，荀爽方陳紀，荀彧方陳群，荀顗方陳泰。〔此是魏初所留下者。〕又以八裴方八王：裴徽方王祥，裴楷方王夷甫，裴康方王綏，裴綽方王澄，裴瓚方王敦，裴遐方王導，裴頠方王戎，裴邈方王玄。」西晉爲裴、王，入東晉，則爲

王、謝。

　但正始以後，司馬氏之誅戮知識分子比曹操尤兇甚。其誅戮階段如下：

　一、司馬懿誅曹爽、何晏、鄧颺等。王弼幸年幼早卒，未顯。否則亦不能免。

　二、王凌欲立楚王彪，被誅。連及其子王廣。（王廣是魏初談才性者），並欲牽及凌之妹（郭淮妻），未果。此亦司馬懿時。（《世說新語‧方正第五》：「郭淮作關中都督，甚得民情，亦屢有戰庸。淮妻，太尉王凌之妹，坐凌事當並誅；使者徵攝甚急，淮使戒裝，克日當發。州府文武及百姓，勸淮舉兵，淮不許。至期遣妻，百姓號泣追呼者數萬人；行數十里，淮乃命左右追夫人還。於是文武奔馳，如徇身首之急。既至，淮與宣帝書曰：『五子哀戀，思念其母；其母既亡，則無五子；五子若殞，亦復無淮。』宣帝乃表，特原淮妻。」）

　三、不久諸葛誕反淮南。司馬師討之。誕與王凌為兒女親家。蓋王廣妻即誕之女也。（《世說新語‧賢媛第十九》：〈王公淵娶諸葛誕女〉條，注引《魏氏春秋》曰：「王廣字公淵，王凌子也。有風量才學，名重當世。與傅嘏等論才性同異，行於世。」又引《魏志》曰：「廣有志尚學行。凌誅，並死。」）

　四、李豐（談才性者）、夏侯玄、許允為一起，亦為師、昭兄弟所誅。（見《世說新語‧賢媛第十九》：「許允為晉景王所誅」條）

　五、高貴鄉公曹髦之難，王經死之。此時司馬昭為大將軍。

　六、此下即為嵇康、呂安。亦昭所誅。（《世說新語‧雅量第

六〉：〈嵇中散臨刑東市〉條，注引《晉陽秋》曰：「初，康與東平呂安親善。安嫡兄遜，淫安妻徐氏。安欲告遜遣妻，以諮於康，康喻而抑之。遜內不自安，陰告安撾母，表求徙邊。安當徙，訴自理，辭引康。」）

七、此下為鍾會、鄧艾。此是附司馬氏而有野心者。六以上皆宗魏而反司馬。李豐、王廣、鍾會皆談才性。〈四本論〉中惟傅嘏存焉。

以上為魏晉之際。故《晉書・阮籍傳》曰：「魏晉之際，天下多故，名士少有全者。」誠不誤也。

八、此下入西晉，裴頠（作〈崇有論〉）、張華為趙王倫所害。

九、此下石崇、歐陽建（作〈言盡意論〉）、潘岳（安仁），為趙王倫孫秀所害。（見《世說新語・仇隙第三十六》）

十、此下陸機、陸雲，因盧志、孟玖之讒，為成都王穎所誅。（《世說新語・尤悔第三十三》：「陸平原沙橋敗，為盧志所讒，被誅。」注引干寶《晉紀》曰：「初，陸抗誅步闡，百口皆盡，有識尤之。及機、雲見害，三族無遺。」陸抗是陸遜之子，機、雲之父也。而盧志者，則是盧珽之子，盧植之曾孫也。《世說新語・方正第五》云：「盧志於眾坐問陸士衡：『陸遜、陸抗是君何物？』答曰：『如卿於盧毓、盧珽。』士龍失色。既出戶，謂兄曰：『何至如此！彼容不相知也。』士衡正色曰：『我父、祖名播海內，寧有不知？鬼子敢爾！』」鬼子者，注引孔氏《志怪》述盧充幽婚於崔少府墓生一兒，「兒遂成為令器，歷數郡二千石，皆著績。其後生植，為漢尙書。植子毓為魏司空。冠蓋相承至今也。」毓生珽，

斑生盧志。盧志輕薄陸機，故機罵之曰「鬼子」。一時之謔憤，遂
成仇恨。盧志爲成都王長史。〈尤悔第三十三〉，〈陸平原
〔……〕被誅〉條下注引王隱《晉書》曰：「成都王穎討長沙王
乂，使陸爲都督前鋒諸軍事」。又引〈機別傳〉曰：「成都王長史
盧志，與機弟雲趣舍不同。又黃門孟玖求爲邯鄲令於穎。穎教付
雲。雲時爲左司馬。曰：『刑餘之人，不可以君民。』玖聞此，怨
雲，與志讒構日至。及機於七里澗大敗，玖誣機謀反所致，穎乃使
牽秀斬機。先是，夕夢黑幔繞車，手決不開，惡之。明旦，秀兵奄
至。機索戎服，著衣帢，見秀。容貌自若。遂見害。時年四十三。
軍士莫不流涕。是日，天地霧合，大風折木，平地尺雪。」）

　　由上以觀，自王允殺蔡邕，曹操殺孔融後，知識分子稍有智思
者，幾無一得善終。亦云慘矣。而中國之政治傳統爲曹氏父子與司
馬氏父子所敗壞已達極點。深可太息痛恨，而亦不可不深長思之
也。

　　無論曹魏集團或司馬氏集團皆是一群浮在上層之知識分子。曹
魏憑藉漢之宗主而取得政權，司馬氏復又憑藉曹魏而取得政權。此
時期之知識分子，無論當權者，依附者，抑或反對者，於政道及治
道，皆無清楚之政治意識與鮮明之政治理想。只是爭權奪利，展轉
相殺。而且樂此不疲，成爲習慣。殺風一開，而動輒誅戮。殺機一
動，而不可遏止。處於其中者，無論殺與被殺，視爲當然，曾不以
爲慘而思有以解決之。殺與被殺皆無客觀之理由。人命之賤，賤於
草木。人之存在成爲毫無理由者。（偶然之存在，非理性之存
在）。知識分子之渾噩無心，無客觀意識，無客觀理想，無過於
此。以陸抗之風流儒雅（見其與羊祜對陣時之瀟灑情調），而「誅

步蘭，百口皆盡」。及「機、雲見害，三族無遺」。此尚得謂爲有人性者乎？史書記載，一言而已。而不知身受者之哀號宛轉，其當時之天地爲何如之天地也。此等慘事，人不以爲怪。此尚得謂爲有人心者乎？

《世說新語・尤悔第三十三》：「王導、溫嶠俱見明帝。帝問溫前世所以得天下之由；溫未答。頃，王曰：『溫嶠年少，未諳，臣爲陛下陳之。』王乃具叙宣王創業之始，誅夷名族，寵樹同己，及文王之末，高貴鄉公事。明帝聞之，覆面著牀曰：『若如公言，祚安得長！』」不必言視作客觀問題而思有以解決之，即爲一家之世祚計，亦當積德也。積德之意識中即函有一積極之政治理想。中國傳統政治之風範大抵皆繫於此積德之一念。不期爲曹氏父子與司馬氏父子全部破壞矣。久浮在上層、都市、政治勢利圈內之知識分子，其德性本極薄弱。浮沈日久，根本無所謂積德之觀念。惟來自民間者，樸誠之風不失，尚可有此觀念也。

《世說新語・賢媛第十九》：「魏武帝崩，文帝悉取武帝宮人自侍。及帝病困，卞后出看疾。太后入戶，見直侍並是昔日所愛幸者。太后問：『何時來耶？』云：『正伏魄時過。』因不復前，而歎曰：『狗鼠不食汝餘！死故應爾！』至山陵，亦竟不臨。」此即傅玄所謂「魏文慕通達，而天下賤守節。」通達云乎哉？直流氓無賴文人之無行耳。至於司馬炎之奢侈淫樂，惠帝之白痴無似，天之所以報應者固不爽也。

元帝過江，賴王導之「憒憒」，而得少安江左。《世說新語・政事第三》：「丞相末年，略不復省事。正封、籙諾之。自歎曰：『人言我憒憒。後人當思此憒憒！』」注引徐廣《歷紀》曰：「導

阿衡三世，經綸夷險。政務寬恕，事從簡易。故垂遺愛之譽也。」
此猶得黃老之遺旨。王船山《宋論》卷十四〈論酷刑〉一段中有
云：「異端之言治，與王者之道相背戾者，黃、老也，申、韓也。
黃、老之弊，掊禮樂，擊刑政，解紐決防，以與天下相委隨，使其
民宕佚，而不得遊於仁義之囿。然而師之爲政者，惟漢文、景，而
天下亦以小康。其尤弊者，晉人反曹魏之苛核，蕩盡廉隅，以召永
嘉之禍。乃王導、謝安不懲其弊，而仍之以寬，卒以定江左二百餘
年五姓之祚。雖有苻堅、拓拔宏之強，莫之能毀。蓋亦庶幾有勝殘
去殺之風焉。」此順中國政治傳統之風範而有之最低要求也。至於
目睹展轉相殺，而視爲一客觀問題，思以積極之政治意識與客觀之
政治理想求有以解決之，則不必言矣。此無可望於混噩無心之知識
分子也。無健康之道德意識，無客觀而積極之政治理想，則寄託其
浮萍之餘生於玄理以稍放異彩於陰敎，似亦勢之必然也。悲哉魏晉
人之聰明，而亦美哉乎魏晉人之聰明！知識分子欲保障其生命與存
在，捨以健康之道德意識與積極而客觀之政治理想，爲其「理性存
在」而奮鬥，蓋別無他途焉！

《牟宗三先生全集》總目